KB178557

김대중 육성 회고록

김대중은 오늘 우리에게 무엇을 말하는가

김대중
육성 회고록

김대중은 오늘 우리에게 무엇을 말하는가

연세대학교 김대중도서관 기획

한길사

후세대들이 찾는 살아 숨 쉬는 기록물

• 김대중 육성 회고록을 펴내면서

『김대중 육성 회고록』은 김대중 대통령이 퇴임 후 본인의 육성으로 남긴 총 42시간 26분에 달하는 구술 영상의 활자본이다. 연세대학교 김대중도서관은 2006년 7월부터 2007년 10월까지 41회에 걸쳐서 김대중 대통령의 건강이 허락할 때마다 대담 형식으로 구술 동영상 인터뷰를 진행했다. 출생에서 정계 입문, 목숨을 건 민주화투쟁, 네 번 만에 당선된 대통령 선거, IMF 경제위기의 격랑 속에서 대한민국호의 지휘, 한반도 평화프로세스의 진전, 지식정보화·문화·복지 등 실용적인 개혁 추진 등에 관해 솔직담백한 회고를 들을 수 있다.

연세대학교 김대중도서관은 구술 영상의 일부를 김대중도서관 유튜브 채널을 통해 공개했다. 2023년에는 『중앙일보』에서 구술 영상과 자서전을 토대로 한 「김대중 육성 회고록」이 24회에 걸쳐 지면을 장식한 바 있다. 이밖에도 김대중도서관에서 발간한 『김대중 전집』이나 각종 연구총서의 작성 시에도 귀중한 사료로 참고가 되었다. 이미 김대중도서관에서 발간한 여러 저작물에 김대중 대통령의 육성이 여기저기 녹아들어 있는 것이다.

그러나 대통령이 남기신 육성 기록 그대로를 온전하게 세상에 공개하지는 못했었다.

김대중 탄생 100주년이자 서거하신 지 15주기가 되는 2024년, 『김대중 육성 회고록』을 국민 앞에 내놓는다. 활자로 인쇄된 책이지만, 구술 동영상 인터뷰에 담긴 표정과 숨결을 생생하게 느낄 수 있다. 말씀 그대로를 윤문만 하여 담아놓았기 때문이다. 현대 한국정치사의 거목으로서, 대한민국호의 선장으로서, 아시아를 대표하는 국제적인 민주·인권·평화 지도자로서 김대중 대통령이 남긴 육성 기록이 이제 두툼한 한 권의 책으로 발간된다. 과문한지 모르겠으나, 동서양 큰 인물들의 여러 회고록 중에서 대담 형식의 육성으로 회고록을 남긴 사례는『김대중 육성 회고록』이 유일하지 않을까 한다. 질의와 응답 속에서, 더 깊고 객관화된 김대중의 모습은 물론 그와 함께한 역사를 확인해 볼 수 있다. 김대중과 시대를 함께한 국민들 그리고 그 시대를 배우고자 하는 후세대들이 찾는 살아 숨 쉬는 기록물이 될 것으로 믿는다.

『김대중 육성 회고록』의 발간에는 많은 분의 도움과 헌신이 있었다. 무엇보다 이 책의 편집자로서 김대중 대통령이 옆에서 말씀하시는 것처럼 육성 그대로의 느낌을 살리면서 읽기 편하게 윤문 작업을 담당해준 김대중도서관의 장신기 박사에게 고마움을 전한다. 재임기 정책 분야 자료 발굴에 협조해준 장훈각 박사, 행정적 지원을 아끼지 않은 경혜란 팀장과 황숙경 선생에게도 감사하다. 손길이 가는 멋진 책으로 만들어준 한길사 김언호 대표와 백은숙 편집주간, 이한민 편집자도 잊을 수 없다.

끝으로 이 책이 출간되는 데에 도움을 주신 류상영·박명림 전 김대중도서관장과 김성재 김대중도서관후원회장(전 문화관광부 장관)께도 감사드린다. 류상영 교수는 2006년 김대중 구술사 프로젝트를 기획하고 실행하여 귀중한 역사적 기록을 남김과 동시에 이 책이 나올 수 있는 기반을 마련했다. 박명림 교수는 구술 자료가 책으로 출간될 수 있도록 기획 과정에서 큰 도움을 주었고, 김성재 김대중도서관후원회장은 후원을 아끼지 않았다.

관장 재임기에 『김대중 육성 회고록』을 무사히 세상에 내놓을 수 있게 되었다. 영광이고 감사하다.

2024년 7월
연세대학교 김대중도서관장
양재진

김대중
육성
회고록

후세대들이 찾는 살아 숨 쉬는 기록물
■ 김대중 육성 회고록을 펴내면서 · 5

1. 나의 고향 하의도와 목포 · 11
2. 혼돈과 역경의 시간들 · 83
3. 시련 속에서 꽃피운 의정활동 · 151
4. 민주세력의 리더로 떠오르다 · 225
5. 유신독재에 맞서다 · 285
6. 서울의 봄부터 13대 대선 · 363
7. 13대 국회부터 15대 대통령 당선 · 469
8. 한국경제의 위기 극복과 새로운 도약 · 557

9. 민주인권대통령 • 607

10. 한반도 평화프로세스의 시작 • 629

11. 최초의 남북 정상회담과 한반도외교 • 661

12. 후배 정치인들에게 드리고 싶은 말 • 707

감사의 말씀
  ■ 김홍업·김성재 • 727

한국 정치의 나침반이자 항해도
  ■ 류상영·장신기·박명림 • 735

김대중 대통령 연보 • 763

김대중 대통령 육성 연설 QR코드 목록 • 779

1

나의 고향
하의도와 목포

"나는 배를 타고 고향에 가는 것이
좋았어요. 마치 내 집에 간다는 느낌이
들거든요. 배를 타고 하의도를 바라보면
'내 뿌리는 바로 여기다'라는
생각을 하게 됩니다."

음악적 재능 있는 아버지와 생활력 강한 어머니

━ 아버님 김운식 선생님은 어떤 분이셨습니까?

아버지는 성품이 부드럽고 따뜻하신 분이었어요. 국악, 판소리, 춤 같은 데에 재능이 뛰어났습니다. 당연히 음악에도 관심이 많으셔서 당시 마을에서 유일하게 우리 집에만 축음기, 그때는 유성기(留聲機)라고 했는데, 그런 것이 있었어요. 아버지께서 동네 사람들을 모아놓고 임방울, 이화중선, 정정렬 명창들의 레코드판을 틀어주면서 해설을 하시기도 했어요. 나는 아버지께서 도시로 나와 음악을 제대로 공부하셨으면 명창의 반열에올랐을 것이라고 생각했어요.

생활력은 그리 강하지 않으셔서 어머니께서 많이 담당하셨지요. 아버지는 마을의 구장(區長)을 하셨습니다. 구장은 마을의 연락책이었는데 특별히 급여를 받는 것은 없었지만 무료로 신문을 배달해주는 혜택이 있었습니다. 총독부 기관지『매일신보』였는데, 주로 한자로 되어 있는 그 신문을 나는 열심히 읽었습니다. 특히 정치면을 읽었습니다.

━ 아버님에게 어떤 영향을 받으셨습니까? 아버님과 관련된 에피소드를 말씀해주세요.

아버지는 자식들에게 다정다감한 분이셨어요. 지금도 기억나는 것은, 아버지가 외출하시려고 두루마기를 입고 일어서시다가 내가 배를 깎으려고 하는데 잘 하지 못하는 모습을 보셨어요. 그러자 두루마기를 다시 벗고 배를 깎아주신 적이 있습니다.

아버지께서는 당시 금서였던 조선왕조의 역대 왕에 대한 설명이 들어 있는 책자를 몰래 갖고 계셨어요. 한번은 나한테 조용히 갖고 오라고 하시더니 "이것이 그런 것이다. 우리가 원래는 독립국가였는데 일본 놈들이 들어와서 우리가 나라를 뺏겼다"고 하시면서 "이런 말을 밖에 나가서 하면 안 된다"고 말씀하신 것이 기억납니다. 내가 목포로 나오기 전인 1932~1933년경은 일제의 탄압이 상당히 심해질 때인데요. 그때도 아버지께서는 일본의 천황 히로히토를 유인(裕仁)이라고 부르셨어요.

━ 그때 일본 경찰들에게 발각되면 고초를 겪을 수도 있는데 상당히 용기 있으면서도 위험한 말씀을 하셨네요.

그럼요. 그때 그것이 발각되었으면 감옥에 가셨을지도 모릅니다. 그때 일을 이야기하다 보니 생각나는 일이 하나 있어요. 그때 우리 집에 배달 온 신문을 보면서 세상 돌아가는 일과 정치에 관심을 갖게 되었어요. 당시 어린 나이여서 그랬을 것 같은데 엉뚱하게도 내가 나중에 임금이 될 수 있다는 생각을 한 적이 있어요. 한번은 이웃 마을에 아이가 태어났는데 어떤 점쟁이가 그 아이를 보고 앞으로 임금이 될 수 있다는 예언을 했었나 봐요. 소문으로 나도 그 이야기를 들었는데 질투가 나더라고요. 그때 신문을 보면서 정치에 관심을 많이 갖다 보니 최고권력자에 대한 막연한 동경 같은 것을 내가 갖고 있었던 것 같아요.

━ 아버님께서는 하의도 소작쟁의에 관여하셨지요?

소작쟁의는 아버지께서 젊으셨을 때 일입니다. 그때 아버지

14

께서는 비용도 좀 대면서 여러 활동을 하셨다고 합니다. 아직 젊은 나이여서 지도자 역할을 하신 것은 아니에요.

내가 어릴 때 하의도 전체가 일본인 소유였기 때문에 농민들은 모두 소작을 했어요. 하의도의 소작쟁의는 일반적인 경우와 많이 달랐습니다. 보통 농민들의 소작쟁의는 소작료를 내리는 것이 목표인데 하의도는 소유권에 대한 문제제기라는 점에서 매우 특이한 경우였어요.

이것은 역사적인 배경이 있습니다. 선조의 딸인 정명공주는 인조 때 하의도에 있는 홍씨 집안에 시집을 갔는데요. 그때 인조가 4대손까지 하의도에서 세미(稅米)를 받을 수 있도록 해줬어요. 징세권을 준 것이지요. 그런데 한일병합 무렵 토지조사를 할 때 그 집안의 8대손이 친일파들에게 로비를 해서 토지소유권까지 가져가버렸어요. 그후에 일본 사람들에게 이 땅을 몰래 팔아넘겼습니다. 이것을 알게 된 농민들이 들고일어난 것이 하의도 농민운동입니다. 하의도의 이런 저항 정신이 어린 나에게도 영향을 주었다고 할 수 있습니다.

— 어머니 장수금 여사님에 대한 질문을 드리겠습니다. 어머님께서 꾸신 태몽에 관해서 들으신 내용이 있습니까?

네, 어머니께서 태몽을 꾸셨어요. 이렇게 어깨띠를 두른 태몽을 꾸셨대요. 어머니는 항상 "너는 높은 곳에서 나왔으니 개고기 먹으면 안 된다" "개고기 절대 먹지 마라"고 말씀하시곤 했어요. 그런데 어머니께서 나를 낳으실 때 진통을 거의 하루 이상 하셨을 정도로 심한 난산이었다고 해요. 아버지께서 함께 계시다가 도저히 혼자 할 수 없을 것 같아서 이웃에게 도움을 요청하셨대요. 그렇게 해서 내가 태어났는데 거의 사산아인 줄 알았대요. 어머니께서 그렇게 고생을 하셔서 나를 낳았는데도 어머니는 나를 살리겠다고 부엌에 가서서 불을 지피셨대요. 내 발목을 잡아 몸을 거꾸로 하고 엉덩이를 두들기면서 숨을 쉴 수 있게 해주셔서 내가 죽기 전에 살아났다고 해요. 잘못하면 난 태어나자마자 죽을 뻔했던 것이지요.

— 어머님께서는 대통령님께 가장 많은 영향을 주신 분이라고 생각됩니다. 어머님은 어떤 분이셨습니까?

어머니는 생활력이 강하신 분이셨어요. 그때는 다들 먹을 것이 넉넉하지 않을 때였는데, 자식들이 배고프지 않도록 자신이 드실 것을 아끼면서까지 자식들을 챙기셨어요. 어려운 여건에서도 집안 살림을 조금씩 키워나가셨고요. 자식 욕심이 아주 강한 분이셨고 특히 나에 대해서 그러셨어요. 나를 서당에 보내고 학교에 보내고 나중에 목포로 이사 간 것도 어머니께서 아버지께 적극적으로 주장해서 그렇게 된 것입니다.

목포로 이사 가는 일로 어머니와 아버지가 상의하셨던 일이 지금도 생각나요. 내가 잠자리에 든 줄 아신 아버지와 어머니가 말씀하시는 것을 들었어요. 어머니께서 "대중이가 공부를 잘하는데 여기서 그냥 있기는 아까우니 목포로 이사 가서 학교에 보내요. 목포에 가면 어떻게 해서든 가르치도록 할게요"라고 말씀하셨어요. 1930년대 시골에서 자신의 생활 기반을 놔두고 목포로 나올 결심을 한다는 것은 어려운 일이었지요. 그것을 어머

아버지 김운식 선생.
생활력은 강하지 않으셨지만 성품이
부드럽고 따뜻했다. 아버지는
마을의 연락책인 구장(區長)을 맡았는데
구장에게는 무료로『매일신보』를 주는
혜택이 있었다. 김대중은 어릴 때부터
이 신문 정치면을 열심히 읽었다.

어머니 장수금 여사.
생활력이 강한 어머니는 공부를 잘하는
김대중을 위해 목포로 이사 가기로 결심한다.
목포에서 여관을 운영하면서 자식들
공부를 뒷바라지한다.

니께서 결심하셨고 아버지도 동의하셔서 내가 목포로 나올 수 있었습니다. 그때 어머니께서 그런 판단을 하지 않으셨다면 오늘날의 나는 없는 것이지요. 이러한 것을 생각하면 항상 감탄스러워요. 부모님의 특별한 은혜를 느낍니다.

— 어머님의 음식 솜씨가 좋았다고 하는데요?

그랬어요. 어머니께서 음식을 잘하셨어요. 특히 우리 집의 김치는 이웃들에게도 인기가 많았어요. 그중에서도 동치미는 소문이 많이 나서 먼 곳에 사는 사람들까지 찾아와서 얻어갔습니다.

— 어린 시절 어머님과 관련해서 특별히 기억하시는 일화가 있다면 소개해주시지요.

내가 아마 대여섯 살 정도였을 거예요. 동네 아이들하고 뜰에서 놀고 있었는데 술에 취한 엿장수 아저씨가 엿통을 옆에 놔두고 깊이 잠들었어요. 그때 엿장수는 엿만 가지고 다니는 게 아니라 여러 물품을 함께 갖고 다니는 방물장수였어요. 아이들이 모두 하나씩 물건을 쥐었고 나는 아버지께 드리려고 담뱃대 한 개를 쥐었어요. 나는 이것을 아주 큰 자랑거리로 생각해서 집에 와서 어머니께 드렸어요. 그런데 어머니께서 "너 이것을 어디서 구했냐"고 하세요. 내가 자초지종을 설명드렸더니 어머니께서 "너 이리 가까이 오라"고 하시더니 내 등을 확 붙잡고 "이 머리에 피도 안 마른 놈의 새끼가 도둑질부터 배웠냐"며 나를 때렸어요. 그러곤 어머니께서 나를 붙잡고 엿장수에게 가셨어요. 어머니는 엿장수를 깨우시더니 "당신이 돈이 얼마나 많길래 이따위 짓을 해서 애들이 도둑질하게 만드냐"고 야단을 치시면서 담뱃대를 돌려주셨어요. 그때 나쁜 짓이 무엇인지를 배우게 되었습니다.

━ 그때 많은 것을 배우셨을 것 같습니다.

그랬지요. 이런 일도 생각나요. 내가 9살, 10살 때 서당에 다녔어요. 그때 서당에서 부모 제사 지내는 절차에 대해서 배운 적이 있었어요. 이것을 기억해서 집에 가서 어머니께 말씀드렸더니 무척 좋아하셨어요. "또 한 번 해보라"고 하셔서 말씀드리면 "우리 아들 참 영리하고 착하다"며 내 등을 두드리고 안아주시면서 좋아하시더라고요.

또 한번은 서당에서 내가 장원을 한 적이 있어요. 서당에서 배운 것을 훈장님 앞에서 외우고 훈장님께서 표현의 의미에 대해 질문하시면 해석을 하기도 했는데, 여기서 제일 잘한 사람을 장원이라고 했어요. 장원이 되면 훈장님께서 큰 창호지에다 글을 써서 주셨는데 그것을 집에 갖고 오니 어머니께서 정말 좋아하시면서 그 글을 벽에다 붙여 놓으셨어요.

어머니께서는 떡을 만들고 고기를 삶아서 서당에 갖고 오셨어요. 음식을 얼마나 많이 하셨는지 당신은 머리에 이고 머슴 한 명에게 지게로 지게 해서 서당에 오셨어요. 그때 모두 포식을 했지요. 그렇게 내가 공부하는 것을 좋아하셔서 나중에 목포로 이사 가서 여관을 경영하시면서 나와 내 동생들 공부를 시키셨습니다.

덕봉서당과 하의보통학교

━ 하의도에서 서당에 다니시게 된 이유는 무엇입니까?

그때 하의도에는 학교가 없었어요. 어린아이들이 다닐 수 있는 곳이 보통학교였는데 내가 아주 어릴 때는 하의도에 없었어요. 그래서 공부하려면 서당에 갈 수밖에 없었습니다. 하의도에는 서당이 하나 있었는데 덕봉서당이라고 했어요. 초암 김연 선생께서 훈장님으로 계셨습니다. 초암 선생은 한학에 대한 조예가 깊은 분이었어요. 진도, 영암, 해남, 무안, 나주에 소문이 났어요. 초립 쓴 총각이 나주에서 하의도까지 공부하러 온 것을 직접 본 일이 있었는데 그때 참 놀라웠어요. 초암 선생은 나의 집안 형님뻘이 됩니다. 그런 관계도 있어서 서당에 가서 공부를 하게 되었어요.

━ 초암 김연 선생님에 대해서 더 기억나시는 내용이 있다면 말씀해주시지요.

초암 선생은 학문적으로 인정받는 분이어서 하의도 주변에 있는 학자들이 찾아와 토론하시기도 했어요. 초암 선생은 내가 공부를 잘한다고 좋아하셨고 칭찬도 많이 해주셨어요. 내가 나중에 보통학교를 가게 되어 서당을 그만두었는데, 겉으로는 내색하지 않으셨지만 속으로는 많이 아쉬워하셨을 것 같다는 생각도 들었습니다.

━ 서당에서는 주로 어떤 책을 공부하셨습니까?

『천자문』『사자소학』『동몽선습』등의 책을 읽었어요. 서당에

다니다 보통학교에 갔기 때문에 많이 배우지는 못했습니다. 사서삼경에는 들어가지도 못했으니까요.

━ 당시 교육비는 쌀이나 곡식 등으로 냈을 것 같은데요.

그랬지요. 교육비 명목으로 쌀·콩·보리 같은 곡식을 드렸어요.

━ 서당을 다니시다가 하의보통학교로 가시게 되었는데요. 그 과정에 대해서 말씀해주십시오.

나는 80년 넘게 살아오면서 우연적인 일이 내 인생행로에 영향을 준 경험을 여러 번 했는데, 그때도 그 하나예요. 아버지께서 내 동생 대의를 하의보통학교에 보내려고 하시면서 나에게 "네 동생 대의가 보통학교 가니 너도 학교 구경이나 하러 함께 가자"고 하셔서 따라갔어요. 나는 입학하려고 간 것이 아니라 구경하러 간 거예요. 나는 교실 밖에 서 있었는데 아버지께서 안에 들어가셨다 나오시더니 "야! 대중아, 2학년도 된다니까 너는 2학년 들어가라"고 말씀하세요. 그래서 1학년을 안 하고 2학년에 들어갔어요. 이렇게 우연히 보통학교에 들어가게 됐어요.

━ 그때 형제분들과 같이 보통학교에 다니셨는데요. 기억나시는 일이 있으시면 말씀해주시지요.

내게 형님이 있었는데 형과 2학년을 같이 다녔어요. 동생은 1학년을 다녔고요. 집에서 학교까지 왕복 3킬로미터 정도로 꽤 멀었는데 걸어서 다녔지요. 겨울에는 눈보라가 아주 심해서 눈만 노출되는 방한두건을 쓰고 친구들과 학교를 걸어 다녔습니다.

그 학교에는 일본인 교장 선생님과 한국인 선생님 한 분이 계셨어요. 일본인 교장 선생님은 좀 매정한 성격이었습니다. 한국 사람에게 호감을 표현하지 않았어요. 나중에 목포에 나오니 일본인 교사 중에서 한국 사람을 따뜻하게 대해준 분들이 많았는데 그분은 그렇지 않았어요. 나는 공부를 잘한다고 잘 대해주셨어요. 한국인 선생님은 한 분이 계시다가 다른 곳으로 가신 후에 다른 분이 오셨어요. 오신 분은 대구사범을 나오신 분이었습니다. 바이올린을 잘하셔서 우리들 앞에서 연주를 해주시기도 했어요. 이분은 일본에 대한 비판의식을 드러내시곤 했어요. 그래서 가끔 우리 집에 오실 때가 있었는데 아버지께 일본인 교장 선생님이 한국 사람을 차별하는 것에 대한 불만을 토로하시고 일본을 비판하시기도 했어요.

— 하의보통학교 다니실 때 장래 희망은 무엇이었습니까?

무슨 뚜렷한 희망이 있었던 것 같지 않아요. 다만 그때에도 정치에 관심은 많았어요. 보통학교 3학년, 4학년에 재학 중일 때 신문을 보면 일본 내각에 대해 자세한 내용이 나올 때가 있었습니다. 그러면 총리대신부터 해서 내각의 주요 인사들 이름을 종이에다 써서 외우고 간직할 정도로 정치에 관심이 많았어요. 그러나 그때만 해도 꼭 무엇이 되겠다는 구체적이고 명확한 생각은 없었어요. 다만 세상에서 인정받는 훌륭한 사람이 되고 싶다는 생각은 갖고 있었습니다.

— 어렸을 때 공부에 관심이 있었습니까?

공부하는 것을 좋아했어요. 그때 공부는 암기하는 것이 중요했는데 내가 외우는 것을 잘했습니다. 그래서 인정도 많이 받았습니다.

— 어떤 과목을 가장 좋아하셨습니까?

전반적으로 문과 계통을 좋아했고 그중에서도 특히 역사를 좋아했어요. 이과 계통은 문과에 비해서 잘 못했어요.

— 주로 집에서 혼자 공부하셨습니까?

그렇지요. 집에서 혼자 했어요. 가르쳐줄 사람도 없었습니다.

나의 뿌리 하의도

— 하의도의 자연은 어떠했습니까? 주민들은 주로 어떻게 생활했습니까?

하의도에서 쓸 만한 땅은 대부분이 간척지였어요. 내가 태어난 후광리는 '뒤가 넓다'는 뜻에서 붙여진 이름인데, 마을 뒤쪽에 갯벌을 메운 넓은 간척지가 있어서 그렇게 부른 것입니다. 하의도는 섬인데도 어업 종사자는 적었고 주로 농사를 지었어요. 염전이 있어 양질의 소금을 생산하기도 했습니다. 생산된 소금을 배에 싣고 나주 영산포에서 팔기도 하고 서해 위로는 충남 강경까지 가서 팔기도 했습니다. 그래서 배를 통한 상업도 어느 정도 발달했어요.

개간지에는 샘이 없어 물이 안 나와요. 그래서 물통이나 물지게를 메고 물이 나오는 산 밑에까지 가서 물을 가져와야 했을 정도로 물이 아주 귀했어요. 물 길어 오는 것이 힘들었지요. 나는 지금도 누군가 수도꼭지를 열어 놓아서 물이 줄줄 새는 것을 보면 초조하고 불안해서 견딜 수가 없어요. 어릴 때 경험으로 지금도 물을 굉장히 아껴 씁니다.

— 하의도에 계실 때 대통령님 댁의 경제적 형편과 사시던 집에 대해서 말씀해주세요.

내가 태어난 집은 당시 농촌 마을의 일반적인 수준이었어요. 내가 3, 4살 때 태어난 집에서 이사를 했어요. 이사 가면서 집을 좀 넓혔는데 그 마을에서는 제일 좋은 집이었어요. 내가 실제 태어난 집은 완전히 없어져버렸고 지금 하의도에 생가라고 남아 있는 집은 이사 가서 살았던 곳입니다. 당시 우리 집은 어느 정도 사는 편에 속했습니다. 우리 집은 소를 키웠는데 소가 없는 집도 상당히 많았어요.

— 교우관계는 어땠습니까? 주로 어떤 놀이를 하셨습니까?

친구들과는 마을과 학교에서 다 잘 지냈어요. 특별히 싸운 일은 없었습니다. 그때는 마당과 운동장에서 씨름 같은 것을 하면서 놀았어요. 축구나 농구 같은 것은 없었습니다. 사실 일제강점기에 6년제도 아니고 4년제 학교생활은 무미건조했습니다. 특별한 프로그램이 없었어요. 동네 친구들하고 하의도의 자연을 벗 삼아 여러 놀이를 했습니다. 갈대밭에서 오리새끼를 잡아 집으로 갖고 온 적이 있었어요. 집에서 키우려고 잡아왔는데 오리새끼를 키우기가 정말 어렵더라고요. 그냥 죽어버리기도 하고 도망가기도 하고요.

또 갯벌에 가서 낙지를 잡던 일도 기억납니다. 낙지가 있는 구멍을 찾아 낙지를 잡아요. 낙지를 물에 넣어 씻은 후에 머리

하의도 생가.
김대중은 하의도 후광리에서 태어났다.
후광(後廣)은 '뒤가 넓다'라는 뜻으로 김대중의
호이기도 하다. 하의도를 떠난 후에도
자신의 뿌리는 하의도라고 생각했기에
고향 방문을 좋아했다.

를 입으로 딱 물어요. 낙지 발이 사람 콧구멍으로 들어가면 숨이 막힐 수도 있기 때문에 조심해서 다룬 후에 입에 넣어 그대로 씹어서 먹기도 했어요. 낚시로 망둥어라고도 하지요. 이 작은 물고기를 잡아 창자를 빼낸 후에 먹기도 했어요.

━ 지금도 기억이 생생하신 것 같습니다.

그럼요. 어제 일처럼 기억이 선명합니다. 그때 소가 있는 집의 아이들과 함께 야산으로 소를 끌고 가서 놀았던 것도 기억납니다. 한쪽 끝에 소를 모아 두었다가 반대편으로 몰면 소가 그쪽으로 걸어가면서 풀을 뜯어 먹어요. 소의 목에 걸어둔 방울이 짤랑짤랑 소리를 내니 소가 어느 정도 갔는지 알 수가 있어요. 친구들과 풀숲에 누워 뒹굴면서 이야기도 하고 그랬어요. 봄에는 보리밭, 가을에는 콩밭에 가서 주인 몰래 보리와 콩을 잘라가지고 와서 구워먹기도 했어요. 물론 그렇게 하다 적발되면 혼나기도 했지요.

━ 하의도 시절의 경험이 대통령님께 준 영향이 무엇이라고 생각하시는지요? 특히 바다에 대한 남다른 기억이 있는 것으로 알고 있습니다.

나는 그때도 바다를 좋아했고, 바다를 바라보는 것이 좋았어요. 지금도 나는 가족들에게 바다가 잘 보이는 바닷가 언덕 같은 곳에 한옥집을 지어서 살면 좋겠다는 말을 가끔 합니다. 바다가 아니면 강물이라도 보고 싶을 정도로 물을 보는 것을 좋아해요. 어릴 때 하의도에서 바다를 보면 일본군함이 지나갈 때가 있었어요. 어린 나에게 그것이 굉장한 인상을 주어서 '일본은 부자여서 저런 배도 있구나'라는 생각을 하기도 했습니다.

━ 대통령님께서 젊었을 때 해운업에 종사하신 것도 바다를 좋아하시는 것과 관련이 있을 것 같습니다.

무관하지 않아요. 처음에 해운회사에 취업한 것도 관련이 있어요.

━ 하의도를 떠나신 이후 수차례 다시 하의도를 다시 방문하셨습니다. 그때의 소회에 대해서 말씀해주시지요.

나는 배를 타고 고향에 가는 것이 좋았어요. 마치 내 집에 간다는 느낌이 들거든요. 배를 타고 하의도를 바라보면 '내 뿌리는 바로 여기다'라는 생각을 하게 됩니다. 다만 지금은 많은 사람이 육지로 나왔고 내가 어릴 때 목포로 이사 가기도 해서 하의도에 아는 사람이 별로 없어요. 그래도 고향 가는 것이 좋아요.

배에서 내려 1,000미터 정도 걸으면 우리 집안의 선산이 있어요. 20, 30개의 조상묘가 있는데 내가 국회의원을 할 때 선산에 가면 돼지를 잡고 술과 떡을 준비해서 동네 사람들을 대접하기도 했어요. 그곳이 명당이라서 큰 인물이 난다는 말도 있었는데 결국 내가 대통령이 되었지요.

하의도를 떠나 목포로

━ 1936년 가을 목포로 이사를 하셨습니다. 목포로 가는 배 안에서 남다른 감회가 있었을 것 같습니다.

그때 아주 기뻤어요. '진짜 제대로 공부할 수 있게 되었다' '내가 공부하면 크게 될 수 있다'라는 생각을 했습니다. 하의보통학교가 4년제여서 4학년이 되니 더 이상 학교에 다닐 수 없다는 생각에 절망했어요. 부모님께 일본에 보내달라고도 했어요. 일본에 가서 신문배달이라도 하면서 독학을 하겠다고 하니 어머니께서 절대로 안 된다고 아주 단호하게 말씀하셨어요. 나는 집에 누워서 밥을 먹지도 않은 채 내 주장을 계속했는데 부모님은 꿈쩍도 하지 않으셨어요. 그때 나의 이런 요구와 항의가 영향을 주어서 목포로 이사 갔다고 생각합니다. 그래서 나는 목포로 가는 배를 탈 때 큰 희망을 갖고 있었고 아주 기뻤습니다.

━ 하의도를 떠나 목포에 도착하셨을 때의 느낌은 어땠습니까?

그때 하의도에서 목포까지 배로 아마 3시간 이상 걸렸을 거예요. 목포에 처음 도착해보니 참 놀라웠어요. 일제강점기 시절 목포는 7대 도시에 들어갔을 정도로 규모가 상당했어요. 지금은 그렇지 않지만 그때는 큰 도시였지요. 항구에 들어오니 배가 정말 많았어요. 펼쳐진 수많은 돛이 마치 숲처럼 보였어요. 그렇게 많은 배는 처음 봐서 모든 것이 신기하고 놀라웠어요.

━ 목포에서는 어디에서 사셨습니까?

부모님께서 목포대(木浦臺)에 있는 여관을 사서 운영하셨어요. 영신여관이라고 했는데, 거기는 높이가 있어서 바로 앞의 항구가 다 내려다보입니다. 삼학도나 유달산 같은 목포의 명소들이 잘 보였어요. 목포대는 내가 어릴 때 이순신 장군이 진지를 구축했던 곳이었음이 밝혀졌어요. 일제강점기 때 목포부(木浦府)가 죄수들을 동원해서 땅을 팠는데 거기서 유물들이 나온 것입니다. 목포대가 그렇게 유서 깊은 곳이에요.

— 전학을 가셨던 학교는 어떠했습니까?

6년제인 목포제일공립보통학교에 4학년으로 편입했습니다. 아버지와 친척뻘 되는 분이 목포에서 유지라고 할 수 있었는데 그분의 소개로 가게 되었습니다. 아마 목포에서 제일 오래된 보통학교일 거예요.

— 졸업장을 보면 '목포북교공립심상소학교'라고 되어 있습니다.

그때 일본 사람이 다니는 곳은 소학교, 조선 사람이 다니는 곳은 보통학교라고 했어요. 나중에 조선 사람들이 다니는 학교도 소학교로 했다가 그후에 일괄적으로 국민학교로 통일했어요.

— 목포에 오셔서 학교 성적은 어땠습니까?

좋았어요. 섬에서 촌놈이 왔는데 공부를 잘한다고 친구들이 상당히 부러운 눈으로 보기도 했고, 선생님도 칭찬을 많이 해주셨어요.

— 섬에서 왔다고 따돌림을 당하는 등의 어려운 점은 없으셨습니까?

그런 일은 없었어요. 나도 시빗거리를 만들지 않기 위해 조심하기도 했고요. 무엇보다 공부를 잘해서 학교에서 인정을 받으니 그런 어려움은 없었습니다. 다만 5학년 때 조선인 선생님이 계셨는데 그분이 나를 좋지 않게 봤어요. 내가 특별히 잘못한 것도 없었는데 그때 왜 그러셨는지 지금도 모르겠어요. 내 손으로 답안을 쓰는 것은 다 '갑'을 맞았는데 조행은 그 선생님이

목포제일공립보통학교 시절.
맨 뒷줄 오른쪽에서 네 번째가 김대중.
섬에서 목포로 전학 왔지만 공부를
잘해서 따돌림을 받지 않고
학교에서 인정을 받았다. 김대중은
6년제인 목포제일공립보통학교에
4학년으로 편입했다.

'을'을 주었어요.

— 조행이 무엇인가요?

조행은 품행을 뜻합니다. 그때는 품행을 조행이라고 했어요. 그때 '을'을 받아서 나중에 또 문제가 되었어요. 6학년 때는 일본인 이노우에 선생님께서 가르쳐주셨습니다. 그분은 저를 아주 좋게 보셔서 집으로 초대해 과자도 주시고 그랬어요. 졸업할 때 내가 1등상을 받게 되었는데 학교 규칙에 품행이 '을'이면 안 되고 꼭 '갑'이어야 했어요. 내가 4학년, 6학년 때는 '갑'이었는데 5학년 때는 '을'이었잖아요. 이노우에 선생님께서 많은 노력을 하셨나봐요. 그래서 나중에 나한테 "너 때문에 교장 선생님까지 참여한 회의를 했다"고 하셨어요.

교장 선생님은 사이토라는 분인데 나를 좋게 생각하셨어요. 내가 공부도 잘했고 무엇보다 일본 역사에 대해서 잘 아니 좋아하신 것 같아요. 사이토 교장 선생님께서 화를 내시면서 "내가 이 아이를 잘 아는데 어떻게 이 아이의 조행이 '을'이 될 수 있냐"고 하시면서 5학년 선생님을 불러서 이유를 물어보셨대요. 특별한 사유가 증명되지 않으면 사후에 고치도록 하자는 이야기까지 나왔다고 합니다. 그러나 그것은 규칙에 없는 일이고 나중에 화근이 될 수 있으니 그렇게까지 하지 못했다는 경과 설명을 이노우에 선생님께서 해주셨어요. 결국 내가 2등상을 받게 되었습니다.

그런데 사람 인연이라는 것이 참 묘하고 또 돌고 도는 것 같아요. 나중에 내가 사업을 해서 상당한 성공을 거두었을 때 그

5학년 선생님께서 찾아오셔서 나한테 부탁을 하셨어요. 상당히 어려운 내용이었습니다. 그런데 말씀하시는 것을 보면 과거에 나한테 그렇게 하신 일에 대해서 기억을 못 하시는 것 같더라고요. 못 하시는 건지 모른 척하시는 건지 모르겠지만 나는 뚜렷하게 기억하는 일이었어요. 아무튼 그분께 아무 말도 안 하고 부탁하신 것을 열심히 노력해서 해결해드렸어요. 그때 사람 인연은 돌고 돌면서 이어진다는 것을 배웠습니다.

— 그때 2등상이 『목포신보』 신문사 사장상이었지요?

나중에 내가 이 신문사의 사장을 했어요. 내가 할 때는 『목포일보』라고 했지요. 당시 『목포신보』는 지방신문으로서 한반도에서 가장 오래된 신문이에요. 일제강점기에 목포는 대단히 큰 항구였어요. 그런데 그 이유를 알고 보면 마음이 아프지요. 왜냐하면 우리 땅에서 생산한 쌀과 목화를 일본으로 보내기 위한 목적으로 개발했기 때문입니다.

— 1938년에 조선어 수업이 금지됩니다. 당시 심경은 어땠습니까? 이와 관련해서 아버님께서 학교에 찾아오셨을 때의 일화를 말씀해주세요.

그때 '우리가 이런 세상을 사는구나! 슬프다! 분하다!'는 심정이었어요. 그때의 비통함과 참담함은 그전에는 경험한 적이 없었을 정도로 심했습니다. 학교에서 조선어를 못 쓰고 일본어만 써야 하니 그 심정이 오죽했겠어요. 한번은 아버지께서 학교에 오셔서 운동장에 서 계셨어요. 내가 아버지께 갔는데 일본어로 말하려고 하니 도저히 못 하겠더라고요. 그래서 내가 작은 목소리로 아버지께 "나중에 집에서 이야기해요"라고 말씀드리고 집으로 가시라고 했어요. 교실로 돌아올 때 정말 기가 막히더라고요.

그뿐만 아니라 아침마다 일본 쪽을 향해서 일본의 천황에게 큰절을 해야 했고 상업학교 다닐 때에는 일주일에 한 번 정도 단체로 신사참배를 했어요. 또 학교에는 '봉안전'(奉安殿)이라는 게 있었는데 여기에는 상자 같은 것 위에 천황의 사진을 올려놓았어요. 평소에는 철문으로 닫혀 있었고 행사가 있을 때만 문을 열고 사진을 꺼내서 큰절을 하게 했어요. 또 아침마다 그쪽을 향해서 절을 시키기도 했고요. 지금으로서는 상상하기 힘들 정도로 기가 막힌 세상을 살았어요. 조선어, 조선 역사 등 우리의 문화를 말살하고 일본 천황을 숭배하도록 한 것입니다. 정말 참담하고 기가 막힌 시절이었습니다.

— 목포에서 보통학교 다니실 때 일본인 선생님들도 여러 분 계셨을 텐데요. 교육자로서 일본인 선생님들, 특히 민족 차별 문제에 관해서 그분들은 어떤 태도를 취했습니까?

선생님에 따라서 차이가 있었지만 대부분 잘해주셨어요. 교육자로서 공부를 잘하고 학교생활 열심히 하는 학생들에게는 민족을 떠나서 잘해주셨습니다.

— 학교에 조선인 선생님도 계셨습니까?

네, 함께 근무했어요. 그때 일본인 선생님과 조선인 선생님은 월급에 차이가 있었어요. 일본인 선생님은 특별 근무수당 같은 것이 있어서 조선인 선생님에 비해서 월급이 거의 두 배 정도였어요. 그러니 조선인 선생님들은 불만이 있었습니다. 한번은 평소 나에게 잘해주시던 일본인 선생님께 이러한 내용에 대해 질문한 적이 있었어요. 그때 그분이 화를 내시면서 "우리는 고향을 떠나 멀리 이곳까지 와서 근무하는데 그 정도 대우도 안 해주면 누가 오느냐"고 나한테 따지듯이 말한 적이 있었어요. 그때 속으로 괜한 말을 했다고 후회했는데, 이때 일을 말하는 것은 그만큼 일본인 선생님과도 자유로운 분위기였다는 뜻입니다. 그런데 나중에 목포상업학교에서는 민족 차별하는 일본인 선생님이 좀 있었습니다. 물론 그때도 대부분은 교육자로서의 양심을 지키셨어요.

— 그때 여자친구는 없으셨습니까?

있었어요. 나름 사연이 있습니다. 내가 6학년 때 가을운동회에서 입상을 했어요. 달리기 등을 잘하는 학생들에게 상을 주었는데 그때 두세 명 정도 받았을 거예요. 교장 선생님께서 상장과 상품을 주셨는데 그때 교장 선생님 옆에서 상품을 넘겨주는 일을 하는 5학년 여학생에게 첫눈에 반했어요. 아주 예뻤어요. 그런데 그때는 학생이 연애를 한다는 것은 아주 수치스러운 일로 취급되었고 어른들에게 걸리면 혼나기도 했어요. 그런 시대이다 보니 나도 공부하는 학생이 한눈팔면 안 된다고 생각하면서 특별히 의사 표시를 하지도 않고 졸업해서 목포상업학교에 갔어요. 그러니 그 여학생은 내가 자기를 좋아하는 것을 전혀 몰랐어요.

1년 후 그 여학생도 고등학교에 진학했는데 내가 진학한 학교는 북쪽에 있고 여학생이 다닌 학교는 남쪽에 있었어요. 그런데 집은 반대로 나는 남쪽, 그쪽은 북쪽이었어요. 물론 그 사이에 길이 몇 개 있었지만 그 학생이 다니는 길 쪽으로 내가 일부러 방향을 잡으면 마주칠 수 있었어요. 지켜보니 그 여학생은 항상 다니는 길로만 가는데 그쪽 길은 내가 조금 돌아서 가는 곳이긴 했습니다. 나는 그런 것에 상관하지 않고 그 여학생 얼굴을 보고 싶어 시간 맞춰서 일부러 조금 돌아가곤 했어요. 그 여학생 얼굴을 보는 날은 기분이 좋았지요. 그렇게 한 4년을 하니 그 여학생도 한참 뒤에는 그 사실을 알게 되었어요.

나중에 알고 보니 여학생의 친척이 내 친구였어요. 그래서 그 여학생 졸업 후에 내 친구와 함께 셋이서 극장에 간 일이 있었습니다. 그러다가 내 첫 아내를 만나고 난 뒤에 마음이 바뀌었어요. 그때 내 아내를 만나지 않았더라면 그 여학생에게 청혼했고 결혼까지 할 수도 있었을 거예요. 지금 그분이 생존해 있는지 알 수 없지만, 그때는 플라토닉 러브의 시대였기 때문에 손목 한 번 잡아본 적도 없으면서 청혼과 결혼 생각까지도 할 수 있었던 것 같아요.

━ 목포에서 보통학교 다니실 때 특별히 기억나는 일이 있으면 소개를 해주세요.

전학 가자마자 4학년 때 일입니다. 신문사인지 어디서 주최했는지 확실하게 기억나지 않는데 교통질서를 주제로 글을 공모한 적이 있었어요. 그때 내가 글을 제출했는데 입상이 되었어요. 그래서 전교생이 모인 자리에서 사이토 교장 선생님께서 우리 학교의 명예라고 크게 칭찬하시면서 상장을 대신 주신 적이 있었습니다. 그렇게 하니 여학생들이 나보고 좋겠다고 하면서 몰려들었어요. 전학 가자마자 그런 일이 있어 동급생들이 좀 놀랐던 것 같아요.

목포공립상업학교 친구와 선생님

━ 초등학교 졸업하고 목포공립상업학교에 수석으로 입학하셨습니다. 시험을 보셨습니까?

네, 필기시험, 면접시험 다 봤습니다. 총 학생이 164명으로 일본인과 조선인을 반씩 뽑았는데, 내가 전체 1등을 했어요. 당시 목포상업학교는 전국적으로 알려진 유명한 학교였기 때문에 여기에 입학하면 주변에서 부러워했습니다. 입학해서 1학년 급장, 2학년 급장을 했어요.

━ 목포공립상업학교 시절 대통령님의 성적을 보면 고학년으로 올라갈수록 성적이 조금씩 떨어집니다. 그 이유는 무엇입니까?

내가 3학년 때 대학에 가기 위해 진학반으로 갔어요. 그때 만주 건국대학에 가고 싶다고 생각했습니다. 집안의 큰형님 되는 분이 만주에 계셨는데 그분이 목포에 오셨을 때 만주 이야기를 해주었어요. 이야기를 들어보니 내가 잘 몰랐던 새로운 세상이 있는 것 같은 느낌이 들었어요. 그래서 좀더 넓은 곳으로 가서 세상을 크게 보고 싶다는 생각이 들었고 그 학교는 숙식부터 등록금까지 전액 무료였기 때문에 넉넉하지 못한 우리 형편을 감안하면 좋은 선택이라고 생각했던 것입니다. 그런데 일본과 미국이 전쟁을 시작하면서 세상이 더욱 험악해지고 대학에 진학할 상황이 안 되더라고요. 그래서 좌절감이 들어 공부하기가 싫어졌어요. 거기에다 학교에서 일본인 학생들과도 부딪치면서 사상적으로 나쁘다는 말도 나왔고, 이것 때문에 성적에서 불이익을 준 일본인 선생님도 있었습니다. 징병한다는 말도 나오니 더더욱 공부하기가 싫어져서 성적이 떨어졌어요.

━ 어머님께서 기대가 크셨을 텐데, 성적이 떨어져서 고민이 많으셨을 것 같습니다.

어머니는 내가 처음 그대로 공부를 잘하는 줄 아셨어요. 어머니께 성적이 떨어졌다는 이야기를 하지 못했고 어머니는 글을 모르셔서 성적표의 내용을 읽지 못하셨거든요.

━ 기록을 보면 대통령님께서 건국대학에 재학하셨다는 내용도 있는데요. 이것은 어떻게 된 것입니까?

그것은 만주 건국대학과 관계가 없어요. 내가 사업하면서 부산에 살 때 그곳에 건국대학이 생겼는데 거기에 입학했어요. 등록금도 내고 정식으로 입학했는데, 사업하면서 공부에 전념하는 것이 쉽지 않았어요. 그렇다 보니 결국 흥미를 잃어버려서 중간에 그만두었습니다. 부산에 있던 건국대학은 나중에 동아대학교와 합친 것으로 알고 있습니다.

━ 일본인 학생과 부딪친 일이 있다고 말씀 주셨는데요, 어떤 일이 있었습니까?

그때 성적도 그렇고 세상 돌아가는 상황도 그렇고 마음대로 되지 않다 보니 울적할 때가 많았습니다. 하루는 하교시간에 내가 교실 청소를 하고 있었는데 일본인 학생이 교실로 들어와 이곳저곳 걸어 다니면서 쓸데없는 이야기를 해 사람 비위를 건드렸어요. 그 친구가 교단 위에 있고 나는 교단 아래에서 청소하고 있었는데 신경이 쓰여서 "왜 남이 청소하는 데 들어와서 쓸데없는 소리 하면서 방해하냐"고 몇 마디 했더니 주먹으로 내 얼굴을 그냥 쳤어요. 순간 내가 비틀거렸는데, 정신 차리고 나서 "왜 사람을 치냐"고 소리를 지르니 그 친구가 뭐라고 하면서 다시 나를 치려고 했어요. 내가 손을 붙잡고 "비겁한 놈의 자식"이라고 소리치며 뒤로 넘겨 바닥으로 내동댕이쳤어요. 그때 내가 일본 씨름부에 속해 있고 씨름을 상당히 잘했어요. 산닌누키(三人抜き)라고 하는데, 세 사람을 연거푸 때려눕힌 적도 있었을 정도였어요.

그 일본인 학생을 땅으로 던진 후에 나도 분노가 폭발해서 군화로 얼굴을 밟아버릴까 하는 충동이 순간 생기기도 했는데 결국 참았습니다. 그때는 모두 군화를 신고 있었고 신발 바닥에는 쇠로 된 징을 박아 놓았기 때문에 군화로 얼굴을 밟으면 아주 심각한 부상이 생길 수도 있었지요. 마음을 가라앉히고 그 친구를 일으켜 세운 후에 "야, 이놈아, 나는 너한테 말로 했는데, 어떻게 나한테 그럴 수 있냐"고 따지니 이 친구가 일본어로 "요시(よし)!" 즉, '너 두고 보자' 하고 나가더라고요. 그날은 그렇게 끝났는데 하루 이틀 지나서 일본인 상급생이 학교 뒤쪽으

로 오라고 했어요. 상급생은 "니 사상이 나쁘다면서? 네가 일본인에게 저항한다면서?"라고 말하면서 집단으로 나를 두들겨 팼어요. 그때는 군대처럼 상급생한테는 꼼짝할 수 없었고 나 혼자 어떻게 할 수도 없어서 아주 죽도록 맞았어요.

━ 그 일본인 학생은 왜 그랬을까요?

평소에 잘난 척을 많이 하는 아이였는데, 자기 우월감에 빠져 옆에 있던 나에게 괜히 시비를 걸었던 거예요. 그렇게 나한테 당한 후에 자기가 아는 일본인 선배들에게 찾아가서 내가 사상이 나쁘고 일본인에게 나쁜 감정을 갖고 있다는 식으로 소문을 낸 것이지요.

━ 험악한 시절이었습니다.

그렇지요. 그런데 뒤의 이야기가 또 있어요. 내가 일본 씨름부를 하고 있었다고 했잖아요? 거기에 서씨 성을 가진 조선인 상급생이 있었어요. 내가 하도 얻어맞아서 얼굴에 상처가 남았거든요. 그 선배가 나를 보더니 이유를 물어요. 자초지종을 설명하자 그 선배가 분노했어요. 서 선배가 나를 구타한 일본인 상급생보다 1년 위였는데, 나중에 알고 보니 서 선배가 그 일본 학생들을 불러서 두들겨 팼다고 그러더라고요.

━ 대통령님께서 목포공립상업학교 4학년 때 제출하신 보고서에서 맹자의 왕도정치와 일제의 식민정치를 비교하신 적이 있고, 이 일로 학교에서 아버님을 부른 적이 있다고 하는데요.

식민정치를 비교하고 비판했다는 것은 사실이 아닙니다. 그때 그런 내용을 공개적으로 쓸 수 없었어요. 내가 한 것은 맹자의 왕도정치를 설명하고 그 의미를 제시한 정도였습니다. 물론 나는 당시 정권을 갖고 있던 일본이 조선에서 잘못하고 있다는 뜻을 우회적으로 밝히려고 했지만 노골적으로 할 수는 없었어요. 다만 학교에서 그렇게 해석을 해서 주의를 받은 적이 있습니다.

— 일본인 선생님들에 대한 기억은 어떻습니까?

대부분의 일본인 선생님은 나를 좋아했어요. 내가 다른 과목도 잘했지만 특히 일본 역사를 아주 잘해서 일본인 선생님들이 감탄했어요. 수학 선생님 한 분이 수업 시간에 자주 나를 칭찬하셨던 것이 기억납니다. 2학년 때 담임을 맡으셨던 무쿠모토 선생님도 생각납니다. 이분은 정치에 관심이 많았고 웅변에 소질이 있었어요. 한번은 나보고 시국에 대해서 웅변을 해보라고 하셨어요. 한참을 들으시더니 "대단한 웅변이다. 김대중의 웅변은 일본의 대의사가 의사당에서 한 것에 못지않다. 아주 훌륭하다"라고 하시면서 크게 칭찬하셨어요.

육군 중위가 교련 선생님을 하고 있었는데, 그분이 한 달에 한 번 정도 학생들을 모아 시국강연을 했어요. 물론 일본에 유리한 내용만 강연했지요. 한번은 강연 후에 질문을 하라고 해서 내가 유럽문제에 대해 이야기하면서 흑해에서 지중해로 이어지는 터키(현 튀르키예)의 다르다넬스해협에 대해서 질문했어요. 그런데 그 교련 선생님이 이 해협을 몰라서 대답을 못 했어요. 나는 그분을 곤경에 빠트리려고 질문한 것이 아니었는데 결과적으로 그렇게 되었어요.

━ 목포공립상업학교 시절의 일본인 학생들은 주로 어떤 배경을 갖고 있었습니까?

부모가 상업활동을 하거나 공무원을 하거나 그랬습니다.

━ 대통령님께서 상업학교 다니실 때에는 일제의 민족말살 정책이 노골화되고 있었는데요.

일제는 조선말도 못 쓰게 하고 조선 역사도 배우지 못하게 해서 조선 문화를 말살하려고 했어요. 징병과 징용과 정신대 등으로 우리 민중들을 끌고 가서 착취하고 인권을 유린하고 죽게 만들었어요. 완전히 암흑세상이었습니다.

━ 상업학교에 재학하실 때 일본 교관이 당시 조선 학생들을 괴롭히기 위해서 엄청나게 많은 양의 숙제를 냈다고 합니다. 다른 학생들은 못 했는데 대통령님께서는 이것을 다 하셔서 교관이 당황했다는 일화가 있던데요.

교관이 자기를 과시하고 조선 학생들을 골탕 먹이기 위해서 일부러 그렇게 했어요. 일반적으로 학생들이 신문을 잘 안 보기 때문에 시국에 관한 내용을 숙제로 내면 학생들이 어려워할 것이라고 생각한 것이지요. 나는 하의도에 있을 때부터 신문 보는 것을 좋아했기 때문에 숙제를 잘해 갔어요. 그래서 소문이 퍼진 적이 있었습니다.

━ 대통령님께서 취임 이후에 일본을 방문하셨을 때 목포공립상업학교의 은사셨던 무쿠모토 이사부로 님을 만나셨는데요. 그분은 어떤 분이셨고 어떤 기억들이 있으신지 말씀해주십시오.

목포공립상업학교 시절(1942).
2학년 때 담임이었던 무쿠모토 이사부로
선생님은 김대중의 웅변을 듣고 일본 국회의
대의사 같다고 칭찬했다. 그후 선생님은
도쿄 상대에 진학해서 외교관이 되어
뉴질랜드와 우루과이 대사를 역임했다. 선생님과는
김대중이 대통령이 된 후 일본에서 다시 만났다.

그분은 2학년 때 담임 선생님이었어요. 그때 내가 급장을 맡았는데 사이가 좋았습니다. 그분은 일본 나가사키 고등상업학교를 졸업하셨어요. 자유주의적인 성향이 강했고 특히 정치에 관심이 많으셨습니다. 좀 전에 이야기했던 것 같은데, 정치와 관련된 주제로 토론할 때 내가 말을 잘하니 나에게 일본 국회의 대의사 같다고 칭찬해주신 적이 있었어요. 선생님은 조선인을 차별하지 않았습니다. 그래서 그분 집에 놀러가기도 하고 자주 대화를 했어요. 그분은 그후 도쿄 상대에 진학해서 외교관이 되셨어요. 그래서 뉴질랜드와 우루과이 대사까지 역임하셨습니다. 내가 대통령이 되어 일본을 방문해서 도쿄호텔에서 만나 뵈었을 때는 정년퇴임을 하신 상태였어요.

— 그때 언론 보도에 의하면 무쿠모토 이사부로 선생께서 1973년 대통령님 납치사건이 발생했을 때 주 튀르키예 일본공사로 계셨다고 합니다. 그때 뭔가 도움을 드리고 싶었는데 여의치 않으셨고 대통령님께서 극적으로 생환하신 후에 편지를 보내셨는데 전달이 되지 않았다고 합니다.

워낙 통제가 심했으니 편지가 전달되지 못했을 거예요. 특히 일본 외교관의 편지이니 내용과 상관없이 특별히 통제했을 겁니다.

— 상업학교 시절에 대통령님께서 좋아하신 과목은 어떤 것들이었나요?

그때도 인문계 과목을 좋아했어요. 특히 역사를 좋아했습니다.

— 씨름 외에 특별히 좋아하신 운동은 더 있었습니까?

그때는 전반적으로 체력이 좋았고 운동도 제법 했습니다. 그때 중무장을 하고 유달산을 일주하는데 내가 1등을 했어요. 그때 중무장이라고 하면 총을 메고 대검을 차는 것은 기본이고요, 거기에 더해서 배낭에 책을 가득 넣어 등에 메고 다리에는 각반을 두르고 모자를 써서 완전 군인처럼 해서 움직이는 것이었어요. 중간에 힘들어하는 사람 총까지 대신 들어주면서 1등을 했을 정도이니 그때는 체력이 상당했습니다. 그런데 졸업하고 2, 3년 뒤에 동네에서 동 대항 장거리 달리기 대회가 있었어요. 나는 자신이 있어서 참가했는데 몇 년 동안 특별한 운동을 하지 않은 상태에서 하니 중간에 기권했어요. 잘 안 되더라고요. 역시 노력을 해야만 된다는 사실을 그때도 깨달았습니다.

— 학창 시절에 친하셨던 분들로 박병술·윤현수·김진하·정진태 선생님 등이 알려져 있습니다.

김진하 씨하고는 특별한 일은 없었고, 정진태 씨는 동기동창이고 아주 친했어요. 그래서 그 집에 가서 놀기도 했고 그 친구 아버지 덕택으로 함께 말을 타기도 했어요. 윤현수 씨는 같은 학교를 다니지 않았지만 같은 연배였고 아주 친했어요. 그 집에 가서 시국 이야기도 하고 그랬어요. 그때는 낭만이 별로 없었습니다. 한 가지 기억나는 일화가 있는데, 임의주라는 선배가 있었습니다. 그 선배가 한번 만나자고 하더니 시국에 대해서 얘기하더라고요. 우리가 뭔가 해야 할 것 아니냐는 취지의 말인데 나는 그 사람에 대해서 잘 모르기 때문에 쉽게 답을 하지 않았습니다. 그러니까 다시 연락을 하지 않더라고요. 여하간 전체적으로 그때는 낭만이라는 것이 별로 없었어요.

━ 지금까지 말씀해주신 것 외에 상업학교 시절 기억나시는 일
화가 있다면 소개해주시지요.

여름에 학교에서 숙식하면서 봉사활동을 하는 근로봉사대
라고 있었어요. 그때 '담을 시험한다'고 해서 '시담회'라고, 밤
중에 공동묘지를 갔다 오게 한 적이 있었어요. 다들 무서워서
가기 싫어했어요. 나도 가기 싫어서 조마조마한 심정으로 잠자
리에 들었는데 나를 깨워요. 그리고 긴 쪽지를 주면서 공동묘지
에 가면 불을 켜놓은 곳이 있으니 이 쪽지를 매달고 오라는 거
예요. 정말 가기 싫은데 못 간다고 할 수 없는 분위기이다 보니
결국 가긴 갔어요.

그런데 도중에 일부러 겁을 주려고 도깨비 흉내 낸 사람이
있었는데 나중에 알고 보니 선생님들이었어요. 그 가짜 도깨비
들이 돌도 던지고 음산한 소리도 내면서 겁을 주고 그랬어요.
그때는 가짜인 줄 몰랐기 때문에 정말 무서웠어요. 어떤 친구
는 너무 무서워서 도중에 도망가기도 했는데 나는 겁이 나도 할
일은 했어요. 나중에 내 삶이 그랬듯이 그때도 할 일은 했지요.
그래서 결국 끝까지 올라가서 등에다가 쪽지를 묶었는데, 거기
에서도 또 돌이 날아오고 "웅~ 웅~" 이런 소리가 났어요. 나는
"너 이 자식 고노 바카야로(この馬鹿野郎!)!" 하면서 돌을 집어
막 던졌어요. 그랬더니 갑자기 선생님이 "어이, 김대중! 어이!
어이! 나다! 나다! 하지 마라!" 그래요. 그런 일도 기억납니다.

유달산과 「목포의 눈물」

━ 그 당시 목포는 큰 항구가 있고 물동량도 많은 역동적인 도시였습니다. 이러한 분위기가 대통령님께 많은 영향을 주었을 걸로 생각됩니다.

나는 정치하면서 목포에서의 경험이 참으로 큰 도움이 되었다는 것을 알게 되었어요. 목포는 물류가 발달한 상업도시였어요. 그곳에서 보고 들은 것들은 모두 경제활동과 연결되어 있었습니다. 부두는 번창했고 물자의 이동도 활발했으며 항구 주변 거리에는 음식점을 포함한 여러 가게가 많았어요. 또 그곳에는 섬에서 배 타고 온 사람들, 시골에서 올라온 사람들, 멀리 외지에서 온 사람들까지 다양한 사람이 오가면서 경제활동을 했어요. 이런 모습을 매일 접하면서 경제의 흐름과 그 속에서 살아가는 평범한 우리 이웃들의 삶에 대해서 배운 바가 많았어요.

목포에서 내가 상업학교를 다녔고 사업도 했지요. 그래서 이곳에서 실물경제뿐만 아니라 회계를 비롯한 각종 경제 지식과 사고방식까지 배우고 깨쳐서 나중에 국회의원이 된 후에 정책심의, 예산심의를 할 때 큰 도움이 되었습니다.

━ 목포 유달산에는 자주 오르셨습니까?

자주 올랐다고 하기는 어려워요. 나는 고소공포증이 있어서 7층 정도 올라가면 밑을 내려다보지 못하고 문에 딱 붙어 있어요. 방에 누워 있을 때도 20층, 30층 정도 되는 곳에서 아래를 내려다보는 생각을 하면 발가락부터 신경이 예민해져서 간지

럽고 공포심이 몰려옵니다. 그래서 나는 등산을 잘하지 못했고 유달산에도 중턱까지는 많이 갔지만 정상은 몇 번 간 것이 다예요. 지금도 정상에 올라갔던 일을 생각만 해도 긴장이 됩니다. 유달산이 높은 산은 아니어도 정상 부근은 좀 가파르고 험하거든요. 유달산은 작고 아담한데 참 아름다워요. 유달산에 오포대라고 있었는데 12시가 되면 포를 쏴요. 그래서 사람들이 포 소리가 나면 12시라고 생각했어요. 나중에는 사이렌 소리로 바뀌긴 했어요. 그 오포대에도 가고 유달산 중턱까지는 자주 갔어요. 거기서 보는 삼학도는 정말 아름다웠습니다.

유달산 뒤쪽에 가면 내가 우리나라에서 제일 좋아하는 경치가 있어요. 고하도 쪽 유달산 뒤에 대반동이라는 곳이 있는데 그곳이 해수욕장이었어요. 거기서 해수욕을 했는데 지금은 해수욕장이 없어졌어요. 그 앞이 큰 호수 같은 강물이어서 바다 입구까지 고하도를 가로막고 있어요. 배들이 고하도를 돌아서 저쪽으로 가니 유달산 쪽에서 보면 섬이 전부 연결되어 있는 것으로 보였습니다. 호수같이 보이는 이 바다가 정말 아름다웠어요. 지금도 나는 그런 곳에서 살고 싶어요. 그래서 자식들에게 "내가 다른 욕심은 없지만 대반동에 바다가 보이는 한옥집을 하나 지어서 바다 경치를 보면서 여생을 보내면 좋겠다"는 이야기를 하곤 했는데, 현실은 쉽지 않네요. 나는 바다가 아니라면 강물이라도 보이는 곳에서 사는 것이 소원이에요.

━ 대통령님께서는 「목포의 눈물」이 우리 민족의 서러움과 한을 노래한 작품이라고 하신 적이 있는데요.

「목포의 눈물」은 그 당시 우리 민족이 나라 잃은 설움을 표현한 노래예요. 특히 2절의 "삼백 년 원한 품은 노적봉 밑에"라는 가사는 완전히 우리 민족의 설움을 노래했지요. 내가 알기로는 일제강점기에는 2절 가사를 좀 바꿔서 '원한 품은'을 '원안풍은'이라고 표기해서 의미가 제대로 전달되지 못하도록 했을 겁니다. 「목포의 눈물」에 담긴 우리 민족의 설움과 한(恨), 나는 이 한에 대해서 이렇게 생각해요.

'좌절된 소망을 안고 몸부림치는 상태가 한이다.'

춘향이의 한은 이 도령과의 사랑이 좌절되면서 생긴 것이니 사또가 회유하고 협박해도 이 도령을 만나야 한이 풀려요. 다른 부귀영화로는 한을 풀 수가 없습니다. 흥부의 한은 가난에 의해 제대로 먹지도 못하는 상태에서 발생한 것이니, 이 문제를 해결해야 한이 풀립니다. 또 심청이의 한은 아버지가 앞을 못 보는 고통을 겪는 것에 있으니 이것을 해결해야 풀려요. 그러니 심청이가 인당수에 몸을 던진 이후에 옥황상제가 살려줘서 황후가 되었는데도 아버지가 제대로 눈을 떴는지 확인을 못 하니 계속 한이 있다가 나중에 아버지의 건강이 회복된 것을 확인한 후에야 한이 풀리게 됩니다. 한이란 그런 것입니다. 그래서 「목포의 눈물」에 담겨 있는 한의 정서, 이것은 결국 잃어버린 나를 되찾고자 하는 우리 민족의 몸부림의 표현이라고 할 수 있어요.

— 한에 대해서 좋은 말씀 감사합니다.

한 가지 추가할게요. 우리말 중에서 외국어로 제대로 번역이 안 되는 것이 3개가 있어요. 한과 멋 그리고 흥입니다. 멋에 대해서 이야기하자면 멋은 사치가 아니에요. 옥양목 치마를 입어도 아주 멋있을 때가 있어요. 머리에 수건을 동여매고 일어서도 멋있을 때가 있어요. 멋은 화려하지 않아도 인간의 삶과 문화를 잘 나타낼 때 형성되는 느낌과 가치라고 할 수 있어요. 우리나라에서 멋으로 대표적인 분은 원효 스님이에요. 당시 지배층의 고정관념에서 볼 때는 상당히 파격적인 모습을 보여주면서 통일전쟁 과정에서 희생하고 고통받는 민중들의 애환을 보듬어주고 종교적으로 승화시키는 모습은 지금 봐도 대단해요. 이분의 삶을 보면 멋있다는 말이 자연스럽게 나와요. 멋은 그런 것입니다.

━ 대통령님께서는 일제강점기 때 징병에 끌려가실 뻔했다고 하는데요.

그때 징병에 끌려갈 뻔했어요. 전쟁 막판에 일본이 총력전을 할 때라서 그때 끌려갔으면 난 살아 돌아오지 못했을 거예요. 그때 징병을 늦췄다가 해방을 맞이해서 일본군에 끌려가지 않았는데 이것은 전적으로 아버지 덕택이에요. 그때 조선 사람들은 생년월일을 호적에 늦게 올리는 경우가 많아서 실제 나이는 서류상 나이보다 많았어요. 그래서 원래 태어난 해로 호적을 바꿔서 당장 징병을 피하려고 호적 정정신청을 하는 경우가 많았어요. 그런데 그 방법은 통하지 않았어요. 서른된 사람도 데려가는데 그것이 통할 리가 없었습니다.

아버지께서 이런 분위기를 파악하시고 나에게 "지금 사람이 부족해서 징병하는데 몇 년 올린다고 해서 빼줄 리가 없으니 오히려 너는 나이를 낮추는 것으로 신청하자"고 하셨어요. 우리 면에서 나만 통과되어 1925년 12월 3일로 정정이 되었습니다. 나는 원래 1기 대상이었는데 해가 바뀌었고 또 12월부터는 3기로 분류되어서 그만큼 징집시기를 연기하게 되었어요. 그러다가 8·15 해방을 맞이해서 일본군에 끌려가지 않게 된 것입니다. 이 모든 것은 아버지의 기지 덕분이었어요.

— 그때도 자칫 잘못하면 위험한 상황에 처하실 수 있었네요.

그렇지요. 이런 일도 기억납니다. 3기 대상이 되어 신체검사를 받고 훈련을 받으려고 본적지인 하의도로 갔어요. 그때 내가 다니던 보통학교의 선생님들이 훈련을 시켰어요. 속이 좁은 한 일본인 교사가 계셨는데 이분이 훈련 도중 나를 끌어내서 아무 이유도 없이 구타를 했어요. 나는 어릴 때부터 하의도에서 유명했고 그 평판이 지속되고 있었는데, 이분이 이것을 깨고 싶었던 거예요. 높이 평가받는 조선인을 가만 놔둘 수 없다는 심리였지요. 이것은 명백한 민족차별이었어요. 어머니는 같이 오셨다가 내가 맞는 것을 보시고 발만 동동 구르시고 안타까워하셨어요.

얼마 후에 일본이 패전해서 그 사람이 목포로 나와서 귀국해야 하는 상황이 되었어요. 그런데 그분이 그때 나한테 한 짓이 있어서 무서워서 벌벌 떨고 집 밖으로 나오지 못한다는 이야기를 들었어요. 그때는 일본인을 때려죽인다 해도 문제 삼기 어려운 분위기였거든요. 내가 그 소식을 듣고 그 사람에게 보복하지 않고 안전하게 귀국하도록 해준 일이 있었어요. 나는 그때나 지금이나 사람에게 모질게 하지 못합니다. 나는 그렇게 살아왔어요.

— 일제 말기에 주로 읽으신 책은 어떤 것이었습니까? 독서모임 같은 것을 하신 적이 있나요?

독서모임은 하지 않았어요. 당시에 주로 읽은 책은 『가이조』라고 한자로는 개조(改造)라고 하는데, 일본에서 가장 진보적인 잡지였어요. 그런 계통의 잡지 중에서 좀 오래된 것이 아닌가 싶어요. 그러다 보니 제2차 세계대전 말 일본의 군국주의가 심해졌을 때 『가이조』는 폐간되었을 거예요. 그런 배경이 있는 잡지인데, 당시 바깥 사정을 알 수 있는 정보를 얻기 매우 힘든 상황에서 『가이조』를 읽으면서 그래도 조금씩 배울 수 있었어요. 그때는 지금의 북한처럼 워낙 통제되어 있다 보니 정확한 내용을 알기 힘들었어요. 그 당시 일본이 지고 있다고 누구도 생각하지 않았거든요.

— 중·일전쟁, 태평양전쟁이 발발하는 그 당시 국제정세를 어떻게 인식하셨습니까?

당시 조선 사람들은 일본이 전쟁에 패배할 것이라고 생각한 사람이 별로 없었습니다. 그때 정보가 통제되어 있어서 일본이 이기고 있다는 이야기만 들었기 때문에 국제정세를 정확히 알기 어려웠어요. 위에서 알려주는 것에 대해서 의심하고, 다른 말을 하면 바로 처벌을 받기 때문에 그렇게 하기도 힘들었어요. 그래서 일본이 아시아를 완전히 지배하게 될 것 같다고 생각한 사람이 많았습니다. 미군이 오키나와까지 왔어도 일본이 패배하지 않을 것이라고 생각하는 사람이 많았어요. 나는 오래전부터 신문을 유심히 보면서 전쟁의 추이에 관심을 갖고 있었어요. 그 결과 나는 조심스럽게 일본의 상황이 어려운 것 같다고 판단했어요. 그러나 그때 그런 생각을 하는 사람은 별로 없었습니다.

첫 번째 결혼

— 차용애 여사님을 처음에 어떻게 아시게 되셨습니까?

해방 전 회사 다닐 때 여름이었어요. 회사 문 앞에 앉아서 밖을 바라보고 있었는데 어떤 젊은 여자가 양산을 쓰고 걸어가는데 얼마나 예쁜지 한눈에 반해버렸어요. 누군지 알아보니 마침 상업학교 시절 친하게 지낸 친구의 누이동생이었어요. '이것 아주 잘 되었다. 정말 좋은 기회다' 생각하고 그 친구 집에 자주 놀러 갔어요. 일부러 간 거지요. 그렇게 그 집의 어린아이들에게 이야기도 해주고 같이 놀아주기도 하다 보니 그 집 식구들과 가까운 사이가 되었습니다. 나중에 장모님 되시는 내 친구의 어머니께서도 나를 좋아하셨어요.

그런 자연스러운 분위기에서 아내와 나는 서로 호감을 가졌고 결혼 이야기까지 나오게 되었어요. 내 친구는 나에게 "너가 내 매제 해라" 이렇게 이야기도 하고요. 그런데 나중에 장인 되시는 그 집 아버지께서 반대하셨어요. 나를 싫어해서 그런 것은 아니고 내가 곧 징병이 되어 전쟁터로 끌려갈 상황이기 때문에 결혼을 허락할 수 없다는 거예요. 전쟁 가서 내가 죽을 수도 있

첫 번째 부인 차용애 여사(1950년대 후반).
차용애 여사는 미장원을 운영하면서
선거를 치르는 남편 대신 어려운 살림을
꾸려갔다. 홍일이가 11살, 홍업이가 9살 때인
1959년 세상을 떠났다.

으니, 이 점을 우려하신 거지요. 그래서 장인께서는 목포와 떨어져 있는 섬에서 나이가 많아 징집 대상이 아닌 노총각을 알아봤고 그쪽에 시집보내기로 했어요. 그 집에서도 갈등이 있었는데 장인이 상당히 권위적인 분이어서 자신의 뜻대로 밀고 나갔어요. 이견이 해소가 안 되어 결국 나, 아내, 장인, 장모님 이렇게 넷이 모여 일종의 최후담판을 했습니다. 그 자리에서 장모님께서 내 아내에게 "네가 당사자이니 오늘 결정해라. 어떻게 할 거냐?" 그러셨어요. 그 자리에서 내 처가 싫다고 하면 결혼 못 하는 것이었어요. 그런데 내 처가 나를 바라보면서 "난 이 사람하고 결혼할 거예요. 이 사람과 결혼하지 못하면 죽어버리겠어요"라고 아주 강하게 말했어요. 그러니 장인도 결국 자신의 뜻을 거두셔서 결혼할 수 있게 되었습니다.

— 그전에 차용애 여사님께 프러포즈를 하셨습니까?

그럼요, 했어요. 다만 요즘 젊은 사람들이 하는 것처럼 이벤트를 만들어서 하거나 그런 것은 아니었어요. 자연스럽게 내 뜻을 전했고 아내가 받아주었습니다.

— 데이트는 어떻게 하셨나요?

주로 그 집에 내가 가서 만나는 경우가 대부분이었습니다. 친한 친구의 집이어서 찾아가는 데 부담이 별로 없었어요. 그 외에는 극장에 한두 번 간 정도가 다예요. 그때만 해도 다방 같은 곳에서 젊은 남녀가 차 마시고 이야기하는 것이 자연스럽지 않았어요.

— 이 결혼에 대해서 대통령님의 부모님께서는 어떻게 생각하

셨습니까?

아버지께서는 괜찮다고 하셨는데, 어머니께서는 그다지 마땅치 않게 생각하셨어요. 아내가 마음에 들지 않아서 그런 것이 아니고 사돈 되는 내 장인의 태도에 불만이 있으셨어요. 다만 내가 적극적으로 나서니 어머니께서는 반대하지 않으셨습니다.

— 결혼식은 어디서 하셨습니까? 신혼여행은 가셨나요?

그때는 전쟁 중이었기 때문에 아주 간단하게 했습니다. 그래서 결혼식과 관련해서 특별히 이야기할 내용이 없어요. 신혼여행은 생각할 수도 없었어요.

— 차용애 여사님 집안이 목포에서 상업적으로 상당히 크게 성공했던 집안으로 알려져 있는데요.

장인이 인쇄소를 하셨는데 그 규모가 전라남도에서 두세 번째 정도였어요. 재력이 상당했어요.

— 장인이신 차보륜 선생께서는 우익 진영에서 활발한 활동을 하신 것으로 알려져 있습니다.

아까 말한 대로 장인은 인쇄소를 크게 운영하신 사업가로서 목포 지역의 유지였고 한국민주당(한민당) 목포지부의 부지부장을 하셨어요. 그때 해외에서 귀환하는 동포들이 많았습니다. 정확한 명칭은 기억나지 않지만 '귀환동포 대책위원회'라는 조직의 책임자도 하셨어요. 이렇게 장인은 지역에서 우익에 속한 분들과 교류하시고 여러 활동을 하셨어요.

— 1946년 10월에 첫째 아이가 태어났습니다. 딸이라고 알고 있습니다. 그런데 그 따님은 일찍 세상을 떠났지요.

정말 예쁘고 귀여웠어요. 그런데 두 살쯤 됐을 때 갑자기 죽었어요. 그때 굉장히 괴로웠어요. 그렇게 슬플 수가 없더라고요. 나중에 그 아이 시신을 묻어야 하잖아요. 그때 미군 CIC에 근무하던 김문수라는 친구가 있었어요. 광주 사람이고 나하고 친해서 자주 만났는데 그 친구가 지프차에 아이의 관을 갖고 와서 묻어줬어요. 나한테는 오지 말라고 하면서.

— 1948년 1월에 장남 김홍일 의원께서 태어나셨습니다.

홍일이가 1948년에 태어났는데 이 아이가 태어날 때 거꾸로 나왔어요. 아주 난산이어서 아내가 고생을 많이 했고 위험했어요. 산파가 와서 도움을 주었고 나도 옆에서 아내 다리를 잡고 홍일이가 잘 나올 수 있도록 도왔어요. 아내가 그때 많이 고생했지요. 아내는 죽을 때까지 나만 사랑하고 나를 위해서 최선을 다했어요.

일본의 항복

— 8·15 해방 당시 체험한 상황을 말씀해주시지요.

8월 15일 일본 천황의 항복 방송이 있었어요. 나는 아침부터 처갓집 오래된 라디오 앞에 앉아서 천황의 말을 듣고 있었습니다. 그때 천황이 떨리는 목소리로 "항복! 무조건 항복한다!"라는 거예요. 나는 너무 기뻐서 밖으로 나가 "조선이 독립한다!"고 소리치면서 뛰어다녔어요. 그런데 나중에 생각해보니 매우 위험한 행동을 했던 것이에요. 그때 아직도 곳곳에 군과 경찰이 있었거든요. 그렇게 뛰어다니다가 목포 금융조합 앞 골목까지 갔어요. 그때 평소 알고 지내던 세무서 다니는 친구가 지나가다 나를 보고 자전거에서 내렸어요. 그때는 모두 전투모를 쓰고 다녔는데 나한테 경례를 하면서 일본어로 "오랫동안 신세졌습니다. 이제 입영합니다"라는 거예요. 그래서 내가 "이 친구야, 전쟁은 끝났어. 졌어" 하니 "뭐라고요? 미국이 졌어요?"라고 되묻는 거예요. 내가 "미국이 아니라 일본이야"라고 하니 믿지 않으려는 거예요. 그때는 정보가 통제되어서 대부분 전황을 잘 몰랐어요.

━ 해방 직후 목포 지역의 분위기는 어떠했습니까?

대부분의 목포 사람들은 당시 해방될 것이라고 예상하지 못했어요. 그건 어디서나 마찬가지였겠지요. 그래서 깜짝 놀랐는데 다들 크게 환영하고 흥분하고 그랬어요. 그때는 종이가 귀한 시절인데, 내 처가가 인쇄소를 운영하고 있어서 종이를 쉽게 구할 수 있었어요. 그래서 일본 천황이 항복했다는 내용의 글을 써서 거리에다 붙였어요. 그런데 그때는 아직 일본군이 멀쩡하게 거리를 활보하고 있었기 때문에 지금 생각해보면 아주 위험했어요. 그때는 너무 기뻐서 그런 행동이 위험하다는 생각을 하지도 못했지요.

━ 권노갑 선생께서는 해방 직후 목포공립상업학교에서 폭력사태가 발생했을 때 대통령님께서 소방차를 타고 가셔서 학생들을 화해하도록 했다고 증언하신 적이 있습니다.

그때 아직 철수하지 않은 일본군이 목포공립상업학교를 숙소로 쓰고 있었는데, 그들이 학생들과 충돌했어요. 그래서 내가 소방차를 타고 갔어요. 권노갑도 그때 같이 갔을 겁니다. 그때는 아직 일본군이 멀쩡하게 있었는데 일본이 패전했다 보니 이들은 겁을 먹고 있었어요. 그래서 내가 일본군 대장을 만나서 "이제 전쟁은 끝나서 우리나라는 해방되었다. 그러면 이제 남은 문제는 뭐냐? 당신들은 무사히 귀국하는 것이고 우리는 이제 되찾은 우리 땅에서 나라를 건국하는 것이다. 당신들과 우리가 대립할 이유가 없으니 당신들은 자제하라"고 말하니 그들은 "젊은 사람들이 우리를 위협하니까 이렇게 대응한 거다"라고 변명을 하더라고요. 결국 양쪽을 조정해서 사태를 해결했어요. 그때 해결하지 못했으면 심각한 상황이 발생할 수 있었어요. 그래서 위험하기도 했지만 가서 중재하려고 했어요.

▬ 소방차를 타고 가신 이유는 무엇입니까?

다른 차가 없었어요. 소방차가 위세가 있기도 하지요.

건국준비위원회 목포지부

▬ 해방 직후 대통령님께서는 건국준비위원회 목포지부에 참여하셨습니다.

그때 서울에서 여운형·안재홍 두 분이 중심이 되어 건국준비위원회(건준)가 생겼어요. 건준에는 좌우가 다 참여했고 지방에서도 그랬습니다. 그러다가 좌익이 중심이 된 인민공화국이 선포되었지요. 그러니까 우익에서 반발하여 '임시정부 봉대(奉戴)'

'임시정부 추대'라는 슬로건을 내걸면서 갈등하기 시작했어요. 나는 건국준비위원회 목포지부에서 선전과장을 했는데요. 주로 중앙에서 발표한 내용을 써서 알리는 일을 했습니다. 그때 웅변대회에 나가서 상을 탄 적이 있었어요.

그렇게 활동하다가 1945년 12월 말에 신탁통치 문제가 발표되었잖아요. 처음에는 좌우 가릴 것 없이 전부 반대했어요. 그런데 며칠 후에 좌익이 신탁통치 지지를 들고나왔어요. 그리고 우익의 거두 송진우 선생은 신탁통치 문제에 대해서 무조건 반대만 할 것이 아니라고 했다가 암살당했지요. 아주 혼란스러웠습니다. 나는 이러한 분열과 갈등이 안타까웠습니다. 그런 상황에서 중국 옌안에서 활동하던 조선독립동맹의 김두봉·최창익 등이 중심이 되어 조선신민당을 만들었는데, 이들이 좌우합작을 내걸었어요. 나는 이것을 지지해서 거기에 참여했습니다. 이것도 얼마 가지 못했어요. 공산당·신민당·인민당의 3당합당 운동이 전개되어 남조선노동당이 결성되었고 그 과정에서 여운형 선생은 이탈하기도 했습니다. 나는 그때 공산당 세력과 심하게 갈등했고 결국 이들과 결별했어요.

━ 이즈음 장인이신 차보륜 선생은 "1927년경에 공산당과 같이 독립운동을 한 적이 있다. 그런데 공산당은 믿을 수 없는 사람들이다"라고 말씀하셨다고 하는데요.

장인께서 겪으신 일을 말씀해주셨어요. 장인께서는 우익 민족주의 계열에서 활동하셨어요. 1927년경에 좌익 세력과 함께 독립운동을 하신 적이 있다고 하셨습니다. 그때의 경험을 회고

하시면서 "공산주의자들은 표리부동하고 목적 달성을 위해서 사람을 모함하고 속이기도 하는 등 수단과 방법을 가리지 않는다" "노동자와 농민을 위한다는 그들의 말에 현혹되어서는 안 된다" "공산주의자들을 믿어서는 안 된다"는 말씀을 자신의 경험에 근거해서 하시곤 했어요. 구체적인 사례를 들어가면서 말씀하셨기 때문에 상당히 설득력이 있었습니다.

━ 좀 전에 말씀해주신 웅변대회는 어떤 성격의 행사였습니까?

해방을 축하하는 웅변대회였어요. 그런데 지금 생각해보면 그때 내가 웅변을 잘 못했어요. 덮어놓고 악만 쓰고, 주먹 흔들면서 소리만 질렀는데 나중에 보니까 일등이라고 하더라고요.

━ 건준 목포지부에는 어떤 분들이 주로 참여하셨습니까? 건준에 대한 참여 열기는 어땠습니까?

목포에서 정치적 의식을 가진 사람들은 좌우 가릴 것 없이 모두 참여했습니다. 그래서 목포 주민들의 대표성을 완벽하게 갖고 있었지요.

━ 건준 이후의 활동에 대해서 말씀해주시지요.

건준에서 활동하다가 조선인민공화국이 선포되어 인민위원회로 넘어갈 때 조금 일했어요. 그 이후 조선신민당이 좌우합작을 지지한다고 해서 참여했다가 3당합당이 될 때 탈당했습니다.

━ 대통령님께서는 좌우합작 노선을 지지하셔서 조선신민당에 참여하셨습니다. 거기서 맡으신 직책과 주로 하신 일은 무엇이었나요?

조선신민당 목포시당 조직부장을 했어요. 그런데 입당원서 받으러 다닌 일도 없고 그냥 이름만 걸어놓고 있다가 그만두었어요. 당시 상황을 보면 독립촉성중앙협의회(독촉)와 공산당 등을 빼면 실제로는 조직력이 약했어요.

■ 조선신민당의 백남운 선생을 그전에 알고 계셨습니까?

그분은 경제학자로서 유명한데 몰랐습니다. 그만큼 당시 목포를 포함한 지역에서는 정보가 제한적이었어요. 완전 우물 안 개구리였습니다.

■ 그분의 책을 읽으신 적이 있습니까?

못 봤습니다. 경제학 관련 책을 썼다는데 구할 수도 없었고요. 해방 후 좌우 갈등이 심해져서 공산당을 배제하게 되었잖아요. 그때 백남운의 저서 등은 전부 금서가 되었어요.

■ 해방 이후 대통령님의 정치사회 활동에 대해 부모님이나 처가는 어떤 입장이었습니까?

처가도 말리고 우리 부모님도 못 하게 했어요. 장인은 과거 신간회를 할 때 공산주의자들과 함께 일한 경험을 이야기하면서 공산주의자들을 믿어서는 안 된다고 누누이 강조했거든요. 부모님께서는 "우리 집에서 너밖에 믿을 사람이 없는데, 네가 이렇게 위험한 일을 하고 다니면 어떡하나"고, 하지 말라고 신신당부하셨어요. 어머니는 내 손목을 붙잡고 말렸지요.

■ 대통령님 장인 차보륜 선생님은 한민당에 참여하셨는데요. 대통령님께서는 좌익 세력과 결별한 이후 우익 진영에 참여하지 않으셨습니까?

그때 장인이 신분 보장에 도움이 된다고 권해서 민주국민당

(민국당)에 들어가긴 했는데 한두 번 회의에 나가기는 했지만 한 일이 없어요. 나는 신민당도 그렇고 민국당도 그렇고 가입은 했지만 실제 한 일은 별로 없습니다. 내가 해방 이후 적극적으로 활동한 조직은 건준이었어요. 지금 생각해보니 건준 때 재미있는 일이 하나 있어요. 하루는 건준에서 일하고 있는데 "왁" 하는 소리가 나면서 누군가 뛰어 들어오는 거예요. 미군이 총칼을 들고 들어와서 전부 나가라고 소리를 질러요. 영문도 모른 채 나가니까 우리를 트럭에 싣고 가서 목포형무소에 가뒀다가 다음 날 풀어줬어요. 나중에 그 이유를 알아보니 우리가 무기를 숨겨놓고 경찰서 같은 곳을 습격하려고 한다는 정보를 입수해서 우리를 먼저 가둬놓고 수색했다는 거예요.

▬ 해방 직후 목포에서 사회단체나 정당에서 활동하실 때 서울에 올라오신 적은 없습니까?

그런 조직 활동과 관련해서 올라온 적은 없고, 그냥 서울에 한 번 간 적이 있어요. 광화문 『동아일보』 4층 집은 정말 크더라고요. 화신백화점을 보고 입이 딱 벌어질 정도로 놀랐어요. 그후에 1948년과 1949년쯤에 서울에 와서 잠시 있었어요. 내 처남의 처가가 서울에 있었거든요. 그래서 거기에서 좀 기숙도 하고 그랬지요.

▬ 1950년 초에 대한청년단 목포해상단체가 조직되어 해운업을 하셨던 민병안 씨가 단장이 되고 대통령님이 부단장이 되었다고 하는데요.

간단히 말하면 해상에서의 반공단체지요. 자기 선원들 잘 관리하라는 이야기인데, 사실 뭐 관리할 필요가 없었어요. 선원들이 문제 일으킬 생각이 없었으니까요. 그때 민병안 씨가 단장을 하고 내가 부단장을 했어요.

좌우합작 노선 지지

━ 대통령님께서는 좌우합작 노선을 지지하신 것 같습니다.

나는 아주 명확하게 좌우합작 노선을 지지했어요. 어렵게 해방이 되었는데 좌우가 갈등해서 싸우면 안 된다고 생각했습니다. 그래서 나는 좌우합작을 주장한 여운형·김규식·안재홍 선생 등을 지지했습니다.

━ 1946년 초 신탁통치에 대한 견해 차이로 격렬한 논쟁이 발생했고 좌우 갈등의 중요한 계기가 되기도 했습니다. 대통령님께서는 이 문제에 대해서 어떻게 생각하셨습니까?

나는 신탁통치를 반대했어요. 그런데 1, 2년 미·소공동위원회가 진행되는 것을 보니 잘못하다가는 영구분단이 될 수 있겠다는 걱정이 들더라고요. 당시 나온 신탁통치안을 보면 5년 아닙니까? 우리가 잘만 하면 이것을 3년 안에 끝낼 수도 있으니, 영구분단으로 가는 것보다는 3년이나 5년을 참아서 우리 민족이 분열하지 않고 하나의 독립정부를 세우는 것도 좋겠다는 생각도 하게 되었어요. 그런데 당시 좌우가 대립하고 남북이 대립하면서 그런 가능성은 점점 없어졌습니다.

━ 그 시절에 국제정세 흐름에 대한 공부는 어떻게 하셨습니까?

신문과 방송 등 언론을 통해서 정보를 얻었지요. 주된 통로는 신문이었고요.

— 대통령님께서는 분단으로 치닫는 당시 상황을 매우 안타깝게 생각하셨을 것 같습니다.

그렇지요. 굉장히 슬프기도 하고 분하기도 했어요. 일제로부터 어렵게 해방이 되었는데 서로 양보하지 못해 갈등하고 분열하다 분단으로 가는 상황이 너무 안타까웠습니다. 그래서 아까 말한 바와 같이 좌익의 여운형 선생, 우익의 김규식 선생 등이 내세운 좌우합작 노선을 지지했던 거예요.

— 당시만 해도 주로 어떤 국가를 만들 것인지를 주제로 논쟁하는 등 생산적인 방향으로 진행되었던 것 같습니다.

그랬어요. 이제부터 우리 민족이 스스로 나랏일을 맡아서 잘해나가야 한다는 의지와 희망이 있던 시기였어요. 그런데 좌우 갈등으로 그런 분위기가 깨진 것이 정말 애석했습니다. 결국 중앙에서 친일파와 공산당 사람들이 이기적인 태도로 나와서 서로 싸우다가 사태가 그렇게 된 것입니다. 우리 민족이 일제강점기 신간회 때부터 그랬던 것 아닙니까?

— 당시 박헌영과 조선공산당 노선에 대해서 어떻게 판단하셨습니까?

그때 그쪽 사람들은 "소련이 조국이다" "붉은 깃발은 우리 깃발이다"라는 말을 많이 했어요. 소련을 완전히 우상숭배한 것이었지요. 이런 말을 직접 듣기 전에는 나도 설마설마했습니다. 한번은 그들과 이야기를 한 적이 있었는데, 그들이 나도 자기들과 같은 생각을 하는 줄 알고 저런 말을 하더라고요. 그래서 내가 "어떤 놈들이든 소련을 조국이라고 한다거나 붉은 깃발을 우리 깃발이라고 하면, 내가 칼로 그렇게 말한 놈들의 배를 찔러버리겠다"고 말한 적이 있어요. 나답지 않게 과격한 소리를 한 거였어요. 그렇게 하니까 그들이 나를 비난하고 욕하더라고요. 내가 그들과 결별하게 된 이유입니다.

이것을 경험하면서 우익이 공산당을 비난한 근거가 사실이라는 생각이 들더라고요. 당시 공산주의자들에게 있어 소련은 우상이고 스탈린은 신과 같은 존재였어요. 민족적 양심이 있는 사람들은 그들과 함께할 수가 없었어요. 그런데 우익 쪽을 보면 친일파들이 설쳤어요. 이것도 기가 막힌 일이었지요. 그래서 나 같은 젊은 사람 중에서 크게 좌절한 사람이 많았습니다. 그런 좌절감 때문에 방황하다가 6·25 전쟁 때 이쪽에서 죽고 저쪽에서 죽은 사람이 많아요. 참 불쌍한 사람들이고 비극적인 시대였어요.

— 대통령님께서는 당시 우파에 대해서 어떻게 생각하셨습니까?

당시 우파에는 친일파도 있었고 민족주의자도 있었습니다. 그런데 일제강점기에 우리 민족을 괴롭히고 독립운동가들을 탄압했던 사람들이 미군정 시절에 경찰이나 관료 등 중요한 자리를 차지하니 민심이 좋지 않았습니다. 해외에서 독립운동한 사람들이 제대로 자리 잡지 못하고 심지어 의식주 문제 해결에 어려움을 겪기도 하는 것을 보면서 많은 사람이 슬퍼하고 분노했어요. 이승만 대통령이 인기가 없었는데, 그 주된 이유는 친일파를 옹호한 데에 있었으니까요.

— 1948년에 서재필 박사를 대통령으로 추대하자는 운동이 일어나기도 했는데요. 대통령님께서는 서재필 박사에 대해서 어떻게 평가하셨습니까?

아주 좋게 생각했어요. 서재필 박사의 구한말 행적을 보면 가장 올바르고 위대한 일을 했어요. 아시다시피 그분이 독립협회를 만들고 『독립신문』을 만들었는데 그때 이미 한글을 쓴 것 아닙니까. 그리고 여성해방을 주장했고 만민공동회를 보면 단순히 독립만이 아니라 민주주의를 강조하고 있어요. 당시로서는 그런 생각을 한 사람이 거의 없었을 겁니다. 미국에서도 이승만 박사하고 안창호 선생 세력 사이에 갈등이 있었는데 거기에 개입하지 않았어요. 의사가 되어 번 돈으로 독립운동을 지원하면서도 처신을 잘했습니다. 그분은 노선도 옳았고 일관되게 독립운동을 했고 사리분별도 잘했습니다. 그래서 존경했어요.

— 대통령님께서는 해방공간에서 김구 선생의 정치적 활동 및 노선에 대해서 어떻게 평가하십니까?

김구 선생은 위대한 애국자였지만 정치인으로서는 성공하지 못했어요. 그때 신탁통치를 받아서 3년이나 5년 후에 독립하는 안을 선택하거나 신탁통치 3년도 못 받겠다고 생각했다면 단독정부 수립할 때 참여해서 대통령이 되는 선택을 했어야 합니다. 그때 김구 선생이 나왔으면 과반수가 되었을 것이고 한민당이나 이승만 박사는 아주 어렵게 되었을 거예요. 그런데 김구 선생은 이북 한 번 갔다 온 것 말고는 성과가 없었어요. 이북 가서도 아무 성과가 없었으니까요. 결국 신탁통치 반대만 했지, 다음에 어떻게 하자는 것이 없었어요. 신탁통치를 잠정적으로 받든가 아니면 단독정부가 마음에 들지 않아도 우선은 받아서 훗날을 도모했어야 했지요. 그러니까 좀 우회하는 거지요.

만일 김구 선생이 총선에 적극적으로 나서고 자신도 대통령이 되고자 했다면 이승만 박사가 안 되었을 거예요. 그러면 이승만 독재정권이 나오지도 못했겠지요. 이승만 정권은 반공을 빙자해서 무자비한 독재를 했어요. 그때 얼마나 많은 사람이 죽었습니까. 거창 사건도 있었고 국민방위군 사건도 있었어요. 그런데 김구 선생은 어느 쪽도 선택하지 않았어요. 그래서 그분은 위대한 애국자이지만 정치인으로서는 문제가 있다고 하는 겁니다. 정치인은 최선이 아니면 차선을 선택해야 합니다. 심지어 최악을 막기 위해서 차악을 선택해야 하는 경우도 있어요. 정치인은 현실 속에서 미래를 향한 진리를 구해야지 진리만 붙들고 현실을 도외시하면 안 됩니다. 내가 항상 서생적 문제의식과 상인적 현실감각을 함께 가져야 한다고 강조하는 이유가 바로 그 겁니다. 정치적 실천을 하는 데에 있어서 원칙과 현실은 조화를 이뤄야 합니다. 그런 면에서 정치인으로서 김구 선생은 아쉬운 면이 있습니다.

폭력과 혼란의 시대

━ 1946년 대구 10·1 사건이 발생했습니다. 그 여파가 목포 등

다른 지역에까지 영향을 주었는데요. 이때 대통령님께서는 홍익선 씨의 무고로 10일 정도 구금당하면서 조사를 받으셨지요?

대구 10·1 사건 났을 때 임신한 아내가 마침 그날 저녁에 출산했어요. 그래서 나는 처가에 가서 출산하는 것을 지켜봤어요. 그때 나의 첫 번째 자식인 딸이 태어났지요. 그 딸은 안타깝게도 어린 나이에 세상을 떠났어요. 그렇다 보니 나는 폭동이 일어난 것을 몰랐어요.

그다음 날 아침에 갑자기 와서 나를 잡아가더라고요. 홍익선 씨가 선두에 나서서 그렇게 된 것인데요. 그 사람은 나와 동년배로서 나에게 상당히 라이벌 의식을 갖고 있었어요. 나는 그 사람하고 특별히 연관된 적이 없었는데 끌려가서 얼마나 맞았는지 모릅니다. 폭동에 가담했다고 자백하라면서 정말 전신에 구렁이 감아놓듯이 멍이 들 정도로 맞았어요. 내가 알리바이를 제시했어요. 그때 산파도 있었고 증인이 여러 명 있었거든요. 그렇게 말했는데도 소용이 없어요. 정말 무자비하게 구타했어요.

그렇게 3, 4일 당한 후에 경찰서로 넘겨졌어요. 그때 장인이 찾아와서 "이럴 수가 있느냐. 내 집에서 내 눈앞에 앉아 있었는데 무슨 소리냐!"라고 따지니까 경찰도 결국 석방을 했어요. 그런데 기가 막힌 것은 자기들 잘못은 말하지 않고 오히려 나한테 앞으로 처신 잘하라는 거예요. 그때는 사람들을 마음대로 끌고 가서 폭행하기도 하고 재판도 없이 산골짜기 같은 곳에서 죽이는 그런 시대였어요. 정말 기가 막힌 일이지요.

━ 그때 제일 먼저 끌려가신 곳은 어디였습니까?

홍익선 씨 등이 관여한 독촉 등 우익단체의 창고였어요. 거기서 3, 4일 정도 구타당하고 경찰서로 넘겨졌어요. 그런데 홍익선 씨는 그 뒤 1954년 목포 선거에서 나와 경쟁하기도 했고 나중에 인제에서 선거할 때는 찾아와서 방해하기도 했어요. 그러다가 1967년 목포에서 선거할 때부터는 나와 화해하고 내 선거를 많이 도와주었어요. 그후로는 잘 지냈어요.

━ 폭력과 혼란의 시대였습니다.

그랬어요. 그리고 경찰 조직 내에서 공산당에 대한 감시와 수사를 하는 사찰계, 사찰과 같은 곳이 우익 청년단체와 결탁해서 많은 문제를 일으켰어요. 목포에도 악명 높은 경찰관이 한 명 있어서 사람들을 마음대로 잡아다가 산골짜기에서 죽이고 그랬어요.

━ 1949년에 유재주라는 분의 형과 관련된 문제로 대통령님께서 조사받은 기록이 있습니다. 어떻게 된 일인가요?

구금이 되었지요. 유재주는 내 친구였는데, 그 친구의 형님이 나한테 찾아와서 서울 가는 여비를 보태달라고 하더라고요. 내가 사업을 하니까 그런 것 같아요. 그래서 여비를 조금 드렸는데 나중에 보니 그 형님이 좌익이었어요. 좌익 활동하다 붙잡힌 이후에 나한테 돈 받은 사실을 이야기해서 내가 잡혀 들어가게 된 거예요. 그런데 나는 여비만 보조해주었을 뿐이고 그 형님이 좌익인지도 몰랐거든요. 그렇게 진술을 했고 그 형님도 내 이야기가 맞다고 했어요. 실제 사실이 그러니까요. 그래서 열흘쯤 있다가 석방되었어요. 그런데 만일 그때 나한테 불리한 증언이 있었다면 나는 처벌받았을 겁니다.

▬ 좌우 갈등의 소용돌이 속에서 대통령님 친구분 중에서도 어려움을 겪으신 분들이 있었을 것 같습니다.

내 친구들은 좌익으로 많이 갔어요. 그때 희생을 많이 당했고요. 친구들끼리는 서로 갈등하고 싸운 일은 없지만 상당히 갈라서기도 했지요.

▬ 제주 4·3이나 여순사건에서 많은 민간인 피해자가 발생했습니다. 당시 목포에 계실 때 이 사건들에 대해서 아셨습니까?

여순사건을 그때는 반란사건이라고 했는데, 여순사건과 제주 4·3의 경우 나도 많이 들어서 알고 있었어요. 그때는 전부 빨갱이로 몰아서 마구잡이로 사람들을 죽였지요. 제주와 여순에서 공산당이 중간에 끼어들어 있기는 했지만 근본적으로 무고한 민간인들이 빨갱이로 몰려서 비참하게 학살당한 것이 문제의 본질이었습니다. 특히 제주에서는 우익민간단체들이 잔인한 짓을 많이 했어요. 나는 제주 4·3의 실상을 잘 알고 있었고 제주도민들조차 또다시 빨갱이로 몰릴까봐 제대로 말하지 못하던 때에 제주 4·3의 진상을 밝히고 억울한 사람들의 명예를 회복해야 한다고 주장했어요. 1987년 대선 때 제주도 유세를 가서 내가 공약을 했어요. 그리고 대통령이 된 후에 '제주4·3특별법'을 제정했습니다.

▬ 1949년에 보도연맹이 결성되었습니다. 대통령님께서는 지방유지로서 거기에 참여하신 것으로 알려져 있는데요.

보도연맹은 과거에 좌익 활동한 사람 중에서 전향한 사람들을 모아서 조직한 단체예요. 나는 거기에 지도위원, 자문위원으로 참여하여 운영자금을 내고 참고의견도 내는 일을 했어요. 이일을 갖고 내가 마치 좌익 활동하다가 보도연맹에 참여한 것처럼 공격하는 경우가 있는데 그건 잘못된 것입니다.

직장인에서 사업가로

— 목포공립상업학교 졸업하시고 해운회사에 취직을 하셨는데요. 그 회사에서 어떤 업무를 맡으셨는지요?

일제강점기 때 군대 가기 전 대기하는 기간이 있었어요. 그때 그냥 놀고 있을 수는 없고 또 먹고살아야 하니깐 전남기선이라는 곳에 취직했어요. 일본인 소유의 배가 5, 6척 정도 있었는데, 이 회사는 연안 화물운송을 했어요. 주로 식량과 가마니, 새끼 등의 가공품을 운송했지요. 사장은 일본 사람이었고요. 전무와 지배인 그리고 잡일을 도와주는 사람도 있었습니다. 나는 총무 역할을 해서 각종 사무 업무를 내가 다 했어요. 일이 아주 많은 것은 아니어서 충분히 할 수 있었습니다. 일을 열심히 잘한다고 칭찬을 받았습니다.

— 회사 다니셨을 때 기억나시는 일이 있다면 소개해주세요.

회사가 거래하는 은행의 지점장이 일본 사람이었어요. 한번은 그 사람이 사무실에 와서 나와 같이 스토브의 불을 쬐면서 대화를 했는데 개와 고양이에 대한 이야기가 나왔어요. 그런데 내가 영어를 공부할 때 고양이와 관련해서 'A cat attached to a place'라는 표현을 배운 적이 있어서 그 말을 했어요. 그때는 영어를 자유롭게 쓰기 어렵기도 했고 영어에 대한 관심이 지금처럼 많지도 않았어요. 그런데 내가 이 말을 하니 이분이 나를 칭찬하면서 상당히 좋아했어요. 나중에 알고 보니 이분이 과거에 미국 샌프란시스코 지점에서 근무한 적이 있어서 전시에도 넥타이를 하고 나올 정도로 미국식으로 생활했어요. 그래서 내가 영어로 말한 것을 좋아했던 것 같습니다. 그 일 이후 우리 회사는 은행에서 돈을 빌릴 때 나만 보냈어요. 내가 은행에 가면 "오! 아가래 아가래"(上がれ 上がれ) 우리말로 올라오라는 뜻인데요. 그럴 정도로 나에게 잘해주었어요. 우연히 그 짧은 영어를 해서 회사에 도움이 되는 일을 하게 되었지요.

━ 사업을 시작하신 이유는 무엇입니까?

전남기선에서 일할 때 해방을 맞았어요. 해방이 되니 일본 사람들은 다 떠나갔어요. 그래서 회사 운영의 여러 어려움이 생겨 종업원위원회라는 것을 조직했어요. 지금의 노동조합과 비슷한 거예요. 거기서 내가 나이는 어리지만 똑똑하고 일도 좀 한다고 해서 나를 위원장으로 선출했어요. 위원장은 일제의 적산을 임시로 관리하는 일을 했어요.

그때 이런 일도 있었습니다. 지금은 이름이 정확히 기억나지 않지만 당시 상당히 유명한 사람이었어요. 그런데 그 사람이 미군정에 이런저런 이야기를 해서 이 회사를 자기 것으로 만들어 버렸어요. 그러자 내가 서울에 가서 크게 싸워서 다시 원위치시켰어요. 그래서 종업원들한테 아주 인기가 좋았습니다. 그렇게 지냈는데 일하다 보면 내부에서 여러 불만과 이견이 생기게 되잖아요. 그런 게 쌓이다 보니 여러 고민이 생기고 나도 새롭게 시작하고 싶은 생각이 들어서 그만두고 자립을 했어요. 그것이 1947년이었어요.

작은 배 하나 가지고 시작했는데 6·25 전쟁 전에는 세 척으로 늘어났어요. 회사명은 처음에는 '목포해운공사'라고 했고, 6·25 전쟁 후에는 '흥국해운주식회사'가 되었어요. 흥국해운주식회사는 나중에 본사를 부산으로 옮겼고 목포, 군산, 인천, 묵호, 포항 등에 지점을 두고 사업을 상당히 크게 했어요.

그리고 일제강점기 때 목포에서 제일 큰 조선소가 있었는데, 거기 종업원들이 자기들이 하다가 도저히 못 하겠다면서 나한테 경영을 부탁하더라고요. 그래서 조선소도 하게 되었어요. 6·25 전쟁 직후에는 『목포일보』 사장도 했어요. 일제강점기 때 지방지 중에서 『목포일보』는 한반도에서 제일 큰 신문일 정도로 유명하고 규모가 있는 신문사였어요. 신문사 사장을 2년 하다가 부산에서 사업을 해야 해서 넘겨줬어요.

━ 자료를 보면 목포상선주식회사 사장, 목포해운회사 사장, 대양조선공업 사장, 전남해운조합 회장, 한국조선조합 이사 등 다양한 회사 및 관련 조직의 명칭과 직책이 나옵니다. 상당히 많은 일을 하셨습니다.

목포상선주식회사는 내가 목포에서 장인하고 상의해서 시작한 회사인데 장인이 사장, 내가 전무를 맡아서 운영했어요. 그 회사와 목포해운회사는 같은 거예요. 대양조선공업은 내가 인

수한 회사인데 해운회사가 아니라 조선(造船)회사였어요. 전
남해운조합 회장은 해운조합의 조합장을 한 것입니다. 그리고
한국조선조합 이사가 아니고 한국해운협회 이사를 했어요.

— 말씀하신 것 보면 젊었을 때부터 사업적 수완이 상당했던 것
같습니다. 그 이유는 무엇이라고 생각하시나요?

내 이야기를 내가 하려니 겸연쩍긴 한데 머리가 좋았고 사업
적 재능도 있었어요. 어떻게 해야 돈을 벌 수 있는지에 대한 감
이 있었어요. 또 상업학교에서 주로 배운 것이 돈벌이에 관한
내용이라 그런 교육환경도 도움이 되었지요.

— 사업을 하셨을 때 어떤 포부를 갖고 계셨습니까?

나는 해운업과 조선업, 바다와 배를 통해서 부자가 되겠다는
생각으로 사업을 시작했어요. 잘할 수 있을 것이라는 자신감도
있었습니다.

— 해운업을 하실 때 해양경비대 분들하고도 친했다고 하는데요.

네, 그랬어요. 해양경비대 사람들하고 친했어요. 배를 움직
이려면 해안경비대와 계속 접촉하게 되거든요. 그러니 자연스
럽게 알게 되어 밥도 먹고 술도 마시고 그랬던 겁니다.

— 그때 기억나시는 분들 있으면 소개해주시지요.

오세동·박성철 두 분이 생각납니다. 오세동 씨는 6·25 전쟁
때 돌아가셨어요. 박성철 씨는 나중에 해병대로 가서 해병대 소
장까지 했어요. 그러다 1980년 5·17 쿠데타 전에는 내 경호실
장을 했어요. 해병대를 제대한 후에 한 것이었습니다.

— 당시 양순직 씨도 아시게 되지 않았나요?

맞아요. 양순직 씨는 정훈장교로 와 있었어요. 양준규 씨하고요. 이분이 거기서 결혼까지 했지요. 박성철 씨도 거기서 결혼했고요. 내가 중매하다시피 했는데 박성철 씨는 끝까지 나를 돕다가 돌아가셨어요. 1980년 5·17 쿠데타 때 그분도 잡혀갔고 재판받아서 전과자가 돼버렸어요. 계급도 박탈되고 연금도 안나오고 국립묘지에 안장도 못 했어요. 내가 이 문제를 해결하려고 오랜 기간 노력해서 결국 회복이 되었지요. 내가 대통령이 된 이후였는지 이전이었는지 시기는 좀 헷갈리네요. 여하간 부인도 나를 여러 번 찾아와서 고충을 토로했어요. 결국 회복되었지만 쉽게 되지는 않더라고요.

■ 해운업을 하실 때 해안경비대 장교들과 어울리기도 하셨는데요. 여기에 대해서 좌익에 속한 사람들이 비난하거나 방해한 적은 없었습니까?

없었어요. 나는 조용히 그만두었고 그 이후에 그들을 비난한 것도 없었고 일체 관계를 끊고 상대하지 않았기 때문에 얽힐 일이 없었어요. 그러니 자기들끼리 뒤에서 뭐라고 했는지는 모르겠지만 공개적으로 나한테 뭐라고 한 것은 없었어요. 또 그때는 그들이 공개적인 활동을 할 수 없기도 했고요.

■ 사업하셨을 때 대통령님께서는 어떤 경영철학을 갖고 계셨습니까?

세 가지가 있었어요. 하나는 경제계 전체의 흐름을 파악하여 이에 적응해나가는 것이에요. 그다음은 모험을 하되 적당히 해서 너무 무리한 모험은 하지 않지만 또 적당한 모험은 필요하다는 생각이에요. 셋째는 종업원들하고 관계가 좋아야 한다는 것이었어요. 나는 이러한 방향성을 가지고 사업을 했지요. 그래서 종업원들하고 관계가 좋았어요.

6·25 전쟁 때 공산군한테 우리 집을 뺏겨서 아내가 방공호에서 홍업이를 낳았어요. 그때 내가 사업하던 배의 선장이 어머니와 아내를 자기 집으로 데려갔어요. 지금은 보통 일로 생각할 수 있지만 그때는 노동자가 사업주를 적으로 생각할 때거든요. 더군다나 그때는 공산군이 점령하고 있었기 때문에 사업주와 그 가족을 보호하는 것은 위험한 일이었어요. 특히 그때 이미 나는 반동분자로 몰려서 잡혀 들어간 상태였으니까 더욱 그랬지요. 그런데도 그렇게 해주더라고요. 그리고 모든 종업원이 내가 석방되기를 바라면서 진정서를 써서 제출했어요. "김대중 사장은 우리를 착취하지 않았고 좋은 사람이다" "김대중은 악덕 기업주가 아니다" 이런 내용이었어요. 나중에 이 이야기를 듣고 정말 감격했어요. 기쁘기도 하고 보람도 느꼈고요.

▬ 사업하시면서 돈을 많이 버셨다고 들었습니다. 주로 어디에 쓰셨습니까?

정치하면서 많이 썼어요. 그래서 거지가 되다시피 했어요. 국회의원 선거 한 번만 나가도 기둥뿌리가 뽑힌다고 했는데, 그때는 선거공영제를 할 때도 아니고 누가 정치자금을 지원해주고 그런 것도 없었어요. 전부 자기가 돈을 마련해야 하니 선거를 몇 번 하다 보면 거지가 안 될 수가 없지요.

▬『목포일보』인수 과정에 대해서 말씀해주십시오.

1950년 9월에 인수했어요. 종업원들이 운영하고 있었는데 여러 어려움이 있어서 내게 넘겨준 거예요. 내가 자본금을 내고 신문 발행에 필요한 자금도 조달하고 해서 맡게 되었지요. 여기는 주주가 없었습니다.

— 『목포일보』 사장으로 재직하실 때 언론사의 운영 등과 관련해서 강조하신 내용은 무엇이었습니까? 그 시절 특별히 기억나시는 일화가 있다면 소개해주세요.

사장으로서 내가 강조한 것은 무엇보다 공정보도였습니다. 그래서 관계 당사자들의 이야기를 공정하게 보도해야 한다는 원칙을 사시(社是)로서 강조했습니다.

한번은 한국은행 박숙희 부총재가 목포 시찰을 나와 신문사로 인사를 왔어요. 그때 내가 사장실에 앉아 있었는데 이분이 한국은행 목포지점장을 데리고 사장실에 들어와서 주변을 둘러보며 사장님 어디 갔냐고 나한테 묻더라고요. 지점장이 깜짝 놀라서 저분이 사장이라고 했어요. 그분들과 이야기를 나누고 그날 저녁에는 경제인 간담회에 참석했습니다. 내가 그 자리에 가서 이렇게 말했어요.

"지방에서 사업을 하면 여러 가지 여건이 나쁜데 그나마 부산은 조금이라도 상황이 낫다. 그런데 여기서는 안 되는 일이 많다. 특히 은행융자 문제가 그렇다. 해운업을 보면 중고 화물선을 모두 일본에서 사온 후에 각 지방으로 보내서 영업을 하고 있고 나도 배 세 척을 가져왔다. 부산에 있는 사람들에게는 바로 70퍼센트 정도를 융자해주는데 여기서는 은행들이 안 해준다.

이렇게 하면 어떻게 사업을 하느냐."

이렇게 내가 조리 있게 설명을 했어요. 그러니까 이분이 그 자리에서 "김 사장 이따 나를 만납시다" 그러더라고요. 간담회가 끝나고 만났더니 이분이 종이를 꺼내서 "한국은행 목포지점장 귀하"라고 쓰고 "김대중이 대출 요청한 얼마의 액수를 빌려주어라. 그러면 부산 중앙 한국은행에서 뒷받침해주겠다"라고 적어주었습니다.

그랬더니 이번에는 은행들이 또 서로 나한테 대출해주려고 해요. 아무튼 그날 저녁에 간담회가 있었는데 이분이 인사하다가 "내가 오늘 이분이 이야기한 것에 참으로 놀랐다"고 하면서 "이런 인재가 목포에 있다는 것은 이 지역의 큰 재산이니 목포의 유지분들이 이분을 키워야 한다"고 나를 한참 칭찬하더라고요. 그때 돈도 빌리고 칭찬도 받고 그랬어요. 신문사 사장 덕을 본 거예요.

— 『목포일보』는 몇 부 정도 발행했습니까?

지금 정확한 기억은 없는데 아마 만 부 내외 아니었을까 싶어요.

— 매일 발행하셨나요?

그럼요. 일보(日報)니까요, 『목포일보』.

— 기자들은 몇 명 정도 있었습니까?

기자가 10명 정도 있었을 거예요.

— 신문사 사장은 예나 지금이나 큰 힘이 있었다고 할 수 있습니다. 정계인사들이 여러 접촉을 시도했을 것 같은데요.

나는 사업에만 치중하고 그런 쪽에는 별로 활동을 하지 않았어요. 신문사 사장이라고 해서 대접받겠다는 생각을 한 적이 없어요. 내 돈으로 먹고살기에도 충분하고 그런 일에는 관심이 없었습니다.

━ 아까 『목포일보』 인수하셨을 때 자본금을 내셨다고 하셨는데요. 그것은 어떻게 처리되었나요?

내가 자본금을 내서 종이 사고 직원들 월급을 주는 등 운영비로 썼지요. 정식으로 주식을 발행하는 것까지는 하지 못했어요.

━ 나중에 회사를 넘길 때는 어떤 방식으로 하셨습니까?

내가 부산에 가면서 종업원들한테 돌려주었어요. 그랬는데 가수 남진 알지요? 남진 아버지가 김문옥 씨인데, 그분은 내 선배이고 나를 아주 많이 도와주셨어요. 김문옥 씨는 나중에 목포에서 국회의원도 했어요. 그분이 사장을 맡아가지고 오래 하셨어요.

━ 20대 청년 시절을 회고하시면서 잊지 못할 에피소드나 특별히 남기실 말씀이 있으신가요?

생각해보면 상업학교를 졸업해서 전남기선에 취직한 그날부터 지금까지 인생을 아주 열심히 살았다고 생각해요. 한눈팔지 않고 무엇이든 깊이 생각하고 대도(大道)를 지키면서 살아왔어요. 그리고 내가 아주 지혜롭게 대처했기 때문에 지금 살아있을 수 있는 거예요. 해방공간 때는 자칫 잘못하면 이쪽과 저쪽에서 모두 위험한 일을 당할 수 있었지요. 나중에 이야기하겠지만 6·25 전쟁 때 서울에서 목포까지 걸어서 내려간 것도 극적인 일이었고요. 하여간 나중에 내가 죽고 난 뒤에도 나를 소재로 해서 영화를 만들려고 하면 몇 편 나올 수 있을 거예요. 그렇게 살아왔고 또 그때부터 지금까지 나의 일관된 원칙은 실사구시(實事求是)를 해야 한다는 것이에요. 내게 그런 생각을 심어준 분은 3학년 때 담임이었던 노구치 진로쿠라는 선생님이었습니다. 그분은 항상 "원칙과 현실은 조화를 이뤄야 한다"고 강조했고 이 주장을 설득력 있게 얘기해주셨어요. 그래서 이 선생님의 가르침이 내 머릿속에 아주 깊이 자리 잡게 되었지요. 요새 그 선생님께 감사한 마음을 갖고 있는데, 이런 생각으로 젊었을 때부터 지금 80대까지 열심히 살았습니다.

2

혼돈과 역경의 시간들

"'이런 독재정치는 안 된다. 민주주의를
해야만 공산당을 이길 수 있다'는 생각으로
6·25 전쟁 때 죽기 직전에 살아났으니
그때 죽었다 생각하고
독재정권과 싸워보자고 다짐했습니다."

서울에서 목포까지 도보로 피난

— 대통령님께서는 전쟁이 발발한 1950년 6월 25일 서울에 계셨다고 하는데요. 그때 왜 서울로 올라가셨습니까?

그때 서울에 조선상선주식회사라는 곳이 있었어요. 이 회사가 금융조합연합회와 계약을 맺어서 양곡과 고공품(藁工品), 볏짚으로 만든 공예품을 고공품이라고 하잖아요. 이런 물품의 수송을 맡고 있었어요. 나는 목포에서 하청을 맡아서 도서 지역 등에 식량을 운송했었는데 이 일을 한 것에 대한 임금을 받으려고 서울에 갔다가 6·25 전쟁이 발발한 것입니다.

— 대통령님께서는 7월 20일에 걸어서 목포로 내려가기 시작했는데요. 바로 떠나지 못하신 이유는 무엇입니까? 서울에 계셨을 때 어떤 일을 하셨고 어떤 경험을 하셨습니까?

6월 25일 해군에 있는 친구를 명동에서 만나 같이 점심을 먹었어요. 미도파 앞으로 걸어 나오니 트럭이 지나가면서 "군인들은 빨리 부대로 돌아가라! 부대로 돌아가라!"고 소리치는 거예요. 조금 있다가 "북한이 남침했다"라는 말도 들었어요. 그때만 해도 전면 남침이라고 생각하지 못했어요. 그전부터 전방에서 총격전이 종종 있었기 때문에 그런 수준의 충돌로 생각했던 겁니다. 여관에 돌아가서 밤에 라디오를 들어보니 "우리 국군이 반격을 하며 지금 올라가고 있다"는 내용이 나오고, 국회에서는 "서울을 사수하기로 했다"고 결의했다는 것이었습니다. 또 조금 있으니까 이승만 대통령이 "서울을 지킬 테니 국민들은 안심해라" 이렇게 말하니까 '별일 아니겠다'라고 생각했어요. 광화문에 있는 임(林)여관에서 투숙하고 있을 때인데, 그날 저녁에 비가 억수같이 쏟아졌어요.

그런데 다음 날 아침에 일어나니 인민군이 광화문에 들어와 있는 거예요. 청천벽력 같고 정말 어이가 없었지요. 정부가 서울을 지킨다고 해놓고서는 도망가버린 건데 나중에 들어보니 라디오는 대통령이 녹음해놓은 것이었대요. 들리는 소식에 의하면 한강을 건널 수도 없고 한강을 건너다 수많은 사람이 강에 떨어져서 죽었다는 거예요. 그렇게 해서 인민군이 점령한 서울에서 지내게 된 겁니다.

그때는 먹는 것이 가장 큰 문제였어요. 여관에서도 밥을 못 준다고 하고 수중에 돈도 없었어요. 그때 내가 갖고 있던 돈을 목포에서 함께 올라온 친구들에게 나눠주면서 빨리 준비해서 내려가라고 했고 나는 조선상선에 맡겨놓은 돈을 쓰려고 했었거든요. 아까 서울에 온 이유가 조선상선에서 돈을 받기 위해서였다고 말했잖아요. 그렇게 해서 돈을 받았는데 상당히 큰 금액이다 보니 여관에 두기가 곤란하여 잠시 조선상선 금고에 맡겨 두었거든요. 그런데 인민군이 들어와서 금고를 봉인해버려서 갖고 갈 수가 없게 되었어요. 한순간에 알거지가 되어서 먹는 것이 제일 큰 문제였어요. 결국 내가 갖고 있던 좋은 양복과 시계를 팔아서 간신히 먹는 문제를 해결했습니다. 그러다가 여관을 나와서 내 처남의 장인이 장부를 만드는 회사를 했는데 그 집으로 갔습니다. 나하고 잘 통하는 분이었거든요. 그렇게 지내면서도 전황을 알 수 없는 것이 답답했습니다. 그래서 같이 이불을 덮어쓰고 라디오를 들었는데 UN군 방송에서 "대전에서 막는다" "UN군이 온다"는 내용이 나오더라고요. 우리는 그것을 믿었지요.

그때 이런 일도 있었어요. 현재 주한 러시아대사관이 있는 쪽으로 걸어가다가 인민재판 하는 것을 봤어요. 사람을 끌고 와서 죄상을 나열하더니 죽여야 한다고 선동하니까 사람들이 모두 "옳소"라고 동조했어요. 거기서 바로 죽이지는 않았는데 어디론가 데리고 갔어요. 젊은 사람들은 의용군으로 끌고 갔는데 그때는 나도 나이가 젊어서 해당이 될 수 있었어요.

상황이 이렇게 되니까 아무래도 계속 서울에 있다가는 무슨 일을 당할지 모르겠다는 생각이 들었고 UN군이 대전에서 막는다고 하니 인민군이 목포까지는 가지 못할 것이라고 생각해서 내려가기로 결심했어요. 그때 나와 내 처남, 충청도 장항에서 해운업을 하던 친구, 그리고 전북 군산으로 가는 사람 그 외 더해서 모두 4,5명이 무리가 되어 함께 걸어 내려가기 시작했어요. 마포나루에서 배 타고 한강을 건넜어요.

━ 한강을 건너신 이후에도 계속 걸어서 남하하셨습니까?

네, 계속 걸었어요. 그렇게 한강을 건넌 이후 걷다가 병점 쪽에서 잠을 잤던 기억이 나네요. 여름이어서 집 주변 뜰 같은 곳에서 대충 자리 잡고 잤어요. 또 지나가다 참외밭이 있어 그냥 따먹는데 주인이 나타났어요. 그래서 참외값을 드리겠다고 하니 "그냥 가시오. 이것을 누구한테 팔겠소"라고 퉁명스럽게 말하고 가더라고요.

우리는 대전 방향으로 가면 전선이니 위험하다고 생각해서 당진·보령·서천 쪽으로 내려갔어요. 내려가다 어느 큰 집에 들어가서 하루 지내도 되냐고 물으니 그러라고 해서 저녁을 얻어먹었고, 다음 날 아침도 차려주더라고요. 주인이 벙어리였는데 집은 상당히 부자였어요. 딸이 서울에서 공부하고 있다고 하더라고요. 하여간 고마운 마음에 돈을 좀 주려고 하니까 그냥 가라고 했어요. 참 고마운 분이었어요. 홍성에서는 산을 내려가다 갈증이 나서 어느 집에 들어가서 물 좀 달라고 하니 주인이 끓인 보리차를 항아리에 가득 담아서 내놓고 먹으라고 해요. 그러면서 행인들이 물을 달라고 하는데 찬물 먹으면 배탈이 날 수 있으니 미리 보리차를 끓여놨다는 거예요. 그때 정말 감동받았어요.

그렇게 계속 내려갔는데 그때만 해도 인민군이 아직 목포에 들어가지 못했을 것이라고 생각했어요. 그런데 충남 서천·웅천이라는 곳에 다다르니 인민군 사단사령부가 있었어요. 거기서 조사를 받았는데 '목포해방' '여수해방'이라고 쓰여 있는 글들이 있었고 '중국군 구주(九州)상륙'이라는 글도 있었어요. 그런데 당시 중국이 일본을 침공할 가능성은 없었거든요. 그래서 이것은 말이 안 되니 인민군이 목포에 갔다는 이야기도 사실이 아닐 것이라고 생각했어요. 나쁜 일은 믿고 싶지 않았던 거지요. 그런데 군산까지 가서 보니 인민군이 목포를 점령한 것이 사실이더라고요. 그때 참 답답했는데 다른 곳에 갈 수도 없어서 결국 다시 내려갔어요.

그러다가 김제평야 쪽을 지나는데 미군 비행기가 갑자기 나타나서 다리를 폭격해요. 폭격소리가 정말 컸어요. 그때 우리는 다리를 건넌 직후였는데 만약 우리가 있던 쪽에 폭탄이 떨어졌으면 다 즉사했을 거예요. 그런데 목포에 도착하기 직전, 이로면(二老面)이라는 곳에 들어섰는데 마침 장날이어서 사람들이 많았어요. 전투기가 날아오더니 막 쏘는 거예요. 나도 공격을 피해 뒹굴다가 몸 이곳저곳에 상처가 나기도 했어요. 그렇게 해서 목포까지 오게 되었어요.

━ 장터에서 민간인을 사격한 전투기는 어디 소속이었습니까?

미군 비행기였지요. 사람들 속에 인민군이 섞여 있다고 판단해서 그랬겠지요. 참 비극적인 일이었어요.

━ 도보로 내려오실 때 옷차림은 어땠습니까?

작업복 비슷한 것을 입었어요. 아까 이야기한 대로 좋은 옷은 팔았고 옷에 신경 쓸 여유가 없었어요.

━ 도보로 같이 내려오실 때 한도원·조장원 이런 분들과 함께 오지 않으셨나요?

한도원 씨는 내가 거래하던 조선상선의 목포 출장소장이었어요. 조장원 씨는 아까 내가 충청도 친구라고 한 사람이에요. 그 친구는 장항 쪽에서 배 한 척 가지고 해운업을 했었지요. 이 친구 집이 보령군 오천면에 있어서 거기서 2, 3일 지냈어요. 참 잘해주었고 무엇보다 밥을 제대로 먹을 수 있었어요.

━ 전쟁 이후에 두 분과 연락하신 적은 없습니까?

조장원 씨는 전쟁 이후에는 소식을 못 들었던 것 같아요. 한도원 씨는 목포에서 계속 사업을 했기 때문에 연락하고 보기도 했습니다. 한도원 씨는 평안도 출신이어서 평안도 사투리를 계속 썼어요.

━ 피난 도중에 다른 피난민 일행들도 만나셨을 것 같습니다. 기억나시는 일화가 있다면 말씀해주세요.

중간중간 피난민들을 마주쳤지만 서로 이야기하는 분위기는 아니었어요. 또 우리가 내려온 피난길은 이미 공산군이 점령하고 있었는데 누가 공산당인지 알 수가 없으니 모두 크게 경계하고 있었지요. 우리 일행을 보면 나, 처남, 한도원 씨, 조장원 씨 등은 모두 공산당을 반대하는 사람들이었는데 내려오던 중에 한 명이 합류하게 되었어요. 일행 중에 아는 사람이 있어서 그렇게 된 건데, 나중에 알고 보니 이 사람이 감옥에 있다가 나왔는데 말하는 것을 보니 좌익 쪽인 것 같더라고요. 그 사람 때문에 언행에 특별히 신경을 많이 썼어요. 여하간 다행히 그 사람이 우리에게 나쁜 감정을 갖거나 하지는 않았어요.

━ 목포에 계신 가족분들도 많은 고초를 겪으셨을 것 같습니다.

그랬지요. 우리 집은 부둣가에 있었어요. 일제강점기 때 일본의 부자들이 살던 집이었는데 사무실 공간도 있을 정도로 크고 좋은 집이었어요. 목포에서 제일 좋은 집 중의 하나였으니까요.

집에 거의 다 도착해서 보니 어머니가 작은 판 위에 앉아 계셨는데 마치 미라처럼 보이더라고요. 아주 초췌한 모습을 하고 계셨어요. 어머니께 "저 왔어요, 들어가십시다"라고 인사드렸더니 나를 보시자마자 대성통곡을 하시는 거예요. 그러면서 "들어갈 수가 없다. 우리 집이 역산으로 몰려서 가재도구까지 모두 다 공산당이 빼앗아 가버렸다"는 거예요. 너무 기가 막혔습니다.

그런데 아내와 홍일이가 안 보여요. 그때 아내가 홍업이를 임신하고 있었거든요. 어머니께 여쭤보니 방공호에서 아이를 낳았다고 해요. 태평양전쟁 때 일본 사람들이 전쟁에 대비한다고 파놓은 방공호가 있었는데 거기서 아이를 낳았다는 거예요. 지금은 내 회사에 속한 배의 선장인 박동연 씨의 집에 가 있다고 그래요. 그때는 인민군이 점령했기 때문에 '기업가는 노동자의 적이다'라는 극단적인 선전선동이 나오고 그랬어요. 그랬기 때문에 박동연 씨가 우리 가족을 돌봐준 것은 쉬운 일이 아니었어요. 그런데 고맙게도 아내와 아이들을 따뜻하게 돌봐주고 있었어요. 가서 정말 고맙다고 인사했습니다.

죽음의 문턱에서 탈옥

— 그러면 공산군에 의해 언제 어떻게 연행되셨습니까?

나도 그 집에서 이틀쯤 지냈어요. 그러면서 은신처를 알아보려고 시내를 걷고 있는데 어떤 사람들이 나를 붙잡더니 뭐 좀 물어볼 것이 있다고 데려가요. 그래서 갔더니 김성수라는 사람이 총책임자였어요. 나중에 알고 보니 김성수는 목포 인근 지역에서 좌익 활동을 했다고 하더군요. 그 사람이 나를 보자마자 "당신 우리 동지들 몇 명이나 밀고했어?"라고 추궁해요. 나는 그런 일 없다고 했어요. 갑자기 내 머리 뒤쪽을 세게 치더니 "우리는 네가 우리 애국자들을 밀고할까봐 정말 노심초사했다. 그런데 아직도 이실직고하지 않는 것을 보니 정신 차리지 못한 것 같다. 집어넣어"라는 거예요. 나는 목포경찰서, 그때는 내무서라고 했는데, 거기로 끌려갔어요. 그런데 아무것도 조사를 안 해요. 그러다가 형무소로 보냈어요. 거기서도 조사를 안 해요. 그때는 이유를 잘 몰랐는데 나중에 다른 사람들 이야기를 듣고 생각해보니 조사할 필요도 없는 확실한 반동이라고 판단해서 그런 것 같았습니다. 그때 내 동생 김대의가 해군 방첩대 문관으로 근무하고 있었는데 인민군에게 붙잡혀서 같이 수감되었어요.

━ 감옥에서 많은 고초를 겪으셨을 것 같습니다.

그럼요. 무엇보다 굶주림이 얼마나 고통스러운 일인지 그때 알게 되었습니다. 하루에 주먹밥 형태로 만든 보리밥 덩어리 2개만 주었어요. 건더기라고는 작은 풀이 보일 듯 말 듯할 정도의 소금만 잔뜩 들어간 국이 나왔는데 그릇 아래쪽에는 흙이 많이 쌓여 있었어요. 정말 그것뿐이었어요. 그렇게 지내다 보니 허기지고 영양실조도 심해져서 과거에 먹은 갈비, 찌개 등 온통 먹는 생각만 나요. 피골이 상접하고 얼굴은 광대뼈가 드러날 정도가 되었어요. 나만 그런 게 아니에요. 거기 있는 사람들이 다 그랬어요. 다들 배고프다면서 먹는 이야기만 했어요. 그때 굶주림의 고통이 얼마나 괴로운지 알게 되었습니다.

━ 죽을 고비를 넘기시고 감옥에서 탈출하셨지요?

서울이 수복된 9월 28일 오후였어요. 물론 그때는 서울이 수복된 것을 전혀 몰랐고 나중에 알게 되었지요. 그날 오후에 갑자기 문이 열리더니 "모두 나와" 그래요. 그전에는 한 번도 그런 적이 없었어요. 문 밖을 나가서 세수 한 번 한 적 없고 운동을 한 적도 없었거든요. 나오라니까 그때는 다음에 닥칠 일이 무엇인지 모르니 막연히 좋았어요. 혹시 석방되는 것인가 하는 기대감도 있었고요. 그런데 나가보니 사람들을 묶어요. 어떤 사람들은 쇠고랑으로 묶고 어떤 사람들은 철사로 묶어요. 나는 한일수 씨와 함께 철사로 묶였어요. 그렇게 하고 강당으로 사람들을 끌고 갔어요.

가보니 안에 사람들이 조금 있었어요. 우리보고는 안쪽으로 들어가라고 해서 그렇게 했지요. 앉아 있으니 쇠고랑과 철사로 결박당한 사람들이 계속 들어오는 거예요. 강당이 거의 다 찰 정도가 되니 내무서에서 온 공산당 사람들이 들어왔습니다. 이들은 사복을 입고 있었고, 우리는 죄수복을 입고 있었어요. 시간이 지나니 사복을 입고 있던 공산당 사람들이 강당 앞쪽에 있던 사람들을 데리고 나가요. 앞에 있던 사람들은 제일 늦게 들어왔는데, 그렇게 사람들을 끌고 가니까 다들 우리를 죽이려고 한다고 생각하게 되었지요. 그러니 "나는 죄가 없다" "살려달라" "내 가족 중에 좌익운동 하다가 죽은 사람이 있으니 나는 유가족이다" 등등 이곳저곳에서 소리치는 거예요. 공산당 사람들은 총을 거꾸로 들어 개머리판으로 사람들을 막 치면서 조용하라고 소리 지르고요. 그렇게 해서 220명 중에서 140명 정도가 끌려 나갔습니다. 나는 일찍 들어와서 안쪽에 있었기 때문에 나까지 순서가 되지 않았어요.

그때 밖에서 누군가 이북 사투리로 안쪽을 향해 "동무 밥 먹었소? 빨리 나오라오!" 이렇게 말해요. 그 사람들이 나가고 난 후에 우리들을 끌고 가는 일이 중단되었어요. 그런데 한참 지나도 그 사람들이 안 들어왔고 밖에서 들리던 인민군 소리도 안 들리는 거예요. 남은 사람은 인민군이 현지에서 채용한 형무소 직원뿐이었지요. 이 사람들은 인민군처럼 욕하거나 거칠게 행동하지 않았어요. 그러다 우리보고 모두 다 나오라고 해요. 아까는 몇 명씩 데리고 갔는데 이번에는 전부 다 나오라고 하는 겁니다. 그렇게 해서 나오니 우리를 모두 형무소로 다시 데려갔어요.

형무소에 도착하고 난 뒤에는 감방에 집어넣었어요. 그렇게 저녁이 되었어요. 변호사를 하던 사람과 함께 있었는데 이 사람이 "대중이, 대중이" 하고 나를 부르고는 "어느 집에서 먹었던 비빔밥이 정말 맛있었다"면서 나한테 기대는 거예요. 그 난리통에서 그런 말을 할 정도로 배가 고팠던 거지요. 그때 저녁 배식이 이뤄졌는데, 낮에 절반 이상의 사람들이 끌려갔잖아요. 그런데 형무소에서는 원래 있던 인원수만큼 밥을 한 거예요. 그러니 보리밥 덩어리가 남아서 교도관들이 배식구에다 들이밀면서 가져가라고 했어요. 그때 내가 감방장 역할을 해서 사람들에게 나눠줬어요. 다들 심한 굶주림에 이성을 잃을 정도로 고통을 받고 있었기 때문에 자칫 잘못하면 그 밥을 두고 사고가 날 수도 있었거든요. 그래서 내가 나서서 정리를 했지요. 이럴 때 보면 나는 침착합니다. 내가 제일 침착했어요. 나는 겁은 많은데 침착해요. 모순적으로 보이기는 하지만요. 그렇게 밥을 먹었습니다.

— 네, 그러셨군요.

감방 문에는 밥을 넣어주는 구멍이 있어요. 그 구멍에 내가 손을 넣어서 지나가는 교도관의 발목을 붙잡았어요. 그렇게 하니 그 사람이 주저앉아요. 인민군 같았으면 욕하고 난리가 났을 텐데 이들은 이 지역 사람들이어서 그런지 안 그랬어요. 내가 그 교도관에게 "우리는 죽는 겁니까, 사는 겁니까"라고 물었어요. 그 사람이 "같은 남쪽 사람들인데 어떻게 죽이겠습니까"라고 했어요. 이 말을 들으니 어떤 이유인지는 모르겠지만 분위기가 많이 바뀌었다는 것은 알 수 있었습니다.

그 이후에 밖에서 어떤 교도관이 지나가면서 "임출이! 임출이!" 하고 부르더라고요. 이분은 내 선배예요. 내가 순간 기지를 발휘해서 그 선배 목소리를 흉내 내어 "어, 나 여기 있어"라고 대답했더니 "어디 있냐"고 물어요. 그래서 내가 "지금 몸이 아파서 여기에 누워 있으니 빨리 문 좀 열어줘"라고 했어요. 그런데 이미 밖에서 자물쇠를 깨는 소리가 들렸어요. 그리고 그 사람이 다른 자물쇠를 부수기 위해서 막 치고 있었고 우리는 안에서 밖으로 발로 차고 밀었어요. 그렇게 하니 얼마 뒤에 문이 열렸어요. 내가 나가서 사람들한테 "인민군들은 모두 도망갔으니 문을 열고 다 함께 나가자"고 소리쳤어요. 그래서 아까 했던 방식대로 문을 열어서 모두 나왔지요. 그때가 음력 8월 15일 추석 무렵이어서 달이 크고 밝았어요.

━ 긴박했던 순간의 상황을 자세하게 말씀해주셨습니다. 그러면 그 뒤에는 어떻게 하셨습니까?

먼저 옷을 갈아입으려고 했어요. 죄수복을 입고 나가면 눈에 띄고 공산당 잔당들한테 발견되면 죽을 수도 있으니까요. 그래서 여기 들어올 때 벗어놓은 옷을 찾으려고 했는데 옷이 있는 방엔 조명이 거의 없다 보니 캄캄한 방에서 자기 옷을 찾을 수가 없었어요. 그때 옆에서 이 옷 저 옷을 뒤지면서 "이것은 내 옷이 아닌데" 하는 목소리가 들려요. 동생 대의였어요. 내가 "지금이 어떤 상황인데 옷을 찾고 있냐. 아무 옷이나 입어" 그랬어요. 그렇게 해서 같이 옷을 입고 나왔습니다.

그런데 그때 또 그렇게 배가 고프더라고요. 그래서 부엌으로 갔어요. 밥할 때 이용한 솥의 안쪽을 긁으니 누룽지가 주먹 정도 되는 크기만큼 나왔어요. 그것을 먹으면서 목포형무소를 빠져나왔어요. 그때가 심야시간이라 이동하기도 마땅치 않았는데 마침 형무소 앞에 아는 집이 있어 잠시 신세를 지고 새벽에 나왔어요. 다시 걸어서 대성동사거리에 파출소 있는 곳까지 왔는데 거기서 홍업이를 업고 있는 아내를 만났어요. 아내는 형무소에 있던 사람들이 모두 학살당했다는 소식을 듣고 나도 잘못된 줄 알고 눈물을 흘리면서 걸어온 것이었거든요. 그렇게 감격적인 해후를 했는데 아직 안심할 수 있는 상황이 아니었습니다. 공산당 잔당들한테 발견되면 어떻게 될지 모르기 때문에 국군이 들어오기 전까지 숨어 지낼 곳을 찾아야 했어요. 그때 부두 쪽에 은신처를 찾아야겠다고 생각했습니다. 왜냐하면 그쪽에는 미군 비행기가 자주 폭격을 하고 있었기 때문에 인민군과 공산당 잔당들이 없을 것 같았거든요.

그래서 내가 아는 해운회사 사장의 누님께 부탁해서 그 집 천장에서 지냈어요. 옛날 일본식 집이라서 사다리를 타고 천장에 올라갔다 내려갔다 하는 구조였는데 거기서 대소변을 받아서 처리하고 밥도 얻어먹으면서 5일 정도 지냈지요. 그렇게 있다가 국군 해병대가 들어오니 이제 완전히 살았다고 생각해서 나왔습니다. 그때 부두 쪽으로 은신처를 생각한 것은 현명한 선택이었어요. 실제 함께 탈출한 사람 중에서 공산당 잔당들에게 잡혀서 죽은 경우가 꽤 있었습니다.

━ 목포에서도 양민학살과 같은 비극적인 사건이 있었을 것 같습니다.

그랬지요. 내가 서울에 있을 때 목포에서는 보도연맹에 속한 사람들을 좌익이라고 해서 모두 죽였어요. 배에 태운 뒤에 총을 쏴서 죽이고 물에 빠뜨려서 죽였다고 하더군요. 그리고 인민군이 점령했을 때는 우익 인사들을 학살했었지요. 내가 죽을 뻔했던 상황도 그런 경우에 속하고요.

우리 장인도 인민군에 끌려가서 죽을 뻔했어요. 인민군이 내 장인을 포함한 우익 인사들을 산으로 끌고 가서 총살했대요. 그런데 장인은 총소리에 놀라 기절해서 쓰러졌대요. 총에 맞은 것은 아니고요. 인민군이 일일이 돌아다니면서 확인사살을 했는데 장인이 살아 있는 것을 보고 욕을 하면서 장인을 향해 총 두 방을 쐈대요. 그 총알이 장인 귀 옆으로 지나갔는데 인민군은 총을 쏜 후에 자리를 떠서 기적적으로 살아났어요.

그 이후 인민군이 사라진 것을 확인한 장인이 일어나서 도망치다가 아는 집에 들어가서 손이 묶여 있으니 이것을 풀어달라고 했대요. 그런데 그 사람이 겁을 먹고 못 해주겠다고 했나 봐요. 보복을 당할까봐요. 그래서 장인이 제발 좀 풀어달라고 사정사정하니 그 사람이 자기가 풀어주었다는 말을 절대 하지 말라는 당부를 하면서 풀어주었다고 합니다. 우리 집은 장인, 나, 동생까지 3명이 죽음의 문턱에서 살아 돌아왔어요. 그런 경우를 찾기도 힘들 겁니다. 기적 같은 일이었어요.

정치하기로 결심

━ 생환 이후 사업을 재개하셨는데요. 갖고 계신 배에 이상은 없었습니까?

전쟁 전에 배 세 척이 있었어요. 그런데 한 척은 어떤 이유인지 모르겠지만 결박할 때 사용한 로프가 훼손되어 바다로 흘러가버렸어요. 또 다른 배 한 척은 국군에 의해 부산으로 징발되어 한참 뒤에야 돌아왔어요. 그래서 남은 배는 한 척뿐이었어요.

━ 해상방위대에서는 어떤 직책을 맡으셨고 하신 일은 무엇이었습니까?

전남지구 해상방위대가 조직되어서 오재균 씨라는 분이 해상방위대 대장이 되고 내가 부대장이 되었습니다. 오재균 씨는 전북 고창 분인데 염료사업을 크게 했고 한민당 골수 지지자였어요. 해상방위대는 군수품을 수송하고 지역의 좌익 게릴라 부대 소탕작전을 할 때에도 배를 보조했어요. 그때는 정부가 징발한 선박에 의존한 바가 많았습니다. 해상방위대는 후에 해상방위군이 되어 나는 해군방위 소령에 임명될 것이라고 통보받은 적이 있습니다. 그런데 국민방위군 사건이 발생하여 이것이 없어지게 되자 해상방위대도 해체되었어요.

— 1997년 대선 때 송인명 장군이 대통령님의 해상방위대 근무 사실을 증언한 것이 화제가 되었습니다.

송인명 장군은 해군 목포경비부 사령관이었고 나의 직속상관이었습니다. 그분이 해상방위대를 조직했어요. 송인명 장군은 미국에 이민 가서 1997년에 미국에 있었습니다. 그래서 천용택 의원이 미국까지 가서 송인명 장군을 만났지요. 거기서 송인명 장군이 내가 해상방위대 부대장으로 근무한 것이 사실이라고 증언해주었습니다. 그래서 그 이후로 해상방위대 근무에 관한 시비가 더 이상 나오지 않게 되었어요.

— 부산으로 회사를 옮기셨습니다. 언제 옮기셨습니까? 부산에서는 어떻게 사업을 하셨습니까?

처음에는 부산과 목포를 오가면서 했어요. 그렇게 보면 부산에서 처음 시작한 것은 1951년으로 봐야겠지요. 부산에 와서는 사업의 내용이 좀 바뀌었어요. 회사명도 흥국해운으로 변경했고요. 전에는 조선상선의 하청을 받아서 일했는데 부산에서는 금융조합연합회와 직접 계약을 해서 비료·양곡·고공품 등을 수송하는 일을 했습니다. 금융조합연합회는 지금의 농협과 같은 곳인데 당시 영향력이 매우 컸어요. 2대 국회의원을 하신 윤영선 씨를 회장으로 모셨습니다. 이분은 나와 동향이었는데, 국회의원이나 정부와 관계된 일을 할 때 도움을 받을 수 있다고 생각해서 그렇게 했어요.

━ 가족분들도 모두 부산으로 이사하셨습니까?

처음에는 나만 부산에 갔고 나중에 가족 모두 부산으로 와서 부산 영도 남항동 시장 뒤쪽에 집을 얻어서 살았어요. 그때 어머니는 계속 목포에 계셨고 아내와 홍일이, 홍업이 이렇게 4명이 같이 살았습니다.

━ 기록에 의하면 대통령님께서 한국은행 본점에서 1억 환을 융자받아 사업을 확장했는데 사업이 여의치 않게 되어 1954년경에 군산출장소의 정성렬 씨에게 회사를 넘기고 사업을 그만두셨다고 하는데요.

그 내용이 맞아요. 선박을 담보로 은행에서 돈을 빌렸는데 나중에 사업이 여의치 않아 돈을 갚지 못해 정성렬 씨한테 회사와 부채를 다 넘겼습니다. 정성렬 씨는 목포 출신으로 내 친한 친구였어요.

━ 전쟁 도중 부산이 임시수도였는데, 당시 정계 주요 인사들을 만나신 적은 없습니까? 특히 후에 대통령님께서 정치적으로 함께하시기도 한 장면·장택상 두 분을 만나신 적이 있습니까?

부산에서 두 분을 만난 적은 없어요. 조봉암 선생을 만난 적

청년 사업가 시절(왼쪽 아래, 1951).
목포 조선상선주식회사의 하청을 받아
비료·양곡·고공품을 수송하던 김대중은
1951년 부산에서는 금융조합연합회와
직접 계약을 해서 사업을 확장한다.

은 있습니다. 내 친구들하고 영도에 있는 그분의 집에 가서 이야기를 들은 적이 있어요. 조봉암 선생은 서울에서도 만났습니다. 그때 이야기는 나중에 할게요.

━ 그러면 부산에서 다른 정치인들과의 모임이나 교류는 없었습니까?

특별한 모임은 없었는데 정치인들을 좀 만났어요. 정헌주 씨를 그때 만났고 아까 말한 윤영선 씨도 그랬고 엄상섭 씨도 만났던 것 같아요. 그런데 정치인보다 면학동지회 사람들을 주로 만났어요. 그리고 그때 정치하기로 결심을 했습니다. '이런 독재정치는 안 된다. 민주주의를 해야만 공산당을 이길 수 있다'는 생각으로 6·25 전쟁 때 죽기 직전에 살아났으니 그때 죽었다고 생각하고 앞으로 독재정권과 싸워보자고 다짐한 것입니다.

━ 면학동지회에는 어떻게 참여하시게 되었습니까?

면학동지회는 원래 서울 지역 대학생들의 모임이었어요. 그래서 나하고는 직접적인 관련이 없었습니다. 나는 김정례 여사의 소개로 여기에 속한 분들과 알게 되어 자주 만나 이야기를 나눴어요. 나는 그 모임의 정식 멤버는 아니었어요. 그분들이 나를 정식 회원이라고 한 적이 없고 나도 그렇게 말한 적이 없었어요. 다만 회원들과 똑같이 어울리고 대화하면서 지냈습니다. 거기에 속한 분들을 보면 보건사회부 장관을 한 김정례 여사, 국민의 정부에서 과학기술자문위원장을 한 박익수 씨 그리고 지금의 아내도 그때 거기 있었고, 지금은 고인이 된 고향 사람 김일남 씨 등이 멤버였어요. 그리고 강영훈 씨가 당시 준장이었는데 그분도 관련이 있었어요. 만나서 다양한 주제로 세상 돌아가는 이야기를 했습니다.

━ 그 당시 김정례 여사님 소개로 이희호 여사님을 처음 만나셨다고 합니다. 처음 만나신 장소가 어디였던가요? 첫인상은 어땠습니까?

그때 부산 광복동 다방에서 만났어요. 처음 만났을 때 아주 여자답고 고상하다는 느낌을 받았어요. 그리고 웃는 모습이 참 예쁘다는 느낌이 들었고요. 그때 자주 만났어요. 한번은 둘이 버스 타고 부산역 옆에 있는 감천에 가서 산책한 적도 있어요. 거기서 들에 있는 꽃도 꺾고 이야기도 하면서 한참 있다가 돌아온 적이 있었지요.

━ 그때부터 두 분이 대화가 통하셨던 것 같은데요. 주로 어떤 주제로 대화를 나누셨습니까?

인생에 대한 이야기도 했는데 주로 시국 현안을 주제로 대화했습니다. 둘 다 정치적 성향이 강했기 때문에 자연스럽게 그렇게 되었어요. 그리고 지금의 아내는 상황이 나아지면 외국 유학을 가겠다는 이야기도 했어요.

━ 김정례 여사님은 언제부터 알고 지내셨습니까?

1·4 후퇴 직전이었는데, 내가 장사하려고 배에다 쌀을 가득 싣고 인천으로 올라갔어요. 인천에서 쌀을 다 팔고 내려가려고 준비할 때 1·4 후퇴를 하게 되었어요. 그래서 부랴부랴 내려가려고 정박해둔 내 배로 갔는데, 어떤 젊은 여자가 이런저런 지

미국행 비행기에 탑승하기 전의 이희호(1954).
이희호 여사는 부산 광복동에서 김대중과
처음 만났다. 두 사람은 이희호 여사가
미국으로 유학을 떠나면서 4년간 연락이
끊겼다. 이후 김대중은 이희호 여사를 종로에서
우연히 만나 만남을 이어갔다.

시를 하면서 사람들을 태우고 안내하고 있었어요. 내가 누구냐고 물었더니 나보고 선주 되시냐고 되물어요. 그러면서 함께 피난 갈 사람이 몇 사람 있는데 제발 이 배에 함께 태워달라고 애원했어요. 이분이 아주 붙임성이 좋고 말을 잘해요. 내가 그러라고 했지요. 그래서 인천에서 내려올 때 많은 사람을 태우고 왔어요. 그렇게 해서 처음 만났어요. 그런데 정작 그때 김정례 여사가 그 배를 타고 함께 내려왔는지 아니면 사람들만 배에 태워주고 자기는 다시 서울에 가서 여성청년단하고 같이 행동을 했는지는 확실치 않네요. 여하간 그렇게 해서 김정례 여사를 알게 되었고 부산에서 다시 만나게 되었어요.

1954년 첫 출마 후 서울로 이사

━ 정계에 진출하시기로 결심하신 배경은 무엇입니까?

내가 정치에 투신하기로 한 것은 1952년 부산정치파동을 보고 이 나라의 정치가 이래서는 안 되겠다고 판단했기 때문이에요. 그런데 부산정치파동이 결정적 계기가 된 것은 맞지만 나는 그전부터 이승만 정권에 대해서 심각한 문제의식을 갖고 있었습니다. 알다시피 국민방위군 사건 때 얼마나 많은 청년이 죽었습니까? 이 사람들을 위한 국고와 군수품을 횡령하고 빼돌려서 아까운 우리의 청년들이 길에서 굶어 죽고 얼어 죽고 그랬어요. 이 얼마나 비참한 일입니까.

거창 양민학살 사건에서도 아무런 잘못 없는 우리 국민이 공비로 몰려서 비참하게 학살당했어요. 아무리 전쟁통이지만 어떻게 이런 일이 있을 수 있습니까? 법도 없고 상식도 없는 그야말로 야만적인 시대였습니다. 당시 우리나라의 이러한 현실에 나는 많은 문제의식을 갖고 있었어요. 그때 부산정치파동이 터진 겁니다. 이승만 대통령이 다시 집권하기 위해서 무리한 행동을 한 거지요. 나는 원래 정치에 관심을 갖고 있었는데 이러한 일들을 경험하면서 내가 정치를 해서 나라를 바로잡아야겠다고 결심한 거예요.

━ 대통령님께서 정치를 하시기로 결심하신 이후 1954년 3대 총선에 출마하셨습니다. 당시 무소속으로 출마하셨는데 정당을 선택하지 않은 이유가 있었습니까?

그 선거에는 자유당과 민주국민당 두 정당이 메이저 정당이었습니다. 자유당은 처음부터 반대였고, 민국당은 공천을 내정해놓고도 나한테 교섭을 했어요. 그때 민국당 공천을 받아야만 선거가 제대로 되는데 못 받은 이유는 목포가 2대 국회의원을 노동조합에서 냈어요. 그 노동조합에서 나를 지지하기 때문에 노동조합과 민국당과는 양립될 수가 없어서 노동조합을 택하고 민국당을 거절하게 된 거지요. 그래서 정당을 택하지 않은 겁니다.

━ 노조는 선거 과정에서 많은 도움을 주었습니까?

결과적으로 나를 도와주지 못했어요. 왜냐하면 그때 노조는 자유당의 기간단체라고 할 때라서 자유당 후보를 지지해야 하는데 나를 지지한다고 하니 경찰이 노조위원장 이하 간부들을 모두 잡아갔어요. 이들을 압박해서 "김대중을 지지하는 것이 아니라 자유당 후보를 지지한다"고 연설하게 했어요. 경찰들이 감시하니 그렇게 하지 않을 수가 없었던 거예요. 그럼에도 이분들이 손가락으로는 내 기호를 가리키면서 끝까지 노력했지만 그 정도로 효과를 얻기는 어려웠습니다. 내가 정치 신인이고 정당에 속해 있지도 않으니 이러한 문제를 돌파할 수가 없었어요. 그래서 결국 패배했어요.

━ 당시 노조가 대통령님을 지지한 이유는 무엇입니까?

내가 기업을 경영하면서 노동자들의 처우에 신경을 많이 썼고 노조를 많이 지원했어요. 그러한 것이 주변에 소문이 났지요. 노동자를 위하는 양심적인 기업가라고 생각해서 나를 지지한 거예요.

━ 당시 선거운동 방법은 어땠습니까?

개인 연설과 합동 연설이 있었고, 선전물을 배포하는 것 정도였어요.

━ 처음으로 출마하신 선거였습니다. 여러 가지 느끼신 바가 많았을 것 같습니다.

무소속의 한계와 어려움을 절실히 느꼈어요. 정당 기반 없이 선거를 하는 것이 정말 어렵다는 것을 느꼈습니다. 돈이 무척 많이 들었어요. 그때는 지원받는 것은 없는데 돈 쓸 일은 많았어요. 선거운동 하려면 스스로 돈을 마련해야 했어요. 그래서 '우리나라 정치가 이래서 되겠나'라는 생각을 많이 했지요.

━ 1955년에 서울로 올라오셨습니다. 그 이유는 무엇입니까?

서울로 이사한 이유는 본격적으로 정치를 하기 위해서였어

첫 출마(1954).
김대중은 1954년 3대 총선에 처음으로 출마해서
낙선했다. 이때 김대중은 무소속의 한계와
어려움을 절실히 느끼고 정치인으로서
성공하겠다는 생각으로 1955년 서울로 이사했다.

요. 제대로 정치를 해보겠다고 작심하고 올라왔어요.

━ 사업은 어떻게 하셨습니까?

일부 정리하고, 일부 놔뒀는데 점차적으로 다 정리했어요.

━ 서울에 올라오셔서 어디에 거처를 마련하셨습니까?

남영동에 집을 마련했어요. 거기서 아내가 미장원을 시작했고요.

━ 가족 모두 서울로 올라오셨습니까?

처음에 아내하고 아이들이 올라왔고 어머니는 나중에 올라오셨습니다.

━ 1955년 서울에 올라오신 이후 많은 분을 만나셨을 것 같습니다. 그때 만나신 분 중에서 대통령님 활동에 큰 영향을 주신 분이 있었나요?

그때 천주교 총무원의 사무국장하던 최서면 씨가 내 친구로서 많은 도움을 주었어요. 최서면 씨 소개로 윤형중 신부님께 가톨릭 교리를 배웠고 그때 부통령이던 장면 박사도 소개해주어서 장면 박사께서 내 대부가 되었어요. 노기남 대주교 명동성당의 사무실에서 영세를 받는 특별한 도움을 받았습니다.

한국노동문제연구소 주간, 웅변학원 운영

━ 서울에 올라오신 이후인 1950년대 중반에 대통령님께서 한국노동문제연구소에서 일하셨다는 기록이 있습니다. 이 연구소가 주로 한 일은 무엇이었습니까?

노동 현안과 관련된 자료들을 모아서 정리했어요. 다만 이것을 출판하지는 않았습니다. 대신 내가 노동문제에 대해서 글을 썼어요. 『동아일보』에 몇 번 기고해서 게재되었고 『사상계』에 기고한 글은 아마 200자 원고지 100매 정도 될 거예요. 그런 장문의 글을 기고했지요.

━ 한국노동문제연구소에 관여하신 주요 인사에 대해서 소개해주십시오. 대통령님께서는 어떤 직책을 맡으셨습니까?

그때 경전노조 부위원장을 하던 차국찬 씨라는 분이 있었어요. 내가 원래부터 알고 있던 친구인데, 이분이 연구소장을 하면서 운영비를 냈어요. 나는 주간으로 일했습니다.

━ 한국노동문제연구소 직원은 몇 명 정도였습니까? 연구소 위치는 어디에 있었나요?

직원 수는 2, 3명 정도로 적었습니다. 연구소는 삼각지에 있었어요.

━ 연구소 주간으로 계시면서 한국 노동현실에 대해서 많은 기고를 하셨는데요. 그때 노동문제를 바라보는 대통령님만의 시각과 철학이 있었을 것 같습니다.

그랬어요. 나는 노조가 자유당의 하부조직처럼 되어서 자율성을 상실한 것은 잘못된 일이라고 생각했습니다. 노동운동의 자유를 강조했던 것이지요. 또한 노조는 비폭력적인 방법으로 자신의 생각과 이익을 위해서 노력하는 것이 필요하다는 점을 강조했습니다. 그래서 기업가와 노조가 상호 존중해야 하며 기업의 발전과 노동운동의 발전이 대립하는 것이 아니라는 사실을 강조했어요.

— 대통령님의 후배인 권노갑 선생이 대통령님께서 한국노동문제연구소 주간으로 계실 때 서울에 올라와서 찾아뵌 적이 있었다고 합니다. 그때 사무실에 가보니 일본에서 발간된 신문이나 잡지들이 많이 있었고 대통령님께서 해당 자료들을 꼼꼼하게 읽고 메모도 하고 스크랩도 하신 것을 본 적이 있다고 증언하신 바가 있습니다.

맞아요. 그렇게 했어요. 일본어로 된 자료들을 많이 읽었습니다.

— 당시 일본과 국교가 정상화되지 않았었는데요. 일본 언론의 자료를 어떻게 구할 수 있었습니까?

명동 뒷골목에 가면 길거리에서 일본어 자료를 많이 팔았어요.

— 최신 자료도 있었나요?

그럼요.

— 주로 어떤 주제에 관심을 갖고 보셨습니까?

일본의 정치현실과 한·일관계, 노동문제 등 사회·경제적 현안에 초점을 맞췄습니다. 외교·안보 등 다른 주제에 대해서도 종합적으로 검토했지요.

— 국내 신문과 잡지 등도 참조를 하셨습니까?

국내 일간지와 월간지 등에 해당 분야의 권위 있는 분들이 쓴 글은 많은 도움이 되었습니다.

— 대통령님께서 1955년에 서울로 이사하신 이후 웅변학원을

운영하셨다고 들었습니다. 학원을 시작하신 이유와 운영 상황에 대해서 말씀해주세요.

당시엔 정치를 하려면 연설 능력이 좋아야 했어요. 그래서 정치에 관심 있는 정치 지망생들을 대상으로 학원을 운영했어요. 거기에다 웅변 자체에 관심 있는 사람들도 있었지요. 그래서 50, 60명 정도 원생이 있었습니다. 큰 규모는 아니었지요. 학원 이름은 '동양웅변전문학원'이었어요. 1년 정도 운영했는데 재정 상황이 좋지 못해서 그만두었어요.

▬ 대한웅변협회 부회장을 하셨다는 기록도 있습니다.

자유당 출신 국회부의장을 한 조경규 씨가 회장을 했고 내가 부회장을 했습니다. 웅변대회를 열기도 했지요. 그렇게 중요한 활동을 한 것은 아니었습니다.

▬ 웅변하는 것을 직접 지도하셨습니까?

그랬습니다. 내가 직접 가르쳤어요. 말하는 것만 지도한 것이 아니라 원고도 봐줬어요.

▬ 웅변학원 할 때 특별히 기억나는 분이 있습니까?

웅변학원 원생 중에 김상현 의원이 있었어요. 자주 질문하고 열심히 하는 원생이 있었는데 나중에 알고 보니 그 사람이 김상현 의원이었어요. 여기서 처음 만나게 되었습니다.

▬ 대통령님께서는 웅변을 잘하기 위해서 어떤 점이 제일 중요하다고 판단하셨습니까?

종합적으로 잘해야지요. 그래야만 청중들에게 공감을 이끌어낼 수 있어요. 우선 말하는 내용이 좋아야 합니다. 의미가 있으면서도 청중들이 쉽게 이해하고 호응할 수 있는 내용이어야 해요. 목소리의 강약 조절 등 기술적인 부분도 중요합니다. 이런 것을 잘해야만 자신의 생각을 사람들에게 호소력 있게 전달할 수 있어요. 이것이 좋은 웅변입니다.

━ 대통령님께서 연설하시는 것을 보면 특유의 제스처가 있습니다. 스스로 고안하신 것인가요?

네, 그렇습니다. 남이 하는 것을 보고 배우기도 했어요.

━ 학창 시절에도 웅변을 잘하셨나요?

지난번에 상업학교 다닐 때 이야기를 한 적이 있었지요. 그때도 내가 말을 잘해서 일본인 선생님이 마치 대의사가 단상에서 사자후를 토하는 것 같다는 칭찬을 해주기도 했었어요.

━ 평소 웅변을 잘하는 정치인으로 생각하신 분이 있다면 소개해주세요.

신익희 선생께서 웅변을 잘 하셨어요.

━ 대통령님께서 1950년대 신문이나 잡지 등에 활발하게 기고 활동을 하셨습니다. 이런 활동을 하시게 된 배경에 대해서 말씀해주세요.

내가 글 쓰는 것을 좋아하고, 노동문제에 관심이 있었기 때문에 『동아일보』에 몇 번 기고를 했어요. 또 『사상계』에 「한국 노동운동의 진로」라는 제목으로 200자 원고지 100매를 써서 보낸 적이 있고 그 외에 여러 주간지와 월간지 등에 기고를 했어요. 노동문제를 포함해서 정치·경제·외교 등 다양한 주제를 다뤘습니다.

━ 1950년대 중·후반경에 '창평사'라는 출판사에서 발행된 월간지 『신세계』의 주간으로 활동하셨다는 증언이 있습니다.

내가 주간 역할을 했어요. 내가 기획한 편집안이 상당히 수준 높다는 칭찬을 받았어요. 그렇게 한동안 했는데 정부에 비판적인 논조여서 운영에 어려움이 있었습니다. 광고 유치가 어렵고 은행 거래도 쉽지 않고요.

━ 대통령님께서 글을 쓰실 때 자신만의 특별한 습관이 있었습니까?

있었지요. 나는 글의 내용을 구상할 때 머리로만 생각을 하면 잘 안 되고 펜을 들고 종이에다 적어가면서 해야 잘 돼요. 그렇게 해서 중요한 개념과 주장을 정리할 수 있었지요. 나는 대체로 그런 식으로 글을 썼습니다.

━ 그때는 대통령님께서 담배를 많이 피우셨는데요. 글을 쓰실 때 담배와 관련된 습관 같은 것은 없었습니까? 가령 담배 한 대 피우시고 나서 글을 쓰신다거나 그런 것이요.

젊었을 때 담배를 많이 피웠습니다. 담배를 피우는 사람은 글을 쓰려고 할 때 담배를 피워야 글의 구상이 잘 되고 글도 잘 풀립니다. 담배가 마음을 상당히 안정시키고 집중시키는 효과가 있거든요. 그때는 내가 궐련을 피웠는데 1970년대에는 파이프담배를 피웠다가 1983년에 담배를 끊어서 지금까지 일절 안 피웠어요.

━ 쓰신 글을 많이 고치시는 편이었습니까?

퇴고를 여러 번 하는 편이었어요. 글을 쓰고 난 뒤에 보면 계속 고치게 되더라고요. 글에는 완성이라는 것이 없는 것 같습니다.

조봉암과 장택상

▬ 1954년 사사오입 개헌 이후 이승만 정권의 독재에 맞서 신당운동이 나오게 되었는데요. 당시 대통령님께서는 소장 정치인으로서 여기에 관심을 갖고 활동하셨습니다. 그때 조봉암 선생까지 포함하자는 쪽이 민주대동파, 조봉암 선생을 배척하자는 쪽이 자유민주파였습니다. 결국 자유민주파가 승리하여 1955년 민주당이 나오게 되었는데요. 당시 대통령님께서는 민주대동파를 지지하셨습니다. 그 이유는 무엇입니까?

그때 나는 거대한 이승만 정권의 독재에 맞서기 위해서는 조봉암 선생까지 포함해서 다 함께해야 한다고 생각했어요. 그것이 바른 길이라고 생각한 것이지요. 그때 장택상 선생이 조봉암 선생과 함께해야 한다는 입장이었습니다.

▬ 장택상 선생과 조봉암 선생의 이력을 보면 두 분이 걸어오신 길이 많이 다른 것 같은데요. 장택상 선생이 조봉암 선생을 높이 평가한 이유가 궁금합니다.

장택상 선생은 조봉암 선생의 독립운동을 높이 평가했어요. 조봉암 선생께서 독립운동 하다가 징역을 선고받고 복역하던 중 동상에 걸려 손가락 여러 마디가 잘려나가는 등 큰 고초를 겪었잖아요. 그런 점을 높이 평가했지요. 이와 관련해서 장택상 선생이 내게 해준 이야기가 생각납니다. 부산이 임시수도였을 때 두 분이 국회부의장을 했어요. 한번은 군함에서 함께 식사를 하셨는데 메뉴는 비프스테이크였대요. 종업원이 서빙을 하다가 조봉암 선생의 손이 불편한 것을 보고 접시를 다시 가져가서 고기를 썰어서 가지고 왔대요. 이때 조봉암 선생이 "창랑! 시기하지 마. 나는 이런 맛으로 살아"라고 말씀하신 적이 있다고 합니다. 자신의 아픔을 여유로 승화시킨 것이지요.

━ 대통령님께서는 당시 조봉암 선생에 대해서 어떻게 생각하셨습니까?

나는 부산 피난 시절에 조봉암 선생의 영도 집에 가서 만난 적이 있어요. 다른 사람들과 함께 갔는데 그때 대화에서는 특별히 의미 있는 내용은 없었어요. 서울에 올라와서 그분이 사직동 도정궁에 계실 때 한 번 찾아뵈었어요. 그때 대화는 기억에 뚜렷합니다. 내가 선생께 "선생님은 공산당을 하신 적이 있지만 지금은 공산당을 반대하고 나와 민주주의 진영에서 일하고 계시기 때문에 국민들에게 공산주의의 문제점을 알리는 데에 있어 가장 적임자라고 생각됩니다. 과거 ML당, 즉 조선공산당 당수를 한 적이 있는 김준연 선생은 너무 극우적이어서 역효과를 내고 있는데 선생님이 공정하면서도 차분하게 공산주의의 문제점을 지적하고 알리면 선생님께도 도움이 되고 국민들에게도 도움이 될 것입니다"라고 말씀을 드렸어요. 이에 대해서 조봉암 선생께서 "김 동지 말이 맞기는 맞는데 그렇게 하면 나를 지지하는 사람들이 이탈할 수가 있어요. 그런 면도 고려해야 합니다"라는 말씀을 하셨어요. 그때 내가 좀 실망했습니다. 진정한 지도자는 설령 국민의 지지를 잃는 한이 있더라도 할 말을 할 줄 아는 용기와 결단력이 있어야 한다고 생각해요. 그런데 그렇게 못 하시더라고요. 그런 모습을 보여주셨다면 나중에 어려움을 겪으셨을 때 도움이 되었을 수도 있었을 텐데, 참 안타까웠습니다.

━ 조봉암 선생께서 돌아가셨을 때 심경이 어땠습니까?

매우 안타까웠습니다. 그분이 그때 공산주의 사상을 갖고 있었다거나 공산주의 활동을 한 것은 절대로 아닙니다. 조봉암 선생은 인간적으로도 아주 매력이 있고 좋은 분이었어요. 만나보면 알아요. 내가 방금 전에 말한 것과 같이 좀 단호한 모습을 보여주었으면 더 좋았을 텐데, 그렇지 못한 것이 아쉽습니다.

━ 자유민주파가 중심이 된 민주당은 1955년에 창당되었습니다. 기록을 보면 대통령님께서는 1년 뒤인 1956년에 민주당에 입당하셨는데요. 그 사이에는 무엇을 하셨습니까?

나는 그때 장택상 선생을 알고 있었는데 장택상 선생이 배은희 씨, 이범석 씨 등과 함께 공화당을 만들었을 때 나도 참여해서 대변인을 했습니다. 그리고 그즈음 마포에서 2대 국회의원을 하셨던 오성환 씨와 가깝게 지냈는데 그분이 정치적으로 많은 도움을 주기도 했어요.

━ 공화당은 언제 만들어졌습니까?

신당을 하기로 해서 1956년 1월에 가칭 민정당으로 시작했는데요. 3월 말에 결당대회를 할 때 공화당으로 개칭한 것입니다.

그래서 처음에는 민정당으로 시작했다가 실제 창당할 때는 공화당으로 했기 때문에 정식 명칭은 공화당이라고 할 수 있습니다.

━ 대변인까지 맡으시게 된 배경이나 당시 상황에 대해 말씀해 주세요.

공화당을 창당할 때 필요한 여러 가지 문서를 내가 만들기도 했고, 공보 활동도 내가 많이 했기 때문에 자연스럽게 대변인을 하게 되었어요. 당내에서는 내가 대변인을 하는 것에 모두 찬성하는 분위기였습니다.

━ 공화당은 오래가지 않아서 사실상 와해되었는데, 그 이유는 무엇입니까?

노선 갈등 때문이었어요. 장택상 씨는 이승만 박사에 대해서 비판할 것은 비판해야 한다는 입장이었는데 이범석 씨와 배은희 씨는 이승만 박사와 어떻게든 관계를 유지하자는 입장이었기 때문에 결국 결렬되었습니다.

━ 장택상 선생에 대해서 어떻게 평가하십니까?

장택상 선생은 과오도 크지만 긍정적으로 볼 수 있는 부분도 있었어요. 이승만 박사에 대해서 비판할 것은 비판하기도 했거든요. 그런 양면이 있었습니다. 여하간 내가 민주당에 입당하면서 그분과 정치적으로 결별하게 되었어요.

━ 장택상 선생과의 일화 중에서 기억나는 일이 있으신가요?

장택상 선생은 내가 글을 잘 쓴다고 칭찬하시곤 했어요. 그래서 『한국일보』 장기영 사장에게 나를 논설위원으로 추천하셨어요. 장기영 사장님을 만났더니 "당분간 내 방에서 같이 있다가 적당한 때 논설위원 자리로 옮겨주겠다"고 하셔서 사장님 방에서 일하게 되었지요. 특별한 일은 없었고 원고를 부탁하면 써주는 정도였어요. 그렇게 지내고 있었는데 어느 날 저녁에 『한국일보』 간부로 있던 분이 만취상태로 나한테 오더니 "장기영 사장한테만 얘기하면 제일이냐. 장택상 씨면 제일이냐" 하고 주정을 해요. 그래서 그다음 날 장기영 사장께 "여기 그만두겠습니다" 하고 나온 적이 있어요.

━ 1956년 대선에 대해서 질문을 드리겠습니다. 당시 대통령님께서는 어느 후보를 지지하셨습니까?

민주당의 신익희 대통령 후보, 장면 부통령 후보를 지지했어요. 그런데 신익희 후보께서 돌아가신 이후에는 대통령 후보 중에서 지지하는 사람이 없었고 장면 부통령 후보만 지지했어요. 그때 장면 후보 지지 선언을 하고 성명서를 낸 것이 언론에 나오기도 했습니다.

━ 야당에는 조봉암 후보도 있었는데요. 조봉암 후보를 지지하실 생각은 하지 않으셨나요?

조봉암 선생의 선거 공약을 보면 당시에는 받아들이기 힘든 것이 있었어요. 아까 말한 것처럼 서울에서 한 번 뵙고 난 이후에는 다시 찾아가지 않았습니다.

천주교 세례와 민주당 입당

━ 대통령님께서는 1956년 6월 천주교 세례를 받으셨습니다.

그전에 믿으셨던 종교는 없었습니까?

없었어요. 천주교가 첫 번째 종교였습니다. 다만 서울에 올라오기 전 목포에 있을 때 장인·장모께서 모두 천주교 신자셨어요. 그래서 장모님 따라서 성당을 다녔어요. 그런데 영세를 받아 정식 신자가 된 것은 서울에 올라온 이후였습니다.

━ 천주교를 믿게 되신 이유는 무엇입니까?

인간의 본질적인 한계를 생각할 때 종교를 믿는 것이 필요하다는 생각을 하고 있었어요. 천주교를 선택한 것은 그때는 천주교가 단결해서 안정적으로 잘하고 있다고 생각했고 처가와의 관계도 고려해서 그렇게 했습니다.

━ 대통령님께서 영세받으실 때 장면 박사께서 대부를 하셨습니다. 장면 박사는 정치를 하지 않으셨다면 신부님이 되셨을 것이라는 말이 있을 정도로 독실한 천주교 신자라는 얘기가 있었는데요. 대통령님께서는 어떻게 생각하십니까?

그럼요. 그럴 정도로 아주 독실한 천주교 신자셨어요. 천주교 포교를 위해서도 많은 노력을 하셨고 천주교의 가르침을 몸소 실천하시는 데에 아주 많은 노력을 하셨던 분입니다.

━ 정치인으로서의 장면 박사는 어떻게 평가하시는지요?

나는 장면 박사의 공과에 대한 객관적인 평가가 필요하다고 생각합니다. 지금 장면 박사는 너무 부정적인 면만 부각되어 있고 과소평가받는다고 생각해요. 장면 박사는 제2공화국 총리가 되어서 지방자치를 확대했어요. 혁신계뿐만 아니라 야당의 활동도 보장해서 민주주의의 다양성을 옹호하고 보호했어요. 짧은 기간에요. 물론 그분은 난세를 뚫고 나갈 리더십이 부족한 면이 있었고 이것이 5·16 쿠데타가 발생하는 데에 영향을 주었다는 점에서 분명한 과오가 있었지요. 이러한 것을 함께 보고 평가해야 한다고 생각합니다.

━ 대통령님의 세례명은 토머스 모어인데요. 이 세례명으로 하신 이유는 무엇입니까?

내게 영세를 주신 분이 김철규 신부님이에요. 그분이 노기남 대주교실에서 제게 세례명을 토머스 모어로 하라고 하셨습니다. 토머스 모어는 영국에서 큰 영향력을 갖고 있던 정치인인데 헨리 8세의 이혼을 인정하지 않고 끝까지 버티다가 작두에 목이 잘려 돌아가신 분이에요. 김철규 신부님이 영세명을 토머스 모어로 하시면서 나에게 교회를 위해서 이렇게 순교할 각오를 하면서 받으라고 했어요. 그런데 그 소리 들으니 좀 섬뜩했어요. 나중에 보면 이름값을 톡톡히 했지요.

━ 1956년 9월 25일 민주당에 입당하시게 되었는데요. 민주당 입당을 결정하신 이유는 무엇입니까?

제대로 정치를 하려고 보니 정당이 필요하고 정당 중에서도 제3당은 한계가 많다는 것을 알게 되었어요. 그러면 당시 여당인 자유당과 야당인 민주당 중에서 선택해야 하는데 나는 이승만 박사에 대해 반대하기 때문에 민주당을 택했어요. 당시 민주당은 정치적으로 이승만 독재에 반대하여 민주주의를 강조했고 경제적으로 관권경제를 반대하고 시장경제를 주장했으며 남북 관계에 있어서 북진정책을 반대하고 평화통일을 내세웠기 때문에 비록 보수적인 정당이었지만 상당히 진보적인 면도 있었습니다. 당시 우리나라의 발전단계를 보면 진보파가 정치의 주도권을 잡을 상황은 아니었습니다. 우익독재에 맞서 진정한 의미의 자유민주주의를 이루는 것이 선결과제였어요. 그렇게 보면 그때의 민주당은 당시의 시대적 여건을 감안할 때 적절한 수준에서 진보적인 목소리를 냈다고 할 수 있습니다.

━ 1956년 9월 28일 장면 부통령 저격 사건이 발생했습니다. 사건 이후 병원으로 찾아가셨다는 기록이 있는데요.

그랬지요. 장면 박사께서 내 대부이시기도 했으니 당연히 찾아가서 병문안을 했습니다. 그때 이러한 테러행위에 대해서 큰 충격을 받았고 분노했습니다. 한편으로 장면 부통령께서 구사일생으로 살아나신 것에 크게 안도하기도 했어요.

━ 대통령님께서 민주당에 입당하신 이후 소장 정치인으로서 본격적으로 활동을 시작하셨습니다. 대통령님께서는 민주당 신파에 속하셨는데요. 장면 박사의 영향이 컸다고 볼 수 있겠습니까?

네, 그렇지요. 그때 민주당 국회의원은 30여 명밖에 안 되었어요. 중앙상무위원회는 30여 명의 국회의원과 50여 명의 원외 인사로 구성되었는데 신파와 구파가 반씩 참여했습니다. 그 안에서 신·구파의 갈등이 치열했는데 나는 신파의 소장 정치인으로서 구파를 상대로 한 이론투쟁에 있어 상당한 능력을 발휘해 크게 인정받았습니다.

━ 신·구파 사이의 논쟁은 주로 어떤 지점에서 발생했습니까?

정책 전반에서도 의견 차이가 있었고, 이승만 정권에 대한 태도에 있어서도 차이가 있었어요. 구파는 신파에 비해서 타협적인 성향이 있는 데 반해 신파는 이승만 박사에 대해 상당히 비판적이었습니다. 그래서 구파도 여러 고생을 했지만 신파가 이승만 정권으로부터 좀더 탄압을 받았다고 볼 수 있습니다.

신·구파는 내부의 정치문화에 있어서도 차이가 있었어요. 크게 본다면 구파는 정치적, 신파는 정책적인 분위기가 강해서 양진영 내부의 풍토가 많이 달랐지요. 이는 인적 배경의 차이가 영향을 주었을 수 있어요. 구파는 주로 과거 한민당 계통의 정치인들이 주력이었고 신파는 관료, 천주교 계통, 흥사단 계통 등 다양한 분야의 전문가들이 주력이었거든요.

━ 대통령님께서는 당시 신파의 문화에 대해서 어떻게 생각하셨습니까?

나한테 맞았어요. 정치문화도 그렇고 이승만 정권을 강하게 비판하는 태도도 마음에 들었습니다.

━ 당시 민주당에는 김영삼·이철승 등 대통령님과 비슷한 연배로서 나중에 협력도 하고 경쟁도 하게 되는 분들이 있었습니다. 그때 이분들과의 관계는 어떠했습니까?

김영삼 대통령과는 특별히 좋고 나쁜 것 없이 무난한 관계였습니다. 대신 이철승 씨와는 대체로 관계가 좋지 않았습니다. 특히 4·19 혁명 이후 장면 정권이 들어섰을 때 이철승 씨 등이 신풍회를 만들어서 장면 박사를 많이 괴롭혔어요. 그래서 나하고 관계가 좋지 않았습니다.

━ 대통령님께서 1956년 민주당에 입당하신 이후 민주당 내에서 맡으셨던 당직에 관해 설명해주세요.

당의 결의기구로서 중앙상무위원회가 있었는데 거기 상임위원을 했어요. 그때 국회의원 30여 명과 원외 50여 명으로 전체 80여 명이 상임위원이었는데 나는 원외 상임위원으로 활동한 것입니다. 경력을 인정받아서 입당 이후 노동부 차장을 맡았습니다. 내가 말도 잘 하고 글도 쓰고 하니 그 능력을 인정받아 부대변인이 되었어요. 당시 대변인은 조재천 선생이었습니다.

무효가 된 후보등록

━ 1958년 민주당 입당 후에 실시된 4대 민의원 선거에서 목포가 아닌 인제 지역에서 출마하시게 되었는데, 지역구를 옮기신 이유 그리고 인제 지역을 선택하신 이유는 무엇입니까?

한마디로 말해서 갈 곳이 없어서 그렇게 되었어요. 목포에는 같은 당인 정중섭 씨가 국회의원을 하고 있었기 때문에 내가 공천을 받을 수 없었어요. 그때는 국회의원은 무조건 공천을 받을 때였거든요. 그래서 지역을 옮겨야 하는데 인제 지역과는 아무런 연고가 없었지만 그곳은 군인 유권자가 전체의 80퍼센트 정도 되었습니다. 그때 군인은 전적으로 야당을 지지하고 있어서 공정선거만 하면 당선될 가능성이 있었어요. 나는 그 점을 노렸습니다.

━ 그때 군인들이 야당을 많이 지지했다고 하셨는데요. 그 이

유는 무엇입니까?

당시 청년들이 자유당의 부정부패에 대해 비판적으로 생각했고 특히 군대에 있으면서 그 피해를 직접 경험했기 때문에 그렇게 된 거예요. 윗사람들이 군인들의 부식비와 식량을 빼돌리는 문제 등이 많았거든요. 그리고 윗사람들이 군인들에게 고향 가서 도끼 같은 것을 가져오라고 해서 자기들이 챙기니 불만이 많았어요. 그래서 야당을 지지한 거예요.

━ 출마하기 위해 등록서류를 제출하셨다가 자유당의 부정행위로 인해 불법적으로 후보등록을 취소당하셨다고 하는데요.

내가 등록서류를 들고 가서 후보등록을 했어요. 그런데 그날 밤에 자유당 측에서 경찰과 공모하여 내가 접수할 때 제출한 서류를 빼내는 부정을 저지른 겁니다. 그때 후보등록을 하려면 100명 이상의 추천서가 필요했는데 내가 130명 정도 추천서를 받았어요. 군인들한테 받을 수 없고 야당의 조직력도 매우 약할 때여서 그 정도면 많이 받은 거예요. 그런데 자유당 후보가 등록을 먼저 해놓고 내가 받은 추천서를 밤에 몰래 꺼내서 명단을 확인한 거예요. 그후에 자유당 사람들이 가서 추천서를 똑같이 받아 오려고 했어요. 이중으로 접수하면 무효가 되는 것을 이용해서 나의 후보등록을 막으려고 한 거예요. 그렇게 추천서를 80장쯤 남겨놓고 나머지를 무효로 만들어서 100명 미만이 되니 후보등록이 안 된 거지요.

나는 그다음 날 유권자들을 다시 찾아다니면서 추천해줄 사람들을 모았어요. 그런데 관에서 비료배급을 해준다고 도장을 전부 걷어가버려서 그 사람들이 도장이 없는 거예요. 나는 그 사람들에게 '내가 도장이 없기 때문에 당신이 내 도장을 파서 추천서 확인하는 목적으로 사용해도 좋다'는 내용의 승낙서를 받았어요. 그렇게 해서 도장집에 갔는데 도장을 안 만들어주는 거예요. 도장을 만들지 못하도록 미리 압력을 가한 거지요. 나는 그렇게 포기할 수는 없었습니다. 그래서 호박꼭지에다 이름을 새겨서 인주에 묻혀 찍기도 했고 등사판에 이름을 쓰고 동그라미 모양 있는 것을 눌러 도장 찍은 것과 같은 모양을 만들어 추천자 100명을 넘길 수 있었습니다.

추천서를 갖고 선거관리위원회에 갔습니다. 그때 선관위 위원장이 김창윤 씨라고 등기소 소장을 하시던 분인데, 아주 강직하신 분입니다. 이분이 등록을 받아주었어요. 그런데 자유당 나상근 후보가 경찰을 대동하고 나타나더니 "이 새끼들아 뭐해, 다 끄집어내"라고 소리쳤어요. 내가 책상다리를 붙잡고 늘어지면서 "등록 취소 못 한다, 못 해"라고 항의했지만 소용없었어요. 당시 여당의 위세가 셌고 특히 농촌 지역에서는 더했거든요. 나는 그렇게 끌려 나와서 결국 후보등록을 못 했어요.

━ 그러면 그때 어떻게 대처하셨습니까?

그것을 말하기 전에 먼저 그 선거에서 나는 무소속으로 나온 신형규 씨를 지지해서 선거운동을 해줬고 개표할 때에는 참관인도 해줬어요. 그리고 알고 지내던 우리 당 충북 제천의 이태용 후보, 강원 춘천의 계광순 후보의 지지연설도 해주었고요. 그때 그 후보들도 놀랐던 것이 내가 2, 3시간씩 연설을 했는데 청중들이 와서 안 가요. 계광순 씨는 청중들이 내 연설을 들으면 가지 않고 그대로 있는다고 해서 내 별명을 '끈끈이'라고 지어 주기도 했어요. 그렇게 호응이 좋았고 결국 이분들이 모두 당선 되었어요. 그때는 TV가 없었기 때문에 연설회가 문화와 오락의 공간처럼 여겨졌어요. 이렇게 선거 지원을 했고 나는 서울에 올라와서 선거 무효소송을 했습니다. 결국 1년여 재판 끝에 내가 승소해서 자유당 나상근 의원의 당선이 무효가 되었어요.

■ 1958년 선거 과정에서 특별히 생각나시는 일화가 있습니까?

그때 내 첫 번째 아내가 하숙집에서 같이 지내면서 여러 일을 도와줬어요. 후보등록이 무효가 되어 내가 싸우러 갈 때 나한 테 "집과 아이 걱정은 하지 말고 용기 있게 싸워서 이겨내세요" 라고 말했어요. 그때는 내가 정치하면서 집의 돈을 많이 가져다 썼고 돈벌이도 변변치 않아서 차츰 생활이 어려워지고 있던 시 기였어요. 이때 이런 말을 들으니 너무 고맙기도 하고 미안하기 도 하고 감격스럽기도 하고 여러 감정이 교차했어요. 나는 아내 복이 많았습니다. 지금의 아내도 그렇고요. 두 사람 모두 많은 고생을 했는데도 잘 이겨내주었어요.

■ 다시 선거가 실시되었고 출마하셨지요?

그랬지요. 그런데 이번에는 군인들을 부대 안에 가둬놓고 나 오지 못하게 했어요. 그러니 군인들이 내 연설을 못 듣고 선전 물도 받아볼 수 없었어요. 그리고 윗사람들은 투표함 앞에 앉아 서 자유당 후보를 찍으면 투표함에 넣고 나한테 투표한 것은 찢 어버렸어요.

또 선거 얼마 전에 홍창섭 씨가 강원도 지사가 되었어요. 그런데 이분은 1958년 춘천 선거에 자유당 후보로 출마했었는데 내가 지지연설을 했던 계광순 씨에게 패배했어요. 그때 홍창섭 씨가 "내가 계광순에게 진 것이 아니라 김대중에게 졌다"고 말할 정도로 춘천에서 한 내 지지연설의 효과가 컸어요. 그래서 이 사람이 나한테 보복한다는 생각으로 자유당 후보 선거운동을 앞장서서 한 거예요. 이렇게 관과 군이 모두 자유당 후보를 지지하니 이길 수가 없었습니다.

━ 그때 선거 과정에서 여러 불합리한 문제점을 경험하신 이후 인제 지역에 있는 군의 사단장을 찾아가서 실상을 알리려고 하셨지요?

당시 사단장이 박정희 씨였는데 만나지는 못했어요. 정문에서 막으니 사단장 관사로 찾아갔는데 안에 계시지 않다고 해서 만나지 못하고 돌아왔어요.

━ 1959년 선거에서 동향 출신인 홍익선 씨가 자유당 인사들과 함께 대통령님의 해방 이후 활동과 관련된 내용으로 색깔공세를 펼쳤다고 하는데요.

네, 심하게 했습니다. 그 영향도 컸어요. 홍익선 씨가 그때 여러 곳을 찾아다니면서 나를 모함했어요. 인제에 홍익선 씨와 이도선 씨 둘이 왔는데 홍익선 씨가 "내가 목포에서 김대중과 같이 있었는데 김대중은 틀림없이 공산당이다" "김대중은 남교동 파출소 습격 사건에도 관련이 있다" "목포에서 쫓겨나서 인제에서 나오는 것이다" 이런 식의 이야기를 하는 겁니다. 사실과 다른 이야기를 하는데 그때는 그런 흑색선전에 대응하는 것이 어려웠어요.

이도선 씨는 전라남도 광양 출신인데 나와 전혀 모르는 사이예요. 그런데 인제에 와서 "내가 전라남도 사람이고 김대중과 어릴 때부터 아주 잘 아는 사이다"라면서 "오죽하면 김대중이 고향을 떠나서 인제까지 왔겠냐"며 나를 공격한 거예요. 같은 전라남도라고 하니까 나를 잘 아는 것처럼 사람들을 속인 거지요. 그래서 큰 타격을 받았습니다.

━ 홍익선 씨와 자유당이 조직적으로 모략한 것으로 볼 수 있지 않습니까?

그렇지요. 당 차원에서 한 것이 틀림없습니다. 자유당은 내가 국회의원이 되는 것을 꺼렸어요. 내가 글도 잘 쓰고 말도 잘하는 소장 정치인으로 많이 알려졌기 때문이지요. 그래서 자유당이 총력 대응을 했고 1959년 선거에서는 경찰서장을 하던 전형산 씨를 공천했어요. 당시 농촌에서는 군대 사단장과 경찰서장이 가장 힘이 셌어요. 이렇게 하니 내가 이기기 힘들었습니다.

━ 선거운동 과정에서 기억나시는 일화가 있으면 소개해주세요.

군대에 납품하는 일을 하는 사람 중에 정씨 성을 가진 사람이 있었어요. 그 일이 지방에서는 상당한 이권이 있는 것이라서 정씨가 재력이 있었지요. 그 사람이 야당을 지지하고 나를 아주 좋아했어요. 그 사람이 내가 수고하는 것에 대한 격려 차원에서 저녁을 샀어요. 그래서 한정식집에 가서 몇 명이 함께 식사하려고 자리에 앉았더니 여성들이 들어와서 옆에 앉는 거예요. 그 집이 요정이었던 것이지요. 나는 할 일이 많아 식사를 하고 난 뒤 숙소로 가서 쉬고 있었습니다. 그런데 얼마쯤 있다 어떤 사람이 "위원장님, 여기 미인이 왔습니다. 오늘 저녁 같이 지내세요" 하면서 그 여성에게 내 방으로 들어가라고 하는 거예요. 내가 깜짝 놀라서 지금 무슨 소리를 하느냐고, 나는 그럴 처지도 아니고 같이 있을 생각이 없으니 돌아가라고 단호하게 거절하고 돌려보냈어요.

그렇게 30분쯤 지났는데 갑자기 누가 방문을 열어서 내 방을 이곳저곳 살펴봐요. 내가 누구신데 이러냐고 물었더니 경찰이라는 거예요. 내가 여자와 같이 있을 것이라고 생각해서 나를 붙잡으려고 온 것이었어요. 나를 함정에 몰아넣으려고 한 거예요. 그런데 이것은 정씨가 꾸민 것이 아니에요. 그 사람은 아무런 잘못이 없어요. 요정 같은 음식점에는 경찰이나 군 관계된 사람들이 자주 오고 특히 그 사람들에게 정보를 제공하는 정보원들이 있었거든요. 그래서 그런 덫을 놓아서 나를 곤란한 상황으로 몰아가려고 했던 거였습니다. 그때 잘못했으면 내가 아주 큰 낭패를 볼 뻔했습니다. 관권을 동원해서 이런 짓을 할 정도로 악랄했어요.

━ 1954년, 1958년, 1959년 선거를 지켜보시면서 자유당의 부정선거가 갈수록 심해졌다는 판단을 하시지 않으셨습니까?

실제로 자유당의 부정선거가 시간이 갈수록 심해진 것은 분명했습니다. 그래서 나중에 3·15 부정선거까지 가게 되는 겁니다. 그때 이승만 대통령의 당선은 문제가 없는데 이기붕 부통령 당선은 쉽지 않다고 생각했던 것이었어요. 현직 부통령인 장면 박사가 출마했으니 쉽지 않다고 본 거지요. 사실 3·15 부정선거는 대통령 부정선거라기보다 부통령 부정선거예요. 왜냐하면 그때 이승만 대통령은 고령이어서 언제 무슨 일이 일어날지 모르는 상황이었는데 만약 그런 일이 발생하면 부통령이 뒤를 잇게 되거든요. 그래서 1956년 9월에 장면 박사를 저격해서 죽이려고 했던 것이지요.

어려워진 가정형편과 아내의 죽음

━ 1950년대 선거에 몇 번 출마하시면서 가정형편이 많이 어려워지셨겠습니다.

그때 몇 년은 내 인생에 있어 가장 고통스러운 시기였어요. 몇 번의 선거를 하면서 갖고 있던 돈을 많이 썼어요. 그 당시 야당 정치인들은 외부에서 지원을 받을 수 없었고 모두 자기가 알아서 돈을 마련해야 했기 때문에 출혈이 컸어요. 그런 상황에서 선거에서는 계속 졌지요. 더군다나 남한테 맡겨둔 사업이 잘못되어서 어려운 상황이 발생하기도 했어요. 결국 정치를 해서 발생한 일인데, 이런 일들이 겹치면서 순식간에 망하다시피 했어요. 서울 와서 동교동에 살기 전까지 8번 이사를 해야 했어요. 앞날이 암울했고 아주 괴로웠습니다.

━ 그때 가정의 수입원은 무엇이었습니까?

일부 남은 돈을 곶감 빼 먹듯이 썼고 아내가 미장원을 해서 돈을 벌기도 했습니다. 나중에 빚이 생겨서 가게를 할 형편이 안 되니 집에서 사설 미장원을 했어요. 그렇게 열심히 살았습니다. 나도 글을 써서 받은 원고료 등으로 살림에 보태기도 했고 부족한 것은 친구들의 도움을 받기도 했어요.

■ 동교동에 오시기 전까지 8번 이사했다고 하셨는데요. 그 과정에서 여러 일을 겪으셨을 것 같습니다.

결국 돈이 없어서 그렇게 된 것이지요. 집세를 올려달라고 하는데 그것을 감당할 능력이 안 되니 결국 집을 비워줘야 했어요. 그런데 식구가 많으니까 마땅한 집을 구하는 것이 어렵더라고요. 겨우 돈을 마련해서 이사하면 비슷한 이유로 나가야 하고 그러면 또 집을 구해야 했어요. 내가 1955년에 서울로 올라왔는데 몇 년 안 돼서 8번 이사를 했으니 평균 1년에 한 번이 넘을 거예요. 그러니 집 있는 사람이 제일 부러웠어요. 특히 나는 목포에서 좋은 집에서 살다가 그렇게 되었으니 당시 상황이 더욱 힘들었습니다. 아내도 그랬고요. 그렇게 암울한 상황 속에서 몹시 괴로웠지만 나는 그때도 좌절하지는 않았어요. 힘들었지만 정치를 포기할 생각을 하지 않았어요. 그때 돈 벌어야겠다고 마음먹고 정치를 그만두었으면 경제활동을 재개해서 잘 살았겠지만 그런 생각을 하지 않고 이 악물고 견뎌냈어요.

■ 자유당 정권에서 대통령님의 어려운 형편을 이용해서 회유하거나 그런 것은 없었습니까?

그런 유혹이 있었지요. 내가 국회의원은 아니었지만 시사평론가로서 쓴 여러 글에 대한 평판이 좋았어요. 그래서 자유당 정권에서도 나를 탐냈습니다. 그때 항간에는 국회의원을 회유하는 데 구체적인 수치는 기억이 안 나지만 상당한 나름의 시가가 있다는 말이 나돌기도 했지요. 나한테도 비슷한 대접을 해줄 테니 들어오라는 식의 유혹이 있었어요. 나는 일언지하에 거절했습니다. 어려운 가정형편 속에서도 내 신념과 가치를 포기하지 않고 정치를 했어요. 그때의 원칙이 나중에 박정희·전두환·노태우 정권 때까지 이어져서 그들의 여러 회유와 유혹에도 흔들리지 않고 나의 정치적인 신념과 노선을 포기하지 않았습니다.

▬ 그 당시에 두 아드님과 관련해서 기억나시는 내용이 있으신가요?

경제적으로 어렵고 밖의 일로 바쁘기도 했지만 아이 공부하는 것도 봐주고 나름 노력했어요. 지금도 기억나는 일이 하나 있는데, 둘째 홍업이가 신발이 떨어졌다고 엄마한테 사달라고 했어요. 아내가 지금 돈이 없으니 사줄 수 없다고 하니까 홍업이가 신발을 사달라고 울면서 떼를 썼어요. 옆에서 그 모습을 보며 마음이 아프고 내 처지가 비참해서 괴로웠어요. 그 기억이 납니다.

▬ 1959년 차용애 여사님께서 돌아가셨을 때 상황을 말씀해주세요.

그때 아내가 자주 가슴앓이를 했어요. 그날도 만성 위경련 때문에 약을 먹었는데 평소보다 많이 먹은 거예요. 아마 통증이 더 있어서 그랬던 것 같아요. 그래서 갑자기 위독한 상태가 되었는데 그 순간 내가 집에 도착했어요. 아내가 나를 보자 빨리 의사를 데려오라고 손짓했고 나도 보자마자 의사를 데려와야겠다고 생각해서 나갔어요. 의사한테 가서 사정을 이야기하고 같이 집으로 왔는데 이미 아내가 세상을 떠나 있었어요. 그렇게 치료를 받지도 못하고 죽었어요. 그때 집이 가난해서 그전에 제대로 치료를 하지 못했다는 생각이 들어 너무 슬펐습니다. 정말 대성통곡을 했어요.

— 차용애 여사님께서는 어떤 분이셨습니까?

내 아내는 정말 나를 사랑했어요. 서울에 올라온 후 가세가 기울어서 어렵게 살았을 때에도 조금도 나에게 화를 낸 적이 없었어요. 생활비를 벌려고 미장원을 하고 나한테나 두 아이들한테나 정말 최선을 다해서 잘했습니다. 그렇게 어려운 상황 속에서도 나보고 정치 그만하라고 말한 적이 없고 항상 나를 격려해주었어요. 그래서 난 지금도 감사한 생각뿐이에요. 그런데 그때 일부 사람들은 아내가 가난을 비관해서 자살했다는 말을 하기도 했어요. 그때 우리 집 사정이 많이 어려웠기 때문에 그런 말을 하는 사람들이 나오기도 한 거예요. 세상사, 세상인심이 다 그렇지 않습니까. 나는 지금도 그 일을 생각하면 마음이 너무 아픕니다. 내가 정치하겠다고 해서 사랑하는 아내가 제대로 치료받지도 못하고 죽었다는 생각이 들어서 정말 괴로웠어요.

— 두 아드님께서도 많이 힘드셨을 것 같습니다.

그랬지요. 홍일이는 11살, 홍업이는 9살이었으니 둘 다 어렸을 때예요. 그때 내가 두 아들을 데리고 남산 팔각정에 가서 같이 사진도 찍고 그랬지요. 내가 아이들한테 "너희들 어머니께서 하늘나라에 가셨지만 좌절하지 말고 잘 커야 한다. 그것이 어머니께서 바라는 일이다. 어머니께서는 아주 좋은 분이었으니 그런 어머니를 잊지 말아야 하고 어머니께서 너희들이 잘 커 나가기를 바라고 있으니 잘해야 한다"라고 아이들 손을 잡고 이야기를 했습니다. 그때는 정말 많이 울었어요. 너무 슬프고 힘들었습니다.

— 그 시기에 대통령님 여동생께서도 몸이 좋지 않았다고 들었습니다.

심장이 좋지 않았어요. 심장판막증이었습니다. 지금은 고칠 수 있는데 그때는 쉽지 않았어요. 적십자병원에 입원해서 치료를 받기도 했어요. 그때 내가 가난해서 충분한 치료를 하지는 못했지만 그래도 해야 할 것은 했습니다. 그런데 결국 죽고 말았어요. 어렸을 때 목포에서 공부하고 이화여대를 다녔는데 심장병 때문에 젊은 나이에 죽었어요. 그때도 정말 슬펐습니다.

이승만 대통령의 하야

— 1960년 대선을 앞두고 민주당 경선에서 조병옥·장면 두 분의 경선이 매우 치열했는데요.

그때 조병옥 박사가 장면 박사를 3표 차이로 간신히 이겼어요. 그때 내 지역구가 강원도 인제여서 나는 장면 후보의 강원도 지역 책임자 역할을 했습니다. 그때 내가 많은 노력을 해서 장면 후보는 강원도에서 몰표가 나왔어요.

▬ 1960년 대통령 선거에서 대통령 후보인 조병옥 박사가 급서하셨습니다. 충격적인 사건이 발생한 것인데요.

조병옥 박사께서 병 치료차 미국에 가셨다가 돌아가셨어요. 민주당 입장에서는 1956년 대선을 앞두고 대통령 후보인 신익희 선생께서 급서하신 적이 있었는데 4년 뒤에 똑같은 일을 겪게 되니 충격이 너무 컸습니다.

▬ 대통령님께서는 조병옥 박사를 어떻게 평가하십니까?

조병옥 박사가 미군정 때 경무부장으로서 한 일에 대해서 나는 그렇게 높이 평가하지 않습니다. 다만 그 이후 이승만 박사의 독재에 반대하고 야당을 이끈 것은 높이 평가합니다. 조병옥 박사가 없었으면 야당이 제대로 유지되기 힘들었을 정도로 그분의 비중이 컸어요. 그리고 1956년 선거 때에도 당의 승리를 위해서 후보직을 양보하는 등 대정치인다운 면모를 보여주기도 했어요. 용기도 있는 그런 분이었습니다.

▬ 3·15 부정선거에 대해서 질문 드리겠습니다. 당시 민주당은 부정선거를 예상하셨습니까?

부정선거를 할 것으로 예상하긴 했지만 그렇게까지 심하게 할 줄은 몰랐어요. 그때 부정선거는 부통령 후보인 이기붕 씨 때문에 한 거예요.

▬ 3·15 부정선거 이후 민주당은 1960년 4월 6일에 가두시위를 했고 대통령님께서 부대변인으로 참여하셨다고 하는데요.

당시 당으로 부정선거에 대한 고발이 매우 많이 들어왔어요. 그때 내가 부대변인을 할 때여서 당사를 지키고 있었기 때문에 직접 경험했어요. 전국에서 수많은 국민이 "세상에 이렇게 나쁜 사람들이 어디 있냐" "완전한 부정선거다" "민주당이 싸워달라" 이런 요청을 했어요. 그래서 당에서도 4월 6일에 가두시위를 하기로 결정했어요.

그때 스피커를 목에 걸고 구호를 외치는 역할을 김홍주 씨와 내가 맡아서 둘이 앞과 뒤에서 구호를 외쳤어요. 그런데 그 역할이 제일 눈에 띄기 때문에 위험했어요. 그래서 집을 나설 때 마음이 착잡했습니다. 아내는 죽었고 집안 형편도 어려운 상황에서 어머니와 어린 자식 둘을 놔두고 나오는 것이 쉽지 않았습니다. 죽을 수도 있는 상황이었으니까요. 그래서 속으로 '만일 내가 잘못되면 하느님께서 우리 집을 잘 지켜줄 것이다. 하느님께 모든 것을 맡긴다'는 생각을 하고 집을 나섰어요.

우리는 시청 앞에 모였는데 건너편 플라자호텔 쪽부터 해서 수만 명의 사람이 있었어요. 경찰들이 우리를 포위했는데 사람들이 워낙 많아서 경찰도 기가 죽었는지 강경진압을 하지 않더라고요. 을지로와 종로를 지나니 고대생들이 뛰어들어 왔어요. 그전에는 고등학생들이 부정선거 규탄시위를 했는데 대학생들은 그 정도는 아니었거든요. 그런데 그때 고대생들이 뛰어들어 야당하고 함께한 거예요. 학생들과 함께 이동했는데 학생들이 경무대로 가려고 해서 우리가 말렸어요. 자칫 잘못하면 큰 사고가 날 수도 있었거든요. 그렇게 시청으로 돌아와서 해산했어요. 아슬아슬한 고비가 몇 번 있었습니다.

━ 그때 시민들의 반응은 어땠습니까?

시민들이 시위에 동조하고 있다는 것은 알 수 있었습니다. 그런데 함께 시위에 나설 정도로 행동하는 경우는 많지 않았어요. 참여하는 사람들도 있었지만 전반적으로 보면 그 수는 적었습니다.

━ 그때 시위에서 특별히 기억나시는 일이 있으면 말씀해주시지요.

이런 일이 있었습니다. 처음에는 내가 스피커로 "부정선거 다시 하라, 다시 하라!"고 구호를 외쳤어요. 그러다가 파고다공원을 지나면서 "이승만 대통령 물러가라!"고 외쳤어요. 그러니 우리 당의 최고위원인 곽상훈 씨가 나한테 와서 왜 그런 소리를 하냐고 뭐라고 한 적이 있습니다. 결국 이승만 박사가 나중에 물러났는데, 내 주장이 좀 앞서 있었던 것이지요.

━ 4·19 혁명으로 인해서 이승만 대통령이 물러나게 되었습니다. 대통령님께서는 이승만 대통령에 대해서 어떻게 평가하십니까?

나는 이승만 대통령이 굉장히 잘못했다고 생각합니다. 이승만 대통령은 귀국해서 친일파들과 손잡았어요. 반공이라는 이유로 친일파와 손잡고 독립운동 하던 사람들을 홀대했어요. 또한 독단적으로 단독정부를 밀고 나갔어요. 6·25 전쟁에도 제대로 대비하지 못했어요. 국민방위군 사건에서 보듯 얼마나 많은 무고한 우리 국민이 죽었습니까? 정말 분노하지 않을 수가 없어요. 듣기 좋은 소리만 하는 간신들을 총애했지요. 장기집권을 위해서 헌법을 마음대로 바꾸고 민주주의를 유린했어요.

나는 이승만 대통령을 아주 부정적으로 봅니다. 초대 대통령이 국부로 추앙할 수 있는 분이었으면 좋았을 텐데 그렇지 못한 것은 우리나라의 불행이에요. 그래도 인정할 수 있는 부분은 4·19 혁명 때 미국대사의 권고도 있었지만 자진 하야 형식으로 대통령직에서 물러나서 더 큰 참사를 막은 일입니다.

━ 대통령님께서는 4·19 혁명의 역사적 의미에 대해서 어떻게 생각하십니까?

4·19 혁명은 우리나라 민주주의 발전에 있어서 중요한 의미가 있습니다. 4·19 혁명을 학생혁명이라고 하는 경우가 많은데 4·19 혁명의 성공은 학생의 힘에 의해서만 가능했던 것은 아니었습니다. 민주당의 4·5 가두시위에서 보듯 야당이 학생과 국민들의 참여를 확대하는 데 상당한 역할을 했어요. 미국의 역할도 중요했습니다. 미국이 이승만 대통령에게 자진 하야를 강하게 권고해서 결국 이승만 대통령이 물러나게 되었기 때문입니다. 그렇게 볼 때 학생, 야당, 국민, 미국 등이 모두 다 나름의 역할을 해서 4·19 혁명이 성공할 수 있었다고 생각합니다.

민주당 대변인

━ 4·19 혁명으로 제2공화국이 들어서게 되었습니다. 대통령님께서는 집권 민주당의 대변인을 맡게 되셨는데요. 원외 인사로서 이러한 중책을 맡으시게 된 배경이 궁금합니다. 그 시기에 당내에서 불편하게 보는 흐름이 존재했을 것도 같은데요.

그때 대변인을 하셨던 조재천 선생이 법무부 장관으로 입각을 하시게 되어서 대변인직이 공석이 되었습니다. 후임을 정해야 하는데 전임자가 되는 조재천 선생과 내무부 장관을 맡으신 현석호 선생 등이 나를 추천했고 장면 박사도 동의해서 내가 임명이 되었습니다. 그때 소장파 중에서는 은근히 시기하는 분위기가 있었어요. 내가 원외 인사이니 특히 그랬지요.

▬ 대변인으로서 어떤 활동을 하셨습니까?

집권당 대변인이었기 때문에 정부 등으로부터 받은 자료로 기자회견을 열심히 했어요. 토론과 강연을 정말 많이 했어요. 그때 우리 민주당 신파는 사방으로 포위되어 있었어요. 민주당 구파는 따로 신민당이라는 당을 만들어 나갈 정도였고 혁신계도 정부를 맹렬하게 비판했습니다. 나는 집권당의 대변인으로서 이 사람들을 상대로 논쟁을 해야 했지요. 그뿐만 아니라 그때는 신문의 영향력이 강할 때인데, 대부분의 언론이 정부에 비판적인 논조로 일관했습니다. 한 예로 정부가 소유한 『서울신문』조차 정부를 비판했으니 당시 분위기를 알 수 있지요.

▬ 대변인으로서 활동하실 때 기억나시는 일화가 있다면 소개해주세요.

한번은 이런 일이 있었습니다. 미국과 한·미경제협정을 협의하는데 이것을 두고 반대파에서는 매국이라고 비판했어요. 이 문제로 시공관에서 신민당, 혁신계, 무소속 등 정파를 대표하는 사람들이 나와서 연설하는 자리가 있어서 내가 나갔어요. 가보니 나 빼고 전부 반대하는 거예요. 내 차례가 되어 한·미경제협정이 과거보다 진일보했다는 내용의 『조선일보』 사설을 소개했어요. 그러면서 "『조선일보』가 정부에 비판적인데도 이런 사설을 썼다. 한·미경제협정에 이러한 장점이 있다는 것을 알아야 한다. 또 이런 내용을 충분히 전달하지 못한 정부도 잘못이 있으니 노력해야 한다"고 했어요.

여기서 청중을 설득하는 기술에 대해서 한 가지 설명할게요. 말을 할 때에는 일방적으로 내 이야기만 하거나 비판적인 주장에 대해서 변명으로 일관하면 안 돼요. 그러면 바로 거부감을 주기 때문에 아무리 좋은 소리를 해도 정서적으로 받아들이지 않게 돼요. 그래서 상대가 우선 내 생각에 귀를 기울일 수 있도록 낮출 것은 낮추면서 말하는 것이 설득력을 높일 수 있는 방법이에요.

— 그런 면이 있었군요.

네, 이것이 중요합니다. 이것은 연설과 대화의 기술이자 철학이기도 해요. 상대방의 생각과 감정을 고려하는 것은 결국 민주적인 태도와 연결되기 때문입니다. 그때는 세상이 좀 거칠 때였어요. 내가 연설을 하면 소리치면서 방해하는 사람들이 있었습니다. 그럴 때는 기가 죽으면 안 돼요. 계속해야 해요. 더구나 나는 마이크를 쓰고 있으니 내 소리가 더 크게 들리거든요.

한번은 내가 말하고 있는데 방해하는 사람이 있었어요. 그때 내가 책상을 주먹으로 치면서 "당신 뭐하는 거요. 당신 일어서!"라고 한 후에 "4·19 혁명이 왜 좋은 것인가. 이승만 독재 때는 자기만 말하고 우리는 말을 못 하게 했는데 4·19 혁명은 나도 말하고 너도 말하게 하는 시대를 연 것이다. 그래서 4·19 혁명이 좋다고 하는 것이다. 그런데 왜 당신은 내 말을 못 하게 하고 자기 말만 하려고 하느냐. 당신들이 하는 것이 이승만 독재 정권 하는 것과 뭐가 다르냐. 이렇게 하면 4·19 혁명 때 희생한 사람들의 고귀한 뜻은 어떻게 되는 것이냐"라고 내가 따져서 제압한 적이 있어요. 그렇게 힘들게 했어요. 돌이켜보면 그때는 전후 상황을 잘 따져보지도 않고 자기 목소리만 크게 내는 것을 민주주의라고 오인한 경우가 많았던 것입니다. 대변인을 하면서 이런 것을 많이 느꼈어요. 나중에 인제 지역 선거에 다시 나가면서 대변인을 그만두었습니다.

━ 장면 정권이 들어선 이후 신파와 구파가 분열하게 되었는데요. 그 과정은 어땠으며 이유는 무엇입니까?

대통령은 구파의 윤보선 씨가 했어요. 그러면 국무총리는 신파의 장면 박사가 하는 것이 순리였는데 윤보선 씨가 장면 박사 대신 김도연 박사를 지명했어요. 그런데 인준을 받지 못했어요. 그다음에 어쩔 수 없이 장면 박사를 지명했는데 인준을 받았어요. 그렇게 되었으면 신파와 장면 총리가 1년은 제대로 할 수 있도록 힘을 모아주는 것이 맞는데 구파가 바로 분당을 해서 신민당을 만들었어요.

그뿐만 아니라 제2공화국은 내각책임제라서 윤보선 대통령은 상징적인 존재였는데 정치인과 기자들을 모아서 장면 내각을 비판하곤 했어요. 그렇게 하면 안 되는 거였어요. 그런데 그분이 그렇게 편파적으로 정치에 개입하더라고요. 그래서 내가 참다못해 공개적으로 윤보선 대통령이 그렇게 하면 안 된다는 것을 지적하기까지 했어요. 그러나 그분이 내 말을 들을 분도 아니어서 결국 그렇게 사이가 나빠졌어요.

━ 그때 3신(新)이라고 해서 신풍회, 혁신계, 신민당 등이 장면 정권을 어렵게 한다는 말이 나왔고 여기에 더해 신문까지 포함해서 4신이라는 말도 있었다고 하는데요.

그랬지요. 안 그래도 기반이 약한 민주당을 흔들었어요. 한번은 내가 혁신계보고 "당신들이 지금 정부를 그렇게 미워하지만 만일 이 정권이 무너지면 군사쿠데타가 일어날 가능성이 있다. 그러면 당신들은 정치활동은커녕 신변의 안전도 장담할 수 없다"고 말했는데 불행하게도 나중에 그렇게 되었어요.

━ 대통령님께서는 혁신계 활동에 대해서 어떻게 평가하셨습니까?

장면 정권은 혁신계의 활동을 보장했습니다. 군대를 비롯해서 혁신계에 대해서 거부감을 갖고 있는 세력들이 많았지만 장면 총리가 결단을 한 것입니다. 그런데 혁신계는 이러한 점을 무시하고 민주당 정권 비판에 집중했어요. 혁신계 내부의 여러 분파도 서로 경쟁적으로 비판했어요. 그러다가 5 · 16 쿠데타 이후 혁신계는 큰 고초를 겪게 됩니다. 물론 혁신계에 대한 탄압은 분명 잘못된 일입니다. 그런데 혁신계는 민주당 정권이 무너지게 되면 자신들이 화를 당할 수 있다는 것을 제대로 인식하지 못하고 그렇게 했어요. 그런 면에서 혁신계의 한계가 많았다고 생각합니다.

━ 혁신계는 통일문제에 대해서 적극적인 입장을 밝혔는데요. 이것이 여러 논쟁을 유발하기도 했습니다. 당시 민주당 대변인으로서 이 사안에 대해서 어떻게 생각하셨습니까?

그 당시 혁신계는 당장이라도 통일할 수 있다는 식으로 주장했는데 이것은 당시의 국제적 여건과 국민의 생각 등을 고려하면 실현 가능성이 없었습니다. 국민들은 공산당에 대한 굉장한 공포심과 혐오감을 갖고 있었기 때문에 당장 통일을 추진하는 일은 가능하지 않았고 국제정세도 즉각적인 통일에 우호적인 상황이 아니었습니다. 그런데도 혁신계는 이러한 점을 고려하지 않고 마치 당장 통일할 수 있고 그래야 하는 것처럼 주장했으니 국민들의 지지를 받을 수 없었습니다. 그뿐만 아니라 혁신계의 주장이 확산되면 우리나라의 안보에 심각한 문제가 발생할 수 있다는 불안감까지 생겼습니다. 그래서 장면 정권이 이 문제에 대해서 너무 안이한 대처를 한다는 비판 여론이 형성될 정도였어요.

━ 그러면 통일문제에 대한 민주당 정권의 입장은 무엇이었으며 대통령님의 생각은 무엇이었습니까?

우리는 평화통일을 지지했습니다. 이승만 정권의 북진통일에 반대한 것에서 알 수 있듯이 평화통일을 주장했습니다. 또한 미국을 중심으로 한 국제적인 지지 속에서 통일문제를 추진해야 한다는 입장을 갖고 있었습니다. 이는 장면 총리, 정일형 외무부 장관 등이 외교에 능통하고 미국통이라는 점도 영향을 주었습니다. 나는 이러한 민주당의 정서와 입장에 동의했고 영향을 받았습니다. 나는 기본적으로 남북한이 화해·협력하면서 점진적으로 통일해야 한다는 생각을 하고 있었어요. 이러한 나의 인식이 좀더 구체화되고 발전해서 1971년 대선을 앞두고 '3단계 통일론'을 제시할 수 있었던 것입니다.

━ 장면 총리를 어떻게 평가하십니까?

장면 총리는 온건하면서도 중도적인 성향의 민주주의자입니다. 인간적으로도 따뜻하고 훌륭한 분이었어요. 공산주의를 철저하게 반대했습니다. 민주주의에 대한 장면 총리의 신념은 확고했어요. 내가 곁에서 모시고 있었기 때문에 잘 알지요.

내가 한번은 장면 총리가 숙소로 사용하시던 반도호텔로 찾아갔어요. 장면 총리의 관저가 따로 없어서 호텔을 이용하고 있었는데 나는 대변인이어서 자주 찾아뵈었습니다. 그때 내가 야당과 언론의 정부 비판이 너무 지나치다고 울분을 토로한 적이 있었어요. 장면 총리께서 "그렇게만 생각하지 말고 그런 것을 참고 인내하면서 문제를 풀어가는 것이 민주주의다"라고 말씀하셨어요. 그 말씀이 지금도 기억납니다.

장면 총리가 이런 입장이었기 때문에 수많은 시위에 대해서도 강제 진압을 하지 않고 자유를 보장해주었어요. 나중에 시위를 하도 많이 하니 국민들이 싫어하고 정부에 비판적인 생각을 가질 정도였으니까요. 다만 4·19 혁명 이후 국가적으로 해결해야 할 난제가 많아서 과감한 리더십이 필요했는데 이런 점에서는 부족한 점이 분명 있었어요.

━ 장면 총리 리더십에 있어서 아쉽다고 생각하신 점은 무엇입

니까?

정치적인 판단과 결단력 측면에서 그렇지요. 선을 그을 것은 긋고, 줄 것은 주고, 받을 것은 받으면서 일을 진전시키는 면이 부족했습니다. 지금도 기억이 나는 것은 신풍회가 장면 정부를 몹시 괴롭혔어요. 그래서 내가 장면 총리께 "그 사람들을 입각시켜서 더 이상 반대하지 못하도록 하는 것이 어떻습니까? 그 사람들도 민주화를 위해서 노력했으니 그렇게 해도 되지 않겠습니까?"라고 했더니 장면 총리께서 "제의를 한 적이 있는데 싫다고 한다"고 하시더라고요. 그래서 내가 장면 총리께 "그 사람들이 내무부 장관이나 국방부 장관 등 요직을 원한다는 말이 있으니 그 사람들이 원하는 것을 들어주시면 되지 않습니까"라고 했더니 아무런 대답을 하지 않으시더라고요.

그때 내가 실권을 가졌다면 그렇게 해서 안정을 시켰을 거예요. 5·16 쿠데타도 막을 수 있었어요. 최경록 육군참모총장을 경질하지 않았다면 쿠데타를 막을 수 있었을 거예요. 쿠데타 발생 이후에도 장면 총리가 수녀원에 숨지 않고 미국과 연락해서 대응했다면 쿠데타를 진압할 수 있었습니다. 그렇게 하지 않아서 쿠데타의 성공을 사실상 방조한 결과를 초래했어요.

━ 4·19 혁명으로 시작해서 5·16 쿠데타로 끝난 제2공화국 민주당 정권에 대한 총평을 부탁드리겠습니다.

장면 총리의 민주당 정권은 이승만 독재와 달리 민주주의 발전에 큰 역할을 했어요. 정치의 자유, 집회와 시위의 자유, 언론의 자유, 지방자치제 실시 등 짧은 기간에 많은 것을 했어요.

우리나라 경제발전의 기본 틀을 만든 것이 장면 정부였다는 사실이 중요합니다. 이것은 대부분의 사람들이 잘 몰라요. 박정희 정권이 경제개발계획을 세운 것으로 알고 있는데, 원래 시작은 장면 정부였어요. 이것은 역사적으로 중요하니 반드시 기록해야 합니다. 국토건설본부를 개설했고 『사상계』 발행인 장준하 선생이 본부장을 맡았어요.

또한 그때는 미국의 입장이 아주 중요했는데 장면 총리는 미국의 신뢰를 받고 있었습니다. 장면 총리는 6월에 미국 방문을 앞두고 있었어요. 쿠데타가 없이 미국에 갔으면 경제개발에 관해서 미국의 많은 지원과 협력을 이끌어냈을 거예요. 그러면 민주주의 신장과 함께 경제발전도 이룰 수 있었을 것입니다. 전체적으로 보면 1961년 봄이 되면 사회가 안정화되는 분위기였어요. 5·16 쿠데타는 명분이 없었어요.

첫 부재자 투표

━ 4·19 혁명 성공 이후 1960년 7·29 총선이 실시되었습니다. 대통령님께서는 인제 지역에서 다시 출마하셨다가 선거에서 패배하셨습니다. 그 이유는 무엇입니까?

군인들의 부재자투표 제도가 생겨서 그렇게 되었습니다. 그 전에는 부대가 속한 현지에서 투표를 했는데 그때부터 부재자 투표가 생겼어요. 자유당 잔당들과 민주당 구파가 합세해서 만든 것입니다. 당시 접경 지역에는 신파들이 주로 나갔는데 우리 신파 출신들을 낙선시키려고 그렇게 한 거예요. 원래대로 했으면 군인들은 대부분 나를 지지했기 때문에 쉽게 당선될 수 있었어요. 그런데 부재자투표로 인해서 군인들이 모두 자기 고향 지역에 투표를 하게 되니 내 지지자들의 70, 80퍼센트 정도가 갑자기 없어져서 또 패배했어요.

━ 그때는 민주당이 유리한 상황이었기 때문에 그 직전의 경우보다 선거 패배의 충격이 컸을 것 같습니다.

물론 선거에서 지면 항상 기분이 좋지 않지요. 그런데 나는 선거에서 질 것을 알고 나갔어요. 그때 구파가 자유당 잔당들과 함께 그런 방안을 만들어낼 줄은 정말 생각도 못 했지만요. 지금이야 부재자투표가 자연스럽지만 그때는 부재자투표라는 말조차 잘 몰랐을 시기였거든요. 그래서 또 낙선하게 되었습니다.

━ 그러면 다른 지역에 출마하실 생각은 안 하셨습니까?

다른 지역에는 이미 다 자리가 차서 내가 나갈 수 있는 곳이 없었어요.

━ 대통령님께서는 1961년 5월 13일 실시된 인제 지역 보궐선거에 다시 출마하셨습니다. 이때 선거를 다시 하게 된 이유는 무엇입니까?

4·19 혁명 이후 실시된 선거에서 당선된 사람이 현지 경찰서장이었는데, 그 사람이 3·15 부정선거에 관여했어요. 그래서 의원직을 박탈당해서 보궐선거를 하게 되었습니다.

━ 이때 선거에서 결국 승리하셨습니다. 승리의 원인은 무엇이라고 생각하십니까?

부재자투표가 생겼기 때문에 현지 주민들의 표심이 결정적으로 중요했습니다. 특히 거기는 접경 지역이다 보니 이북에서 내려온 사람이 많았어요. 그때 나는 이미 몇 번 출마했었고 지역 활동을 상당한 기간 동안 했었기 때문에 어느 정도 지역 기반이 형성되었어요. 집권 여당 후보여서 색깔론 공세와 같은 탄압을 받지 않았던 점도 영향을 주었습니다.

━ 당선 소식을 들었을 때 심정은 어땠습니까?

　네, 정말 기뻤고 한편으로는 슬프기도 했습니다. 그렇게 어렵게 당선되었으니 당연히 기뻤어요. 그러나 세상을 떠난 아내가 생각나서 울음을 참지 못할 정도로 슬펐습니다. 어려운 가정 형편 속에서도 내 선거를 돕겠다고 산골짜기까지 와서 고생을 많이 했거든요.

3

시련 속에서
꽃피운 의정활동

"나는 진정한 경제발전을 위해서는
민주주의가 필요하다고 주장했어요.
부의 집중을 막고 빈부격차를
줄여서 사회적인 통합과 안정을 이루는 것이
진정한 반공의 길이라고 강조했어요."

5·16 쿠데타가 발생하다

━ 선거 3일 후에 5·16 쿠데타가 발생했습니다.

당선된 이후 14일, 15일에 지역을 돌아다니면서 인사했습니다. 그런데 16일 새벽에 서울에서 쿠데타가 났다면서 나를 깨웠어요. 그래서 서울로 올라갔지요. 그렇지 않아도 강원도 지사였던 박영록 씨가 강원도청에서 보자고 했고, 장면 총리도 서울로 오라고 한 상황이었기 때문에 당선 인사를 마무리하고 올라가려고 마음먹고 있던 참이었어요.

그렇게 출발해서 홍천 쪽에 이르렀는데 그 지역의 군단장이 나한테 준장을 보냈어요. 그분이 서울 상황을 전하면서 이 지역은 군경이 협력해서 치안 유지에 신경쓰겠다며 "그래도 되겠습니까"라고 내게 의향을 물어요. 나는 당연히 그렇게 하라고 대답했어요. 그때까지만 해도 나를 정부 여당 사람으로 생각했던 것이지요. 그러고는 내게 비행기를 타고 서울에 가겠느냐고 물어요. 나는 "서울에 쿠데타가 났는데 비행기 타고 가는 것은 적절하지 않고 내가 그런 대접을 받을 만한 이유도 상황도 아니니 마음은 고맙지만 사양하겠다"고 거절했습니다. 만일 그때 비행기를 타고 갔다면 곤란한 상황이 발생할 수 있었지요.

━ 인제까지 가는 도로 상황은 어땠습니까?

길이 너무 좋지 않았어요. 나중에 1971년 대선 때 유세하러 다녀보니 그때도 여전히 그랬어요. 전국 대부분의 길이 좋지 않았습니다.

▬ 홍천에서 서울까지 이동하셨을 때의 상황에 대해서 말씀해
주세요.

양평까지 올라와서 라디오 방송을 들으니 "미국이 쿠데타에
참여한 군은 원대 복귀하라고 했다" 이런 내용이 나왔어요. 나
는 상황이 곧 정리되겠다고 안심하면서 서울로 향했어요. 그런
데 중간에 쿠데타에 참여한 군부대가 깃발을 들고 이동하는 것
을 봤어요. 나는 그 무리에 끼어 같이 서울로 올라왔어요. 나중
에 "나는 5·16 쿠데타에 참여한 군부대와 함께 서울로 진격했
다"는 식의 농담을 하기도 했습니다. 5월 16일 점심이 지난 오
후 시간대에 서울에 도착했어요. 도착하자마자 국회의원 등록
을 하는 것이 신변보호에 도움이 될 것 같아서 동생 대의를 시
켜 바로 등록을 했습니다. 그런데 그날 오후 8시를 기해 국회가
해산되었기 때문에 국회의원 등록을 하자마자 바로 의원직을
박탈당한 거예요.

▬ 당시 쿠데타와 관련된 모종의 움직임 등에 대해서 들으신 바
가 있었습니까?

그때 군사 쿠데타에 대한 소문은 계속 있었어요. 다만 나는
그 정도의 소문만 알았을 뿐 더 깊은 이야기는 알 수 없었어요.
내가 그런 기밀 정보를 알 수 있는 위치가 아니었고 군과 관련
도 없었기 때문입니다.

▬ 5·16 쿠데타가 성공할 수 있었던 이유는 무엇이라고 생각하
십니까?

장면 총리의 책임이 가장 크지요. 우선 장면 총리가 육군참

모총장을 최경록 장군에서 장도영 장군으로 바꾼 것은 잘못된 일이었어요. 최경록 총장은 당시 군 내부의 상황을 잘 파악하고 있었는데, 장면 총리가 장도영 장군으로 바꿨어요. 그런데 장도영 이 사람이 양다리를 걸치고 있어서 우리가 당했던 것입니다. 나는 장면 총리가 최경록 총장을 그대로 두었으면 쿠데타가 성공할 수 없었다고 생각해요.

그런데다 장면 총리가 쿠데타 이후 수녀원에 숨어서 며칠 동안 연락을 끊고 잠적했어요. 5·16 직후 미국이 쿠데타를 지지한 것은 아니었어요. 그렇기 때문에 장면 총리가 제대로 대처했으면 군사 반란 발생을 막지는 못했어도 그것의 성공은 막을 수 있었어요.

그런데 장면 총리가 그렇게 잠적해버리니 미국 내에서도 쿠데타를 용인하는 것이 낫다는 의견이 나오게 된 것입니다. 결국 장면 총리는 수녀원에서 나와 정권을 포기해버렸어요. 그래서 쿠데타가 성공한 것이에요. 전반적으로 보면 쿠데타는 참 허술했어요. 그런데도 성공했지 않습니까. 그래서 나는 농담으로 "박정희 씨가 툇마루 밑을 곡괭이로 파도 금이 나올 그런 왕운을 타고났다"는 말을 하곤 했어요.

▬ 당시 미국은 어떤 입장이었다고 생각하십니까?

방금 전에 이야기한 쿠데타 진행 상황을 보면 미국이 쿠데타를 사주했다거나 처음부터 지지했다고 판단하기는 어렵습니다. 다만, 미국 군부가 당시 국내 상황을 우려했던 것은 사실이에요. 민주당은 신구파로 분열되어 서로 싸우고 있었고 혁신계는 지나친 구호를 외치면서 혼란한 상황을 만들었으니까요. 물론 1961년이 되어 점차적으로 상황이 나아지고 있었습니다. 쿠데타를 사주했다거나 처음부터 지지했다고 보기는 어렵습니다.

━ 5·16 쿠데타 세력은 장면 정부의 부패와 무능으로 인한 국가적 위기를 극복하기 위해 나섰다는 명분을 내세웠습니다. 여기에 대해서 어떻게 생각하십니까?

그것은 전혀 말이 안 되는 이야기입니다. 1961년 봄이 되면서 정국은 안정이 되기 시작했어요. 그것도 3월, 4월, 5월 시간이 지날수록 더욱 안정되었습니다. 부정부패 문제가 심하다고 했는데 정작 처벌받은 경우는 장관 한 명밖에 없었어요. 그것도 경미한 사안이었으니 쿠데타 세력이 내세운 명분은 전혀 말이 안 되는 것이었습니다. 5·16 쿠데타는 소수 정치군인들의 정권욕 때문에 발생한 것이에요.

━ 대통령님께서는 1961년 5월 23일 연행되셔서 조사를 받게 되었습니다. 처음에 선거법 위반 혐의로 구속이 되셨는데 1961년 8월 5일 석방되셨습니다.

5·16 쿠데타 이후 며칠 있다가 잡혀갔어요. 그들의 목적은 나를 반공법으로 가혹하게 처벌하는 것 같았어요. 그런데 아무리 조사해도 그것으로 엮기 어려우니 부정부패 문제로 방향을 바꿨어요. 내가 민주당 대변인을 할 때 내무부 등에서 받은 돈을 횡령했다는 거예요. 내무부에서 나온 돈은 정부의 정책 홍보를 위한 목적으로 연 학생모임 등에 사용하기로 되어 있는 것인데 내가 중간에서 그 돈을 빼돌렸다는 겁니다. 내가 사실과 다

르다고 설명해도 듣지 않아요.

결국 사건은 검찰로 넘어갔어요. 강 씨 성을 가진 검사였는데 내가 강 검사에게 그 모임에 참석한 학생들의 명단을 불러줘서 조사해보라고 이야기했어요. 강 검사는 실제로 학생들을 불러서 내 말이 맞는지 조사했어요. 학생들이 나한테 받았다고 한 금액을 계산해보니 내무부에서 내가 받은 돈보다 더 많이 나왔어요. 당시 정부에서 나온 활동비가 적었기 때문에 내 개인 돈을 보태서 학생들에게 밥이라도 사먹으라고 주었거든요. 강 검사가 내용을 확인한 후에 내 앞에서 "나쁜 놈들 같으니라고. 있지도 않은 사실을 조작해서 이게 뭐하는 짓인가"라고 화를 냈어요. 그러고는 나를 무혐의로 처리했어요. 그때 분위기는 무혐의를 받기가 어려웠는데 그렇게 해주었어요.

— 석방 이후에는 어떻게 지내셨습니까?

그냥 집에 있었어요. 툭하면 반혁명사건이 터질 때니 사람 만나기가 어려웠어요. 사람들도 나를 만나려고 하지 않았고요. 집에서 책이나 읽으면서 시간을 보냈습니다.

— 정치인들과의 만남도 없었습니까?

내 기억엔 만난 사람이 없어요. 좀 전에 이야기한 대로 무슨 사건이 계속 터질 때라서 누구를 만날 분위기가 아니었어요. 나를 찾아왔던 사람은 중앙정보부 직원이었습니다. 나를 담당하던 그 사람은 경상북도에서 경찰서장을 했어요. 그 사람은 나를 자주 만나 대화하다 보니 내게 우호적인 입장이 되었어요. 그래서 나를 위한다는 생각에 "지금 이런 말, 이런 행동을 하면 안 된다"고 조언하면서 나를 보호해주는 역할을 했습니다. 그 사람은 나중에 내가 국회의원이 된 이후에 찾아오기도 했는데 언젠가부터 더 이상 찾아오지는 않았어요.

▬ 장면 총리도 만나지 못하셨습니까?

네, 장면 총리는 연금당하고 있어서 만날 수도 없었습니다.

▬ 대통령님께서 이희호 여사님과 결혼하신 날이 1962년 5월 10일인데요. 결혼한 지 10여 일 뒤인 5월 19일 쿠데타를 모의했다는 혐의로 연행되셨습니다.

이 사건은 5·16 쿠데타로 정권을 잃은 민주당 정치인들이 군사 정부를 끌어내리고 정권을 다시 탈환하려고 했다는 혐의인데, 그런 일은 없었고 조작된 것입니다. 나를 엮어보려고 했지만 증거가 하나도 없었기 때문에 나는 한 달 정도 있다가 석방되었어요.

그런데 그전에 이런 일이 있었어요. 목포 출신 먼 후배가 중앙정보부 일을 도와주고 있었어요. 그 후배가 사건 얼마 전에 나를 찾아왔어요. 나와 사적으로 만나서 대화할 정도의 사이는 아니었기 때문에 나는 그 후배를 경계했어요. 그 후배가 이런저런 이야기를 하다가 군사 정부를 비난하는 거예요. 그래서 나는 요새 정치와 그런 이야기에 관심이 없다면서 대응을 안 했어요. 그런데 그자가 녹음기를 몰래 숨겨 와서 녹음을 했던 것이었어요. 그때 내가 경계하지 않고 같이 맞장구치면서 군정을 비판했으면 못 나왔을 거예요. 그자가 나뿐만 아니라 다른 사람들한테도 갔는데 그중 한 분은 흥분을 참지 못하고 군정을 비판했었나

봐요. 이것을 증거로 그분이 고초를 겪기도 했어요.

— 중앙정보부에서 회유공작을 했었습니까?

네, 아까 이야기한 경찰서장 출신 중정 직원도 사실은 나를 감시하는 것과 동시에 회유하는 임무도 갖고 있었어요. 그런데 결국 나한테 감화를 받아서 그런 공작을 하지 않고 오히려 나를 보호해주는 일을 했던 것이지요. 그후 정치 재개할 때 중정의 국장급 인사가 당시 반도호텔, 지금의 롯데호텔에서 만나자고 했어요. 그 자리에서 이 사람이 "이제 정치활동이 시작되는데, 당신 정도의 실력이면 국회의원 하는 것은 물론이고 그 이상도 할 수 있으니 우리하고 같이하자" 이런 말을 해요. 그래서 나는 못 한다고 거절하면서 이렇게 말했어요.

"당신들은 장면 정권이 부정부패하고 무능해서 혁명을 했다고 말하고 있는데, 나는 민주당 대변인으로서 장면 정권을 홍보하는 역할을 했던 사람이다. 그런데 불과 몇 년 뒤에 '당신들이 잘했다' '좋은 사람들이다'라고 말하고 다니면 국민들이 나를 무엇이라고 생각하겠느냐."

그들의 제안을 거절하면 정치활동 금지가 풀리지 않아서 국회의원 선거에 출마하지 못할 수도 있었습니다. 그럼에도 내가 이제까지 지켜온 내 소신을 갑자기 버릴 수 없어서 '이번에 못 나가면 다음에 기회가 있겠지. 어쩔 수 없다'라는 생각으로 단호하게 거절했던 것입니다. 그랬더니 이 사람이 자기 보스가 옆방에 있으니 만나보라는 거예요. 당시 중정 부장이 김종필 씨였는데요. 나는 내 입장이 확고했기 때문에 만날 필요가 없었어요.

그래서 "이야기가 다 끝났으니 이제 가보겠습니다"라고 말하고는 나왔어요. 그 사람이 내 등에 대고 욕을 하면서 "야 김대중이, 너 입만 살아서 아주 지랄을 하는구나. 내가 너를 가만두지 않을 거야"라고 소리쳤어요. 내가 그 사람하고 싸울 수도 없어서 그냥 나왔지요. 그 이후로 더 이상의 회유는 없었습니다.

━ 그때 중정에서 대통령님 이외에도 회유를 한 분들이 있었을 것 같은데요.

그쪽으로 넘어간 분들이 몇 사람 있었어요. 나중에 요직을 맡기도 했고요. 내가 경험한 일도 있고 당시 소문도 있었기 때문에 그 사람들이 회유를 당해서 넘어간 것으로 보이긴 합니다. 다만, 명확한 증거가 있는 것은 아니에요.

━ 5·16 쿠데타 이후 윤보선 대통령의 정치에 대해서 어떻게 평가하십니까?

윤보선 대통령이 박정희 군정에 대해서 반대했다면 5·16 쿠데타 직후에 적극적인 의사 표시를 하는 것이 맞았다고 생각합니다. 그런 점에서 그때 윤보선 대통령이 한 일에 대해서 비판적으로 생각해요.

이희호 여사와의 결혼

━ 이희호 여사님을 부산에서 처음 만나셨는데요. 그 이후 여사님께서는 4년간 미국 유학을 가셨습니다. 언제 다시 만나셨습니까?

아내가 미국 유학을 떠나면서 연락이 끊겼어요. 그러다 아내가 귀국한 이후에 종로에서 우연히 만나 다방에서 차 한잔하면서 서로 안부를 묻고 이야기를 했었지요. 같이 알고 지내던 사람들이 여럿 있었기 때문에 자연스럽게 만남을 이어가게 되었습니다.

— 두 분이 따로 만나셨을 때에 주로 어디서 만나셨습니까?

중국집에서도 만나고 양식당에서도 만났어요. 파고다공원 같은 곳에서 산책하면서 이야기하기도 했지요. 그때 나는 돈이 없어서 데이트 비용은 모두 아내가 냈어요.

— 주로 어떤 주제로 이야기를 나누셨나요?

우리는 대부분 세상 돌아가는 이야기를 주제로 대화했습니다. 여기에는 정치도 포함되었지요. 서로 관심사도 일치했고 나이도 좀 있다 보니 아기자기한 이야기를 한 적은 별로 없었어요. 그래서 동지적인 이해와 교류 속에서 사랑하게 된 것이라고 볼 수 있어요.

— 프러포즈는 어떻게 하셨습니까?

나는 아이가 둘이나 있었고 어머니를 모시고 있었으며 심장병을 앓는 여동생과 함께 살고 있었어요. 5·16 쿠데타 이후에는 마땅한 직업이 없었고 집에 돈도 없었어요. 상황이 이렇다 보니 내가 먼저 결혼하자는 말을 할 수가 없었습니다. 그런데 아내가 나의 처지를 이해하고 또 동정하기도 하면서 나를 위로하고 격려해주었어요. 아내가 직접적으로 말로 표현하지는 않았지만 내게 마음이 있다는 것을 충분히 알 수 있을 정도였습니

이희호 여사와 결혼(1962).
김정례 여사의 소개로 만난 이희호 여사는
여자답고 고상했다. 두 사람 모두
정치적 성향이 강했기에 시국 현안을
주제로 대화를 나눴다. 그러면서 두 사람은
서로 호감을 갖게 되어 백년가약을 맺는다.

다. 그래서 파고다공원에서 내가 용기를 내어 프러포즈를 했어요. 아내가 받아주어서 결혼하게 되었지요.

— 여사님 주변에서 반대가 많았다고 들었습니다.

그럼요, 그랬어요. 아내가 일하고 있던 YWCA 사람들도 반대했고 집안에서도 반대를 많이 했어요. 아내 집안에는 사업하시는 분도 계셨으니 당시 분위기를 보면 그럴 수 있는 상황이었습니다. 아내는 그런 주변의 반대를 무릅쓰고 나와 결혼하기로 결심한 것이었어요.

— 평소 이희호 여사님에 대해서 어떻게 생각하셨습니까?

하늘이 주신 인연이라고 생각해요. 나하고 모든 것이 맞았으니까요. 특히 정치사회 문제에 관해서 완벽하게 의견이 같았어요. 서로 다른 점에 대해서도 상호 존중하고 이해했기 때문에 갈등이 없었어요. 가령 종교만 봐도 그래요. 아내는 개신교이고 나는 천주교인데 이 문제로 서로 다퉈본 적이 없습니다.

윤보선 후보 지지

— 1962년 말부터 1963년 초 사이에 정치활동 금지가 풀렸습니다.

민주공화당을 만들면서 자기들과 협력한 사람은 먼저 풀어주었어요. 그러자 여기에 반대 여론이 형성되었고 내가 알기로는 미국에서도 반대했어요. 그렇게 국내외 압력으로 대거 해금이 되었고 나도 포함되었던 것입니다.

▬ 대통령님께서는 1963년 민주당 재건에 참여하셨는데요. 그 때 박순천 선생이 대표를 맡고 대통령님께서는 선전부장을 맡으셨습니다.

박순천 선생이 인기가 좋았습니다. 반독재투쟁을 일관되게 해왔기 때문에 주변에 따르는 분도 많았어요. 그래서 자연스럽게 대표로 모시게 되었습니다. 박순천 선생께서는 나를 아끼셨어요. 나의 정책개발 능력과 언변 등을 높이 평가하셨거든요. 나는 장면 정부에서도 당 대변인을 맡았기 때문에 이번에도 선전부장을 맡게 된 것입니다.

▬ 당시 선전부장으로 활동하시면서 특별히 기억나시는 일이 있다면 소개해주세요.

그때 참 열심히 했어요. 군사정권에 큰 타격을 주기도 했습니다. 1963년 박정희 씨는 대통령 권한대행과 국가재건최고회의 의장을 한 상태에서 공화당에 입당해서 대통령 후보에 지명되었어요. 그때 헌법에 보면 대통령은 정당에 가입할 수 없었고 국회법에 의하면 최고회의 의장도 정당에 가입할 수 없다고 되어 있었어요. 내가 이것을 발견했어요. 그래서 내가 박정희 씨의 공화당 입당은 위헌이고 국회법 위반이기 때문에 만일 박정희 씨가 대통령에 당선된다고 해도 무효가 된다는 사실을 지적했습니다. 그때 상당한 논란이 발생했기 때문에 박정희 씨도 내가 이 사실을 밝혀냈다는 것은 알았을 것입니다. 아마도 이때부터 박정희 씨가 나를 상당히 경계하기 시작한 것으로 생각됩니다.

▬ 장면 총리는 민주당에 참여하지 않으셨는데요. 그 이유는 무

엇입니까?

장면 총리는 그때 자택에 은거하고 계셨습니다. 그 당시 군사 정권이 워낙 악선전을 많이 했기 때문에 부정적인 평가를 받고 있어서 장면 총리가 나설 수 있는 분위기가 아니었어요. 물론 장면 총리께서도 다시 정치하실 생각이 없기도 했고요.

■ 대통령님께서는 5대 대선을 앞두고 야당 통합보다는 야당 연합이 더 효과적이라는 주장을 하셨는데요.

그때 윤보선·허정 등 야권의 거물 정치인들이 각자 개성이 강하고 양보할 의사도 없었기 때문에 통합을 추진하다 시간을 다보낼 상황이었어요. 그렇다고 통합이 된다는 보장도 없었어요. 대선 뒤 바로 총선이 있는데 주변 정치인들의 이해관계가 다 다르기 때문에 그것도 변수였어요. 그뿐만 아니라 통합을 하려면 이미 있는 정당 내에서 관련 절차를 진행해야 하는데 시간도 부족했어요. 우선 대선을 앞두고 통합보다는 연합이 낫다고 판단해서 그렇게 주장했던 것입니다.

■ 1963년 10월 5대 대선이 실시되었습니다. 이 선거에서 민주당이 후보를 내지 않은 이유는 무엇입니까?

우리는 5·16 쿠데타를 막지 못한 것에 대해 국민께 속죄하는 입장에서 후보를 내지 않기로 했습니다.

■ 그러면 5대 대선을 앞둔 민주당의 입장은 무엇이었습니까?

그때 야권에서 윤보선·허정 두 분의 지지가 높았습니다. 그때 우리는 윤보선 씨를 비판적으로 보고 있었기 때문에 허정 씨를 밀려고 했어요. 그래서 허정 씨와 접촉했는데, 이분의 태도가 안하무인이라고 할 수 있을 정도로 너무 권위적이에요. 더군다나 자유당 출신만 신임하고 민주당 쪽 사람들을 죄인처럼 취급해요. 그렇게 하니 우리가 같이할 수 없어서 윤보선 씨를 지지했습니다. 우리가 결별선언을 한 이후에 허정 씨 측에서 우리의 입장을 받아들이겠다고 했지만 이미 결별선언을 했기 때문에 상황을 되돌릴 수 없었어요.

━ 말씀하신 내용을 보면 결별선언을 하시기 전에 허정 씨 측에 민주당의 요구를 제시한 것으로 보이는데요. 그 내용이 무엇입니까?

당을 조직하고 선거를 준비하는 데에 있어서 자유당 출신 인사들로만 구성하지 말라는 것이었어요. 그런데 허정 씨가 자유당 출신 사람들 외에는 믿지 않았고 건의를 하면 듣기 싫다고 말을 자르고 소리를 질렀어요. 이분은 민주정치를 할 수 없는 분이라고 판단했어요. 너무 권위적이어서 도저히 같이 일할 수가 없었습니다.

━ 나중에 허정 씨가 후보 사퇴를 했습니다.

우리의 경우에서 보듯 사람들이 떠났고 자금도 모이지 않았어요. 허정 씨 측근들은 "이 상태에서 선거하기 어려우니 후보를 사퇴하자"고 제안해서 사퇴하게 되었다는 이야기를 들었습니다.

━ 그렇게 된 이후 민정당의 윤보선 후보를 지지하셨는데요. 구체적으로 어떤 활동을 하셨습니까?

나와 민주당은 윤보선 후보 당선을 위해서 최선을 다했습니다. 안국동 윤보선 선생 댁에 가서 우리가 준비한 선거운동 전략에 대해서 함께 협의를 했습니다.

— 선거 결과 15만 6,000여 표 차이로 박정희 후보가 당선되었습니다. 1.55퍼센트 차이로 승패가 갈린 박빙 승부였습니다. 대통령님께서는 윤보선 후보가 박정희 후보를 상대로 색깔론을 제기한 것이 패배의 원인이었다고 지적하셨는데요.

나는 그때 윤보선 후보가 여순사건 관련해서 박정희 후보를 색깔론으로 공격하지 않았으면 이겼을 것이라고 생각해요. 윤보선 후보가 그 발언을 한 이후 내가 민정당 사람들에게 "도대체 왜 그런 말을 하느냐. 선거에 지고 싶어서 그런 것이냐" 하고 강하게 항의하고 질책하기도 했어요. 그때 윤보선 후보가 중부 지역에서는 이기고 남부 지역인 경상도와 전라도에서 졌어요. 특히 전라도 지역에서는 과거 한민당에 대한 비판적인 정서가 있었는데, 윤보선 후보가 색깔론을 제기하니 과거의 기억이 되살아난 거예요. 한민당이 지주들 중심의 정당이었고 여순사건 등에서 보듯 6·25 전쟁 전후 시기에 이 지역에서 수많은 국민이 아무 이유 없이 희생당하고 그랬거든요. 1963년이면 전쟁 끝나고 10년 뒤이니 아직 그 시대를 기억하는 사람이 무척 많았을 때였어요. 그런데 색깔론으로 공격하니 박정희 후보가 전라도에서만 35만여 표 차이로 이겼어요. 박정희 후보는 전라도 표로 당선된 것이었어요. 그런데 나중에 박정희 대통령이 전라도를 차별했지요.

— 5대 대선의 공정성에 대해서 어떻게 생각하십니까?

그 뒤의 선거에 비하면 훨씬 공정했다고 할 수 있습니다. 박정희 독재체제가 아직 공고화되기 전이었기 때문입니다.

━ 1963년 11월 6대 총선이 실시되었습니다. 대통령님께서는 이 선거에서 인제가 아닌 목포에서 출마하셨습니다. 그 이유는 무엇입니까?

1958년 선거부터 내가 인제 지역에서 출마한 것은 목포 지역에 민주당 후보가 이미 있었기 때문이에요. 그런데 이때는 자리가 비어서 내가 자연스럽게 가게 되었습니다.

━ 선거 과정은 어땠습니까?

여당인 공화당 후보는 부잣집 아들이었고 그때만 해도 여당은 조직력 등에서 유리했어요. 나는 돈이 있는 것도 아니고 야당 후보이기 때문에 기본적으로 불리한 조건에서 선거를 치렀습니다. 그러나 선거운동 과정을 보면 내가 완벽하게 주도권을 갖고 있었어요. 그때 나는 "저는 여러분의 자식입니다. 저는 다른 분에게 양보해서 내 고향을 떠나 강원도 인제로 갔습니다. 인제 지역 주민들은 제가 비록 그 지역 출신이 아니지만 도덕성과 능력을 보고 저를 국회의원에 당선시켜주었습니다. 그런데 고향 분들이 저를 외면하면 되겠습니까" 이런 내용으로 연설했어요. 그것이 아주 잘 통해서 어렵지 않게 당선될 수 있었습니다.

━ 그때 적극적으로 선거운동을 도와준 분들이 있었을 것 같은데요.

권노갑이 많이 도와줬어요. 권노갑은 사람을 많이 알아요. 같이 길을 걸어가면 "어이 자넨가. 어이 잘 지내는가" 이렇게 하면서 내게도 소개해주었어요. 권노갑은 기억력이 정말 좋아요. 그래서 선거에 크게 도움이 되었어요. 인제에서 내 선거를 도와주던 엄창록도 함께해서 큰 도움이 되었습니다.

━ 이희호 여사님은 선거운동을 함께하셨습니까?

아내는 그때 홍걸이를 낳았기 때문에 서울에 있었어요.

━ 6대 총선 때 특별히 기억나시는 일이 있다면 소개를 부탁드립니다.

선거 며칠 전에 미국의 케네디 대통령이 암살당했어요. 그 소식을 듣고 굉장히 슬펐어요. 그때 케네디는 젊은 나이에 미국의 대통령이 된 것이 정말 대단했기 때문에 부러운 것을 넘어서 동경의 대상이었습니다. 한마디로 말해서 요즘의 아이돌 같은 존재였어요. 그래서 그때 정말 충격을 받았고 슬퍼서 혼자 많이 울었던 기억이 나네요.

한국내외문제연구소

━ 6대 국회의원이 되신 이후인 1964년경에 한국내외문제연구소를 설립하셨습니다. 그 이유는 무엇입니까?

정책 연구와 조직력 강화 두 가지 목적으로 만들었어요. 연구소는 현재의 광화문 감리회관 뒤쪽에 있었습니다. 그곳에서 학자들을 모시고 각종 정책을 주제로 한 세미나도 하고 홍보용 전단과 소책자 등을 만들어서 배포하는 일도 했습니다.

━ 연구소의 작명을 대통령님께서 하셨을 것 같습니다. '내외'

라는 명칭을 넣으신 이유는 무엇입니까?

그랬지요. 작명을 그렇게 한 이유는 국내뿐만 아니라 국제관계와 남북관계를 모두 고려했기 때문입니다. 정치적 비전을 크게 갖고 그에 맞는 정책을 수립하기 위해 그와 같이 했어요.

▬ 연구소 규모는 어느 정도였으며 같이 일하신 분들은 누구였나요?

국회의원이 되니 비서관이 있었기 때문에 그분들하고 같이 했고요. 정치지망생들도 소문 듣고 찾아와서 함께했어요.

▬ 당시 정치인들이 연구소를 운영하는 일이 일반적이었습니까?

그때 국회의원이 정책연구소를 운영하는 것은 굉장히 드문 일이었어요. 내가 운영한 한국내외문제연구소가 첫 번째일 수도 있어요. 그때는 당에서도 연구소가 없었습니다. 정책정당이라는 인식이 제대로 확립되지 못한 때였습니다. 당시 정치환경이 그렇다 보니 이때 준비한 각종 정책은 훗날 내 의정활동과 대선에 큰 도움이 되었습니다.

▬ 그때 비서진 구성은 어떻게 되었습니까?

하도 오래된 일이라서 6대와 7대 때의 상황을 구분하지는 못하겠어요. 여하간 6대, 7대 국회에서 함께 일한 비서진을 보면 권노갑·조길환·한화갑·방대엽·김옥두 등이 있었습니다. 권노갑은 전반적으로 다 관여했고, 방대엽은 정책, 한화갑은 조직, 조길환과 김옥두는 당과 국회 관련 정무적인 일을 보좌하는 일을 했던 것으로 기억합니다.

▬ 연구소 운영에 필요한 자금은 어떻게 조달하셨습니까?

나는 정치를 시작한 이래로 정치자금이 풍족한 때가 없었습니다. 그래도 내가 좋은 뜻을 갖고 열심히 일했기 때문에 나를 조금씩 도와준 분들이 있었어요. 그때도 그랬고요. 내가 어려운 여건 속에서도 버틸 수 있었던 것은 그런 지지자들의 정성도 큰 부분을 차지합니다. 물론 나도 세비 받은 것을 많이 보탰어요.

━ 연구소는 언제까지 운영하셨습니까?

유신 때까지 존재했어요. 나중에 내가 야당의 지도자로 인정 받기 시작할 때에는 중진 의원들도 많이 참여했고, 결국 우리 쪽이 진산계보다 더 큰 세력을 형성했습니다.

━ 연구소는 주로 어떤 활동을 했습니까?

법률안 제정 및 예산 심의, 대정부 질의 등 국회활동 전반에 대해서 동료 의원들과 함께 의논했어요. 외부 전문가를 모셔서 강의를 듣고 토론하기도 했어요. 그때 연구소에 오신 분은 남덕우 선생, 박현채 선생, 한정일 선생 등이 기억납니다.

━ 박현채 선생은 연구소 활동을 하셨습니까?

가끔 만나는 정도였어요. 함께 일한 것은 아니었습니다.

━ 주로 어떤 주제의 세미나를 하셨습니까?

경제개발에 대한 관심이 많았기 때문에 경제를 주제로 한 세미나를 많이 했습니다. 그때는 경제가 발전하기 위해 독재가 불가피하다는 주장, 더 나아가서 독재가 경제발전에 필요하다는 주장이 나오고 있었어요. 나는 진정한 경제발전을 위해서는 민주주의가 필요하다고 주장했어요. 부의 집중을 막고 빈부격차를 줄여서 사회적인 통합과 안정을 이루는 것이 진정한 반공의 길이라고 강조했어요. 내가 박정희 대통령의 개발독재에 반대하면서 대안으로 내세운 대중경제는 이와 같은 토론과 연구의 결과였습니다.

━ 정기적으로 소식지를 발간하셨습니까?

오래된 일이라서 정확하지는 않은데요. 정기적으로 발간하지 않고 부정기적으로 중요한 일이 있을 때마다 홍보자료를 만들었던 것으로 기억합니다.

━ 연구소 차원에서 외국과 교류하신 적이 있습니까?

그런 일은 없었습니다.

━ 연구소에서 대중강연회를 개최한 적도 있었습니까?

강연회도 하고 토론회도 하고 다양한 활동을 했어요. 내가 강연을 하면 사람들이 많이 몰려왔어요.

━ 정책연구를 하실 때 일본의 신문과 시사잡지 등도 참조하셨습니까?

그랬어요. 『아사히신문』 『세카이』(世界) 등을 자주 봤고, 단행본도 많이 봤습니다. 일본 신문은 국제면 기사가 아주 충실합니다. 그래서 국제정세를 파악하는 데 큰 도움을 받았어요. 이런 것은 우리나라 신문이 배워야 합니다. 우리나라 신문은 그때나 지금이나 국제문제 관련 기사가 적거든요. 우리나라처럼 지정학적으로 예민한 곳에 위치한 경우는 국제적 동향에 많은 관심을 가져야 합니다. 일본의 급속한 경제발전에 대한 내용도 유심히 살펴보았습니다.

대정부 질의(1968).
김대중은 국회에서 박정희 정권의
경제개발 정책의 문제점을 지적했다.
정부를 비판할 때 언제나 논리와 대안을 갖고
이성적으로 접근했기 때문에
정부 여당에서 큰 부담을 느꼈다.

한·일회담과 베트남파병 논쟁

━ 6대 국회 최대 이슈였던 한·일회담, 한·일협정 체결과 관련해서 대통령님은 조건부 지지 입장을 밝히셨는데요. 구체적으로 어떤 내용이며 그 입장을 강조하신 이유는 무엇입니까?

첫째로 나는 한·일관계 개선을 지지했지만 그렇다고 무조건적인 것은 아니었어요. 그때 나의 입장은 조건부 지지였습니다. 나는 그때부터 지금까지 일관되게 한·일 양국 국민의 상호 소통과 이해를 증진시켜서 진정한 한·일연대를 구축해야 한다고 주장했어요.

이를 위해서는 과거사 문제 등 양국 관계 발전을 가로막는 사안에 대해 일본의 성의 있는 태도가 필요하다는 것이었습니다. 우리 정부도 이러한 점을 간과하지 말고 제대로 지적하면서 받아낼 것은 받아내고 관철시키는 외교를 할 때 국민들 사이의 반일정서가 약화되어 한·일관계 개선에 대한 동력이 형성될 수 있다고 주장했어요. 청구권이나 문화협정 등에서도 우리가 정당한 요구를 해야 한다고 주장했던 것입니다.

이러한 전제에서 내가 한·일관계 개선을 지지한 것은 세 가지 이유 때문이었습니다. 첫째로 그때는 냉전의 대립이 첨예했던 시기이고 북한의 군사적 위협이 매우 강할 때였습니다. 우리 안보를 위해서 일본과의 관계 개선이 필요하다고 본 것입니다. 6·25전쟁 때 일본이 미국의 후방기지 역할을 했기 때문에 미군이 공산군을 격퇴할 수 있었던 것은 명백한 역사적 사실이에요.

그렇기 때문에 북한의 위협에 맞서 한·미·일의 협력은 필요하다고 판단한 것입니다.

둘째로 미국이 한·일관계 개선을 원했어요. 미국은 중국을 포함한 공산주의 세력의 팽창을 저지하고자 한·일관계 정상화를 원했습니다. 특히 1964년 10월에 중국이 핵실험을 했어요. 우리 안보에 매우 큰 위협이 되었거든요. 그때 미국의 주장은 일리가 있었습니다.

셋째로 나는 기본적으로 인접한 국가들은 서로 국교를 맺고 교류도 하면서 사이좋게 지내야 한다는 입장을 갖고 있었어요. 일본도 마찬가지여서 과거사를 잊어서는 안 되지만 과거에만 얽매여서 아무것도 하지 못하는 것은 우리에게 도움이 되지 않는다고 생각했습니다.

— 한·일회담에 대한 반대여론이 거셌고 윤보선 선생 등 야당 내 강경파는 반대투쟁을 전개했습니다. 당시 상황에 대해서 말씀해주십시오.

국민 여론은 반대가 많았어요. 당시 한·일 정부가 국민의 감정을 제대로 고려하지 못해 국민들은 분노했어요. 윤보선 선생 등 야당의 강경파는 이러한 국민감정에 바탕을 두고 반대투쟁을 한 것입니다. 그래서 의원총회에서 격론이 벌어졌어요. 나는 우리 야당이 박정희 정권의 잘못을 단호하게 지적하되 미국이 관여되어 있는 국제적인 사안인 한·일관계 정상화 원칙은 지지해야 한다고 강조했어요. 그때 나한테 감정적으로 대응하는 사람도 많았지만 그분들이 내 주장의 논리를 반박하지 못했어요.

— 대학생들의 반대도 많았는데요. 이 문제로 토론하신 적이 있습니까?

대학생들은 압도적으로 반대했습니다. 그때 이태영 선생께서 주선해주셔서 이화여대 학생들과 토론한 적이 있습니다. 학생들은 우리를 마치 매국노인 것처럼 대했어요. 나는 학생들에게 아까 말한 조건부 지지론의 내용을 조목조목 설명했어요. 그랬더니 나중에는 알아듣더라고요.

— 윤보선 선생 등의 강경파가 그렇게 끝까지 반대한 이유는 무엇이라고 생각하십니까?

당시 국제정세를 보면 한·일협정 체결은 필요한 일이었습니다. 그러니 이분들은 국제적인 고려 때문에 반대한 것이 아니었습니다. 실제 목적은 국민들의 반일민족주의 정서를 이용해서 박정희 정권을 타도하는 데에 있었다고 생각합니다. 그러나 너무 지나쳤고 무조건 반대만 하다 보니 나중에 국민들이 등을 돌리게 된 것이에요.

— 윤보선 선생의 정치적 패착으로 판단하십니까?

그렇다고 볼 수 있지요. 윤보선 선생이 1967년 6대 대선에 출마했지만 크게 패배한 것을 보면 알 수 있어요. 대선 결과를 떠나서 이미 그전부터 국민들 사이에서 윤보선 선생의 정치에 대한 비판적인 여론이 상당했어요.

— 윤보선 선생 등 당시 강경파의 문제점은 무엇이라고 생각하십니까?

그때 일본과의 국교정상화는 불가피한 일이었어요. 야당이 반대한다고 해서 막을 수 있는 일이 아니었고, 우리 국익을 위해서 필요한 부분도 분명 있었기 때문에 그렇게 무작정 반대투쟁만 해서는 안 되는 것이었습니다. 나처럼 대안을 갖고 비판하면서 박정희 정권을 견제했다면 더 좋은 결과가 나왔을 것입니다. 물론 박정희 정권의 접근방식에는 문제가 있었고 야당의 반대를 외교협상의 지렛대로 제대로 이용하지 못한 전략 부재도 분명 문제가 있었습니다. 다만, 그때 야당이 건설적인 방향으로 접근했으면 한·일기본조약에서 우리의 입장이 좀더 반영될 수 있었을 거예요. 그런 면에서 보면 매우 아쉬운 일이지요.

강경파는 이 문제를 박정희 정권 타도 수단으로 접근해서 갈등을 더욱 격화시키는 방향으로 만든 면도 있어요. 내가 그렇게 강경한 반대 일변도로 가면 박정희 정권이 계엄령을 선포할 수도 있다고 하니 그들 중의 일부는 "그렇게 하면 더 좋다. 그러면 정권을 뒤엎을 수 있다"는 말도 했어요. 나중에 실제 계엄령이 선포되었을 때 그 사람들 전부 다 도망갔습니다. 아주 무책임하지요. 이렇게 정치하면 안 되는 것이었어요.

— 대통령님께서는 당시 반대 여론이 강하다 보니 여러 고초를 겪으신 것으로 알고 있습니다.

그때 조건부든 뭐든 한·일회담 자체를 인정하면 역적으로 몰리는 분위기였어요. 무조건 '사쿠라'라고 했고, 내가 박정희 정권으로부터 수표로 3,000만 원을 받았다는 등의 온갖 흑색선전이 난무했어요. 나는 사쿠라 중에서도 왕사쿠라라고 해서 비난의 중심이었어요. 그렇다 보니 그때 고향에 계시던 아버지께서 소문을 듣고 올라오셔서 "네가 도대체 어떻게 정치를 하기에 사쿠라라는 말을 듣느냐"고 나를 크게 질책하신 적도 있었어요.

또 내 지역구인 목포에서도 여론이 좋지 않다는 보고를 듣고 직접 목포에 내려가 내가 나온 목포북교초등학교에서 이 문제로 연설을 했습니다. 그때 나는 내 소신을 있는 그대로 말했어요. 그렇게 했더니 지구당 간부들이 "김 의원님, 다음에 출마를 포기하시는 것입니까? 지금 그런 말을 하면 어떡합니까"라고 말할 정도였습니다. 나는 그때 피눈물이 날 정도로 괴로웠습니다. 그뿐만 아니라 신변위협까지 있었습니다. 그렇지만 국회의원은 국가의 이익을 제일 중심에 두고 판단해야 하며 일시적인 분위기에 휩쓸리면 안 된다고 생각했어요. 이러한 나의 결심을 아내에게도 이야기했어요. 다행히 아내는 내 뜻을 이해하고 격려해주었어요. 그래서 내 소신을 지킬 수 있었습니다.

— 한·일회담이 진행되고 있을 때 일본 측 인사를 만나신 적은 없었지요?

한·일회담은 일본에서도 큰 쟁점이었어요. 일본 사회당은 우리의 윤보선 선생처럼 한·일회담을 맹렬히 반대했어요. 그랬는데 일본에서 상당한 의석수를 갖고 있는 민사당의 부위원장 이하 몇 사람이 방한해서 홍익표 선생과 나를 만났습니다. 민사당은 자신들의 입장을 정하기 전에 한국의 분위기를 파악해보려고 했던 것이었어요. 이때 그 사람들을 만나서 "원칙적으로 찬성하지만 현재 진행되고 있는 회담의 내용에 문제가 있으니 이러한 점은 수정해야 한다. 그후에 한·일협정을 체결해야만 긍정적인 효과를 낼 수 있다"고 이야기했어요. 여기에 그 사람들이 동의했어요. 그래서 민사당은 일본에서 우리와 비슷한 입장을 이야기했습니다. 이것이 결국 우리 국익에 도움이 되었습니다.

— 대통령님께서는 정부 여당의 태도에 대해서도 날카롭게 비판하셨는데요.

내가 한·일기본조약을 심의하는 역할을 맡았어요. 그래서 조약의 여러 문제점을 지적하고 추궁하는 일을 했어요. 외무부 장관이었던 이동원 장관이 어느 날 "일본이 독도가 우리나라 땅이라는 사실을 인정했다"고 하는 거예요. 나는 일본이 그럴 리가 없다고 생각했고 대부분 그렇게 생각했어요. 그때 어떤 의원이 이동원 장관에게 "각서라도 받은 것이 있느냐. 어떤 근거로 그런 말을 하느냐"고 물었습니다. 이동원 장관이 웃으면서 "의원님, 내가 내 아내와 함께 가정을 이뤄서 잘 살고 있는데 이웃집에 있는 건달에게 집에 있는 사람이 내 부인이라는 확인증서를 받을 필요가 있겠습니까"라고 했어요. 그러니 여당 의원들은 아주 잘했다고 박수치고 웃었어요.

다음 날 내가 발언할 차례가 되었어요. 나는 이동원 장관에게 "독도 문제를 그렇게 비유한 것은 적절하지 않다고 생각하지만, 이해를 돕기 위해서 나도 그렇게 해보겠다"면서 다음과 같이 말했어요.

"내가 내 아내하고 잘 살고 있는데, 이웃집 건달이 찾아와서

'당신 집에 있는 사람은 당신 부인이 아니라 실제로 내 부인이다. 이제부터 나하고 같이 살 것이므로 내게 보내라. 내 말을 따르지 않으면 재판소에 가자'고 주장한다. 그러다 어느 날 갑자기 반대로 '이제부터 그 사람은 내 부인이 아니다. 나와 상관없다' 이렇게 말하면 이 말을 바로 믿기 어렵지 않느냐. 그러니 진짜가 맞는지 확인하려고 각서를 받았냐고 한 것인데 뭐가 문제냐. 내가 보기에 일본이 그렇게 할 리가 없다. 일본이 오늘내일로 분명 이동원 장관의 발언을 부인할 것이다."

그런데 진짜 그날 저녁에 일본이 독도문제에 대해 양보한 적이 없다고 했어요. 이 일은 꽤 많이 알려졌습니다. 박정희 대통령이 이 사실을 알고 정부 여당을 질책했다는 소식을 전해 들었어요.

━ 한·일협정 문제 외에도 베트남파병 문제도 큰 이슈였습니다. 당시 어떤 입장을 갖고 계셨습니까?

당시 야당은 전체적으로 파병에 반대했는데요. 반대의 방향과 대안에 있어서는 차이가 있었습니다. 나는 의용군을 보내자고 했어요. 우리가 6·25 전쟁 때 미국의 도움으로 공산군의 침략을 물리칠 수 있었기 때문에 지금 미국의 요청을 무작정 거절하는 것은 어렵다고 판단했습니다. 만약 우리가 미국의 요구를 거절하면 미국이 주한미군을 빼서 베트남으로 보낼 수도 있는데, 그러면 우리의 안보에도 큰 문제가 될 수 있었어요. 그래서 우리가 파병을 끝까지 거부할 수 있는 상황이 아니었습니다. 다만, 정규군을 파병하면 공식적으로 참전하게 되기 때문에 의용군 형태로 보내자고 했어요. 과거 중국이 6·25 전쟁 때 군대를 보내면서 지원병을 보냈다고 했거든요. 그런데 정부는 정규군을 파병했어요.

— 한·일회담 문제에서도 대통령님께서는 이상과 현실을 잘 조율하시면서 균형감 있고 실용적인 외교노선을 제시한 것으로 판단됩니다. 이러한 판단을 하실 수 있었던 배경은 무엇입니까?

이러한 능력과 감각은 책을 통해 지식을 많이 쌓는다고 얻어질 수 있는 성격의 것이 아니에요. 원칙·정당성·이념 등을 한 축으로 놓고, 다른 한 축에는 현실·계산·물질적 이익 등을 놓아서 우리나라에 가장 도움이 될 수 있는 최적의 방안을 종합적으로 고려할 때 가능해요. 이러한 것을 하는 것이 정치입니다. 그래서 나는 정치를 종합예술이라고 생각합니다.

민중당에서 신민당으로

— 1965년 5월 민주당과 민정당은 통합야당 민중당 창당을 선언하고 다음 달인 6월에 전당대회를 열어 공식 출범하게 되었습니다. 그 배경이 무엇입니까?

한·일회담 문제 등 중대 현안에 있어서 야당이 힘을 합쳐 박정희 정권에 맞서야 한다는 여론이 있었습니다. 그래서 합당하게 되었어요. 그때 당 대표 선거에서 우리가 지지한 박순천 선생이 윤보선 선생을 이기고 당선되었습니다.

— 윤보선 선생은 직전 대선의 후보이기도 했고 인지도도 높고 지지세가 더 강하지 않았나요?

윤보선 선생에 대한 국민적 지지가 낮았어요. 5대 대선에서 패배한 이후 윤보선 선생에 대한 실망 여론이 상당했어요. 상대적으로 박순천 선생에 대한 지지는 높았습니다.

— 윤보선 선생은 한·일협정 반대투쟁을 하면서 의원직 사퇴 등 강경노선을 주도했습니다. 결국 강경파들은 탈당을 하면서 의원직을 사퇴했습니다. 이때 정일형 선생도 참여하셨습니다. 이분들을 중심으로 1966년에 신한당이 창당되었지요?

그때 윤보선 선생이 의원직 사퇴 등 강경투쟁을 주도했어요. 정일형 선생은 나하고 아주 가까운 분이었는데 이 사안에 대한 생각은 나와 달랐습니다. 그분들 중심으로 1966년에 신한당이 만들어졌지요. 나중에 민중당과 합당해서 신민당이 나오게 된 것이에요.

— 민중당은 1966년 10월에 유진오 선생을 영입했습니다. 그 이유는 무엇입니까?

유진오 선생이 학자로서 국민적인 평판이 좋았어요. 정치를 하신 분은 아니기 때문에 야당의 지도자로서 어떤 모습을 보여줄지 불확실한 면은 있었지만 인지도도 높았고 평판도 좋았습니다. 그래서 1967년 대선을 앞두고 대선후보로 영입한 것입니다.

— 영입 과정에서 대통령님께서 역할을 하신 바가 있습니까?

그때 아마 홍익표 선생을 중심으로 영입이 진행되었을 거예요. 홍익표 선생이 경성제대를 나오셨는데 유진오 선생도 경성제대 출신이거든요. 나는 홍익표 선생과 가까운 사이였기 때문에 같이 상의하면서 진행했던 것으로 기억해요. 다만, 나는 유진오 선생을 직접적으로 알지는 않았기 때문에 조력하는 입장이었어요.

━ 박순천 대표도 있었는데 유진오 선생을 대선후보로 영입한 이유는 무엇입니까?

그때 박순천 대표를 내세우자는 의견도 있었지만 소수였습니다. 그때만 해도 아직 여성을 대통령 후보로 내세울 수 있는 분위기는 아니었어요.

━ 1967년 2월 7일 시민회관에서 신민당이 창당됩니다. 신민당은 민중당과 신한당이 합당하고 재야의 일부 세력이 합세한 통합야당인데요. 신민당 창당 배경에 대해서 말씀해주세요.

1967년에 6대 대선과 7대 총선이 있었습니다. 국민들 사이에서 박정희 정권을 상대로 야당이 힘을 합쳐야 한다는 여론이 강했고 야당 정치인들도 그것이 필요하다고 판단해서 서로 합당하게 되었습니다.

━ 신민당 대선후보는 윤보선 선생, 당 대표는 유진오 선생으로 추대되었지요?

결국 대선후보가 제일 중요한데요. 윤보선 선생과 유진오 선생 두 분이 물망에 올랐습니다. 여러 경력과 대중적인 인지도를 볼 때 두 분 중에서 대선후보가 나와야 한다는 데에 이견이 없었어요. 우리는 유진오 선생을 밀었어요. 그런데 윤보선 선생은 자신이 대선후보가 되어야 한다는 입장이 아주 확고했습니다. 윤보선 선생 주변에서는 지난 대선에서 근소하게 졌으니 이번에는 해볼 만하다고 주장한 사람이 많기도 했고요. 우리는 만류했지만 전혀 통하지 않았습니다. 그런 상황에서 경선을 하는 것도 어려운 일이었어요. 결국 유진오 선생이 양보했어요. 흔쾌하게 양보한 것은 아니었습니다. 다만, 윤보선 선생의 입장이 워낙 강했기 때문에 당의 통합을 위해서 대승적으로 양보한 것이에요. 그래서 대선후보는 윤보선, 당 대표는 유진오로 교통정리가 되었습니다.

▬ 1967년 5월 6대 대선에서 박정희 후보가 윤보선 후보를 상대로 여유 있게 승리했습니다. 윤보선 후보가 대패한 이유는 무엇이라고 생각하십니까?

박정희 대통령의 경제개발에 대한 기대감이 있었고요. 윤보선 후보가 제대로 비전을 제시하지 못했고 강경투쟁 위주로 정치하는 것에 대한 비판적인 여론도 상당했습니다. 그런 것이 합쳐져서 크게 패배했어요. 우리는 선거 전부터 이런 것을 알고 있었기 때문에 윤보선 선생을 만류했던 것이에요. 그래서 박정희 후보가 처음부터 여유 있게 선거전을 끌고 갔어요.

기네스북에 등재된 5시간 19분 국회연설

▬ 대통령님께서는 1964년 4월 20일에 김준연 의원 구속동의안 상정 저지를 위한 장시간 국회발언을 하셨습니다. 필리버스

터를 하셨는데요. 5시간 19분 동안 하신 이때 발언이 최장 시간 국회 발언으로 기네스북에 등재되기도 했습니다.

낭산 김준연 선생이 "공화당 정권이 한·일회담을 하면서 일본으로부터 1억 3,000만 달러를 사전에 받았다"고 폭로해서 난리가 났습니다. 한·일회담은 굉장히 민감한 사안이었기 때문에 정교한 전략을 세우고 국민과 소통하면서 추진했어야 했는데 당시 박정희 정권은 상명하달식의 일방통행으로 일했어요. 이런 상황에서 나온 김준연 선생의 폭로는 정국을 뒤흔들 정도의 엄청난 영향을 주었습니다. 박정희 정권은 강경 대응했지요. 김준연 선생의 폭로에 대해 허위사실 유포, 명예훼손 등의 이유로 문제가 있다고 하면서 국회 폐회하기 전날에 구속동의안을 제출했습니다.

— 대통령님께서 발언하시게 된 이유는 무엇입니까?

그때 밖에서 점심 먹고 국회로 갔는데요. 삼민회의 한건수 의원이 나를 보자는 거예요. 삼민회는 민주당과 다른 당이 공동으로 만든 교섭단체였어요. 한건수 의원이 "지금 김준연 선생에 대한 구속동의안이 제출되었는데 내일 국회가 폐회되기 때문에 내일까지 어떻게든 버티면 구속을 막을 수 있다"고 해요. 내가 "방법이 무엇이냐"고 물었어요. 한건수 의원이 "우선 오늘은 김대중 의원이 의사진행발언을 통해 시간을 끌어서 처리를 막으면 된다"는 거예요.

그 말을 듣고 내가 "한 의원, 일반 안건으로 발언해도 시간을 그렇게 끌기 어려운데 의사진행과 관련한 내용으로 어떻게 그렇게 길게 시간을 끌 수 있습니까? 한 의원이 생각해도 이것은 너무 무리 아닙니까?"라고 했어요. 한건수 의원이 "중진들이 의견을 모았는데 당신이 말을 잘하니 당신이라면 할 수 있다"고 나를 치켜세우면서 나보고 하라고 했어요. 그때는 국회 발언시간이 정해져 있지 않았기 때문에 발언을 얼마든지 할 수는 있었어요. 결국 내가 하기로 했어요. 다만, 사전에 아무런 준비도 없었기 때문에 나도 과연 해낼 수 있을지 상당히 걱정이 되기도 했어요.

━ 어떤 내용을 중심으로 말씀하셨습니까?

이 사안은 충분히 논의해야 하는데 이렇게 갑자기 처리하는 것은 경우에도 어긋나고 야당 중진의원에 대한 예우에도 벗어난다고 지적했어요. 이 말도 하고 저 말도 하면서 시간을 보냈는데 한계에 이르자 김준연 선생이 쓴『독립노선』이라는 책의 내용을 설명하면서 이분이 우리나라의 독립을 위해서 헌신하신 훌륭한 분이라는 것도 설명했어요. 그래서 신중한 검토가 필요하니 오늘 함부로 처리하지 말고 연기하자고 했어요.

중간에 의장에게 화장실에 갔다 오겠다고 하니 의장이 웃으면서 허락했어요. 그때 동아방송이 라디오로 생중계를 했는데 사람들의 관심이 대단했다고 해요. 라디오 판매점이나 가게 등에 사람들이 모여서 함께 들었고 동아방송은 "김대중 의원, 아직도 하고 있습니다. 대단합니다. 과연 언제까지 할까요"라며 사람들의 관심을 끌 수 있도록 중계했다고 해요. 그래서 그 발언이 국민들에게 큰 인상을 주었어요.

━ 공화당의 반응은 어땠습니까?

그때 공화당은 내가 그렇게까지 할 것이라고 예상하지 못했어요. 내가 30분쯤 진행했을 때 공화당 의원이 "김대중 의원, 필리버스터 하는 것입니까"라고 소리치니 공화당 지도부에 속한 의원이 "해봐야 1시간 넘길 수 있겠어요?"라면서 신경 쓸 필요가 없다는 식으로 말했어요. 그런 말이 나를 오히려 자극해서 내가 속으로 '두고 보자. 결코 물러서지 않을 것이다'라는 각오를 다졌어요.

내가 2시간, 3시간 넘게 계속해서 말을 이어가니 공화당 간부도 무척 당황해서 의장에게 항의했어요. 의장이 내게 "김대중 의원, 도대체 언제까지 할 것입니까? 이제 그만 좀 하세요"라고 했어요. 내가 "의장님, 저는 의장님께서 오늘 이 안건을 처리하지 않는다고 하실 때까지 계속할 것입니다"라고 했더니 의장도 할 수 없다는 듯이 "그럼 하세요"라고 했어요. 의장이 결국 포기해서 산회하겠다고 해서 그날은 구속동의안을 막았어요.

다음 날에는 야당 의원들이 단상을 점거해서 처리를 막아 결국 국회가 폐회되어 막는 데 성공했습니다. 다만, 며칠 뒤에 김준연 선생은 구속되었어요. 그래도 국회의 동의를 얻지 못한 행정부의 독주라는 사실을 보여줬기 때문에 의미가 있었습니다.

━ 필리버스터에 성공하신 이후 김준연 의원을 포함한 주변의 반응은 어땠습니까?

김준연 선생은 내게 아주 감사하다고 말씀하셨어요. 야당의 동료 의원들도 크게 칭찬을 해주었어요. 이날 나의 활동이 국민들에게도 많이 알려졌어요. 내 이름 석 자를 알리는 데에 큰 도움이 되었습니다. 공화당, 특히 박정희 대통령은 이 일에 대해서 크게 놀라고 화를 내기도 했다는 말을 건너 들었습니다.

■ 5시간 이상 말씀하시는 것은 참 어려운 일이라고 생각되는데요.

그때 주변에서 지금 방송되고 있다고 알려주었어요. 그 말을 들으니 더 힘이 나더라고요. 동료 의원들이 "김 의원, 잘하고 있어. 기운 내시오!" 이렇게 격려해주기도 했어요. 또 힘내라고 하면서 계란을 갖고 와서 까주기도 했고 박카스도 주었어요. 그때 참 고마웠어요. 내 나이가 40세 정도로 젊었고 지금과 달리 연설을 길게 하던 시절이었어요. 물론 5시간 넘게 하는 경우는 없었지만 평소에 단련이 되어 있어서 할 수 있었습니다. 지금 하라고 하면 못 할 것 같아요.

■ 이때의 연설이 최장 시간 국회 발언으로 기네스북에 등재되었는데요.

내가 신청한 것이 아니에요. 그런데 1994년 3월에 기록으로 등재되었다고 하면서 증서를 주었습니다.

■ 대통령님께서는 장시간 동안 연설하신 경우가 많았는데 보통 어떻게 준비하셨습니까? 연설 내용을 미리 써서 준비하는 것은 어려운 일이었을 것 같은데요.

그때는 연설과 강연할 때 미리 준비한 원고를 읽는 것이 아니었어요. 개요만 준비했고 그것을 보면서 현장에서 생각나는 대로 말했어요. 임기응변으로 한 것이지요. 그렇게 했어도 나중

에 연설 녹음본을 들어보면 마치 원고를 준비한 것처럼 내용이
충실했고 짜임새도 좋았습니다.

미국, 서유럽, 베트남 방문

— 1966년 2월 미국 국무성 초청으로 미국을 방문하셨습니다.
어떤 분들과 함께 가셨습니까?

그때 미국 국무성에서 초청을 해서 나, 최영근, 박영록 이렇게
3명이 갔어요. 가서 두 달 넘게 미국을 돌아다녔고 그 뒤 2주간
은 영국, 프랑스, 서독, 이탈리아 등 서유럽을 돌아봤어요. 그후
에 인도, 홍콩, 일본을 거쳐서 귀국했습니다.

— 미국은 처음 가셨는데 첫인상은 어땠습니까?

그때가 처음이었어요. 유럽도 마찬가지고요. 처음 미국에 도
착해서 보니 모든 것이 놀라웠습니다. 고층빌딩이 많고 거리에
는 자동차가 정말 많았어요. 가장 인상적인 것은 고속도로였습
니다. 얼마나 길이 좋은지, 깜짝 놀랐어요. 요즘 사람들은 이해
하기 힘들 텐데, 그때만 해도 우리나라 도로 사정은 정말 좋지
않았거든요. 나는 정치하면서 내 지역구가 강원도 인제와 전라
도 목포로 서울에서 먼 지방이었기 때문에 그 지역의 도로사정
에 대해서 잘 알았어요. 그러니 미국의 고속도로가 얼마나 부럽
고 놀라웠겠어요.

— 미국에서 어떤 일정을 보내셨습니까? 강연이나 토론회 같은
프로그램도 있었습니까?

강연이나 토론회는 없었어요. 미국 국무성에서 통역을 붙여주었고 미국을 체험할 수 있도록 미국 전역을 돌아다니는 일정이었습니다. 뉴욕, 워싱턴 D.C., 덴버, 뉴올리언스 등 곳곳을 방문했어요.

▬ 어려운 점은 없었습니까? 가령, 음식 등이 입에 맞지 않을 수도 있었을 것 같습니다.

그렇지요. 그때는 지금과 달라서 서양음식 먹을 일이 별로 없었어요. 그래서 몇 번은 괜찮지만 계속해서 서양음식만 먹으니 힘들더라고요.

▬ 여러 도시를 방문하셨는데 그 지역의 교포분들을 만나실 기회는 없었습니까?

그때만 해도 교포가 많지 않았어요. 전혀 없는 것은 아니었지만 많지는 않았습니다. 덴버에 갔을 때 이런 일이 있었어요. 서양음식을 계속 먹는 것이 힘들어서 일식집에 갔습니다. 그때는 한식당이 지금처럼 많지 않았기 때문에 덴버에서는 찾을 수 없었어요. 일식집에서 식사를 하고 있는데 어떤 동양 여자가 문을 열더니 "한국에서 왔네요"라고 말해요. 우리가 한국말을 하고 있으니 밖에서 들렸나 봐요. 생각지도 못한 곳에서 한국 사람을 만나니 정말 반갑더라고요. 자연스럽게 대화를 하게 되었어요. 말을 들어보니 미군하고 결혼한 후 미국에 와서 취직을 했다고 해요. 우리는 다른 이야기는 안 하고 음식 이야기를 주로 했어요. 그랬더니 그 사람이 우리에게 한식을 해주겠다면서 저녁에 자기 집으로 오라는 거예요. 그렇게 호의를 갖고 초청했는데 무작정 안 가겠다고 할 수는 없어서 고맙다고 하고 상의해서 답을 드리겠다고 했어요. 분위기는 가는 것으로 되었고 그 사람도 그렇게 이해해서 통역이 주소까지 받아놓았어요.

다만, 우리는 고민이 있었습니다. 왜냐하면 그때 미군하고 결혼해서 미국으로 이민 간 경우는 미군업소에서 일하던 여성접객원이 많았어요. 그때 그분들을 '양공주' '양색시'라고 했는데, 자칫 잘못하면 소문이 이상하게 나서 정치적으로 곤란한 상황에 빠질 수도 있겠다는 생각이 들었습니다. 처음에는 가지 않으려고 했어요. 그런데 그분이 분명 자기 남편한테 한국의 국회의원을 초청하기로 했다고 자랑했을 텐데 우리가 가지 않는다면 그분에게 상처를 주게 될 것이고, 그분이 양공주가 맞다면 어려운 환경 속에서 미국까지 와서 살아보려고 노력한 우리의 동포인데, 모국의 국회의원이 방문하면 그것만으로도 큰 힘이 될 테니 가는 것이 맞겠다는 판단도 들었어요. 그래서 고민 끝에 결국 갔습니다.

나중에 보니 가길 정말 잘했어요. 남편이 아주 좋은 분이었어요. 안경을 전문적으로 다루는 기술자로 군대에서 일을 한다고 그래요. 아내에 대해서도 좋게 이야기하고 사람이 순하고 착하더라고요. 저녁을 먹는데 밥이며 반찬이며 너무 많이 만들었어요. 음식도 아주 맛있었어요. 그렇게 대접을 잘 받고 돌아왔어요. 그분들도 우리의 방문을 아주 기뻐했고요. 지금도 기억이 아주 선명합니다.

▬ 그때 방문하신 미국과 서유럽 국가들은 민주주의와 시장경

제가 발달한 나라들이었습니다. 이러한 선진국을 직접 방문하시면서 느끼신 바가 많았을 것 같습니다.

그렇지요. 그때만 해도 우리는 경제도 어려웠지만 무엇보다 민주주의를 제대로 못 하고 있었어요. 단적으로 미국에 가니 자유롭게 이야기할 수 있는 것이 정말 좋더라고요. 한국에서는 도청당할까봐 전화 통화도 자유롭게 하기 힘들었고 주변 사람들과 이야기할 때도 조심스러웠거든요. 그곳은 억압이 없는 자유가 너무 좋았어요. 자신감 있는 태도로 자유롭게 자신의 의사를 표시하는 것이 인상적이었어요. 사람들도 아주 친절했습니다. 이런 것을 보고 우리와 다른 모습을 확인할 수 있었어요. 과학기술의 발전에 따른 여러 변화를 봤던 것도 인상적이었습니다. 그때 3개월 동안 해외에 있으면서 새로운 세계에 눈을 뜨게 되었어요. 배우고 깨우친 바가 많아서 나는 요즘도 대학에서 강연하면 젊은 학생들에게 기회가 닿는 대로 해외에 나가서 견문을 넓히는 것이 필요하다는 말을 해요.

━ 1966년 9월에 베트남을 방문하셨습니다.

베트남에 있는 우리 국군을 위문하기 위해서 박순천 대표를 모시고 갔습니다. 우리는 비록 정규군 파병을 반대했지만 국가의 명령에 의해서 먼 타국에서 고생하는 젊은 군인들을 위로해야겠다고 생각했어요. 내가 박순천 대표에게 이야기해서 가게 된 것입니다. 우리 군의 사령관인 채명신 장군이 우리의 방문을 아주 기뻐했어요. 미군 사령관은 야당이 파병을 반대했지만 파병이 결정된 이후에는 군의 사기를 위해서 베트남에 방문한 것을 높이 평가했어요. 그러면서 한국의 야당은 반대만 하는 것이 아니라 국가의 입장을 이해할 줄 안다면서 한국은 훌륭한 민주주의 국가라고 칭찬했어요.

— 베트남을 방문하셨을 때 특별히 기억나시는 일화가 있다면 소개해주시지요.

베트남 정부에서 초청해서 식사를 했어요. 베트남 정부의 장관 등 최고위급 인사들이 부부동반으로 참석했는데요. 부인들이 자신의 손과 옷을 온갖 보석으로 치장하고 나타났어요. 내가속으로 '전쟁하고 있으면서 저게 뭐하는 것인가. 참 한심하다' 이렇게 생각했어요. 같이 간 의원이 장관 부인들 손에 다이아몬드가 가득한 것을 보고 "야, 다이아몬드다"라고 소리쳐서 내가 제지하기도 했어요. 다이아몬드 발음은 그 사람들도 알아들을 수 있으니 외교적 결례가 될 수 있었습니다.

다음 날 배를 타고 어디로 갔는데, 군인들이 가족과 함께 이동하는 모습을 봤어요. 가족뿐만 아니라 집에서 키우던 닭 같은 가축도 묶어서 함께 가는 거예요. 가족들을 놔두고 가는 것이 불안하기 때문에 죽든 살든 어떻게든 같이 간다는 겁니다. 국민들은 전쟁으로 고초를 겪고 있는데 베트남 정부의 최고위급 인사들은 책임감도 없고 부패해서 미국에서 받은 원조를 빼돌리면서 온갖 치장을 하고 자기 자식들은 안전하게 홍콩 같은 곳으로 보내고 있었어요. 나는 이런 모습을 보면서 한심하다고 생각했습니다. 베트남이 전쟁에서 승리하기 어렵겠다는 생각이 들었어요.

실력 있는 야당 정치인

━ 6대 국회의원을 하실 때 민주당과 민중당의 대변인을 하셨습니다.

그때 많은 활약을 했어요. 여당의 문제점을 날카롭게 지적하고 대안도 제시했거든요. 그래서 공화당이 아주 골치 아파했고 박정희 대통령도 내가 한 논평을 신경 썼다는 이야기를 들은 적이 있습니다.

━ 대변인으로 활동하실 때 특별히 기억나시는 일이 있으신가요?

민주당 대변인을 할 때였는데요. 그때 제1야당은 민정당이었고 민주당은 제2야당이었습니다. 그런데 내가 민정당보다 여러모로 대변인 역할을 잘했어요. 그래서 민정당이 내 논평을 많이 참조했어요. 같은 야당이고 모르는 사이가 아니라서 협조하게 되었는데, 언론에서 보도할 때는 제1야당인 민정당의 입장이 먼저 나오기 때문에 내가 마치 민정당의 논평을 따라한 것처럼 보였어요. 제2야당의 비애를 굉장히 크게 느꼈습니다.

━ 대변인은 언론인과의 교류도 많았을 것 같습니다. 특별히 기억나시는 일이 있다면 소개해주세요.

출입기자들과 식사하고 간혹 회식도 하고 잘 지냈어요. 언론계 사람들은 그때나 지금이나 술을 많이 마시는데, 나는 기자들과 주로 맥주를 마셨어요. 나는 폭음한 적은 없었던 것으로 기억합니다.

━ 1966년 7월 민중당 정책심의회 의장이 되셨습니다.

나도 하고 싶었고 당에서도 나의 정책 능력을 보고 판단한 결과였습니다. 그해 10월에 유진오 선생이 대통령 후보로 지명되었어요. 유진오 후보 댁에 가서 당 정책에 대한 심도 있는 논의를 많이 했어요. 그분이 학자 출신이다 보니 정책의 내용에 대해서 관심이 많았는데 내가 논리적으로 설명을 잘해서 칭찬해주셨어요. 나중에 국회의원을 한 김중위 씨가 당의 전문위원으로 있었는데, 내가 정책안을 내면 유진오 후보가 감수하고 김중위 씨가 정리하는 방식으로 당의 정책을 전체적으로 새롭게 만들었습니다. 그때 만든 안이 그 뒤에도 대부분 이어졌어요. 나는 당, 특히 야당에서 정책다운 정책을 체계적으로 만든 것은 그때가 처음이었다고 생각해요. 나는 큰 자부심을 느낍니다.

━ 1960년대 6대, 7대 국회의원을 하실 때 국회도서관에 많이 가셨습니까? 국회도서관을 가장 많이 찾은 정치인이라는 말도 있었다고 하는데요.

국회도서관에 자주 간 이유는 두 가지예요. 하나는 일본 신문을 보려면 가야 했어요. 내가 갖고 있지 않은 책을 보기 위해서도 갔고요. 그때 국회도서관에 가보면 대부분 텅텅 비어 있었어요. 내가 자주 가니 도서관 직원들이 그렇게 이야기를 했던 것입니다.

━ 그 말을 기자들이 처음 한 것이 아니었군요.

네, 국회도서관 직원들이 그렇게 말을 해서 알려진 것이었어요.

━ 대통령님께서는 의정활동을 하시면서 정부 여당을 비판할

제6대 국회의원 시절(1960년대 중반).
김대중은 6대 국회의원을 할 때 민주당과
민중당의 대변인을 했다. 그때
여당의 문제점을 날카롭게 지적하고
대안을 제시하는 등 많은 활약을 했다.

때, 비판을 위한 비판을 하지 않고 대안을 제시하는 생산적인 비판을 하신 것으로 잘 알려져 있습니다.

그랬어요. 나는 한 번도 대책 없이 비난한 적이 없어요. 정부 여당을 추궁할 때에도 감정적으로 소리 지르거나 욕하지 않았습니다. 논리와 근거를 갖고 이성적이면서도 합리적인 자세로 접근했어요. 이렇게 하니 정부 여당은 나를 두려워했어요. 내가 철저하게 준비해서 그들의 약점과 문제점을 파고들었기 때문에 그들은 나를 상대하는 것에 큰 부담을 느꼈어요. 특히 박정희 대통령은 내가 대정부 질의를 하면 청와대에서 국회로 연결된 통신망을 통해 듣고 정부와 공화당이 제대로 대처하는지 살펴봤다고 합니다. 그렇기 때문에 그들은 내가 발언하면 긴장했어요. 나처럼 정부 여당을 공격하는 것이 그들에게 가장 큰 부담을 주었던 것입니다. 이것은 생산적인 비판이기 때문에 정치발전과 국가발전에 도움이 되기도 하고요.

━ 6대 국회의원 시절 목포 지역구 사무실은 어디에 있었고 지역구 관리는 어떻게 하셨나요?

목포역 앞에 있는 2층집을 사무실로 썼어요. 지역구에 내려가면 대부분 대중연설을 했습니다. 7,000명에서 1만 명까지 모였어요. 동별로 찾아가서 인사도 했어요. 나는 지역구민들에게 술을 사거나 밥을 사지 않았어요. 그런 것을 하지 않기로 마음먹었지요. 그때 국회의원 집을 보면 하숙집 같았어요. 지역구에서 올라온 10명, 20명이 좁은 방에서 자고 다음 날 아침밥까지 챙겨먹고 갔어요. 나는 그렇게 안 했습니다. 비용을 감당하기도 어렵고, 국회의원이 제대로 의정활동을 하려면 공부할 시간이 필요한데 그렇게 하면 조용히 책 읽을 시간도 없어요. 나는 지역구민들에게 그런 서비스를 제공하지 않았지만 그 대신 의정활동을 열심히 해서 능력 있는 국회의원으로 알려져 나를 국회의원으로 만들어준 지역구민들의 자긍심을 높이는 방향으로 했어요.

이것이 효과를 봤습니다. 1967년 7대 총선 때 공화당 정권이 온갖 물량공세를 퍼부을 당시 나는 물량공세를 할 수 없었기 때문에 목포시민들의 자긍심을 강조하는 방향으로 선거운동을 했어요. 나중에 자세히 이야기하겠지만 그때 내가 이길 수 있었던 것은 바로 자긍심 덕분이었어요.

━ 지역개발에 대한 욕구가 강했을 때였습니다. 야당 의원으로서 이러한 현안에 대해서 어떻게 대응하셨습니까?

그 점은 야당이 대응하기 어려웠고요. 특히 나처럼 정부 여당의 견제를 많이 받는 경우는 더욱 어려웠어요. 7대 총선에서 공화당이 지역개발 관련 공약을 많이 제시했어요. 그때 내가 이긴 후에 정부 여당을 상대로 당신들의 공약을 지키라고 계속 강조해서 결국 비행장 건설 하나를 얻어냈어요. 그런데 다른 것은 어림도 없었어요.

━ 당시 지역구 의원으로서 지역구민들에게 특별히 하신 일은 무엇입니까?

귀향보고회를 정기적으로 개최해서 지역구민들을 상대로 연설했어요. 그때 7,000명에서 1만 명까지 모였다고 했어요. 그때는 TV도 없고 다른 문화생활을 즐길 것도 마땅치 않았기 때문에 정치인들의 연설에 관심을 많이 가졌어요. 특히 나는 연설을 잘하기로 유명했습니다. 그래서 지역에 가면 노인들이 "우리 대중이" 하면서 나를 아주 귀여워해줬어요.

━ 정치자금은 어떻게 조달하셨습니까?

나를 지지하는 일반 국민들이 몰래 모아서 갖다주기도 했습니다. 그러나 금액은 작았어요. 그래도 정말 고마운 일이었지요. 주로 내가 직접 모았지만 어려웠어요. 돈이 많은 기업이나 성공한 사업가들이 도움을 줘야 하는데 이것이 중앙정보부에 발각되면 그 회사는 그냥 망하는 것이고 개인도 온갖 이유로 탄압을 받았어요. 고문받기도 하고요. 그래서 어려웠지요. 나중에 내가 대선후보가 되어 유명해진 이후에는 사업하는 사람들이 경쟁자를 제압하기 위해서 "경쟁자가 김대중에게 돈을 주었다"고 무고하는 일이 많이 발생하기도 했어요.

━ 삼학소주가 대통령님을 돕다가 어렵게 되었다는 소문도 있습니다.

그 소문의 진위를 이번에 확실하게 정리해야겠어요. 삼학소주가 6대 국회 때는 나에게 호의적이었던 것은 사실이에요. 그런데 7대 총선 때 삼학소주는 공화당 김병삼 씨 선거본부 역할을 했습니다. 구체적으로 말하기는 좀 그렇지만 삼학소주는 김병삼 후보를 적극적으로 밀었어요. 삼학소주가 망한 것은 경영을 잘못해서 그래요. 어떻게 된 일인지 나 때문에 망했다는 소문이 많이 도는데 그렇지 않아요. 이번 기회에 이 사안에 대한 진실이 제대로 밝혀지면 좋겠습니다.

━ 6대 국회의원으로서 여러 가지 활동을 하셨습니다. 이 시기 의정활동 관련해서 기록으로 남기고 싶은 내용이 있다면 말씀해주세요.

6대 국회 경제분야 상임위에 소속되어 박정희 정권의 경제개발 정책의 문제점을 지적한 것이 기억에 남습니다. 국회 회의록에도 남아 있어서 확인할 수 있을 텐데요. 그때 내가 정책질의를 하기 전에 철저하게 준비해서 갔기 때문에 최고위급 경제관료들을 상대해서 밀리지 않았고 때론 압도하기도 했어요. 그래서 내가 정책통으로 알려지게 되었어요.

지방자치제 선거 실시를 강조했던 것도 기억납니다. 나는 그때 정일권 국무총리를 비롯한 정부 주요 인사들에게 지방자치 선거 실시를 계속해서 주장했습니다. 이런저런 이유로 선거 실시를 미루는 정권의 문제점을 조목조목 지적해서 그들이 제대로 대응하지 못하게 만들었어요. 나는 지방자치제를 해야만 부정선거를 막을 수 있고, 국민들의 민주주의 의식이 높아지며, 야당의 조직력이 강화될 수 있다고 보았기 때문에 우리나라 민주발전을 위해서 지방자치 선거가 반드시 필요하다고 생각했어요. 나는 그때부터 기회가 닿을 때마다 지방자치 선거를 강조했고 결국 1990년에는 13일간의 단식투쟁까지 했던 것입니다.

━ 1966년 6월에 장면 총리께서 서거하셨습니다.

장면 박사께서 돌아가시기 전에 쓸쓸하셨을 것으로 생각합니다. 왜냐하면 과거에 장면 박사와 함께 일했고 장면 박사가

귀향보고회(1967).
김대중은 6대 국회의원 시절 정기적으로
귀향보고회를 개최했다. 목포 지역구민들은
김대중의 연설에 많은 관심을 가졌다.
김대중은 의정활동을 열심히 하는 것으로
지역구민들의 자긍심을 높이려 했다.

총애했던 사람 중에서 많은 분이 장면 박사를 잘 찾지 않았어요. 특히 여당으로 넘어간 사람들은 장면 박사가 보고 싶다고 해도 인연을 끊다시피 했지요. 나는 자주 찾아가서 인사드리고 식사도 대접했어요. 장면 박사께서 돌아가시고 난 뒤에 추모회 모임도 내가 주도해서 했어요. 장면 박사 사모님을 비롯해서 가족분들은 내게 고맙다는 말씀을 하셨지요. 자식들은 우리 집에 찾아와서 장면 박사의 유품을 갖다주기도 했어요. 사모님은 내가 1980년 사형선고를 받았을 때 매일 아침 성당에 가셔서 나를 위해서 기도해주셨습니다.

1967년 7대 목포 지역 선거

━ 1967년 7대 총선을 앞두고 박정희 정권이 목포 지역 선거에 총력을 다해서 김대중 의원을 낙선시키려 한다는 소문이 돌았다고 하는데요.

소문이 아니라 실제 그랬어요. 당시 정부 고위직에 있던 사람이 나를 몰래 찾아왔어요. 그 사람은 "오늘 청와대에서 내무부, 중앙정보부 등의 핵심 인사들이 모여서 선거관련 대책회의를 했는데 여기서 박정희 대통령이 '김대중 의원을 반드시 낙선시켜라'고 했다"고 전해주면서 "박정희 대통령이 저렇게까지 말했다면 선거가 어려우니 대책을 세워야 한다"고 말했어요. 평소 잘 알고 지내던 우리 당의 정성태 선배도 이런 상황에서 지방에 출마하면 어렵기 때문에 서울에서 출마하는 것을 고려해봐야 한다고 했어요. 그때만 해도 관권선거의 영향력이 강했고 특히 지방은 더 컸습니다. 그렇기 때문에 내가 당선되는 것은 매우 어려운 것이 객관적인 현실이었어요. 고민을 많이 했는데, 민주주의를 위해서 싸우겠다고 한 사람이 대통령의 선거개입이 무서워서 다른 곳으로 선거구를 옮기는 것은 옳지 못하다는 결론을 내렸어요. 그래서 목포에 다시 출마하게 되었습니다.

— 당시 선거에 출마한 공화당 김병삼 후보는 어떤 인물이었습니까?

진도 출신이고 박정희 정부 때 체신부 장관을 했어요. 김병삼 씨는 나와 상대하는 것을 부담스러워했기 때문에 어떻게든 피하려고 했는데 위에서 출마하라고 한 것이지요. 김병삼 씨가 장관을 했기 때문에 각종 개발 공약 등에 유권자들이 호응할 것이라고 판단한 것 같아요.

— 그때 김병삼 후보는 어떤 공약을 내걸었습니까?

공장부터 비행장까지 온갖 시설을 다 건설해준다고 공약했어요. 사람들 마음이 흔들릴 수 있겠다 싶을 정도였습니다. 실제 "김대중이 똑똑하고 인물은 인물이지만, 우리 목포도 발전을 해야지 언제까지 이렇게 지낼 수는 없는 것 아니냐. 김대중은 아직 나이도 젊으니 이번에 쉬고 다음에 해도 되는 것 아니냐" 이런 여론이 형성되었어요. 이런 상황에서 박정희 대통령이 목포 역전에서 수많은 사람을 모아놓고 김병삼 후보 지지연설을 했어요. 대통령도 공무원인데, 공무원이 이렇게 노골적으로 선거에 개입할 정도였으니 당시 상황을 이해할 수 있을 거예요. 대통령까지 와서 그렇게 하니 지역개발 공약에 대한 기대감이 더 생겼지요. 나는 이런 여론을 방치하면 선거에서 지겠다는 생각이 들었어요.

━ 어떤 대책을 세우셨습니까?

나는 '박정희 대 김대중' 구도로 만들었어요. 박정희 대통령이 저렇게까지 하는 것은 그만큼 내가 큰 인물이기 때문이라고 했어요. "목포의 아들 김대중을 당선시켜서 큰 인물로 키우자"는 것으로 대응했어요. 나에 대한 목포시민들의 기대감을 일깨우고 부정선거에 맞서서 목숨을 내놓을 각오로 선거에 임하는 나의 진심을 알리기 위해서 혼신의 노력을 다했습니다. 목포시민과 내가 혼연일체가 되어서 박정희 정권에 맞서는 구도를 만들어내야 한다고 생각한 것이었지요.

그렇게 하니 시민들이 내 진심을 알아주고 내 주장에 동의하기 시작했어요. 남녀노소 할 것 없이 수많은 시민이 나를 따라다니면서 환호하고 내게 사인도 받으려고 했어요. 메모지를 준비하지 않은 여학생들이 블라우스 소매를 내밀어서 옷 위에다 사인해달라고 하기도 했어요. 시장 상인들도 내 유세를 따라다니면서 자발적으로 선거운동을 했어요. 지나가는 사람들에게 "목포의 아들 김대중을 국회로"라는 구호를 외쳤고 아는 사람을 보면 손을 잡고 나를 지지해달라고 했어요. 그러면서 시민들 사이에서 "박정희 대통령이 저렇게까지 해서 김대중을 떨어트리려고 하는 것을 보니 김대중이 대통령감이다"라는 말이 나왔어요. 그래서 '박정희 대 김대중' '김대중 대 박정희'라는 선거구도가 시민들 사이에서도 호응을 얻게 되었습니다. 그렇게 선거 분위기가 완전히 뜨거워졌고 해볼 만하다는 생각이 들었습니다.

━ 엄창록 씨가 이때 크게 활약했다고 하는데요.

맞아요. 선거 분위기를 바꾸는 데에는 성공했지만 공화당의 물량공세가 워낙 심했기 때문에 쉽지 않은 상황이었어요. 이때 엄창록의 활약이 큰 도움이 되었지요. 엄창록은 이면조직을 운영해서 아주 독특한 방식으로 선거운동을 했어요. 나는 그렇게 기막힌 선거운동은 처음 봤어요. 선거 도사예요.

엄창록은 상대 후보의 전략을 역이용해서 유권자들에게 상대 후보에 대한 반감이 형성되도록 하여 결과적으로 우리 측에 도움이 되는 방식의 전략을 구사했습니다. 그래서 상대 진영에 선거운동원으로 가장한 사람을 침투시킨 후에 정보를 빼내오기도 했고, 우리 측 선거운동원을 상대 측 선거운동원인 것처럼 행동하게 한 후에 여당 지지자나 중립적인 사람들을 상대로 일부러 거만하게 행동해서 그들의 기분을 완전히 상하게 하는 거예요. 빈정 상하게 한다고 하지요. 가령 같이 담배 피우자고 한 후에 일반 시민에게는 나쁜 담배를 주고 자기는 아주 고급담배를 꺼내서 피워요. 그러면서 자기가 피우는 고급담배 자랑을 하면 상대는 아주 기분이 나빠지잖아요. 그런 방식으로 그쪽 지지자와 중립적인 사람들의 표를 우리 쪽으로 돌리도록 한 것이 큰 효과를 냈어요.

━ 투개표 과정은 어땠습니까?

선거운동을 잘해도 투개표 때 표를 지키지 못하면 소용이 없습니다. 그때는 투개표 부정까지 있던 시절이었어요. 먼저 투표할 때는 참관인이 매수당하면 부정투표가 발생할 수 있어서 이 부분에 대책을 세웠어요. 그래서 당에서 위촉한 참관인과 우리쪽 비밀조직에서 선정한 참관인 이렇게 이중으로 만들었어요. 후자는 우리가 믿을 수 있는 사람으로 구성했지요. 나는 일부러당에서 위촉한 사람들을 모아놓고 "이번 선거의 승패는 여러분께 달려 있다"고 호소하고 같이 식사도 해서 이 사람들이 관심받도록 했어요. 그러니 여당은 그 사람들을 진짜 참관인으로 판단해서 매수를 시도한 거예요. 우리는 그것을 간파하고 참관인신청을 할 때 한 시간 먼저 가서 우리 쪽 비밀조직에 속한 사람들의 명단을 제출했어요. 그렇게 한 후에 당에 위촉한 사람들에게 저쪽 사람들을 속이기 위해서 일부러 이렇게 했다고 사정을설명했지요. 그 사람들 중에 누가 매수당했는지 정확히 알 수는없지만 우리 쪽 비밀조직에서 준비한 사람들이 참관인으로 들어갔어요. 나중에 보니 한두 곳은 우리 쪽에서 들어가지 못했는데 그곳은 부정투표가 심했어요. 개표 결과를 보면 알거든요.

━ 참 치밀하게 대처하셨습니다. 그러면 개표 과정은 어땠습니까?

네, 이렇게 투표부정을 최대한 막았고 그다음은 개표부정을 막아야 했어요. 그때 개표 장소가 유달초등학교였어요. 그날 비가 조금 왔는데, 개표장 밖에 내 지지자가 만 명은 넘게 왔을 겁니다. 그래서 부정개표에 대한 강력한 반대의사를 표시했고 우리 쪽 조직원들은 개표장 안에 손전등과 초를 들고 갔어요. 그때 부정개표의 대표적인 방식이 개표장의 불을 끄고 개표함을 바꿔치거나 미리 준비한 부정투표용지를 대거 투입하는 것이었어요. 이것을 막으려고 했지요. 그때 실제 세 번 불이 나갔어요. 그러면 안에 있는 우리 조직원들은 손전등과 촛불을 켰고 밖에 있는 내 지지자들은 큰 소리를 지르면서 부정개표를 하지 못하도록 압박했어요. 그렇게 해서 부정을 막아냈습니다. 이렇게 어려운 과정을 거쳐서 당선되었어요. 이때 선거는 완전 전쟁과 같았습니다. 국회의원 선거를 이렇게 어렵게 한 사람은 아마 내가 처음일 거예요.

━ 그때 김형욱 중앙정보부 부장이 목포 선거 상황을 파악한 후에 "더 이상 무리하게 하면 목포 지역에서 4·19 혁명과 같은 항쟁이 발생할 수도 있다"고 박정희 대통령에게 보고했다는 말이 있는데요.

나도 그런 말을 들은 적이 있어요. 김형욱 부장이 그랬을 가능성이 있습니다. 그때 목포 지역을 담당하는 중정 직원이 나를 찾아온 적이 있어요. 나는 그 사람에게 "나는 죽을 각오로 선거전에 임하고 있다. 내 지지자들도 부정선거를 용납하지 않을 것이다"라는 입장을 단호하게 밝혔어요. 이런 내 입장과 목포 지역 분위기를 위에 보고했겠지요. 김형욱 부장이 나중에 광주 송정까지 와서 이 지역 관계자들을 불러 상황을 파악했다고 해요. 그후에 박정희 대통령에게 목포 지역 상황을 보고했다고 들었어요. 김형욱 부장이 박정희 대통령에게 "김대중을 낙선시키려고 하면 할 수 있겠지만 현재 목포 지역 분위기를 보면 그렇게

부정개표를 막기 위해 손전등을 켜고 감시하는 모습(1967).
1967년 7대 총선 때 목포 지역에서 부정개표를
막기 위해 김대중 후보 측 인사들이 손전등과 초를 들고
개표장으로 갔다. 이날 세 번 불이 나갔다.
그럴 때마다 김대중 후보 측 인사들은
손전등과 촛불을 켜고 부정개표를
하지 못하게 압박했다.

까지 할 경우 4·19 혁명과 같은 항쟁이 발생할 수도 있다"고 말했다고 합니다. 이 말에 박정희 대통령이 부담을 느껴서 더 이상 하지는 않았다고 해요.

그러나 실제 현장에서는 별 차이가 없었어요. 이미 선거운동이 한창 진행 중이었고 무엇보다 지역행정 책임자인 시장이 관권선거를 진두지휘했어요. 그 시장은 선거법 위반으로 나한테 고소를 당했는데요. 나중에 우리 집에 찾아와서 무릎 꿇고 살려달라고 애원하는 거예요. 그러면서 여당 후보를 욕했어요. 여당 후보에게 "내가 당신 선거운동 하느라고 이렇게 되었으니 정부에 이야기를 해서 나 좀 살려달라"고 했더니 그 사람은 "내 코가 석 자이니 사정을 봐줄 형편이 아니다"라고 했대요. 그러니 시장이 앙심을 품고 나한테까지 와서 이 사실을 말한 거예요. 이 사람들은 은혜를 모른다는 거예요. 박정희 대통령이 목포에 왔을 때는 독대를 했다면서 그때 만난 이야기를 했어요. 그 자리에서 박정희 대통령에게 선거 자금을 추가로 요청했고 그 이후 실제 돈이 내려왔는데 그 돈의 상당 부분이 중간에 사라졌다는 등의 이야기를 했어요. 나는 그 사람을 용서해줬어요. 알고 보면 그 사람도 위에서 하라고 하니 거기에 따른 것이잖아요. 물론 그 사람이 지독하게 한 것은 맞지만, 그런 구조적인 문제가 더 근본적이라고 볼 수 있잖아요. 그래서 용서해줬어요.

━ 선거운동 자금은 어떻게 마련하셨습니까?

나를 지지하는 시민들이 조금씩 보태주기도 했지만 많은 부분은 내가 직접 마련했습니다. 선거자금 관련해서 그때 이런 일이 있었어요. 선거 초기에 박정희 정권에서 장관까지 한 고위직 인사가 나를 찾아왔어요. 내게 봉투를 건네면서 "선거전이 본격적으로 시작되면 보는 눈이 많아서 올 수 없으니 지금 왔다"면서 "선거에 보태 쓰시오. 이 사실을 대통령이 알면 나를 가만히 두지 않을 것이니 비밀로 해주시오"라고 했어요. 그런 도움을 받은 적이 있습니다.

— 신민당 차원에서 이뤄진 지원은 없었습니까?

당시 야당은 돈이 없기 때문에 자금 지원은 생각하기 어려웠지요. 그 대신 유진오 당수, 박순천 선생 등이 내려와서 지원유세를 해주셨어요. 이분들은 전국적인 지명도가 있었기 때문에 선거에 큰 도움이 되었습니다.

— 그때 목포 선거는 부정선거로 유명했습니다. 목포뿐만 아니라 다른 곳에서도 부정선거가 노골적으로 이뤄진 지역이 있어서 선거 후에 큰 문제가 되었습니다. 그때 박정희 정권이 그와 같이 한 이유는 무엇입니까?

전체적으로 보면 3선개헌을 하기 위해서 무리하게 다수 의석을 확보하려는 욕심이 이런 문제를 초래한 것입니다. 특히 목포에서 심하게 한 것은 나를 떨어뜨리려는 목적까지 더해졌기 때문입니다.

— 7대 총선 직전에 신민당 전국구 후보였던 김재화 씨의 공천 헌금에 조총련 자금이 포함되어 있다는 중정의 발표가 있어서 큰 문제가 되었습니다. 결국 나중에 무죄판결이 나왔는데요.

나는 잘 몰랐어요. 김재화 씨는 재일교포로서 민단 단장을 여러 번 역임했을 정도로 재일 교포사회에서 영향력이 큰 분이었는데요. 나는 7대 총선 전에는 몰랐고 전국구 후보 등록한 이후에 처음 알았어요. 아마 유진산 씨가 영입했을 겁니다.

━ 박정희 정권의 총력 대응에도 불구하고 선거에서 승리할 수 있었던 원인은 무엇이라고 판단하십니까?

시민들은 내가 목숨 걸고 싸운 용기에 대해서 높이 평가한 거예요. 또 하나는 약자에 대한 동정입니다. 한국 사람은 그런 것이 심하잖아요. 내가 평소에 국회의원도 잘했고, 목포 와서 귀향보고회도 자주 하고, 신문에 많이 나니까 똑똑하다고 생각했어요. 그러니까 "박정희 대통령이 다음에 김대중이 대통령되는 것을 막으려고 저런다"는 말이 설득력이 있었던 것입니다. 나중에는 "박정희가 저런 것 보니까 김대중이 정말 무섭기는 무서운 모양이다" "우리가 한번 키워볼 필요가 있다"는 말이 지방 고위층 유지 빼고는 다 돌았어요.

━ 7대 총선에서 이희호 여사님께서도 적극적으로 선거운동을 하신 것으로 알고 있습니다.

아내가 북교동에 집을 얻어서 선거운동원들 밥도 해주었고 직접 동네를 돌아다니면서 선거운동을 했어요. 연설도 했지요. 아내는 그전에 박순천 선생 선거운동을 한 경험이 있어서 잘했어요. 내게 큰 도움이 되었습니다.

━ 7대 총선 부정에 대한 비판여론이 거세게 일어났는데요. 이에 대해서 신민당 내 강경파와 온건파의 전략이 달랐지요?

그때 강경파는 선거를 다시 하자고 했어요. 나는 온건파의 입장을 대표했는데 유진오 당수를 찾아가서 이렇게 말씀드렸습니다.

"3선개헌을 막는 것이 중요하니 공화당이 20석 정도를 내놓도록 압박해서 개헌저지선을 확보하도록 합시다. 공화당은 부정선거에 대한 비판여론이 확산되는 것을 두려워하기 때문에 이것을 받을 가능성이 있습니다. 이번과 같은 부정선거를 막기 위해 지방자치 선거 실시를 얻어내도록 합시다. 지방자치제를 해야 유진오 박사님께서 출마하시는 1971년 대선에서의 부정을 막을 수 있습니다. 이것을 미루면 국민들의 관심도가 떨어지기 때문에 공화당이 마음대로 할 가능성이 있습니다."

결국 유진오 당수는 강경파에 끌려다니면서 아무것도 얻지 못하고 말았어요. 그때 내가 속으로 실망을 많이 했습니다.

━ 강경파의 목소리가 강했던 것 같습니다.

한·일회담 때도 그랬는데 그때 야당을 보면 항상 강경파가 우세해요. 언론에서도 강경파에 대해서 보도를 많이 했고요. 강경파에 비판적으로 생각하는 의원들도 강경파 앞에서는 말을 안 해요. 그때 부정선거가 워낙 심했기 때문에 정치적으로 타협해서 문제를 풀자고 말하기가 어려운 분위기였어요. 그렇지만 책임 있는 정치지도자라면 그런 것도 뚫고 나가야 하는데 그것이 잘 되지 않았습니다.

유진오와 유진산

━ 1967년에 창당된 신민당은 1968년 5월 21일 유진오 선생을 총재로 선출했습니다. 유진오 총재 중심의 단일 지도체제로서 20년 야당 역사상 가장 강력한 지도체제를 구축했다는 평가가 나오기도 했는데요. 그 배경은 무엇입니까?

당시 유진오 총재에 대한 국민적인 신망이 높았고 당내에서도 유진오 총재를 차기 대선후보로 생각하는 상황이었습니다. 윤보선 선생이 1967년 6대 대선에서 크게 패배한 이후 당내에서 영향력이 많이 약화된 것도 영향을 주었어요.

━ 유진산 씨의 영향력도 상당했다고 하는데요. 당시 당내 세력 간 분포 및 역학관계에 대해 말씀해주십시오.

유진오 총재는 나를 포함한 민주계 인사들과 가까웠습니다. 그렇다고 해서 계파의 수장은 아니었어요. 그분은 계파를 불문하고 전체적으로 잘 지내려고 했습니다. 유진산 씨는 오랜 기간 정치를 했고 리더십이 있으며 조직력을 갖춘 분이었어요. 유진산 씨의 정치스타일을 싫어하는 사람도 많았지만 그분을 아주 충성스럽게 따르는 사람도 많았어요. 진산계는 당내에서 영향력이 컸습니다. 나를 신임하고 따르는 분들도 있었어요. 내가 6대 국회 때부터 보여준 의정 활동을 보고 내 능력을 높이 평가한 분들 중심으로 해서 상당한 지지세가 있었습니다.

━ 1968년 6월 유진오 총재는 대통령님을 원내총무로 지명했는데 의원총회에서 부결되었습니다.

신민당 대변인 시절(1967).
왼쪽부터 권노갑·유진오·김대중.
김대중은 1967년 창당된 신민당에서
대변인으로 활동했다.

유진오 총재는 나를 신임해서 지명했어요. 이후 의원총회에서 통과가 되어야 하는데 원래 진산계가 나를 밀어주기로 했어요. 진산계의 요구를 내가 들어주기로 한 것이 있었거든요. 이야기가 다 되었는데 정작 투표할 때 그쪽에서 약속을 안 지켰어요. 더 큰 문제는 유진오 총재의 태도였어요. 총재가 지명한 원내총무를 의총에서 부결했다는 것은 당수에 대한 불신임을 뜻하기 때문에 단호하게 대응해야 합니다. 그런데 그렇지 않더라고요. 그때 나는 유진오 총재의 리더십에 실망했습니다.

━ 그 이후 어떻게 대처하셨습니까?

제17대 국회부의장을 역임했던 이용희 의원이 내 계보에 속했고 호형호제하는 사이였어요. 이용희 의원이 내게 "유진오 총재는 자신이 지명한 사람이 의총에서 부결되었으면 크게 화를 내고 재지명하면서 다시 부결시킨다면 당수를 그만두겠다고 해야 하는데 그러지 않은 것을 보니 이분이 대가 약한 것 같습니다. 우리가 이런 분을 밀어서 다음 대선에 나서봤자 희망이 없을 것 같으니 이참에 형님께서 다음 대선에 나가시지요"라는 거예요. 그 말을 들으니 확 영감이 오더라고요. 나는 평소에도 기회가 될 때마다 지역을 찾아다니면서 강연도 하고 당 하부 조직을 강화하기 위한 노력도 열심히 했어요. 다만 내가 대선 출마를 시사하는 발언을 하지는 않았어요. 그때는 유진오 총재가 대선에 출마하는 것이 기정사실화되어 있었기 때문이고 내가 유진오 총재와 경쟁하는 것은 정치도의적으로나 현실적으로나 가능한 상황이 아니었어요. 40대 기수론이 나온 것은 나중에 유진오 총재의 건강에 이상이 생긴 뒤였습니다.

3선개헌 반대 효창공원 연설

■ 1969년 3선개헌 반대투쟁이 전개되었습니다. 당시 야당의
인식 및 대응에 대해서 말씀해주십시오.

야당은 3선개헌 반대투쟁에 적극 나섰습니다. 야당이 일치
단결해서 3선개헌을 막기 위해 최선의 노력을 다해야 한다고
생각했어요.

■ 공화당 내에서도 3선개헌을 반대하는 정치인들이 있었는데
요. 그때 이분들과 소통하시면서 공동으로 행동하신 적은 없습
니까?

내가 알기로는 없었어요. 처음에는 공화당에서 반대가 상당
히 많았지만 끝에 가면 결국 3명 정도 남고 다 찬성으로 돌아섰
을 것입니다. 그때 상황을 보면 이분들이 야당과 접촉했을 가능
성은 없다고 생각해요. 그분들은 독자적인 판단으로 그렇게 했
다고 볼 수 있습니다.

■ 3선개헌 반대투쟁을 효과적으로 전개하기 위해서 신민당과
재야 시민사회 세력이 힘을 합쳐서 '3선개헌반대 범국민투쟁
위원회'를 조직했습니다. 대통령님께서도 여기에 관여하셨습
니까?

그럼요. 그때 당에서 나를 위원회에 파견했기 때문에 잘 압니
다. 그때만 해도 재야 시민사회 세력의 영향력이 강하지는 않아

서 신민당이 중심이 되어 조직을 구성하고 투쟁에 나섰어요.

━ 위원회 활동을 하시면서 기억나시는 일을 말씀해주세요.

무엇보다 위원장을 맡으셨던 김재준 목사님이 생각납니다. 김재준 목사님은 정치인이 아닌데도 이야기를 해보면 웬만한 정치인 이상의 식견과 감각을 갖고 계셨어요. 또한 리더십도 상당했습니다. 그때 같이 일하면서 그분이 나를 인정해주었고 그이후 내가 김재준 목사님을 존경의 마음으로 모셨고 목사님도 나를 아껴주셨어요. 김재준 목사님은 1980년 서울의 봄 때 장문의 편지를 내게 보내셔서 나를 전폭적으로 지지하고 신뢰한다고 하시면서 자신의 이름을 쓸 일이 있으면 그렇게 하라고 내게 백지위임하다시피 해주신 적도 있었어요. 그 편지를 5·17 쿠데타 때 중앙정보부가 가져가서 지금은 없어졌는데, 그 정도로 나를 아끼고 신뢰하셨습니다.

━ 3선개헌 반대투쟁 당시 대통령님께서 1969년 7월 효창공원에서 하신 연설은 지금도 많이 회자될 정도로 유명합니다.

그때 연사가 여러 명이었어요. 나중에 40대 기수론을 외친 김영삼·이철승 씨도 연사였어요. 그때 한 사람이 15분씩 연설했습니다. 나는 이 연설을 준비하기 위해 시청 앞 뉴코리아호텔에 투숙해서 원고를 쓰고 고치고 말하는 연습을 12시간 넘게 준비했을 겁니다. 그렇게 치밀하게 준비해서 그날 15분 연설 도중 박수가 20번 가까이 나올 정도로 아주 큰 호응을 얻었어요. 이날 연설은 내가 한 연설 중에서 가장 성공한 경우에 포함된다고 생각해요.

— 그때 청중들의 환호가 기억에 생생하실 것 같습니다.

그렇지요. 지금도 아주 뚜렷하게 기억합니다. 연설을 들어보면 알 수 있지만 내가 연설을 시작하면서 이런 말을 했어요.

"오늘 아침에 조간신문을 보니 경기도 용인에서 황소 한 마리가 미쳐서 시내를 마음대로 돌아다니면서 사람에게 해를 끼쳤는데 파출소 순경이 제압하려고 했지만 쉽지 않아 결국 칼빈총을 다섯 발 쏘아서 죽였다. 이걸 보니 천도가 무심치 않다."

황소를 상징으로 하는 공화당, 그때 공화당 상징이 황소였거든요, "이 공화당이 미쳐서 날뛰니까 진짜 황소가 미쳐서 저렇게 하는구나" 이렇게 말을 했더니 사람들이 아주 재미있고 통쾌하면서 박수치고 웃었어요. 그렇게 해서 그날 연설이 대성공했어요. 그때 사람들이 울분에 가득 차 있었는데 내가 연설을 하면서 해학과 풍자를 통해 그것을 풀어주면서 박정희 정권을 비판하니 그것이 아주 크게 통했어요.

— 대통령님께서는 박정희 대통령이 3선개헌을 하게 되면 박정희 대통령과 공화당에게 불행한 일이 닥치게 될 것이라고 경고한 내용이 나옵니다. 어떠한 근거에서 이처럼 말씀하셨습니까?

그것은 우리 역사를 보면 능히 예측할 수 있는 일이었습니다. 우리 국민은 독재가 탄압하면 일시적으로 위축될 수는 있어도 언젠가는 반드시 일어나서 독재를 타도했습니다. 그때 기준으로 9년 전에 있었던 4·19혁명이 바로 그것의 대표적인 예였습니다. 그렇기 때문에 나는 우리 국민의 저력을 믿었어요. 그래서 그렇게 말할 수 있었습니다.

3선개헌 반대 효창공원 연설(1969).
나중에 함께 40대 기수론을 외친 김영삼·이철승도
참여한 효창공원 연설에서 김대중은 15분 동안
박수가 20번 가까이 나올 정도로
큰 호응을 받았다. 김대중이 한 연설 중에서
가장 성공한 연설이라는 평가를 받는다.

━ 그때 연설과 관련해서 기억나시는 일화가 있으신가요?

내가 그때 3선개헌에 앞장섰던 윤치영 씨를 강하게 비판했어요. 윤치영 씨는 서울시장을 했던 분인데 그분이 "박정희 대통령은 단군 이래의 위인이다"라는 식으로 말했어요. 그런데 이분이 과거 이승만 대통령 때에는 "이승만 대통령은 개국 이래의 위인이다"라고 말한 적이 있어요. 그래서 내가 이렇게 아첨하는 사람들 때문에 나라의 모습이 말이 아니라는 것을 비판하고 풍자하기 위해서 "아폴로 11호가 달에 가고 있는데 이런 양반들을 실어다 거기에 두면 대한민국이 편할 것 같다"고 했습니다. 나중에 이분이 이 말을 듣고 만나는 사람마다 나를 그렇게 비난했대요. 한참 뒤에 윤치영 씨가 돌아가시기 전에는 화해했어요.

━ 결국 3선개헌안이 국회에서 통과되었습니다.

그때 야당은 완전히 하나가 되어서 3선개헌을 반대했어요. 우리는 날치기를 막기 위해서 의사당을 점령했지요. 수가 적으니 어쩔 수 없는 선택이었습니다. 결국 여당이 별관에 모여 날치기 처리를 했어요. 김상현 의원이 그것을 알아내서 "날치기한다"고 소리쳐서 그 사실을 알게 되었는데 여당은 의사당 안에서 할 자신이 없으니 그렇게 절차도 어기면서 한 것입니다. 그때 야당은 죽을 각오를 하고 반대했거든요. 박정희 정권이 저렇게 말도 안 되는 행동을 하는 것을 보면서 앞으로 우리나라 민주주의가 풍전등화와 같은 위기에 있다고 생각하게 되었습니다. 정말 걱정되었는데, 나는 이럴수록 정신 바짝 차리고 독재정권에 맞서 제대로 투쟁해야 한다고 생각했습니다.

1960년대를 마무리하며

━ 1968년에 1·21 사태, 푸에블로호 나포사건, 울진·삼척지구 무장공비 침투사건 등 북한의 군사적 도발이 매우 심각했습니다. 대통령님께서는 이러한 사태에 대해서 어떻게 생각하셨습니까?

그때 북한의 군사적 도발은 매우 위협적이고 심각했습니다. 북한의 호전적인 행동에 다들 큰 충격을 받았고 국민 모두 불안해했어요. 이러한 북한에 대응하기 위해서 우리나라도 군사적인 준비를 강화하고 북한에 강경하게 대처해야 한다는 여론이 우세했습니다. 나는 북한을 경계하고 군사적 준비태세를 갖추는 것은 당연히 필요하다고 생각했습니다.

다만 전쟁위기를 근본적으로 막기 위해서는 평화공존의 길을 개척하는 것이 필요하다고 판단했어요. 나는 전부터 그런 생각을 했는데, 이때 군사도발을 겪으면서 그 필요성을 더욱 절감하게 되었어요. 이런 생각을 발전시켜서 1971년 대선 때 4대국 안전보장론, 3단계 통일론을 공약으로 제시하게 된 것입니다. 다만, 이때는 반공주의 색깔론이 워낙 강력한 힘을 발휘하고 있었기 때문에 이런 생각을 겉으로 표현한다는 것은 정말로 큰 용기가 필요했습니다.

━ 1968년에 임자도 간첩사건으로 정태묵이 검거되었습니다. 대통령님께서 정태묵을 잘 알고 계신다고 들었습니다.

정태묵은 목포공립상업학교 1년 선배예요. 잘 압니다. 1967년

7대 총선 때도 그분이 나를 도와주기도 했어요. 나는 그때 그분이 좌익과 관계되어 있는지 전혀 몰랐어요. 그런데 나중에 그런 일이 터지더라고요. 그 사건 발생 이후 중앙정보부 요원이 나를 찾아와서 김형욱 부장이 정태묵 사건으로 나를 조사할 것이 있으니 좀 와달라고 해서 필동 세종호텔에 가서 만났어요. 김형욱 부장은 정태묵을 조사해보니 나하고는 관계가 없는 것으로 판명이 났는데 말이 나온 상황이라 조사하지 않을 수 없어 오라고 한 것이니 이해해달라면서 간단히 조사에 응해달라고 했어요.

그때 김형욱 부장이 이 사건에 억지로 나를 연결시키려고 했으면 그럴 수 있었어요. 왜냐하면 나와 정태묵은 서로 잘 아는 사이고, 정태묵은 내 선거를 도와주기도 했거든요. 그때 중앙정보부는 없는 일도 조작해서 사건을 만들고 그랬잖아요. 그러니 그때 알고 보면 나에게는 큰 위기였어요. 지난 7대 총선 때 이야기하면서도 나왔지만 김형욱 부장은 특이한 것이 있는데, 여야 가릴 것 없이 자기가 보기에 인물이라고 생각하면 존중해줬어요. 그래서 김형욱 부장이 나한테는 잘해줬어요. 나중에 미국에 망명가서도 나에 대해 좋게 이야기했고요.

━ 1969년 7월 미국의 아폴로 11호가 달에 착륙했습니다. 매우 놀라운 일이었는데요. 당시 대통령님께서는 어떤 느낌을 받으셨습니까?

좋은 의미로 매우 큰 충격이었어요. 그동안 상상 속에서만 가능했던 우주여행이 현실이 되었다는 사실에 신선한 충격을 받았습니다. 그래서 앞으로 우주개발 시대가 올 수도 있겠다는 생각을 했어요.

— 영국의 유명한 팝가수 클리프 리처드가 1969년 10월 이화여대 강당에서 공연을 했습니다. 기록에 의하면 대통령님께서 이 공연을 보신 것 같습니다.

가족이 함께 갔어요. 그때 중고등학생들도 많이 왔는데 사람도 많고 매우 열광적인 분위기였어요. 표를 구하지 못한 사람들은 창문을 깨고 들어가려고 할 정도였습니다. 굉장했지요. 나는 미리 표를 구해서 입장했는데 사람들이 하도 소리를 질러서 노랫소리가 제대로 들리지 않았어요. 손수건을 던지고 심지어 속옷까지 던지는 사람들이 있었어요. 그때 대학생들의 반응이 지금도 기억에 남네요. 중고생들 하는 것을 보고 "애들 왜 저래, 애들 이상한 것 아니야?" 하면서 고개를 절레절레 흔들었어요. 따지고 보면 몇 살 차이 안 나는데 벌써 세대 차이를 느낀다는 투로 그렇게 말한 거예요. 우리 때는 향유할 만한 문화가 별로 없었기 때문에 다들 비슷했는데, 1969년만 해도 대중문화가 청소년과 청년들 사이에 퍼지면서 그것이 그들에게 상당한 영향을 주고 있다는 것을 알게 되었어요. 그래서 클리프 리처드 공연은 지금도 기억에 뚜렷하게 남아 있습니다.

4
민주세력의 리더로 떠오르다

"지금 우리가 알고 있는 지역감정 문제는
1971년 대선 전에는 없었던 일입니다.
박정희 정권이 선거 판세를 분석해보더니
나의 상승세가 대단하다는 것을 알게 되자
일부러 지역감정을 조장한 것이에요."

40대 기수론

━ 1969년 9월 유진오 당수(黨首)의 건강 이상설이 나왔고 결국 1970년 1월 당 총재직에서 물러났습니다. 갑작스러운 일이어서 예상하시기 힘드셨을 것으로 생각됩니다.

그랬어요. 처음에는 큰 문제는 아니고 과로 등으로 몸에 이상이 와서 휴식이 필요하다는 정도였어요. 그런데 의료진은 자칫 잘못하면 건강을 크게 해칠 수 있기 때문에 절대 안정과 휴식이 필요하다는 의견을 강하게 개진했다고 합니다. 결국 유진오 박사가 당 총재직에서 사퇴하게 되었습니다.

━ 유진오 당수 사퇴 이후 새롭게 전당대회를 개최했는데요. 유진산 씨가 당수가 되었습니다.

그때 나는 정일형 박사를 지지했는데 졌습니다. 유진산 씨는 조직력이 강하고 정략에도 능한 분이었어요. 그에 비해서 정일형 박사는 세력이 약했어요. 그래서 유진산 씨가 승리했습니다.

━ 1969년 11월에 김영삼 씨가 40대 기수론을 제창했습니다. 40대 기수론이 나오게 된 배경은 무엇입니까?

유진오 당수의 건강 이상과 직접적으로 관련된 일입니다. 김영삼 씨는 유진오 당수의 건강상태가 썩 좋지 못하다는 것을 알고 유진오 박사가 대선에 출마하기 힘들 것이라고 판단했던 것 같습니다. 그래서 김영삼 씨가 1969년 11월에 40대 기수론을 내세웠고 나도 동참했어요.

━ 40대 기수론에 대한 당내 반응은 어땠습니까?

당내 선배들의 반응은 냉소적이었습니다. 우리보고 구상유취(口尙乳臭: 말이나 행동이 유치함)라고 했을 정도였으니까요.

■ 유진산 당수는 어떻게 대응했습니까?

유진산 당수는 우리들의 출마를 막고 자신이 출마하려고 했어요. 그러나 여론이 워낙 좋지 않으니 포기하고 대신 김영삼 씨를 밀었어요. 그때 유진산 당수는 나, 김영삼, 이철승 세 사람에게 후보 지명권을 자기한테 위임하라고 했어요. 이것은 결국 자신이 하겠다는 말이었어요. 내가 유진산 당수에게 전화해서 "지명을 위임하라고 하시는데 그렇게 되면 선생님께서는 안 나오시는 것이지요?"라고 물으니 "내가 왜 그래야 하냐"고 답하셨습니다. 그래서 나는 "알겠습니다. 저는 위임하지 않겠습니다"라고 했습니다. 다른 두 사람은 유진산 당수가 자신을 밀어줄 것이라고 기대하고 위임한다고 했지만 내가 안 한다고 해서 결국 소용없게 되었어요.

결국 유진산 당수는 김영삼 씨를 밀었습니다. 1차투표 때는 김영삼 씨가 나보다 표를 더 많이 얻었어요. 그런데 내가 사전에 이철승계 정치인들을 접촉해서 만일 이철승 씨가 결선투표에 오르지 못하면 나를 지지해달라고 했어요. 그분들이 나와 같이 신파에 속해서 서로 잘 알았기 때문입니다. 이러한 것이 주효해서 내가 2차투표에서 역전승을 할 수 있었습니다.

■ 후보 지명권을 달라는 유진산 당수의 요구를 거부하신 이유는 무엇입니까?

나를 지명하지 않을 것이 뻔한데 그렇게 할 이유가 없었습니다. 또한 40대 기수론이 당의 체질을 개선해서 야당에 대한 국민의 신뢰를 높이겠다는 목적에서 나온 것인데, 후보 지명권을 당수에게 맡기는 것은 명분이 없다고 생각했어요. 그래서 거부한 것입니다.

━ 유진산 당수는 후보 지명권을 달라고 하면서 자신의 제안이 받아들여지지 않을 경우 출마 가능성을 시사하기도 했습니다. 신민당 대선후보 경선을 앞둔 유진산 당수의 행보에 대해서 어떻게 평가하십니까?

기본적으로 당시 선배들은 40대가 이렇게 나서는 것에 대해 정서적인 거부감을 갖고 있었어요. 구상유취라는 말이 나올 정도였으니 그때 분위기가 어떤지 아실 수 있을 것입니다. 유진산 당수는 자신이 대통령 선거에 나서고 싶다는 생각을 갖고 있었어요. 유진산 당수는 국민적인 지지는 낮은데 당내 조직력이 강했기 때문에 기회가 되면 나서볼까 하는 생각을 했던 것이에요. 그러나 국민들의 지지가 낮았기 때문에 나설 수 없었어요. 후보 지명권을 통해 당내 영향력을 공고히 하려고 했던 것인데, 내가 거부하니 그것도 가능하지 않게 되었습니다.

━ 중앙정보부가 신민당 후보 경선에도 개입했다고 볼 수 있습니까?

그때 중정이 국내 정치에 개입한 것은 세상이 다 아는 이야기였지요. 특히 야당을 자신들이 상대하기 편한 대상으로 만들기 위해서 온갖 수단을 동원했어요. 중정의 개입은 그냥 상수였습니다.

▬ 박정희 대통령은 40대 후보와 경쟁하기 싫어했다고 할 수 있습니까?

그럼요. 그 사람들은 순한 야당, 무기력한 야당을 원했습니다.

▬ 대선후보 경선 당시 대통령님을 지지하신 정치인들은 어떤 분들이었습니까? 진산계와 비교할 때 세력은 어느 정도였습니까?

우리 쪽도 꽤 있었습니다. 대표적인 분들을 언급하면 정일형·정헌주·김응주·윤길중·김원만 이런 분들이 있었어요.

▬ 윤길중 선생 등 혁신계분들이 후보 경선에서 대통령님을 지지했습니다. 이분들이 신민당에 입당하고 대통령님을 지지한 이유는 무엇입니까?

혁신계분들은 5·16 쿠데타 이후에 많은 고초를 겪었습니다. 그후 반독재 민주화가 제일 중요한 과제라고 판단해서 신민당에 참여하게 되었어요. 당내에서는 내가 진보적인 분들과 대화가 되었고 유연한 사고를 가졌기 때문에 그분들이 자연스럽게 나를 지지한 것입니다. 그분들의 지지가 내 선거에 도움을 준 것은 맞습니다.

▬ 대통령님께서는 대의원들의 지지를 얻기 위해서 어떤 전략을 취하셨습니까?

나는 처음부터 위만 바라보면서 정치하면 정치지도자로서 성장하기 어렵다고 생각했어요. 국회의원이 된 이후부터 지방을 돌아다니며 강연을 하면서 각 지역에 있는 우리 당 지지자들과의 연대를 강화했어요. 특히 1967년 7대 국회의원이 된 이후에 더욱 그렇게 했습니다. 그때는 지역감정이 없었기 때문에 경상도 지역에서도 나에 대한 인기가 좋았어요.

대선 경선을 준비할 때에는 아내와 동지들이 정말 많은 노력을 했어요. 야당 활동을 하는 사람들은 가난한 경우가 많았는데, 그렇다 보니 산동네에 사는 분이 많았습니다. 아내는 그곳까지 직접 케이크 하나씩 사들고 가서 인사했어요. 그러면 그 집의 가족들 특히 부인들은 "남편이 야당 한다고 하면서 누구를 따라 다니고 그래봤자 자신들이 사는 집에 한 번 찾아온 경우도 없었는데 대선후보인 김대중의 부인이 직접 찾아오는 것이 놀랍다" "김대중을 지지해야 한다" 이렇게 말하는 경우가 많았어요. 후보 부인이 오면 후보가 오는 것과 비슷하게 생각했거든요. 그러니 효과가 컸어요. 권노갑·한화갑·김옥두·방대엽 등 그때 내 비서로 있던 분들도 혼신의 노력을 다했습니다. 그런 노력의 덕택으로 내가 극적인 승리를 거둘 수 있었어요.

━ 당을 구성하는 핵심인사를 국회의원, 원외지구당위원장, 대의원 이렇게 구분할 수 있는데요. 각각 대통령님에 대한 지지세는 어느 정도였습니까?

국회의원은 반반이라고 볼 수 있었고 원외지구당은 유진산 당수 쪽이 많았습니다. 대의원은 내가 좀더 많았어요. 결국 지역구 위원장은 나를 지지하지 않아도 그 아래에 있는 대의원 중에서는 나를 지지하는 경우가 상당히 많았다는 것을 의미합니다.

━ 1차투표 후에 이철승 후보 측이 대통령님을 지지하게 된 원인과 과정에 대해서 설명해주시지요.

1차투표 때는 김영삼 후보가 나보다 표를 좀더 얻었어요. 그런데 내가 앞에 나가서 "우리 당의 대통령 후보는 바로 이 사람, 김대중이 될 것입니다"라고 소리를 쳤습니다. 그러니 사람들이 얼떨떨한 표정으로 나를 쳐다봤어요. 그때 내가 그렇게 한 이유는 이철승 씨와는 이야기가 되지 않았지만 이철승계에 속한 사람들의 지지를 얻기 위해서였어요. "김대중을 지지하면 김대중이 될 수 있다"는 기대감을 주려고 한 것이었지요. 그래야 갈등하는 대의원들의 표심을 얻는 데에 도움이 되기 때문입니다. 이철승 씨와 나는 같은 민주당 신파 출신이었기 때문에 지지자들도 서로 잘 알았어요. 그래서 내가 선거 전에 일일이 찾아가서 이철승이 결선투표에 나가지 못하면 2차투표 때는 옛정을 생각해서라도 나를 지지해달라고 부탁하고 설득했어요. 내가 그 사람들의 마음을 얻기 위해서 그렇게 했는데 이것이 주효했어요. 내가 1차투표 뒤에 큰소리친 것도 이와 관련이 있었습니다.

— 이철승 후보 측에서는 대통령님을 지지하는 조건으로 이철승 씨가 당권을 가질 수 있도록 대통령님의 약속을 요구했다고 하는데요.

나는 이철승 씨를 직접 만나지 않았고 이철승 씨가 나를 지지하라고 한 것도 아닙니다. 이철승 씨를 지지하는 김준섭 씨가 내게 와서 협상을 했어요. 나를 지지하는 조건으로 차기 총재 선거에서 이철승 씨를 지지하라는 내용의 각서를 쓰라고 했어요. 그때는 급할 때고 이철승 씨가 총재를 할 만하다고 생각했기 때문에 내 명함에다가 금년 11월 전당대회에서 이철승 씨를 지지한다는 내용을 써줬어요. 그런데 나중에 이철승 씨가 총재 선거에

신민당 대통령 후보 경선에서 승리(1970).
김대중은 1970년 신민당 대통령 후보 경선에서
2차투표까지 가는 접전을 치르며 승리했다.
김대중은 전당대회가 열린
시민회관의 분위기를 한껏 고조시켰다.

나오지 않았기 때문에 나는 약속을 지킬 일이 없어졌어요. 일부에서 내가 이철승 씨와의 약속을 어겼다고 주장하기도 하는데 이는 사실과 다릅니다.

━ 결국 2차투표에서 승리하셨습니다.

2차투표에서 내가 극적으로 승리했지요. 나는 전날 밤 12시까지 여관을 돌아다니면서 대의원들을 만나 지지를 호소했어요. 그래서 당선 수락 연설을 준비하지도 못하고 그 자리에서 생각나는 대로 연설했어요. 그때 내가 승리할 수 있었던 결정적인 원인은 사전에 이철승 씨 지지자들을 일일이 만나서 나를 지지하도록 설득한 것이 성공했기 때문입니다. 아내와 주변 동지들도 정말 헌신적으로 노력했어요. 이것이 대의원들의 마음을 움직이는 데에 큰 역할을 했습니다.

━ 전당대회장에서 대통령님 측에서는 애드벌룬을 띄우고 피켓을 들면서 분위기를 한껏 고조시켰지요. 이것은 당시 새로운 선거운동 방법이었다고 합니다.

미국 전당대회장에서 한 것을 보고 배웠습니다. 그것을 보고 우리도 해보자고 했지요. 그때 정일형 박사를 비롯해서 나를 지지하는 선배 정치인들이 모두 나와서 피켓을 들고 "김대중! 김대중!" 이렇게 소리치면서 선거운동을 했어요. 정말 감격스러웠고 지금까지도 내가 그분들의 은혜를 잊을 수 없습니다. 그때 상대 후보 측은 특별한 이벤트를 하지 않았어요. 우리가 전당대회가 열린 시민회관의 분위기를 주도했어요. 내가 후보로 선출된 이후 이때 우리가 한 선거운동 방식에 대해 긍정적인 평가가 가장 많이 나왔습니다.

━ 대통령 후보로 선출되신 이후 부모님과 여사님의 반응은 어땠습니까?

우리 가족 모두 굉장히 좋아했고 나를 응원했습니다. 특히 아내는 선거운동을 열심히 해서 큰 도움이 되었어요. 그때도 그랬고 이후에 내가 군사독재 정권의 탄압에 굴복하지 않고 이겨낼 수 있었던 것에도 가족들의 도움이 큰 역할을 했습니다. 이 점에 대해서 나는 아주 감사하게 생각해요.

장충단공원 유세

━ 후보로 선출된 이후 유진산 당수와의 관계는 어땠습니까?

1970년 11월 전당대회에서 총재 선거를 하기로 되어 있었어요. 그때 유진산 씨는 당수를 계속 하고 싶어 했습니다. 그래서 전당대회를 연기해서 유진산 당수의 당권을 인정해줬어요. 이것이 주효했는지 유진산 당수는 선거운동에 적극적으로 나섰습니다. 이분은 자기 할 일은 하는 사람이었어요.

━ 신민당 전체가 단결해서 대선에 임했다고 볼 수 있겠습니까?

전체적으로 보면 당은 조직적으로 선거에 잘 임했다고 할 수 있습니다. 일부 인사들이 태업하기도 했지만, 전체적으로는 선거운동을 열심히 했어요.

━ 대선을 앞두고 유진산 당수는 김영삼 씨를 선거대책본부장으로 밀었는데요. 결국 정일형 선생께서 맡게 되셨습니다. 그

7대 대선 때 연설하는 모습(1971).
언론에 대한 정권의 간섭으로 여러 어려움이 있었던 시절,
김대중은 직접 국민들을 찾아가서 선거운동을 했다.
시간이 없어서 밥도 차 안에서 먹고
이동 중에 잠깐 자면서 하루에 10, 11번에 걸쳐
유세를 하는 강행군을 펼쳤다.

과정에 대해서 말씀해주세요.

그 문제는 큰 마찰 없이 해결되었습니다. 우선 내가 40대로 당내 소장파에 속했기 때문에 같은 40대인 김영삼 씨를 선거대책본부장으로 하면 당의 화합과 통합에 도움이 되지 않는다는 것에 의견의 일치를 보았어요. 그래서 정일형 선생을 모시게 된 것입니다. 정일형 선생은 인품도 훌륭하시고 당을 위해서 많은 헌신을 하셨기 때문에 당내 구성원 모두가 인정하는 분이었어요. 정일형 선생을 본부장으로 모시는 것에 대한 이견이 없었습니다. 다만 그분이 나와 가까웠기 때문에 계파에 치우친 인사라는 말이 나올 수 있어서 진산계의 김의택 씨가 선거대책본부 차장을 맡았습니다. 그래서 당내 조화가 아주 잘 되었어요.

━ 대통령님의 선거운동 과정을 보면 정말 강행군이었습니다. 전체적인 체력관리도 중요했을 텐데요.

그때 모두 나보고 철인이라고 했어요. 지금 생각해도 그런 일정을 어떻게 소화했는지 나도 놀랄 정도입니다. 그때는 대부분의 길이 비포장이어서 지프차를 타고 다니면 덜커덩 덜커덩 하면서 몸이 막 흔들릴 정도였어요. 그런 길을 따라서 하루에 10, 11번 유세했어요. 시간이 없어서 밥도 차 안에서 먹고 한 곳의 유세가 끝나면 이동하는 도중에 잠깐 잠을 잤어요. 그렇게 이동하다가 다른 유세장 근처에 도착하면 사람들이 환호하는 소리에 깨요. 도착하면 바로 단상에 올라가서 연설하고 사람들 손잡고 한 후에 다시 차에 탑니다. 간단히 간식을 먹고 또 잠시 눈을 붙여요. 이렇게 계속했어요. 내가 나이가 먹었는지 요새는 누워도 빨리 잠들지 않는데 그때는 차에서도 아주 잘 잤어요. 이것이 체력 유지에 큰 도움이 되었어요. 내가 연설을 하도 많이 해서 목이 좀 쉬기는 했지만 다른 곳은 아주 말짱했어요. 다들 철인이라고 했고 내가 생각해도 믿기 힘들 정도의 일정을 소화했습니다. 그때 아내의 오빠가 내 주치의였는데 나보고 대단한 체력이라고 했어요.

━ 연설을 많이 하셨기 때문에 목과 성대 보호에 신경을 많이 쓰셨을 것 같습니다.

특별한 비책은 없었어요. 성대 보호에 좋다고 하는 한약을 꾸준히 마셨습니다. 연설을 많이 했지만 큰 무리 없이 버틸 수 있었던 것은 무리하게 소리를 내지 않았기 때문이에요. 그것은 오랜 기간 경험을 통해서 터득한 것입니다. 연설할 때 강조하려는 내용이 있으면 그전부터 자연스럽게 목소리의 톤을 높이면서 준비를 해야 하는데, 그렇지 않고 순간 소리를 지르면 목이 쉽게 상해요. 나는 이것을 잘 알고 있었기 때문에 주의하면서 연설했어요.

━ 그렇게 강행군을 하신 이유가 있습니까?

그때는 언론이 발달하지 않았고 언론에 대한 정권의 간섭으로 여러 어려움이 있었기 때문에 결국 내가 직접 국민들을 찾아가서 호소하는 것이 필요했어요. 그래서 가능한 한 많은 곳을 찾아다니려고 했던 것입니다.

━ 유세하실 때 주로 이용하신 교통수단은 무엇이었습니까?

주로 지프차를 이용했어요. 지프차가 가장 효과적인 이동 수단이었습니다.

━ 선거 9일 앞둔 1971년 4월 18일 서울 장충단공원 유세가 있었습니다. 이날 유세는 너무 유명합니다. 그때의 역사적인 상황을 대통령님께 직접 듣고 싶습니다.

그때 당사가 지금의 안국동 사거리에 있었어요. 거기서부터 출발해서 종로를 지나 장충단공원까지 차로 이동했는데, 인도에는 사람들로 가득 찼고 차도까지 사람들이 밀려들어서 차가 이동하기 힘들 정도였어요. 그래서 간신히 장충단공원에 도착했습니다. 가보니 거기에도 사람들로 가득 차 있었어요. 내가 1956년 대선 때부터 수많은 선거유세에 가봤지만 그렇게 사람이 많은 것은 처음 봤습니다. 정말 대단했어요. 그때 공화당 정권이 사람들이 모이는 것을 막기 위해서 여러 방해공작을 폈습니다. 그날이 일요일이었는데 회사에 사람들을 출근하게 해서 야유회를 보내고 돈도 보태주고 그랬어요. 그렇게 했음에도 그만큼 사람들이 모였어요. 정권교체에 대한 열망이 그 정도로 강했던 것입니다.

━ 선거 유세 과정에서 특별히 기억나시는 일화가 있나요?

농촌 지역 유세할 때 일이 생각나네요. 시골에 가면 농민들이 담배도 주고 먹을 것도 주고 그랬어요. 내가 두 번째로 미국에 망명가서 1983년 초에 담배를 끊기 전에는 담배를 많이 피웠기 때문에 농민들이 담배를 주면 같이 피웠어요. 농민들이 키우는 무 등 농작물을 주면 같이 먹으면서 대화를 했어요. 경상남도 지역 유세할 때 한 지역에 갔습니다. 거기 지구당위원장이 나를

서울 장충단공원 유세(1971).
공화당 정권은 사람들이 모이는 것을 막기 위해
온갖 방해공작을 펼쳤다. 1971년 4월 18일은 일요일이었는데
회사에 출근하게 하거나 돈을 보태주며 야유회를 보냈다.
하지만 정권교체에 대한 열망으로 사람들이
장충단공원에 구름처럼 모여들었다.

지지하지 않았는데 내가 유세하는 것을 보더니 내 손을 꼭 잡고 "당신이 진정한 대통령감입니다. 앞으로 내가 적극적으로 선거운동을 하겠습니다"라고 했어요. 그 외에도 전국 곳곳에 유세 다니면서 나를 지지하고 환영해준 수많은 분의 얼굴이 떠오르네요. 지금 생각해도 감격스럽고 고마운 일입니다.

부정선거와 지역감정

— 대통령님께서 미국 방문 중이던 1971년 1월 27일 밤에 동교동 자택에서 폭발물이 터졌습니다.

미국에서 소식을 들었어요. 나는 사건을 일으킨 사람들이 내가 놀라서 미국 방문을 중단하고 돌아오기를 바랐다고 판단했어요. 나는 침착하게 대응하라고 지시했고, 미국에서의 내 일정도 예정대로 소화했습니다.

그때 경찰은 중학생인 내 어린 조카가 그런 일을 벌였다고 몰아가서 구정물 통에다 머리를 집어넣기도 하는 등 반인권적인 강압수사를 했어요. 참 지독한 사람들이에요. 이 사건 얼마 뒤인 2월 5일 새벽에는 정일형 선생 댁에 불이 났어요. 다 비슷한 맥락에서 발생한 일들입니다.

— 만약 개표 후 박정희 대통령이 패배하면 친위쿠데타를 해서라도 어떻게든 정권을 유지하려고 했을 것이라는 견해도 있습니다.

그런 말이 있었지요. 내가 향토예비군 폐지를 주장했는데 만약 박정희 대통령이 개표에서 지는 결과가 나오면 그것을 구실로 친위쿠데타를 일으킨다는 말이 실제로 있었어요. 그때는 선거운동 과정, 투개표 과정에서의 부정도 있었고 그렇게까지 했음에도 패배하면 군대까지 동원해서 선거 결과를 뒤엎는다는 말이 나올 정도였으니 선거를 통한 정권교체가 정말로 어려운 일이었습니다. 그때 선거는 목숨 걸고 하는 일이었어요. 국민들도 4·19 혁명 때처럼 이와 같은 부정선거를 참지 않겠다는 의지를 보여주었어야 했습니다. 다만, 그때는 거기까지 이르지는 못했어요.

━ 1971년 대선을 앞두고 그때까지 대통령님을 돕던 엄창록 씨가 대통령님을 배신하고 박정희 후보를 도왔다고 하는데요.

그때 엄창록이 저쪽으로 넘어가서 저쪽 선거를 도운 것은 사실이에요. 내가 들은 정보에 의하면 중정이 엄창록의 부인을 협박하고 회유해서 엄창록을 그쪽으로 데려갔다고 합니다. 엄창록은 건강이 좋지 못했는데 이러한 점을 이용해서 회유했다는 이야기도 있었어요. 우리 쪽도 건너건너 전해들은 것이니 정확한 내막을 다 알기는 어렵습니다.

━ 엄창록 씨의 배신이 선거에 큰 영향을 주었다고 생각하십니까?

그럼요. 엄창록이 있었으면 부정선거를 막고 내가 표를 더 얻는 데에 큰 도움이 되었을 것입니다. 그 사람은 선거 전략을 짜는 데 탁월한 능력을 갖고 있었습니다. 1967년 목포 선거에서 내가 이길 때도 아주 큰 역할을 했습니다. 그런 엄창록이 저쪽으로 넘어갔으니 내게 큰 타격이었습니다.

— 그때는 영남 지역에서 대통령님의 지지세가 상당했다고 하는데 어느 정도였습니까?

지금 우리가 알고 있는 지역감정 문제는 1971년 대선 전에는 없었던 일입니다. 박정희 정권이 선거 판세를 분석해보더니 나의 상승세가 대단하다는 것을 알게 되자 이에 대한 대응으로 일부러 지역감정을 조장한 것이에요. 그때 내가 부산 조방광장, 대구 수성천변에서 유세할 때에도 수십만 명이 몰려왔습니다. 그럴 정도로 영남 지역에서도 나에 대한 지지가 상당했어요. 김재규 씨가 그때 보안사령관이었는데요. 나중에 김재규 씨 친척이 내게 김재규 씨에게 들었다고 하면서 전해준 말이 있습니다. 영남 지역을 포함해서 나에 대한 지지가 상당하다는 것을 확인한 박정희 대통령이 김재규 보안사령관에게 자신의 당선을 위해서 특단의 대책을 강구하라고 지시했다는 내용이에요.

— 당시 공화당 정권은 어떤 일을 했습니까?

영남 지역에 가서 전라도에 대한 부정적인 감정이 들도록 아주 비열한 흑색선전을 대대적으로 했어요. 그전에는 이런 일이 없었습니다. 이렇게 영남 지역에서 호남 지역에 대한 부정적인 편견이 형성되도록 했어요. 1980년 광주민주화운동의 진상을 은폐하고 폭도로 몰아간 이후에는 영남을 포함한 비호남 지역 전체에서 호남에 대한 부정적인 편견이 형성되었어요.

— 대선을 앞두고 재야 시민사회 진영에서 '민주수호국민협의회'를 결성했는데요. 이것에 대해서 어떻게 평가하십니까?

그전에 3선개헌 반대투쟁도 있었는데 우리나라의 재야운동, 시민사회운동이 점차적으로 활성화되고 있었어요. 민주수호국민협의회도 그런 배경에서 이해할 수 있어요. 우리나라의 민주주의가 발전하고 있음을 보여주는 일이었습니다.

━ 투개표 과정에서의 부정을 막기 위해 시민사회에서 대학생을 중심으로 한 1만여 명의 참관인을 구성해서 파견했다고 하는데요. 부정선거를 막는 데에 도움이 되었습니까?

물론 큰 도움이 되었어요. 당시 신민당의 조직력만으로 관권에 의한 투개표 부정을 막는 것이 어려웠습니다. 다만, 대선은 전국단위 선거이기 때문에 관권을 총동원한 공화당을 모든 지역에서 전부 제대로 상대하는 것은 매우 어려웠습니다. 관권의 영향력이 강한 농촌 지역은 더욱 그랬습니다. 영남 지역에서는 지역감정을 동원한 흑색선전으로 참관인을 내쫓기도 했어요. 마을 스피커로 지역 주민들에게 "전라도 놈이 우리 경상도 사람 다 죽이기 위해서 여기 왔다. 이번 선거에 지면 우리 경상도 사람들은 서울에서 못 살고 다 쫓겨 온다. 그러니 전라도 앞잡이들을 몰아내자"라는 식의 소문을 내서 분위기를 아주 험악하게 만들었어요. 분위기가 흉흉하니 이것을 견디지 못하고 도망쳐 온 사람도 많았습니다. 그렇게까지 해서 아주 치밀하게 부정선거를 했지요.

━ 1971년 대선에서 대통령님 내외분의 투표가 무효가 되었을 정도로 부정이 많았다고 하는데요. 대통령님 내외분의 투표는 왜 무효가 되었습니까?

투표용지에 선관위원장의 도장이 있어야 유효표가 되는데 그것이 없었어요. 그러니 사전에 야당표가 확실한 사람들에게 준 용지에 이것이 없었던 것입니다. 야당표를 무효표로 만드는 방식의 부정선거였던 것이었어요.

▬ 대선 패배 이후 신민당은 선거부정 문제를 크게 쟁점화하지 않은 것으로 보이는데 그 이유는 무엇입니까?

두 가지 이유 때문에 그렇게 되었어요. 가장 큰 이유는 바로 한 달 뒤에 8대 총선이 있었기 때문에 당의 주요 정치인들은 모두 자기 선거에 집중했습니다. 더군다나 공천 과정에서 진산파동이 일어났기 때문에 지난 대선 일에 신경 쓸 수 있는 여력이 없다시피 했어요. 이것이 핵심적인 이유였어요. 다른 이유로는 어쨌든 내가 대선에서 졌기 때문에 원래 나를 지지하지 않았던 분들은 이 문제에 관여하려고 하지 않았습니다. 이러한 이유 등이 복합적으로 작용해서 그렇게 되었습니다.

▬ 대선 패배 이후 시민사회 진영의 반응은 어땠습니까?

4·19 혁명 때처럼 국민들이 들고일어나는 상황은 아니었어요. 이렇게 된 이유는 총선 분위기에 휩쓸린 면이 있어요. 이승만 정권 시절 3·15 부정선거와 달리 이때의 부정선거는 매우 교묘한 방식으로 이뤄진 것도 영향을 주었습니다. 부정선거 방식도 진화된 것이었지요.

대선을 석 달 앞두고 미국 방문

━ 대통령님께서 후보가 되신 이후인 1970년 11월에 전태일 열사 분신사건이 있었습니다. 당시 이 소식을 들으셨을 때 어떠셨습니까?

매우 안타깝고 슬펐습니다. 나는 노동자들의 비참한 현실을 잘 알고 있었기 때문에 이 문제를 하루빨리 해결하지 못하면 앞으로 큰 문제가 발생할 것이라고 생각하고 있었어요. 결국 이렇게 안타까운 일이 발생했던 것입니다. 참으로 마음이 아팠습니다. 전태일 열사는 살신성인의 자세로 개발독재 시대의 모순이 해결되어야 한다는 사실을 우리에게 알려주었습니다. 나는 전태일 열사의 뜻을 잊지 않겠다고 다짐했고 내년 대선에서 반드시 승리해야겠다는 각오를 다졌습니다. 나중에 유족들이 어려운 형편에 있다는 소식을 듣고 경제적으로 도움을 드리기도 했습니다.

━ 1971년 대선을 앞둔 1월 말부터 2월 초까지 미국을 방문하셨습니다. 그 이유는 무엇입니까?

그때 공화당 정권이 나를 상대로 색깔론으로 공격했는데, 이에 대한 대응으로 미국 방문을 고려하고 있었어요. 정권이 나를 사상적으로 음해해도 내가 미국에서 인정을 받으면 국민들의 우려를 불식시킬 수가 있었기 때문이지요. 그렇게 생각하고 있었는데 그때 주한 미국대사가 내게 미국을 한 번 갔다 오면 좋을 것 같다는 의사를 전해왔어요. 그래서 선거를 석 달 앞둔 시점이었지만 미국을 방문하기로 한 것입니다.

━ 미국 방문 중에 만나셨던 주요 인사들은 누구였습니까?

미국의 국회의원과 국무부 관계자들을 주로 만났습니다. 그때 에드윈 라이샤워 하버드대 교수, 제롬 코헨 하버드대 교수 등을 만났습니다. 이분들이 미국 국회의원들을 소개시켜주었어요. 에드워드 케네디 상원의원도 그렇게 만나게 되었습니다. 케네디 상원의원은 "한국의 민주화를 위해서 최대한 돕겠다" "한국의 대선이 공정선거가 될 수 있도록 강력하게 요청하겠다"라는 이야기를 해주었습니다. 이 세 분은 그 이후에도 나와 우리나라의 민주화를 위해서 많은 노력을 해주었어요. 정말로 고마운 분들입니다.

━ 당시 이희호 여사님께서 닉슨 대통령의 부인인 패트리샤 여사를 만나셨습니다. 나중에 두 분의 사진과 관련해서 여러 이야기가 있었던 것으로 알고 있는데요.

패트리샤 닉슨 여사를 만났다고 하니 공화당에서 난리가 났어요. 그때 우리가 사진을 공개하기 위해서 사진관에 사진 인화를 맡겼는데, 공화당 정권이 이 사실을 어떻게 알았는지 탈세혐의로 그 집을 수색해서 우리가 맡긴 사진을 가져가버렸어요. 그렇게 한 후에 패트리샤 닉슨 여사를 만나지도 않았는데 거짓말했다고 역공을 했습니다. 그런데 그때 우리 집에는 문명자 기자가 찍은 사진이 한 장 더 있었어요. 문명자 기자는 그때 『문화방송』워싱턴 특파원으로 있었는데 아내가 패트리샤 여사를 만나는 데에 도움을 주었거든요. 그래서 갖고 있던 그 사진을 인화

에드워드 케네디 상원의원과 함께(1971).
미국 방문 중에 만난 에드워드 케네디 상원의원은
김대중에게 "한국의 민주화를 위해서 최대한 돕겠다"
"한국의 대선이 공정선거가 될 수 있도록
강력하게 요청하겠다"고 약속했다.

해서 공개했지요.

— 대선자금은 어떻게 확보하셨습니까?

대부분 당내에서 십시일반으로 모은 돈으로 충당했습니다. 유진산 당수, 정일형 선생, 고흥문 의원 등이 자금을 마련했어요. 외부에서 자금을 지원하고 싶어도 만약 걸리면 무자비한 보복을 당하기 때문에 엄두를 내지 못했어요. 심지어 사업하다가 경쟁자가 나타나면 그 사람을 퇴출시키기 위해서 그 사람이 나한테 정치자금을 줬다고 무고해요. 그러면 그 사람은 나를 알지도 못하지만 "다시는 김대중 집에 가지 않겠다. 돈을 주지 않겠다"라는 각서를 쓰고 나와서 그 사업을 접게 돼요. 그런 식의 공작이 이뤄지고 소문이 나니 사업하는 사람이 마음이 있어도 무서워서 내게 돈을 줄 수가 없었어요. 이것을 알면서도 지원해준 사람들이 일부 있었는데 정말 고마운 분들이었지요. 도움 받을 때 걸리지 않으려고 007작전 하듯이 했습니다.

— 대통령님을 지지하는 일반 국민들이 후원한 경우는 없었습니까?

극비로 조금씩 있었어요. 그러나 그때는 이런 것이 보편화되어 있지 않았어요. 일반 시민들을 위한 참여민주주의가 아직 정착되지 못한 때였고 그것을 뒷받침할 수 있는 제도도 미흡했어요. 무엇보다 독재 정권하에서 야당에 후원하다 걸리면 보복을 당할 수 있었기 때문에 설령 뜻이 있었다고 해도 실천에 옮기기 어려운 상황이었습니다.

— 선거자금은 주로 어떤 명목으로 집행되었습니까?

7대 대선 포스터(1971).
김대중은 1971년 7대 대선에서 정책선거를
주도했다. 그리고 뛰어난 대중연설 능력으로
민주화를 열망하는 국민들을 동원하는 데
큰 성과를 거두었다.

선거기구 운영비, 홍보비, 유세 관련 비용 등 필수적인 항목에 주로 집행했어요. 지역을 돌아다니면서 원외지구당위원장에게 활동비를 주는 데에도 일부 사용했습니다. 자금 사정은 빠듯했어요. 그때 야당은 돈이 없었기 때문에 열정과 신념으로 이러한 어려움을 이겨낼 수밖에 없었습니다.

— 후보 시절 대통령님을 보좌했던 분 중에서 미국을 포함한 해외 관련 업무를 맡으신 분이 있었습니까?

미국대사관에서 통역하던 사람이 있었는데 그 사람과 교섭해서 대사관을 그만두고 나를 보좌하기로 했어요. 당에 속한 것은 아니었고 내가 적절한 보수를 지급하고 후보인 나를 돕는 역할이었습니다. 그런데 얼마 일한 후에 갑자기 사라졌어요. 행방을 감춘 것이에요. 아마도 정보기관 같은 곳에서 협박을 받아서 그만두고 잠적한 것으로 짐작합니다. 이 경우에서도 확인할 수 있지만 그때는 외부에서 전문가를 모시는 것이 어려웠습니다. 마땅한 자리를 보장할 수 있는 것도 아니었고, 정권으로부터 압력을 받기도 했으니 인재를 모시는 일이 정말 어려웠어요.

— 지식인들의 협조와 지지도 쉽지 않았을 것 같습니다.

그랬어요. 뜻있는 분들이 개별적으로 도움을 준 경우는 있었지만 집단적으로 세력을 형성하는 일은 어려웠습니다.

3단계 통일론과 4대국 안전보장론

— 대통령님께서는 1961년 2월 당시 민주당 대변인을 하실 때

통일과 관련해서 '유엔 감시하에 남북한 총선거'를 말씀하셨습니다. 대통령님의 입장을 살펴보면 총선거를 실시할 경우 북한이 참여해야 한다는 것인데요. 이 논리는 사실상 북한을 인정하는 것이기 때문에 당시에는 매우 파격적인 주장이었지요.

북한의 남침으로 전쟁이 발발해서 엄청난 고통을 겪었습니다. 그래서 북한에 대한 불신과 공포가 심했고 이승만 정권 때 북진통일론처럼 북한을 타도해서 통일해야 한다는 생각도 많았습니다. 나는 1950년 북한공산군에 의해서 죽을 뻔했고 공산주의 자체에 많은 문제가 있다고 생각하기 때문에 공산주의를 단호히 반대했어요.

그와 함께 내가 중요하게 생각한 것은 다시는 전쟁이 일어나서는 안 된다는 것이었습니다. 어떻게든 평화통일의 길을 열어야 한다는 것이었지요. 평화통일로 나아가지 않고 남북한이 계속 대립하면 결국 가장 큰 피해를 보는 것은 우리 국민이거든요. 그래서 나는 엄연히 존재하는 북한의 실체를 우리가 부정한다고 해서 해결될 일이 없다고 생각했습니다. 북한을 부정하면 결국 전쟁을 할 수밖에 없는데, 그것은 해서는 안 되는 일이거든요. 그래서 그렇게 주장했습니다.

━ 대통령님께서 1960년대 6, 7대 국회의원 시절 기고하신 글을 보면 갈수록 통일의 중요성에 대한 인식이 줄어드는 것 같아 안타깝다는 취지의 내용이 나옵니다. 이는 당시 박정희 정권의 '선건설 후통일' 노선과 관련된 것으로 볼 수 있을까요?

당시 박정희 정권은 북한의 위협을 정권 유지를 위한 구실로 삼고 있었기 때문에 북한과의 관계 개선을 바라지 않았어요. 그런데 국민들은 통일을 바라고 있었기 때문에 통일문제를 그냥 무시할 수 없으니 '선건설 후통일'이라고 한 것입니다. 궁여지책이었지요. 그러나 박정희 정권은 북한과 대화와 협상을 통해서 문제를 풀어갈 생각이 없었어요.

━ 이 시기 통일문제에 대한 야당 내부의 인식은 어땠습니까?

전반적으로 이 문제를 거론하는 것을 꺼려 했어요. 자칫 잘못하면 중정에 걸려서 곤란한 상황에 빠질 수 있다고 생각했기 때문에 다들 조심하는 분위기였어요. 더구나 분단이 길어지면서 통일하는 것은 어려운 일이라는 인식이 형성되어 과거보다 관심이 적어지기도 했습니다. 그러나 이것은 그전과 비교해서 그랬고, 전체적으로 보면 통일은 우리가 당면한 최대 과제 중의 하나라고 생각하는 사람이 많았습니다.

━ 1960년대 6, 7대 국회 발언을 보면 "국익을 위해서는 미국에 대해서도 여러 가지 비판적인 의견도 제시할 수 있어야 한다" "할슈타인 원칙을 폐기해야 한다" "공산권 국가와 교류를 해야 한다" 등의 대단히 현실적이면서도 유연한 사고를 하셨습니다. 그 배경은 무엇입니까?

그때 미국과 소련이 날카롭게 대립하고 있었지만 양쪽 다 상대를 괴멸시킬 수 있는 핵무기를 갖고 있었기 때문에 전쟁으로 문제를 풀 수 있는 상황이 아니었어요. 핵무기에 의해 공포의 균형이 이뤄진 것이지요. 그래서 시간이 지나면 결국 세계는 대화와 외교를 통해 문제를 해결하는 방향으로 나아갈 수밖에 없

국회에서 발언하는 모습(1960년대 중반).
김대중은 국회에서 "국익을 위해서는
미국에 대해서도 여러 가지 비판적인 의견도
제시할 수 있어야 한다"고 발언했다.

다고 판단한 것입니다. 또한 우리가 있는 한반도는 이러한 세계의 변화에 직접적으로 영향을 받기 때문에 국제정세 변화에 능동적으로 대처해서 우리의 국익과 안전을 확보해야 한다고 생각한 것입니다.

━ 외교의 중요성을 오래전부터 일관되게 강조하셨습니다. 어떤 배경에서 그렇게 하시게 되었습니까?

다른 것은 잘못하면 고칠 수 있지만 외교를 잘못하면 나라가 망하고 전쟁이 날 수도 있기 때문입니다. 우리 역사만 봐도 알수 있어요. 조선이 망해서 일제의 식민지가 된 것은 우리 민족 최대의 비극이었습니다. 분단과 전쟁으로 이어지는 우리 현대사의 비극도 따지고 보면 거기에서부터 시작된 것이지요.

조선이 망한 결정적인 이유는 외교를 못했기 때문입니다. 당시 주변에 청나라, 러시아, 일본이 있었는데 전부 우리를 호시탐탐 노리는 나라들이었습니다. 대신 미국은 주변 3국과 달리 한반도에 직접적인 이해관계가 적고 영토적 야심도 없었어요. 조선이 이러한 점을 간파하여 미국과의 외교를 강화하고 미국이 중재자로서 역할할 수 있도록 했다면 나라가 망하는 것은 막을 수도 있었다고 생각해요. 그런데 우리가 실기한 사이 사태는 악화되었고 결국 일본은 미국과 '가쓰라-태프트 밀약'을 통해 미국으로부터 한반도 지배에 대한 인정을 받아냈어요. 결국 조선은 망했습니다.

이는 주변국과의 외교를 잘해서 망국의 위기에서 벗어난 태국의 사례와 비교됩니다. 태국은 국제적인 역학관계를 잘 파악했어요. 강대국 사이의 이해관계를 잘 조절했고 자국의 독립이 상대의 이익이 된다는 점을 이해시켜서 결국 독립을 유지할 수 있었습니다. 조선에는 이렇게 할 수 있는 인물이 없었어요. 대원군은 내정은 잘했다고 볼 수 있지만 외교에 있어서는 결정적인 실책을 했어요. 쇄국정책으로 우리가 세계의 변화를 제대로 파악하고 대처할 수 있는 길을 막아버렸습니다.

이렇게 외교가 중요한데 정작 우리나라 사람들은 외교의 중요성을 모르고 관심도 적습니다. 외교를 잘하는 정치가도 드물어요. 나는 이 점을 매우 크게 우려하고 있습니다.

━ 미국에 대한 대통령님의 시각과 외교 전략에 대한 말씀을 듣고 싶습니다.

나는 정치할 때부터 지금까지 우리의 안보와 국익에 미국이 제일 중요한 나라이기 때문에 미국과 좋은 관계를 맺어야 하고 미국을 잘 활용해야 한다고 생각하고 있어요. 한·일회담도 겉으로만 보면 한국과 일본의 일로 생각하기 쉽지만 미국의 입장, 미국과의 관계를 함께 파악해야만 올바른 정책을 세울 수 있는 것입니다. 미국의 입장을 그대로 수용하자는 것이 아니에요. 미국은 자유민주주의 국가이기 때문에 이견이 있으면 내부에서 치열한 토론을 하고 정책을 수정합니다. 그런 점을 고려해서 미국의 정책에 문제가 있으면, 잘 설명하고 설득해서 미국의 정책이 우리의 이익에 최대한 근접할 수 있도록 외교력을 발휘해야 합니다. 그것이 국익 위주의 친미 외교입니다. 나는 이러한 입장에서 민주화운동을 할 때부터 대미 외교를 했어요.

━ 대통령님께서 6, 7대 국회의원으로 활동하시면서 국제정세에 관해 분석하시고 예견하신 내용을 보면 매우 놀라운 수준입니다. 주로 어떤 자료를 보셨습니까?

내가 제일 많이 참조한 것은 신문이에요. 특히 내가 일본어를 잘하기 때문에 국회도서관에 있는 일본 신문을 보고 많은 공부를 했습니다. 관련 서적도 많이 보았어요.

━ 대통령님께서는 미국 방문 중이던 1971년 2월 3일 미국 내셔널클럽 연설에서 '3단계 통일론'을 발표하셨습니다. 이때 처음으로 3단계라는 용어를 쓰셨습니다.

이미 분단이 상당 시간 지속되었기 때문에 남북한 사이의 이질화를 감안하면 즉각적인 통일은 바람직하지 않은 상황이었습니다. 군사·외교적인 대립 문제도 해소해야 했고요. 그래서 평화통일을 하기 위해서는 단계적인 접근이 필요하다는 판단을 했고 이를 '3단계 통일론'이라고 명명했어요.

━ 7대 대선에서 3단계 통일론과 함께 유명한 공약이 바로 '4대국 안전보장론'입니다. 이 주장을 하시게 된 배경과 그 내용에 대해서 말씀해주시지요.

좀 전에 이야기한 조선왕조 말기 상황에서 교훈을 얻은 것입니다. 우리의 지정학적 여건을 감안할 때 4대국과의 우호협력 관계가 중요하다고 봤습니다. 그렇게 해야만 강대국들의 대립에 의해 우리가 피해 보는 것을 막을 수 있고, 남북한이 평화통일의 길로 갈 수 있다고 판단한 것입니다. 한반도를 둘러싼 강대국 사이의 세력균형이 흔들리면 한반도가 가장 큰 피해를 보기 때문에 이것을 막고 궁극적으로 동북아 지역의 평화체제를 구축하려고 했습니다. 이것이 결국 4대국에게도 이익이 된다는 점을 이해시키기 위한 것이었습니다.

▬ 당시는 냉전 시기였고 한국의 독재정권은 중국, 당시 중공이라고 그랬는데, 중국과 소련을 적성국가로 대했습니다. 그때 우리는 중국·소련과 국교도 맺지 않은 상황이었고요. 이런 상황에서 중국과 소련을 한반도 평화를 위한 역할을 하는 나라로서 인식한 것은 당시로서는 파격적인 동시에 위험하다고 볼 수 있었습니다. 어떻게 이런 생각을 하시게 되었습니까?

그때는 목숨 걸고 한 것입니다. 그런 위험이 있었지만 나는 시대의 변화에 능동적으로 대응해서 우리의 안전을 확보하고 국익을 증진시킬 수 있는 방안이 이것이라고 확신했어요. 나는 1960년대 유럽에서 나타난 일련의 움직임을 보면서 냉전의 변화 가능성에 주목했습니다. 특히 1969년 닉슨독트린 이후 미국의 동아시아 정책의 여러 변화를 면밀하게 분석하면서 한반도가 포함된 동북아 지역에도 새로운 시대가 열릴 수 있을 것이라 판단했습니다. 4대국 안전보장론이 필요하다는 결론에 이르렀고 이것을 과감하게 공약했습니다.

▬ 당시 미국의 한반도 정책의 목표는 분단의 안정적인 관리를 통한 현상 고착화에 있었습니다. 이와 비교하면 대통령님은 외교와 협상을 통한 평화적인 방식의 현상 타파 전략이었습니다. 이와 같은 차이점을 어떻게 극복하려고 하셨습니까?

물론 그런 차이점이 있는 것은 사실입니다. 다만 나의 구상이 미국의 목표와 배치되는 것은 아니에요. 4대국 안전보장론과 3단계 통일론은 함께 추진되는 것인데, 이는 동북아 지역의 무력충돌을 막을 수 있는 가장 현실적인 방안이었습니다. 미국이 원하는 현상 고착은 미국이 이 지역의 새로운 분쟁에 연루되는 것을 막기 위한 목적이었어요. 미국이 베트남전쟁에 참전해서 큰 곤란을 겪었기 때문에 그와 같은 노선을 세운 것이지요. 군사적으로 첨예하게 대치하고 있는 한반도에서 군사적 대결과 충돌의 가능성을 막는 방향으로 현상을 변경하는 것을 미국이 싫어할 이유는 없었어요. 나는 그 점을 노렸던 것입니다.

미국 같은 강대국을 상대로 한 외교를 할 때는 주변 상황과 강대국의 입장을 냉철하게 파악해야 해요. 객관적인 조건을 냉철히 분석한 후에 강대국을 상대로 적극적이고 치밀한 소통을 하여 우리의 입장을 최대한 이해시키고 상호 간의 입장을 조율하는 것이 필요합니다. 이것이 강대국을 상대로 한 외교의 기본자세가 되어야 합니다.

— 이와 관련된 주제로 협의하신 지식인 그룹이 있었나요?

외교안보 현안에 대해서 도움을 준 분은 있었습니다. 다만 3단계 통일론과 4대국 안전보장론 등은 내가 직접 만들었어요.

대중경제론

— 대중경제론에 관해서 몇 가지 질문을 드리겠습니다. 먼저 대중경제론을 내세우신 배경은 무엇입니까?

많은 사람들이 경제개발 5개년계획을 박정희 정권이 수립해서 실행한 것으로 알고 있지만, 이 5개년계획을 만든 것은 장면 정부였어요. 박정희 정권은 5·16 쿠데타로 정권을 찬탈한 뒤에 자기들이 대단히 창의적으로 만든 것처럼 포장했지만 실제는 장면 정부 때 만든 안이 기본이었어요. 여하간 박정희 정권은 그렇게까지 했으면 잘해야 하는데, 소수만이 혜택을 보는 특권 경제를 만들었어요. 경제개발의 성과를 소수가 독점하다 보니 노동자와 농민은 희생되고 중산층 형성이 제대로 이뤄지지 않았어요. 이렇게 되면 민주주의도 제대로 발전하기 힘듭니다. 나는 중산층과 서민에 속하는 근로대중의 입장을 옹호하고 그들의 경제적인 안정 속에 국가경제 발전을 도모하는 것이 필요하다고 생각했어요. 이러한 경제철학, 경제정책을 '대중경제'라고 명명한 것입니다. 박정희 씨의 개발독재, 내가 주장한 대중경제, 이렇게 두 가지 경제발전 노선이 있었다고 할 수 있습니다.

━ '대중경제'라는 표현은 대통령님의 아이디어였습니까?

나의 독자적인 아이디어였습니다. '대중자본주의'도 내 아이디어였고요. 나는 학자가 아니라 정치가이기 때문에 이러한 개념을 만들 때에는 이론적인 것만 고려하지 않고 국민들의 이해와 호응까지 고려합니다. 대중경제론, 3단계 통일론 등이 그렇게 해서 나온 것입니다.

━ 대중경제에서 보듯 대통령님께서는 '대중'이라는 개념을 중시한 것으로 보입니다.

그렇습니다. 나는 박정희 독재정권의 국정운영에 대한 총체적인 대안으로 '대중민주주의'를 제시했습니다. 대중은 노동자와 농민을 염두에 둔 개념이고 중산층과 서민을 포괄하는 계층이라고 할 수 있습니다. 대중이 정치·경제·사회 각 영역에서 중심주체로서 참여하는 국정운영이 필요하다고 생각했어요. 독재정권은 국민과 대중을 동원하는 대상으로만 보았고 이들의 각종 권리 보장과 확대에 부정적이었습니다. 억누르려고만 했지요. 이러한 것에 비판적이었고 그에 대한 대안으로서 대중민주주의를 제시했던 것입니다. 대중경제도 이와 같은 맥락에서 나온 것이에요.

━ 대중경제는 이승만 정권 시절 민주당이 야당일 때 내세운 경제정책과 장면 정부 시절 집권당일 때 내세운 경제정책과 비교해서 보면 어떤 차이점이 있습니까?

민주당은 이승만 정권의 관권경제, 특권경제를 비판하면서 시장경제를 강조했어요. 다만 그때는 미국의 원조를 받아 근근이 버틸 때였고 경제개발이 별로 이뤄지지 않아서 대다수의 국민이 가난하게 사는 빈곤의 평등 상태라고 할 수 있었어요. 그래서 부의 불평등 문제에 대한 인식은 박정희 정권 때 좀더 강조되었다고 볼 수 있습니다. 이것이 박정희 정권 시절 대중경제가 나오게 된 배경입니다.

━ 1966년 1월 20일 박순천 민중당 대표가 국회 정책기조연설에서 '대중자본주의'라는 말을 썼습니다. 이날 박순천 대표 연설문은 대통령님을 포함한 몇 분이 중심이 되어 작성한 것으로 알고 있습니다.

박순천 선생의 연설문은 내가 작성했는데 한 가지 실수를 했어요. 그때 연설문 인쇄가 잘 안 되었어요. 그래서 중간중간 안 보이는 글자가 있었는데, 이것을 제대로 확인하지 않고 박순천 선생께 드렸어요. 박순천 선생께서 경제이론에 대해 잘 아시는 편이 아니고, 본인이 작성하신 것도 아니다 보니 연설 도중 말이 끊기고 이어지지 않았어요. 처음에 그 이유를 몰랐는데 나중에 알고 보니 그런 원인이 있었어요. 내가 좀더 신경 썼어야 했는데 그렇지 못해서 박순천 선생을 고생시킨 결과가 되었습니다. 내가 사과드렸어요.

━ 그런 일화도 있었네요.

네, 우리는 박정희 정권의 경제정책을 독점자본주의, 개발독재라고 규정하면서 그것에 대한 비판적 대안으로서 대중자본주의, 대중경제라는 개념을 제시하게 된 것입니다. 기본적인 입장을 설명하면, 박정희 정권의 경제정책은 경제성장의 결과를 특정 소수에게 너무 집중시키고 있다는 점을 지적하면서 부의 편중을 막고 노동자·농민·빈민 등의 경제적 생활안정을 이루고 중산층 중심의 계층구조가 될 수 있도록 해야 한다는 것이었습니다. 일부 대기업에 의존한 성장은 궁극적으로 경제의 불안정을 초래한다고 보았기 때문에 기술력을 갖춘 다수의 중소기업을 함께 발전시켜야 경제의 기반이 튼튼해진다고 주장했어요. 그렇게 사회적 안정을 이뤄서 공산주의가 자리 잡을 수 있는 기반 자체를 없앨 수 있다고 본 것입니다. 이것이 결국 진정한 안보를 위한 길이라고 생각한 것이지요.

━ 중산층 강화를 중시하셨던 것 같습니다.

그렇습니다. 영국과 프랑스 등 서구 선진 민주국가를 봐도 중산층이 튼튼해야 민주주의가 발전한다는 사실을 알 수 있어요. 우리도 그러한 방향으로 나아가야 한다고 생각했습니다.

━ 1960년대 6, 7대 국회 시절 교류하신 경제학자들은 어떤 분들이었습니까?

남덕우 서강대 교수, 최호진 연세대 교수, 김병태 건국대 교수, 정윤형 홍익대 교수, 박현채 조선대 교수 등이 기억납니다. 내가 모르는 부분을 배우기도 했고 함께 토론하기도 했어요.

━ 농업경제를 전공하신 분들이 있는 것 같습니다.

지금과 달리 그때는 농업이 산업의 중심이었고 농민의 수도 아주 많았으니 그것은 자연스러운 일이었습니다.

━ 대중경제론을 보면 저곡가의 문제점을 많이 지적하고 있습니다.

박정희 정권의 저곡가 정책으로 농민들이 농촌을 떠나서 도시로 몰려들었어요. 산업화 과정에서 농민이 노동자가 되는 것은 자연스러운 과정으로 볼 수 있는데, 문제는 그 속도와 방식이었어요. 저곡가 정책으로 농민의 경제수준이 낮아지다 보니 갑자기 너무 많은 농민이 대도시로 몰려들었습니다. 갑자기 늘어난 노동자들에게는 또 저임금 정책을 썼어요. 그러니 농민에서 노동자로 직업만 바뀌었을 뿐 빈곤한 것은 동일했어요. 도시는 그렇게 많은 인구를 수용할 능력이 없었어요. 주택, 상하수도 등 기본 인프라가 갖춰져 있지 않았지요. 이들은 도시의 빈민이 되었기 때문에 이 문제도 심각했습니다. 이것의 시작이 바로 저 곡가 정책에 있었던 것이에요. 그래서 이 문제를 중시했어요.

━ 농촌을 많이 다니셨습니까?

각종 회의나 연설 등을 하기 위해서 지방을 많이 갔어요. 그 곳에 가면 지역 사람들의 이야기를 들으면서 정책에 대한 구상을 하기도 했어요. 나는 정책을 세울 때 탁상공론으로 하지 않고 실제 현장의 목소리, 현장에서 이뤄지는 일의 과정을 항상 염두에 두었습니다. 이것이 내 정책에 대한 평가가 좋은 이유의 하나라고 생각합니다.

━ 1968년 2월에 경부고속도로가 착공되었습니다. 이와 관련해서 여러 논란이 있었는데요. 대통령님께서는 어떤 입장을 갖고 계셨습니까?

그 당시 경부고속도로 건설은 대역사(大役事)였어요. 그렇게 큰일을 하는데 박정희 정권은 국회와 충분한 상의도 없이 일방적으로 추진했습니다. 나는 국토의 균형 발전이 중요하다고 생각했어요. 그때 국도 상황이 열악한 곳이 많았기 때문에 우선 이런 곳의 도로 사정을 개선하고 그다음에 물동량을 보고 고속도로를 건설해야 한다는 것이 내 주장이었어요. 도로 사정이 제일 좋은 구간에 고속도로를 먼저 건설하면 물류와 산업이 한쪽에 집중되어 지역 간 균형이 깨진다고 생각했습니다. 나는 지금도 그때 내 생각이 옳았다고 봅니다. 그래서 반대했던 것입니다. 정책에 대한 견해 차이를 떠나서 이런 대역사를 일방적으로 추진하는 태도에 큰 문제가 있었습니다. 이는 독재정치의 한계를 그대로 보여준 것입니다.

— 한쪽에서는 경부고속도로 건설을 박정희 대통령의 탁월한 리더십의 결과라고 평가하기도 하는데요.

그것은 잘못된 판단입니다. 한쪽으로만 물동량을 집중시키면 불균형이 심화됩니다. 불균형 발전에 의한 문제점은 너무나 많아요. 지금 우리나라에서 나타나는 여러 가지 문제점이 이때의 불균형 발전에 기인합니다. 한쪽은 인구과밀이 심각하고 다른 쪽은 인구가 너무 심하게 줄어들고 있어요. 이런 문제가 하나둘이 아닙니다. 그래서 비판하는 것입니다.

— 1971년 대선을 앞두고『김대중 씨의 대중경제 100문 100답』이 출간되었습니다. 이 책의 성격과 출간 과정에 대해서 말씀해주세요.

기본 방향은 내가 이야기를 해줬고 그것에 기초해서 글을 작성하고 책으로 만든 것은 박현채 씨를 중심으로 한 학자들이었습니다. 이 책 출간은 당이 관여한 것이 아닙니다. 내가 박현채 씨를 잘 알았기 때문에 그런 인연으로 나오게 된 것이에요. 이 책을 만들 때 내 비서들도 협조했어요. 방대엽·김경광·한화갑 등이 도움을 주었던 것으로 기억합니다. 그중에서도 방대엽이 주도적으로 했어요.

— 1971년 대선에서 공약하신 대중경제와 1990년대 이후 제시하신 경제노선과 정책에 있어 일정 정도 변화가 있다는 평가가 있습니다. 여기에 대해서 어떻게 생각하십니까?

내가 처음에 대중경제를 말했을 때는 불균형 발전에 의한 불

7대 대선 유세 현장(1971).
중산층 강화를 중시한 김대중은
부의 편중을 막고 노동자·농민·빈민 등의
경제적 생활안정을 이루고 중산층 중심의
계층구조가 될 수 있어야 한다는
대중자본주의, 대중경제 개념을 제시했다.

평등 문제가 심각하다고 봤기 때문에 이 문제에 초점을 맞췄습니다. 그런데 경제는 성장해야 나눌 것이 생기는 것이기 때문에 성장과 분배를 함께 중시하는 방향으로 보완하게 되었어요. 또한 냉전 해체 이후 우리가 세계시장에서 살아남기 위해서는 국제 경쟁력을 갖춰야 하기 때문에 국제적 기준에 맞는 경제 시스템의 혁신 및 재구성이 필요하다고 생각했습니다. 이러한 부분도 보완하게 되었지요. 그래서 전체적으로 본다면 중산층과 서민의 경제적 안정을 도모하는 것은 그대로 유지했고 이를 위해서 변화된 시장환경과 국제환경에 제대로 대응해야 한다는 것이 내 입장이었어요.

— 전체적으로 박정희 정권의 경제개발 정책에 대해서 어떻게 평가하십니까?

나는 박정희 대통령이 국민들에게 '우리도 할 수 있다'라는 자신감과 의욕을 갖게 한 것은 긍정적으로 평가합니다. 보릿고개로 상징되는 굶주림과 절대빈곤의 문제를 해소한 것도 인정합니다. 이것은 중요한 의미가 있다고 생각하기도 해요.

다만, 그것을 제외한 경제개발 정책에 대해서 나는 비판적으로 봅니다. 박정희 정권의 경제개발은 불균형과 불평등으로 요약할 수 있어요. 지역 간, 계층 간, 산업 간 불균형 발전으로 인해서 경제발전의 성과가 소수에게 집중되었고 다수의 대중들은 그 혜택을 받지 못했어요. 저곡가와 저임금에 의해 농민과 노동자가 고통받았고 도농 간 격차에 의해 수많은 사람이 도시로 몰려들면서 도시빈민 문제가 심각했습니다. 지역감정 문제도 기본 바탕에는 지역 간 불균형 발전이 있어요.

관치경제를 통해서 자기들 마음에 들면 키워주고 그렇지 않으면 하루아침에 망하게 하는 등 시장경제 시스템을 왜곡했어요. 그 과정에서 엄청난 부정부패가 발생했습니다. 전체적으로 경제 분야에 대한 박정희 정권의 공과를 평가한다면, 박정희 정권이 일부 잘한 점을 인정하지만 잘못한 점이 많다고 생각합니다. 나는 박정희 정권의 경제개발 노선에 대한 대안으로 대중경제론을 제시하게 되었습니다.

진산파동

━ 8대 총선은 7대 대선 한 달 뒤에 실시되었습니다. 대통령님은 대선에서 국민들에게 큰 지지를 받았기 때문에 총선 공천에서도 상당한 영향력을 행사할 수 있었을 것 같은데요.

지역구는 지구당위원장들이 자리를 잡고 있었기 때문에 선거를 앞두고 이 문제로 진산계와 다툴 일은 없었어요. 그런데 전국구 공천은 당권을 갖고 있던 진산계가 마음대로 했습니다. 원래는 유진산 당수하고 내가 함께 상의해서 진행하기로 했는데, 이 약속을 어겼어요. 나는 대선후보로서 정치적인 위상은 있었지만 법적인 권한은 없었기 때문에 유진산 당수가 그렇게 나오면 내가 할 수 있는 방법이 없었습니다.

━ 8대 총선 후보 등록 마감일인 1971년 5월 6일 유진산 당수가 자신의 지역구를 포기하고 전국구 후보로 등록하는 이른바

진산파동이 발생했습니다. 선거를 앞둔 신민당에 엄청난 충격을 준 사건이었지요?

내가 소식을 듣고 상도동에 있는 유진산 당수의 집에 갔어요. 유진산 당수가 정색을 하면서 "내가 우리 신민당을 위해서 전국구로 나가기로 했다"는 거예요. 내가 이 말을 듣고 하도 어이가 없어서 "아니 이것이 무슨 말씀입니까"라고 물으니 유진산 당수가 "내가 전국구로 나가고 영등포는 박정훈에게 준다"는 거예요. 나는 "아니 선배님, 당수가 상대 후보와 싸우는 것을 포기해놓고 어떻게 국민들에게 표를 달라고 할 수 있겠습니까? 절대로 해서는 안 되는 일입니다"라고 단호하게 말했어요. 그런데 유진산 당수는 "그게 옳은 길이다"라고 말하고는 내 말을 듣지 않아요. 그렇게 일방적으로 정한 것이에요. 결국 유진산 당수는 자신의 지역구를 박정훈 씨에게 주고 자신을 전국구 1번으로 등록한 것입니다.

━ 유진산 당수의 행동을 사전에 예측하지 못하셨습니까?

전혀 예상하지 못했어요. 유진산 당수의 핵심 측근 한두 사람만 알았다는 말이 있어요. 그 외는 다 몰랐고 그래서 큰 소동이 발생한 것이에요.

━ 유진산 당수가 왜 그랬을까요? 많은 사람이 박정희 정권과의 유착이 있었을 것이라고 생각하기도 하는데요. 대통령님께서는 어떻게 생각하십니까?

그런 말이 돌았던 것은 사실이고 정황상 의심 가는 부분도 있지만 명확한 증거가 없는 상황에서 내가 그렇다고 말할 수는 없어요. 배경이 어떻든 이 사건은 총선을 앞둔 신민당에 엄청난 타격을 주는 일이었어요. 유진산 당수가 정치를 하루 이틀 한 사람도 아닌데 자신의 행동이 어떤 파장을 초래할지 몰랐겠어요? 그러니 이런저런 이야기가 나오는 것이고 당원들이 격분해서 유진산 당수 집으로 몰려가 농성하고 그랬어요.

━ 방금 말씀하신 대로 유진산 당수 행동에 격분한 신민당원들이 5월 6일과 7일 집단행동을 했습니다. 신민당 내 상황이 복잡했을 것 같은데요.

그때 유진산 당수 지역구 당원들 중심으로 항의를 했어요. 서울의 다른 지역에서도 참가했습니다. 그때는 선거가 3주 정도밖에 남지 않은 시점이었기 때문에 다들 자기 지역구 선거에 전력을 다하고 있어서 전국적인 항의 시위는 어려웠어요. 유진산 당수가 이러한 점을 노렸을 수도 있습니다. 비난이 쏟아지겠지만 곧 선거가 실시되기 때문에 비켜갈 수 있다고 생각했을 가능성이 있어요.

━ 대통령님께서는 5월 7일에 홍익표 선생, 정일형 선생 등과 함께 당 운영위의 수권기구인 6인 수권위원회 모임을 하셨습니다. 여기서 유진산 당수를 제명하고 대통령님께서 총선 기간에 당 대표 권한대행을 맡기로 했는데요. 여기에 김영삼·이철승·김재광 씨 등은 대통령님께서 당 대표 권한대행을 맡는 것을 반대하는 등 신민당의 내홍이 이어졌습니다. 결국 유진산 당수가 사퇴하고 김홍일 씨가 당 대표 권한대행을 맡기로 하면서 간신히 수습되었는데요.

선거를 해야 하는데 유진산 씨를 그대로 당수로 둔 상황에서는 지역에서 선거를 할 수 없을 정도였어요. 그리고 나를 당의 간판으로 해야만 선거를 할 수 있다는 요구가 빗발쳤어요. 그래서 그렇게 했는데 당의 주요 인사들은 자신의 지역기반이 탄탄하고 나에 대한 견제의식도 있고 진산계의 영향도 받아서 내가 당 대표 권한대행이 되는 것을 반대했어요. 그래서 결국 유진산 당수가 사퇴하고 김홍일 씨가 대표 권한대행을 맡는 것으로 타협이 된 것입니다. 유진산 당수의 사퇴를 이끌어낸 것이 그나마 다행이었어요. 그러나 그 과정에서 신민당이 큰 타격을 받았기 때문에 나는 전국을 돌아다니면서 지원유세에 나서게 되었습니다.

의문의 교통사고

━ 이때 대통령님께서는 목포 지역구에서 출마하지 않고 전국구로 출마하셨는데요. 그 이유는 무엇입니까?

내 지역구였던 목포는 이미 대통령 선거에 나갔을 때부터 김경인 씨한테 맡기고 다음 총선에 출마하라고 독려까지 해둔 상황이었어요. 김경인 씨는 목포 내 지역구의 부위원장을 맡고 내 선거를 두 번이나 함께하면서 고생을 많이 했었지요. 그래서 내가 그 사람을 정치인으로 키우겠다는 생각을 하고 목포로 나갈 생각을 하지 않았습니다. 나는 그때 종로에서 출마하겠다고 당에 이야기를 했어요. 종로가 정치1번지라는 상징성이 있었기

272

때문이지요. 그런데 유진산 당수가 나를 종로에 공천하지 않고 전국구로 공천했어요. 당권을 유진산 당수가 갖고 있었기 때문에 내가 어떻게 할 수가 없었습니다.

— 결국 대통령님은 전국 유세에 나서시게 되었습니다. 대통령님의 8대 총선 전국 지원유세가 엄청난 강행군이었다고 하는데 어느 정도였습니까?

대선 때와 비슷하게 했어요. 한 예로 하루는 아침에 광주에서 출발해서 순천, 광양, 하동, 진주로 넘어가는 일정이었는데 여수에 출마한 사람이 자기 지역에 꼭 들러야 한다면서 내 자동차 앞에 누워버렸어요. 여수에 가면 아래로 쭉 내려갔다가 다시 올라가야 하고 그때는 길도 좋지 않았기 때문에 일정을 감안하면 매우 어려운 일이었지요. 그런데 내 차 앞에 누워서 내가 여수에 간다고 하기 전까지 일어나지 않는다고 해서 할 수 없이 여수에 갔어요. 그렇다 보니 뒤의 일정에 다 늦은 거예요. 간신히 진주까지 가긴 갔는데 원래 예정된 시간이 7시 정도였는데 그 시간을 훨씬 지난 10시쯤 도착했어요. 그런데도 사람들이 너무 많아서 유세장까지 들어가는 것이 쉽지 않았어요. 더 놀라운 것은 내가 너무 늦어서 이미 상당수 사람들이 돌아갔다는 겁니다. 그런데도 길 양 옆으로 사람들로 가득 차 있었어요.

그때 10만 명 이상의 사람이 모였다는 말도 있었습니다. 경상남도 동부 지역과 부산에서도 비슷했어요. 사람들의 열기가 대단했습니다. 대구에서는 지난 대선에서 지역감정을 부추긴 이효상 씨가 출마한 지역에 가서 우리 당 후보 지원유세를 했어요.

의문의 교통사고 후 지원유세(1971).
8대 총선을 하루 앞둔 1971년 5월 24일
목포에서 광주로 이동하는 중에
김대중은 의문의 교통사고를 당했다.
사고 직후 응급치료만 받고 서울로 올라와
지원유세를 이어갔다. 원래 일정보다 많이 늦은
시간이었는데도 많은 인파로 뒤덮였다.

내가 "국민을 분열시키는 사람을 국회의원으로 뽑아서는 안 됩니다. 대구의 자존심을 생각해서라도 이런 사람을 뽑으면 안 됩니다"라고 강하게 이야기를 했는데, 우리 신민당 후보가 이효상 씨를 상대로 여유 있게 승리했어요. 이것만 봐도 이때까지는 지역감정이 심하지 않았습니다.

━ 8대 총선을 하루 앞둔 1971년 5월 24일 목포에서 광주로 이동하시는 도중에 의문의 교통사고를 당하셨습니다. 그때 생명을 잃을 수 있는 매우 위험한 상황이었습니다.

호남 지역 유세에 갔다가 발생한 일이었어요. 해남, 진도, 목포에서 유세를 한 후에 목포에서 하룻밤을 보내고 다음 날 아침에 목포비행장에서 항공편으로 서울로 올라오는 일정이었어요. 서울에 가면 영등포부터 경기도 수원까지 쭉 유세를 이어가기로 되어 있었습니다. 아침에 일어나서 비행장에 가려고 준비하고 있었는데, 목포비행장에서 날씨에 이상이 있어 비행기가 뜨지 못한다면서 광주비행장은 정상적으로 운영한다고 알려줬어요. 아침에 날씨가 그렇게 나쁘지는 않았기 때문에 이해가 가지 않았지만 더 의심하지 않고 광주로 향했어요. 광주로 올라오다가 사고가 난 것입니다.

━ 사고 장면을 목격하셨습니까?

그럼요, 정면에서 그대로 보았지요. 반대쪽에서 큰 트럭이 오고 있었어요. 그런데 그 트럭이 갑자기 90도 각도로 꺾어서 내가 탄 차 쪽으로 그대로 달려왔어요. 그때 내 차의 운전사가 핸들을 오른쪽으로 꺾고 엑셀을 힘껏 밟아서 정면충돌은 가까스로 피했지만 뒤쪽 범퍼를 트럭과 부딪쳤어요. 그런데 아주 큰 트럭과 빠른 속도로 부딪치니까 차가 붕 떠서 몇 미터 날아가 논에 떨어졌어요. 논은 진흙으로 되어 있어서 바닥에 부딪힐 때 충격이 심하지는 않았어요. 논에서 30미터 정도 앞에는 제방이 있었는데, 만약 그쪽에 떨어지는 상황이었으면 충격으로 아마 즉사했을 겁니다.

━ 아주 위험한 상황이었네요.

그렇지요. 내가 탄 차는 그렇게 결정적인 위기에서 벗어났는데, 문제는 뒤차였어요. 원래 내가 탄 차가 앞에 가고 수행원 차는 내 바로 뒤에 있었는데, 신혼부부 일행 5명이 탄 택시가 수행원 차를 제치고 들어와서 나한테 자꾸 손짓하고 그랬어요. 그런데 안타깝게도 그 택시는 트럭과 정면으로 충돌해서 2명이 즉사했어요. 안타까운 일이지요. 이것이 정말 한순간에 일어난 일이었습니다.

━ 이 사건에 정치적인 배후가 있다고 생각하십니까?

우선 사고를 낸 차는 당시 당선권에 있던 공화당 전국구 후보와 관련된 회사가 소유하고 있었어요. 사고에 대한 조사도 제대로 이뤄지지 않았어요. 내가 대통령 후보였고 야당의 지도자 중의 한 명인데, 이런 대형사고에 대한 처리 과정을 보면 정권이 개입하고 있다는 의심을 하기에 충분했어요. 그래서 나는 이 사건을 교통사고로 위장한 암살미수 사건으로 생각하고 있어요.

━ 사고 직후 서울로 올라오셔서 유세를 하셨는데요. 몸 상태는 어땠습니까?

사고 직후 응급치료를 한 후에 기차를 타고 서울에 올라와서 지원유세를 이어갔어요. 내가 원래 일정보다 많이 늦었는데도 사람들이 어마어마하게 많았어요. 나는 끝까지 혼신의 힘을 다했습니다.

━ 8대 총선에서 신민당이 크게 약진했습니다. 그 이유가 무엇이라고 생각하십니까?

진산파동이 났을 때는 신민당이 아주 망했다는 탄식이 곳곳에서 나왔어요. 그때 우리는 큰 위기의식을 느꼈습니다. 결국 내가 전국을 돌아다니면서 분위기를 전환시켰어요. 정말로 엄청난 강행군이었습니다. 그것이 큰 효과를 보았다고 생각합니다.

유신의 예비조치

━ 신민당이 제출한 오치성 내무장관 해임건의안이 1971년 10월 통과되었습니다. 당시 공화당 내에서 찬성한 사람들이 있었기 때문에 가능한 일이었습니다. 이 사건은 박정희 대통령에 대한 항명사건으로 불릴 정도로 큰 파장을 초래했는데요. 당시 공화당 내 분위기를 알고 계셨습니까?

오치성 내무장관 해임건의안은 박정희 대통령에 대한 정치적 불신임 및 경고가 목적이었습니다. 우리는 공화당 내에서 박정희 대통령에 대한 비판적인 여론이 있다는 것을 알고 있었어요. 그해 있었던 대선과 총선 결과를 보면 박정희 정권에 대한 민심 이반이 상당하다는 것이 확인되었고 박정희 대통령이 3선까지 했으니 차기 대선을 염두에 둔 움직임이 있었어요. 우리는 여당 내부의 그런 갈등 요소도 고려했고 잘하면 통과될 수도 있겠다는 생각을 했어요. 그것이 결국 통했던 것이었습니다.

━ 그랬다고 해도 상당히 놀라운 일이었습니다.

그건 그래요. 막상 통과되고 난 후에 나도 상당히 놀랐으니까요. 그런데 그 이후 해임건의안 통과를 주도한 공화당 4인방은 큰 화를 겪게 되었잖아요. 결국 그분들은 박정희 대통령의 속마음을 제대로 읽지 못했던 것이었지요. 박정희 대통령이 3선까지만 할 것이라고 생각했던 것 같은데, 현실은 그렇지 않았지요.

━ 신민당에서 이분들과 접촉하신 적이 있었습니까?

나는 그런 적이 없었고, 아마 당에서도 그런 일을 하지 않았을 겁니다.

━ 1971년 12월에 박정희 정권은 국가비상사태를 선포하고 「국가보위에 관한 특별조치법」을 제정했습니다. 학계에서는 이를 유신의 예비조치라고도 합니다. 대통령님께서는 당시 상황을 어떻게 판단하셨습니까?

독재 강화조치로 봤습니다. 1969년 3선개헌 이후부터 이어진 현상이었어요. 내가 1971년 7대 대선 때 강조한 대로 총통제를 통한 영구집권 시도가 본격화되는 것으로 생각했습니다.

유진산과의 갈등

━ 1971년 7월 14일 진산계가 다수를 차지하고 있는 신민당

당기위원회는 진산파동 당시 대통령님 쪽에서 6인 수권위원회를 통해 유진산 당수를 제명하기로 한 것이 불법이라는 이유로 징계를 했습니다.

진산파동 당시 화가 난 당원들이 유진산 당수 집으로 찾아가서 크게 항의를 했어요. 처음에는 내가 당원들을 사주해서 쳐들어가게 했다고 주장했는데 아무런 근거를 대지 못했어요. 사실이 아니므로 근거가 있을 수 없었지요. 그것을 구실로 내게 역습을 한 것입니다. 완전 적반하장이었어요.

━ 대통령님께서는 이와 같은 결정에 반발하셔서 당권 도전을 선언하셨습니다. 7월 21일과 22일 열린 전당대회에서 진산계의 지지를 받은 김홍일 씨가 당 대표에 당선되었는데요. 그 과정을 말씀해주세요.

진산계가 적반하장으로 나오니 난리가 났어요. 나는 당수 선거에 나가서 진산계와 아주 당당하게 경쟁했어요. 선거에서는 내가 졌지만 나를 지지하는 당원과 지지자들의 열기는 아주 대단했습니다. 진산계는 오랜 기간 구축한 조직력이 있어 당권을 차지했지만 나의 당내 지지세가 상당하다는 것이 확인되었어요. 진산계는 점차적으로 약화되는 반면 우리 쪽은 점점 강해지고 있었습니다.

━ 김홍일 대표는 진산계의 지원을 받아서 당선되었는데요. 그 이후 행보를 보면 진산계 뜻대로 하지 않은 것으로 판단됩니다. 그 이유는 무엇입니까?

김홍일 대표는 강직한 분이어서 진산계가 하라는 대로 할 분이 아니었어요. 진산계는 유진산 씨의 복귀를 염두에 두고 있었고 김홍일 대표는 진산계가 하는 일을 탐탁지 않게 생각해서 양측 사이의 긴장과 갈등이 있었어요. 진산계는 내가 당수가 되는 것을 막기 위해서 김홍일 대표와 손을 잡았지만 그런 갈등 요소가 있었습니다.

■ 유신 직전인 1972년 9월 26일 진산계는 단독으로 전당대회를 개최해서 유진산 씨를 당수로 선출했습니다. 대통령님과 김홍일·양일동 씨 등은 이에 반대하여 27일 따로 전당대회를 개최해서 유진산 당수에 대한 당수직 직무집행정지 가처분신청을 했습니다. 그리고 26일 전당대회를 무효로 결정하고 12월에 모든 대의원이 참여하는 전당대회를 열기로 했지요?

결국 진산계의 잘못된 욕심이 화를 부른 것입니다. 총선 직전 진산파동까지 일으키면서 당을 위기에 몰아놓았으면서도 반성을 하지 않았어요. 결국 신민당에 대한 국민들의 기대를 무시하고 당권만 차지하겠다는 것이었지요. 그래서 이러한 진산계의 행태에 반대하는 나 같은 사람은 가만히 있을 수 없었던 것입니다. 우리 쪽도 세력이 상당했어요. 김홍일·양일동 씨 등 당내 세력을 갖고 있는 분들이 나와 뜻을 함께했거든요.

■ 그러면 당시 대통령님께서는 결국 진산계와 당을 같이하기 힘들 것이라고 판단하셨습니까?

그때는 나만 그렇게 생각한 것이 아니고 다들 함께하기 힘들다고 생각했어요. 아마 유신이 선포되지 않았다면 분당되었을 가능성이 높았다고 생각합니다.

━ 유진산 씨가 대통령님을 그렇게 심하게 견제한 이유는 무엇이라고 생각하십니까?

정치노선과 대여투쟁 방식 등에 있어서 차이가 있었기 때문이에요.

━ 유진산 씨에 대해서 어떻게 평가하십니까?

그분은 양면이 있습니다. 야당 정치인으로서 선명하지 못했고 불투명하고 떳떳하지 못하다는 인상을 준 것은 사실이에요. 진산파동이 대표적인 경우지요. 그런 면이 있는데 다른 한편에서 보면 반대파에 대한 아량도 있고 보통 사람을 자신의 사람으로 만드는 능력이 있었어요. 조직력이 상당했습니다. 정치가로서의 능력이 뛰어났다는 것을 의미합니다.

━ 유진산 씨는 1974년 4월에 별세하셨습니다. 그분이 돌아가시기 전에 화해하셨다고 하는데요.

유진산 씨는 암으로 돌아가셨어요. 그분이 투병 중일 때 내가 문병을 갔었습니다. 그때 의사가 외부인의 면회를 금지시켰어요. 그런데 유진산 씨가 내가 왔다는 이야기를 듣고 나와 만나고 싶다고 해서 병실에 들어갈 수 있었어요. 그때 이미 회복하기 힘든 상태였고 안색도 좋지 못해서 마음이 아팠어요. 유진산 씨나 나나 처음에는 어색하기도 해서 서로 말도 못 하고 그렇게 있었어요. 내가 먼저 "선배님, 하루빨리 나으셔서 앞으로도 우리를 잘 지도해주세요"라고 말했더니 유진산 씨는 "그래도 이 나라를 생각하는 사람은 자네와 나 이렇게 둘뿐이네. 그러니 앞으로도 잘해나가도록 하세"라고 말씀하셨어요. 유진산 씨 본인은 치료 경과가 좋다고 낙관적인 이야기를 했는데 실제로는 아주 어려운 상황이었어요. 결국 그렇게 돌아가셨습니다. 유진산 씨와 나는 정치관, 정치노선 등에 있어서 인식의 차이도 크고 대립도 많이 했어요. 특히 그분이 유신 직전에는 여러모로 이해하기 힘든 행동을 하면서 야당의 힘을 약화시켰기 때문에 나는 이 점을 아주 단호히 비판하고 저항했어요. 그랬지만 마지막에 그분이 돌아가시기 전에는 화해하고 인간적인 정을 나누면서 아주 좋게 지냈습니다. 이것이 내게는 큰 위로가 되었어요.

7·4 남북공동성명과 어머니의 죽음

■ 대통령님께서는 1972년 2월에 미국, 영국, 프랑스, 서독, 일본 5개국을 방문하셨는데요. 방문 목적은 무엇이었습니까?

1971년 대선과 총선에서 나타난 민주화에 대한 우리 국민의 열망을 주요국가 지도자와 언론에 알리려는 목적이 가장 컸습니다. 나는 군사독재 정권을 상대로 민주화를 이뤄내기 위해서는 해외 여론이 중요하다고 봤어요. 미국이 제일 중요했고 그다음은 일본, 유럽 순서대로 중요했다고 할 수 있습니다.

■ 1972년 7·4 남북공동성명이 발표되었을 때 대통령님께서는 어떤 느낌이 들었습니까?

7·4 남북공동성명은 내용만 보면 좋습니다. 명분상 지지할 수밖에 없었어요. 다만, 나는 박정희 정권이 통일을 구실로 총통제를 실시할 가능성이 있다는 우려를 함께 표명했습니다. 박

정희 정권이 그동안 한 일을 보면 그럴 가능성이 높다고 판단했어요. 결국 그해 10월 17일 유신을 선포했어요. 7·4 남북공동성명이 발표되고 100일쯤 뒤였지요. 내 예상이 기가 막힐 정도로 적중했던 것이에요.

— 7·4 남북공동성명 이후 국내에서 통일에 대한 기대감이 형성되기도 했다고 하는데요. 당시 분위기는 어땠습니까?

그런 분위기가 있었어요. 결국 국민들이 속은 것입니다. 통일이 될 것 같은 분위기를 만들어놓고 통일을 위해서 유신이 필요하다는 식으로 유도했으니 국민을 속인 것이에요. 우리가 유신 개헌할 때 북한에서는 주석제를 만드는 개헌을 해서 이제까지 수상이었던 김일성이 주석이 되었어요. 결국 남북한의 통치자들이 모두 7·4 남북공동성명을 통해 통일 분위기를 조성한 뒤에 자신들의 독재권력을 강화시켰어요.

— 1972년 대통령님께서는 대중강연회를 많이 개최하셨습니다. 특별한 이유가 있었습니까?

1971년 대선과 총선에서 나타난 국민들의 관심과 열정이 약화되지 않도록 하기 위해서였습니다. 나는 박정희 대통령이 영구집권을 위한 개헌을 할 것이라는 우려를 하고 있었기 때문에 이에 대한 견제 목적도 있었습니다.

— 정권 차원의 방해는 없었습니까?

방해가 많았어요. 대표적인 것이 장소 문제였습니다. 장소를 빌리지 못하도록 압력을 넣었지요. 장소 구하는 것이 힘들었어요. 강연회 홍보하는 것도 방해했어요. 그럼에도 사람들이 많이 몰려왔습니다.

━ 1972년 5월에 어머니께서 별세하셨습니다. 마음이 많이 아 프셨을 것 같습니다.

네, 그랬습니다. 내가 잘하고 있던 사업을 그만두고 정치를 하면서 가족들에게 정말 많은 고생을 시켰어요. 부모님께서는 나 때문에 놀라신 일이 많았어요. 내가 권력으로부터 탄압을 받 아서 여러 고난을 겪었는데 자식의 이런 모습을 보는 부모의 마 음은 편할 수 없는 것이지요. 나는 그 점이 늘 가슴 아팠어요. 제 대로 효도도 못 했는데 심려만 끼쳤으니까요. 그래도 내가 정의 롭게 살기 위해서 애썼기 때문에 부모님께서 걱정하시면서도 자랑스럽게 생각하셨어요. 그런 부분이 그나마 내게는 위로가 되었습니다.

━ 어머니께서는 어디서 돌아가셨습니까? 어디에 모셨습니까?

동교동 집에서 노환으로 돌아가셨어요. 돌아가시기 전에 어 머니께 "영세 받으세요"라고 말씀드렸더니 어머니가 동의하셔 서 신부님을 급하게 모셔와서 천주교 세례를 받으셨어요. 어머 니는 포천에 있는 천주교 묘지에 모셨습니다. 그곳에 장면 박사 의 묘지도 있어요. 나중에 용인의 선산으로 모셨습니다.

5
유신독재에 맞서다

"이 사건은 박정희 대통령의 지시에
의해서 나를 죽이려고 했지만 미국의
개입에 의해서 그렇게 하지 못하고
결국 나를 서울로 데려와서 석방해준
것이에요. 살인미수 사건입니다."

일본에서 망명투쟁 결심

— 1972년 10월 17일 유신이 선포되었습니다. 대통령님께서는 며칠 전인 10월 11일 다리 부상 치료차 일본으로 출국하셨다가 그 소식을 듣고 망명을 결정하셨습니다. 이와 관련된 질문을 드리기 전에 먼저 일본으로 가시게 된 원인에 관해서 몇 가지 여쭤보겠습니다. 1971년 5월 의문의 교통사고를 당하셨을 때 구사일생으로 생명은 구했지만 다리 부상을 당하셨습니다. 그때 치료를 어떻게 받으셨습니까? 후유증은 없었나요?

큰 수술을 해야 하거나 그런 정도는 아니었는데 엑스레이를 찍어보니 고관절에 이상이 있는 것을 알게 되었어요. 그때만 해도 보행에 큰 이상이 있는 정도까지는 아니었고 좀 불편한 것이 지속되는 상황이었어요. 그래서 꾸준한 치료가 필요했습니다.

— 아주 큰 이상은 아니라고 하셨는데요. 일본까지 가서 치료를 받으신 이유는 무엇입니까?

한국의 의술과 장비가 부족해서 일본으로 간 것은 아니었어요. 박정희 정권이 내가 병원에서 치료받을 때 어떤 음모를 꾸미며 나를 위해할 수 있다고 생각했어요. 국내에서 치료받는 것이 안심이 안 되어서 일본까지 갔던 것입니다. 일본 게이오대학의 고토 유이치로 교수님에게 치료를 받았습니다.

— 유신 선포 소식은 언제 처음 들으셨습니까?

도쿄에서 한국연구원을 운영하는 최서면 씨라고 있어요. 나하고 오래전부터 잘 아는 친구 사이인데, 한·일 양국에 걸쳐서 인맥이 두터워요. 그 친구가 10월 17일 당일 오후에 이런 일이 있을 것이라고 알려줘서 알게 되었어요. 실제 유신 선포 뉴스가 나오더라고요. 나는 김종충 씨와 함께 뉴스를 봤습니다.

━ 유신 선포를 예상하지 못하셨습니까?

나는 1971년 대선 때부터 정권교체를 하지 못하면 앞으로 선거도 없는 영구집권의 총통제가 올 것이라고 예상한 바 있고 그 이후에도 계속해서 그런 경고를 했어요. 무슨 일이 터질 것이라고는 예상했지만 그 시점이 내가 생각한 것보다 빨랐어요. 그 점에서 놀랐지요.

━ 유신 선포 소식을 들으셨을 때의 심정은 어땠습니까?

매우 화가 났고 착잡했습니다. 우리나라의 앞날이 험난하겠다는 생각이 들어서 슬프기도 했어요. 그러면서도 1971년 대선 때 나를 지지해준 국민들을 생각하면서 내가 이대로 가만히 있어서는 안 된다는 생각을 했습니다.

━ 그때 일본에 신민당 국회의원이 몇 명 있었다고 하는데요. 망명과 관련한 이야기를 해보셨나요?

이야기를 해봤지요. 귀국하지 말고 남아서 투쟁하자고 했는데 함께하겠다고 한 사람이 없었어요. 어쩔 수 없이 나 혼자 하기로 하고 다음 날 아침에 유신반대성명을 발표했습니다.

━ 망명 결정을 하실 때 상의하신 분이 있습니까? 여사님과는 상의를 하셨나요?

망명 결심 자체는 나의 독자적인 판단이었습니다. 동교동에는 도청 때문에 연락하지 않았어요. 아내는 내 결정을 이해하고 협조할 것이라고 생각했습니다. 망명 이후 생활에 대한 대책은 김종충 씨와 상의했어요.

— 아무런 준비도 없이 일본에 오셨다가 갑자기 망명 결심을 하실 때 많은 고민이 있었을 것 같습니다.

그랬지요. 위험성도 크고 언제 끝날지 모르기 때문에 막막했습니다. 아무런 준비 없이 일본에 왔기 때문에 여비도 부족하고 모든 것이 불확실했습니다. 내가 망명을 하면 국내에 있는 우리 가족에게 어떤 위해가 있지 않을까 하는 걱정도 들었어요. 그럼에도 내가 나서지 않으면 안 된다는 생각으로 용기 있게 나섰습니다. 힘들고 불안했지만 이런 것을 극복하면서 우리나라의 민주화를 위해서 내 한 몸을 희생하기로 마음먹었던 것입니다.

— 망명 이후의 활동 방향을 어떻게 세우셨고 어떤 논리를 제시하셨습니까?

미국과 일본에서 한국 민주화에 대한 여론을 형성하는 것이 첫 번째 목표였습니다. 그다음으로 해외에서의 활동으로 국내에 숨죽이고 있는 민주세력을 일깨우고 도움을 주려고 했습니다. 우선 미국과 일본의 언론을 통해 유신독재의 실상을 알리고 이것의 문제점을 지적하는 데에 중점을 두었습니다. 유신독재는 민주주의의 보편적 원리를 위반하는 것이고 한국의 내정 불안을 심화시켜서 북한 공산주의 세력의 호전성을 자극하여 동북아시아의 평화와 안정을 해친다고 강조했어요. 미국과 일본의 국익과 안보에 불리하다는 점도 강조했습니다. 그러면서 점차적으로 교포들을 상대로 한 조직 건설에 나섰습니다.

1차 미국 망명

━ 대통령님께서는 망명 직후에 성명서도 내시고 여러 언론에서 인터뷰도 하시는 등 활발한 활동을 전개하셨는데요. 일본 사회의 반응은 어땠습니까?

그렇게 노력했지만 처음에는 큰 반응이 없었습니다. 일본의 주류는 박정희 대통령에게 관심을 기울이고 있었고 야당과 민주세력에 대해서는 관심도 없고 알지도 못했어요. 나는 1971년 대선에 출마해서 선전했기 때문에 좀 아는 정도였을 뿐 그 이상은 아닌 상태였지요. 그러다가 내가 본격적으로 활동하면서 나에 대한 관심이 늘어났고 납치사건 이후에는 아주 유명해졌지요.

━ 일본의 정치인들과도 활발한 교류를 하셨다고 들었습니다.

그렇습니다. 자민당 중의원인 우쓰노미야 도쿠마 의원이 대표적입니다. 『타임』지의 도쿄 지국장인 에스 창이라는 인물이 있었어요. 이분은 한국계 일본인인데 한국에 출입할 때 알고 지냈어요. 에스 창이 나를 우쓰노미야 의원에게 소개를 해주었습니다.

우쓰노미야 의원은 아시아·아프리카 연구회, AA연이라고 했는데요, 이 단체의 책임자였어요. AA연은 의원 수십 명이 참여한 대규모 의원 연구단체로서 상당한 영향력이 있었지요. 내가 이분을 만나서 유신의 문제점과 일본 대한정책의 문제점을 지적하니 크게 공감했습니다. 이러한 사실을 잘 몰랐는데, 듣고 보니 일리가 있고 중요한 내용이라면서 나를 격려해주셨습니다. 그래서 AA연이 주최한 모임에 가서 내가 연설하고 질의응답도 하게 되었는데, 의원들이 내 의견에 크게 공감했습니다.

그때만 해도 한국에 대해서는 박정희 정권과 유착관계에 있던 우익 성향이 강한 인물들만 관심을 갖고 있었어요. 우쓰노미야 의원처럼 리버럴하고 양심적인 분들은 한국에 대한 관심을 갖고 있지 않았고 미·중의 데탕트 분위기 속에서 사회주의 국가들과의 교류에 관심을 갖고 있었거든요.

사회당의 덴 히데오 참의원은 언론인인데 일본 유력 주간지 『포스트』의 고정 칼럼니스트였어요. 그래서 그 잡지에 덴 히데오 의원과의 대담 기사가 실리기도 했습니다. 또 사회당의 이시바시 마사시 위원장도 내 주장에 동의하고 협력했어요. 그 외에 참의원 의장이었던 고노 겐조 등도 만나 소통했습니다.

▬ 일본 정치인들의 반응은 어땠습니까?

방금 전에도 이야기했지만 기본적으로 이분들은 그때만 해도 한국에 대해서 관심이 없었어요. 친한파라고 하는 사람들은 박정희 정권과 관련된 사람들이었고 한국의 민주세력을 잘 모르고 관심도 적었어요. 일본의 하위 파트너라고 생각하기 때문에 한국에 대해 특별한 관심을 두지 않은 거예요. 그렇다 보니 오히려 사회주의 국가인 중국과 북한에 대해 더 관심을 갖고 있었습니다.

▬ 대통령님의 활동으로 이분들의 인식에 변화가 발생했다고 볼 수 있습니까?

1차 미국 망명 중 강연(1972).
김대중은 미국의 주요 인사들에게
미국의 지원이 자유와 민주주의를
억압하는 데 사용되는 일은
잘못된 것이라고 설득했다.

이분들은 기본적으로 리버럴하고 양심적인 분들입니다. 일본의 이와 같은 정책이 결국 이웃인 한국 국민의 자유와 민주주의를 억압하는 데에 일조한다는 것을 알게 되면서 이에 대한 문제의식을 많이 느끼게 되었어요.

또 한국의 민주화와 한반도의 평화가 일본의 국익과 안보에 도움이 된다는 나의 설득에 동의했어요. 단적인 예로 우쓰노미야 의원은 한국의 민주화가 아시아의 평화를 위해서 중요하다고 한 나의 주장에 감명을 받았다고 했습니다.

— 1972년 11월 미국으로 가신 이유는 무엇입니까?

독재정권과 싸우기 위해서는 일본도 중요하지만 미국이 더 중요했기 때문입니다. 그때 미국의 영향력은 지금보다 훨씬 강했습니다. 그래서 독재정권을 지지하는 미국 정책의 문제점을 지적하고 한국의 민주화가 미국의 가치와 국익에 도움이 된다는 것을 설득하려고 했습니다.

— 미국으로 가신 직후 뉴욕에서 임병규·임창영·유기홍 세 분을 만나셨지요?

그분들은 내가 이미 알고 있었기 때문입니다. 임병규 씨는 내가 망명 전에 뉴욕에 갔을 때 만난 적이 있고, 임창영 씨는 장면 정부 시절 유엔대사를 했으니 잘 알고, 유기홍 씨는 대선 때 나를 도와줬어요. 앞으로의 일을 도모하기 위해서 만났습니다.

— 워싱턴 지역에 거주하는 교포들은 어떻게 접촉하셨습니까?

내 처남 이성호의 도움을 많이 받았어요. 처남이 거기서 사업을 하고 있어서 인맥이 넓었거든요. 그때 만나서 그 뒤로 계속 나를 도와준 이근팔 씨도 처남이 소개해서 만났어요.

— 미국의 주요 인사들도 만나셨을 것 같습니다.

그랬지요. 그레고리 헨더슨도 만났고, 하버드대학교의 에드 윈 라이샤워 교수, 같은 대학교의 제롬 코헨 교수 등도 만났어요. 이분들은 인맥도 넓고 동아시아 분야의 전문가들이지요. 헨더슨은 한국에 오래 있었던 외교관이었고, 라이샤워 교수는 주일 미국대사를 지낸 일본 전문가예요. 코헨 교수는 중국법률 전문가예요. 도널드 레너드 국무부 한국과장, 마셜 그린 국무부 동아시아태평양담당 차관보 등 국무부에서 한국 관련 정책의 주요 인사들도 나를 만나서 격려도 해주고 내 이야기를 경청했습니다. 그분들은 한국 정부 입장을 고려하면 나를 만나는 것이 부담스러울 수도 있는데 만나줘서 아주 고마웠어요. 에드워드 케네디 상원의원도 만났지요.

— 이분들에게 어떤 이야기를 하셨습니까?

나는 미국의 지원이 독재정권 유지에 악용되는 문제가 있다고 지적했어요. 미국은 자유와 민주주의를 중요하게 생각하는데, 미국의 지원이 자유와 민주주의를 억압하는 데에 사용된다면 이것은 잘못된 것 아니냐고 지적했습니다. 한국이 반공주의 국가가 되는 것이 미국의 국익에 부합하기 때문에 제대로 된 반공주의 정책을 해야 한다는 점을 전제했어요.

박정희 정권의 반공주의 정책은 공산주의 세력에게 도움을 주는 양공(養共) 정책이라고 했어요. 그 이유로 반공을 빙자해서 독재를 강화하는 것은 내정 불안을 초래해서 공산주의 세력이 침투할 수 있는 여지가 생긴다는 점을 강조했지요. 이렇게 되면 한반도 정세가 불안해지고 이것은 일본에도 영향을 줄 수 있다고 설명했습니다. 일본을 중시하는 미국의 입장을 감안한 논리였습니다.

— 미국 인사들의 반응을 구체적으로 설명해주세요.

미국 인사들은 내 주장에 동의했어요. 이러한 점을 제대로 인식하지 못했다고 하면서 내게 감사하다는 말을 전하기도 했어요. 특히 내가 망명투쟁을 하면서 박정희 정권과 날카롭게 대립하고 있음에도 감정적이거나 극단적인 주장을 하지 않는 것에 대해서 높게 평가했어요. 나를 합리적이고 건설적인 정치가로 평가했습니다. 이것이 납치사건 때 미국 국무부가 나를 구명한 이유 중의 하나라고 생각해요.

— 미국 의회의 주요 인사들과도 접촉하셨지요?

네, 그들은 전체적으로 한국에 대한 관심이 매우 적었어요. 그 대신 일본에 대한 관심과 이해는 많았어요. 이 점이 크게 비교되었습니다. 당시 미국 사회의 분위기가 그랬어요. 나는 이 점을 감안해서 앞에서 밝힌 내 주장을 논리적으로 설명했습니다. 이것이 주효해서 미국 의회에도 나의 우군을 넓혀갔습니다.

— 하버드대학교 유학계획이 있었다고 하는데요.

라이샤워 교수를 만나서 1년쯤 연구하고 싶다는 뜻을 전했어요. 망명투쟁이 단기간에 끝날 일은 아니니 민주화운동도 하고 공부도 하면서 후일에 대비하기 위한 목적이었습니다.

라이샤워 교수는 흔쾌히 수락하셨고 적극적으로 도움을 주

셨습니다. 하버드대학교 프로그램 중에서 내게 맞는 것을 추천
해주시고 각종 행정조치도 처리해주셨어요. 재정보증도 직접
해주셨지요. 내가 납치당한 이후에 하버드대학교 초청장과 재
정보증서를 갖고 직접 서울까지 오셔서 내게 전달하셨어요. 그
런데 박정희 정권이 나의 출국을 막아서 결국 가지 못했지요.
— 라이샤워 교수가 일본에서의 활동에 많은 도움을 주었다고
하는데요.

그랬어요. 미국에서 나를 적극 지지한 라이샤워 교수가 내가
다시 일본으로 가기 전에 오히라 마사요시 외무상에게 편지를
보냈어요. 라이샤워 교수가 주일 미국대사를 할 때 오히라와 아
주 가깝게 지냈거든요. 편지 내용은 나의 안전을 잘 부탁한다는
것이었어요.

내가 일본에 있을 때 일본 외무성 아세아국장이 내게 식사를
한 번 대접했는데 그때 미타니 시스오라는 외무성 직원을 데리
고 왔어요. 미타니 시스오는 한국에서 근무한 적도 있었고 한국
의 야당에 대해서도 진실한 자세로 대하는 아주 훌륭한 분이에
요. 그 자리에서 국장은 미타니 씨가 여러 편의를 봐줄 것이라
고 했습니다. 그 뒤에 그분이 내게 일본에 머물 수 있는 체류허
가증을 만들어줬어요. 박정희 정권이 좋아하지 않는 일을 일본
정부가 한 것이지요.

— 미국에 가신 이후 1972년 12월부터 대학에서 강연을 하셨
습니다. 그런 강연회가 어떻게 개최될 수 있었습니까?

한국문제에 관심이 있는 교수들과 한국 유학생들이 조직해

서 내게 요청을 한 경우예요. 처음 간 곳은 미주리주였어요. 거기에 있는 미주리대학교와 웨스트민스터대학에서 강연했던 것으로 기억해요. 그때 미주리주에는 정대철 의원이 유학 중이었고 나중에 국회의원을 한 조순승 교수도 있었어요. 조순승 교수는 정대철 의원 처형의 남편으로 동서지간이었지요. 정대철 의원과는 이미 오래전부터 아주 잘 아는 사이여서 그렇게 강연회가 조직된 것이었어요. 다른 대학 강연도 그런 식으로 하게 됐습니다.

■ 청중 규모는 어느 정도였고 반응은 어땠습니까?

반응은 아주 좋았습니다. 유학생을 포함한 재미 한인들이 주로 왔고 미국인도 일부 있었어요. 보통 수백 명 정도 내 강연을 들었는데, 강연 끝나고 식사하면서 이야기를 이어가기도 했습니다. 참석한 사람들이 십시일반으로 모은 돈을 내게 건네주면서 활동자금으로 쓰라고 했습니다. 참 감사한 일이었어요.

■ 한국문제를 주제로 한·미·일 3국 관계자가 참여하는 국제회의를 준비하는 중에 납치를 당하셨습니다.

그 회의는 우쓰노미야 의원과 함께 기획했던 것입니다. 우쓰노미야 의원은 내가 미국에 가니 로스앤젤레스 인근에 사는 애쉬모어 박사를 소개해주면서 이 회의를 함께 준비했어요. 내가 미국으로 가서 애쉬모어 박사를 만났어요. 이분은 민주제도연구소의 책임자였고, 나하고 이야기가 아주 잘 통했어요. 내가 납치된 이후에는 우리 집까지 찾아오기도 했습니다. 라이샤워 교수, 코헨 교수하고도 이야기해서 국제회의를 준비했습니다.

그런데 납치사건이 발생해서 결국 못 했습니다.

망명활동을 이어가다

━ 1972년 말 미국에 계실 때 1973년 초가 되면 일본으로 가서 국내 상황을 파악해보고 향후 투쟁 방향에 대해서 고민하겠다고 말씀하셨는데요. 어떤 배경에서 그렇게 하신 것입니까?

그때 일본으로 가서 한국 상황을 파악해보려고 했어요. 몰래 아내하고도 연락해서 여러 정보도 얻고 조언도 구하려고 했지요. 그렇게 해보니 내가 한국으로 돌아가서 할 수 있는 일이 없겠다는 확신이 들었습니다. 그래서 망명투쟁을 지속하기로 하고 구상했던 일들을 더욱 본격적으로 진행했어요. 나중에 한민통이 되는 해외 한인 민주세력의 조직 건설, 나의 주장을 지지하는 미국과 일본 주요 인사들과의 지속적인 교류, 이를 위한 연구단체 조직 등이 이에 해당합니다.

━ 일본 망명 중에 『독재와 나의 투쟁』이라는 책을 내셨지요.

『마이니치 신문』의 이시카와 기자를 전부터 알고 있었어요. 이분이 권해서 출간하게 되었어요. 일본 여자분이 작업을 보조해주기로 해서 시작했습니다. 처음에는 내가 구술한 내용을 바탕으로 책으로 만들려고 했는데, 1973년 1월 초 다시 일본으로 와서 원고를 보니 안 되겠더라고요. 그래서 내가 직접 처음부터 다시 썼어요. 그렇게 해서 나오게 된 책입니다.

━ 대통령님께서는 망명투쟁을 하실 때 유신체제가 언제까지

지속될 것으로 예상하셨습니까?

오래가지 못할 것이라고 봤습니다. 이미 우리 국민은 4·19 혁명을 통해 이승만 독재정권을 무너뜨린 적이 있고, 1971년 7대 대선과 8대 총선에서 보듯 박정희 정권의 독재정치에 대한 반대 의사를 확실하게 보여준 바 있었기 때문입니다. 유신독재로 더욱 가혹한 공포정치를 하고 있어 당장은 국민들이 억눌려 있지만, 시간이 지나면 다시 일어설 것이라고 판단했습니다.

그와 같은 폭압정치, 강압정치, 공포정치는 겉으로는 강해 보이지만 실제로는 박정희 정권이 자신감을 잃고 약해지고 있는 증거라고 판단했습니다. 국민들의 잠재된 분노와 열망을 끌어내어 하루빨리 민주회복을 하기 위해서는 나 같은 사람이 앞장서야 한다고 생각한 것입니다. 그러면 민주주의를 향한 국민들의 뜻과 에너지를 모아서 독재정치를 종식시킬 수 있다고 생각했어요. 나는 그렇게 될 수 있다고 확신했습니다. 1년, 2년 구체적인 시점을 지정할 수는 없었지만 유신독재가 오래가지 못할 것이라는 점은 정말 확신했어요.

━ 망명 기간 국내에 있는 인사들과 접촉하신 적은 없습니까?

우선 도청 때문에 전화할 수가 없어서 국내와 소통하는 일이 힘들었습니다. 정치인의 경우 나하고 가까운 분들은 고초를 겪고 있어서 연락할 수 없었어요. 그때 내가 소통했던 분은 아내하고 함석헌 선생, 김지하 시인 등이고, 인편으로 편지를 주고받았어요. 이때 일본 언론인의 도움을 많이 받았습니다.

━ 망명 생활을 하시면서 여러 고충을 느끼셨을 것 같습니다.

그렇지요. 가족들과 떨어져서 혼자 지내야 한다는 고독감이 있었고 신변안전 문제로 인한 불안감도 있었어요. 무엇보다 앞날이 불투명한 것이 가장 큰 어려움이었지요. 이 생활이 언제 끝날지 알 수 없었기 때문입니다.

— 어려움을 이겨낼 수 있었던 힘의 근원은 무엇이었습니까?

가장 핵심적인 것은 국민에 대한 신뢰였습니다. '우리 국민은 반드시 독재를 타도할 것이다'라는 믿음을 갖고 있었기 때문에 내가 좌절하지 않고 버틸 수 있었어요.

— 국민을 신뢰했고 어려운 상황에서도 좌절하지 않으셨다는 말씀이 정말 인상적입니다. 『독재와 나의 투쟁』에서도 국민에 대한 신뢰를 강조하시면서 민주화투쟁에 나서겠다는 의지를 밝히셨습니다. 국민에 대한 신뢰는 대통령님의 정치철학과 실천의 기본 바탕이라고 생각됩니다.

잘 보셨습니다. 내가 민주화투쟁을 하면서 온갖 고난을 겪으면서도 좌절하지 않고 정진할 수 있었던 것은 역사와 국민에 대한 확고한 신뢰, 우리는 반드시 승리할 수 있다는 확신을 갖고 있었기 때문입니다. 이것이 없었다면 그렇게 험난한 시간을 버틸 수 없었을 것입니다.

— 이 같은 국민과 우리 민족에 대한 신뢰는 어떻게 형성된 거라고 볼 수 있겠습니까?

역사를 길게 보면 결국 국민을 위해서 헌신한 사람이 패배한 경우는 없습니다. 일시적으로 패배할 수는 있지만 결국 그 길대로 역사가 흘러가기 때문에 죽은 후에라도 반드시 성공하게 됩니다.

우리나라 현대사를 봐도 알 수 있어요. 이승만 정권을 타도한 국민의 역량, 박정희 정권을 상대로 1971년 대선과 총선에서 보여준 민주주의를 위한 국민들의 열광적인 지지, 이러한 것을 볼 때 비록 비상계엄을 통해 유신이 선포되어 민주세력이 크게 위축되었지만 나는 국민들이 반드시 일어나 유신독재에 맞서 싸울 것이라고 확신했어요. 내가 앞장서서 이러한 억눌린 흐름을 반전시키고 유신독재를 끝내겠다는 의지를 다지게 된 것입니다.

━ 망명 시기 활동을 위한 자금조달은 어떻게 하셨습니까?

일본이나 미국에 있는 교포들의 지원을 많이 받았습니다. 갑작스럽게 망명하게 되어 내 수중에 돈이 얼마 없었어요.

━ 미국에서는 이근팔 선생이, 일본에서는 김종충 선생이 대통령님의 망명 활동에 함께하셨습니다. 두 분과의 인연에 대해서 말씀해주시지요.

이근팔 씨는 내 처남의 소개로 만났어요. 그분은 외교관이었는데 만나보니 확실하고 신뢰할 수 있는 분이었습니다. 외교관이었기 때문에 영어도 잘했어요. 내 미국 생활에 아주 큰 도움을 주었습니다. 나중에 2차망명 때도 함께했고요.

김종충 씨는 하의도 고향 친구였어요. 학교도 같이 다녔기 때문에 나하고 아주 가까운 사이였어요. 이 사람이 머리가 좋아요. 내게 큰 도움을 주었습니다. 두 분 다 고마운 분들입니다.

━ 동교동 집의 생활은 어떻게 유지가 되었나요?

아내가 알아서 해야 했지요. 내가 밖에서 무엇을 할 수도 없었고요. 나의 망명투쟁은 결국 가족의 희생이 있었기 때문에 가능했던 것이에요.

'선민주 후통일'을 내세운 한민통

━ 망명 활동을 하시면서 해외 한인들의 운동단체를 결성해야겠다고 판단하신 이유는 무엇입니까?

해외에서 반유신투쟁을 효과적으로 하기 위해서는 조직이 필요하다고 판단했어요. 미국과 일본의 교포들도 나와 함께 투쟁하는 것에 대해서 적극적인 의사를 밝혔습니다.

━ 구체적으로 어떤 활동을 하려고 하셨습니까?

제일 중요하게 생각한 것은 박정희 독재정권을 지지하는 미국과 일본의 정책을 전환하는 것이었습니다. 한국의 민주회복과 한반도의 평화통일에 우호적인 여론이 형성되도록 미국, 일본의 주요 인사들을 상대로 설득에 나서는 것이었어요. 여건이 되는대로 국내 민주화운동 세력에 대한 지원 활동도 하려고 했습니다. 이 두 가지가 핵심이었어요.

━ 한국민주회복통일촉진국민회의, 약칭 한민통인데요. 이 명칭은 누가 지었습니까?

내가 직접 지었어요. 당시 우리 조직의 목표를 구체적이면서도 정확하게 나타낸 것이었어요. 이 명칭에서 내가 특히 고려했던 것은 '통일촉진'이에요. 그때 해외에서는 7·4 남북공동성명

이후 통일에 대한 관심과 기대감이 커져서 '선통일 후민주,' 통일이 우선적인 과제라고 생각하는 분위기가 꽤 있었어요. 나는 통일을 하기 위해서는 민주화가 우선이라는 '선민주 후통일'을 내세웠고 통일을 하는 데에 있어서도 즉각적인 통일은 부작용과 어려움이 많다는 점을 강조하기 위한 복합적인 목적에서 '통일촉진'이라고 했습니다.

━ 당시 미국에서 '선통일 후민주' 노선을 내세우신 대표적인 분이 임창영 박사입니다. 임창영 박사는 1973년 5월 말경에 방북의사를 밝혔고 대통령님께서 이 사실을 알게 되신 이후 임창영 박사의 방북을 막으셨다고 하는데요.

임창영 박사 내외 고향이 북한 지역이어서 임 박사가 북한으로부터 초대를 받았어요. 내가 듣기로는 여비 등 방북 관련 비용을 북한이 다 지불한다는 내용이었어요. 임창영 박사는 한민족이 하루빨리 통일되어야 한다는 생각을 갖고 있었고, 이를 위해서는 남북한이 하나의 민족으로서 대동단결해야 한다는 입장이었어요. 그래서 자기가 방북을 해서 이러한 역할을 하고 싶다고 했습니다.

그런데 임창영 박사는 장면 정부 때 유엔대사를 했고 그때 나와 함께 반독재투쟁을 하고 있었기 때문에 이분이 북한에 가면 나를 포함해서 함께 일한 사람들이 국내에서 친북 용공 인사로 몰릴 가능성이 높았어요. 그래서 내가 임창영 박사에게 "박사님, 박사님은 지금 우리와 함께 반유신투쟁을 하고 있는데, 박사님이 그렇게 행동하시면 유신 정권이 박사님과 우리 전체를 모두 친북 용공 인사로 몰 것이고 우리의 민주화투쟁을 북한과 연계된 것으로 음해할 것입니다. 그러면 우리의 투쟁은 실패하게 되고 국내 민주세력에도 악영향을 주게 됩니다"라고 설득했는데 말을 듣지 않았어요.

그분은 통일이 제일 중요하다고 생각하기 때문에 어떻게든 북한과 만나고 소통하는 것이 시급하다고 생각했습니다. 그분은 공산주의자가 아닙니다. 한민족이 하루빨리 통일해야 한다는 민족주의적인 열망이 강해서 그런 것이었어요. 그런 분들이 좀 있었어요. 그리고 이분은 오랜 기간 미국에서 살았기 때문에 한국 현실에 대한 감이 없기도 했어요. 내가 아무리 설득해도 통하지 않았어요. 결국 나는 국무부의 레너드 한국과장에게 사정을 설명하고 임창영 박사의 방북을 허가해주지 말 것을 요청했어요. 그렇게 그때 임창영 박사의 방북을 막았어요.

━ 재미 교포 중에서 미군 철수를 주장하는 사람도 있었다고 하는데요.

그런 소리를 하는 사람이 있었는데 나는 단호하게 거부했습니다. 그런 사람이 많은 것은 아니었고 일부였어요. 내가 한민통을 만들 때 '선민주 후통일' 노선을 아주 확실하게 강조했고 관철시켰기 때문에 그런 급진적인 주장을 하는 사람은 소수였어요.

━ 해외 운동가들이 국내 사정에 대한 이해가 낮은 것 같습니다.

정말 그랬어요. 이유는 두 가지 정도로 생각할 수 있습니다. 우선 이분들은 한국과 달리 자유로운 분위기에서 생활하기 때문에 자유가 억압당하는 한국 상황에 대한 이해가 매우 낮았어요. 그래서 이성적으로 논리적으로 설명하면 이해하다가도 그것이 체화가 안 되는 거예요.

또한 이분들은 정치적인 훈련이 안 되어 있는 운동가이다 보니 정치적인 맥락에서 판단하고 실천하는 것에 대한 감각이 많이 떨어졌어요.

— 1973년 7월 6일 메이플라워 호텔에서 한민통 미국본부 준비위원회가 결성되었습니다. 그때 분위기는 어땠습니까?

분위기가 상당히 고양되었어요. 이제 드디어 결집된 힘으로 반독재투쟁을 할 수 있게 되었다는 기대감이 상당했어요. 일본과 달리 미국에서는 모든 민주세력이 참여한 단합된 조직이 없었거든요. 또 1971년 대선에서 보여준 나의 활약을 다들 알고 있었기 때문에 본국의 민주세력을 대표할 수 있는 내가 직접 미국에 와서 조직을 함께 건설하고 앞으로 같이 활동하게 된 것에 대한 기대감이 아주 컸습니다. 그날 분위기는 그런 기대감으로 충만했지요.

— 한민통 미국본부 결성을 위한 준비 과정에서 일부 인사가 망명정부 수립을 제안했다가 대통령님께서는 이것을 거부하시고 해당 발언의 취소를 요구하셔서 결국 그분이 발언을 취소했다고 하는데요.

해외에 있으면 본국 사정에 대한 감각이 떨어진다는 것을 보여준 대표적인 사례 중의 하나입니다. 미국에서 한민통 결성을 위한 회의를 할 때였어요. 한 사람이 발언 기회를 얻어서 "우리가 민주회복 운동만 할 것이 아니라 이참에 아예 망명정부를 수립하자"고 말했어요. 이분은 예비역 장성이고 친북인사도 아닌데, 박정희 정권에 대한 반감이 강하다 보니 그런 말까지 한 거예요. 그 말이 나오니 주변에서 "옳소! 그렇게 합시다!"라고 소리치는 사람도 있었어요.

내가 그 말을 듣고 "그것은 절대로 안 되는 말입니다. 지금 나라가 없습니까? 우리는 우리의 조국 대한민국이 제대로 된 나라가 되도록 하기 위해서 투쟁을 하는 것이지 과거 독립운동처럼 없는 나라를 되찾기 위해서 나선 것이 아닙니다. 대한민국이 있는데 망명정부를 선포하면 그것은 반국가단체가 되는 것입니다. 그러면 민주화운동이 결국 반국가운동이 되어서 독재정권에게 탄압할 구실을 주게 됩니다. 이것은 독재정권이 원하는 일이에요. 망명정부는 큰일 날 소리예요. 정식으로 취소하시기 바랍니다. 당장 취소해주세요"라고 내가 단호하게 말했어요.

그래서 그분이 발언을 취소했습니다. 그때 내가 분위기에 취해서 그 발언에 동조했으면 나는 나중에 죽은 목숨이었어요. 동조하지 않았어도 강하게 제지하지 않고 그냥 놔두기만 했어도 소극적 동의로 몰려서 죽음을 피하기 어려웠을지도 몰라요.

━ 일본 상황에 대해 질문 드리겠습니다. 김재화 선생은 신민당 국회의원을 같이하셨기 때문에 잘 아셨을 것 같은데요. 배동호 씨도 망명 전부터 알고 계셨습니까?

네, 알고 있었습니다. 망명 전 일본에 갔을 때 만난 적이 있어요. 배동호 씨는 민단 민주세력의 대표적인 인물이었어요. 리더십도 있는 분이었지요.

━ 1973년 7월 25일 도쿄 우에노에 있는 다카라 호텔에서 재일 한국인 민주화운동 대표자 30인이 모였는데 대통령님께서 참석하셨습니다. 그때 한민통 일본본부 관련 조직 결성의 방향과 노선에 대한 논의가 있었습니다. 이때 갈등이 있었다고 하는데요.

1972년 7·4 남북공동성명 이후 재일 교포사회에서는 통일에 대한 기대감이 상당했어요. 그런데 일본은 공산당이 합법적으로 활동하고 있고 조총련이 있어요. 조총련에 속한 사람들과 민단에 속한 사람들이 남북한처럼 분리되어서 사는 것이 아니기 때문에 이념 문제만 빼고 보면 다른 것이 없는 거예요. 그렇다 보니 이런 문제에 대해서 민족적 감정과 의식을 앞세우는 경향이 있습니다. 여기에 7·4 남북공동성명까지 나왔으니 다가오는 8·15에 조총련과 공동행사를 하자는 거예요.

내가 여기에 강하게 반대를 했어요. 본국의 상황을 고려해야 한다는 점과 조총련과 공동행사를 하면 유신 정권이 이것을 반드시 악용한다는 점을 강조했어요. 그런데 내 의견에 반대한 사람들이 있었어요. 나는 "여러분과 내 생각이 일치하지 않는 것 같으니 이런 상황에서 내가 함께하기는 어려울 것 같다"고 말한 후에 나왔어요.

이분들은 나름 순수한 민족적 열망에서 그런 것인데, 나는 정치가로서 국내 상황을 고려해야 하고 우리나라의 민주화에 도움이 되는 일을 해야 하기 때문에 그런 노선에 동의할 수 없었던 것이에요.

▬ 이날 이렇게 결렬된 이후 대통령님께서는 8월 4일 김재화·정재준·배동호·조활준 선생 등과 최종 담판을 하셨고 결국 대통령님 노선대로 정리가 되었지요.

그때 노선 정리가 되었습니다. 그래서 한민통 일본본부를 만들기로 최종 합의를 한 것입니다. 일본에는 조총련이 있었기 때문에 조직을 만들 때 더 신중하게 준비했어요.

▬ 한민통을 보면 미국본부, 일본본부 이렇게 나라별로 조직을 하셨는데요. 한민통 전체 조직구성은 어떻게 구상하셨습니까?

미국, 일본에 이어 캐나다와 유럽에까지 각 지역 본부를 만들고 나는 한민통 총본부의 의장을 맡으려고 했어요. 미국은 안병국 목사, 일본은 김재화 선생, 캐나다는 김재준 목사의 사위인 이상철 목사를 각각 해당 국가의 한민통 본부의 의장으로 임명하려고 했습니다. 그런데 내가 납치를 당해서 실행되지 못했습니다.

▬ 1973년 8월 15일 한민통 일본본부가 발족되었고, 재일 한인 운동가들은 대통령님을 의장으로 추대했습니다. 나중에 이 소식을 들으신 대통령님께서는 지속적으로 한민통 일본본부 의장에서 자신을 빼줄 것을 요청하셨습니다. 그 이유는 무엇입니까?

우선 납치사건 이후 나는 출국이 금지된 상태였습니다. 그래서 내가 일본에서 활동할 수 없기 때문에 나를 의장으로 하는 것은 맞지가 않았어요. 그리고 문세광 사건 이후 일본 한민통에 대한 이념공세, 색깔공세가 아주 강화되었는데 일본 한민통은 여기에 잘 대처하지 못했어요. 나는 서울에 있고 감시받고 있기 때문에 한민통 활동에 영향력을 행사할 수도 없었습니다. 형식적이라고 해도 내가 의장으로 되어 있어 책임자처럼 보일 수 있으니 나는 이러지도 저러지도 못하고 정말 답답했어요.

그래서 내가 일본에 가지 못하니 김종충 씨에게 편지를 보내서 의장직에서 빼달라는 요청을 했고 이태영 선생, 송원영 의원 등 나와 가까운 분들이 일본에 가실 때에도 내 뜻을 전해달라고 요청하기도 했어요.

━ 일본의 운동가들은 재일 한인들이 납치사건에 대한 진상규명과 원상회복 운동에 전력을 다하고 있기 때문에 대통령님을 의장으로 모셨다고 합니다. 송원영 의원이 일본에 왔을 때 이 문제를 논의하면서 일본의 상황을 설명하고 대통령님의 뜻을 재차 확인하려 했다고 합니다. 그래서 빼달라고 하시면 그렇게 하려고 했는데 한국에서 회신이 없었다고 합니다.

송원영 의원이 나한테 와서 그런 이야기를 한 적이 없어요. 그 때는 동교동 우리 집에 방문하는 것도 쉽지 않았어요. 연금당할 때도 많았고요. 그런 환경에서 제대로 연락도 안 되고 소통이 안 된 것이겠지요.

여기서도 알 수 있지만 그분들은 일본에서의 상황, 일본에서의 운동에만 초점을 맞춰서 생각한 것이에요. 국내의 열악한 상황에 대한 감각이 떨어지는 겁니다. 그래서 독재정권이 얼마나 악랄하고 지독하게 하는지, 이에 대한 경계심이 부족했어요.

내가 1980년에 사형선고를 받은 것은 광주민주화운동을 선동했다는 이유 때문이 아니라 한민통 의장이었다는 이유 때문이었어요. 내란선동은 최고가 무기징역형이거든요. 나는 독재정권이 한민통을 탄압하기 위한 명분을 어떻게든 만들어낼 것이라고 봤어요. 결국 한민통을 반국가단체로 낙인찍었고 내가 거기에 걸려서 사형선고를 받게 된 것이거든요.

나는 이러한 것을 내다봤기에 기회가 닿을 때마다 의장에서 빼달라고 요청했던 것이에요. 나는 재일 한인들의 서러움과 한을 잘 압니다. 일본에서 살면서 민족적 차별을 받았고 본국의 독재정권으로부터도 탄압을 받았어요. 이러한 이중적인 탄압을 받으면서 형성된 재일 교포들의 서러움과 한을 난 정말로 잘 알고 있었습니다. 이분들은 당당하면서도 인간답게 살고 싶다는 절박한 심정으로 반독재투쟁을 헌신적으로 했고 나의 구명을 위해서도 많은 역할을 했습니다. 이것을 잘 알고 있고 감사하게 생각합니다. 다만, 나를 한민통 의장직에서 빼지 않은 것에 대해서는 유감스럽게 생각해요.

해외 한인 민주화운동에 대해서

━ 해외 한인운동가들이 대통령님을 지지하고 자신들의 운동의 지도자로 모신 이유는 무엇이라고 생각하십니까?

나는 미국과 일본의 교포들에게 민주주의와 함께 평화통일도 함께 강조했습니다. 선민주 후통일, 즉 민주주의를 하려는 것도 결국 평화통일의 길을 열기 위한 것임을 강조했어요. 이것이 그분들의 지지를 받게 된 핵심 이유였습니다.

나는 교포들에게 우리 민족은 우수하며 민주화만 되면 우리나라를 크게 발전시킬 수 있는 잠재력을 갖고 있다는 점을 항상 강조했어요. 그때만 해도 우리 민족에 대한 자긍심을 갖지 못하고 자신감이 결여된 경우가 대부분이었어요. 그런 상황에서 내가 '우리 민족은 우수하다' '할 수 있다'는 메시지를 주었는데 이것이 그분들에게 큰 희망이 되었던 것 같습니다.

■ 당시 재일 한인들의 역사적인 배경을 보면 재미 한인들과 상당히 다른 것 같습니다. 이러한 특성이 양쪽 운동의 차이점을 낳게 된 원인으로 생각되기도 하고요.

잘 보셨습니다. 재일 한인들은 일제강점기, 우리가 일본의 식민통치를 받을 때 일본으로 건너가서 민족적 차별을 받으면서 장시간 노동, 저임금 등으로 정말 극심한 고통을 받았어요. 그런 상황에서 악착같이 일하면서 살아남았기 때문에 이분들은 민족의식이 굉장히 강했고 우리 민족이 통일이 되어야만 일본으로부터 멸시당하지 않는다는 생각이 강했어요. 그와 함께 민단 자주화운동을 하면서 한국 정부의 부당한 개입에 저항하는 등 민주주의에 대한 열망도 강했습니다.

이분들은 도쿄, 오사카 등 일본의 대도시에 밀집해서 살았기 때문에 서로 가족처럼 지내기도 했고 차별받는 일본 땅에서 함께 의지하면서 사는 그런 동지애가 아주 강했어요. 나는 망명 전부터 이분들과 교류하면서 행사도 하고 강의도 하면서 이러한 점을 파악할 수 있었습니다. 이러한 점은 재미 한인사회와는 아주 다른 면이었어요.

▬ 한민통에 참여하신 재일 한인과 재미 한인들의 직업을 비교해보면 어떤 차이점이 있었습니까?

일본은 민단에서 오랜 기간 활동한 분들이었어요. 직업운동가도 있었고 사업하면서 운동에 참여한 사람들도 있었지요. 당시 재일 한인들은 취업하는 데에도 차별을 받았기 때문에 어렵게 사는 분들이 많았습니다. 그런 면에서 일반 직장인은 적었던 것으로 기억해요.

그에 비해 미국은 교수, 목사, 언론인 등 미국 주류사회에서도 인정받는 직업을 갖고 계신 분이 많았어요. 그 외에 자영업을 하시는 분들도 있었습니다.

▬ 1974년에 한민통 미국본부는 2차 총회를 개최하여 의장을 선출했습니다. 당시 김재준·임창영 두 분이 출마하셨습니다. 김재준 목사님은 출국 전에 동교동에 오셔서 대통령님과 만나셨다고 하는데요.

그때 김재준 목사님께서 오셨어요. 나는 김재준 목사님께 내가 미국에 갈 수 없으니 나를 대신해서 재미 한인들의 운동을 지도해달라는 요청을 했어요. 이러한 내 뜻을 상징하는 차원에서 내가 갖고 있던 허리띠를 김재준 목사님께 드렸어요. 김재준 목사님께서 의장으로 선출되었고 미국 한민통은 내가 강조한 원칙에 따라서 잘 활동했습니다.

▬ 대통령님께서는 평소 김재준 목사님에 대해서 높이 평가하

김재준 목사와 함께(1980년대 중반).
김재준 목사는 1974년에 한국민주회복통일촉진국민회의
미국본부 의장에 출마한다. 출국 전 동교동을 방문한
김재준 목사에게 김대중은 자신을 대신해
재미 한인들의 운동을 지도해달라고 요청한다.

셨다고 들었습니다.

그렇습니다. 김재준 목사님은 우리나라 기독교계 인사 중에서 내가 최고로 존경하는 분입니다. 그분도 나를 아주 신뢰했고요. 김재준 목사님은 여러 면에서 정말로 훌륭한 분인데, 우리 사회가 이분의 가치와 업적을 제대로 알지 못하고 있다고 생각합니다.

━ 납치사건 이후 대통령님께서 일본에 계신 김종충 선생께 보낸 편지를 보면 『민족시보』의 논조에 대해서 우려하신 대목이 나옵니다.

일본에 갔다 온 사람들 중에서 내게 『민족시보』를 가져다준 분들이 있었어요. 그러니 다 본 것은 아니고 일부를 볼 수 있었는데, 그것만 봐도 전체적인 흐름은 파악할 수 있었습니다.

━ 납치사건 이후 박정희 정권의 감시는 전보다 더 심해졌을 텐데요. 미국과 일본에 계신 분들과의 편지 교환은 어떤 방식으로 하셨나요?

인편으로 했어요. 일반 우편으로 하면 전달도 안 되고 정보만 유출되기 때문이지요. 일본 기자와 외국인 선교사를 통해서 했습니다.

━ 해외 한인 민주화운동은 서독을 중심으로 한 유럽에서도 있었습니다. 여기서 제일 유명한 분은 윤이상 선생이라고 할 수 있는데요. 윤이상 선생에 대해서 어떻게 평가하십니까?

나는 윤이상 선생과는 인연이 없어서 잘 알지 못해요. 개인적 인연은 없지만 나는 그분의 음악과 인격에 대해 높이 평가하고 존경합니다. 북한에 갔다 왔다는 이유로 동백림 사건에 연루되어 많은 고초를 겪으셨는데요. 그분은 민족통일에 대한 순수한 열정을 갖고 계셨던 예술가라는 사실을 고려해야 한다고 생각합니다. 그와 같은 일이 음악가로서의 그의 위대한 업적과 뛰어난 명성에 흠을 낼 수 없다고 생각해요. 윤이상 선생은 1980년 나의 구명운동에 적극적으로 나서기도 했습니다.

— 대통령님께서는 해외 한인 민주화운동에 직·간접적으로 관련이 있었습니다. 그런 입장에서 해외 한인 민주화운동에 대한 평가를 부탁드리겠습니다.

전 세계에서 독재를 한 나라가 많습니다. 그런데 미국, 일본 등에 살면서 본국의 문제에 관심을 갖고 본국의 민주화를 위해서 헌신한 경우는 별로 없어요. 참 대단한 일입니다. 미국과 일본의 정치인·지식인·언론인 등이 우리나라의 저력에 대해서 다시 평가하게 되었어요. 그런 점에서 나는 우리 교포들의 활동에 대해서 아주 높게 평가합니다.

유신 정권의 회유공작

— 유신 정권은 대통령님의 망명활동이 성과를 거두자 부담을 느끼고 여러 조치를 준비하게 되는데요. 그중 하나가 회유공작이었습니다. 대통령님의 망명활동 중단을 조건으로 부통령직을 제안했다고 하는데요.

주한 일본대사 가나야마 마사히데가 중간에 가교 역할을 하려고 한 것입니다. 가나야마 대사는 일본에 있던 내 친구를 통해서 박정희 대통령의 뜻이라고 하면서 내가 망명투쟁을 그만두고 귀국하면 부통령을 할 수 있도록 하겠다는 말을 전해왔어요.

이에 대해서 나는 "민주주의를 하기 위해서 이렇게 하고 있는 것이기 때문에 부통령 자리에는 아무런 관심이 없다. 박정희 대통령이 민주주의를 하겠다고 하면 나는 아무런 조건 없이 망명투쟁을 그만둘 것이다. 핵심은 민주주의다" 이렇게 답을 했어요. 그것으로 끝난 이야기가 되었습니다.

━ 중앙정보부는 대통령님의 활동을 방해하고 위협하기도 했습니다. 대표적인 사건이 1973년 5월 18일 샌프란시스코 강연회에서 있었던 '케첩사건'이 있었지요.

샌프란시스코 교포인 송선근 씨가 주최한 강연회였어요. 송선근 씨는 아주 용기 있고 신념이 있는 분이에요. 그래서 강연을 수락하고 갔지요. 그런데 그 지역의 한인 폭력배들이 와서 분위기를 험악하게 하고 계란과 케첩을 던지면서 방해했어요. 결국에는 경비인력을 불러서 간신히 그들을 막고 강연을 끝까지 했습니다.

━ 사건의 배후를 중정이라고 판단하시는 이유는 무엇입니까?

그때 그 일만 있었던 것이 아니에요. 중정은 다양한 방식으로 방해공작을 펼쳤습니다. 미국에 오는 한국 사람을 나와 만나지 못하게 하는 것, 전화로 협박하는 것, 내가 참여하는 행사의 개최를 막으려고 하고 개최 자체를 막지 못하면 진행을 방해하려고 하는 것 등 여러 건이 있었어요.

한 예로 재미한인기독학자 모임, 즉 기독교 신자인 한국인 학자들이 모여서 하는 학술회의에서 내가 강연하기로 했었어요. 이 모임을 주최한 학자에게 전화해서 하지 말라고 압력을 넣었어요. 그뿐만이 아니에요. 협박 방식도 다양하고 지독해요. 한국에 있는 가족들을 협박해서 미국으로 "소식에 의하면 김대중과 뭘 하고 있다고 하던데, 절대 그러지 마라. 너에게도 좋지 않고 한국에 있는 가족들도 생각해야 한다" 이런 내용의 전화를 걸게 하고 편지를 보내게 해요. 이러한 압력을 받은 사람들이 용감하게 다 공개했어요. 그래서 미국 정부도 알게 되었습니다.

■ 미국 정부의 입장은 무엇이었습니까?

국무부의 도널드 레너드 한국과장은 원칙이 있고 소신이 뚜렷했으며 우리의 민주화투쟁이 자유민주주의를 위한 운동이라는 것을 잘 알고 있었어요. 우리 활동에 대한 이해도 있고 동정도 했어요.

레너드는 중정의 이러한 행동을 파악한 후에 직접 경고를 했어요. 레너드는 "미국에 합법적으로 거주하고 활동하는 사람들을 위협하는 행위는 용납할 수 없다"는 것과 "미국 정부는 김대중의 활동에 관심을 갖고 그의 안전에 관심이 있다"는 내용을 한국 정부에 전했어요. 그래서 중정은 미국에서 더 이상의 위해 공작을 하지 못했던 것입니다.

■ 이근팔 선생의 증언에 의하면 중정은 미국을 방문하는 한국 인사들이 대통령님과 만나는 것을 막기 위해서 직접 경고하기도 하는 등 여러 조치를 취했다고 하는데요.

그랬어요. 국내에서 온 사람들을 거의 못 만났어요. 나도 이러한 사실을 알고 있었기 때문에 부담을 줄까봐 먼저 연락하지 못하는 경우가 많았어요.

그런 상황에서도 내게 연락을 준 분들이 있었습니다. 국회의원을 하신 서민호 선생이 미국에 오셨을 때 만났는데 참 반가웠어요. 나중에 국무총리를 한 이홍구 박사가 연구 목적으로 미국에 왔다가 나를 만나서 점심을 한 번 샀어요. 이홍구 씨는 내 처남인 이성호와 고등학교 동기인데, 나와 내 처남을 불러서 점심을 샀습니다. 그때 분위기에서 이렇게 하는 것이 참 어려운 일이었어요. 두 분과 만난 것은 지금도 기억이 선명합니다.

— 한민통 미국본부 준비위 결성을 하신 이후에 일본으로 떠나셨습니다. 일본에 도착하니 이미 분위기가 심상치 않았다고 하는데요.

미국을 떠나 7월 10일경에 일본에 도착했어요. 공항에 김종충·조활준 등이 나왔는데 나를 해치려 한다는 정보가 들어온다면서 조심하라고 말했어요. 미국에 있을 때도 나를 해치려는 음모가 있으니 각별히 조심해야 한다는 내용의 편지를 받은 적이 있었어요. 내가 보기엔 나에 대한 테러를 기획하던 중정이나 주일 한국대사관 등에 근무하는 사람 중에서 양심상 도저히 이 일을 그대로 묵과할 수 없다고 판단한 사람이 있었던 것 같아요. 자기 힘으로 이 일을 막을 수는 없으니 정보를 알려줘서 내가 대비하도록 도움을 준 것으로 생각합니다. 일본의 동지들과 상의해서 나에 대한 테러를 막기 위해 거처도 계속 옮겨 다니고 경호원도 대동했어요.

납치살해 미수사건

— 납치를 당하신 8월 8일 상황에 대해서 질문 드리겠습니다.
그날 양일동 씨를 만나시기 위해 그랜드팔레스 호텔로 가셨는
데요. 양일동 씨와 약속하신 이유는 무엇입니까?

민주통일당 대표 양일동 씨가 신병 치료를 위해 일본에 왔고
7월 29일에 만난 적이 있습니다. 그분과 나는 호형호제하는 사
이로 가깝게 지냈어요. 그날도 반갑게 만났고 다시 보기로 했지
요. 나는 망명활동에 필요한 자금을 구하기 위해 8월 8일에 다
시 만났어요. 약속을 잡아서 그날 양일동 씨가 머물고 있던 그랜
드팔레스 호텔에 간 것이에요.

— 대화 내용은 무엇이었습니까? 진행이 잘 되었나요?

양일동 씨를 만나서 여러 이야기를 했지요. 국내 정치상황에
대한 의견도 교환했고요. 양일동 씨는 내게 한국에 돌아오는 것
이 어떠냐고 물었어요. 나는 "형님, 나도 이국땅에서 이런 고생
을 하면서 지내는 것이 힘들지만, 지금 국내에서는 아무런 말도
할 수 없습니다. 형님도 잘 아시지 않습니까. 해외에서라도 이렇
게 박정희 유신 정권을 비판하면서 투쟁을 전개해야 합니다. 그
러니 지금 귀국할 수가 없습니다"라고 대답하면서 자금지원을
요청했어요. 그런데 양일동 씨는 여기에 답을 하지 않았어요.

그렇게 있었는데 민주통일당 김경인 의원이 찾아왔어요. 내

친척 되는 사람이고 나하고 아주 가까운 사이예요. 그래서 셋이 점심을 먹고 나는 다음 일정 때문에 호텔 방을 나섰지요. 그 직후 납치를 당한 거예요.

━ 그 이후에 어떻게 되었습니까?

김경인 의원이 나를 배웅해준다고 해서 함께 방을 나섰는데 앞에 건장한 사내 대여섯 명이 우리를 가로막고 내 멱살을 잡고 입을 막은 후에 옆방으로 끌고 갔어요. 나를 구타해서 제압한 후에 마취제를 묻힌 손수건을 내 입에 갖다 댔는데 마취가 덜 되어서 다행히 정신을 완전히 잃지는 않았어요. 그런데 일부러 움직이지 않았습니다. 내가 정신이 있는 것을 알면 저들이 어떤 일을 할지 모르기 때문이었어요. 나는 속으로 '이러다 죽겠구나' 생각했어요.

그때 이들이 방문을 열고 나를 엘리베이터 쪽으로 끌고 가서 태웠어요. 그런데 중간에 엘리베이터가 멈추더니 일본인 두 명이 탔어요. 나는 하늘이 준 기회라 생각해서 일본말로 "히토 코로시다! 타스케테 쿠레!"(人殺しだ! 助けてくれ!)라고 소리쳤어요. 우리말로 하면 '살인자다! 살려 달라!'는 뜻이에요. 그런데 이 사람들이 버튼을 누르더니 그냥 나가버렸어요. 만약 이 사람들이 도움을 주었으면 그때 위기에서 벗어났을 텐데 그렇지 못했어요. 안타깝게도 기회를 놓쳤고 결국 범죄자들이 나를 주차장으로 끌고 간 후에 차에 실어서 출발한 겁니다.

━ 경호원 김강수 선생을 호텔 로비에 대기하라고 하신 이유는 무엇입니까?

무엇보다 호텔에 올라가면 경호원이 혼자 있을 만한 곳이 마땅치 않아요. 방에 들어오라고 할 수도 없고 복도에 그냥 서 있는 것도 자연스럽지 않아요. 미안하기도 하고요. 그래서 로비에 있으라고 했습니다.

━ 대통령님께서는 일본의 치안을 믿었다고 하셨는데요. 어떤 맥락에서 그런 말씀을 하셨습니까?

일본은 세계적으로 치안이 좋은 곳으로 유명한 나라였습니다. 나는 그 점을 믿고 있었어요. 그런데 이 사건이 터지고 그 이후 진행 과정을 보니 그런 것도 아니더라고요.

━ 납치범들은 호텔 주차장에서 빠져나왔는데요. 그 이후 상황은 어떻게 되었습니까?

나는 차 안에서 납치범들 발밑에 눌려 있었어요. 옷으로 내 얼굴을 가렸고 입에는 헝겊 조각을 넣어서 소리치지 못하게 했지요. 그렇게 두어 시간 정도 갔을 겁니다. 차가 멈춰요. 검문을 하는 것 같았어요. 나중에 알고 보니 내가 사라졌다는 소식을 들은 우쓰노미야 도쿠마 의원이 일본 경찰에 이 사실을 알린 거예요. 그래서 경찰이 비상경계에 돌입했던 것입니다. 여하튼 말하는 것을 들으니 "오사카, 저쪽은 고베" 뭐 이런 말을 해요. 그래서 대략 그 중간 정도까지 왔구나 하고 짐작했지요. 그때 소리치고 싶었지만 그럴 수 없었고 경찰이 안을 좀 들여다보았으면 좋았을 텐데 차 가까이 오지 않더라고요. 속이 타들어갔습니다.

그렇게 해서 어느 안가로 데려갔어요. 거기서 허름한 옷을 입히고 신발도 갈아 신게 하더니 저녁때까지 그냥 있었어요. 저녁이 되니 다시 나를 차에 싣고 바닷가 쪽으로 가요. 파도 소리 때문에 바다 가까이 왔다는 것을 알 수 있었습니다. 차에서 모터보트로 옮겨졌어요. 나는 그때 여기서 죽는구나 생각하고 성호를 긋고 기도하려고 하니 한 납치범이 "이 새끼가"라고 욕을 하면서 내 배를 차는 거예요.

그렇게 한참을 갔는데 또 다른 배로 나를 옮겼어요. 나는 해운업을 했기 때문에 배의 진동을 감지하면 크기를 가늠할 수 있는데 나중에 보니 내가 추정한 것이 대략 맞았어요. 그 배가 용금호예요. 배에 올려놓고 난 뒤에 또 몇 대 맞았어요. 그리고 선창 아래로 내려갔습니다. 거기서 칠성판 같은 판자에다 내 몸을 묶고 입에는 나뭇조각을 물게 하고 붕대를 감았고 눈 양쪽에 테이프를 다섯 장씩 붙였어요. 그리고 몸에 30, 40킬로그램 정도 되는 물체를 달았어요.

이때까지 아무 말 없던 한 납치범이 "이불을 싸서 던지면 떠오르지 않는다" "상어밥" 이런 소리를 했어요. 수장시킨 후에 내 시신이 떠오르지 않게 해서 사건을 은폐하겠다는 것이었지요. 이런 말을 듣고 난 정말 죽었다고 생각했습니다. 그래서 '바닷물 속에 빠지면 몇 분 있다가 죽겠지. 그러면 이런 고생도 하지 않겠지'라는 생각을 했어요. 그런데 그때 예수님이 내 옆에 서 계신 거예요. 그래서 내가 예수님께 '내가 아직 우리 국민을 위해서 할 일이 많습니다. 저를 위해서 그리고 우리 국민을 위해서 제발 살려주세요, 예수님' 이렇게 속으로 기도했어요.

그때 밖에서 펑펑 소리가 나고 불빛이 번쩍하더라고요. 내

눈을 가렸지만 그 미세한 틈으로 빛이 들어온 거겠지요. 그리고 납치범들이 "비행기다"라고 소리치면서 막 뛰어나가요. 이런 일이 이어졌고 배가 갑자기 미친 듯이 속도를 냈어요. 그렇게 30분 정도 지났을 겁니다. 속도가 원래대로 돌아왔고 젊은 사람이 뛰어오더니 경상도 사투리로 "김대중 선생님 아닙니까? 제가 부산서 선생님한테 투표했는데요"라고 해요. 그러면서 주스도 주고 담배도 주었어요. 그때는 내가 담배를 피울 때였어요. 그때가 내 생사의 기로였어요.

━ 구명 과정에 대해서 나중에 들으신 이야기가 있을 것 같습니다.

내가 전두환 때 미국으로 망명 가서 직접 들은 이야기가 많습니다. 사건 당시 CIA 한국책임자였고 나중에 주한 미국대사를 한 도널드 그레그가 사건 관련 정보를 수집해서 필립 하비브 대사에게 전했고, 하비브 대사가 박정희 정권의 핵심 인사를 만나서 나의 구명을 강력하게 요구한 것입니다. 그리고 워싱턴에서는 국무부의 도널드 레너드 한국과장이 내 구명에 나섰고요. 그래서 박정희 정권이 입장을 바꿔서 나를 살려주었고 납치 5일 만인 13일에 풀려나게 되었어요.

━ 대통령님께서 말씀하신 비행기의 국적에 대해서 여러 의견이 있습니다. 이와 관련해서 대통령님께서 많은 정보를 검토하셨을 것 같은데요. 최종적으로 어떻게 생각하십니까?

그레그 대사가 미국 비행기는 아니라고 했어요. 일본 영해에서 있었던 일이기 때문에 일본 비행기라고 생각해요. 미국이 일본에 요청해서 일본 비행기가 뜨도록 한 것으로 판단합니다.

— 동교동 댁으로 돌아오신 과정에 대해서 말씀해주시지요.

11일 새벽에 어느 항구에 도착했어요. 의사들이 올라와서 진찰을 한 후에 주사를 맞아야 한다고 하고 약도 먹으라고 해요. 나는 어떤 음모가 있을 수 있기 때문에 겁도 나고 경계했지만 내가 거부할 수 있는 분위기가 아니었어요. 다행히 포도당주사와 수면제였어요. 그렇게 배에서 내려 차를 타고 중간중간 중정의 안가로 추정되는 곳에 머문 후에 서울까지 이동한 거예요.

13일 오후가 되었는데 중정 요원이 내게 다가오더니 "김 선생, 나하고 이야기 좀 합시다" 그래요. 내가 "그러시죠"라고 했더니, 그 사람이 "김 선생은 왜 해외에 나가서 반국가 활동을 하는 겁니까"라는 거예요. 내가 "그게 무슨 말이오. 나는 반국가 투쟁을 한 적이 없소. 나는 박정희 정권을 비난했을 뿐 국가를 비난한 적이 없소. 나는 공산주의를 반대하고 자유민주주의를 지지하는 사람이오. 나는 박정희 정권이 1인독재를 통해서 자유민주주의를 훼손하여 궁극적으로 북한 공산주의 세력을 이롭게 하고 있기 때문에 우리나라의 안보와 발전을 위해서 이렇게 한 것인데, 어떻게 내가 반국가 행위를 했단 말이오"라고 아주 단호하게 말했어요. 그랬더니 그 사람이 "정권이 곧 국가지, 그게 무슨 말이냐"라고 대꾸했는데, 내 말이 일리가 있으니까 더 반박하지 않고 화제를 돌리더라고요.

— 어떤 이야기를 했습니까?

나를 보더니 "김 선생, 협상 좀 합시다"라고 해요. 상부 명령이

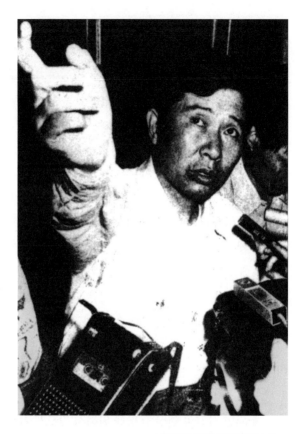

납치생환 직후 기자회견(1973).
일본 그랜드팔레스 호텔에서 납치된
김대중은 몸에 30, 40킬로그램 정도 되는
물체에 묶여 바닷속에 수장되려는 순간
극적으로 구조되어
납치 5일 만에 동교동 집으로 돌아온다.

라면서 집으로 보내주겠다는 거예요. 그러면서 차에서 내리면 거기서 소변을 보고 그때까지 붕대를 풀지 말고 소리를 내지 말라고 해요. 소변을 다 본 다음에 집으로 돌아가도 좋다는 거예요. 나는 알겠다고 했지요. 차를 타고 이동을 해서 내렸고 말한 대로 했어요. 그래서 붕대를 풀고 보니 동교동 우리 집 앞이었어요. 그렇게 해서 밤에 집에 들어가게 된 것입니다.

— 집에 도착하신 이후 상황은 어땠습니까?

초인종을 눌러서 나라고 하니, 다들 깜짝 놀랐지요. 아내와 막내 홍걸이, 비서들이 집에 있었는데 거실에 모여서 내가 살아 돌아온 것에 대한 감사 기도를 했습니다. 그렇게 시간을 보내고 있었는데 전화가 오고 기자들이 몰려왔어요.

납치당할 때의 상황과 죽을 고비를 넘기고 동교동까지 돌아온 과정을 상세하게 설명했어요. 놀라운 것은 그때 내가 말한 내용이 일본 경찰에서 조사한 내용과 대부분 일치했다는 사실이에요. 내가 기억력이 좋은 것도 있는데, 무엇보다 범죄자들의 언행 등 나만 알 수 있는 내용이 많기 때문에 내가 죽지 않고 살아남게 되면 사건의 진상 규명을 위해서 반드시 제대로 기록으로 남겨야 한다고 생각했기 때문이에요. 이것이 큰 역할을 했습니다. 이런 사건은 범죄자와 피해자만이 알 수 있는 내용들이 많아요. 나는 죽지 않고 살아 돌아왔고 내가 비상한 의지로 사건의 진행 과정을 뚜렷하게 기억하고 증언한 덕분에 어려운 여건 속에서도 이 사건의 진상을 이 정도까지라도 밝힐 수 있었다고 생각합니다.

유신독재 정권의 잔혹성

— 생환 직후 어떻게 지내셨습니까?

가택연금을 당해서 밖에 나가지 못하고 조사를 받았어요. 중정, 검찰, 경찰 등 여러 기관에서 나의 망명활동과 납치사건과 관련해서 아주 자세히 조사했습니다.

— 건강은 어땠습니까?

육체적인 건강은 그런대로 괜찮았어요. 다만 정신적인 충격이 남아 있어서 좀 불안했어요. 외부활동을 제대로 할 수 없었고 유신 정권이 나의 출국을 막았기 때문에 답답했지요. 어떤 일이 발생할지 모른다는 불안한 생각이 들기도 했어요. 그때마다 굳은 의지로 버티고 버텨냈습니다.

— 1973년 9월 26일 정일형 의원님이 국회 발언을 통해 납치사건은 유신 정권이 일으켰다는 취지의 말을 했습니다.

당시 그런 말을 하는 것은 정말 용기 있는 행동이었습니다. 그때 국민들은 이 사건의 진상에 대해서 잘 몰랐어요. 박정희 정권은 자신들이 이런 범죄를 저질렀지만 모른 척하면서 사건을 은폐했어요. 그때는 언론의 자유가 없어서 제대로 보도가 안 되었기 때문에 많은 국민이 잘 몰랐습니다.

그래도 워낙 큰 사건이고 해외에서는 난리가 났기 때문에 조금씩 알려지긴 했어요. 사건에 대해서 아는 사람들은 다들 중정 소행이라고 생각했습니다. 다만, 유신독재 정권이 워낙 탄압을 하고 있어서 제대로 말을 못 하는 상황이었지요.

정일형·이태영 부부와 함께(1975).
국회의원이었던 정일형(왼쪽 둘째)은
1973년 9월 26일 국회 발언을 통해서
김대중 납치사건은 사실상
유신 정권의 소행이라고 폭로했다.
유신독재 정권에서 그런 말을 하는 것은
용기 있는 행동이었다.

이때 정일형 선생께서 당시 국회의원이었는데, 9월 26일 국회 발언을 통해서 사건이 사실상 유신 정권의 소행임을 폭로하셨어요. 당시 그 험악한 분위기에서 이렇게 말씀하시는 것은 아주 어려운 일이었어요. 용기 있는 말씀이었고 지금도 감사하게 생각합니다.

━ 이 사건의 핵심인 이후락 중정 부장은 1980년 서울의 봄 때 최영근 의원에게 "이 사건은 박정희 대통령의 지시에 의해서 발생한 것이다"라고 발언했다가 1987년에 이를 취소하기도 했습니다.

이후락 부장과 최영근 의원은 둘 다 울산 출신으로 아주 친한 친구 사이예요. 이후락 부장이 최영근 의원에게 "어느 날 박 대통령이 나를 부르더니 김대중이를 없애버리라고 해서 내가 아주 큰 충격을 받고 나왔는데 나는 지시에 따르지 않고 있었다. 그런데 한 달쯤 뒤에 박 대통령이 다시 불러서 갔더니 왜 아무런 조치를 취하지 않고 있느냐면서 재차 지시하여 이 공작을 하게 되었다"라는 내용으로 이야기했어요.

이후락 부장은 아주 영리한 사람이라 '서울의 봄'이 와서 세상이 바뀔 수도 있다고 생각하여 그렇게 말한 겁니다. 최영근 의원은 나하고도 아주 가까운 사이예요. 그러니 결국 나에게 이 말을 간접적으로 전한 것이지요. 그러다가 전두환 대통령이 집권하고 세상이 다시 달라지니 압박을 받았거나 회유를 당했거나 해서 자신의 발언을 취소한 것입니다.

━ 1973년 10월 26일 연금에서 해제되시면서 기자회견을 하셨

는데요. 이때 "나의 해외활동이 결과적으로 국가에 누를 끼쳐 미안하게 생각한다" "현재로서 정치활동 할 생각 없다"는 말씀을 하셨습니다. 발언의 배경은 무엇입니까?

내가 해외에서 정부 비판을 많이 했기 때문에 그 정도 이야기하는 것은 가능하다고 생각했어요. 또 그 발언이 내가 해외에 나가는 데에 도움이 될 수 있을 것 같다고 생각해서 그랬어요.

━ 박정희 정권이 이와 같은 엄청난 범죄를 저지른 이유는 무엇이라고 생각하십니까?

나의 망명투쟁이 큰 성과를 내고 있는 것에 큰 부담을 느꼈기 때문이지요. 1972년 10월 17일 비상계엄을 선포한 이후 국내에서의 각종 저항은 무력화되었어요. 박정희 정권은 미국과 일본 등 해외에서의 반대만 없으면 유신체제를 이어가는 데에 어려움이 없다고 본 것입니다. 물론 미국이 제일 중요했고요.

그런데 내가 망명투쟁을 하면서 미국과 일본의 주요 인사들을 내 편으로 만들고 교포들을 상대로 반유신 투쟁을 위한 조직을 만들기도 하니, 여기에 큰 부담을 느낀 것입니다. 미국과 일본에서 반유신 여론이 형성되는 것은 상상하기 힘든 일이었을 거예요. 그전에는 이런 일이 없었으니까요. 그래서 나를 살해해서 유신에 대한 반대여론이 더 커지는 것을 막으려고 한 것이지요. 내가 미국에 있을 때 미국 국무부가 나의 활동과 안전에 관심을 표명했기 때문에 미국에서는 하기 힘들다고 보고 일본에서 한 것입니다.

━ 미국이 대통령님 구명에 결정적인 역할을 했습니다. 그 이

유는 무엇이라고 생각하십니까?

미국은 1971년 대선에서 나의 활약에 놀랐고 내가 강조한 한국의 민주화, 4대국 안전보장론, 3단계 통일론 등에 관심을 갖고 있었어요. 그전에는 이런 이야기를 한 사람이 없었고 내가 이것이 미국의 가치와 이익에 부합한다는 점을 논리적으로 설득해서 많은 동의를 얻어냈거든요. 그래서 나를 주목했어요. 어려운 여건 속에서도 민주주의를 위해 투쟁하는 내 모습에 연민을 느끼고 감동을 받기도 했어요.

미국 국무부의 레너드 한국과장은 미국 망명 때 나의 안전에 많은 관심을 갖고 도움을 주었습니다. 유신 정권이 내 활동을 방해하고 나를 위해하려는 것에 대해 경고하기도 했어요. 하비브 주한 미국대사는 나에 대한 이해가 많았어요. 두 분 다 정의로운 분들이었습니다. 그리고 라이샤워 교수, 코헨 교수 등 미국 정부에 영향력 있는 분들이 나서서 도움을 주었어요. 그래서 미국이 나의 구명을 위해 나서게 된 것입니다.

▬ 납치사건 조사는 제대로 되지 않았는데요. 이것은 일본에서도 마찬가지였습니다.

일본의 경찰은 사건의 진상을 밝히려는 입장이었어요. 그러나 집권세력들이 박정희 정권과 결탁해서 조사를 제대로 하지 않고 은폐한 것입니다. 일본 정부의 책임은 이것뿐만이 아닙니다. 일본 정부는 나에 대한 신변 보호를 제대로 하지 않은 것에 대한 책임도 있어요. 나는 합법적으로 일본에 있었고 나에 대한 테러 가능성이 있다는 것은 다 알려진 사실이었습니다. 그런데 일본 정부는 이러한 중대범죄 행위를 제대로 막지 못했다는 점에서 책임이 있습니다.

━ 1973년 11월 17일에 라이샤워 교수가 방한해서 하버드대학교의 초청장을 전달했습니다.

그때 라이샤워 교수가 하버드대학교의 초청장과 재정보증서를 갖고 오셨어요. 라이샤워 교수는 미국 정관계에 인맥이 많은 거물급 인사예요. 그래서 사전에 외무차관과도 만나기로 합의했는데 외무차관이 그 약속을 어겼어요. 아마도 윗선의 압력이 있었을 거예요.

━ 대통령님은 결국 출국을 하지 못하셨습니다.

한·일 양국 정부는 1973년 11월 1차 정치결착을 통해서 내 출국의 자유가 있다고 했어요. 그런데 박정희 정권은 내가 출국하는 것을 원하지 않았어요. 내가 출국하면 납치사건에 대한 진상규명 요구가 더욱 거세질 것이 명약관화하기 때문이었지요. 그러자 유신 정권은 내가 대통령 선거 때 선거법을 위반했다는 이유로 재판을 했어요. 재판을 이유로 내 출국을 막은 것입니다.

━ 이 사건이 준 영향에 대해서 말씀해주세요.

이 사건은 유신독재 정권의 잔혹한 속성을 그대로 보여주었습니다. 국내에서는 이 사건을 계기로 각종 저항운동이 다시 본격화되었어요. 국제적으로는 독재에 고통받는 한국의 현실에 대한 관심이 형성되었어요. 그때까지는 한국에 대한 관심 자체가 적었는데 이 사건을 계기로 유신독재의 여러 문제점이 해외에 알려지게 되었어요.

박정희 정권은 일본 정부와 결탁해서 사건의 진상을 은폐했지만 일본의 언론과 학계와 시민단체 등의 노력으로 중앙정보부가 범죄를 저질렀다는 사실이 밝혀졌습니다. 국제사회도 이러한 유신 정권의 범죄에 크게 분노했어요. 한국의 독재는 국내 사안으로만 볼 수 없게 되었습니다. 결과적으로 이 사건은 국내 민주화운동을 활성화시키고 한국문제를 국제적인 사안이 되도록 했어요. 이것은 유신 정권이 의도한 바가 아니었습니다.

▬ 국가정보원 과거사건 진실규명을 통한 발전위원회(진실위원회)에서 납치사건에 대한 조사를 진행 중에 있습니다. 이 조사에 대해서 어떻게 생각하십니까?

내가 보기에 지금 진실위원회는 사건의 진상을 적극적으로 규명하는 데에 소극적인 것 같아요. 이 사건은 박정희 대통령의 지시에 의해서 나를 죽이려고 했지만 미국의 개입에 의해서 그렇게 하지 못하고 결국 나를 서울로 데려와서 석방해준 것이에요. 살인미수 사건입니다. 내가 용금호에 있었을 때 납치범들이 내게 한 말과 행동을 보면 나를 죽여서 수장시키고 사건을 영원히 은폐하려고 했다는 것을 알 수 있어요. 미국의 구명과정도 이미 다 밝혀졌어요.

납치사건이라고 한 것은 사건 직후 이 사건의 성격에 대해서 알지 못할 때 나온 명칭에 불과한 것인데 현재 그대로 굳어졌어요. 이것은 옳지 않아요. 김동운의 지문처럼 증거가 명백하게 나왔음에도 제대로 조사도 하지 않은 채 오랜 시간이 흘러서 많은 증거가 사라졌습니다. 한국 정부는 일본 정부 입장도 고려해야 하기 때문에 여러 어려움이 있는 것 같더라고요. 무엇보다 중요한 것은 역사적인 진실이고 인권이라고 생각해요. 현재 들리는 이야기는 실망스럽지만 앞으로 잘 진행되기를 바랍니다.

━ 대통령이 되신 이후 국정원에서 이 사건 관련한 보고 등을 받으신 적이 있습니까? 일본 정부를 상대로 진상규명을 위한 요청을 하실 수도 있었는데 그렇게 하지 않으셨습니다. 그 이유는 무엇입니까?

국정원에서 특별한 보고는 없었습니다. 내가 당사자이다 보니 직접 나서서 조사를 하는 것은 적절하지 않다고 생각했습니다. 특히 이 사건의 진상을 밝히기 위해서는 일본 정부의 태도도 중요해요. 과거 일본 정부는 박정희 정권과의 유착으로 사건의 진상을 은폐했고 내 인권을 외면한 과오가 있어요. 이것은 물론 과거 정권 때 일이지만 일본 정부 입장에서는 곤혹스러운 일입니다. 그것을 피해 당사자이자 한국의 대통령인 내가 요구하면 일본 정부는 아주 곤란한 상황이 되지요. 대통령으로서 일본과의 외교도 중요하기 때문에 내가 이렇게 하는 것은 바람직하지 않다고 생각했어요. 나는 일본이 자발적으로 입장을 밝히는 방향으로 진행되기를 바랐던 것입니다.

『동아일보』 광고 탄압과 장준하의 의문사

━ 1974년 1월에 공화당 총재를 역임한 정구영 선생과 사무총장을 역임한 예춘호 선생이 탈당했습니다. 그 무렵부터 정구영

선생과 종종 소통하신 것으로 알고 있는데요.

정구영 선생은 6, 7대 국회의원을 하셨어요. 내가 국회에서 발언하는 것도 직접 보셨지요. 내가 발언하고 나면 "김 군은 어떻게 해서 그렇게 말을 잘하나. 참 탁월하다" 이런 말씀을 종종 해주셨어요. 나와 당은 달랐지만 그때부터 나를 많이 아껴주셨습니다.

그즈음에 공화당에서 3선개헌을 반대했던 양순직·예춘호·박종태 의원 등과 함께 정구영 선생 댁을 찾아가곤 했어요. 정구영 선생은 내가 감옥에 있던 1978년에 돌아가셨는데 그전에 이 세 사람에게 나에 대한 지지를 부탁하셨다고 들었어요. 그렇게 나를 인정해주셨습니다.

— 1974년 2월 25일 대통령님 아버님께서 돌아가셨습니다. 여러 가지로 상심이 크셨을 것 같습니다.

내가 이렇게 고생하는 모습만 보여드린 것 같아서 마음이 아팠습니다. 죄책감도 들었어요. 아버지 장례식에도 참석하지 못했어요. 가택연금 상태여서 갈 수가 없었어요. 박정희 정권이 내가 고향에 내려가서 사람들을 선동할까봐 신경 쓰였던 것 같은데, 아버지 장례식 참석까지 막는 것에 정말 분노했어요.

— 1974년 12월에 『동아일보』 광고 탄압사태가 났습니다. 1975년 1월 1일에 대통령님께서는 실명은 밝히지 않은 채 '언론의 자유를 지키려는 한 시민'으로 『동아일보』 후원광고를 하셨습니다. 그때 『동아일보』를 지지하는 시민들의 후원광고가 있었는데, 대통령님의 후원광고가 최초로 이뤄진 것이었습니다.

인권회복구국기도회(1975).
유신정권의 인권 탄압은 날이 갈수록 심해졌다.
여기에 저항하기 위해 김대중을 중심으로
민주인사들이 구국기도회를 열었다.

그때 내 비서로 있던 김옥두 의원을 통해서 20만 원을 보냈어요. 다만 내 이름이 그대로 나가면『동아일보』에도 피해가 있을 수 있어서 그렇게 했어요. 그리고 내가 연락할 수 있는 사람들에게 연락해서 후원하라고 권했어요.

결국 광고탄압을 이기지 못해서『동아일보』는 기자들을 대규모로 해고했어요. 그래서 동아자유언론수호투쟁위원회(동아투위)가 결성되었잖아요. 내가 이 문제를 해결하기 위해서 이태영·김상현 두 분을 김상만 당시『동아일보』사장에게 보내 중재를 했습니다. 김상만 사장에게 그렇게 경력 있는 기자들을 대거로 해직하면『동아일보』의 경쟁력이 떨어지니 복직을 적극적으로 고려해야 한다고 설득해서 이야기가 잘 되었어요. 그래서 몇 명만 빼고 1차적으로 복직시키고 그때 제외된 사람도 몇 달뒤에 받아주기로 했어요. 이 정도면 완전 성공이라고 볼 수 있었어요.

그래서 이 안을 갖고 내가 동아투위에 사람을 보냈어요. 그런데 이분들이 "우리가 언제 김대중 씨에게 중재해달라고 했느냐" "우리는 전원 복귀 아니면 수용할 수 없다"는 거예요. 계속 말을 해도 설득이 안 되어서 결국 무산되었지요. 여기서도 확인되지만 극단주의는 문제해결을 어렵게 합니다.

━ 1975년 8월 17일에 장준하 선생이 의문사했습니다. 먼저 장준하 선생과는 어떤 인연이 있었습니까?

장준하 선생을 잘 알지요. 유신 전까지만 해도 장준하 선생과 나는 애증 관계였어요. 내가 국회의원을 할 때『사상계』를 많이 도와주었어요. 그런데 장준하 선생이 정치적으로는 나를 경쟁자로 생각해서 견제하는 것이 좀 있었어요. 이와 관련해서 1971년 7대 대선 전에 내가 대통령 후보가 되고 유진산 씨가 당권을 계속 갖고 가니 윤보선·장준하·박기출 이런 분들이 탈당해서 국민당을 만들었어요. 장준하 선생은 대통령 선거에 출마할 생각이 있었는데 윤보선 씨와의 관계가 틀어져서 결국 박기출 씨가 출마를 했지요. 그런 일이 있다가 유신 이후 협력하게 되었어요.

— 장준하 선생과 어떤 협력을 하셨습니까?

내가 납치사건에서 생환한 이후부터 장준하 선생을 몇 번 만났어요. 그러면서 가까워졌습니다. 의문사로 돌아가시기 3주 전에도 동교동에 오셔서 여러 대화를 나누었지요. 장준하 선생은 "과거에 내가 당신에게 경쟁의식을 갖고 있었는데 지금은 그런 생각으로 우리가 각자 따로 해서는 안 됩니다. 나는 당신의 활동을 지지하니 나와 함께 손잡고 유신독재를 종식시키고 하루빨리 민주주의를 되찾도록 합시다" 이렇게 자신의 생각을 아주 솔직하게 말했어요. 그래서 함께 잘해보자는 다짐을 하고 분위기 좋게 식사하시고 가셨지요. 그런데 얼마 뒤에 의문사로 돌아가신 거예요.

— 장준하 선생의 갑작스러운 사고 소식을 듣고 심정이 어땠습니까?

참담했지요. 사고 원인에 강한 의문이 들었어요. 내가 장준하 선생과 대화를 할 때 이분이 등산을 좋아하셔서 등산 이야기가 종종 나왔습니다. 하루는 내가 "그렇게 산을 다니셔도 괜찮겠습니까? 저들은 무슨 일을 할지 모르기 때문에 항상 조심하시는 것이 필요합니다"라고 했어요. 장준하 선생은 "저들이 나한테 뭘 어떻게 하겠습니까"라고 문제없다는 식의 반응을 보이셨어요.

그러다 결국 그런 사고가 발생했어요. 함석헌 선생이 장준하 선생과 아주 가까운 사이인데, "장준하가 김대중과 화해해서 함께 힘을 합치기로 한 것이 죽음의 원인이 되었다"라고 말씀하셨어요. 나는 납치사건 이후로 국제적으로 워낙 유명해졌기 때문에 나를 죽이는 것은 부담이 컸지만 장준하 선생은 국제적으로 유명한 분은 아니었기 때문에 장준하 선생을 타깃으로 했다는 말씀이었어요.

3·1 민주구국선언사건

━ 1976년 3·1 민주구국선언사건이 발생했습니다. 먼저 민주구국선언을 하신 이유는 무엇입니까?

그때 유신독재에 대한 반대투쟁이 침체되어 있었습니다. 체념한 사람도 많았어요. '유신독재에 반대하지만 바뀔 것 같지도 않고 그냥 이대로 사는 수밖에 없지 않냐' 이런 심리였어요. 나는 이대로는 안 되겠고 비상한 조치를 취해야 한다고 생각했어요. 그래서 김수환 추기경을 찾아가서 "지금 국민들의 사기가 떨어졌고 자포자기하는 사람도 많은 상황입니다. 이대로 두면 현 상황을 바꾸기가 쉽지 않기 때문에 제가 감옥에 갈 각오로 행동에 나서겠습니다"라고 말씀드렸어요. 김수환 추기경께서는 나를 격려해주셨습니다. 그래서 내가 선언을 준비했어요. 그때 는 유신만 비판해도 감옥에 끌려갔기 때문에 각오하고 준비했 던 것입니다.

━ 3·1절을 맞이해서 선언을 하신 이유는 무엇입니까?

3·1절은 국가적으로 큰 기념일이기 때문에 이날에 맞춰서 하면 국민들의 관심을 더 많이 끌어낼 수 있다는 점을 고려한 것 입니다.

━ 선언은 혼자 하시려고 하셨나요? 아니면 함께 하시려고 하 셨나요?

함께 하려고 했지요. 내가 정일형 박사와 이태영 박사에게 연 락하고 두 분이 윤보선 선생에게 연락했어요. 문익환 목사님은 우리 집에도 오셨습니다. 문익환 목사님은 시인이자 목사였고, 그때는 아직 민주화운동에 나서지 않아서 박정희 정권이 위험 한 인물로 생각하지 않았어요. 그래서 우리 집에 방문하는 것에 크게 제약을 받지 않는 상태였습니다. 그런데 알고 보니 선언문 은 나만 준비하고 있던 것이 아니었어요.

━ 그러면 발표된 선언문은 어떻게 완성된 것입니까?

그때 문익환 목사님도 선언을 준비하셨어요. 그래서 윤보선· 정일형 두 분이 조율하면서 문구를 가다듬고 발표하게 되었습 니다.

━ 이 사건이 민주화운동 과정에 준 영향은 무엇이라고 생각하 십니까?

3·1 민주구국선언사건 재판(1976).
김대중은 유신독재에 대한 국민들의
반대투쟁이 침체되어 있는 상황에서 비상한
조치를 취해야 한다는 생각으로
민주인사들과 함께 명동성당에서 3월 1일에
민주구국 선언문을 발표했다.
이 일로 재판을 통해 형이 확정된 후
진주교도소에 수감되었다.

유신독재 정권이 공포정치를 하고 있지만 여기에 굴하지 않는 민주세력이 있다는 것을 국내외에 보여주었어요. 그래서 국민들에게 희망을 주었고 해외에는 우리나라 민주세력에 대한 관심이 이어지도록 했습니다. 가령 내가 쓴 「상고이유보충서」는 우리나라에서 보도되지 않았지만 일본 언론에서는 이것을 아주 상세하게 보도했어요. 이 글의 양이 굉장히 많은데 내가 듣기로는 『아사히신문』은 글씨 크기를 작게 해서 전문을 다 게재했다고 합니다. 그 정도로 해외에서는 많은 관심을 가졌어요.

■ 당시 주요 정치인들이 빠진 이유는 무엇입니까?

정치인들은 나설 입장이 아니라고 봤고, 선언문의 내용에 다 동의한다고 보기 어렵기도 해서 접촉을 안 했어요. 정치인들은 그때만 해도 일반적으로 이런 일에 적극 참여하지 않았어요. 그래서 현실정치에서 배제된 나 그리고 은퇴하신 것으로 볼 수 있는 윤보선 선생, 정일형 선생 이렇게 세 명만 참여하게 되었습니다.

■ 선언을 보면 종교계 인사도 많이 포함되어 있는데요. 다 아는 분들이었습니까?

처음에는 알지 못하는 분들도 있었어요. 그러다 함께 고초를 겪으면서 잘 알게 되었습니다.

■ 민주구국선언 발표하실 때의 상황에 대해서 말씀해주세요.

그때 명동성당에서 미사가 있었어요. 나도 갔는데 미사 끝난 후에 신·구교가 함께하는 기도회가 있었고 문동환 목사께서 설교를 했습니다. 그리고 이우정 교수가 「민주구국선언서」를 낭

독했어요.

— 선언을 발표하실 때 박정희 정권에서 크게 탄압할 것이라고 예상하셨습니까?

분명 강경 대응할 것이라고 생각했지만 그 정도는 예상을 뛰어넘는 수준이었습니다. 내가 듣기로 중정에서는 일을 크게 만들지 않고 덮으려고 했는데 박정희 대통령이 대노하면서 강경 대응을 지시했다고 합니다. 그래서 일이 커져버렸어요. 그것 때문에 나를 비롯해서 여러 동지가 많은 고생을 했지만, 결과적으로 박정희 정권의 인권탄압을 알리는 계기가 되어서 우리나라 민주화에 큰 기여를 하게 되었지요.

진주교도소 수감

— 재판을 통해 형이 확정된 이후 1977년 4월 진주교도소로 이감되셨습니다.

일부러 서울에서 먼 곳으로 보냈어요.

— 진주교도소 생활은 어떠셨습니까.

면회는 한 달에 한 번 직계가족만 가능했고 시간은 10분만 허용되었어요. 여기서는 다른 사람의 편지를 받아볼 수 있게 해줬습니다. 김수환 추기경께서 특별면회를 오셔서 나를 위로해 주신 적이 있습니다.

특별히 기억에 남는 것은 먹는 문제예요. 기호식품인 커피도 안 된다고 했고 식사 때마다 나오는 김치 상태가 너무 좋지 않았어요. 반찬은 그런 김치와 아주 짜고 썩은 것처럼 보이는 젓갈 이런 것이었어요. 밥은 콩밥과 보리밥으로 나와서 그런대로 먹을 만했는데 반찬 상태가 너무 좋지 않았습니다. 반찬을 사먹을 수 있게 해달라고 요청했지만 들어주지 않았어요. 1980년대 전두환 정권 때 청주교도소에서는 허락해줬어요. 그런데 이때는 안 된다고 했어요. 먹는 문제로 고생을 많이 했습니다.

━ 수감생활의 하루 일과는 어땠습니까?

주로 책을 읽었어요. 일어나서 정신 좀 차리고 나면 바로 책을 읽기 시작했습니다. 책은 하루 몇 페이지씩 정해놓고 읽었어요. 목표를 정해서 오늘 읽을 분량을 미리 접어서 거기까지는 어떻게든 읽으려고 했어요. 독방에 있기 때문에 생활태도가 흐트러지면 아무것도 할 수 없게 됩니다. 그런 방식으로 생활했어요. 운동 시간에는 운동하고 편지를 쓸 때도 있었지요.

━ 그때 책을 몇 권 정도 읽으셨나요? 특별히 기억에 남는 책에 대해서 말씀해주세요.

수백 권은 충분히 됩니다. 정확한 숫자를 지금 기억할 수는 없는데, 깨어 있는 시간 대부분 책을 읽었기 때문에 그 정도는 충분히 됩니다. 그때 읽은 책 중에서 아널드 토인비의 『역사의 연구』, 박경리의 『토지』, 『구약성경』과 『신약성경』 등이 생각나네요. 『성경』은 3, 4번 정도 읽은 것 같아요.

내가 몇 년 뒤에 청주교도소에 들어가서도 독서를 아주 많이 했고, 어떤 책은 진주교도소에서도 읽고 청주교도소에서도 읽었기 때문에 시점을 확실하게 구분하기 어려운 면이 있어요. 여하간 독서를 정말 많이 했고 내가 감옥에 들어오지 않았다면 이러한 지식도 배우지 못하고 깨달음도 얻지 못했을 것이라는 생각이 들 정도였습니다.

━ 진주교도소에서 옥중서신을 쓰셨는데요. 어떤 배경에서 시작하시게 되었습니까?

네루의 옥중서신을 생각했어요. 자식에게 도움이 될 수 있는 내용을 써서 보낼 생각으로 시작한 것이지요. 정치적인 이야기는 검열에 걸리기 때문에 쓸 수도 없었습니다. 몇 통을 썼고 나중에 전두환 정권 때 청주교도소에 가서는 본격적으로 썼습니다.

━ 감옥에 계실 때 독방에 있는 거미줄의 상태를 보시면서 간혹 파리를 잡아서 주시기도 했다고 하는데요.

내가 파리를 잡아서 거미줄에 걸어 놓았어요. 그런데 거미가 죽은 파리는 신경도 안 쓰더라고요. 그래서 파리를 죽이지는 않고 기절만 시킨 채로 거미줄에 조심스럽게 매달아 놓았어요. 자칫 잘못하면 줄이 끊어지기 때문에 아주 조심스럽게 했어요. 거미는 조심성이 많아서 내가 있으면 모습을 드러내지 않아요. 내가 구석으로 몸을 옮겨서 조용히 한참 있으면 그제야 줄을 타고 내려와서 파리에 침을 찔러서 빨아먹더라고요. 그렇게 다 빨아먹은 뒤에 파리의 사체를 아래로 떨어뜨립니다. 감옥 독방 생활이 워낙 단조롭기 때문에 이런 것도 흥미로웠어요.

━ 훗날 대통령이 되신 이후 중국의 주룽지 총리에게 이 이야기를 하셨다고 하는데요.

과거에 고생했던 이야기를 하다가 이 주제가 나왔어요. 그분은 나를 형님이라고 불렀어요. 나한테 아주 잘해줬고 내가 특별히 부탁한 것을 들어준 일이 있습니다. 그 덕분으로 우리나라 기업이 아주 큰 혜택을 본 적이 있어요.

━ 대통령님께서 진주교도소 수감 중이실 때 이희호 여사님께서 일본의 미키 다케오 수상에게 편지를 쓰셨는데요. 그때 이 사실을 아셨습니까?

몰랐어요. 아내는 일본 정부가 책임을 다하지 않는다고 생각해서 이 부분을 지적했던 것입니다. 납치사건 관련해서 한·일 양국 정부가 정치결착을 할 때는 나에게 해외 출국 등 행동의 자유가 있다고 했는데 결국 지켜지지 않았어요. 그런 과정에서 이 사건이 발생하게 된 것이니, 아내는 일본 정부에 이러한 상황을 설명하면서 대책을 요구했던 것입니다. 미키 수상은 일본 자민당 안에서 가장 양심적이고 좋은 분이에요. 아내도 이러한 사정을 알고 요청을 했던 것인데, 별다른 효과는 없었습니다.

━ 여사님께서는 박정희 대통령에게도 편지를 보내셨습니다.

그랬습니다. 그런데 아무런 반응이 없었어요. 아내 입장에서는 나를 위해서 어떻게든 해보려고 최선을 다했던 것이에요.

서울대병원 감옥병실

━ 1977년 12월 진주교도소에서 서울대병원 감옥병동으로 이감하시게 됩니다.

3·1 민주구국선언 사건 때 구속되고 재판받은 사람들이 우

리나라 민주화운동을 대표하는 명망가들이 많았고 종교인들도 많았어요. 명망가들은 국제사회에 이미 알려진 분들이고 종교인들은 국제적인 네트워크가 있습니다. 따라서 이 사건은 국제적으로 크게 주목을 받았어요. 이것은 유신 정권으로서는 큰 부담이었어요. 그렇다고 나를 석방하는 것은 싫은 거예요. 1971년 교통사고를 가장한 암살시도 사건으로 의심되는 그 사건으로 인한 다리 부상 치료 등을 이유로 나를 서울대병원 감옥병실에 1년 동안 가둬두었습니다. 교도관들이 와서 지키고 있었어요. 진주교도소보다 더 힘들었어요. 정말 힘들었어요. 그런데 마치 나를 위한다고 외부에 선전했어요. 참 악랄한 짓이었지요.

▬ 어떤 것이 더 힘드셨습니까?

창문을 모두 폐쇄해서 밖을 볼 수 없었습니다. 햇빛을 쬘 수 없었어요. 진주교도소에서는 매일 1시간 정도 운동할 시간이 있어서 바깥바람도 쐬고 하늘도 보고 땅을 밟을 수 있었는데 여기서는 아무것도 하지 못했어요. 정말 지옥을 체험한 것 같았습니다.

그런데 밖에서는 내가 이렇게 고생하는 것을 알 수가 없어요. 마치 병원에서 잘 치료받고 있는 것처럼 생각하기 쉬운 거예요. 그때 언론이 다 통제되고 있었으니 제대로 보도하지 않았습니다. 나는 너무나 화가 나고 답답해서 교도소로 빨리 보내달라고 강하게 요구했어요. 이렇게 사람을 우롱할 수 있냐고 따졌지만 소용없어요. 그 교도관들이 무슨 힘이 있었겠습니까. 박정희 대통령을 포함한 정권 핵심인사들의 지시였을 텐데, 그 밑의 사람들이 무슨 말을 할 수 있었겠어요.

▬ 참으로 힘든 시간이었겠습니다.

그때 내 다리 관절에 이상이 있었는데요. 나와 나이가 비슷한 의사가 진료를 했는데 그분은 내게 반말을 했어요. 내가 하도 화가 나서 뭐라고 하려다가 나의 인내력을 시험해보자는 생각으로 참고 참고 또 참았어요. 그렇게 하다 보니 1년의 시간이 흘러가더라고요. 그 의사는 지금도 기억나는데 생각만 해도 참 불쾌합니다.

▬ 서울대병원 감옥병실에 계실 때 못으로 편지를 쓰셨습니다. 당시 상황에 대해서 말씀을 듣고 싶습니다.

내가 글을 쓸 수 없도록 종이와 펜을 주지 않았어요. 감옥에서 글을 쓰는 것이 하나의 큰 행복이었는데, 그것마저 없애버린 거예요. 그때 아내는 식사를 들고 들어올 수 있었어요. 아내와 상의해서 아내가 못과 종이를 구해왔습니다. 나는 감시가 소홀할 때 몰래 못으로 눌러서 글자를 하나씩 하나씩 만들어갔습니다. 그렇게 해서 글을 완성하면 종이를 식사 그릇에다 숨겨서 가져가도록 했어요. 그것이 못으로 쓴 편지예요.

▬ 수감 중이신 1978년 3월 신민당을 탈당하셨는데요. 왜 탈당하셨습니까?

그때 이철승 씨가 신민당 대표였는데, 이철승 지도부가 야당 역할을 제대로 하지 않았어요. 어용야당처럼 유신체제에 순응하는 모습을 보였지요. 그에 대한 항의 및 경고의 의미에서 그렇게 한 것입니다. 아내를 통해서 탈당 의사를 전달했어요. 그렇다고 해서 신민당 자체를 거부하고 배척하겠다는 뜻은 아니었어

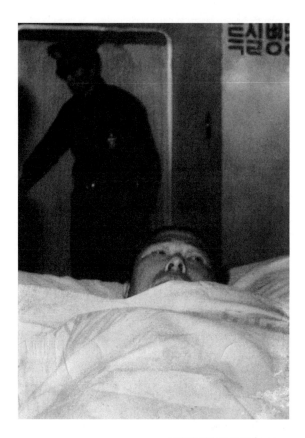

서울대병원 감옥병실(1978).
유신 정권은 진주교도소에 수감 중이던
김대중을 다리 부상 치료 등을 이유로
서울대병원 감옥병실로 이감시켰다.
외부에서는 김대중이 병원에서 편하게
지내는 줄 알았지만 김대중은 이곳에서
햇빛도 쬘 수 없고 땅도 밟을 수 없는
지옥 같은 생활을 했다.

못으로 눌러쓴 편지(1978).
서울대병원 감옥병실에서는 김대중이 글을
쓸 수 없도록 종이와 펜을 주지 않았다.
식사를 들고 들어온 이희호 여사가 못과 종이를
구해주었다. 김대중은 감시가 소홀한 틈에
글을 써서 완성하면 이희호 여사가 종이를
식사 그릇에 숨겨서 가지고 나왔다.

요. 그렇기 때문에 1979년에 김영삼 씨가 당권 경쟁에 나섰을 때 내가 적극적으로 지원해서 신민당 총재가 되도록 노력했던 것이에요.

━ 1978년 12월에 형 집행정지로 서울대병원 감옥병실에서 석방되었습니다.

나를 여기로 보낸 것은 나를 우롱하는 것이고 나의 인권은 더욱더 침해당한 것이었거든요. 이러한 사실이 알려지면서 미국과 일본에서 항의 시위가 일어나고 비판 여론이 형성되었어요. 결국 박정희 정권은 그 부담을 이기지 못하고 나를 석방했습니다.

장기간의 가택연금과 김영삼 지지연설

━ 1978년 12월 말에 석방된 이후 1979년 12월까지 대부분의 기간에 가택연금을 당하셨습니다.

내가 사는 집 주변의 집에는 중정과 경찰들이 입주해서 나를 24시간 감시했어요. 집에 오려는 사람들을 감시하고 통제했고 주변의 건물 옥상에 올라가서 망원경으로 감시하고 사진을 찍었어요. 그것을 갖고 여기에 왜 가려고 하냐고 추궁했습니다. 또 골목 곳곳에 초소를 설치해서 밖에서 들어올 엄두를 내지 못하도록 지독하게 통제했습니다.

그래도 아내는 출입이 비교적 자유로워서 시장에서 먹을거리를 사올 수 있었지만 나는 철저하게 차단되었지요. 집 뒤쪽 약간 높은 곳에서 바깥을 내다볼 수 있었는데 아주 가끔 그쪽으로 사람들이 오면 그들을 향해서 손을 흔들면서 인사하는 것이 다였어요. 나는 그때 형 집행정지로 나와 있었는데 이렇게 할 바에는 차라리 감옥으로 보내달라고 요구했을 정도였습니다.

━ 대통령님께서는 1979년 3월 1일 발족한 '민주주의와 민족통일을 위한 국민연합' 결성에 주도적인 역할을 하셨고 윤보선·함석헌 선생과 함께 공동의장이 되었습니다.

그때 신민당이 제대로 역할을 하지 못했기 때문에 재야세력을 강화해서 민주화운동의 새로운 중심축을 만들려고 했던 것입니다. 신민당에도 자극이 되어서 민주세력 전체가 활성화될수 있다고 판단했기 때문에 그렇게 한 것입니다.

━ 1979년에는 장기간 가택연금 조치를 당하시는 등 감시가 심하고 활동의 자유가 극히 제한되었는데 외부와 어떻게 연락을 취하셨습니까?

가끔씩 풀어줄 때가 있었어요. 그럴 때마다 만나서 여러 협의를 했어요. 다만, 나는 오랜 기간 연금을 당했기 때문에 외부활동을 제대로 할 수 없어서 함석헌·윤보선 선생 그리고 그분들을 모시고 일했던 분들이 주로 움직였어요.

━ 1979년 5월 30일 신민당은 전당대회를 열고 당 총재를 선출했습니다. 대통령님께서는 그 전날인 5월 29일 아서원에서 김영삼 후보 지지연설을 해서 김영삼 후보 당선에 결정적인 역할을 했습니다.

그때 총재 경선에 이철승·김영삼·이기택·신도환 이렇게 4명이 경쟁을 했는데요. 이철승 씨와 김영삼 씨가 유력 후보였고 이철승 씨가 우세한 상황이었어요. 나는 이철승 씨가 중도통합론을 내세우면서 유신체제에 대해 제대로 저항하지 않는 것에 대해 비판적인 입장이었습니다. 반면 김영삼 씨는 선명야당 노선으로 반유신투쟁에 적극 나서겠다는 입장을 갖고 있었기 때문에 나는 김영삼 씨를 지원하기로 했어요.

나는 유신 이후 정치활동을 못 했고 신민당을 탈당했지만 당안에 과거 나의 지지세력이 상당히 있었어요. 그래서 내가 직접 김영삼 후보 지지연설을 하면 큰 효과가 있을 것이라고 생각했어요. 그때 비밀리에 연락해서 아서원에 갔어요. 나는 중정이 나를 막을 수 있다고 생각했는데 막지 않았어요. 아서원에 갔더니 김영삼 후보를 지지하는 사람들로 가득 차 있었어요. 그때 공간에 비해 사람들이 너무 많이 몰려와서 사고가 날까 걱정될 정도였습니다. 거기서 나는 나의 모든 것을 다해서 김영삼 후보의 당선이 필요하다는 연설을 했어요. 아주 열정적으로 했습니다.

■ 그때 지지연설이 김영삼 총재 당선에 결정적인 역할을 했다고 평가받고 있습니다.

그랬어요. 나를 지지하는 사람들의 표가 결집되지 못하고 분산되고 있었는데 하나로 모아서 김영삼 후보를 지지하게 되었으니 아주 큰 효과가 있었습니다.

내가 한 일이 하나 더 있어요. 당 총재가 1차투표에서 결정이 안 났어요. 김영삼 씨가 이기기 위해서는 2차투표에서 이기택 씨 표가 그쪽으로 가야 했어요. 내가 여기에서도 역할을 했습니다.

나는 이기택 씨 부인에게 메모를 써서 보냈어요. 내용은 "이

기택 씨 당신도 민주주의를 위해서 투쟁한 사람이므로 민주회
복이 무엇보다 필요하다는 것을 잘 알 것이다. 지금 우리의 민주
회복을 위해서는 김영삼 씨가 당선되는 것이 필요하니 2차투표
에서 김영삼 씨를 지지해주기 바란다"는 내용이었어요.

이기택 씨 부인이 아주 똑똑했어요. 내가 보낸 메모를 보더니
수긍을 해서 이것을 보온병에 숨겨서 가져갔어요. 그래서 자기
남편에게 물을 따라주면서 쪽지를 함께 건넸어요. 이기택 씨는
그 쪽지를 보고 단상에 올라가서 "김영삼 후보를 지지한다"고 선
언했어요. 그렇게 2차투표에서 김영삼 씨가 당선될 수 있었어요.
— 그때 연설하는 것을 막지 않은 것에는 어떤 배경이 있나요?

어떤 배경이 있는지 나는 모릅니다. 나는 그날 십중팔구 막
을 것으로 생각했는데 막지 않더라고요. 이전에도 간혹 풀어준
일이 있었는데 그런 경우인가 하고 나갔지요. 나중에 내가 간접
적으로 전해 들은 이야기에 의하면 이 건으로 인해서 김재규 중
정 부장이 박정희 대통령에게 질책을 받았다고 해요. 그때 박정
희 정권은 이철승 씨가 당선될 것이라고 생각했고 기대하고 있
었거든요. 그런데 김영삼 씨가 당선되었으니 당황한 것입니다.
김영삼 씨 당선은 내가 아서원에서 지지연설한 것이 결정적인
역할을 했기 때문에 일종의 책임추궁을 한 것 같아요.
— 김영삼 총재 측과 사전에 논의해서 당선이 될 경우 신민당
의 당직을 나눈다는 등의 내용으로 합의한 적이 있었나요?

선거 전에 그와 같은 합의를 했어요. 다만 내가 김영삼 씨를
직접 만난 것은 아니고 김상현 의원이 상도동 측과 협의했습니

연금해제 직후(1979).
김대중은 1978년 12월 말에 석방된 이후
1979년 12월까지 대부분의 기간에
가택연금을 당했다. 김대중 집 주변의 집에
중앙정보부 직원과 경찰이 입주해서
김대중을 24시간 감시했고
골목 곳곳에 초소를 설치해서
사람들의 출입을 통제했다.

다. 그런데 총재에 당선된 이후 김영삼 총재 측에서 이 약속을 지키지 않았어요.

▬ 김영삼 총재 체제가 들어서고 난 이후에 예춘호 의원과 박종태·양순직 전 의원 등 정치인들과 이문영·한완상·문동환 선생 등 재야인사들의 신민당 입당을 대통령님께서 권유하신 걸고 알고 있습니다. 왜 그런 전략을 취하셨습니까?

신민당이 이제 야당다운 야당의 모습을 갖췄기 때문에 여기에 힘을 보태는 것이 필요했지요. 선명야당으로 야당의 체질개선을 하고 발전시키기 위해서는 기존의 신민당에 새로운 흐름이 더해져야 한다고 생각해서 그렇게 했습니다.

▬ 1979년 6월 지미 카터 대통령이 방한했습니다. 카터 대통령은 인권외교로 유명한 분입니다. 이때 카터 대통령과의 만남이 추진되었다고 하는데요.

카터 대통령이 방한해서 나를 만나려고 했어요. 그런데 박정희 정권이 이것을 강하게 반대해서 결국 성사되지 못했습니다. 나는 카터 대통령과 만나면 한국의 인권과 민주주의 문제에 대해서 여러 가지 이야기를 하려고 했어요. 내가 그렇게 할 것을 알았기 때문에 박정희 정권이 막은 것이겠지요. 그때 카터 대통령은 여야 지도자를 만났는데, 김영삼 총재를 만났습니다.

▬ 1979년에 예춘호 선생 등을 통해서 박정희 대통령과의 대화를 추진하셨습니다. 결국 성사되지 않았는데요. 대화를 제의한 배경은 무엇입니까?

나는 1969년 3선개헌 반대연설을 할 때부터 박정희 대통령이 독재를 멈추지 않으면 앞으로 불행한 일이 생길 것이라고 말했어요. 그 이후에 일어난 일을 보면 내가 말한 대로입니다. 나는 더 큰 파국을 막기 위해서 박정희 대통령과의 대화가 필요하다고 생각했습니다.

나는 박정희 대통령과 제대로 대화해본 적이 없어요. 1967년 7대 총선 뒤인 1968년 세배하러 가서 이야기를 해본 것이 다예요. 그리고 그때는 주로 덕담을 주고받는 자리였지 정치적인 주제로 협상하거나 토론하는 자리가 아니었어요. 그래서 나는 박정희 대통령과의 대화를 해보려고 했던 것입니다.

내가 박종태 · 양순직 · 예춘호 세 분을 청와대로 보냈고 이분들이 차지철 경호실장과 만났어요. 내 입장은 이랬어요.

"박정희 대통령과 내가 선거에서 크게 경쟁도 해봤지만 만나서 제대로 대화를 해보지 못한 것은 문제다. 박 대통령이 나에게 여러 생각과 감정이 있을 수 있는데 나는 그것을 있는 그대로 듣고 내가 미처 생각하지 못한 부분이 있다면 수정하도록 하겠다. 그와 함께 박 대통령도 내 이야기를 있는 그대로 한번 들어봐주었으면 좋겠다. 그렇게 하면 서로를 이해하는 데에 도움이 되고 올바른 정치를 하는 데에 있어서 큰 도움이 될 수 있다. 그러므로 아무런 조건 없이 만나서 대화하자."

━ 그 뒤에 어떻게 되었습니까?

차지철 경호실장이 처음에는 진지하게 들었다고 해요. 그런데 그다음에 일이 틀어졌어요. 이분들이 공화당에서 탈당해서 야당으로 넘어왔기 때문에 서로 아는 사이였어요. 오랜만에 만났다고 해도 구면이다 보니 여러 이야기를 하다가 긴장이 풀렸는지 정국에 대해 "박정희 정권이 지금과 같은 방식으로 하면 안 된다"는 내용의 이야기를 했나 봐요. 차지철 경호실장이 이 이야기를 듣자마자 갑자기 격분해서 막 뭐라고 했다고 합니다. 그렇게 해서 결국 성사가 안 되었어요.

파국적인 결말

━ 1979년 10·26 이전에 YH 여공사건, 김영삼 총재의 의원직 제명 등의 사건이 계속해서 발생했습니다. 대통령님께서는 당시 정국 상황을 어떻게 인식하셨습니까?

나는 박정희 정권이 4·19 혁명 전의 이승만 정권처럼 장기독재에 따른 내부의 문제점이 노골적으로 나타나고 있다고 생각했습니다. 이렇게 가면 결국 파국인데, 내가 박정희 대통령과의 면담을 신청한 것도 이러한 파국적인 결말을 원하지 않았기 때문이었어요.

━ 결국 부마항쟁이 발생하게 되었습니다.

그동안 억눌려 있던 국민들의 분노가 집단적인 행동으로 나오게 된 것이지요. 부산과 마산에서 먼저 시작되었고 10월 말에는 광주에서도 비슷한 행동이 나오기로 되어 있었습니다. 이렇게 유신 정권에 대한 민심 이반이 심각했음에도 박정희 대통령과 2인자인 차지철 경호실장은 사태파악을 제대로 하지 못했고 계속해서 무리한 행동으로 일관했어요. 차지철 경호실장은 수많은 사람이 죽어도 상관없으니 확 쓸어버려야 한다는 식의 극언을 했다고 하잖아요. 독재 정권의 말기적 현상을 그대로 보여준 것입니다.

— 대통령님께서는 10·26 소식을 언제 들으셨습니까?

10·26 다음 날인 27일 새벽 4시 정도에 로스앤젤레스에 사는 지인이 전화로 박정희 대통령이 돌아가셨다고 했어요. 사건 현장을 본 사람을 제외하면 국내에서 내가 제일 먼저 알게 된 것으로 생각해요.

— 소식을 듣고 어떤 생각이 들었습니까?

먼저 이렇게 극단적이고 폭력적인 방식으로 파국적인 결말이 발생한 것에 대해서 마음이 아팠습니다. 내가 박정희 대통령에게 모진 탄압을 받았지만 이런 식의 결말을 원하지 않았어요. 나는 일관되게 비폭력을 강조했고, 그래서 박정희 대통령과의 대화도 추진했던 것이었어요.

— 김재규 중앙정보부 부장이 왜 그렇게 했다고 생각하십니까?

김재규 중정 부장이 박정희 대통령을 암살한 이유에 관한 여러 주장이 있는 것으로 압니다. 내가 보기에는 김재규 부장이 박 대통령에게 많은 조언을 했지만 박 대통령이 차지철 경호실장의 말만 듣고 극단적인 결정을 계속하는 것에 대한 반감이 가장 컸다고 생각해요. 특히 차지철 실장에 대해서는 강한 증오심을 갖고 있었습니다. 이러한 감정이 폭발한 것으로 판단합니다.

— 김재규 부장의 행동에 대해서 어떻게 평가하십니까?

나는 10·26 직후부터 일관되게 김재규 부장의 행동에 대해서 비판적으로 평가했습니다. 많은 재야 민주세력이 김재규 부장이 민주주의를 위한 결단을 한 것으로 평가하기도 하는데, 나는 그분들과 생각이 다릅니다.

민주주의는 국민의 자발적이고 단결된 힘으로 독재정권을 최대한 압박해서 쟁취할 때 의미가 있습니다. 그러한 민주주의, 민주화가 필요한 것입니다. 그때 그런 가능성이 있었어요. 부산과 마산에서 시위가 일어났고 곧 광주에서도 일어날 예정이었고 이것이 서울로 올라오면 4·19 혁명과 같은 상황이 발생할 수 있다고 봤어요. 국민이 직접 독재에 맞서 싸우고 저항해서 민주주의를 쟁취해야만 제대로 된 민주주의가 될 수 있어요. 그렇지 않으면 사상누각이 됩니다.

민주화는 암살과 같은 방식으로 이뤄질 수가 없어요. 그래서 나는 그 소식을 듣고 '이렇게 되면 안 되는데'라고 생각했던 것이에요. 10·26은 전두환 독재 정권이 다시 나올 수 있는 배경이 됐어요. 나는 처음부터 이렇게 봤기 때문에 김재규 부장에 대해서 비판적이었고 10·26 이후 해외 언론, 『뉴스위크』로 기억하는데, 여기 인터뷰에서 김재규 부장에 대해 비판적인 견해를 밝히기도 했어요. 그때 재야에서는 김재규 부장을 민주주의의 영웅처럼 생각하는 사람들이 꽤 있어서 내 입장이 언론에 보도되고 난 뒤에 나를 비난하는 사람도 있었어요. 그런데 결국 그 이후의 역사는 내가 우려한 대로 전개되고 말았지요.

━ 박정희 대통령에 대해서 어떻게 평가하십니까?

나는 박정희 대통령이 반헌법적인 쿠데타로 민주정부를 전복시키고 정권을 찬탈한 것은 역사적으로 매우 큰 과오라고 생각합니다. 집권 기간에 무력을 통한 강권통치로 일관하여 국민의 자유와 인권을 침해하고, 수많은 민주인사를 고문하고 살해한 것도 용납할 수 없는 과오라고 생각합니다. 또한 호남 지역을 차별하여 망국적인 지역감정, 지역갈등, 지역대립의 부정적인 유산을 남긴 것도 매우 치명적인 과오예요.

물론 경제 분야에서 일정 정도 성과를 낸 면은 있어요. '하면 된다'는 자신감을 불러일으켰고 공업화·산업화의 토대를 마련한 것 등은 분명 성과입니다. 다만, 박정희 정권의 경제발전은 부정적인 면이 큽니다. 무엇보다 경제성장의 성과를 일부 세력들이 독차지하면서 산업 간, 도농 간, 지역 간, 계층 간 불평등과 불균등이 심화되었어요. 정경유착, 관치경제 등으로 시장경제 시스템을 왜곡시켜서 우리 경제의 체질을 약화시켰어요. 그런 문제가 누적되어 결국 IMF 구제금융사태로 폭발하게 되었어요. 경제 분야에 있어서는 이러한 한계가 있습니다.

— 박정희 대통령을 직접 만나신 적이 있습니까?

딱 한 번 만났어요. 1967년 7대 총선 이후 1968년 신년 인사를 하러 가서 만났어요. 내가 속으로 '나를 낙선시키려고 그렇게 온갖 수단을 동원한 사람 얼굴이나 보자' 하는 생각으로 갔어요. 그때는 이런 신년인사가 있었어요. 나중에 없어졌지만요.

박정희 대통령의 인상이 굉장히 엄격하고 차가운 느낌을 주잖아요. 그런데 만나보니 아주 따뜻하고 다정해요. 나는 그런 사람인 줄 몰랐어요. 내가 만나본 적도 없고 그때는 지금처럼 언론이 발달한 때도 아니니 실제 만나서 대화하지 않으면 그런 것까지 알 수 없었어요.

그때 공화당 사람과 정부 관계자도 많았는데 한쪽에서 나는 박정희 대통령과 5, 6분 정도 대화했어요. 나는 박 대통령께 "지난 총선 목포에서 공화당이 내건 공약을 지켜주셔야지요?"라고 했고 박 대통령은 "그렇게 해야지요. 알겠습니다"라고 했어요. 그때 비행장 건설 공약이 있었는데 이것은 나도 끝까지 정부에 요구해서 관철시켰어요. 다만 대부분 지켜지지 않았지요.

육영수 여사도 만났는데 나를 마치 친오빠처럼 친절하고 다정하게 대했어요. 아주 인상이 좋았습니다. 그런데 아쉽게도 그것이 처음이자 마지막 만남이었어요.

━ 대통령님께서는 박정희 정권으로부터 가혹한 탄압을 당하며 모진 시간을 보내셨는데요. 결국 직접 사과를 받지는 못했습니다. 대신 2004년 8월 그분의 따님인 박근혜 대표가 대통령님을 찾아와서 사과했습니다. 심정이 어땠습니까?

아주 좋았습니다. 참 이런 일도 있으니 세상이 살 만하구나라는 생각이 들었고요. 나를 죽이려고 했던 사람의 따님이 아버지 사후에 나를 찾아와서 대신 사과하는 것이 감동적이었어요. 영원한 원수라는 것은 없다는 생각도 들었습니다. 나는 박근혜 대표가 참 훌륭한 일을 했다고 생각해요.

6

서울의 봄부터
13대 대선

"6년의 감옥생활, 참으로 길고 힘든
시간이었습니다. 그러나 나는 좌절하지
않았습니다. 나는 나의 감옥생활이
우리나라의 민주주의를 위해 값진
희망의 불꽃이 되리라 생각했어요."

서울의 봄, 안타까운 나날

━ 1979년 10·26 이후 정국은 갑작스러운 권력공백에 의해서 혼란스러워졌습니다. 안개정국이라는 말도 나오는 상황이었는데요.

나는 김재규 중정 부장의 행동에 대해서 비판적이었고 암살과 같은 방식으로 민주화가 이뤄진다고 생각하지 않았어요. 최고통치자가 갑작스럽게 사라졌다고 해도 견고한 유신체제를 감안할 때 앞으로 민주화를 이뤄내는 일이 결코 쉽지 않을 것이라고 봤습니다.

나는 무엇보다 군부의 영향력을 차단하는 것이 필요하다고 판단해서 계엄령 해제를 강조했어요. 그런데 그때 나의 의견은 언론에 보도가 잘 되지 않았어요. 내 말이 맞으니 언론을 통제한 것입니다.

야당인 신민당은 이제 정권이 자기들에게 온다는 낙관론에 빠져서 사태를 안이하게 보고 있었어요. 내가 답답한 마음에 그렇지 않다고 여러 번 설명했지만, 신민당의 당권파들은 나의 이런 진단과 비판에 귀를 기울이지 않았습니다. 민주화가 이뤄져서 자신들이 정권을 갖게 될 것이라는 생각을 하고 있었습니다. 여기에 재야 세력은 민주화 조치가 속도감 있게 이뤄지지 않는 것에 대해 답답하게 생각하면서 전략적이지 못한 모습을 보이기도 했어요.

그런 가운데 전두환 신군부 세력은 차근차근 권력찬탈을 위한 준비와 행동에 나서고 있었어요. 그때 민주주의가 위태로운 상황에 있다고 주장한 사람은 정말 적었어요. 외롭기도 했지만 진행되는 상황이 너무 뻔히 보였기 때문에 소신대로 주장했습니다.

— 박정희 대통령이 암살된 이후 최규하 국무총리가 대통령 권한대행이 되었습니다. 최규하 대행은 11월에 유신헌법에 근거하여 통일주체국민회의를 통해 차기 대통령을 선출하겠다는 입장을 밝혔는데요. 이에 대해 재야 내에서 입장 차이가 발생하게 됩니다. 윤보선 선생은 최규하 대행의 즉각퇴진과 조속한 민주정부 수립을 요구했는데요. 대통령님께서는 최 대행이 퇴진하면 무정부상태가 되어 군부의 개입 가능성이 높아지므로 최 대행이 민주헌법으로의 개헌을 완수할 수 있도록 하는 것이 필요하다는 입장이었습니다.

정세인식에 차이가 있었어요. 윤보선 선생과 같은 생각을 하는 분들은 상황을 낙관적으로 보는 것이었습니다. 민주화는 이뤄질 것이라고 본 것이지요. 그러다 보니 조급하면서도 조심성이 결여된 모습을 보여주기도 했습니다.

나는 유신체제가 국민의 힘에 의해서 종식된 것이 아니기 때문에 상황이 어렵다는 것을 전제해야 한다고 판단했어요. 군에게 정치개입의 빌미를 주지 않아야 한다고 생각해서 최규하 대행 체제를 유지하고 최 대행이 민주적 개헌 절차를 조속히 완수하는 것이 필요하다고 본 것입니다. 또한 군의 정치개입의 통로가 될 수 있는 계엄령의 해제를 요구했던 것입니다.

━ 복수의 재야인사의 증언에 의하면 이 시기 대통령님과 윤보선 선생은 정세인식 등에 있어서 여러 이견을 노출하셨고 재야인사들은 이 사실을 안타깝게 생각했다고 합니다. 어떤 점에서 이견이 있었습니까?

나와 윤보선 선생은 유신독재에 맞서 싸울 때는 특별한 의견 대립 없이 함께했습니다. 하지만 10·26 이후 정국 대처에 있어 나와 차이가 많았어요. 나와 윤보선 선생은 1961년 5·16 쿠데타 이후부터 1972년 유신 선포 이전까지 정치적인 노선과 실천에 있어서 많은 차이점이 있었습니다. 그렇지만 나는 윤보선 선생이 유신독재에 맞서 투쟁한 것에 대해서는 높이 평가합니다. 다만 군사독재정권 전체 시기에 보여준 그분의 행적을 보면 생각해볼 지점이 분명 있습니다. 윤보선 선생이 5·16 쿠데타 직후에 보여준 태도, 그 이후 박정희 정권에 대한 태도, 전두환 정권에 대한 태도 등 이미 알려진 윤보선 선생의 행보를 파악해보면 내 말이 무슨 뜻인지 알 수 있을 거예요. 내가 더 이상 구체적으로 언급하지는 않겠습니다.

━ 1979년 11월 YWCA 위장결혼식 사건이 발생했습니다. 이 사건은 최규하 대통령 권한대행이 유신헌법으로 차기 대통령을 선출하겠다는 것을 반대하고 직선제 개헌을 주장하는 행사였습니다.

그때 나는 계속 연금 상태였기 때문에 그 일에 관여한 바가 없어요. 결국 신군부가 정치개입의 구실을 만들기 위해서 일부러 이용했다는 말이 나오기도 했지요. 정치군인들이 그날 YWCA

회관에서 한 행사를 구실로 잔혹하게 탄압하는 것을 보면서 이들은 어떤 구실만 있으면 언제든지 그것을 악용할 것이라는 사실을 알 수 있었습니다.

━ 1980년 1월 말경에 전두환 보안사령관 측에서 만나자는 연락이 왔다고 하는데요. 전두환을 만나셨습니까?

내가 1980년 2월 29일에 복권이 되었는데, 복권되기 전에 전두환 보안사령관이 나를 만나고 싶다고 해서 안국동 뒷골목에 있는 안가에 갔어요. 갔더니 전두환은 나오지 않았고 권정달과 이학봉 둘이 있었어요. 이학봉이 협박조로 종이를 내밀더니 "복권이 되고 싶으면 해외에 나가지 않고 정치적으로 자중하겠다"는 내용의 각서를 쓰라고 해요. 내가 종이를 이학봉 쪽으로 밀면서 "나는 해외에 나갈 계획이 없고 정치적으로 세상을 혼란스럽게 할 생각이 없다. 그러나 이런 것을 쓰면서까지 복권되고 싶은 생각도 없다. 나보고 굴복하라는 것인데, 나는 그럴 생각이 없다. 각서를 쓸 생각이 없으니 그만 가보겠다"고 말한 후에 나와버렸어요. 내가 그 각서를 썼으면 서울의 봄 때 민주화를 위해서 자신 있게 활동하지 못했을 거예요.

━ 당시 전두환은 보안사령관인데 군 업무와 무관한 재야인사이자 정치인인 대통령님을 만나겠다고 한 것은 자연스러운 일이 아닌 것 같습니다.

그렇지요. 주의 깊게 살펴봐야 할 것은 전두환이 보안사령관인데 복권과 같은 대통령의 업무에 대해서 관여하고 있다는 사실이에요. 이학봉이 전두환의 부하이지 최규하 대통령을 보좌하는 것이 아니잖아요. 그러니 이미 그때 전두환 신군부가 정부 운영에 깊숙이 관여하고 있고 내심 정권을 찬탈해야겠다는 생각을 하고 있었음을 알 수 있는 대목입니다.

— 대통령님께서는 한완상 선생을 통해서 노태우 수도경비사령관과의 회동을 추진하셨는데, 그 이유는 무엇입니까.

우선 만나지 못했어요. 만나면 정권을 찬탈할 생각을 하지 말라고 말해주려고 했어요. 이승만 대통령과 박정희 대통령의 사례를 설명하면서 우리 국민이 독재를 그냥 놔두지 않기 때문에 정치에 개입할 생각을 않도록 설득하려고 했지요. 그래서 군은 민정이양에 협조하고 대신 신분보장을 받고 계속 군무(軍務)를 이어가면 된다고 말하려고 했어요.

— 1980년 4월 7일 신민당 입당 포기 선언을 하셨습니다. 그 이유는 무엇입니까?

신민당은 반유신투쟁 과정에서 큰 역할을 한 재야세력을 제대로 인정하지 않았어요. 그래서 적극적인 태도를 보이지 않았고, 입당 심사를 운운하면서 재야인사들의 자존심을 훼손하는 발언도 서슴지 않았어요. 여기에는 나에 대한 견제 의도도 있었습니다. 재야세력은 나를 지지하고 있었거든요. 이때 신민당은 정세판단을 잘못하고 있어서 민주화에 대한 낙관적인 전망을 하고 있었기 때문에 자신들이 집권할 것이라고 예측하고 저렇게 한 것이에요. 여러모로 잘못된 일입니다.

1979년 신민당 총재 선거할 때 나는 아서원 연설에서 보듯 김영삼 씨 당선을 위해서 내 모든 것을 다해서 노력했습니다.

서울의 봄 한신대 연설(1980).

1979년 10월 26일 이후 신민당은
자신들에게 정권이 올 것이라는 낙관론에
빠져 있었고 언론은 김대중에 대해
보도하지 않았다. 김대중은 자신의 생각을
국민들에게 직접 알리기 위해 강연을 시작했다.
1980년 4월 한신대 강연에 온 국민들은
김대중에게 열렬한 환호를 보냈다.

이것만 보더라도 김영삼 씨의 신민당이 나에게 이렇게 행동하면 안 되는 것이었어요. 결국 이 문제로 신민당과 옥신각신하면 오히려 부정적인 영향이 더 크다고 보고 입당을 포기한 채 대국민운동을 전개하려고 했던 것입니다.

━ 신민당 입당 포기 선언 이후 '민주제도연구소' '국민운동본부' 등을 구성하기로 하셨는데요. 그 배경은 무엇입니까?

신민당 입당이 무산되었기 때문에 재야 민주세력이 체계적으로 활동할 수 있는 조직이 필요했어요. 개헌 등 중요한 민주적 과제를 해결하기 위해서는 광범위한 연대가 필요했기 때문에 이것을 할 수 있는 조직을 만들려고 했던 것입니다.

━ 재야인사들 대부분 대통령님을 지지했는데요. 그 이유는 무엇이라고 생각하십니까?

그것은 당연한 일이라고 할 수 있습니다. 나는 유신 독재정권을 상대로 내 모든 것을 다해서 투쟁했고 그 과정에서 많은 고통을 겪었어요. 죽을 고비를 넘기고 감옥에 가고 연금당하는 온갖 고통을 받으면서도 굴복하지 않고 당당하게 투쟁했습니다. 재야인사들은 이러한 사실을 높이 평가했어요. 그리고 나는 해외에 많이 알려졌는데, 재야의 종교계 인사들은 국제적인 네트워크가 상당했어요. 이러한 점에서도 접점이 있었습니다.

━ 1980년 3월과 4월에 한신대, 동국대, YWCA 등에서 강연을 하셨는데요. 이때 강연을 시작하신 이유는 무엇입니까?

나는 그때 일관된 입장으로 민주주의가 위태롭다고 봤습니다. 그런데 신민당은 낙관론에 빠져 있었고 언론은 내 입장을 제대로 다뤄주지 않았어요. 정확하게 말하면 검열에 의해서 언론이 제대로 보도하지 못했겠지요. 그래서 내가 직접 국민들에게 알리기로 마음먹은 것입니다.

━ 반응은 어땠습니까?

아주 열광적인 분위기였어요. 사람이 너무 많아서 사고가 날 것이 걱정될 정도였습니다. "김대중을 청와대로! 김대중! 대통령!" 이렇게 외치는 사람도 많았어요.

━ 언론에서는 대통령님에 대한 보도가 제대로 이뤄지지 않았다고 하셨는데, 어느 정도였습니까?

그때는 내 이름이 제대로 나오지 않았어요. 김대중 대신 '동교동에 있는 재야인사' '재야의 김 모 씨' 이런 식이었어요. 나와 관련된 보도가 제대로 이뤄질 수 없는 상황이었어요.

━ 주한 미국대사인 윌리엄 글라이스틴을 만나면서 미국과도 적극적으로 소통을 하셨는데요. 당시 미국의 입장은 무엇이었습니까?

미국은 내 입장과 동일했어요. 잘못하면 군부가 다시 정권을 잡을 수 있다고 보았기 때문에 위기라고 판단했습니다. 글라이스틴 대사는 카터 대통령이 임명한 사람이고 군부 쿠데타에 반대하는 입장이었어요. 안정 속에서 차분하게 민주화를 추진해야 한다는 입장이 나와 같았습니다.

━ 미국이 전두환 정권의 집권을 방조 내지 후원했다는 비판적 평가가 상당합니다.

그것은 내가 보기에는 공정한 판단이라고 생각하지 않습니다.

왜냐하면 글라이스틴 미국대사는 군부가 쿠데타를 일으킬 수 있는 명분을 만들지 않기 위해서 많은 노력을 했어요. 글라이스틴 대사는 5·17 쿠데타 사흘 전에 나를 찾아와서 지금 사태가 급박하니 국민들에게 안정을 호소하는 입장을 신문에 기고해달라는 요청을 했어요. 그래서 내가 『동아일보』에 원고지 8장 분량의 글을 써서 보냈고 『동아일보』는 1면 톱에 올리겠다고 했어요.

그때 내가 『동아일보』에 이 글을 실을 수 있냐고 물었는데, 『동아일보』는 내 글이 안정을 호소하는 내용이기 때문에 군부가 반대하지 않을 것이라고 했어요. 나는 군부가 쿠데타의 명분으로 삼기 위해 내심 혼란을 원하기 때문에 아마 검열을 통과하기 힘들 것이라고 했습니다. 결국 내 말이 맞았어요. 검열에 걸려서 글이 실리지 않았습니다. 여기서 보듯 미국은 군부 쿠데타를 원하지 않았어요. 한국에서 미국을 대표하는 사람이 미국대사인데, 그때 글라이스틴 대사는 나와 적극적으로 소통하고 있어서 그 입장을 내가 잘 알고 있어요.

여기에 한마디 더 보태자면, 미국의 영향력이 매우 강력한 것은 사실이지만 그렇다고 미국이 미군을 동원해서 군부 쿠데타를 막거나 그럴 수는 없는 것입니다. 미국이 우리의 최고 우방이고 우리에게 큰 영향력을 갖고 있지만, 미군이 우리의 내정에 직접 개입해서는 안 됩니다. 미국이 군부 쿠데타 이후 독재정권을 지지한 것은 사실이지만, 쿠데타는 한국의 정치군인들이 일으킨 반란이라는 점을 구분해서 이해할 필요가 있습니다.

■ 서울의 봄 때 상황을 전체적으로 보면 대통령님과 재야인사

들 사이에는 정세관과 대응전략에 차이가 있었던 것 같습니다.

앞에서 이야기한 대로 재야인사들은 전반적으로 조급하고 전략적이지 못한 판단을 해서 정치군인들에게 이용당하기 쉬운 말과 행동을 하곤 했어요. 나는 재야인사들에게 이 점을 항상 강조했습니다.

이와 관련된 가장 대표적인 사례가 5·17 쿠데타 이틀 전인 5월 15일에 있었어요. 그날 문익환 목사님, 이문영 교수, 예춘호 의원 등이 동교동으로 찾아왔어요. 그분들이 미리 준비한 성명서를 보여주면서 윤보선 선생도 서명했다며 나보고도 서명을 하라고 했어요. 그 내용을 읽고 깜짝 놀랐어요. 왜냐하면 성명서에 "군인들은 무기를 놓고 병영을 나와라. 노동자들은 해머를 놓고 공장을 나와라. 상인들은 문을 닫고 철시해라. 시민들은 가슴에 검은 리본을 달고 장충단공원으로 와라" 뭐 이런 내용이 있었기 때문입니다.

내가 조목조목 반박했어요. 지금 비상계엄령이 발령된 상황인데 군인들에게 무기를 버리고 나오라고 요구하면 즉결처분을 당할 수 있는 아주 위험한 내용이라고 지적했어요. 정치군인들이 어떻게든 혼란을 구실 삼아서 정권을 찬탈하려고 노리고 있는데, 이런 요구를 공개적으로 밝히면 저들의 노림수에 그대로 걸려드는 것이기 때문에 이대로 성명이 나가면 절대로 안 된다고 아주 강력하게 주장했어요. 이분들이 민주화에 대한 열망이 강해서 그런 것이었고 나중에는 이해하고 내용을 수정했습니다. 위험한 주장은 삭제하고 '계엄령 해제'와 '전두환 퇴진' 등의 내용이 담긴 새로운 성명서를 만들었어요.

나중에 중정에 끌려가서 조사받을 때 수사관들이 그 내용을 알고 있더라고요. 그러면서 "상부에서는 그때 원안에 그대로 서명했으면 처리하기 아주 쉬웠을 텐데 매우 아쉽게 생각한다"는 이야기를 하더라고요. 원안대로 했으면 '내란음모사건'이 아니라 '내란사건'으로 처리했을 것이고, 무기형이 최고인 내란선동이 아닌 내란죄의 다른 죄목을 엮어서 이것으로 사형선고를 했을 가능성도 있었어요. 그러면 내란으로 사형선고를 내리고, 한민통 의장이라고 사형선고를 내리면 반국가단체의 수괴가 내란을 획책했다고 하는 것이 되니 내가 아주 어려운 상황에 빠질 수도 있었던 위기였어요.

━ 1980년 5월 16일 김영삼 총재와 대통령님께서 공동 시국수습 대책을 또 합의하시게 되었는데요. 당시 이런 합의까지 이루어지게 된 과정은 또 어떠했는지요?

김영삼 씨가 나를 찾아왔어요. 김영삼 씨도 사태가 심각하다는 것을 인식해서 그렇게 한 것입니다. 이것은 그전에 내가 제기했던 여러 우려와 대안을 받아들이지 않은 과오가 있었다고 인정하는 것이라 할 수 있습니다. 다만 이때는 너무 늦었지요.

5·17 연행과 내란음모 조작사건

━ 전두환 신군부는 5월 17일 비상계엄 확대조치와 함께 대통령님을 비롯한 민주인사들을 연행했습니다.

5월 17일 밤 10시경에 대문을 두드리는 소리가 아주 요란하게 났어요. 나중에 알고 보니 군인들이 총의 개머리판으로 문을 막 쳤던 것입니다. 문을 열어주니 군인들이 몰려와서 내 가슴에다 칼을 꽂은 총을 갖다 대면서 가자고 해요. 내가 조용히 따라갈 테니 험악하게 하지 말라고 했어요. 그렇게 남산 중정 지하실로 끌려갔어요. 나중에 듣기로는 이날 만약 내가 저항하면 사살해도 좋다는 지시까지 있었다고 합니다. 내가 나간 뒤에 집 전체를 아주 샅샅이 뒤지면서 압수수색을 했어요.

— 연행되신 이후 조사의 내용은 무엇이었습니까?

내가 정권을 전복시키기 위해서 내란을 음모했다는 내용이었어요. 10·26 이후 정국 안정을 위해서 내가 내린 여러 조치에 대해서 설명해도 소용이 없었습니다. 어차피 저들은 사건을 조작할 생각으로 결론을 정해놓은 상황이었기 때문에 아무리 논리적으로 설명해도 소용없는 일이었어요.

— 전두환 신군부 세력이 조작한 내용은 무엇이었습니까?

처음에는 나를 광주민주화운동을 직접 일으킨 주동자로 몰려고 했다고 하더군요. 그런데 이것은 너무 말이 안 되기 때문에 선동죄로 엮은 것이라고 합니다. 그런데 내란선동은 최고형이 무기징역이에요. 이걸로 나를 죽일 수는 없었어요. 그래서 나를 한민통 의장이라는 이유로 반국가단체의 수괴라고 해서 사형선고를 내린 것입니다.

— 어떻게 내란선동으로 조작한 것입니까?

서울의 봄 때 전남대 복학생이던 정동년 씨가 동교동 우리 집

에 왔었는데 나를 만나지 못하고 돌아간 적이 있어요. 그때 정
동년 씨가 방명록에 이름을 남겼어요. 저들이 5월 17일에 우리
집을 압수수색하면서 방명록을 가져가서 조사하다가 정동년 씨
의 이름을 보고 광주민주화운동과 나를 연결시키려고 한 것입
니다. 나는 그때 정동년 씨의 이름도 몰랐고 그를 만난 적도 없
었어요. 전혀 모르는 사이예요. 그런데 저들은 정동년 씨를 아
주 가혹하게 고문해서 내가 정 씨를 사주하고 조종해서 광주에
서 폭동을 일으켰다고 조작했어요. 저들은 정권찬탈을 위해서
민주주의를 외치는 광주시민들을 무참하게 죽였는데, 내가 폭
동을 사주해서 참상이 발생한 것처럼 조작했어요. 그렇게 악랄
한 짓을 했어요.

■ 5월 17일에 연행된 이후 7월 초까지 신군부는 일본에서의
일은 처벌대상이 되지 않는다고 했었는데요. 신군부가 그렇게
한 이유는 무엇이라고 생각하십니까?

그건 그 사람들의 수사 기술이었어요. 나중에 생각해보니 나
를 죽이지 않는다고 안심을 시켜놓고 내란음모 관련 내용에 대
해서 최대한 내 진술을 받아내려고 했던 것 같습니다. 그것은
그들의 수사 전략이었다고 생각해요.

■ 동지들이 함께 연행되어 조사받고 있다는 사실을 아셨습
니까?

알고 있었지요. 그분들이 고문을 당하며 비명 지르는 것이 다
들렸어요. 얼굴을 볼 수 없었지만 그 소리를 듣고 여러 사람이
붙잡혀 와서 고생하고 있다는 사실을 알 수 있었습니다.

— 어떤 분들이 연행되었는지 아셨나요?

그것은 알 수 없었어요. 짐작만 했는데 나중에 보니 대부분 예상한 분들이 끌려왔었더라고요.

— 대통령님께도 가혹행위를 했습니까?

그들이 나를 신체적으로 고문하진 않았어요. 대신 내게는 잠을 재우지 않는 정신적인 고문을 가했어요. 나는 해방 이후 좌우 갈등이 심했을 때 끌려가서 구타를 당한 적이 많았는데, 잠을 안 재우는 고문이 더 괴로워요. 지하의 컴컴한 조사실이라 하루가 어떻게 갔는지 알 수도 없는 곳에서 잠을 재우지 않고 계속 질문을 반복적으로 하면 나중에는 그들이 조작한 내용이 사실처럼 들려요. 일종의 환청이라고 할 수 있는데, 정신이 희미해지면서 판단 능력이 흐려지는 거예요. 그럴수록 나는 정신을 잃지 않으려고 했는데, 이런 것이 끊임없이 이어지기 때문에 무척 힘들었습니다.

— 대통령님께서는 광주민주화운동 발생 소식을 언제 처음 들으셨습니까?

7월 10일경으로 기억합니다. 보안사의 이학봉 대공처장이 와서 "우리와 함께 새로운 정치를 해보자. 우리에게 협력하면 대통령을 빼고 다 시켜줄 수 있다. 만약 이 제안을 거부하면 우리는 당신을 살려둘 수 없다. 재판은 형식적인 절차에 불과하다. 며칠 뒤에 다시 올 테니 잘 생각하기 바란다" 이런 내용의 말을 하고 나갔어요.

그러더니 조금 이따 신문 한 뭉치를 갖다주었는데 거기서 광

5 · 18 광주민주화운동(1980).
김대중은 5월 17일 정권을 전복시키기 위해
내란을 음모했다는 혐의로 남산 중앙정보부
지하실로 끌려갔다. 7월 10일경 그곳에서
처음으로 광주민주화운동 소식을 들었다.
광주시민이 100명 넘게 사망했다는
기사를 보고 충격을 받아 쓰러졌다.

주민주화운동 발생 사실을 처음 알게 되었어요. 광주시민들이 "김대중 석방" "계엄령 해제" 등을 요구했다는 사실을 알게 되었지요. 사실 그때 광주시민들은 "전두환 물러가라"는 요구도 했는데 이것은 보도를 통제하면서 신문에 보도를 못 하게 해서 당시 기사에는 없었어요. 그때 뉴스에서도 광주시민이 100명 넘게 사망했다고 나왔어요. 나는 그 신문 기사를 보고 너무 충격을 받아서 의식을 잃고 쓰러졌어요. 나중에 깨어보니 링거 주사를 맞고 누워 있었어요.

그날 밤 나는 여러 생각을 했습니다. 내가 죽더라도 이자들과 타협할 수 없다는 결론을 내렸습니다. 광주에서 저렇게 참혹하게 사람들을 죽인 저들의 행태를 볼 때 내가 그 제안을 거절하면 나도 죽을 수 있다고 생각했습니다. 그러나 죽음이 두렵다고 해서 광주에서 죽은 수많은 시민을 배신할 수 없다고 판단한 것입니다. 죽겠다고 결심했어요.

이학봉이 며칠 뒤에 왔는데 내가 타협할 생각이 없다고 말하니 상당히 당혹스러워했어요. 그리고 다시 생각해보라고 하면서 며칠 뒤에 또 와서 묻길래 생각을 바꿀 일이 절대 없으니 이런 일로 다시 오지 말라고 단호하게 말했어요. 그 뒤로는 다시 오지 않더라고요. 그렇게 해서 재판으로 넘어간 것입니다.

사형선고

— 중정에서 조사가 끝난 후에 육군교도소로 이감되어 재판을

받으셨습니다. 육군교도소 생활은 어땠습니까?

육군교도소에서 나는 혼자 격리되어 생활했습니다. 그러면서 재판을 받았지요. 그곳에 있는 몇몇 군인들이 기억에 남아요. 나한테 참 잘해줬어요. 그때 그렇게 하기 힘든 상황이었는데도 말입니다. 장교 한 명이 여러 편의도 봐주고 잘 돌봐주었어요.

간부급 장교가 나를 찾아온 적도 있었습니다. 윗선의 지시를 받고 온 것인데 만나보니 난처한 표정을 지으면서 말을 제대로 못 해요. 분위기를 보니 무슨 목적으로 온지 알겠더라고요. 예상한 대로 지금이라도 내가 전두환 정권과 타협할 의사를 보이면 선처하겠다는 내용이었어요. 그런데 내가 그럴 수 없다고 말해서 돌려보낸 적이 있습니다. 이분이 내게 "진심으로 존경합니다" 이렇게 인사하고 나가더라고요. 내가 이것을 보면서 대다수 군인들은 군 본연의 임무에 충실하고 양심적인 분들이라는 사실을 확신할 수 있었습니다.

— 5월 17일에 연행된 후 면회는 언제 처음 하셨습니까?

육군교도소에 가서 처음 면회를 했습니다. 그때 이런 일이 있었어요. 내가 사형을 언도받은 후에 아내가 와서 기도를 했어요. "우리 남편을 하느님께 맡기니 하느님 뜻대로 해주세요"라는 기도를 몇 번 하더라고요. 나는 속으로 하느님께 우리 남편을 좀 살려달라고 하면 좋을 텐데 왜 저렇게 말하는지 상당히 서운했어요. 그만큼 나도 절박했던 것이지요. 나는 여러 번의 죽을 고비를 넘긴 적이 있었고 내가 전두환 신군부의 타협을 거절함으로써 죽음을 선택한 것이지만, 그런 내게도 사형은 생각만 해도 공포스러운 일이었습니다.

— 가족들도 많은 고통을 겪었을 것으로 생각됩니다.

그랬습니다. 내가 연행된 이후 내가 어디에 있는지 어떤 상태인지 알려주지도 않아서 초조한 날을 보냈어요. 아내는 연금을 당해서 바깥 소식을 들을 수도 없었어요. 큰아들 홍일이는 붙잡혀 가서 모진 고문을 받은 후에 대전교도소에 있었고, 둘째 홍업이도 붙잡혀 가서 반년 정도 고생을 했어요. 막내 홍걸이는 고등학생이었는데 경찰이 등하굣길뿐만 아니라 학교 안까지 따라가서 복도에서 감시했어요. 그렇게 우리 가족 전체가 아주 철저하게 탄압을 받아서 고통스러웠어요.

— 이태영 여사께서 재판 때 증인으로 나서셨습니다.

가족들이 협의해서 이태영 여사께서 증인으로 나오시기로 한 것 같아요. 증인으로 오셔서 나를 위해서 증언을 잘 해주셨어요. 그렇게 험악한 분위기 속에서도 나를 위해 아주 당당하게 진술해주셨습니다. 정말 용기 있는 행동이었어요. 이태영 여사께서는 자신이 일본에 갈 때 내가 한민통 의장을 수락한 적이 없으니 빼달라고 요청한 내용을 있는 그대로 증언하셨어요. 그리고 나를 아주 오랫동안 가까이 지내서 잘 아는데 절대로 공산주의자가 아니고 투철한 민주주의 신봉자라고 말씀해주셨습니다.

— 사형선고를 받으셨을 때의 상황과 심경은 어땠습니까?

죽기로 결심했고, 사형선고가 나올 것이라고 예상했습니다. 그런데 그런 상황 속에서도 혹시라도 무기징역형이 나오지 않을까 하는 기대를 하게 되더라고요. 1심, 2심 재판을 할 때 재판장의 입을 뚫어지게 쳐다봤어요. 왜냐하면 "사형" 하면 "사"를 발음할 때 입이 위아래로 벌어지게 되고 "무기징역" 하면 "무"를 발음할 때 입이 나오게 되어서 '재판장의 입이 위아래로 벌어지면 죽고 입이 나오면 산다' 그런 생각으로 입을 아주 뚫어지게 보았어요. 그 정도로 절박했지요. 결국 사형선고를 받았지만 나는 전두환 세력과 타협하지 않은 것에 대해서 자랑스럽게 생각했어요.

━ 대통령님께서는 일본 정부가 전두환 정권의 사형선고에 대해서 외교적으로 강력하게 항의하여 대통령님에 대한 구명에 나설 수 있었음에도 그렇게 하지 않은 것에 큰 배신감을 느꼈다고 말씀하신 적이 있습니다. 그 이유는 무엇입니까?

전두환 정권은 내가 일본 한민통 의장이었다는 이유로 사형선고를 내렸습니다. 이것은 1973년 11월 한·일 양국 정부의 정치적 합의, 정치결착이라고 하는데, 이것을 위반한 것입니다.

내가 앞에서 납치사건을 이야기할 때 정치결착에 대해서 설명했던 것 같은데요. 다시 말하면 한·일 양국 정부는 이 사건의 진상규명을 원하지 않았습니다. 한국 정부는 자신들이 범죄를 저질렀기 때문에 그랬고요. 일본 정부는 일본 내에서 이뤄진 한국 정부의 여러 공작과정에서 일본인들의 연루 가능성을 우려했기 때문에 사건의 진상규명을 원하지 않았어요. 이 점에서 양국 정부의 이해관계가 일치했던 것이지요.

그런 배경에서 나온 것이 정치결착인데, 이 정치결착에서 양국 정부는 일본에서의 나의 활동에 대해서 문제 삼지 않는다고 했습니다. 왜냐하면 일본에서의 나의 망명 활동을 문제 삼게 되면 납치사건 진상규명과 나의 원상회복을 요구하는 일본의 시민사회, 재일 한인들의 활동을 더욱 자극해서 사건 은폐가 어렵게 되기 때문이었어요.

전두환 정권이 나의 일본 망명 시기 활동의 하나인 한민통과 관련해서 나에게 사형선고를 내린 것은 일본 정부와의 합의를 위반한 것이 됩니다. 일본 정부는 여기에 대해서 항의하고 외교적인 압박을 할 수 있었는데 제대로 하지 않았습니다. 일본 정부가 그때 강하게 나왔으면 전두환 정권이 나에 대해 사형선고 내리는 것이 쉽지 않았을 것입니다. 그러나 일본 정부는 그렇게 하지 않았어요.

그때 나는 일본 정부에 너무 큰 배신감을 느꼈습니다. 한 가지 알아야 할 것은, 정치결착은 피해자인 나의 인권을 철저하게 무시한 것이었어요. 진상규명도 없었고 나는 범죄자들로부터 사과를 받은 적도 없었고 원상회복과 같은 어떠한 피해복구 조치도 없었습니다. 나의 인권을 철저하게 무시한 채 한·일 양국 정부가 일방적으로 합의한 것이 정치결착이었어요. 그렇게 정당성도 없고 잘못된 정치결착의 내용마저도 전두환 정권은 나에 대한 정치탄압을 위해 무시했어요.

나는 일본 정부가 카터 대통령처럼 적극적인 인권외교를 하길 기대한 것이 아니었어요. 일본 정부는 나의 인권을 무시하면서까지 1973년 11월에 한국 정부와 합의한 내용만이라도 외교적으로 요구하면 되는 것이었어요. 일본은 합법적·외교적으로

내란음모 조작사건으로 사형선고를 받다(1980).
김대중은 사형선고를 받기 전
최후진술을 했다. 이 진술에서 김대중은
자신이 죽더라도 정치보복을 하지 말고
용서와 화해, 관용과 타협, 연대의 정신으로
민주주의를 발전시켜야 한다고 강조했다.

할 수 있는 수단을 갖고 있었음에도 그것을 하지 않았던 것입니다. 그때 나는 일본 정부에 매우 큰 배신감을 느꼈습니다.

이렇게 일본 정부는 정부 간의 약속도 제대로 지키지 않으면서 나의 사형선고를 수수방관했지만 일본의 시민사회, 지식인, 노조 등 많은 일본 국민은 나의 구명을 위해서 정말 많은 노력을 했어요. 나는 이분들의 노력에 지금도 깊이 감사드리고 있습니다. 이렇게 민주주의 국가를 상대할 때는 정부가 제일 중요하지만 의회, 시민사회, 언론 등도 매우 중요합니다. 외교를 할 때는 이러한 점을 잘 고려해서 전략적으로 하는 것이 필요해요.

━ 납치사건 때도 그렇고 사형선고 때도 그렇고 일본 정부의 태도는 문제가 많았다고 생각됩니다.

민주국가인 일본이 어떻게 그런 식으로 행동할 수 있는지, 지금도 생각하면 화가 납니다. 분노를 금할 수가 없어요. 그건 결국 일본이 자기 힘으로 민주주의를 쟁취한 역사를 갖지 못했기 때문입니다. 그래서 형식적으로 보면 민주주의가 잘 갖춰진 것으로 보이지만 민주주의와 인권에 대한 의식이 약해요. 국민들의 의식 속에 깊숙이 체화되지 못한 것입니다. 일본의 그런 한계가 그대로 드러난 것이에요.

━ 일본 정부가 나중에 사과한 적이 있습니까?

사과한 적이 없습니다. 일본 정부는 자기들 나름대로 노력했다고 말할 거예요. 왜냐하면 일본대사가 한국 정부와 접촉했으니 조용한 외교의 방식으로 했다고 할 거예요. 그러나 한국 정부에 법적으로 따질 수 있는 권리는 일본이 갖고 있었는데, 일본이 제대로 하지 않은 것은 분명해요. 대신 법적인 권한이 없는 미국이 정치력을 발휘해서 나를 살렸습니다.

— 대통령님께서 대통령으로 계실 때 일본 정부에 이 문제로 따지신 적은 있습니까?

없습니다. 그때 그렇게 한 사람들은 이미 작고했거나 은퇴한 상황이었으니 그 사람들에게 말할 수도 없었고 그렇게 하고 싶은 생각도 없었어요. 나는 일본과의 관계를 중요시하지만 민주주의 국가로서 일본은 부족한 것이 많다고 생각합니다.

— 사형선고를 받기 전 최후진술이 유명한데요. 미리 준비하셨습니까?

미리 준비할 수가 없지요. 종이와 연필이 있는 것이 아니기 때문에 준비할 수가 없었어요. 머릿속에 여러 생각을 했지만 실제한 진술은 현장에서 말이 나오는 대로 한 것입니다.

— 최후진술을 하시면서 정치보복 금지와 용서와 화해를 강조하셨습니다. 그 이유는 무엇입니까?

그때 내가 유언으로 남긴다고 하면서 그 말을 한 것입니다. 나는 해방 이후 좌우 갈등, 6·25 전쟁, 독재정치 등을 모두 경험했어요. 그 과정에서 수많은 사람이 희생되는 것을 봤고 나 역시 여러 번 죽을 뻔했으며 온갖 고통을 겪었어요. 그때 확실하게 깨달은 것은 잔혹한 폭력과 살상의 악순환 고리를 끊어야 한다는 것이었어요. 그래서 그렇게 말한 것입니다.

내가 우리 민족의 한의 정서를 이야기하면서 한은 보복을 통해서 해소되는 것이 아니라 소원을 성취하는 것을 통해서 해소

된다는 것을 판소리의 예를 통해서 비유적으로 설명한 것도 바로 그 이유 때문이었습니다. 내가 죽더라도 정치보복을 하지 말고 용서와 화해, 관용과 타협, 연대의 정신으로 민주주의를 발전시켜야 한다는 점을 강조했던 것입니다. 그것은 나의 확고한 신념이었기 때문에 유언이라 생각하고 이것을 역설했습니다.

━ 용서, 화해, 관용의 정신을 강조하신 데에는 인간과 사회에 대한 철학적인 고민도 담겨 있다고 생각됩니다.

그렇습니다. 사람의 마음속에는 선과 악이 있어서 누구든지 악을 행할 수 있습니다. 악을 행한 사람도 개심하면 선을 행할 수 있어요. 그런 예는 많습니다. 문제는 악이 발현되기 쉬운 환경과 조건입니다. 그래서 법과 제도의 개혁이 근본적으로 중요한 것입니다. 악이 발현될 수 있고 악이 지속되도록 하는 법과 제도가 나쁜 것이기 때문에 이 문제 해결이 가장 중요하고 근본적인 것입니다. 이렇게 판단하면 악을 행한 사람을 용서할 수 있습니다. 그래서 나는 박정희 정권 때부터 일관되게 독재체제를 용서할 수 없고 반드시 민주주의를 이뤄야 한다고 강조하면서도 나를 탄압한 사람은 용서하겠다고 말했던 것입니다.

━ 재판받으셨을 때 특별히 기억나시는 일화를 말씀해주시지요.

당시 그렇게 살벌하고 엄혹한 분위기 속에서도 당당하게 우리나라 민주주의에 대한 자신의 소신을 밝힌 동지들의 모습은 참으로 멋있고 감동적이었어요. 당장은 법정에서 재판을 받고 있지만 머지않아 현실에서, 역사에서 우리는 반드시 승리할 것이라는 확신을 갖고 있었습니다. 그랬기 때문에 그때 그럴 수 있었습니다.

— 재판 진행 도중 방청석의 분위기는 어땠습니까?

내가 말을 하고 나면 박수하며 호응했고 「우리 승리하리라」라는 노래를 불렀습니다. 그러다가 끌려 나가기도 했지요.

— 큰아드님이신 김홍일 의원님께서 대통령님의 사형선고 소식을 듣고 많이 괴로워했다고 합니다.

나중에 들은 이야기인데 그때 홍일이도 붙잡혀 있었어요. 홍일이는 내 안위가 걱정되어 노심초사했는데 재판이 어떻게 진행되고 있는지 알 수가 없었다고 합니다. 그때 한완상 교수도 같이 붙잡혀 왔는데 홍일이가 한 교수에게 혹시 내 재판의 진행 상황을 아는지 물어봤다고 해요. 한 교수는 내가 사형선고 받은 것을 알고 있었는데, 그것을 차마 알려줄 수가 없어서 말을 못한 채 착잡한 표정으로 고개를 떨구었다고 해요. 홍일이는 그것을 보고 나한테 나쁜 일이 있다고 직감하고 감방에서 통곡했다고 하더군요.

— 대통령님께서는 1981년 1월에 감형되시기 전에는 사형수 신분으로 몇 개월 동안 육군교도소에 수감되셨습니다. 일반인들은 상상도 하기 힘들 정도로 고통스러운 시간이었을 것으로 생각됩니다.

그때 이대로 죽는구나 생각했어요. 특히 카터 대통령이 선거에 졌다는 소식을 듣고 나는 진짜 죽는구나 생각했어요. 내가 저들에게 협조하면 살 수 있었지만 그렇게 하면 나는 역사 속에서 죽을 것이고, 광주에서 비참하게 생을 마감한 수많은 민주열사를 생각할 때 나 혼자 살자고 차마 그렇게 할 수는 없었어요. 사람은 예상하지도 못한 사고나 병으로 갑작스럽게 죽을 수도 있기 때문에 죽는 것에 너무 연연하지 말자고 마음을 가다듬었어요. 사형당하면 교수형인데 내 목에 밧줄이 걸리면 오래가지 않아서 죽게 될 테니 그 순간만 생각하면 그래도 넘길 수 있었습니다. 그러나 진정 공포스러운 일은 언제 나를 사형장으로 데려갈지 모른다는 사실이었어요. 그래서 복도에서 발소리가 나면 깜짝깜짝 놀라고 매우 불안했습니다. 복도에서 들려오는 발소리는 정말 공포스러웠고 그것이 제일 힘들었어요.

■ 그 고통스러운 시간을 어떻게 이겨내셨습니까?

책을 읽고 글을 쓰는 것으로 이겨내려고 했어요. 독서는 할 수 있었어요. 노트와 펜도 주었습니다. 그래서 내 생각을 글로 쓰면서 불안한 마음을 이겨내기 위해서 노력했습니다.

■ 어떤 생각을 하시면서 버티셨습니까?

죽음을 앞둔 한계 상황에서 '인간의 삶과 죽음은 무엇이고, 나는 어디에서 왔다 어디로 가는가'라는 본질적이면서도 철학적인 주제에 대해서 관심을 갖게 되었습니다. 하느님이 계신다면 나와 우리 국민이 겪고 있는 이러한 불의한 현실이 어떻게 가능한 것인지, 악이 승리하고 정의가 패배하는 것으로 보이는 이러한 절망적인 현실이 어떻게 가능한 것인지 등의 종교적인 생각도 했습니다.

내가 많은 사색 끝에 내린 결론은 유한한 인간의 시간으로 보면 당장은 정의가 망하고 역사가 후퇴하는 것처럼 보이지만 길게 보면 정의가 승리하고 역사는 발전한다는 것이었어요. 나는 하느님이 계신다고 믿습니다. 지난번 납치사건 때 내가 바다에 수장되기 직전에 예수님을 만난 이후로 하느님이 실제로 계신다는 생각을 확고하게 했어요. 내가 죽고 사는 것은 하느님께 맡기고 내가 현실에서 죽는다고 해도 패배하는 것이 아니고 결국은 역사 속에서, 우리 국민 속에서 살아나고 승리할 것이라는 믿음을 갖고 이겨내려고 했던 것입니다.

국제사회의 구명운동

━ 미국이 대통령님을 구명하는 과정을 듣고 싶습니다.

결국 나를 살린 것은 미국이었어요. 카터 대통령이 나를 살리려고 했지만 잘 안되고 있었는데, 1980년 11월 미국 대선에서 카터와 레이건이 경쟁을 했어요. 그때 나는 카터가 되면 살고 레이건이 되면 죽는다고 생각했어요. 그래서 미국 대선 결과를 노심초사하면서 기다렸는데 선거가 끝난 지 3, 4일이 지났는데도 누가 이겼는지 도대체 알 수가 없었어요. 교도관에게 물어봐도 알려주지 않았어요. 답답해서 교도소 내에서 청소일을 하는 죄수가 지나가길래 그에게 물어봤어요. 그랬더니 레이건이 대통령이 되었다는 거예요. 나는 그 소식을 듣고 너무 절망해서 방 안에 누운 채 정말 서럽게 울었습니다. 이제 나는 죽었다, 아무런 희망이 없다, 하느님이 나를 버리셨다, 이런 절망과 좌절감에 눈물이 쏟아져 나왔어요. 전두환 정권 밑에서 실권을 휘두르던 자들은 레이건이 당선되었다고 환호성을 질렀다고 합니다. 미국의 공화당 정권은 자신들이 하는 일을 방해하지 않을 것이라고 생각한 것이었지요.

글라이스틴 미국대사는 그때 신군부 실력자들의 입장을 전해 듣고 깜짝 놀라고 걱정도 되어서 미국으로 건너가 레이건 당선자 측에 김대중을 살려야 한다는 입장을 전했다고 했어요. 글라이스틴 대사는 누구를 만났는지 말해주지 않았지만 내 느낌으로는 아마 레이건 당선자에게 직접 이야기한 것 같아요. 정말 다행스럽게도 레이건 당선자가 정권이 바뀌었다고 해도 김대중을 살려야 한다는 미국의 정책은 그대로 유지된다는 입장을 확고하게 밝혔기 때문에 내가 살아날 수 있었던 것입니다.

결국 한·미 양국 정부가 협상해서 전두환 대통령은 나를 살려주기로 했고, 미국은 전두환 대통령을 레이건 대통령 취임 이후 최초로 미국을 방문하는 외국 정상이 될 수 있도록 해준 것입니다. 그런 과정으로 내가 살아날 수 있었어요. 카터 대통령도 많은 노력을 해주었고요. 결정적인 것은 레이건 대통령이 나의 구명을 위해서 끝까지 노력해준 덕분입니다.

— 미국이 납치사건 이후에 또다시 대통령님의 생명을 구해준 이유는 무엇이라고 생각하십니까?

두 가지 이유가 있었다고 생각합니다. 먼저, 미국의 주요 인사들 중에서 민주주의와 인권을 중시하는 사람들이 존재했어요. 이분들은 군사독재 정권에 비판적이었습니다. 이분들은 도덕적으로 잘못된 행위에 대해 미국이 수수방관해서는 안 되고 개입해서 막아야 한다는 입장이었습니다.

그다음으로 미국의 국익적 관점에서 나의 사형을 막으려고 했던 분들이 있었습니다. 광주에서 참상이 발생했는데 나까지 사형을 당하면 한국에서 반미주의가 크게 확산되고 이것이 다른 나라에도 확산될 것을 우려한 것이지요. 나에 대한 사형 반대 운동은 국제적으로 확산된 상태였기 때문에 미국이 이 문제를 크게 신경 쓴 것입니다.

━ 미국 외에도 국제사회에서 다양한 구명운동이 활발하게 이뤄졌습니다.

미국 외에도 일본과 유럽에 있는 우리 교포들, 각국의 정상급 지도자들과 노조 및 인권단체 등이 나의 구명을 위해서 많은 노력을 했어요. 서독 사민당 당수인 빌리 브란트 사회주의 인터내셔널 의장은 총회에서 '김대중 구명 동의안'을 제출했어요. 훗날 서독과 통일독일의 대통령을 지낸 리하르트 폰 바이츠제커, 오스트리아의 브루노 크라이스키 총리, 스웨덴의 올로프 팔메 총리 등 유럽의 양심적이고 저명한 정치인들이 많은 노력을 해주었습니다. 일본 최대 노조인 일본노동조합총평의회는 한국 상품의 하역을 거부하기도 했어요. 일본의 교포들은 일본의 정치인·지식인·언론인 등과 함께 나의 구명운동을 아주 적극적으로 전개했습니다. 미국의 교포, 유럽의 교포들도 마찬가지고요. 그분들의 노력으로 내가 살아날 수 있었습니다.

━ 수감 중이실 때 이와 같은 구명운동의 실상에 대해서 알고 계셨습니까?

국제사회가 나를 위해서 나설 것이라고 기대 섞인 전망을 하기는 했는데요. 나는 전혀 소식을 듣지 못했기 때문에 구체적인 내용을 몰랐습니다. 나중에 감형되어 청주교도소로 이감된 이후 알게 되었습니다.

━ 감옥에 계시던 1981년에 브루노 크라이스키 인권상을 수상하셨습니다. 이 상을 어떤 배경에서 수상하시게 되셨습니까.

내가 사형선고를 받게 되자 민주주의와 인권에 관심을 갖는 세계적인 지도자들이 나의 구명을 위해서 최선을 다했습니다. 유럽에서도 서독의 빌리 브란트, 오스트리아의 브루노 크라이스키, 스웨덴의 올로프 팔메 등 존경받는 지도자들이 함께했어요. 그런 배경에서 받게 되었습니다.

광주민주화운동

━ 광주민주화운동 당시 미국이 취한 태도에 대해서 비판적인 의견이 많습니다. 대통령님께서는 어떻게 판단하십니까?

미국이 우리 민주세력의 기대만큼 하지 않은 것은 사실이고 나도 여기에 대해서 비판적인 생각을 갖고 있습니다. 그러나 광주학살의 책임은 전두환 신군부에게 있어요. 미국이 군대를 동원해서 전두환 세력을 제거할 수는 없는 것입니다. 휴전선 이북에 북한군이 있는데 남쪽에서 미군과 국군이 싸우면 안 되는 일이에요. 정치군인들의 잘못된 행동을 미국 탓으로 돌리면 안 됩니다. 미국이 개입할 수 있는 한계가 분명 있는 것이에요. 그점에서 미국의 정책에 대해 비판할 수 있겠지만, 이러한 객관적인 현실을 고려해야 한다고 생각합니다.

━ 미국으로 망명하셔서 광주민주화운동 추도식에 참석하시고 광주민주화운동 비디오도 보셨다고 하는데요.

미국에 가니 교포들이 광주민주화운동 비디오를 주었어요. 그런데 도저히 가슴이 떨려서 못 보겠더라고요. 한동안 안 보고 있었어요. 사실 못 본 것이지요. 그렇게 있었는데 하루는 광주민주화운동 비디오를 상영하는 모임에 참석하게 되어서 그때 처음 봤어요. 보면서 대성통곡을 했습니다. 그때 내 감정이 그랬어요. 그리고 1983년 5월 광주민주화운동 3주년 추도식이 개최되었는데 내가 참석해서 추도사를 했습니다. 그때도 눈물이 앞을 가리고 목이 메어 중간중간 말이 끊겼어요.

━ 광주민주화운동의 역사적 의의에 대해서 말씀해주세요.

광주민주화운동은 우리 역사에서 가장 위대하고 자랑스러운 사건의 하나라고 생각합니다. 군이 시민들을 학살하는 그런 참혹하고 혼란스러운 상황 속에서도 시민 스스로 질서를 지켜가면서 민주주의를 위해 자신의 목숨을 희생하는 항쟁에 나섰습니다. 광주시민들은 민주화운동 기간에 보편적인 민주의식, 공동체를 위한 희생정신, 수준 높은 자치 능력을 보여주었어요. 이것은 세계 역사를 놓고 봐도 정말로 위대하고 아름다운 일이라고 생각합니다. 광주민주화운동은 우리 역사에서뿐만 아니라 세계 역사에서도 높이 평가받을 수 있는 위대한 사건이라고 나는 생각합니다.

옥중서신

— 옥중서신을 보면 깨알같이 작은 글씨로 쓰셨는데요. 그 이유는 무엇입니까?

이 이야기를 하기 전에 먼저 말할 것이 있습니다. 내가 교도소 측에 종이와 펜을 달라고 했어요. 감방에서 내 생각을 적고 싶다고, 정치적인 내용은 쓰지 않을 것이니 당신들이 보고 내용에 이상이 없으면 내가 출소할 때 갖고 가도록 협조해달라고 말했는데 들어주지 않았어요. 무조건 안 된다는 거예요. 위에서 그렇게 하라고 시켰겠지요. 결국 내 생각을 적을 수 있는 곳은 한 달에 한 번 쓸 수 있는 봉함엽서가 유일했어요.

— 봉함엽서에는 글을 어떻게 쓰셨습니까?

봉함엽서는 공간이 제한적이다 보니 많은 내용을 넣기 위해서 결국 글씨 크기를 작게 할 수밖에 없었습니다. 자 같은 것을 대면서 줄 간격을 유지하여 최대한 많은 글을 쓰려고 노력했어요. 일본에서 글자수를 세어보니 편지 한 통에 만 글자 이상 들어갔다고 하더군요. 이 편지 한 통 쓰는 데 어떤 경우에는 열두 시간이 넘게 걸릴 때도 있었어요. 그 정도로 정성을 다해서 한 글자 한 글자 글을 썼습니다.

— 깨알같이 작은 글씨로 쓰신 글인데도 줄을 그어서 수정하신 흔적을 발견할 수 없었습니다. 이것이 어떻게 가능했습니까?

머릿속으로 구상해가면서 썼어요. 틀리지 않게 하기 위해서 최대한 노력을 했습니다. 이것이 쉽지 않아서 신경을 많이 써야 했어요. 글을 쓸 수 있는 종이가 충분했으면 그렇게 하지 않았을 텐데, 그렇지 못하다 보니 글자 크기를 작게 하고 수정사항이 나오지 않도록 정신을 집중해서 글을 썼던 것입니다.

— 옥중서신을 보면 국제정세에 대해서 평가하시는 부분이 있습니다. 그런 뉴스를 어떻게 아셨습니까?

아내가 내게 보낸 편지에 있었습니다. 아내가 보낸 편지도 검열을 받았는데, 국내 정치 관련 내용은 제한했지만 그 밖의 내용은 가능했어요. 신문도 못 보고 라디오도 듣지 못했지만 그렇게 해서 조금씩 알 수 있었습니다.

— 신문도 볼 수 없었습니까?

신문을 볼 수 없었어요. 그래서 아내의 편지와 짧은 면회 시간이 내가 외부 소식을 들을 수 있는 유일한 통로였어요. 그것도 제한된 조건에서 이뤄졌기 때문에 한계가 많았습니다.

— 옥중서신은 일본어, 영어, 스웨덴어로 번역이 되었습니다.

전두환 정권 시절 내가 미국으로 망명해 있었을 때 일본 이와나미(岩波) 출판사에서 옥중서신을 책으로 내겠다고 해서 동의했습니다. 이 출판사의 야스에 료스케는 일본에서 아주 유명한 분인데요. 나는 유신 시기 1차망명 때부터 알고 있었어요. 이분이 책을 내자고 해서 그렇게 했습니다. 와다 하루키 도쿄대 교수와 한국인 김학현 씨 두 분이 공동으로 번역했어요. 미국에서는 UCLA에서 출판하겠다고 해서 데이비드 매캔 하버드대 교수와 최성일 박사가 공동으로 번역했습니다. 스웨덴어 번역은 그 뒤에 이뤄졌어요.

청주교도소(1981).
면회는 한 달에 한 번 10분 동안만 가능했고
점심 후 1시간 정도 운동할 수 있었다.
여기서 쓰러지지 않겠다는 목표의식을 갖고
강인한 정신력으로 난관을 극복하겠다는 다짐이
감옥생활의 고통을 견디는 데 도움이 되었다.

옥중생활

— 면회는 언제 어떻게 진행되었습니까?

한 달에 한 번 10분 동안만 가능했습니다. 유리로 안쪽과 바깥쪽을 구분해놓은 면회실에서 만났어요. 유리 위쪽에 만들어놓은 구멍을 통해서 대화를 하는 방식이었어요. 여기서 대화한 내용은 전부 녹음됐습니다.

— 겨울 추위가 매우 고통스러웠을 것 같습니다. 어떻게 지내셨습니까?

수감생활을 할 때 대체로 건강이 좋지 못했어요. 나는 독방에 있었기 때문에 주변 사람의 체온에서 나오는 온기의 도움도 받을 수 없었습니다. 그래서 그랬는지 스토브를 넣어주더라고요. 이것이 추위를 이겨내는 데에 큰 도움이 되었습니다.

— 옥중에서 건강관리를 위해서 하신 일은 무엇이 있습니까?

감방 안에서는 체조를 했어요. 바깥에서는 운동시간에 걷고 꽃을 가꾸기도 하면서 시간을 보냈습니다. 무엇보다 여기서 쓰러지지 않겠다는 목표의식을 갖고 강인한 정신력으로 난관을 극복하겠다고 다짐한 것이 큰 도움이 된 것 같습니다.

— 교도소에서 보통 어떤 일을 하시면서 시간을 보내셨습니까?

일어나면 세수하고 식사하고 책을 읽었습니다. 주로 책을 읽었어요. 그때 정말 많은 책을 읽었어요. 유신 때 감옥생활을 하면서 체득한 감옥에서의 독서 방법으로 효과적인 독서를 했습니다. 독서하면서 내가 몰랐던 사실을 알게 되고 새로운 깨달음을 얻게 될 때마다 무릎을 치면서 '내가 이곳에 오지 않았다면 이런 진리를 모르고 죽었을 것 아니냐'는 생각을 하곤 했습니다. 감옥에 온 것이 오히려 감사하다는 생각까지 들기도 했어요. 나중에 밖에 나와 너무 바쁘게 지내서 책 읽을 시간이 부족하면 다시 감옥에 가고 싶다는 생각이 들기도 했어요. 믿기지 않을 수 있지만 정말 그랬습니다.

— 이때 앨빈 토플러의 『제3의 물결』을 읽으시고 지식정보화 시대에 대한 대비가 필요하다는 판단을 하셨고, 대통령이 되신 이후 우리나라를 지식정보화 강국이 되도록 하신 것은 매우 유명한 일화입니다.

『제3의 물결』은 내가 몰랐던 책인데, 아내가 넣어주어서 보게 되었어요. 처음에는 중요하게 생각하지 않고 무심히 보았는데 읽다 보니 앞으로 다가올 새로운 시대의 지침서라는 확신이 들어서 정신을 바짝 차리고 정독했어요. 책을 읽고 나니 앞으로 우리나라의 미래를 위해서 이 책의 의미가 매우 크다고 생각했어요. 감옥에서 읽은 책 중에는 제목을 잊어버린 경우도 많았지만 이 책은 계속해서 기억하고 중요하게 생각했습니다.

—『제3의 물결』의 어떤 내용에 특히 관심을 가지셨습니까?

지식정보화 시대로 들어가면 지식과 창의력이 경제의 핵심 요소가 된다는 주장이 마음에 와닿았어요. 물질적인 자원이 부족해도 창의적인 인적 자원이 우수한 나라가 더욱 발전할 수 있다는 진단이 우리나라 현실에 맞다고 판단했기 때문입니다.

— 이 책 외에 그때 독서하신 책 중에서 기억나시는 것이 있으

면 말씀해주세요.

오래전 일이고 진주교도소에서 읽고 청주교도소에서 또 읽은 것도 있어서 완전히 구분해서 기억하기는 어려워요. 그래도 생각해보면 세계명작 시리즈를 여기서 읽었고 『구약성경』과 『신약성경』을 3번 정도 반복해서 읽었던 것은 기억이 납니다.

— 대통령님만의 독서법이 있다면 소개해주세요.

나는 기본적으로 다독보다는 정독을 중시합니다. 읽고 나면 그 책의 핵심을 다시 한번 떠올리면서 잊지 않으려고 했어요. 읽은 내용 전체를 다 외울 수는 없기 때문에 핵심을 파악하는 것이 중요하고 필요한 일이었습니다.

— 영어 공부도 하셨다고 하는데요.

영어 공부를 꽤 많이 했어요. 무엇보다 문법을 제대로 공부했습니다. 그래서 내가 생각하는 내용을 영어로 비교적 정확하게 표현하는 것이 가능했어요. 다만 나는 듣기는 약했어요. 감옥에서 듣기 공부를 할 수도 없었고요.

— 감옥에서 운동은 어떻게 하셨습니까?

운동은 점심 후에 1시간 정도의 시간이 주어졌습니다. 밖에 나가면 꽃밭이 있는데 길이가 70, 80미터 정도 돼요. 진주교도소에는 꽃밭이 없었는데 청주교도소에는 있었어요. 거기 관리를 내가 맡았어요. 내가 지금도 꽃을 좋아하는데 그때도 그랬습니다. 정성을 다해서 꽃을 가꿨어요. 감옥에서는 모자를 쓸 수 없었기 때문에 여름에는 뜨거운 햇빛에 그대로 노출되어서 땀이 비 오듯 쏟아졌어요. 그래서 여름에는 작업하기가 힘들었는데요. 그래도 꽃을 보고 가꾸는 것이 참 즐거웠어요. 수감생활 중 독서보다 더 즐거운 것이 꽃을 가꾸는 일이었습니다.

━ 독서보다 꽃을 가꾸는 일이 더 즐거웠다는 사실을 새롭게 알게 되었습니다.

그만큼 내가 꽃을 좋아했어요. 꽃이 시든 부분이 있으면 가위로 다듬어줘야 하는데 그럴 때마다 속으로 꽃에게 "내가 여기를 잘라내는 것이 마음 아프지만 전체가 살기 위해서는 어쩔 수 없으니 네가 이해해주렴"이라고 말하면서 자르고 다듬었어요.

1982년 겨울 출소하기 전 꽃밭에 있는 어제일리어 한 그루를 작은 화분에 넣어서 내 방으로 갖고 왔는데요. 내 방에 스토브가 있었고 햇빛이 들어올 때는 그쪽으로 화분을 밀어서 햇빛을 받게 해주니 꽃망울이 맺혀 있다가 내가 나가는 날에 꽃이 피더라고요. 우연의 일치인데 정말 놀라웠어요.

━ 청주교도소에서의 통제도 심했다고 하는데요. 구체적으로 어땠습니까?

우선 내 방 양쪽 방은 비워둔 채 목욕할 때 쓰는 양동이만 놔두었어요. 낮에는 교도관 3명, 밤에는 2명이 나를 지키고 있었고 복도를 콘크리트 벽으로 막아서 다른 죄수들과의 접촉이 차단되었어요. 감방 뒤쪽에 작은 창문이 있어서 그쪽으로 햇빛이 들어왔는데 창문 위로 철망이 있어서 밖의 모습을 제대로 볼 수는 없었습니다.

━ 대통령님께서는 1981년 4월 장남이신 김홍일 의원께서 대전교도소에서 보낸 편지를 받고 너무나 기뻐서 밤새 이불 속에

서 편지를 읽으셨다고 하는데요.

내가 1980년 5월에 붙잡혀 간 이후 거의 1년여 동안 아들의 어떤 소식도 듣지 못했어요. 그렇게 지냈는데 하루는 교도관이 "편지요!" 하면서 주었어요. 홍일이가 보낸 편지였어요. 편지를 받고 너무 반가워서 눈물이 나왔어요. 너무 반갑다 보니 가슴이 떨리고 편지를 읽다가 눈물이 쏟아질 것 같아서 처음에는 읽지 못하겠더라고요. 그렇게 편지를 내 가슴에 품고 있다가 밤에 누워서 읽었어요. 감방 안은 항상 불이 켜져 있기 때문에 밤에 읽을 수 있었습니다. 편지를 보니 "이 편지를 취급하시는 분들께. 이 편지를 아버지께서 받아보실 수 있도록 선처하여 주시기를 간절히 부탁드립니다"라고 쓰여 있었어요. 그 편지 읽으면서 눈물을 많이 흘렸습니다.

▬ 수감생활 모습을 촬영한 사진을 보면 아주 짧은 머리를 하고 계십니다. 백고머리라고 할 수 있을 정도였는데요. 머리카락이 잘릴 때 심경은 어땠습니까?

머리카락이 잘리는 것을 보면 마치 내 머리가 잘리는 것처럼 기분이 아주 나빴어요. 참으로 착잡했습니다. 이와 관련해서 지독한 일이 있었어요. 1982년 12월 내가 청주교도소에서 서울대병원으로 갔다가 미국으로 출국했는데, 서울대병원으로 가기 이틀 전에 와서 머리카락이 길다고 또 잘랐어요. 얼마 뒤에 미국으로 가게 되어 있어서 머리카락을 자를 이유가 없는데도 그런 짓을 했어요. 끝까지 지독하게 한 것이지요. 내가 미국에 도착했을 때 보면 머리가 짧은데 그런 이유 때문이었습니다.

━ 옥중에서 그 외에 기억나시는 일이 있다면 말씀해주시지요.

나는 감옥 안에서도 다른 죄수들과의 접촉이 차단되어서 나를 감시하는 교도관 말고 다른 사람 얼굴 보는 것도 어려웠어요. 내가 운동하러 나가면 멀리서 보고 다들 나를 피해서 돌아갔어요. 그렇게 하라고 시켰겠지요. 하루는 교도소 위층에서 학생으로 보이는 청년이 "김대중 선생님!" 하고 소리를 쳤는데 바로 끌려가더라고요. 그 정도로 사람 얼굴 보는 것이 어려웠습니다. 매일매일 무미건조하고 단조롭게 보냈어요. 주로 독서하고 중간중간에 꽃을 가꾸고 편지 쓰는 것이 전부인 생활을 했습니다.

━ 대통령님께서는 해방 이후 총 6년여 동안 감옥생활을 하셨습니다. 참으로 긴 시간 동안 고통을 받으셨고 또한 초인적인 인내로 이겨내셨다고 생각합니다. 6년여의 감옥생활에 대해서 한 말씀 부탁드립니다.

6년의 감옥생활, 참으로 길고 힘든 시간이었습니다. 그러나 나는 좌절하지 않았습니다. 나는 내 힘으로 어떻게 할 수 없는 일은 받아들인다는 생각으로 분노하거나 슬퍼하지 않았어요. 나는 나의 감옥생활이 우리나라의 민주주의를 위해 값진 희망의 불꽃이 되리라 생각했어요. 내가 감옥에 있으면 여기에 자극받은 수많은 국민이 독재정치에 분노해 우리나라의 민주화를 위해서 투쟁에 나설 수 있다고 생각했습니다. 비록 내가 감옥안에 있어서 국민들과 이야기를 할 수도 없고 함께 민주주의를 요구할 수도 없지만, 민주주의와 인권을 향한 나의 의지와 생각은 오히려 더 강력하게 국민들의 마음속에 전달되고 퍼질 수 있다고 생각했고, 그것이 결국 승리의 씨앗이 되고 횃불이 될 수 있다고 믿었어요. 나는 이러한 우리 국민과 역사에 대한 확고한 신뢰를 갖고 있었기 때문에 감옥생활의 고통을 이겨낼 수 있었습니다. 나는 그런 각오로 살아왔어요. 6년 동안의 감옥생활이 불행하지 않았다고 생각합니다.

2차 미국 망명

— 1982년 12월 대통령님께서는 미국으로 출국하셔서 망명생활을 하시게 되었습니다. 전두환 정권이 미국행을 요구할 때 처음에는 거절하셨다고 하는데요. 어떤 과정을 통해서 출국하시게 되었습니까?

전두환 정권이 나에게 미국으로 가라고 했는데 나는 처음에는 거절했습니다. 전두환 독재정권에 의해 고통받는 국민들을 놔두고 나만 미국으로 갈 수 없다고 생각했기 때문입니다. 그런데 하루는 아내가 면회 와서 "지금 재야인사들과 의논하고 왔는데 당신이 여기서 계속 감옥에 있는 것보다 미국에 가서 우리나라 민주화에 대한 여론이 형성되도록 역할을 하는 것이 더 중요하다는 데에 의견을 모았어요. 당신이 미국으로 떠나야 현재 수감 중인 분들이 석방될 수 있어요" 이렇게 이야기하면서 미국으로 가자고 했어요. 나는 그 이야기를 듣고도 미국으로 가는 것이 내키지 않았는데요. 곰곰이 생각해보니 더 이상 미국행을 거부하기가 쉽지 않겠다는 생각이 들었습니다. 그래서 결국 가는 것으로 결정했어요.

━ 전두환 정권이 대통령님을 미국으로 보내려고 한 이유는 무엇이라고 생각하십니까?

우선 나를 감옥에 계속 놔두면 부담이 되지요. 국내는 철권통치로 억누르고 있었지만 국제 여론은 자기들 마음대로 할 수 없으니 큰 부담을 느꼈던 것입니다. 그리고 내가 미국에 가도 미국에서 큰 영향력을 발휘하지 못할 것이라고 판단한 것 같더군요.

━ 대통령님께서 출국하실 때 정치활동을 하지 않겠다고 하셨는데요. 이렇게 하신 이유는 무엇입니까?

정치활동을 하지 않겠다고 약속했어요. 그 사람들은 내가 이렇게 약속해놓고 미국 가서 민주화운동을 했다는 이유로 비난하는데, 그것은 잘못된 비난이에요. 민주주의는 우리나라의 기본가치로서 국민 모두가 이것을 위해서 노력하고 지켜야 할 의무가 있어요. 민주화운동은 국민운동의 성격을 갖고 있어요. 정치활동의 기본은 정당정치와 선거인데, 내가 미국 가서 한 민주화운동은 그런 것이 아니지 않습니까. 그렇기 때문에 나는 거짓말을 한 적이 없어요.

나중에 주미 한국대사관에서 내게 정치활동을 하지 않겠다는 약속을 왜 어기냐고 따져 물은 적이 있었어요. 위와 같이 설명하면서 나는 미국에서의 활동이 정치활동이라고 생각하지 않기 때문에 그만둘 생각이 없고, 당신들이 이것을 문제 삼는다면 내가 나중에 귀국해서 책임지겠다고 통보한 적이 있습니다.

━ 일부에서는 대통령님께서 출국하실 때 전두환 대통령이 여비를 보조했다고 주장하는 사람들이 있습니다.

그렇게 주장하는 사람이 있다는 것을 나도 알고 있어요. 그것은 전혀 사실이 아니에요. 나는 아내에게 쪽지를 써서 만약 전두환 정권이 여비를 보조해준다고 하면 절대로 받지 말라고 신신당부했어요. 실제 나와 아내에게 여비를 보조해주겠다고 한 적도 없어요.

━ 미국으로 출국하실 때 동교동 자택에 가지 못하시고 바로 공항으로 가셨다고 하는데요.

서울대병원에서 바로 공항으로 갔어요. 노스웨스트 항공기를 탔는데 일반 손님들을 태운 후에 화물계류장으로 이동하여 거기서 우리만 태웠습니다. 자리에 앉으니 청주교도소 부소장이 종이를 꺼내서 읽었는데 형 집행정지로 석방한다는 내용이었습니다. 사형에서 무기징역, 다시 20년형으로 감형된 상태였는데, 이때 비행기 안에서 형 집행정지 통보를 받은 것이었습니다.

━ 일반 승객들의 반응은 어땠습니까?

모두들 겁에 질려 내가 있는 쪽으로 접근할 엄두를 내지도 못했어요.

━ 미국에 도착하셨을 때의 상황에 대해서 말씀해주세요.

먼저 시애틀에 도착했어요. 거기에도 사람들이 나와 있었어요. 그런데 정보부 사람들이 공항에 나와 있는 사람들에게 내가 만나지 않겠다고 했다며 거짓말을 했어요. 나는 사람들이 나와 있는 줄도 몰랐는데, 거기까지 따라와서 그런 거짓말로 사람들에게 인사도 못 하게 했어요. 끝까지 괴롭힌 것이지요.

그후에 목적지인 워싱턴 덜레스 공항에 도착했습니다. 그때 우리 교포들뿐만 아니라 미국인들까지 수백 명의 사람들이 나와 있었습니다. 문동환 목사, 최성일 박사, 이근팔 비서실장, 패리스 하비 목사, 에드워드 케네디 상원의원의 수석보좌관 등이 공항에 나와서 나를 환영했어요. 참 반가웠고 고마웠습니다. 정말 오랜만에 자유를 느낄 수 있었는데, 국내 상황을 생각하니 마냥 즐겁기만 하지는 않았어요. 미국까지 왔으니 여기서 내 나름대로 최선을 다해 우리나라의 민주화를 위해서 내 모든 것을 바쳐 투쟁하겠다는 각오를 다졌습니다.

— 미국에 도착하신 직후 조지타운대학에서 건강검진을 받으셨는데요. 건강상태는 어땠습니까?

먼저 이 이야기를 해야겠네요. 내가 미국에 도착해서 기자회견을 했는데 일본 기자들이 조지타운대학에서 내 고관절 수술을 무료로 해주겠다고 한 사실을 알고 있냐고 물어봤어요. 나는 금시초문이었어요. 내가 감옥에서 고관절이 좋지 않다는 소식을 듣고 그런 제안을 했었는데 전두환 정권이 나한테 알려주지 않았던 것입니다. 그때 나는 치료비 걱정을 하고 있었기 때문에 조지타운대학의 제안은 아주 고마운 일이었거든요. 그래서 조지타운대학병원에 입원해서 치료를 받으려고 했어요.

그런데 병원에서는 진료를 하고 난 뒤에 수술과 치료에 6개월 정도 걸리는데 수술을 해도 크게 나아지는 것이 없다면서 수술을 하지 말고 통증이 있을 경우 그때그때 치료하는 것이 좋겠다는 소견을 냈어요. 그래서 그렇게 했습니다. 다행히 감옥에서 나오니 다리 통증이 많이 사라졌어요. 그것 참 희한하더라고요. 내가 비상한 의지로 수감생활의 고통을 극복하기는 했지만, 스트레스가 없을 수는 없지요. 결국 그것이 고관절의 통증으로 나타났던 것 같습니다. 그때 다른 곳에는 특별한 이상이 없었고 치과 치료만 받았습니다.

━ 대통령님께서 미국에 오신 이후 여러 환영행사가 개최되었습니다. 그중에서 1983년 2월 15일 에드워드 케네디 상원의원이 주최한 리셉션이 있었는데요.

케네디 상원의원이 아주 성대한 행사를 개최해서 한·미 양국에서 수백 명의 인사가 참석했어요. 케네디 상원의원은 나를 민주주의의 상징이고 존경하는 지도자라고 높이 평가했습니다. 내가 미국에 있는 동안 적극적으로 협조하며 나를 도울 것이라고 하면서 이 자리에 있는 사람들도 그렇게 해주기를 바란다는 이야기를 했어요. 케네디 상원의원은 미국에 있을 때 많은 도움을 주었고 우리나라 민주화운동에 대한 각종 지원활동을 많이 하셨어요. 정말로 고마운 분입니다.

미국사회에 한국 민주화의 필요성을 설득하다

━ 한국을 바라보는 미국의 기본적인 입장 및 전략은 무엇이었습니까?

미국의 기본적인 입장은 현상유지였어요. 어떻게든 한반도에서 혼란이 발생하지 않고 현상유지를 하면 된다는 시각이 지배적이었습니다. 미국에게 한반도는 주된 관심 대상 지역이 아니었습니다. 미국은 한국이 소련을 중심으로 한 대륙의 공산주의 세력의 팽창을 막는 방파제로서 역할을 해야 한다고 했고, 이를 통해 일본을 보호한다는 자신들의 세계전략의 관점에서 접근한 것입니다.

국무부에 가면, 3층으로 기억하는데요. 왼쪽으로 가면 동아시아 담당 차관보가 있는데 이 사람이 한국문제를 담당하는 최고 책임자라고 할 수 있습니다. 이 사람은 내 이야기를 경청하고 내가 살아온 것에 대한 존경의 뜻을 표하기는 하지만 냉정하게 판단해서 위와 같은 문제 때문에 전두환 정권에 대한 현상유지가 불가피하다는 쪽이에요.

오른쪽으로 가면 인권 담당 차관보가 있어요. 여기는 내 이야기에 공감하고 지지했어요. 미국은 그런 양면이 있다는 것을 알아야 합니다.

━ 그런 상황에서 어떤 전략을 세우셨나요?

내가 설정한 최대 목표는 미국이 한국의 독재정치와 인권유린에 대해서 비판하고 견제하는 것이었고요. 그것이 어려울 경우 최소한의 목표는 미국이 독재정권에 대한 현재와 같은 지지를 하지 못하도록 하는 것이었어요. 그렇게 하면 그다음으로 민주화는 우리 국민의 힘으로 쟁취하겠다는 것이 나의 일관된 주장이었습니다.

나는 미국에게 우리나라의 민주화를 이뤄달라고 말한 적이 없어요. 민주주의는 우리의 힘으로 이뤄낼 때 진짜 민주주의이지, 타력에 의해서 주어진 민주주의는 힘이 없기 때문에 언제든지 뒤엎어져서 다시 독재로 회귀할 수 있는 그런 부실한 민주주의라고 생각했어요. 나는 지도자가 앞장서서 희생하고 거기에 국민이 호응하고 함께 투쟁하여 독재정권을 패퇴시키고 자력으로 민주주의를 쟁취해야만 한다고 생각했습니다.

나는 미국이 독재정권을 지지해서 민주주의를 위해 피눈물나는 노력을 하는 한국의 민주세력에게 찬물을 끼얹지 말라고 한 것이에요. 이를 위해서 나는 미국의 정부, 의회, 언론, 학계, 종교계, 시민사회단체 등의 주요 인사들을 전방위적으로 만나서 내 생각을 설명하고 설득했습니다.

━ 말씀을 들어보니 여사님께서 대통령님 구명운동 하실 때 강조하신 논리가 생각납니다. 여사님께서 대통령님 구명운동은 인류 보편적인 가치와 인권을 위한 것임을 전제하시고 한국의 민주화는 한국 국민의 힘으로 할 것이라고 하시며 이 둘을 분리하셨습니다. 내정간섭이라는 비판에 대한 선제적 대응으로 민주화운동에 있어 미국을 포함한 외국의 역할에 대해서 일정한 선을 그은 것으로 볼 수 있을 것 같습니다.

부부는 일심동체라고 하지요. 평소 나와 아내는 많은 대화를 했고 놀라울 정도로 생각과 판단이 일치했어요. 그래서 그렇게 할 수 있었습니다.

━ 한국의 민주주의 가능성에 회의하는 미국 사람들도 꽤 있었을 것 같은데요. 어떤 논리로 대응하셨습니까?

미국 사람들에게 우리나라 국민들이 민주주의를 할 수 있는 능력이 있다는 사실을 4·19 혁명과 5·18 광주민주화운동 등 우리나라 현대사의 사례를 통해서 설명했습니다. 우리 국민이 자발적으로 참여하고 평화적인 수단으로 독재에 저항해서 민주주의를 위해 희생한 것을 설명하면 다들 이해했어요.

━ 미국의 보수적인 분들도 많이 만나셨는데 그분들은 어땠습니까?

　나는 보수주의자들도 만났어요. 미국은 보수적인 사람들도 자유주의와 민주주의 가치에 대해서는 인정하고 존중해요. 그래서 "한국에도 미국처럼 자유민주주의를 지키기 위해서 헌신하는 사람이 많이 있는데, 당신들이 이런 사람들을 돕지 않고 공산주의자들이 독재를 하는 것과 다를 바 없는 군사독재 정권을 지지하는 것은 이율배반적인 것 아니냐. 당신들은 말로만 자유민주주의를 지킨다고 하고 공산당과 비슷한 방식의 독재를 하는 자들을 지지하느냐. 미국은 자유민주주의 나라이고, 자유민주주의를 지키는 세계 일등국가인데 어떻게 자유민주주의를 억압하는 독재자를 지원하고 자유민주주의를 위해 목숨을 바쳐가며 투쟁하는 민주세력을 외면하는 것이냐" 이렇게 강하게 내 생각을 설명했어요. 그러면 다들 내 주장에 동의했어요.

　그 사람들은 한국을 잘 몰라요. 모르기 때문에 미국의 가치를 먼저 말하면서 논리를 전개한 것입니다. 그러면 잘 이해하고 내 주장에 동의했어요. 이것이 미국의 특징이고 장점이라고 할 수 있습니다. 나와 생각이 다르다고 만나지 않고 설득하지 않으려고 하면 안 됩니다. 그렇게 하면 효과가 없어요. 나와 생각이 같은 사람들끼리만 만나서 이야기하면 끼리끼리 그 안에서만 통할 뿐이에요. 그렇기 때문에 나와 생각이 다른 사람들을 만나고 이야기하는 것을 두려워해서는 안 됩니다. 당당하게 나서서 적극적으로 이야기하고 설득해야 합니다. 그러면 효과가 있어요.

— 대통령님에 대한 미국사회의 관심은 어땠습니까?

제3세계 수많은 독재국가 중에서 미국에 와서 반독재 민주화를 외친 정치지도자는 나와 필리핀의 아키노뿐이었어요. 그런데 아키노가 암살당하고 이제 나만 남아서 관심의 대상이 된 것은 분명합니다. 나는 최대의 효과를 내기 위해서 혼신의 노력을 다했고 이것이 상당한 성과를 낸 것도 사실이에요. 나와 내 주장이 미국사회에서 주목할 만한 영향을 주었다고 생각합니다.

— 미국에서의 1차망명과 2차망명을 비교하면 2차망명 활동의 영향력이 더욱 강했던 것 같은데요.

맞아요, 그랬습니다. 1차망명 때와 비교하면 2차망명 때는 나의 인지도도 높았고 더 긴 시간 동안 활동했기 때문에 내가 미국사회에 더 많은 영향을 줄 수 있었어요.

— 대통령님께서는 미국 상하원 의원들과 많이 만나셨는데요. 민주당과 공화당 사이에 차이가 있었습니까?

미국 민주당과 공화당 사이에 정책의 차이는 분명 있는데, 개별 의원의 성향에 따라서 차이가 있기도 합니다. 일반적으로 공화당이 보수적인 것은 맞지만 공화당 내에서도 제3세계의 민주주의와 인권에 관심을 갖고 지지한 사람들이 있었어요. 리처드

루거 상원의원이나 짐 리치 하원 아시아태평양소위원회 위원장 같은 사람은 나를 많이 지원해주었어요. 전체적으로 보면 민주당이 많았지만 공화당에도 있었어요. 미국은 민주주의와 인권을 기본가치로 받아들이기 때문에 보수적인 인사들을 상대할 때 이 점을 노리면서 논리를 전개하니 상당한 효과가 있었습니다.

━ 1983년 11월 10일 미국 ABC 방송의 「나이트라인」 프로그램에 출연하셔서 민주정의당(민정당) 봉두완 의원을 상대로 토론하신 것이 유명합니다.

미국의 테드 코펠이 진행하는 ABC 방송의 「나이트라인」이라는 프로그램에서 출연요청이 왔습니다. 한국문제를 주제로 토론하는 내용이었고 상대는 민주정의당 국회의원이자 국회 외무위원장인 봉두완 씨였어요. 테드 코펠은 미국에서 인기가 많은 진행자로 「나이트라인」은 인기 프로그램이었어요. 그래서 아주 좋은 기회이기는 했는데 내가 영어가 능숙하지 못해서 제안 수락을 망설이고 있었어요. 더군다나 상대인 봉두완 씨는 영어를 잘하거든요. 그래서 주변 사람들과 상의했는데 그때 나를 지원해주던 하비 목사가 내가 하는 영어를 다 알아들을 수 있다면서 출연을 권했어요.

나도 좋은 프로그램이기 때문에 용기를 내서 출연하는 방향으로 생각하고 있었는데 테드 코펠이 먼저 보자고 해서 둘이 만났습니다. 내가 영어 하는 것을 듣고 테드 코펠이 그만하면 시청자들이 이해하는 데 이상이 없으니 자신감을 가지라고 하는 거예요. 그래서 출연하기로 했어요.

「나이트라인」에 출연해 전두환 정권의 독재에 대해 내가 구체적인 사례를 들어서 설명했어요. 선거의 자유도 없고 언론의 자유도 없으며 각종 인권을 유린하는 행태를 내가 조목조목 설명했습니다. 그러자 테드 코펠이 봉두완 씨에게 내 말에 대해서 어떻게 생각하냐고 물었어요. 그런데 봉두완 씨는 내 말에 대한 반론을 하지 않고 남북분단과 6·25 전쟁 등 주변 이야기만 계속했어요. 그러자 테드 코펠이 다른 이야기를 하지 말고 내가 말한 것에 대한 생각을 밝히라고 요구했어요.

그러자 봉두완 씨는 "김대중 씨 말은 사실이 아니다. 지금 한국은 민주주의를 하고 있고 인권을 보장하고 있다. 김대중 씨는 지금 거짓말을 하고 있다"는 식으로 이야기를 계속했어요. 그렇게 시간이 흘러 끝날 때가 되었습니다. 내가 테드 코펠에게 "미스터 코펠! 미스터 코펠!" 이렇게 불러서 한마디만 하겠다고 요청해서 기회를 얻었어요. "봉두완 씨가 나보고 거짓말을 한다고 했는데, 내가 한 말은 미국 국무부 인권보고서의 한국 관련 내용에 있는 것이다. 봉두완 씨 주장대로라면 미국 국무부가 거짓말을 한다는 것이 되는데, 그게 말이 되냐" 이렇게 반박했어요. 그렇게 방송 마지막에 내가 완전히 정리를 해버렸어요. 이렇게 하고 나니 미국 전역에서 교포들로부터 엄청나게 많은 격려 전화가 왔어요. 이때 방송은 미국인과 재미교포들에게 큰 영향을 주었습니다.

반독재 민주화를 위한 다양한 활동

━ 교포사회 분위기는 어땠습니까? 특히 급진 민족주의 세력이라고 할 수 있는 '선통일 후민주' 노선을 지지하는 분들의 영향력은 어느 정도였습니까?

그런 분들은 소수였습니다. 나는 유신 정권 시절 1차망명 때와 동일하게 '선민주 후통일' 노선을 일관되게 강조했습니다. 나는 '선통일 후민주' 노선을 주장하는 사람들을 만나지 않았어요. 왜냐하면 내가 그들을 만나면 전두환 정권은 이것을 악용했을 거예요. 그래서 나는 일부러 그들을 만나지 않았습니다.

━ 한국인권문제연구소를 창설하셨는데요. 그 배경은 무엇이며 조직 명칭에 '인권'이란 표현을 넣으신 이유는 무엇입니까?

민주주의도 결국 인권을 위해서 하는 것입니다. 인권이 가장 근본적인 가치라고 할 수 있어요. 미국의 상황을 고려한 것이기도 했습니다. 미국에서는 인권에 대한 관심이 많았어요. 특히 미국사회는 독재정권에 의한 인권유린에 대해 관심이 많았어요. 그리고 재미 교포의 인권까지도 고려한 것입니다. 이렇게 하면 미국인뿐만 아니라 재미 한인들의 관심을 얻는 데에 도움이 될 수 있다고 판단했습니다. 그래서 인권을 내세운 것입니다.

━ 한국인권문제연구소를 만드시면서 가장 중요하게 생각하셨던 활동 목표는 무엇이었습니까?

미국사회 내에서 한국 민주화에 대한 우호적인 여론이 형성되도록 하는 것이 목표였습니다. 이를 위해서 우선 전두환 독재

정치의 각종 문제점을 있는 그대로 알리려고 했어요. 왜냐하면 당시 전두환 정부는 자신들의 문제점을 은폐하고 진실을 왜곡하면서 미국사회에 잘못된 내용을 홍보하고 있었습니다. 미국 사람들은 주로 이러한 정보를 접했기 때문에 진실을 모르는 경우가 많았어요. 한국인권문제연구소는 전두환 독재정권의 각종 문제점을 있는 그대로 알리고 설명하면서 미국사회 내에서 올바른 여론이 형성되도록 노력했습니다.

━ 미국에 계시면서 활동자금이 필요했을 텐데 어떻게 마련하셨습니까?

교포들이 많은 도움을 주었습니다. 10여 년 만에 미국에 가보니 재미 교포 수가 많이 늘었고 그동안 자리를 잡아서 사업에 성공한 분들도 꽤 있었어요. 그런 분들 중에서 내 활동을 지지하고 도움을 준 독지가들이 많았어요. 그중에는 1만 달러, 2만 달러를 후원한 분들도 있었어요. 그때 미국에서 그 정도 액수는 굉장히 큰 금액이었기 때문에 내가 여러 활동하는 데에 많은 도움이 되었습니다. 서예전을 하면 내 글씨를 돈 주고 사주는 분도 많았습니다. 그렇게 많은 분의 정성으로 내가 망명활동을 하는 데에 큰 도움을 받았어요.

━ 교포들의 활동에 대해서 어떻게 평가하십니까?

헌신적으로 하신 분이 많았습니다. 그때 독재를 하는 나라가 많았지만 교포들까지 나서서 본국의 민주화를 위해서 투쟁한 경우는 드물었습니다. 우리나라가 가장 으뜸이었습니다. 재미 한인들의 노력은 높이 평가받아야 한다고 생각합니다.

━ 미국에 계실 때 일본 한민통의 김종충·배동호 선생이 찾아온 적이 있었다고 하는데요. 분위기가 냉랭했다는 증언이 있습니다.

그분들이 한 번 오셨습니다. 냉랭하게 대했다고는 생각하지 않아요. 물론 성대한 환영행사를 하지 않았고 화기애애한 분위기는 아니었습니다. 그때는 그럴 수밖에 없었어요. 내가 일본 한민통 의장이었다는 이유로 사형선고를 받았고 그때도 사면·복권된 것이 아니라 형 집행정지 상태에서 미국으로 망명을 나온 상태였어요. 전두환 정권은 나의 미국에서의 활동을 감시하면서 어떻게든 트집을 잡으려고 혈안이 되어 있었어요. 그런 상태였기 때문에 내가 조심해야 했고 환영할 수 있는 상황이 아니었습니다. 이 사안에 대해서는 이런 배경을 이해해야 합니다.

━ 1983년 5월 국내에 있던 김영삼 대통령이 단식투쟁을 시작했습니다. 그때 대통령님께서는 미국에서 각종 지원활동을 하셨습니다.

미국에서 소식을 듣고 지지활동을 하기로 했어요. 미국사회에 전두환 독재정권의 문제점을 알리는 데 좋은 계기가 된다고 생각했기 때문입니다. 아내와 문동환 목사를 비롯한 교포 수십 명과 함께 김영삼 단식투쟁 지지와 우리의 요구사항을 적은 팻말을 목에다 걸고 시위했습니다. 대중연설도 하고 『뉴욕타임스』에 정식으로 기고를 했습니다. 『뉴욕타임스』는 미국을 대표하는 신문의 하나이기 때문에 여기에 내 글이 실려서 파장이 아주 컸습니다. 그때 하버드대학의 코헨 교수가 내 기고문의 영

김영삼 단식투쟁 지지 시위(1983).
1983년 5월 국내에 있던 김영삼이
단식투쟁을 시작했다. 미국에
2차 망명 중이었던 김대중은 아내 이희호 여사,
문동환 목사를 비롯한 교포 수십 명과 함께
김영삼 단식투쟁 지지 시위를 하고
『뉴욕타임스』에 글을 기고했다.
이 활동의 파장은 매우 컸다.

문 감수를 해주었는데, 반독재 민주화를 위해 미국에서까지 협력하는 모습이 보기 좋다고 하면서 내게 격려의 말을 해준 것이 지금도 기억납니다. 코헨 교수는 김영삼 씨와도 잘 알기 때문에 특히 그렇게 말한 것 같아요.

— 이렇게 하신 이후에 김영삼 대통령과 함께 1983년 8·15 공동성명을 발표하셨습니다. 이것은 1984년 5월 18일 민추협 결성으로 이어지게 되는데요.

그때 한국에서 초안이 왔고 대체로 다 동의하는 내용이기 때문에 구체적인 진행 등은 국내에 있는 동지들에게 맡겼습니다. 민추협 결성도 나는 국내의 상황을 존중해서 진행했습니다.

— 국내와의 연락은 어떻게 하셨습니까?

1차망명 때는 대부분 아내와 연락을 주고받았는데요. 2차망명 때는 내가 수시로 필요한 사람들에게 연락을 했어요. 유신 때가 소통하기 훨씬 더 어려웠습니다.

미국에서의 여러 활동과 일화

— 1983년 초부터 활동을 본격적으로 시작하셨습니다. 3월에 카터 대통령을 만나셨는데요.

1983년 3월 30일에 애틀랜타에 있는 에모리대학교에서 강연을 했는데 그때 카터 대통령을 만났습니다. 참 반가웠어요. 나는 카터 대통령에게 우리나라의 인권을 위해서 노력한 것과 내가 사형선고를 받았을 때 나의 생명을 구하기 위하여 노력해준 것에 대해서 진심으로 감사의 인사를 했습니다. 나는 이전에 감옥에서 카터 대통령이 재선에 성공하면 내가 살고 레이건 대통령이 이기면 나는 죽는다고 판단하여 미국 대선 결과 소식을 들은 후에 방 안에 누워서 울었다는 사실을 말했어요. 그때 그 이야기를 하면서 눈물이 났는데, 분위기가 아주 숙연해졌습니다. 카터 대통령은 나를 진심으로 위로해줬고 미국에서 생활하는 동안 많은 지원을 약속했고 앞으로도 긴밀하게 협력하자고 말했어요. 고맙고 감격스러운 만남이었습니다.

━ 1983년 5월 16일 에모리대학교 명예 법학박사 학위를 받으셨습니다.

네, 그때 학위를 받기 위해서 에모리대학교에 또 갔어요. 제임스 레이니 총장이 주최하는 오찬행사가 있었고, 저녁에는 애틀랜타 교민들이 주최하는 만찬행사에 참석해서 아주 좋은 분위기에서 대접을 받았습니다. 지금도 기억날 정도로 그날 분위기가 좋았습니다.

━ 1983년 3월에 필리핀의 야당지도자였던 베그니노 아키노 상원의원을 만나셨습니다.

아키노 의원이 초대해서 그분 댁에서 만났어요. 아키노 의원은 활발한 성격인데 부인은 아주 조용했어요. 부인이 나중에 대통령이 되었는데, 그때는 그렇게 될 줄 몰랐지요. 그때 우리 둘이 함께 힘을 합쳐 '아시아민주전선' 같은 조직을 만들어서 아시아 지역에서 반독재 민주화를 위한 공동투쟁에 나서자는 내용의 대화를 했습니다.

카터 전 미국 대통령과 함께(1983).
1983년 3월 30일에 만난 김대중과 카터 전 대통령.
카터 대통령은 김대중이 사형선고를 받았을 때 김대중을
구하기 위해 노력했다. 카터 대통령이 재선에 실패하자
김대중은 죽음을 예상했지만 레이건 당선자가 김대중을
살려야 한다는 미국의 정책을 유지해
김대중은 사형을 당하지 않고 살아날 수 있었다.

그러나 몇 달 뒤에 아키노 의원이 필리핀으로 귀국하던 도중에 암살당했잖아요. 사전에 나하고 이야기를 했으면 나는 조심해야 한다고 조언했을 텐데 나와 상의 없이 가셨다가 안타깝게 돌아가셨어요. 충격적이고 슬픈 일이었습니다. '아시아민주전선'은 구상만 하고 실행하지 못했어요.

— 하버드대학교 국제문제연구소에서 수학하셨습니다.

하버드대학교 국제문제연구소는 키신저가 창설한 곳이에요. 거기서 연구활동을 했습니다. 연구소에서는 내게 특별히 방을 하나 배정해줘서 연구할 수 있도록 도움을 주었어요. 그곳에는 남미와 중동, 일본의 외교관들도 와서 연구를 했어요. 하버드대 교수들이 많은 배려를 해주었어요. 교수들 집에 초대받아서 식사도 하고 토론도 했어요. 학교는 나를 펠로우(Fellow)로 지정해주었어요. 하버드대학에는 나처럼 비전임 연구자들에게 주는 자격으로 펠로우와 비지팅 스칼라(Visiting Scholar)가 있었는데 펠로우가 좀더 높았어요. 펠로우는 교수회관 등에 들어가서 식사도 할 수 있었는데 비지팅 스칼라는 그렇지 못했어요. 거기서 내가 강연도 한 번 했습니다. 그때 스웨덴의 올로프 팔메 총리가 하버드대학에 와서 거기서 처음 만났어요. 팔메 총리는 내 구명을 위해서 노력하신 분으로 내게는 은인이었지요.

이런 일도 있었습니다. 일본의 외교관이 와 있었는데 평소에 그런대로 알고 지내는 사이였어요. 그런데 나중에 연구과정이 끝날 무렵 그 사람이 같이 공부하던 사람들을 모두 초대해서 모임을 주최하면서 나만 제외했어요. 그 사람은 외교관이어서 내가 납치사건, 사형선고 등 일본과 관련해서 민감한 일들과 관련되어 있다는 것을 아주 잘 알고 있었어요. 이분이 나만 초대하지 않은 것은 나를 껄끄럽게 생각하는 일본 정부의 기본적인 태도가 그대로 나타난 일이었어요. 그런데 미국 사람은 그렇게 하지 않습니다. 그때 연구소에 있던 사람들은 나의 여러 활동과 고난에 대해서 아주 높이 평가했거든요. 이런 것을 보면 일본은 민주주의와 인권에 대한 존중이 약하다는 것을 알 수 있었어요. 특히 미국과 비교하면 더욱 그랬습니다.

■ 연구과정을 마치실 때 대중참여경제를 주제로 논문을 쓰셨습니다.

논문 제출이 필수는 아니었어요. 그런데 나는 여기까지 와서 수업만 듣고 수료했다는 기록만 남길 것이 아니라 논문을 제출하면 의미가 있겠다고 생각했습니다. 평소 나의 경제정책 구상인 대중경제론을 발전시켜서 「Mass Participatory Economy」라는 제목의 논문을 제출했어요. 럿거스대학 교수였고 나중에 전라북도 지사를 한 유종근 박사와 미국인 경제학자가 도와주었어요. 미국은 한국의 경제발전을 미국 대외정책의 성공 케이스로 인식하고 있었는데, 나는 민주주의 없는 경제성장의 문제점을 지적하고 이 상태가 지속되면 큰 문제가 발생할 것임을 예견하면서 경제에 있어서도 민주주의를 해야만 미국이 원하는 대한정책의 성공이 가능하다고 주장했습니다. 나중에 하버드대학교 국제문제연구소 교수들이 이 논문을 책으로 출간하면 좋겠다고 결정해서 영어책으로 나오게 되었어요.

필리핀의 아키노 부부와 함께(1983).
필리핀의 야당지도자 아키노 의원과
김대중은 '아시아민주전선' 같은 조직을
만들어서 아시아 지역에서 반독재 민주화를
위한 공동투쟁에 나서기로 했다. 그러나 아키노가
필리핀으로 귀국하던 도중 암살을 당해서
이 계획은 실행되지 못했다.

━ 대통령님께서는 1960년대 후반부터 대중경제론을 내세우셨고 관련해서 여러 글을 남기셨습니다. 대중경제 구상은 1980년대와 1990년대까지 이어지면서 일정 정도 변화하고 발전하는 모습이 나타났는데요.

민주적 시장경제, 민주주의와 시장경제의 병행발전이라는 기본 철학은 유지되었습니다. 다만 박정희 정권 때는 불평등 문제에 좀더 문제의식을 갖고 이 문제에 초점을 맞추었습니다. 그에 비해 1980년대와 1990년대, 특히 미·소냉전이 해체되고 시장경제체제가 전 지구적으로 확산한 1990년대에는 국제시장에서의 경쟁력 확보를 통한 경제성장에 강조점을 두었어요. 그러면서 균형성장을 함께 추진하는 방식으로 말입니다. 그와 같은 인식에 바탕을 두고 내가 대통령이 된 이후 우리나라 경제의 구조개혁을 추진한 것입니다.

━ 1983년 2월 미국의 잡지 『피플』에 대통령님께서 주방에서 이희호 여사님과 마주보며 웃으시는 모습의 사진이 실렸는데 매우 인상적입니다.

『피플』은 미국에서 1,000만 부가 나가는 아주 인기 있는 잡지예요. 식료품과 잡화를 파는 그로서리(Grocery) 같은 곳에서 마음대로 갖고 가도록 하는 잡지예요. 거기서 인터뷰를 했는데 설거지를 도와주는 콘셉트로 사진을 찍은 것이에요. 행주 양쪽 끝을 아내와 내가 잡으면서 웃는 모습이 나왔어요. 이 사진 촬영 뒤에 재미있는 이야기가 있어요. 내가 이 사진을 찍고 난 뒤에 아내한테 내가 당신 집안일 좀 도와주지 않았냐고 물었어요.

아내 이희호와 함께 미국의 잡지 『피플』 인터뷰(1983).
김대중은 아내 이희호와 많은 대화를 했고
놀라울 정도로 생각과 판단이 일치했다.
한국의 민주화는 한국 국민의 힘으로
이뤄내야 진짜 민주주의가
된다는 생각에도 두 사람의 뜻이 같았다.

아내는 잡지에 나오기 위해서 일부러 한 것인데 그동안 집안일을 한 것도 없으면서 무슨 근거로 그런 말을 하느냐고 나한테 따지는 거예요. 우리 부부 사이에 이 논쟁이 지금까지 끝나지 않고 있습니다.

━ 미국에 가서서 1983년에 담배를 끊으셨다고 하는데요. 담배를 언제부터 피우셨습니까? 담배 관련한 일화가 있으면 소개해주세요.

30년 정도 피웠을 겁니다. 많이 피울 때는 하루 2갑 정도 피웠어요. 나중에는 파이프담배를 피웠는데 파이프가 수십 개 있었고 계속해서 피우니 서재에서는 담배 냄새가 아주 심했어요. 외국 기자들은 이것을 보고 기사를 쓰기도 했습니다. 내가 유신 때인 1972년과 1973년 미국에 왔을 때는 비행기 안에서도 담배를 피웠어요. 한번은 비행기 옆자리에 어떤 여성기자가 탔는데 계속 담배를 피웠어요. 나는 옆에서 파이프담배를 피웠는데 시비 거는 사람이 없었습니다. 감옥에 있을 때는 담배를 피울 수 없었고 1982년 말에 미국에 와서 다시 담배를 피웠어요.

그런데 10년 만에 미국에 와보니 그동안 분위기가 완전히 바뀌었어요. 담배 피우는 사람을 마치 역적처럼 대해요. 그렇다 보니 담배를 피울 때마다 눈치가 보이고 마음이 불편하더라고요. 그래서 이참에 끊어버리자고 마음먹고 끊었어요. 대부분 담배 끊는 것이 어렵다고 하는데, 나는 의외로 큰 고통 없이 끊을 수 있었어요.

━ 말씀을 들어보니 집에서도 많이 피우셨던 것 같습니다.

원래 피웠고 유신 때 연금당해 집에 있을 때 많이 피웠어요. 그래서 아내와 자식들이 간접흡연으로 고통받았을 거예요. 그 때는 그런 것에 대한 인식이 없다시피 했고 집과 실내에서 담배 피우는 것이 자연스러웠기 때문에 나도 그렇게 했는데, 내가 담배를 끊고 나니 담배 피운 사람이 옆에만 와도 냄새가 나고 담배 냄새가 배어 있는 실내에 들어가면 불쾌한 기분이 들더라고요. 내가 예전에 집에서 담배 피울 때 우리 가족들에게 많은 고통을 주었겠다는 사실을 알게 되었습니다. 내가 지금도 남의 일에 별로 간섭하지 않는데요. 담배 피우는 것에 대해서는 피우지 말라고 이야기를 합니다. 자신의 건강을 해칠 뿐만 아니라 가족과 타인의 건강까지 해치기 때문에 담배 피우는 사람을 보면 금연하라는 말을 하곤 해요.

━ 둘째 아드님께서 미국에서 결혼을 하셨습니다. 결혼하시기까지 쉽지 않은 과정이 있었다고 하는데요.

둘째 홍업이가 결혼할 나이가 되어서 혼처를 알아봤는데 상대의 부모들이 홍업이 아버지가 나라는 사실을 알고 반대를 했어요. 예비역 장군 딸도 있었는데, 아버지가 나라는 사실을 알고 다들 깜짝 놀라서 반대해서 결혼을 못 하고 있었습니다. 아버지로서 마음이 아팠어요.

결국 지금의 며느리를 만나게 되었는데요. 사돈이 감사원 감사위원이었습니다. 물론 이분도 반대했습니다. 홍업이는 내가 미국에 올 때 따라왔기 때문에 결국 헤어지게 되었어요. 그런데 홍업이가 밤만 되면 한국으로 전화해서 그 여성과 연락을 이어가고 있다고 아내가 알려주었어요. 그 이야기를 듣고 나는 나 때문에 자식들이 겪은 고통을 생각하면서 이 결혼만큼은 꼭 성사될 수 있도록 해주고 싶었습니다. 그래서 글라이스틴 전 주한 미국대사를 만났어요. 만나서 사정을 이야기하고 협조 요청을 하니 그분이 알겠다고 해요.

한참 있으니 그 여성이 미국으로 온다는 연락을 받았습니다. 글라이스틴 대사가 미국 정부를 통해서 한국 정부에 협조 요청을 한 것이 주효했던 것입니다. 그래서 미국 와서 결혼식을 했고 문동환 목사가 바깥사돈을 대신해서 신부의 손을 잡아주었어요. 신부 측 하객은 한 명도 없었습니다.

━ 그러면 사돈은 언제 처음 만나셨나요?

예상치 못하게 결혼식 며칠 뒤에 왔어요. 바깥사돈이 사표를 냈나 봐요. 이 소식을 들은 전두환 대통령이 사돈을 불러서 이유를 물었다고 해요. 사실대로 이야기를 하니 자식 일은 마음대로 되지 않는다면서 사표를 반려하고 오히려 휴가까지 주면서 미국에 다녀오라 했다고 합니다. 그래서 그때 처음 봤어요.

그런데 사돈은 내가 귀국하기 전에 한 번 더 미국에 왔어요. 그때 참 난처했는데요. 내가 1985년 2·12 총선 전에 귀국하려고 하니 전두환 정권은 이것을 반대해서 나의 귀국을 막으려고 했어요. 내가 말을 듣지 않고 미국 정부의 중재도 통하지 않으니 결국 사돈에게 요청한 것이에요. 사돈은 공무원이니 정부의 말을 듣지 않을 수 없어 결국 미국까지 와서 그 이야기를 꺼냈어요. 내 처지가 곤란했지만 그렇다고 그 말을 들을 수는 없었어요. 그래서 사돈께 "이 일은 제게 맡겨주세요"라고 말하고 수락하지 않았어요. 그런데 그때 사돈이 좀 서운하게 생각한 것 같더라고요. 그러나 내가 사적인 인연으로 이 문제에 접근할 수는 없었습니다.

━ 교포들이 혹시 있을지 모르는 테러에 대비하기 위해서 방탄복을 후원했다고 하는데요.

네, 그랬어요. 그런데 방탄복이 너무 무거워서 입고 다니기에 불편했어요. 나를 죽이려고 마음먹으면 방탄복으로 막을 수 없는 머리 같은 곳에다 총을 쏠 수도 있는 것 아니겠습니까. 그래서 그 문제는 신경 쓰지 않기로 하고 방탄복을 입지 않았어요. 어차피 나를 죽이려고 작정하면 어떻게든 죽일 것이고 만약 그런 일이 발생하면 엄청난 파장이 일지 않겠어요? 그래서 나는 위축되지 않고 아주 당당하게 행동하려고 했어요.

━ 미국 망명생활 전반에 대해서 어떻게 생각하십니까.

망명 기간에 내가 할 수 있는 최선의 노력을 다했다고 생각합니다. 우리나라의 민주화를 위해서 가장 효과적인 방법이 무엇인지 끊임없이 고민하면서 전략을 세웠어요. 방향이 정해지면 혼신의 힘을 다해서 노력했습니다. 나는 평생 짧은 시간도 의미 없게 보내지 않으려고 노력했는데, 그때는 더 그랬습니다. 전두환 독재정권에 의해 고통받는 동지들과 국민들을 생각하면 내가 이곳 미국에서 1분 1초라도 허투루 보내서는 안 된다는 아주 절박한 심정이었습니다. 그런 각오로 망명생활을 했어요. 그래서 나의 망명투쟁이 어느 정도 효과를 거두었는지에 대해선 여러 평가가 가능할 수 있지만 내가 정말 최선의 노력을 다했다는 사실은 분명하고 자신 있게 말할 수 있습니다. 자화자찬이라는 말을 들을 수도 있지만, 그 정도로 나는 정말 나의 모든 것을 다해서 최선의 노력을 했어요.

목숨을 건 귀국

— 귀국을 고민하시게 된 계기는 무엇입니까?

몇 가지가 있었어요. 우선 미국에서 목표했던 일은 대부분 다 했어요. 미국 활동의 주된 목표는 미국의 정책 전환을 이루는 것인데, 이것은 당장 눈에 띄는 효과가 나타나는 것은 아니에요. 결국은 국내에서의 운동이 제일 중요한데, 전두환 정권을 압박하고 긴장시키기 위해서는 좀더 적극적인 투쟁이 필요하다고 생각했습니다. 귀국해서 그런 역할을 하고 싶었어요. 그런 배경에서 귀국을 결심하게 되었습니다.

— 귀국 의사를 한국 정부와 미국 정부에 밝히셨는데요. 먼저 한국 정부의 반응은 어땠습니까?

전두환 정부는 내가 총선 전에 귀국하는 것을 반대했습니다. 그런데 나는 총선에 영향을 주기 위해서 일부러 총선 전에 가려고 했기 때문에 서로 합의할 수가 없었어요. 그렇게 대립하고 있었는데 안기부의 간부가 만나려고 미국에 왔어요. 그는 내게 한국에 오지 말라면서 이것저것 이야기를 했어요. 그때 나는 그 사람에게 "나는 대한민국 국민이고 내가 한국에 가고 안 가고는 내 자유지 당신이 무슨 자격으로, 무슨 권리로 나를 막으려고 하느냐"고 했지요.

이렇게 말하고 나서 "내가 지금 서독의 바이츠제커 대통령의 초청을 받았는데, 현재 내 여권으로 유럽에 갈 수 없기 때문에 못 가고 있다. 만일 내가 유럽에 갈 수 있도록 여권을 변경해주면 먼저 유럽을 방문한 뒤 총선 이후에 귀국하겠다. 그런 이유도 없이 내가 총선 이후에 귀국하게 되면 내가 당신들에게 매수당해서 그랬다는 말이 나올 것 아니냐. 유럽에 갈 수 있도록 여권을 변경해주면 유럽에 갔다가 총선 이후에 귀국하고 그렇지 않으면 나는 총선 전에 귀국하겠다"고 통보했어요.

그러자 그 사람이 자기에게 여권을 맡기면 내가 유럽에 갈 수 있도록 조치를 취하겠다는 거예요. 내가 웃으면서 "아니 그건 고양이에게 생선을 맡기는 것과 같지 않소? 당신에게 여권을 맡겼다가 당신이 내 여권을 갖고 가버리고 대사관에서 내 여권 발급을 늦게 해버리면 나는 이도 저도 못 하는 신세가 되는데 내가 그런 어리석은 일을 왜 하겠소? 더 이상 이야기할 것 없으니 가시오"라고 했어요. 그렇게 그 사람이 나갔는데 나중에 건너 들으니 그 사람이 대사관에 가서 자기가 그때 소리 나지 않는 총을 갖고 있었으면 나를 쏴버렸을 것이라고 했다고 하더군요. 그것으로 한국 정부와의 이야기는 끝난 것입니다.

━ 여권이 어떤 상태였습니까?

미국에만 머물 수 있는 여권이었습니다. 그래서 하버드대학교 국제문제연구소에 수학 중일 때 캐나다 정부가 연구소 사람들을 매년 초대하는 행사에 나만 갈 수가 없었어요. 당연히 유럽에도 갈 수 없었고요. 유럽에서 초청을 받았는데 못 갔습니다.

━ 결국 유럽에 가지 못하셨군요.

그랬어요. 내가 사형선고를 받았을 때 유럽의 지도자들이 내 구명을 위해서 정말 많은 도움을 주었습니다. 서독의 빌리 브란트와 리하르트 폰 바이츠제커, 오스트리아의 브루노 크라이스키, 스웨덴의 올로프 팔메 등 유럽을 대표하는 세계적인 민주주의 지도자들이 내 구명을 위해서 노력했어요. 그래서 유럽에 가서 감사 인사도 드리고 전 세계 민주주의 발전을 위한 공동협력 방안에 대해서도 논의하고 싶었는데, 전두환 정권이 끝내 여권을 내주지 않아서 갈 수 없었습니다.

━ 귀국에 대한 미국 정부의 반응은 어땠습니까?

미국 정부는 내가 한국 정부의 뜻에 따라 당장 귀국하지 않기를 바라는 입장이었어요. 다만, 내게 압력을 넣은 것은 아니고 그런 뜻을 간접적으로 은근히 전하는 방식이었습니다. 미국이 이렇게 한 이유는 어떠한 이유든 혼란이 발생하는 것을 원하지 않았기 때문이에요. 당시 미국 정부의 기본적인 입장은 한국과 한반도에서의 현상유지였습니다. 그것이 무엇이든, 어떤 배경에서 발생했든 여하간 자기들이 보기에 뭔가 안정되지 않은 일들이 발생하는 것을 꺼렸어요.

구체적으로 우려했던 것은 두 가지라고 볼 수 있습니다. 먼저 내가 귀국하면 반독재 민주화투쟁이 활성화될 수 있는데, 그렇게 되면 내정이 불안해진다고 판단한 것이에요. 그다음은 내가 귀국하다가 필리핀의 아키노처럼 암살당하거나 암살까지는 아니더라도 어떤 위해가 발생하면 큰 문제가 되기 때문에 이것을 신경 썼던 것입니다. 아키노 암살을 막지 못한 상황에서 나까지 문제가 생기면 미국 정부의 입장은 대단히 곤혹스럽게 되고 국내 상황도 매우 심각해질 것을 미국 정부는 우려했던 것이에요. 그래서 미국 정부가 내게 이러한 뜻을 전해온 것입니다.

— 이에 대해서 대통령님께서는 어떻게 대처하셨습니까?

나는 내 뜻대로 하기로 마음을 굳힌 상태였지만 미국 정부의 요청이기 때문에 내 지인들과 상의를 했어요. 그때 한국인들은 모두 귀국하라고 했고 일부 미국인들은 미국 정부의 입장을 따르는 것이 어떻겠냐는 의견을 제시했습니다. 나는 미국 정부에 원래 내 뜻대로 하겠다고 통보했습니다.

그렇게 통보한 이후에 뜻밖에도 국무부에서 직원들을 상대로 강연을 해달라는 요청이 왔어요. 당연히 수락해서 강연을 했어요. 국무부 직원을 포함해서 수백 명의 사람이 내 강연을 들었습니다. 영어로 했는데 내가 영어를 유창하게 구사하지는 못해서 표현이 부족한 면이 있었지만 나의 의지와 열정이 현장에서 그대로 전달되었기 때문에 반응이 아주 대단했어요. 목숨을 걸고 투쟁하는 나의 모습이 그들에게 큰 인상을 심어주었던 것입니다.

— 미국에서 대통령님의 안전귀국을 위해 각계각층에서 많은 노력을 기울인 것으로 알고 있습니다. 당시 미국사회의 분위기를 말씀해주세요.

목숨을 걸고 귀국하는 비행기 안에서(1985).
김대중의 안전귀국을 위해
미국의 정치인, 전직 관료, 종교인, 학자 등
22명을 포함해서 총 37명이 비행기에 동승했다.
필리핀의 아키노 암살사건과 같은 비극을
막기 위한 국제사회의 의지가 반영된 일이었다.

미국의 수많은 상하원 의원이 서명해서 나의 안전을 촉구했고 신문과 방송 등 많은 언론에서도 나를 인터뷰했고 관련 보도를 했어요. 아키노 사건이 있었기 때문에 나의 귀국에 대해서 많은 관심을 기울였던 것입니다.

━ 귀국하시기 전에 각 지역에서 교포들이 주최한 환송대회가 개최되었습니다. 이때 대통령님께서 교포들에게 당부하신 내용은 무엇이었습니까?

나는 우리 교포들에게 미국에 있는 한국 사람들을 상대로 신문을 발행하고 라디오 방송을 하는 것도 좋지만 결정적인 것은 미국 정치인들의 인식을 바꾸는 것에 있음을 강조했어요. 우리 나라의 민주회복과 인권개선, 평화통일을 이룩하기 위해서는 미국의 대한정책 전환이 필요한데, 여기서 재미 교포들이 효과적으로 할 수 있는 일은 미국 정치인들에게 지속적으로 이 문제를 알리고 설득하는 것임을 강조했던 것입니다. 이것은 재미 교포들이 가장 잘할 수 있는 일이에요. 한국에 있는 우리 국민이 미국 정치인과 언론인을 만나서 어떤 요구를 하는 것은 사실상 불가능하지 않습니까. 그래서 나는 내가 한국에 돌아가도 교포들이 이러한 사실을 제대로 알고 미국 정치인들이 변할 수 있도록 노력해줄 것을 당부했습니다.

이와 관련해서 덧붙이자면 미국에 있어 보니 교포들이 모여서 커뮤니티가 형성되면 그 안에서 한국말을 쓰고 한국 사람들만 만나면서 생활하려는 사람이 의외로 많아요. 한인 커뮤니티에서 그렇게 지내면 사는 데에 큰 불편함이 없기 때문에 영어도 잘 안 배우려고 하고 미국사회 속으로 적극적으로 들어가려고 하지도 않아요. 그런데 거기서 태어난 자녀들은 미국인처럼 생활하기 때문에 부모 자식 간의 세대 차이, 문화 차이도 상당하다는 것을 알게 되었어요. 우리의 민주주의를 위해서뿐만 아니라 미국에 정착해서 사는 교포 일반의 삶을 위해서라도 미국인들과 적극적으로 소통하고 교류하면서 그 안에서 적극적인 태도로 살아가는 것이 필요하다는 점을 강조했던 것입니다.

— 당시 교포사회가 크게 감동받은 것 중의 하나는 한인들이 흑인을 멸시하는 경향이 있음을 지적하시면서 그렇게 해서는 안 되고 흑인들을 존중하면서 잘 지내는 것이 필요하다고 강조한 것이라고 합니다.

내가 미국에 가서 보니 물론 전부는 아니지만 한인들 중의 상당수가 흑인을 바라보고 대하는 태도에 문제가 있다는 것을 알 수 있었습니다. 흑인들이 주로 거주하는 곳에서 장사해서 돈을 벌면서 자기들 집은 백인 중산층 이상이 주로 사는 곳에 있고 고급차를 몰고 다녀요. 그러면서 흑인들을 '깜둥이'라고 부르면서 비하하고 멸시하는 거예요. 흑인들이 한국말을 모르니 흑인들 앞에서 한국 사람들끼리 그렇게 말하기도 하는데, 나는 이것을 보고 이건 정말 잘못된 일이므로 내가 지적해야겠다고 마음을 먹었어요.

그래서 내가 교포들에게 "우리 한인들도 처음 미국에 와서 인종차별을 포함한 여러 차별로 인해서 고통을 받아왔고 지금은 과거보다 나아졌다고 해도 여전히 그런 문제가 남아 있는데 우리가 백인들에게 받은 차별을 그대로 흑인들에게 하는 것은 도덕적으로 인간적으로 바람직하지 않다. 지금 미국이 과거보다 인종차별 문제가 개선되고 있는 것은 흑인들이 백인들을 상대로 인권운동을 전개하면서 얻어낸 것들이고 한인들은 그 덕을 보고 있는 것이다. 그러면 흑인들에게 감사해야 하는데 오히려 차별하고 멸시하는 것은 배은망덕한 것이다"라고 작심하고 말했어요.

내가 우리 교포들의 도움을 많이 받았기 때문에 이런 말을 하는 것은 부담스러운 면이 있었지만, 교포들이 듣기에 기분 나쁠수는 있어도 이것을 깨우쳐주는 것이 미국에서 살아야 하는 그분들에게 장기적으로 도움이 될 것이라고 생각했어요. 1992년 LA 폭동 때 한인사회가 큰 피해를 봤잖아요. 그때 사태가 커진 데에는 여러 이유가 있어서 하나만을 갖고 이야기할 수는 없지만 한인과 흑인 사이의 감정적인 갈등과 대립이 하나의 원인이라고 볼 때 당시 내가 지적한 부분은 일리가 있었던 것이에요.

▬ 이런 과정을 거친 후에 귀국행 비행기에 탑승하셨습니다. 비행기에서의 심정은 어땠습니까?

아주 비장한 심정이었습니다. 공항에 내려서 무사히 집으로 갈 수 있을지, 그렇다고 해도 그 이후에는 어떻게 될지 아무것도 알 수 없는 상황이었습니다. 전두환 정권이 언제든지 감옥에 집어넣을 수도 있었고, 앞으로 내 운명이 어떻게 될지 알 수 없었습니다. 한 가지 확실하게 알 수 있는 것은 내 앞에 고난의 시간이 이어질 것이라는 사실이었습니다. 그것 하나는 확실히 알 수 있었고 이것을 알면서 선택한 길이기 때문에 나의 심정은 참으로 비장했어요.

다른 한편으로는 왜 나만 이러한 희생을 해야 하는지, 왜 나만 이런 고통스러운 길을 가야 하는지에 대한 복잡하고 착잡한 생각이 들기도 했습니다. '내가 아니면 누가 이 일을 할 수 있겠는가'라는 생각을 하면서 마음 한 켠에 있는 여러 고민을 정리하고 누르며 투쟁 의지를 다져나갔어요. 이것은 강한 용기와 신념, 강한 의지가 필요했던 일이었어요.

▬ 일본 나리타공항에 도착하셔서 1박을 하시고 한국행 비행기를 타셨습니다.

그때 일본 경찰의 경호가 아주 삼엄했습니다. 일본 언론을 중심으로 내가 지나가는 양쪽에 카메라가 가득했어요. 나는 그때까지 그렇게 많은 카메라를 본 적이 없었어요. 그 정도로 많았습니다. 공항 근처 호텔에 들어갔는데, 일본 이와나미 출판사의 야스에 료스케 선생, 도쿄대학의 와다 하루키 교수가 찾아와서 이야기를 나눴습니다.

그러고는 기자회견을 했는데 일본 기자들을 비롯해 미국, 유럽 그리고 한국의 기자들까지 엄청 많았어요. 내가 한국 기자들에게 양해를 구하고 영어와 일본어로 기자회견을 했습니다. 주로 "김포공항에 도착할 때 아키노처럼 될 수 있다는 우려가 많은데 대책이 무엇이냐" "총선을 앞두고 귀국하는 이유는 무엇이냐" "귀국 이후의 계획은 무엇이냐" 등의 질문을 받았습니다.

▬ 비행기 안에서 특별히 기억나시는 일화가 있나요?

그때 나의 안전귀국을 위해서 하원의원 등 미국의 주요 인사 22명을 포함해서 총 37명이 동승했어요. 그분들께 개별적으로 붓글씨로 글을 써서 감사의 뜻을 전했습니다.

— 김포공항에 도착했을 때의 상황은 어땠나요?

비행기가 김포공항에 도착했어요. 그때 나는 일반인들과 함께 나가야지 나만 따로 가면 무슨 일을 당할지 모른다고 생각했어요. 아키노가 그런 식으로 당했거든요. 나는 그렇게는 하지 않겠다고 단단히 마음먹고 있었는데, 금테 두른 모자를 쓴 사람이 내게 경례를 하면서 "제가 모시고 가겠습니다"라는 거예요. 나는 일반인들과 함께 나갈 테니 신경 쓸 필요가 없다고 말하고 돌려보냈어요.

한참 있으니 사람들이 나가기 시작해서 따라 나갔습니다. 어떤 모퉁이까지 갔는데 갑자기 사복경찰들이 뛰어나와서 나를 포위하려고 하니 동행한 사람들이 나를 보호했어요. 그런데 사복경찰들이 힘으로 나를 보호하던 미국인들을 떼어놓았어요. 그 과정에서 퍼트리샤 데리언 전 국무부 인권담당 차관보가 경찰에 밀려 넘어지면서 비명을 질렀어요.

결국 나와 아내는 동행한 미국인들과 분리되었고 강제로 엘리베이터 안으로 끌려갔어요. 엘리베이터를 타고 내려가니 마이크로버스가 있었는데 창문을 모두 가려놓았어요. 나보고 타라고 했는데 거부했어요. 그들은 결국 나와 아내를 강제로 태웠고 그다음에는 입국심사를 해야 하니 여권을 내놓으라고 했습니다. 나는 일반인들처럼 입국심사대를 지나서 내겠다고 계속

실랑이했어요.

결국 버스는 그냥 출발했어요. 버스에 안기부의 간부급 인사가 있었는데 이 사람은 1980년에 내가 조사받을 때 나를 속이려고 한 적이 있었어요. 자신이 천주교 신자인데 나를 존경한다면서 나를 속이려고 했던 사람인데 거기서 다시 만난 거예요. 내가 그 사람을 알아보고 아주 나쁜 놈이라고 화를 내기도 했습니다. 출발한 버스는 한참을 돌아서 갔어요. 나중에 몇 만 명은 족히 되는 사람들이 공항 쪽에 몰려 있었다는 말을 들었는데 나는 못 봤어요. 그렇게 한참을 달려서 동교동 집 부근에 오니 주변에 사람들이 가득 차 있었어요. 수백수천의 사람들이 모여 있었습니다. 집과 주변을 천막으로 덮어놓아서 집 안에서 밖이 보이지 않도록 해놨어요. 참 지독한 사람들이에요. 그렇게 동교동 집으로 돌아왔습니다.

전두환 정권에 대한 투쟁

— 2·12 총선에 대해 어떻게 평가하시나요?

그때까지 움츠려 있던 민주세력이 드디어 자신의 목소리를 낼 수 있는 역사적인 기회를 만들어낸 것입니다. 선명야당 신민당을 통해서 그 돌파구가 마련된 것이에요. 선거 직전에 내가 목숨을 건 귀국을 단행해서 여기에 일조한 것에 큰 보람을 느낍니다.

— 민주화추진협의회(민추협)와 신민당의 관계에 대해서 어떻

게 평가하십니까?

상호보완 관계이고 일종의 역할 분담을 했다고 볼 수 있지요. 민추협은 정치활동이 금지된 정치인들이 대외적인 활동을 하기 위한 목적에서 조직한 것이므로 정치적 결사체로서의 성격을 갖고 있지만 출마와 같은 공식적인 정치활동을 할 수 없는 사람들로 구성되었습니다. 신민당은 공식적인 정치활동이 가능한 사람들로 구성되어 있었고요. 다만 민추협에 나와 김영삼 씨가 있었기 때문에 신민당보다 실질적인 영향력이 더 컸어요.

▬ 1986년 2월 12일 2·12 총선 1주년에 맞춰서 '직선제 개헌 1,000만 명 서명운동'에 나서게 된 배경은 무엇이었습니까?

전두환 정권은 2·12 총선에서 나타난 민심을 받들지 않고 직선제 개헌을 할 의사가 없었습니다. 그래서 개헌에 대한 국민적인 관심을 제고하고 전두환 정권을 압박하기 위한 역량을 모으기 위해서 국민운동 차원에서 시작하게 된 것입니다.

▬ 1986년 5·3 인천사태가 발생했습니다. 당시 이 사건에 대해서 어떻게 평가하셨습니까?

신민당과 다수의 재야세력은 협조하는 관계였습니다. 그 중심에는 양쪽 모두에 영향력을 갖고 있던 내가 있었고요. 인천사태는 재야의 주류가 지지한 것이 아니고 일부 급진파들이 주도한 것입니다. 뉴스를 듣고 나도 깜짝 놀랐어요. 국민들도 마찬가지였고요. 내가 전해 듣기로는 슐츠 미국 국무장관이 일본에 있다가 뉴스에서 이 소식을 접하고 일본의 지도자들과 이야기를 하면서 우려했다고 해요. 급진과격운동은 중산층을 비롯한

다수 국민들에게 불안감을 주고 미국을 비롯한 국제사회의 협력을 얻는 데에도 악영향을 주게 됩니다. 그러면 독재정권이 그 틈을 이용해서 역습을 하게 되고 잘못하면 또 당하게 되지요. 그래서 내가 급진과격운동은 민주주의 발전에 도움이 안 된다고 한 것입니다.

— 대통령님께서 1986년 서울 아시안게임이 끝난 이후에 거국 중립내각을 구성하자고 말씀하셨는데요. 그 이유는 무엇입니까?

개헌문제도 있고 1987년 대선을 공정하게 치르기 위해서는 이것이 필요하다고 생각했기 때문입니다.

— 신민당 내에서 내각제를 고리로 전두환 정권과 타협하자는 의견이 존재했던 것으로 알고 있습니다.

그랬습니다. 전두환 정권이 직선제 개헌을 완강히 반대하기 때문에 내각제를 받더라도 우선 개헌을 하고 다른 법과 제도를 개혁하자는 것이 이 주장의 골격이에요. 그런데 직선제 개헌이 핵심 중의 핵심이고 다른 것은 그다음인데, 직선제를 포기한 채 다른 것을 이야기하면 그것은 민주화를 염원하는 국민의 뜻을 배신하는 것이 됩니다. 내각제를 하면 당시 우리 여건상 독재정권이 계속해서 권력을 잡게 되어 있었어요. 수십 년간 이어진 불균형으로 인해서 내각제를 통해 야당이 집권하는 것은 사실상 불가능한 일이었습니다. 그래서 내각제 개헌론을 반대하고 신민당에서 내각제 이야기가 나오지 않도록 설득하는 작업을 계속했어요.

그런데 한번은 김영삼 씨가 나를 보자고 해서 어느 호텔 방에서 만났어요. "전두환 정권이 도저히 말을 듣지 않으니 내각제 개헌이라도 우선 하자"고 김영삼 씨가 얘기했어요. 내가 그것은 절대로 안 된다고 완강하게 거부했습니다. 그래서 나중에 취소했고 김영삼 씨도 다시 그 이야기를 꺼내지 않았어요. 그때 김영삼 씨가 그런 말을 할 줄은 정말 생각하지 못했어요. 정말 놀랐지요. 아무튼 그때 내가 내각책임제도 좋다고 해서 둘이 발표했으면 큰일날 뻔했어요. 여기서 보듯 신민당 내에서 내각제 수용 불가피론이 있었습니다.

━ 1986년 12월에 '이민우 구상'이 나오게 됩니다. 민주화 7개 조항을 제시하면서 내각제 수용 가능성을 밝힌 것인데요.

이 이야기를 하려면 그 이전의 상황에 대해서 먼저 말해야 할 것 같습니다. 전두환 정권이 1980년 11월 「정치풍토쇄신을 위한 특별조치법」으로 567명의 정치활동을 규제했어요. 그 이후 순차적으로 세 번에 걸쳐서 해금하여 1985년 2·12 총선 때는 나·김영삼·김종필 등 14명만 규제대상으로 남아 있었습니다. 그러다가 1985년 3월에 14명도 해금되어서 정치활동의 자유를 얻었어요. 다만 나는 1980년 사건으로 형 집행정지 상태에 있었기 때문에 정당 관련 활동을 할 수가 없었습니다. 결국 나만 빼고 다 풀린 거예요.

그래서 나는 김영삼 씨와 이민우 총재를 함께 만난 자리에서 이민우 총재에게 김영삼 씨한테 당권을 넘기라고 했어요. "이 선배, 솔직한 이야기로 선배가 당권을 갖게 된 것은 나나 김영삼 씨가 정치활동을 할 수 없는 상황 속에서 대신 맡았다고 볼 수 있지 않습니까. 나는 실질적으로 계속 규제를 받고 있고 이제 김영삼 씨는 해금되었으니 김영삼 씨에게 당권을 넘겨주면 좋겠습니다. 나와 김영삼 씨는 라이벌이라고 볼 수 있지만 민주화를 이루는 것이 더 중요하기 때문에 김영삼 씨가 당권을 갖고 강력한 투쟁을 전개하는 것이 필요하다고 생각합니다"라고 했어요. 그런데 도대체 말을 듣지 않아요. 김영삼 씨도 자신이 다시 당권을 갖고 싶어 했는데 이민우 총재가 거부하니 일이 진행되지 않았습니다. 이민우 씨와 김영삼 씨는 모두 구파였고 이민우 씨는 김영삼파에 속해 있었는데 이때부터 멀어지게 되었습니다.

━ 그러면 이런 내용이 이민우 구상과 어떤 관련이 있다고 생각하십니까?

내가 보기에는 이민우 씨는 당권을 갖고 싶어서 전두환 정권 측과 타협하려고 했던 것 같습니다. 그때 이민우 씨의 측근으로 활동하던 인사가 민정당과 그런 일을 꾸몄어요. 미국이 이와 같은 흐름에 동조하는 듯한 모습을 보여주기도 해서 이민우 총재 측이 고무된 면도 있었어요. 그러나 국민의 지지를 받지 못했기 때문에 성공할 수도 없었고 이민우 씨는 정치적으로 큰 손해를 봤다고 볼 수 있습니다.

━ 대통령님께서는 김영삼 씨와 함께 신당을 창당하기로 하셨고, 1987년 5월 1일 통일민주당이 공식 출범했습니다. 그 배경은 무엇입니까?

이민우 구상에 반대한 것이 핵심이었습니다. 직선제 개헌 투쟁을 위해서 김영삼 씨와 손을 잡고 탈당해서 통일민주당을 창당한 것이에요. 김영삼 씨가 총재가 되는 데에 협력했습니다. 그때는 우선 민주화의 길을 여는 것이 급선무였기 때문에 다른 것을 생각하지 않고 전폭적으로 지원했던 것입니다.

— 대통령님께서는 1986년 11월 5일에 "전두환 정권이 직선제 개헌을 수용한다면 대선에 출마하지 않겠다"는 소위 조건부 불출마선언을 하셨습니다. 그와 같은 결심을 하시게 된 이유에 대해서 말씀해주세요.

10월 말에 건국대 사태가 발생했습니다. 전두환 정권은 학생들을 좌익용공으로 몰아서 농성 중인 학생 1,500여 명을 연행하고 그중에서 1,300여 명의 학생들을 구속하는 상상도 하기 힘든 탄압을 했습니다. 이러한 엄청난 사건을 일으키는 것을 보고 제2의 쿠데타를 염두에 둔 것 같다는 생각이 들었고, 내게 그런 조짐이 있다는 정보가 들어오기도 했어요. 그들은 직선제 개헌을 하면 내가 대통령이 될 수 있고 그렇게 되면 이 나라는 좌익용공 세력들이 득세한다고 선전하면서 민주세력을 억압하고 있었던 것입니다. 나는 직선제 개헌을 해야 민주화의 길이 열리고 더 이상의 파국을 막을 수 있기 때문에 내가 대권의 꿈을 잠시 놓는다 하더라도 우선은 민주회복을 위해서 결단해야겠다고 판단한 것입니다. 그래서 전두환 대통령에게 직선제 개헌을 수용하라는 목적에서 그렇게 선언했던 것입니다.

— 굉장히 어려운 결단이었다고 생각됩니다. 이 결정을 하실 때

주변 분들과 논의하셨습니까?

이런 결단은 주변 사람들과 논의하면 안 됩니다. 이런 결정은 지도자가 자기 책임하에 판단해서 해야 합니다. 정치지도자가 이런 결정을 해야 할 때가 있어요. 자신의 모든 것을 던지는 정치적인 실천 등이 대표적인 경우입니다. 이것은 누가 대신해줄 수 있는 것이 아니기 때문에 지도자가 해야 하는 일이에요.

▬ 전두환 정권이 대통령님의 제안을 수용할 것으로 예상하셨습니까?

전두환 정권은 내 제안을 무시했어요. 받아들이지 않았고 나에 대해서 비난만 했습니다. 나는 이 제안을 구상할 때부터 전두환 정권이 수용하지 않을 것이라고 생각했어요. 그래도 받아들이면 좋고 받아들이지 않는다고 하면 전두환 정권의 속내를 다시 한번 확인할 수 있기 때문에 향후 대응전략을 모색하는 데에 있어서 큰 도움이 된다고 판단했습니다. 우리 민주세력에게는 어떤 경우에도 마이너스는 없고 플러스만 있는 유리한 선택이라고 판단한 것입니다.

▬ 조건부 불출마 선언인데 1987년 대선 과정에서 후자만 부각되어 대통령님께서 좀 난처한 상황이 되었다고 볼 수 있습니다.

앞의 이야기와 연결해서 보면 나만 손해 보았다고 할 수 있겠지요. 그렇지만 후회는 안 해요. 정치라는 것은 누구에게나 듣기 좋은 말만 해서는 안 됩니다. 그런 정치는 당장은 좋아 보이고 유리해 보일지 몰라도 결국에는 그 한계가 반드시 드러납니다. 그래서 당장은 손해 볼 수 있고 억울한 대우를 받는다고 해도 소신과 신념을 갖고 해야 합니다. 멀리 그리고 길게 볼 때는 그렇게 해야만 합니다.

━ 1987년 전두환 대통령은 4·13 호헌조치를 통해 개헌논의 중단을 발표했습니다. 이것에 대해서 어떻게 생각하셨습니까?

이것은 결국 직선제를 안 하겠다는 의미로서 간선제 체육관 선거를 하겠다는 것이므로 국민들의 민주화 요구를 정면으로 부정한 것이지요. 이제는 타협의 가능성은 없어졌다고 판단했고 전두환 정권을 최대한 압박하는 것이 필요하다고 생각하게 되었습니다. 1986년 11월에 한 나의 조건부 불출마 선언과 관련해서 보면 이미 그때 전두환 정권은 내 제안을 무시했었는데, 4·13 호헌조치로 그것을 아주 공식화했던 것입니다. 그래서 내가 조건부 불출마 선언을 했다는 이유로 나의 1987년 대선 출마에 대해 내가 거짓말을 했다고 비판하는 것은 말이 안 됩니다. 그 이후로 내가 많이 설명했기 때문에 사실관계에 대해서 이제는 많이들 알고 있지만, 아직도 그렇게 말하는 사람들이 있기 때문에 내가 이 자리에서 이것을 다시 한번 분명히 확인하고자 합니다.

━ 1987년에 박종철·이한열 열사가 민주화운동 과정에서 희생당했습니다. 당시 심정은 어땠습니까?

나는 그 소식을 듣고 분노의 눈물을 흘렸습니다. 그리고 이분들의 안타까운 죽음이 헛되지 않게 하기 위해서는 반드시 군사독재를 종식시키고 민주화를 이뤄내야 한다는 다짐을 하게 되었습니다.

━ 1987년 6월항쟁 즈음에 전두환 정권이 비상계엄을 선포할
수 있다는 말이 나오기도 했습니다.

그 이야기는 1986년 10월 건국대 사태 때부터 계속 나왔어
요. 내가 1986년 11월에 조건부 불출마 선언을 한 것도 그것 때
문이었습니다. 군대 투입 가능성은 1987년 봄과 6월항쟁 때가
가장 높았어요. 전두환 대통령은 그때 실제 비상계엄을 선포하
려고 했는데 국민들의 저항이 워낙 강력했고 미국이 반대해서
못 했어요. 내가 알기로는 그래요. 만약 그때 군대가 투입되었
다면 1980년 광주민주화운동 때보다 더 비참한 사태가 발생했
을 것입니다. 결국 1980년 광주시민들의 희생이 1987년 더 큰
비극을 막게 해준 것이라고 할 수도 있어요. 미국이 강하게 반
대한 것도 이와 관련된 것이라고 볼 수 있습니다.

━ 그때 학생운동을 이끄는 인사들과 직접적인 소통과 논의를
하신 적이 있습니까?

아니요. 그렇게 하지 않았습니다. 학생운동 그룹과의 소통은
나와 가까운 재야인사들을 통해서 간접적으로 했을 뿐 직접적
으로 소통하지 않았어요. 왜냐하면 탄압의 구실을 줄 수 있기
때문에 조심하는 것이 필요했습니다. 1980년 사건에서도 내가
학생운동을 배후 조종해서 폭동을 일으키고 정권을 찬탈하려
한다고 조작했거든요. 물론 학생운동은 야당과 재야세력과 함
께 민주화운동의 중심세력의 하나이기 때문에 완전히 따로따로
할 수는 없었어요. 그래서 논의는 하되 중간에 종교계 인사, 학계
인사 등 재야세력을 이끄는 분들을 통해서 간접적으로 진행했

습니다.

■ 1985년 귀국하신 이후 수시로 연금을 당하셨습니다.

1987년 6월항쟁 때까지 대부분의 시간을 연금당했어요. 중간중간 풀어줄 때도 있었지만, 외부에서 어떤 일만 있으면 바로 연금되었고 중요한 사건이 터지면 그 기간이 늘어났어요. 우리 집 주변에는 수백 명의 경찰이 포진해 있었습니다. 주변의 여러 집에 정보기관 요원들이 상주하면서 도청하는 등 각종 방법으로 나를 감시했어요. 그렇다 보니 사람들이 우리 집에 출입할 수가 없었어요. 감시하는 것을 뻔히 알고 있으니 오려고 하지 않지요. 이런 것에 구애받지 않는 측근 동지들과 외국인들만 우리 집에 찾아왔어요. 그런데 이분들도 자유롭게 출입하지 못했습니다. 사람이 그리울 때면 집 뒤의 장독대에 올라가서 지나가는 사람들에게 손을 흔들기도 했습니다. 그렇게 완전 봉쇄된 상태에서 지냈던 것이지요.

■ 군사독재 정권은 동교동 자택을 어떻게 감시했습니까?

전화 도청, 미행 등은 기본이었고 심지어 같이 일하는 사람을 매수해서 정보를 빼내는 일까지 했어요. 나와 아내는 정치적으로 민감한 주제에 대해 이야기할 경우 종이에 글을 써서 하는 필담을 했어요. 지금 사람들은 아마 상상하기도 힘들 겁니다.

■ 대통령님에게 위해를 가한다는 테러 협박도 있었을 것 같습니다.

그런 이야기도 많았어요. 전화로도 걸려오고 편지로도 왔어요. 그렇게 나를 위협하여 내 기를 죽이려고 한 것이에요. 그러나 내가 그런 협박에 굴복할 사람이 아니지요. 그럴수록 나는 외부에 더 많이 노출되도록 했습니다. 독재자들은 은밀한 통제를 원하기 때문에 자신들의 음모가 외부에 알려지는 것을 아주 싫어해요. 그것은 모든 독재자의 공통된 속성이에요. 그래서 나는 나의 존재와 내 주장을 외부에 많이 알리려고 노력했어요. 국내 언론은 통제를 당하고 있었기 때문에 해외 언론에 기회가 닿는 대로 내 입장을 알리려고 했어요. 전화 인터뷰를 동교동 집에서 하기도 했습니다. 그렇게 독재자들이 함부로 하지 못하도록 한 것입니다.

▬ 연금당하셨을 때에도 아침에 일어나시면 양복을 입고 서재로 출근하는 것처럼 생활하셨다는 증언이 있습니다.

그랬습니다. 그때 아침에 식사하고 세수를 한 후에 양복을 입고 넥타이까지 매고 거실로 나와서 앉아 있었어요. 책도 보고 전화 오면 받으면서 지냈어요. 가끔 외부에서, 주로 외국인 기자들인데, 이분들이 와서 이 모습을 보고 상당히 흥미로운 시선으로 바라보곤 했지요. 내가 그때 그렇게 한 것은 우리 국민과 우리의 민주화를 위해서 내 한몸을 바쳐야 한다고 생각했기 때문에 생활태도를 단정하게 해서 한순간도 허투루 보내지 않으려고 했기 때문입니다.

6월항쟁은 국민운동·국민항쟁

▬ 대통령님께서는 1975년에 우리나라 민주화운동의 성격을

'국민민주혁명'이라고 하셨고 그 이후로 그와 같은 관점에서 민주화운동을 전개하셨습니다. 그와 같이 판단하신 이유는 무엇입니까?

민주주의를 제대로 하기 위해서는 민주주의 가치를 중시하고 이것을 현실 속에서 구현해낼 수 있는 중심세력이 필요합니다. 그것의 계급적 기반은 중산층이고요. 이러한 바탕에서 정치인·지식인·종교인 등이 민주화투쟁의 선봉에 서고 국민들이 동참할 수 있는 상황을 만들어낼 때 민주화운동이 성공할 수 있습니다. 그것은 서유럽의 선진 민주주의 국가의 사례를 봐도 알 수 있습니다. 나는 우리의 민주화운동은 이와 같은 원칙과 전략 속에서 이뤄져야 한다고 생각했어요.

■ 대통령님께서는 민주화운동의 방법론으로서 비폭력, 비반미, 비용공의 세 가지 원칙을 강조하셨습니다.

그것은 중산층을 중심으로 한 광범위한 민주연대를 구성하기 위한 것과 관련되어 있습니다. 독재정치의 문제가 갈수록 심화되면서 민주화운동 하는 사람들의 심정이 격해졌고, 그런 배경에서 급진주의가 발호하고 있었습니다. 나는 그 분노를 투쟁의 열정으로 승화시키는 동시에 냉철한 전략적 사고를 해야 한다고 생각했어요.

■ 세 가지 원칙 중에서 비폭력은 1970년대부터 강조하셨습니다. 1980년대에는 더해서 비용공, 비반미를 함께 언급하셨는데요.

먼저 비폭력투쟁에 대해서 말하도록 하지요. 폭력은 그 자체로 정당성도 없고 전략적이지도 못한 방법입니다. 그래서 비폭력을 강조했어요. 우리나라 역사를 보면 3·1 운동, 4·19 혁명, 5·18 광주민주화운동 모두 역사적으로 높이 평가받는 비폭력 저항운동입니다. 폭력을 쓰면 그 순간은 굉장히 강한 투쟁을 하는 것으로 보이지만, 독재정권을 무너뜨리는 것은 불가능합니다. 그런 투쟁은 사람들의 폭넓은 동의를 얻을 수 없기 때문에 오래가지 못하고 성공할 수 없어요. 비폭력투쟁을 해야만 사람들의 동의를 꾸준히 넓힐 수 있고 이것이 독재권력을 이겨낼 때 비로소 민주화의 길이 열리는 것입니다.

1980년 광주민주화운동의 참상을 목도한 학생운동 세력 내에서 급진주의 성향의 운동이 퍼지게 되었어요. 그래서 반미운동이 본격화되고 일부 급진세력은 사회주의 노선을 받아들이기도 했습니다. 나는 절망적인 현실 속에서 극도로 좌절한 운동 세력들이 이와 같은 급진주의에 빠졌다고 판단했습니다. 나는 이들의 아픔을 보듬어주면서 반미와 용공 노선은 민주화운동에 해를 끼치게 된다는 점을 지속적으로 강조했어요. 그래서 비용공, 비반미 원칙을 비폭력에 더해서 강조하게 된 것입니다.

■ 대통령님께서는 독재로 인한 고통은 독재자에 대한 보복을 통해서 푸는 것이 아니라 민주주의를 발전시키는 것으로 해결할 수 있다고 강조하시면서 판소리의 내용을 통해서 비유적으로 설명하셨습니다.

내가 국민통합과 관련된 과거사 문제를 해결할 때 판소리의 내용을 비유적으로 많이 사용했습니다. 우리는 독재정치에 의해 참으로 말할 수 없는 고통을 겪었고 그로 인한 피해가 극심했기 때문에 우리 사회에 깊은 상처가 남아 있어요. 이것을 해결해야 합니다. 피해자의 상처를 위로하고 보듬어주고 다시 이 사회에서 살아갈 수 있도록 치유하고 물질적으로 보상하는 것까지 여러 일을 해야 해요. 이렇게 하기 위해서는 민주화가 되어야 합니다.

민주화 이후에 우리 사회가 더욱 굳건한 연대 속에 발전하기 위해서는 관용과 포용을 통한 대통합의 정치가 필요합니다. 정의의 명분을 갖고 있다 하더라도 힘을 잘못 쓰면 보복의 악순환에 빠지면서 결국 아무 일도 못 해요. 역사 속에서 여러 예를 찾을 수 있습니다. 그래서 나는 사람들에게 이와 같은 것을 쉽게 이해시키기 위해서 판소리의 내용을 인용했습니다.

춘향이의 한은 이 도령을 만나는 것으로 풀어졌지 변 사또에게 보복하는 것으로 풀어지지 않아요. 흥부의 한은 부자가 되어 배부르게 먹고살 수 있게 되면서 해소되었지 자기를 박대한 놀부에게 보복하는 것으로 해결된 것이 아니에요. 이렇게 한이란 것은 자신의 고통스러운 현실의 원인을 제거하고 바꾸면서 해결되는 것이지 누구에게 보복하는 것으로 해결되는 것이 아닙니다. 이런 판소리의 내용을 인용해서 설명했던 것입니다.

━ 민주화 과정에서 미국의 입장과 태도를 어떻게 평가하십니까? 특히 1987년 6월항쟁 당시의 미국의 태도에 대해서 어떻게 평가하시나요?

미국은 본질적으로 한국의 내정이 시끄러워서 한반도 정세가 혼란스러워지는 것을 싫어했고 그와 같은 시각으로 이 문제에 접근했어요. 나는 유신 정권 시절 1차망명 때부터 미국의 이러한 입장의 문제점을 지적하면서 미국이 원하는 안정은 한국의 민주화를 통해서 가능한 것이고 독재를 통한 안정은 표면적이고 일시적이기 때문에 독재정권을 지지하면 결국 미국의 이익에 부합하지 않는다는 점을 설득했어요. 이것을 전두환 정권 시절 2차망명 때도 지속적으로 강조하면서 설득했습니다.

결국 미국은 전두환 정권에 대한 우리 국민의 강력한 저항을 보고 차츰 정책의 전환을 하기 시작해서 민주주의를 해야만 안정되겠다는 판단을 하게 되었어요. 그래서 6월항쟁 당시 전두환 대통령이 군을 투입하려고 할 때 미국이 제지했던 것입니다. 4·19혁명 때도 미국은 이승만 독재정권에 대한 국민들의 확고한 반대의사를 확인하고 이승만 대통령의 하야를 유도했어요. 1979년 10·26이 발생하지 않았다면 부마항쟁의 영향을 받아 준비 중이던 광주·호남에서의 저항운동이 발생하고 이것이 서울까지 연결되었을 것이고 미국은 비슷한 방식으로 개입해서 민주화의 길을 여는 데에 도움을 주었을 것입니다.

이렇게 볼 때 우리는 미국을 객관적으로 봐야 해요. 미국이 독재정권을 지지하고 협조한 것은 분명 사실이에요. 미국이 민주화의 길을 여는 데에 도움을 준 것도 사실이에요. 미국은 미국의 국익대로 행동해요. 결국 제일 중요한 것은 우리 민주세력입니다. 우리가 어떻게 하느냐가 제일 중요해요. 민주세력이 독재정권에 맞서 제대로 저항하면 미국은 독재정권을 더 이상 지지하지 않아요. 왜냐하면 수습하기 힘들 정도의 파국이 발생할 수도 있기 때문입니다. 이러한 사실을 우리가 잘 알아야 합니다.

▬ 우리나라 민주화운동사에 있어 6월항쟁의 역사적 의미에 대해서 말씀해주시지요.

6월항쟁은 우리나라 민주화운동에 있어 마지막 투쟁이었다고 봐야겠지요. 1차투쟁이 4·19 혁명, 2차투쟁은 1979년 부마항쟁부터 1980년 광주민주화운동, 3차투쟁이 1987년 6월항쟁이라고 볼 수 있습니다. 결국 우리 국민이 스스로의 힘으로 민주화를 쟁취해낸 것이 6월항쟁입니다. 6월항쟁은 광주민주화운동의 정신을 그대로 이어받아서 성공한 것입니다. 비폭력투쟁, 저항과 대화를 병행하는 투쟁, 적에 대해 관용을 베푸는 투쟁 등이 광주민주화운동의 정신이라고 할 수 있는데 이것이 6월항쟁에서도 그대로 이어집니다. 그렇게 해서 민주화의 길을 열었고 그 이후 우리의 민주주의는 계속해서 발전하여 1997년에 헌정사상 최초로 선거에 의해 평화적인 방식으로 정권교체가 이뤄질 수 있었던 것입니다. 그런 점에서 6월항쟁은 우리 민주화운동사에 있어서 매우 중대한 역사적인 의미가 있다고 생각합니다.

▬ 6월항쟁에 대한 대통령님의 역사적인 평가 잘 들었습니다.

한마디 더 하자면 6월항쟁은 각계각층이 참여한 그야말로 국민운동, 국민항쟁이라고 할 수 있습니다. 내가 유신 때부터 강조했던 국민민주혁명이 이뤄진 것이라고 할 수 있어요. 우리는 비폭력을 중심으로 해서 비용공, 비반미의 3원칙을 통해 야당과 재야 그리고 학생운동 세력이 연합했고 여기에 중산층과 넥타이부대까지 결합해서 민주주의를 위한 최대연합을 구축하여 독재에 맞서 저항했던 것입니다.

우리는 우리의 힘으로 민주주의의 길을 열었다는 것에 대해서 큰 자부심을 가져도 좋습니다. 일본과 비교해보세요. 일본은 패전 이후 미국이 설계하고 만들어준 체계 속에서 민주정치를 해왔기 때문에 민주적인 토대가 허약합니다. 그에 비해서 우리는 자력으로 우리의 피와 눈물과 땀을 모두 바쳐서 스스로 민주주의를 쟁취했어요. 우리의 민주주의는 우리의 문화와 의식 속에 뿌리 박혀 있는 튼튼한 민주주의예요. 그래서 계속해서 민주주의 발전을 거듭하여 1997년 대선에서는 정권교체까지 할 수 있었던 것입니다. 이와 같은 우리의 민주주의 발전은 정말로 자랑스러운 역사라고 생각합니다.

13대 대선 후보 단일화 실패

— 6월항쟁 이후 대통령직선제와 5년 단임을 핵심으로 한 개헌안이 통과되었는데요. 그와 같은 내용으로 정해진 배경을 알고 싶습니다.

그때 제대로 개헌이 되지 않은 거예요. 나는 4년 중임제와 정부통령제를 주장했어요. 민정당은 극구 반대했습니다. 민정당은 전두환 대통령이 단임제 고수를 중요한 업적으로 생각하기 때문에 4년 중임제를 받지 못하겠다고 했습니다. 정부통령제는 나와 김영삼 씨가 권력을 나눌 수 있는 제도적 기반이 되기 때문에 반대했어요. 그때는 6·29 민주화선언 이후 그동안 수세에 몰려 있던 민정당이 자신감을 되찾은 상황이어서 직선제 개헌 이외의 다른 내용에 대해서는 완강히 거부했어요. 그렇다고 그 판을 뒤엎을 만한 힘이 우리에게는 없었습니다. 만일 이것 때문에 개헌이 무산되면 전두환 정권이 역습을 가할 구실이 될 수 있어서 조심스러울 수밖에 없었어요. 이때를 봐도 알 수 있는데, 결국 운동이든 정치든 자신이 갖고 있는 역량 이상으로 무엇을 하기는 힘들다는 사실을 생각하게 됩니다.

━ 1987년 13대 대선에서 후보 단일화에 실패했습니다. 13대 대선 전체를 놓고 볼 때 가장 큰 사안이라고 할 수 있습니다. 후보 단일화의 과정과 실패 원인에 대해서 말씀해주세요.

오랜 독재정권하에서 야당의 조직이 제대로 구축되기 어려웠고 특히 민주화운동의 중심 역할을 한 재야학생운동 세력의 의사가 야당에 반영될 수 있는 구조가 없었어요. 그래서 남은 방법은 나와 김영삼 씨의 담판이었어요. 나는 김영삼 씨의 상도동 측과 협상이 잘되면 출마하지 않으려고 했습니다. 그때 유력 언론사 사장이 나와 김영삼 씨 사이를 중재하면서 대권 후보와 당수를 나눠서 맡는 것을 제안했어요. 그분이 상도동에서는 동의를 했다고 말했고 만일 내가 후보가 안 되고 당권을 맡는 것으로 된다고 해도 승복해달라고 해서 내가 그렇게 하겠다고 했어요. 그래서 나는 일이 다 된 줄 알았어요.

그런데 김영삼 씨 측에서 후보와 당수 모두를 자신들이 맡아야 한다고 나온 거예요. 그래야 일사분란하게 선거운동을 할수 있다는 것인데, 이렇게 되면 나는 아무것도 할 수 없게 되는 것입니다. 또 문제가 있었는데 김영삼 씨 측은 군이 나를 비토(veto)하기 때문에 내가 대통령이 되면 쿠데타를 할 우려가 있어후보가 되어서는 안 된다는 논리를 펼쳤어요. 그렇기 때문에 자신들이 해야 한다는 것이었어요. 나는 이 말을 듣고 크게 분노했습니다. 군사독재정권에 맞서 함께 투쟁한 동지에게 어떻게 그런 말을 할 수 있습니까. 군부독재를 종식하겠다는 것이 우리의목표였잖아요. 그런데 군부독재가 나를 공격할 때 사용한 논리를 동지로서 함께 투쟁한 사람들이 내게 들이미는 것에 상당한충격을 받았습니다. 그러면서 당권도 내게 주지 않겠다고 하니나로서는 김영삼 씨가 집권하면 나와 나를 지지했던 세력을 냉혹하게 숙청할 수도 있겠다는 생각까지 하게 되었던 것입니다.

그전에 보면 나는 김영삼 씨가 당권을 잡는 데에 두 번 협조했지만 그는 나에 대해서 정치적으로 배려해준 것이 없었어요.나는 1979년에 그가 당권을 잡도록 크게 협조했지만 그는 서울의 봄 때 내가 신민당에 참여하는 것을 사실상 비토했다고 볼수 있습니다. 1985년 2·12 총선 이후에도 그가 당권을 잡을 수있도록 협조해서 결국 통일민주당 총재가 되도록 했지만 결국이와 같이 나온 것입니다. 나는 독재에 맞서 민주화의 길을 열기 위해 김영삼 씨를 전폭적으로 지지했는데 그는 그 이후에 나를 경쟁자로만 보고 밀어내려고 했어요. 이런 문제가 배경에 있었습니다.

— 대통령님께서는 1987년 8월 초에 통일민주당에 입당하셨습니다. 그때만 해도 후보 단일화 문제에 대해서 낙관적으로 생각하셨습니까?

그때 나는 후보 단일화를 하려고 생각했기 때문에 입당한 것입니다. 그전에 김영삼 씨가 유럽을 방문했을 때 내가 사면복권이 되면 내게 후보를 양보한다는 말을 한 적이 있었고 내게 입당을 권유할 때도 그 말을 했어요. 그런데 약속을 지키기는커녕 군 비토라는 말이나 하니 나로서는 납득하기 힘들었어요.

김영삼 씨는 대권과 당권 중에서 하나도 양보할 수 없다고 나오는데, 내가 박정희 정권과 전두환 정권에서 몇 번의 죽을 고비와 감옥생활, 연금, 망명 등으로 김영삼 씨보다 훨씬 더 고통을 받았고 내 동지들도 상도동 사람들보다 더 고통을 받았거든요. 그런데도 대권과 당권 중에서 하나도 양보할 수 없다고 하니 나로서는 도저히 받아들일 수가 없었어요. 내가 그런 차별을 받아야 할 이유가 없다고 생각했고 이것은 누가 봐도 너무 부당한 일이었습니다.

그때는 선거를 하면 내가 이길 수도 있다고 생각했어요. 이런 원인들로 인해 다시 탈당해서 평화민주당(평민당)을 만들어서 출마하게 된 것이에요. 결국 김영삼 씨는 그때 어떠한 양보도 할 생각이 없었고 협상할 생각도 없었던 것이에요. 군 비토론에서 보듯 수단과 방법을 가리지 않고 나를 굴복시키려고 한 것입니다. 그런 정치를 어떻게 수용합니까. 그래서 그때 단일화가 안된 것이에요. 핵심은 여기에 있었습니다.

■ 결국 독자 출마를 하게 되었는데요. 그 결심을 하실 때 1987년 9월 8일 광주 방문하신 것이 영향을 주었습니까?

네, 영향을 많이 받았습니다. 그때 엄청나게 많은 사람이 나를 환영하는 것을 보면서 나에 대한 국민들의 지지와 그 열기를 알 수 있었습니다.

■ 대통령님께서는 1987년 처음으로 노벨평화상 후보로 추천을 받으셨습니다. 후보를 양보하시면 노벨평화상을 수상할 가능성이 높다는 이야기가 있었다고 하는데요.

그것은 상식적인 이야기로 볼 수 있어요. 후보 경쟁을 할 때 노벨상위원회가 상을 주면 국내정치에 개입하는 것처럼 보일 수가 있기 때문입니다. 그런 상식적인 배경에서 나온 이야기입니다. 전두환 정권은 나의 노벨평화상 수상을 막기 위해 사람을 파견해서 방해하기도 했습니다.

■ 후보 단일화 협상이 난항을 겪게 되자 재야의 대표 조직인 민주통일운동연합(민통련)에서 정책세미나를 개최하여 두 분의 말씀을 듣고 지지 후보를 결정하기로 했습니다. 이때 민통련은 대통령님을 지지하기로 결정했습니다.

재야의 민통련이 그렇게 하겠다고 해서 나는 승낙하고 세미나에 가서 이야기를 했습니다. 김영삼 씨도 세미나에서 이야기를 했고요. 그 뒤에 민통련에 관계하신 분들이 논의해서 다수가 나를 지지하는 것으로 결정했어요. 나는 김영삼 씨가 그것 때문에 양보할 것이라고 생각하지 않았어요. 재야의 중심세력인 민통련의 요청에 따르는 것이 필요하기 때문에 세미나에서 내 입장을 설명했지만 김영삼 씨가 그 의견에 따라서 자신의 거취를 정할 것이라고는 생각하지 않았습니다.

— 민통련의 선택은 대통령님에 대한 비판적 지지론으로 평가받고 있습니다. 재야세력이 그와 같은 판단을 한 이유는 무엇이라고 생각하십니까?

재야세력은 내가 망명, 납치살해 위기, 연금, 투옥, 사형선고 등의 온갖 고통을 당하면서도 굴복하지 않고 민주화투쟁을 이끌었다는 점을 높이 평가했습니다. 국내외 각종 현안에 대해서도 내가 잘 알고 정책대안을 갖고 있는 것도 인정한 것이지요. 그래서 재야세력의 대부분은 나를 지지했던 것입니다.

— 단일화 문제를 바라보는 사람들 중에서 '김대중 후보가 양보하는 것이 필요하다' '양보할 수 있는 사람은 김대중 후보뿐이다' 이렇게 생각하는 사람들이 많았습니다. 여기에 대해서 어떻게 생각하십니까?

실제로 그랬어요. 그래서 내가 매우 곤혹스러웠습니다. 나를 둘러싼 환경이 매우 불공정했지만 나는 대국적인 입장에서 내가 양보할 수 있는 명분과 조건만 갖춰지면 양보하려고 했어요. 그래서 아까 말한 대로 대통령 후보직과 당수직을 분리해서 내가 당권이라도 갖는 조건이면 양보하려고 했습니다. 그런데 이런 타협은커녕 군인들이 나를 사상적으로 의심하고 받아들이지 않을 것이라면서 정치군인들이 나를 음해하던 논리로 나를 공격하는 것에 대해서 나는 분노했어요. 이것은 나를 지지하는 국민과 동지들을 인정하고 존중하는 태도가 아니라는 생각에 나는 일방적인 양보를 하지 않았어요. 그렇게는 할 수가 없었던 것입니다.

— 백기완 후보가 후보 단일화를 주장하며 활동했던 것은 어떻게 평가하십니까?

그때 백기완 씨 활동에 대해서 나도 아는데요. 백기완 후보는 공정한 중재자로서 활동했다고 보기 어렵고 김영삼 씨 입장에서 움직였다고 보는 것이 타당합니다. 더 이상의 자세한 언급은 하지 않겠습니다.

— 대선 직전에 재야세력 내에서는 대통령님의 양보, 사실상 무조건적인 양보라고 해도 후보 단일화를 하자는 의견이 나왔다고 하는데요.

재야 일부에서 그런 이야기가 나왔습니다. 전체적인 의견이라고 보기는 어렵고요.

— 후보 단일화 실패와 관련해서 4자필승론이 많이 거론됩니다. 4자필승론에 대해서 어떻게 생각하십니까?

그런 말을 들은 적은 있는데 나나 평민당이 이것을 선거 전략으로 기획하거나 내세운 적은 없습니다.

— 1987년 13대 대선 패배 원인에 있어 단일화 실패도 중요한 원인이지만 불공정한 선거도 중요한 원인이라고 하셨는데요. 어떤 배경에서 그와 같이 말씀하셨습니까?

단일화가 실패해서 대선에 패배했다는 주장은 일리가 있다고 생각합니다. 다만, 공정한 선거를 했다면 내가 되거나 김영삼 씨가 되었을 것이라고 생각해요. 관권과 금권을 동원한 각종 부정선거가 있었고 언론의 편파보도가 심했습니다. 전두환 정권은 칼기(KAL機) 폭파사건 범인 김현희를 대선 하루 전에 송환하는 등 비극적인 참사를 선거에 이용하기도 했어요. 단일화 실패만을 강조하다 보니 이러한 문제를 제대로 인식하지 못하는 것 같다는 생각 때문에 지적한 것입니다.

— 1987년 대선 유세 중에서 가장 기억에 남는 것이 있다면 어떤 유세였습니까?

그때 여러 곳에서 수많은 군중이 운집해서 열광적인 분위기 속에서 선거유세를 했는데요. 그중에서도 보라매공원 유세 때 분위기가 특히 강렬했기 때문에 기억에 남습니다. 그때 유세장에 들어가고 나올 때 사람들이 정말 많았고 사람들의 환호와 박수 소리가 너무 커서 바로 옆 사람과 대화하기 힘들 정도였어요. 유세 끝나고 시청까지 걸어갈 때도 계속 그랬습니다. 그때 재야를 이끄는 분들은 대체로 냉철한 성격에 지사적인 풍모를 지니고 있었는데요. 이분들도 분위기에 휩쓸려서 뛰어다니면서 춤도 췄어요. 내가 이런 열광적인 선거 유세를 많이 해봤지만 보라매공원 같은 경우는 처음이었습니다.

— 유세하실 때 전두환 정권의 방해공작은 없었습니까?

한두 가지가 아니었지요. 가령 마이크 소리가 제대로 나지 않도록 방해했어요. 마이크에 무엇을 넣으면 고장이 나서 소리가 안 나는데 그런 짓을 하기도 했고, 확성기 선을 잘라서 소리가 나지 않게 하기도 하는 등 비열한 짓을 했습니다. 이런 방해공작을 막으려고 당직자들과 선거운동원들은 밤을 새워가며 유

13대 대선 보라매공원 유세(1987).
김대중은 평화민주당 후보로 1987년 12월
제13대 대통령 선거에 출마했다.
보라매공원 유세 때는 사람들의 환호와
박수 소리가 너무 커서 옆 사람과
대화하기 힘들 정도로 열광적인 분위기였다.

세 장비를 지키면서 만일의 사태에 대비했어요. 불침번을 세우기도 하고 밥도 교대로 먹었습니다.

― 13대 대선에서 한복을 많이 입으셨는데요. 특별한 의미가 있었습니까?

우리의 민족정서에 호소한다는 의미에서 그렇게 했어요.

― 평화민주당의 당명은 누구의 아이디어였습니까? 평화민주당의 당색이 황색(黃色)인 데는 특별한 의미가 있었습니까?

평화민주당 당명은 나의 정치적인 비전을 대표하고 상징하는 평화와 민주 두 글자를 넣어서 만든 것으로 내가 작명했어요. 노란색은 당시 호남에 연고지를 둔 해태 타이거즈를 대표하는 색깔이었는데 이것을 감안해서 정했던 것입니다.

― 1987년 13대 대선에 대해 전반적으로 평가해주십시오.

대선에서 패배했기 때문에 나도 안타깝고 곤혹스러웠던 것은 사실입니다. 정권교체를 원했던 국민들은 단일화가 실패해서 선거에서 패배했다고 생각했고 나도 그 심경을 충분히 이해할 수 있었어요. 그래서 나도 웬만하면 양보하려고 했던 것입니다.

그런데 김영삼 씨 측이 대통령 후보직과 당수직 중에서 하나도 양보하지 않았고 결정적으로 정치군인들이 나를 용공세력으로 몰아갈 것이라 반대했던 논리를 들이밀면서 내가 후보가 되어서는 안 된다고 하는 것을 보면서 나는 분노했습니다. 김영삼 씨가 정치군인들의 논리로 나를 공격하면 안 되는 것이었어요. 그것은 정치적으로도 인간적으로도 용납할 수 없는 행동이었습니다.

이런 부당한 공세를 하고 당수직도 못 준다고 하니 이렇게 일방적으로 당해서는 안 된다고 생각했던 것입니다. 그때 재야에서도 다들 격분해서 나와 함께했습니다. 결과적으로 후보 단일화에 실패하여 노태우를 당선시킨 것에 대한 책임이 있기 때문에 나라도 양보했어야 했다는 생각을 합니다. 다만 그때는 이러한 부당한 현실에 분노했고 일방적으로 양보하기보다는 한번 승부를 겨뤄보자고 생각했던 것입니다.

7

13대 국회부터
15대 대통령 당선

"1997년 대선에서 내가 승리해 헌정 사상
최초로 선거에 의해 평화적인 정권교체를 이뤘습니다.
이것은 온갖 방해와 불공정의 벽을 넘어서
국민 자신의 운명을 스스로 결정했기 때문에
민주주의 발전에 큰 의미가 있다고 생각합니다."

제1야당과 여소야대 국회

▬ 대선 패배로 경황이 없으셨겠지만 1988년 봄에 예정된 13대 총선을 준비하셔야 했습니다. 이때 야권분열에 대한 비판여론이 형성되었고 총선을 앞두고 통합해야 한다는 요구가 쏟아졌습니다. 이에 대통령님께서는 '선(先)야권통합 후(後)2선퇴진'의 조건부 퇴진론으로 대응하셨습니다. 그 이유는 무엇입니까?

그때 언론에서 많은 비판이 있었고 특히 재야 쪽에서 야권분열을 성토하는 분위기가 강했습니다. 이에 대해서 나는 할 말이 많았지만 책임 있는 정치인이라면 이와 같은 국민의 감정과 여론을 중시하는 것도 필요하다고 판단했습니다. 나는 야권통합에 도움을 주기 위해 만일 단일야당이 이뤄지면 당권 경쟁에 나서지 않겠다고 한 것입니다.

▬ 대통령님께서는 김영삼 통일민주당 총재와도 회동을 하셨는데 양당의 통합이 무산되었습니다.

결국 김영삼 씨 측은 우리를 흡수통합하겠다는 생각이었어요. 당권을 반씩 나눈다거나 해야 하는데 그런 것 없이 우리를 흡수하려고 했습니다. 대선 당시 후보 단일화 문제를 논의할 때와 비슷한 태도로 나왔고 우리를 대등한 상대로 인정하지 않겠다는 태도였어요. 그렇게 되면 우리 평화민주당 사람들은 공천에서 대거 탈락할 가능성이 높았습니다. 우리 당에는 총선에서 후보로 나서면 당선될 가능성이 높은 인물이 여러 명 있었는데, 그런 통합을 어떻게 할 수 있습니까. 그래서 결국 안 된 것입니다.

━ 이때 야권통합이 이뤄지지 않은 것에 대해서 우려하고 실망
하신 분들이 계셨을 것 같습니다.

그랬어요. 이태영 박사님, 문익환 목사님처럼 나를 오랜 기간
지지해주었고 나와 가까운 분들께서도 많은 우려를 하셨고 내
게 어떻게든 통합하라고 강하게 요구하셨습니다. 그런데 나 혼
자 정치하는 것도 아니고 그런 일방적인 조건에서의 통합은 가
능하지도 않고 바람직하지도 않았어요. 나는 이러한 사정을 이
야기하고 선거 전망이 나쁘지 않다는 점을 근거로 설득하려고
했지만 쉽지 않았습니다. 그런 과정을 거치면서 총선에 돌입했
습니다.

━ 대통령님께서는 소선거구제를 지지하셨습니다. 그 이유는
무엇입니까?

나는 원래부터 소선거구제를 지지했어요. 야당이 제대로 자
리 잡기 위해서는 소선거구제가 유리합니다. 당시 여당은 관권
선거와 금권선거를 자행했고 야당은 조직력이 취약했습니다.
그래서 야당은 전략적으로 유리한 지역에 당력을 집중해서 바
람을 일으키는 것이 가장 효과적이었어요. 내가 소선거구제를
주장했던 이유입니다. 결국 내 판단이 적중해서 13대 총선에서
여소야대 국회가 나올 수 있었습니다.

━ 총선을 앞두고 평민당은 재야세력을 대거 영입했습니다.

내가 알기로는 그때 재야의 주요 인사들이 안병무 박사 댁에
모여서 총선 전략을 논의했어요. 그 자리에서 평민당에 대거 입

당하기로 결정한 것으로 알고 있습니다. 이분들은 대선 때 나를 지지했었고 아주 헌신적인 자세로 민주화운동을 했기 때문에 국민들의 지지와 신망을 받고 있었습니다. 나는 크게 환영했고 총선에서 대거 공천했어요. 총선에서 많이 당선되었고 그 이후 우리 민주 진영의 중추세력으로 성장했습니다.

▬ 대통령님께서는 전국구 후보 11번으로 등록하셔서 많은 사람들이 놀랐습니다. 결국 성공한 정치 전략으로 평가받고 있습니다.

　나를 던져서 당을 살리고 민주세력의 승리에 기여하려고 했던 것입니다. 그때 우리가 11번까지 당선될 것이라고 생각한 사람은 아주 적었어요. 내가 1번, 2번을 하지 않고 누가 봐도 어렵다고 생각한 11번으로 등록하니 많은 국민이 감동했습니다. 나는 11번을 당선시키지 못할 상황이면 내가 국회에 들어갈 자격이 없다고 생각했습니다. 이렇게 내가 스스로 희생하는 모습을 보여주면 내 지지자들이 더욱 결집하고 나에 대해 거리를 두고 바라보는 국민들의 마음까지 사로잡아 선거에 도움이 되리라고 기대해서 그런 결단을 했습니다. 다행스럽게도 국민들께서 나의 뜻을 받아주셨어요. 나도 당선되고 평민당이 제1야당이 되었고 여소야대 국회가 될 수 있었습니다.

▬ 박영숙 선생을 전국구 후보 1번으로 하신 이유는 무엇입니까?

　박영숙 씨는 안병무 선생의 부인으로 남편과 함께 민주화투쟁에 나섰고 여성운동가로서 존경받는 분이었습니다. 박영숙 씨는 내가 총재를 사퇴한 후에 총재 권한대행을 했어요. 그런 경력을 중시했고 상징성도 있었습니다. 여성의 정치참여를 중요시하는 내 정치적인 이념과 관련되어 있기도 해서 그렇게 했습니다.

━ 13대 총선 결과에 대해 어떻게 평가하십니까?

우리는 여당인 민정당과는 비교하기 힘들 정도로 어려운 여건에 있었고 같은 야당인 통일민주당과 비교해봐도 상대적으로 어려운 여건에 있었어요. 무엇보다 돈이 없어서 기본적인 선거운동도 제대로 하지 못했고 후보들에 대한 지원도 충분하지 못했어요. 그때 내가 총재는 아니었어도 실질적으로 당을 이끌고 있는 상황이었는데 내가 부족해서 그런 것 같아 마음이 아프고 후보들에게 미안한 심정이었어요. 그러나 나는 우리 당 후보들을 위한 선거유세에 최선을 다했어요. 다른 지원을 제대로 못하니 내 몸을 바쳐야겠다고 생각한 것입니다.

내가 전국구 후보 11번으로 한 것도 이런 판단과 관련이 있습니다. 나를 희생하지 않고 어찌 나를 믿고 따르는 동지들의 얼굴을 제대로 볼 수 있겠습니까. 나는 배수진을 치고 내 모든 것을 다해서 우리 당의 후보들을 위해서 최선을 다해야겠다고 다짐했고 그렇게 실천했습니다. 그런 노력이 결합되어 평민당이 제1야당이 되었고 여소야대 국회를 만들어서 많은 개혁을 이뤄낼 수 있었습니다.

━ 13대 국회 개원 이후 대통령님께서는 1988년 6월 29일 16년 만에 국회 본회의 연설을 하셨습니다. 그때 심경이 어땠습니까?

1972년 10월유신이 선포된 이후 16년 만이었습니다. 그동안 하루도 편한 날이 없었을 정도로 고통스러운 시간을 보내고 다시 국회의원이 되어 국회의사당에서 연설을 하게 된 것이 꿈만 같았습니다. 이러한 일은 직선제 개헌을 이뤄낸 우리 국민들의 노력이 있었기 때문에 가능했습니다. 그러나 민주화는 이제 시작이지 완성이 아니었습니다. 정치·경제·사회 전 분야에서 민주적인 개혁을 해야 할 일들이 산적해 있었습니다. 나는 국회에서 이러한 일을 하는 데에 최선을 다해야겠다고 다짐했고 그런 각오로 국회연설을 했습니다.

━ 1988년 11월 17일 '전두환·이순자 구속처단 운동본부'의 문익환 목사님, 이재오 씨 등이 대통령님을 찾아와서 대통령님과 평민당의 동참을 요청했는데 대통령님께서는 완곡하게 거절하셨습니다. 이것은 과거사 청산에 관한 인식과 방법에서 대통령님과 재야세력 사이에 이견이 있음을 보여주는 사례라고 볼 수 있는데요.

민주화운동 할 때에도 그랬는데, 사회운동과 정치는 역할과 관점에 있어서 차이점이 있습니다. 사회운동이 원칙과 당위성을 중시한다면 정치는 그것과 함께 현실적인 면도 중시해야 합니다. 나는 서생적 문제의식과 상인적 현실감각의 조화를 항상 강조했는데, 이때도 그랬습니다.

우리는 정치군인들을 최대한 압박해서 그들의 양보를 얻어내어 민주화의 길을 열었습니다. 그들이 수십 년간 통치하면서 정치·경제·사회 곳곳에 구축해놓은 기반이 상당했어요. 그들을 다 몰아내고 민주화의 길을 연 것이 아니었고, 또 그들을 그렇게 몰아내는 것이 가능하지 않았습니다. 우리는 이러한 객관적인 조건을 염두에 두면서 상대의 역습을 최대한 막고 점진적으로 개혁을 이뤄내면서 민주주의에 대한 국민적 동의를 최대한 확장하는 것이 필요했습니다.

그런 배경에서 과거사 문제에도 '전두환과 이순자 처단'처럼 과격하면서도 선명한 구호와 목표는 사람들의 관심을 끌 수 있지만, 실제로는 오히려 개혁을 어렵게 하는 부작용이 있습니다. 5공 세력들의 잔재가 많았고 노태우 정권 역시 뿌리는 5공에 있기 때문에 그런 방식으로 5공 청산과 광주민주화운동 관련 이슈를 몰고 가면 문제해결이 더욱 어렵게 된다고 생각했습니다.

당장 필요한 것은 진상을 밝히고 피해자들의 명예를 회복하고 그들의 상처를 치유하고 보상하는 일이었어요. 과거사 청산은 단칼에 할 수 없습니다. 수십 년간 통치해온 독재정권의 잔재를 그와 같은 방식으로 없앨 수가 없어요. 법과 제도적 개혁 그리고 그에 따른 국민들의 인식전환 등의 복합적인 방식으로 꾸준히 진행해야만 사회적인 아픔이 치유되고 회복될 수 있습니다. 그래서 그 요구를 거절했던 것입니다.

▬ 이것 외에도 재야 사회운동 세력과의 이견은 있었던 것 같습니다. 특히 대통령님과 가까운 분들이 많았기 때문에 이 문제를 두고 논쟁도 있었을 것 같은데요.

나는 그분들의 진정성을 잘 알고 우리나라의 민주화를 위해 수많은 고난 속에서도 굴복하지 않고 노력한 것에 대해서 높이 평가합니다. 다만, 정치는 현실을 고려해야 합니다. 민주화투쟁도 넓은 의미에서 보면 결국 정치의 영역입니다. 국민들의 동의를 얻어야 하고 국민들 삶에 영향을 주는 것은 결국 따지고 보면 모두 정치의 영역에 속한다고 할 수 있습니다.

국민들은 다양합니다. 유식한 사람도 있지만 잘 모르는 분도 있고, 이성적인 사고를 중시하는 사람도 있지만 감정적인 것에 더 민감하게 반응하는 사람도 있습니다. 현실의 사람들은 도덕적으로 완벽하지 않은 경우가 많습니다. 관념을 중시하는 사람도 있는 반면 이해관계를 중시하는 사람도 있어요. 이것이 사람 사는 곳의 진짜 모습입니다. 재야운동을 하시는 분들은 당위를 중시하고 도덕적이고 이성적인 면에 초점을 맞춰서 사안을 해석하고 대안을 제시하는 경우가 많았어요. 그러면 국민들의 눈높이와 충돌하는 경우가 발생하게 됩니다. 그러면 안 됩니다. 그런 태도는 정치적인 태도가 아닙니다. 내가 정치는 국민의 반보(半步)만 앞으로 가야 한다고 한 것도 그런 이유와 관련이 있습니다. 이 점이 중요합니다.

━ 5공청문회와 광주청문회는 전두환 정권의 여러 문제점의 진상을 밝히는 데에 상당한 역할을 했습니다. 그럼에도 광주민주화운동의 경우 발포명령자를 끝까지 밝혀내지 못하는 등 아쉬운 점도 있었습니다.

여소야대 국회에서 많은 노력을 했고 성과도 냈지만 한계도 분명히 있었습니다. 그것은 기본적으로 민주세력의 힘에 한계가 있었기 때문입니다. 다만, 긴 역사의 흐름 속에서 보면 분명 전진하고 있었습니다. 유신과 5·17 쿠데타가 있었던 때가 그리 먼 시기가 아니었어요. 그런 상황에서 그 정도의 변화를 이끌어 냈고 그 추세는 계속 이어져서 1995년 「5·18 광주민주화운동 등에 관한 특별법」이 제정되었고 1997년 정권교체까지 가능했던 것입니다. 역사를 길게 보면서 평가하는 것이 필요합니다.

━ 13대 국회의 주요 현안 중의 하나는 노태우 대통령의 중간 평가였는데요. 평민당의 입장은 무엇이었습니까?

노태우 대통령이 대선 공약으로 중간평가를 내세웠어요. 그러다 보니 대통령이 된 이후 그것이 족쇄가 되어 곤혹스럽게 되었지요. 그때 야3당은 중간평가를 집권 중반 정도에 하자는 것으로 합의했어요. 이 합의는 내가 주도했고 내 주장이 많이 반영되었습니다. 중간평가가 법에 있는 것도 아니고 정치적으로 정해야 하는데 상식적으로 생각할 때 임기 5년의 대통령이 1년 정도 재임한 이후에 중간평가를 할 수는 없잖아요.

그때 5공청산과 광주민주화운동 진상규명, 그리고 각종 민주화 조치 등 산적한 현안이 많았는데, 이러한 일의 진척 상황을 보고 판단하는 것이 필요하다고 생각했어요. 또한 중간평가가 정국의 주요 현안으로 떠오르면 앞에서 거론한 민주개혁 과제들이 뒤로 밀릴 수 있는 우려도 있었습니다. 특히 중간평가를 대통령 신임 여부와 연결하게 되면 노태우 정권 내 강경파의 입지를 강화시켜줄 것이라고 봤습니다. 현실적으로 국민들이 임기 초반의 대통령을 불신임할 가능성이 없다고 봤습니다. 그런 여러 이유로 그렇게 하기로 했어요.

그런데 갑자기 김영삼 총재 측이 입장을 바꿔서 중간평가를 해야 한다고 나왔어요. 1989년 신년회견에서 그런 입장을 밝혔습니다. 이것은 야당끼리의 약속을 어긴 것이에요. 또 중간평가를 대통령 신임 여부와 연계하겠다고 나섰습니다. 김영삼 총재측은 제2야당으로서 정국 주도권을 확보하기 위한 목적에서 그렇게 한 것인데요. 이것은 여러모로 무리였습니다.

나는 중간평가 문제를 두고 이어지는 여러 혼란을 막기 위해 3월에 노태우 대통령과 담판을 했습니다. 그래서 중간평가를 신임 문제와 연결시키지 않고 정책평가로 하며 전두환 씨의 국회 증언, 광주민주화운동 해결방안, 지자체 실시 등에서 노태우 대통령의 전향적인 입장을 이끌어내는 합의를 했습니다.

공안정국

━ 1989년 3월 16일 문익환 목사님께서 대통령님을 방문하셔서 방북문제에 대해 이야기를 하셨습니다. 대통령님께서는 정부와 상의해서 추진할 것을 조언하셨다고 하는데요.

청와대 뒤에 있는 올림피아호텔에서 문익환 목사님, 동생인 문동환 목사님, 나 이렇게 셋이 만났습니다. 그 자리에서 문익환 목사님께서 노태우 대통령의 7·7 선언도 있었으니 북한에 한번 다녀와야겠다고 말씀하셨어요. 나는 문익환 목사님께 정부의 허가를 받고 추진하시는 일이냐고 여쭤봤더니 그렇지 않다고 하셨어요.

나는 법 위반으로 정부에서 나중에 처벌하려고 할 텐데 어떻게 하시려고 그러시냐고 했더니, 저 사람들이 나를 어떻게 하겠냐고 하시면서 방북하시겠다고 했어요. 그래서 내가 이렇게 말씀드렸습니다.

"목사님, 만일 정부의 허락 없이 방북을 하시게 되면 세 가지 일이 발생하게 됩니다. 첫째, 목사님께서는 분명히 구속될 것입니다. 둘째, 민주화운동이 큰 탄압을 받게 될 것입니다. 노태우 정권 내의 강경 극우세력들이 목사님의 방북사건을 이용해서 공안정국을 조성할 것입니다. 셋째, 민주화운동이 큰 침체에 빠져들게 될 것입니다. 국민들은 북한과의 평화통일을 원해도 북한을 크게 경계하기 때문에 국민들의 이해를 얻기 어렵습니다. 이런 문제가 발생할 것이기 때문에 정부의 허락 없이 방북하시는 것은 재고하셔야 합니다."

그러나 문익환 목사님은 내 말을 듣지 않았어요. 괜찮다고 하시면서 우리 민족의 평화통일을 위해서 가야겠다고 하셨어요. 동생인 문동환 목사님도 나와 같은 생각이었는데, 형님을 설득하는 것이 쉽지 않으니 내 도움을 얻기 위해서 자리를 마련한 것이었어요. 문익환 목사님은 신념이 강하시고 용기 있는 분이었기 때문에 자신에게 어떠한 고난이 닥치더라도 해야 한다는 분이었어요.

나는 문익환 목사님께 위에서 말한 논리로 계속 설득했고 목사님께서 처음에는 가시겠다는 뜻을 고수하시다가 대화가 끝날 즈음에는 조금 더 생각해보겠다고 말씀하셨습니다. 그렇게

480

그날 대화는 마무리가 되었습니다.

━ 결국 문익환 목사님께서 방북을 하셨습니다.

일요일로 기억합니다. TV를 보는데 문익환 목사님 방북 뉴스가 나왔어요. 그래서 동생인 문동환 목사님을 통해서 알아봤는데, 북한에 가게 되면 주일 한국대사관에 이야기를 하고 가겠다고 하셨대요. 그런데 확인해보니 그것도 하지 않으시고 그냥 방북하셨던 것입니다. 결국 내가 우려했던 대로 역풍이 불었어요.

여기서 한마디하면 사회운동이 정당활동은 아니지만 국민 여론에 미치는 영향은 크고 그 여론은 선거에도 큰 영향을 주기 때문에 결국 사회운동도 넓은 의미에서 정치의 한 부분으로 볼 수 있어요. 정당정치가 형해화되어 있던 독재정권 시절에도 민주화 투쟁을 하는 데에 있어서 정치적인 감각과 전략이 필요했습니다. 6월항쟁 이후에는 서서히 민주정치가 복원되고 있었기 때문에 더욱이 정치적인 감각과 전략이 필요했는데요. 재야 사회운동을 하시는 분들은 이러한 부분에서 부족한 점이 있었던 것은 사실입니다.

━ 그 이후 평민당 소속 서경원 의원의 방북 소식이 전해졌습니다. 1989년 6월 27일 그 소식을 들으시고 다음 날인 28일 즉각적인 제명조치를 취하셨지요.

6월 어느 날이었어요. 김원기 원내총무가 단독으로 보고할 일이 있다고 찾아왔어요. 김원기 총무가 서경원 의원이 방북했다는 말이 떠돌아다닌다고 하는 겁니다. 내가 설마 그럴 리가 있겠느냐면서 서경원 의원에게 들은 이야기가 있냐고 물었는데

없다는 거예요. 좀 찜찜하긴 했지만 말이 안 되는 이야기라고 생각했고 김원기 총무도 나와 비슷한 생각이었어요. 그렇게 대화가 끝났어요.

며칠 뒤에 김원기 총무가 나를 급하게 찾아왔습니다. 아주 놀란 표정이었어요. 김원기 총무는 차분하고 부드러운 분인데, 나는 김원기 총무가 그렇게 놀란 표정을 한 것을 그때 처음 봤어요. 그때 직감적으로 '아, 뭔가 잘못되었구나'라는 생각이 들었습니다. 예상대로 김원기 총무는 "오늘 서경원 의원을 만났는데 북한에 갔다 왔다고 합니다"라고 보고했어요. 나는 깜짝 놀라 당장 당국에 사실을 알리고 대책을 마련하라고 지시했습니다. 그때 안기부 부장이 박세직 씨였는데, 평민당이 먼저 사실을 알려주고 자수하도록 협조해준 것에 감사하다면서 현역의원이기 때문에 불구속해서 사건을 처리하도록 하겠다고 했습니다.

그런데 박세직 부장의 말과 달리 서경원 의원은 구속되었고 일이 커졌습니다. 나중에 듣기로는 노태우 정권 내 강경파들이 공안정국 조성을 위해 이 사건을 활용하면서 분위기가 바뀌었어요. 서경원 의원은 잠을 안 재우고 하루 종일 서 있게 하는 등의 각종 고문을 당했어요. 내가 서경원 의원에게 경비를 제공했고 서경원 의원이 북에서 받은 돈 1만 달러 정도를 나에게 전달했다는 등의 허위사실을 조작했습니다. 이 사건으로 나와 평민당을 궁지에 몰아넣겠다는 속셈이었지요.

━ 이 사건을 구실로 노태우 정권은 대통령님에 대한 구인을 시도했고 결국 경찰 조사를 받게 되셨습니다.

나는 여의도 당사에 있었는데, 그들이 구인장을 갖고 와서 끌려갔습니다. 그때 당원과 지지자들이 모두 몰려와서 항의하고 통곡하면서 못 간다고 길을 막았지만 결국 끌려갔습니다. 하지만 증거가 없어요. 나는 서경원 의원과의 대질을 계속 요구했는데, 들어주지 않았어요.

그렇게 열 몇 시간을 조사받고 나왔는데, 뭔가 큰 일이 있는 것처럼 부풀리더니 결국 나를 불고지죄로 기소했어요. 서경원 의원 방북 소식을 2개월 전부터 알고 있었으면서 은폐했다는 것이에요. 서경원 의원을 고문해서 없는 사실을 조작하더니 결국 이렇게 말도 안 되는 짓을 한 것입니다. 앞뒤가 맞지도 않아요. 내가 사실을 파악하자마자 당국에 신고했다는 것을 다 알면서 불고지죄로 기소하니 말이 안 되는 짓을 한 것입니다. 그래서 재판을 제대로 할 수도 없는 상황에 이르렀어요. 그렇게 비열한 짓을 해서 내 정치생명을 끊으려고 했던 것입니다.

━ 노태우 정권은 대통령님에게 큰 타격을 주려고 했습니다.

그들은 나를 위협적인 존재로 생각한 것입니다. 나는 이 당시 노태우 대통령의 태도를 아주 괘씸하게 생각합니다. 이 사건 몇 개월 전인 1989년 3월에 나는 노태우 대통령에 대한 중간평가를 정치적인 타협의 방식으로 넘어갈 수 있도록 협조해서 노태우 대통령의 부담을 크게 덜어준 바 있었어요. 그런데 서경원 의원 방북 사건을 이용해서 나를 궁지에 몰아넣으려고 했잖아요. 그때 박세직 부장의 초기 반응을 보면 박세직 부장은 이 사건을 이렇게까지 이용하려고 하지 않았던 것으로 볼 수 있습니다. 순간 분위기가 바뀐 것인데, 왜 그렇게 되었겠습니까. 결국 최고 통치자인 노태우 대통령이 강경파를 통해서 나와 민주세력을 압박하고 탄압하려고 했다고 할 수 있어요.

— 공안정국의 의도는 무엇이라고 생각하십니까?

노태우 정권의 뿌리는 결국 권위주의 독재세력입니다. 그들은 일방향적인 수직적 통치에 익숙하기 때문에 여소야대 국회에서 이런저런 견제가 들어오는 것을 견디지 못한 것입니다. 그들은 공안정국을 통해 야당과 민주세력이 위축되기를 의도한 것입니다. 결국 이것이 3당합당으로 연결되었어요.

— 공안정국 조성 과정에서 통일민주당과 신민주공화당 등 다른 야당의 태도는 어땠습니까? 대통령님께 도움이 되었나요?

별로 도움이 안 되었어요. 나만 혼자 당했지요. 결국 나중에 그들은 3당합당으로 여당에 합류하게 되었고요.

가족법 개정과 여성인권 신장

— 1989년 12월에 여성계의 숙원이던 가족법 개정이 이뤄졌습니다. 가족법 개정은 대통령님의 관심과 노력 덕분에 가능했다고 할 수 있습니다. 여성인권 신장과 양성평등 문제에 대한 대통령님의 관심은 언제 형성된 것입니까?

나는 처음부터 그랬어요. 젊었을 때부터 남자와 여자는 평등해야 한다고 생각했어요. 내가 젊었을 때면 1940년대, 1950년대인데, 그때는 가부장적인 남성우월주의 문화가 아주 확고했던 시기였습니다. 그때부터 나는 남녀가 평등해야 한다고 생각했어요. 내가 생각해도 좀 의아해서 그 이유를 곰곰이 생각해본 적이 있습니다. 그런데 특별한 답을 찾을 수 없었어요. 그래서 나는 천성적으로 남녀평등 의식을 갖고 태어난 것 같다는 생각을 하기도 했습니다. 왜냐하면 우리 집안을 보더라도 모두 나 같지 않았어요. 그렇다 보니 나만 남녀평등 의식을 갖고 태어난 것 같다는 생각을 하게 된 것입니다.

— 대통령님의 남녀평등 의식에 있어 이희호 여사님의 영향이 컸다는 말도 있습니다.

물론 아내를 만나서 평소 내 생각이 좀더 강화되고 구체적인 사안에 대한 이해가 높아졌다고 볼 수 있었지만 나는 원래부터 남녀평등 의식을 갖고 있었어요. 우리 집의 대문 문패가 '김대중·이희호' 이렇게 함께 걸려 있는 것이 유명한데요. 그것은 내가 1964년에 내 스스로의 판단으로 두 사람의 문패를 들고 와서 함께 걸었던 것입니다. 아내가 하자고 해서 한 것이 아니라 내가 독자적으로 판단해서 결정했던 것입니다.

— 1989년 가족법 개정안의 통과 과정은 어땠나요?

그때 여성단체 대표는 이태영 박사님이었고 우리 평민당에서는 박영숙 의원이 책임을 맡아서 법안 통과를 위해 노력했어요. 나는 당 총재로서 전체 과정을 책임지고 진행했고 이번에야말로 통과시켜야겠다는 각오로 총력을 다해서 지원했습니다. 민법 내 가족법은 제정 당시부터 여성차별 문제로 여성계로부터 많은 비판이 있었어요. 여성운동의 힘이 약했고 정치인들 대부분이 남성이었으며 당시 남성 중에서 양성평등에 관심을 갖는 사람은 극히 적었기 때문에 제대로 시정되지 않았어요. 그렇게 그 문제가 이어져왔고 변호사이기도 한 이태영 박사께서 가족법 개정을 위해 오랜 기간 노력했습니다. 이태영 박사님은 나와 아내하고는 아주 각별한 사이였고 그분 생각에 나는 전적으로 동의했어요. 그래서 내가 제1야당 총재가 된 이후 이 문제를 국회에서 적극적으로 공론화하여 법 개정을 위한 절차에 들어간 것입니다. 그때가 여소야대 국회였고 여성계도 적극적으로 나섰지만 이 법의 통과 과정은 쉽지 않았습니다.

— 어떤 면에서 어려움이 있었습니까?

법안이 확정되려면 국회에서 통과되고 대통령이 거부권을 행사하지 않아야 합니다. 여소야대 국회였지만 국회통과 과정부터가 쉽지 않았어요. 남성의원들이 대체로 이 법 개정에 대해서 적극적이지 않았고 내심 반대하는 경우가 많았습니다. 그것은 여야 상관없이 그랬고 다른 당보다 여성정책에 있어 진보적이었으며 내가 총재로 있는 평민당 소속 국회의원 중에서도 그렇게 생각하는 분들이 꽤 있었어요. 그러니 다른 당은 오죽했겠습니까. 그래서 쉽지 않았어요.

그래도 내가 김영삼 총재, 김종필 총재 등을 만나서 적극적으로 이야기하고 그 외 다른 국회의원들도 만나서 설득했어요. 그렇게 분위기를 만들어갔는데 그다음 고비는 정부 여당이에요. 노태우 대통령의 동의를 얻어야 했어요. 국회에서 통과시켜봤자 대통령이 거부권을 행사하면 결국 무산되는 거예요. 여소야대라고 해도 3분의 2가 안 되기 때문에 대통령이 거부권을 행사하면 그대로 끝나는 겁니다. 그래서 내가 노태우 대통령과 협의를 했습니다. 나는 노태우 대통령이 원하는 것 하나를 들어주면서 노태우 대통령에게 가족법 개정 수용을 설득하고 요구했습니다. 다행히 이야기가 잘 되었어요.

그후 국회에서 통과시키려고 했는데, 이번에는 여당인 민정당이 미온적으로 나왔어요. 나는 노태우 대통령에게 전화해서 "가족법 개정을 하기로 나와 합의해놓고 이렇게 약속을 어기면 어떡합니까? 대통령께서 여당에 이야기해서 법 개정에 협조할 수 있도록 해주십시오"라고 말했어요. 결국 노태우 대통령이 내 요청을 받아들여서 민정당에 지시했던 것 같습니다. 그래서 국회에서 간신히 통과된 것입니다. 1990년 초에 3당합당이 이뤄졌기 때문에 그때 통과되지 않았으면 언제 되었을지 알 수 없었을 것입니다.

━ 말씀을 들어보니 통과 과정이 쉽지 않았던 것 같습니다.

그랬어요. 나중에 법안 통과가 된 이후 내가 우리 평민당 의원들에게 역사적인 날이니 다 함께 박수를 치자고 했는데 그렇게 적극적이지 않았어요. 총재인 내가 강력하게 추진하니 마지못해 동의했지만 속으로는 동의하지 않은 의원들이 꽤 있었습니다. 불만을 갖고 있던 몇몇 국회의원들이 나한테 뭐라고 하기 힘드니 김원기 원내총무에게 "남자의 권리를 다 뺏는 것이 뭐가 좋아서 박수를 치고 싶었겠냐"고 볼멘소리를 했다고 하더군요. 그런 분위기였어요. 그렇게 어려운 과정을 거쳐 개정한 가족법은 여성의 사회경제적 권리를 획기적으로 개선하여 여성인권 신장에 중대한 의미를 갖고 있습니다. 그러한 점에서 나는 이 법의 개정에 주도적인 역할을 한 것에 대해서 큰 보람을 느낍니다.

3당합당으로 민주세력을 대표하게 된 평민당

━ 노태우 정권은 평민당과의 통합을 염두에 두고 있었다는 말이 있는데요.

네, 그랬습니다. 하루는 노태우 대통령이 나를 만나자고 해서 청와대로 갔어요. 노태우 대통령을 만나서 인사하고 자리에 앉자마자 내게 "김 총재, 이제 고생 그만합시다. 나와 같이하시지요. 그래서 김 총재가 이제는 좀 편히 사시는 게 좋지 않겠습니까? 나와 함께합시다" 이렇게 이야기했어요. 나는 그때 노태우 정권이 정계개편을 시도한다는 이야기를 들은 바 있었기 때문에 무슨 이야기인지 바로 알아들을 수 있었어요. 그러나 모른 척하고 "무슨 말씀입니까"라고 물었어요. 노태우 대통령은 구체적으로 "나하고 당을 같이합시다. 우리가 함께 당을 운영해서 좋은 일과 나쁜 일 모두 함께하면서 국가를 위해 힘을 합치는 것이 좋다고 생각합니다. 김 총재가 고생 많이 한 것을 나도 잘 알고 있습니다. 이제 그만 고생하시고 나와 같이 우리나라를 위해서 함께 일하는 것이 어떻겠습니까"라고 했어요.

나는 "내가 군사정부를 반대하고 5·17 쿠데타를 반대해서 사형선고까지 받은 사람인데 지금 와서 어떻게 그렇게 할 수 있겠습니까? 정치적 노선과 기반이 근본적으로 다른데 그렇게 합칠 수는 없는 것입니다"라고 답했어요. 노태우 대통령이 "김 총재, 그런 과거문제에 더 이상 얽매이지 말고 미래만 보고 앞으로 나갑시다"라고 했어요. 그래서 나는 이렇게 대답했습니다.

"안 그래도 지금 정계개편에 대한 여러 시나리오가 가동되고 있다는 이야기가 있고 나도 들은 바가 있는데요. 절대로 그렇게 하지 마세요. 여소야대라고 하지만 내가 제1야당 총재로서 노태우 대통령 국정운영에 협조할 것은 협조하면서 지금까지 큰 파국 없이 왔는데, 지금 무리하게 정계개편을 시도하면 그에 대한 반발이 격화되면서 국정운영에 도움이 되지 않을 것입니다. 지난 총선에서 야당이었던 사람들과 밀실에서 논의해서 하루 아침에 여당이 되도록 하면 그것을 국민들이 용납할 것 같습니까? 오히려 부정적인 영향만 클 것입니다. 그런 식으로 국민적 토론과 여론수렴 과정 없이 밀실에서 인위적으로 정계개편을 하면 국민통합에 부정적인 효과만 가져오게 됩니다. 서로 갈등하고 대립하던 국민들 사이에 화해와 연대의 고리가 형성되어야 국민통합이 되지, 그런 것 없이 정치인들끼리 일방적으로 합치는 것은 국민통합과는 아무런 상관이 없습니다. 그러니 지금 시도하는 정계개편은 노태우 대통령에게 아무런 도움이 되지 않을 것입니다. 내 말을 가볍게 듣지 마시기 바랍니다."

— 그러면 노태우 정권의 제안은 그것으로 끝이었나요?

그 이후 박철언 정무제1장관이 김원기 원내총무를 찾아왔어요. 만일 내가 통합에 응하면 다른 당과의 정계개편 논의는 중단하고 평민당하고만 통합하겠다면서 내 의향을 확인해달라고 했어요. 김원기 총무가 내게 보고를 했는데요. 그때 나는 "더 이상 그 이야기는 하지 마시오. 내 귀가 더러워지는 것 같으니 이제 이것으로 끝입니다. 박철언 장관에게 다시는 이 이야기를 하지 말라고 단단히 전하세요"라고 아주 단호하게 지시했어요. 그렇게 해서 그 이야기는 끝난 것입니다.

━ 박철언 장관이 또다시 의사타진을 했었군요.

박철언 장관은 나를 굉장히 좋게 생각했어요. 나도 박철언 장관이 북방정책을 기획하고 추진하는 것을 높이 평가했고 지지했습니다. 그래서 나와 박철언 장관은 사이가 좋았어요. 그런 것이 영향을 주었던 것 같습니다.

━ 3당합당에 대해서 어떻게 평가하십니까?

3당합당은 1987년 6월항쟁과 1988년 13대 총선에서 나타난 민주개혁에 대한 민의를 배신한 정치야합입니다. 또한 3당합당은 호남을 고립시키고 배제하는 것으로 지역감정, 지역갈등, 지역차별을 고착화시킨 아주 잘못된 일이라고 생각합니다. 역사를 후퇴시킨 일이었습니다. 우리 역사에 부끄러운 일이었어요. 나는 3당합당을 아주 비판적으로 생각합니다.

━ 3당합당은 내각제를 고리로 한 통합이었다고 볼 수 있는데요. 대통령님께서는 우리나라 현실에서 대통령중심제와 내각제 중에서 어떤 것이 더 바람직하다고 생각하십니까?

두 가지 모두 민주주의 제도로서 장단점이 있어요. 제일 중요한 것은 국민의 의사라고 생각합니다. 그렇게 볼 때 우리나라 국민은 대통령중심제를 선호합니다. 이것은 역사적인 배경이 있어요. 우리 역사에서 내각제는 제2공화국 장면 정부 때 1년 정도 했을 뿐이고 그 외 시기는 모두 대통령중심제였습니다. 군사독재 정권 시기에 우리 국민들이 원한 것은 직선제 개헌을 통한 대통령중심제였지 내각제는 아니었어요. 대통령중심제도 민주주의 원리에 기반한 것이고 내각제도 민주주의 원리에 기반한 제도입니다. 그런데 우리나라 국민은 자신들이 직접 최고통치자를 선출하기를 원해요. 그렇기 때문에 우리나라 현실에서는 대통령중심제가 맞습니다.

― 김영삼 씨와 김종필 씨가 3당합당에 응한 이유는 무엇이라고 생각하십니까?

두 사람이 응한 이유는 달랐다고 생각합니다. 김영삼 씨는 여소야대 국회에서 나와 평민당이 제1야당으로서 정국을 주도하는 것에 대한 소외감을 느끼고 다음 대선에서 반전의 계기를 마련하기 위한 목적으로 여당으로의 변신을 선택한 것 같습니다. 그래서 노태우 씨의 후계자가 되어 대선에 나설 생각이었던 것으로 볼 수 있습니다.

김종필 씨는 내각제를 관철시키려는 의도가 있었던 것 같습니다. 김종필 씨는 대통령직선제를 통해서 최고통치자가 되기는 어렵다고 판단했던 것 같았어요. 내각제가 되면 기회가 올 수 있을 것이라고 기대했던 것 같습니다.

― 1990년 3당합당은 충격적인 일이었습니다. 이 일을 어떻게 인식하셨고 어떻게 대응하셨습니까?

3당합당은 충격적인 일이었고 어떻게 그렇게까지 할 수 있는 지 의아했습니다. 여소야대 국회에서 진전되고 있던 민주화를 부정하고 오직 자신들의 집권만을 위해서 그동안 각종 피해를 받고 있던 호남을 배제하고 고립시키는 전략까지 사용하는 것을 보고 나는 분노했습니다. 인간적인 실망과 비애감까지 느꼈습니다. 결국 6월항쟁으로 나타난 국민들의 민주화 요구가 충분히 수용되지 않고 6·29 민주화선언을 통해서 애매하게 타협했던 결과가 그렇게 나타났다고 할 수 있습니다.

　　김영삼 씨가 여당으로 변신하면서 결국 나와 평화민주당이 민주세력을 대표하게 되었습니다. 이제 나와 평화민주당만 남게 된 것이지요. 어려운 상황이지만 좌절하지 않고 난국을 극복해야 한다는 각오를 다지게 되었습니다.

▬ 대통령님께서는 보수대연합에 맞서 민주대연합을 결집하기 위해 노력하셨습니다. 그 결과 1991년 4월 재야의 신민주연합과 통합해서 신민주연합당(신민당)이 나오게 됩니다.

　　재야세력 내에서 정치에 관심을 갖는 분들이 있었습니다. 평민당은 외연을 확장해야 했기 때문에 양측 사이의 이해관계가 일치했습니다. 그런 배경에서 통합하게 된 것입니다.

▬ 1991년 9월에는 통일민주당 내에서 김영삼 대통령의 3당합당에 반대한 인사들이 중심이 된 민주당과의 통합에 성공해서 신당인 민주당이 나오게 되었습니다.

　　원래 김영삼 씨와 함께 정치를 하다 3당합당에 반대해서 김영삼 씨와 결별한 분들이 민주당에 모여 있었습니다. 이기택 씨,

김정길 씨, 노무현 씨 등이 대표적인 분들이었어요. 나는 민주당과의 통합이 민주대연합에 중요한 의미를 갖는다고 판단해서 많은 노력을 기울였습니다. 사실 당세로 보면 신민당과 민주당 사이에 매우 큰 격차가 있었지만 나는 통합의 진정성을 보여준다는 차원에서 당 대 당 통합의 원칙 속에서 공동대표제를 받아들였고, 주요 당직에 민주당계 인사들을 대거 기용하는 등 파격적인 조치를 취했어요. 내가 알기로는 민주당 내에서는 우리와 합치면 흡수통합이 되기 때문에 통합에 부정적인 분들이 있었습니다. 내가 진정성을 갖고 민주당을 존중하는 태도를 보였기 때문에 그런 우려도 불식시킬 수 있었고 통합 이후에도 함께 잘 해나갈 수 있었습니다. 이런 것이 상대를 배려하는 통합의 정치라고 생각합니다.

━ 진보 진영에서는 재야 사회운동 세력이 대통령님께서 이끄는 정당에 편입되는 방식으로 정치에 참여한 것이 재야의 독자적인 정치세력화에 부정적인 영향을 주었다고 비판하기도 합니다.

　민주정치는 결국 선거에 의해서 결정이 나기 때문에 정당이 중요합니다. 그래서 정당을 발전시켜서 선거에 승리할 수 있도록 해야 합니다.

　정당 운영은 사회운동 운영과 다른 면이 많습니다. 현실 정치에서 성공하기 위해서는 정치적인 훈련이 필요합니다. 그렇기 때문에 재야에 있는 운동가들이 독자적으로 정당을 만들어서 현실 정치에서 의미 있는 역할을 하는 것은 생각보다 어렵습니다.

그런 점을 감안해야 한다고 생각합니다. 재야의 명망 있는 분들이 나와 결합해서 정치적으로 의미 있는 성과도 많이 냈어요. 이러한 것을 평가해야 한다고 생각합니다.

지방자치 선거 실시를 위한 13일간의 단식투쟁

━ 1990년 10월 지방자치 선거 실시를 위한 13일간의 단식투쟁을 하셨습니다. 대통령님의 단식투쟁 이후 우리나라의 지방자치제가 뿌리내리게 되었습니다. 먼저 대통령님께서는 1960년대 6대 국회 때부터 지방자치 선거 실시를 강조하셨습니다.

그때 나는 국회에서 기회가 될 때마다 정부를 상대로 지방자치 선거 실시문제를 질의했어요. 그러면 정부는 이런저런 핑계를 대면서 상황을 모면하려고 했어요. 가령 "준비가 부족하다" "뭐를 알아봐야 한다" 이런 식으로 답을 하면서 넘어가면 내가 다음에 잊지 않고 꼭 그 부분을 짚어서 집요하게 따져서 물었습니다. 그러면 또 이런저런 핑계를 댑니다. 논리가 궁색하고 말이 안 되는 이야기를 합니다. 사실 위에서 하지 않기로 한 것인데, 그렇게 말할 수는 없으니 논리가 성립이 안 되고 말이 꼬이는 것이었어요. 이렇게 내가 계속해서 이 문제를 물고 늘어졌기 때문에 나보고 사람들이 '미스터 지자제'라고 할 정도였어요.

━ 지방자치제가 필요한 이유는 무엇이라고 생각하셨습니까?

지방자치제를 해야만 민주주의가 뿌리를 내릴 수 있습니다. 국민들이 자신이 사는 지역의 일에 관심을 갖고 참여하는 과정

자체가 민주주의의 확산과 발전에 큰 역할을 하게 됩니다. 지방
자치제를 해야만 야당이 조직적으로 성장할 수 있고 정당정치
가 발전합니다. 그래야 정권교체도 가능하게 됩니다. 아무리 직
선제 개헌을 해서 민주화의 길을 열었다고 해도, 정권교체를 통
해서 민주세력이 국정에 참여할 수 있을 때 비로소 민주주의가
제대로 이뤄지고 있다고 할 수 있는 것입니다. 이를 위해서는
지방자치제를 통해서 야당이 조직적으로 성장하고 지역에 뿌
리내릴 수 있도록 해야 합니다. 나는 지방자치가 민주주의의 발
전에 아주 핵심적인 요소라고 생각합니다.

━ 정말 그렇습니다.

한 가지만 더 추가해서 이야기할게요. 지금 각 지역의 단체장
들이 자신들의 고장을 대표하는 축제나 행사 등을 기획해서 큰
인기를 끌고 있다고 합니다. 국민들에게 그 지역을 널리 알릴
수 있고 사람들이 그 지역을 찾아서 지역경제에도 큰 도움이 됩
니다. 이런 것은 과거처럼 관선 시장이나 군수들이 하기 힘들어
요. 이 사람들은 1년이나 2년 정도 근무하다가 다른 곳으로 가
고 임명권자의 눈치만 봅니다. 때문에 능동적이고 창의적인 일
을 하지 않고 사고 없이 지역 공무원 조직을 관리하는 데에만
관심을 둡니다.

반면 지방자치 선거를 통해서 선출된 사람들은 임기가 보장
되어 있고 재선을 할 수도 있기 때문에 성과를 내기 위해서 노
력하게 됩니다. 이러한 점도 중요하게 생각해야 합니다. 우리의
지방자치제 역사가 길지 않기 때문에 아직 부족한 것이 있고 개

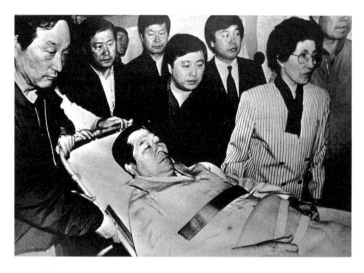

지방자치 선거 실시를 위한 단식투쟁(1990).
1990년 10월 김대중은 지방자치 선거
실시를 위한 단식투쟁을 결행했다.
김대중의 단호한 결심에 노태우 정권은
결국 지방자치 선거를 하기로 결정했다.

선해야 할 것도 있지만, 그렇다고 지방자치제에 대해 부정적으로 평가하는 것은 바람직하지 못합니다. 지방자치제를 더욱 발전시킬 수 있도록 건설적인 태도가 필요합니다.

— 대통령님께서는 특정한 이슈에 대해 반복해서 강조하신 경우가 많았던 것 같습니다.

이것은 내 정치적인 전략과 관계되는 것입니다. 자신이 강조하고자 하는 핵심적인 주장은 반복해서 이야기해야 합니다. 한두 번 이야기하고 끝나면 안 돼요. 아주 집요하게 반복해야 합니다. 사람들이 내 얼굴을 보면 가령 '지방자치제' '평화통일' '민주주의' 이런 개념과 핵심정책이 생각나도록 해야 해요. 나의 대표적인 정치적 목표와 정책에 대한 홍보에도 도움이 되고 일관성 있는 메시지로 인해서 국민적인 신뢰 제고에도 도움이 됩니다. 이것은 정치인에게 아주 중요한 요소입니다. 정치인들이 이러한 점을 유념하면 좋겠습니다. 나는 후배 정치인들에게 이런 이야기를 종종 해주곤 합니다.

— 독재정권이 지방자치 선거를 하기 싫어했던 이유는 무엇이라고 생각하십니까?

야당이 지방자치단체장이 되면 관권선거를 하는 것이 매우 어렵게 됩니다. 각종 이권 사업 등에 개입해서 부정한 부를 축적하는 것도 못하기 때문입니다.

— 1990년 13일간의 단식투쟁을 결심하신 이유는 무엇입니까? 지방자치 선거를 하기로 한 후에 단식투쟁을 중단하셨는데요.

1990년 초에 3당합당이 이뤄지고 지방자치 선거가 불투명하게 되었습니다. 이대로 두면 안 되겠다고 생각해서 단식투쟁을 하기로 한 것입니다. 그때 여당으로 넘어간 김영삼 씨가 찾아왔어요. 내가 "당신이 지금 여당으로 넘어갔다고 해서 지방자치 선거를 하지 않으려고 하는 것이 말이 되느냐"고 아주 강하게 항의했어요. 내가 단호한 입장을 밝히면서 단식투쟁을 이어가자 결국 노태우 정권이 지방자치 선거를 하기로 했습니다. 성공한 단식투쟁이었고 보람을 느낍니다.

━ 1991년 실시된 광역의회 선거에서 야당이 참패했습니다. 이 결과에 대해서 실망하셨을 것 같습니다.

지방자치 선거를 위해서 내가 그렇게 노력했는데 국민들에게 그 노력이 제대로 평가받지 못했다는 생각이 들어서 안타까운 심정이 들었던 것은 사실입니다. 그때 선거를 앞두고 발생한 정원식 국무총리 서리에 대한 밀가루 투척 사건이 야당에게 불리하게 작용했어요. 야당의 조직력이 아직 제대로 구축되지 못한 것도 영향을 주었습니다.

첫술에 배부르기는 어려운 일이지 않겠습니까. 역사를 잘 살펴보면 비약적인 도약도 알고 보면 차근차근 변화의 요인들이 쌓이고 쌓이면서 나타난 것이라고 할 수 있어요. 이때 실망스러운 결과를 얻었지만 우리가 꾸준히 노력해서 서울시장도 당선시킬 수 있었고 정권교체까지 이뤄낼 수 있었던 것입니다. 그렇게 길게 보면서 평가할 필요가 있습니다.

영광·함평 보궐선거와 초원복집

━ 1990년 3당합당 이후 여당인 민주자유당(민자당)의 정치에 대해서 어떻게 평가하십니까?

그렇게 무리한 방식으로 과도한 의석을 인위적으로 확보했기 때문에 국회운영에 있어서는 나름 융통성 있게 할 줄 알았어요. 그래야 덜 비난받을 테니까요. 그런데 전혀 그렇지 않았어요. 우리가 조금만 저항해도 무시했고 압도적인 의석수를 내세워서 국회운영을 자기들 마음대로 했습니다.

우리 국민들은 3당합당 이전 여소야대 국회를 통해서 견제와 균형의 중요성을 경험했고 다수 야당이 정국을 주도하는 것도 경험했습니다. 그런데 국민적인 동의도 없이 갑자기 3당합당을 통해 민의를 배반하고 그 이후에 독단적이고 패권적인 정치로 일관했어요. 여기에 국민들은 단호하게 반대했습니다.

그래서 1992년 봄 14대 총선에서 민자당이 과반 확보도 못 하는 패배를 당하게 되었어요. 노태우 정권은 권위주의 통치에 익숙한 사람들이기 때문에 여소야대 국회 상황을 체질적으로 견디지 못한 것입니다. 3당합당 이후 과거의 잘못된 구습으로 돌아간 것입니다.

━ 1990년 11월 서경원 의원의 지역구였던 영광·함평 지역에서 보궐선거가 시행되었는데요. 이때 대통령님께서는 지역구도 타파의 명분으로 영남 출신인 영남대학교 이수인 교수를 공천하셨습니다.

그때 보궐선거에서 한 석을 더 얻는 것은 국회운영하는 데 큰 영향을 주는 사안이 아니었습니다. 나는 호남을 배제한 3당합당에 대한 공세적인 대응 차원에서 영남 출신 후보를 공천해서 지역통합과 화합의 계기를 마련하는 것이 낫겠다고 판단했습니다. 처음에는 영남 출신 강문규 YMCA 사무총장에게 권했는데 그분이 거절했어요. 이야기를 해보니 거절 의사가 완강했습니다. 그래서 재야인사들과도 관계가 있던 이수인 교수에게 의향을 타진했더니 하겠다고 했어요.

그래서 공천을 했는데 영광과 함평 지역에서 난리가 났어요. 이수인 교수가 누군지도 모르는데 어떻게 투표를 하느냐고 지역 인사들의 항의가 빗발쳤습니다. 내가 함평에 있는 한 다방에서 지역의 목사님 20여 명을 만나서 이렇게 이야기를 했어요.

"목사님, 우리 모두 하느님의 자식이고 목사님께서도 신자들에게 그렇게 말씀하실 텐데요. 여기서 영호남의 구분이 어디 있습니까? 지역구 선거이기 때문에 지역 출신 인사에 대한 선호가 있는 것은 이해할 수 있으나 지역통합과 지역화해라는 더 큰 대의를 위해서 그런 것은 내려놓을 수 있다고 생각합니다. 내가 좀 있다가 지역주민들을 상대로 연설하기로 되어 있는데요. 만일 내 연설을 듣고도 지역주민들의 반대가 지속된다면 내가 포기하겠습니다. 그런데 만일 지역주민들이 내 뜻을 따르기로 하면 목사님들께서도 반대의사를 거두시고 내 뜻에 동참해주시면 고맙겠습니다."

그후 내가 연설을 했는데 영광과 함평의 지역주민들이 내 연설에 큰 박수로 화답했어요. 그런 과정을 거쳐서 이수인 후보가 공천을 받아 국회의원에 당선될 수 있었던 것입니다.

━ 1992년 2월 정주영 회장이 통일국민당을 창당해서 14대 총선과 14대 대선에 참여했습니다. 정주영 회장의 정계진출에 대해서 어떻게 평가하십니까?

정주영 회장이 경제발전에 기여한 공은 인정합니다. 다만, 그분은 정치와는 어울리지 않았다고 생각해요. 나는 정주영 회장과 대화를 많이 해봤기 때문에 그분에 대해서 어느 정도 안다고 생각하는데, 정주영 회장은 정치지도자로서 어울리는 분은 아니었다고 생각합니다.

━ 1992년 3월에 실시된 14대 총선은 민주당이 선전했고 민자당은 패배했다는 평가를 받고 있습니다.

민자당은 전보다 수십 석의 의석을 잃었고 민주당은 의석수를 늘렸기 때문에 그와 같은 평가가 나왔습니다. 3당합당과 같은 불의한 일에 국민들이 강력하게 경고한 것이었어요. 나는 선거 결과에 만족했고 다행스럽다고 생각했습니다.

━ 민자당의 대선후보로 김영삼 씨가 선출되었습니다. 여기에 대해서 어떻게 평가하십니까?

결국 김영삼 씨가 3당합당을 잘 이용한 것입니다. 나는 노태우 대통령이 김영삼 씨를 민자당 후보로 염두에 두지 않았다고 생각합니다. 그런데 김영삼 씨가 특유의 돌파력으로 후보를 쟁취했다고 볼 수 있어요. 김영삼 씨가 그런 면에서 상당한 능력이 있습니다.

▬ 14대 대선 과정을 보면 초원복집 사건이 크게 논란이 되었습니다. 처음 이 사건 소식을 들으셨을 때 어떻게 인식하셨습니까?

나는 초원복집 사건 소식을 들었을 때 김영삼 후보는 끝났다고 생각했어요. 그런데 보수 진영에 편향된 언론들이 지역감정을 부추긴 사실에 대한 문제제기를 제대로 하지 않고 도청한 사실에 초점을 맞춰서 대대적으로 보도했고 국민당이 여기에 제대로 대응하지 못했어요. 국민당이 내용에 문제가 있음을 강하게 지적하면서 나가야 하는데 그것을 제대로 못하면서 밀리더라고요. 국민당이 신생정당이다 보니 이런 중대한 사안에 대한 대응 능력이 떨어지는 것 같았어요. 우리는 당사자가 아니었기 때문에 개입하는 데에 한계가 있었어요.

결국 이 사건은 김영삼 후보 측에 오히려 유리한 결과를 낳았다는 평가가 나오게 됩니다. 오직 정략적인 목적 달성을 위해서 지역감정을 악의적으로 부추긴 일이었고 결과적으로 이것이 효과를 발휘했다는 점에서 우리 정치사에서 매우 아픈 역사로 기록될 일입니다.

▬ 14대 대선에서도 대통령님에 대한 용공음해는 여전했습니다. 이선실 간첩단 사건 및 중부지역당 사건을 통해서 대통령님에 대한 공세를 펼쳤는데요.

당시 정부 여당은 이선실 간첩단 사건과 중부지역당 사건을 통해 나에 대한 용공음해에 나섰어요. 동교동 집에서 이선실과 아내가 만났다는 루머도 퍼뜨리면서 이선실과 내가 관계가 있는 것처럼 분위기를 몰고 갔어요. 중부지역당 외에 다른 것도 있는 것처럼 대대적으로 선전하여 안보위기를 고조시키면서 김영삼 후보 측에 유리한 분위기를 만들려고 했습니다. 그런데 선거가 끝나니 흐지부지되었어요. 선거에 이용하려고 했다는 것을 알 수 있었지요.

━ 민자당은 대통령님에 대한 사상공세를 펼쳤습니다. 선거에서 경쟁하는 관계였지만 그래도 같이 민주화운동을 하기도 했던 김영삼 후보 측의 이러한 공세에 대해서 분노하셨을 것도 같습니다.

별로 분노하지 않았어요. 이미 1987년 13대 대선 때 군이 나를 비토한다는 주장을 하면서 나에 대한 사상공세, 색깔론 공세를 한 바 있었기 때문에 이것은 새롭고 놀라운 일이 아니었어요. 같이 민주화투쟁을 했던 민주정당의 대통령 후보에게 그러한 공세를 하는 것을 보면 그쪽의 정치적 양심과 도덕성이 어떤지 알 수 있습니다. 권력을 잡기 위해서라면 최소한의 상식과 양심도 버릴 수 있다는 것을 보여주는 사례라고 할 수 있어요.

━ 이때 TV 토론이 이뤄지지 않았습니다. 그 이유는 무엇입니까?

나는 하자고 했는데 방송사에서 미온적이었고 김영삼 후보도 피했기 때문에 성사되지 않았어요. 이것은 국민의 알 권리와 선거민주주의 차원에서 보면 잘못된 일이었어요. 대선후보의 TV 토론은 기본 중의 기본인데, 그조차도 이뤄지지 않았어요. 그때만 해도 우리나라의 민주화는 부분적으로 이뤄졌을 뿐이었습니다. 불공정하고 불공평한 룰이 많았고 언론의 편향된 보도가 일상적으로 이뤄져서 정치하기가 어려웠어요. 그것뿐만 아니라 관권선거, 금권선거로 공정한 선거라고 하기 힘들었어요. 그런 불리한 여건 속에서 1997년 대선에서 정권교체를 한 것은 정말로 기적 같은 일이었습니다.

▬ 1995년 10월 중국 방문 도중 기자회견을 갖고 1992년 대선에서 노태우 대통령으로부터 20억 원의 정치자금을 받았다는 사실을 공개하셨습니다.

그때 노태우 대통령이 김중권 정무수석을 보내서 만났어요. 김중권 수석은 노태우 대통령이 모든 대선후보에게 인사하는 것이라면서 격려금으로 20억 원을 건넸어요. 나는 내키지 않았는데 이것을 거절하면 노태우 대통령의 체면이 손상될 수 있고, 선거 공정성에 문제가 생길 수도 있다고 생각했어요. 그 돈을 받아 선거운동 하는 데에 보태서 썼습니다. 그때 나는 선거에 쓸 수 있는 자금을 확보한 상태였기 때문에 선거운동을 하기 위한 목적에서 그 돈을 받을 이유는 없었습니다.

이유야 어찌되었든 이것은 국민들에게 실망을 줄 수 있는 일인 것은 맞습니다. 이 일로 내가 비난을 받았는데, 억울하다고 생각하지는 않았어요. 내가 노태우 대통령에게 돈을 받은 것은 사실이니까요. 다만, 그때 노태우 대통령이 김영삼 후보 측에는 엄청난 자금을 지원했어요. 그것에 비하면 내가 받은 금액은 새 발의 피라고 할 수 있어요. 여하간 돈을 받은 것은 사실이기 때문에 내가 먼저 밝히고 국민들께 용서를 구했던 것입니다.

▬ 대선 패배 직후 정계 은퇴를 결심하셨습니다.

대통령 선거에서 세 번이나 떨어지니 절망적인 심정이었습니다. 실망도 크고 모든 것이 암담했어요. 2년 뒤면 내 나이도 일흔이 되니 이제 그만해야겠다고 생각했습니다. 그래서 정계 은퇴를 결심했습니다.

— 주변 사람들과 상의하셨습니까?

이런 일은 내가 결정해야지 주변 사람들과 상의하면 나를 붙들어달라고 요청하는 것과 다를 바 없어요. 그래서 상의하지 않았어요. 나의 독자적인 판단이고 결심이었습니다.

교황 요한 바오로 2세와 빌리 브란트 총리

— 1989년 2월에 유럽을 방문하셔서 교황도 알현하시고 유럽의 지도자들과 회동을 많이 하셨습니다. 그때 기억나시는 일화가 있다면 소개해주세요.

내가 교황을 알현하러 갈 때 열댓 명 정도 갔을 겁니다. 접견실에서 대기하고 있었는데 나와 아내만 들어오라고 해서 교황의 집무실로 들어갔습니다. 그때 교황을 가까이에서 뵀는데 나는 사람의 피부와 얼굴이 그렇게 맑고 깨끗한 분은 처음 봤어요. 정말 경이로웠습니다. 천주교에서는 교황을 하느님의 대리자로 생각하기 때문에 천주교 신자들은 교황에게 최대한의 경의를 표하곤 합니다. 그 자리에서 나도 그랬습니다.

교황께서 "나는 당신이 민주주의를 위해서 많은 고난을 겪은 것을 잘 압니다. 나는 오늘 이렇게 당신을 만난 것을 영광으로

교황 요한 바오로 2세 예방(1989).

김대중은 1989년 2월에 교황 요한 바오로 2세를
알현했다. 교황은 김대중에게 "당신이 민주주의를 위해
많은 고난을 겪은 것을 잘 안다.
오늘 당신을 만난 것을 영광으로 생각한다"면서
갖고 있던 십자가를 선물로 주었다.

생각합니다"라고 말씀해주셨어요. 나는 정말 큰 감동을 받았습니다. 교황께서는 나의 일행들과 함께 사진을 찍어주셨고 내게는 교황께서 갖고 계시던 십자가를 선물로 주셨습니다. 지금도 잊을 수 없는 참으로 감격스럽고 영광스러운 자리였습니다.

━ 1989년 10월 빌리 브란트 전 서독 총리가 방한해서 대통령님과 만나셨습니다. 두 분은 각별한 사이로 알려져 있는데요.

빌리 브란트 총리께서 방한하셨을 때 내가 정성을 다해서 모셨습니다. 워커힐에서 만찬 행사를 했고요. 그분은 1973년 납치 사건 이후 나에 대해서 관심을 갖고 나의 인권과 구명을 위해서 많은 노력을 해주셨어요. 특히 내가 1980년 사형선고를 받았을 때 아주 적극적으로 구명활동을 전개하셔서 내가 죽지 않고 살아나는 데에 큰 도움을 주셨어요. 그분께 깊은 감사인사를 했습니다.

브란트 총리가 방한했을 때 베를린장벽 붕괴 소식이 전해졌습니다. 그전에 브란트 총리께서는 독일 통일에 시간이 좀더 걸릴 것이라고 했어요. 그렇게 판단하셔서 방한하신 것인데, 베를린장벽 붕괴 소식을 듣고 부랴부랴 독일로 돌아가셨습니다.

1992년 10월에 그분이 서거하셨을 때 나는 14대 대선에 출마한 상황이라 갈 수 없었어요. 아내와 둘째 아들 홍업이를 보내서 조문하도록 했습니다. 그후에 내가 독일에 갔을 때 그분 묘소를 참배했습니다.

━ 1989년 2월 함석헌 선생께서 타계하셨습니다. 대통령님과도 많은 인연이 있었고 평소 존경하시던 분으로 알고 있습니다.

함석헌 선생님은 내가 많이 존경하던 분이었어요. 함석헌 선생님은 1979년 '민주주의와 민족통일을 위한 국민연합'에서 나와 윤보선 선생과 함께 공동의장을 맡아 민주화투쟁을 이끌기도 했습니다. 같이 강연도 했고 기회가 될 때마다 만나뵙고 정치현실뿐만 아니라 역사·종교 등 다양한 주제로 토론을 했습니다. 내가 여건이 되는 대로 도움도 드리면서 존경하는 어른으로서 잘 모시려고 했습니다. 선생님께서는 나를 아껴주셨고 성원해주셨습니다. 함석헌 선생님은 우리들에게 많은 가르침을 주신 이 시대의 참스승이었습니다. 내가 정말로 존경하는 분이었어요.

━ 노태우 대통령의 재임 시기 성과에 대해서 어떻게 평가하십니까?

노태우 대통령은 내치와 외치 사이에 차이가 컸어요. 내치는 3당합당에서 보듯 부정적인 면이 많았습니다. 공안정국을 조성하는 등 군사독재 정권의 잔재도 많이 남아 있었고요. 반면 외교와 남북관계에서는 큰 업적을 남겼다고 할 수 있어요. 북방정책을 통해 소련, 중국과 국교정상화를 했고 북한과 대화하면서 탈냉전 시대에 능동적으로 대응하려고 한 것은 높은 평가를 받을 만하다고 생각합니다.

영국 유학생활, 아태평화재단 창설

━ 대선 패배 이후 영국으로 유학 가시기 전에 주로 무엇을 하

함석헌 선생과 함께(1980).
김대중은 함석헌 선생과 정치현실뿐만 아니라
역사·종교 등 다양한 주제로 많은 토론을 했다.
1979년에는 김대중·함석헌·윤보선이
'민주주의와 민족통일을 위한 국민연합' 공동의장을
맡아 민주화투쟁을 이끌었다.

셨습니까?

대부분 집에 있었습니다. 심신이 지쳤기 때문에 휴식이 필요했습니다. 유학 준비도 했고요.

━ 1993년에 유학을 결심하신 이유는 무엇이고, 학교를 영국 케임브리지대학교로 결정하신 이유는 무엇입니까?

분위기 전환이 필요했어요. 대통령 선거에서 패배하고 정계도 은퇴한 상황에서 국내에 계속 있는 것은 도움이 안 된다고 생각했습니다. 그때가 미·소냉전이 해체되면서 새로운 시대가 열리고 있었기 때문에 그러한 국제정세의 흐름도 배우면서 앞으로 무엇을 할지 구상도 하고 싶었기 때문에 유학을 마음먹었던 것입니다.

내가 일본어를 잘하고 영어도 약간은 하는데, 일본은 지리적으로 너무 가까워서 고려하지 않았고 남은 대안은 미국과 영국이었어요. 그런데 미국은 내가 아는 사람이 참 많아요. 미국인도 그렇고 교포도 그렇고요. 그래서 미국으로 가면 조용히 있기 어렵겠다는 생각이 들어서 영국으로 정했습니다. 지금 주일대사를 하고 있는 라종일 교수가 케임브리지대학교 출신인데요. 케임브리지대학교로 가는 데에 라종일 교수의 도움을 받았습니다.

━ 케임브리지대학교 유학생활은 어땠습니까?

참 좋았습니다. 사람들도 모두 친절했고 조용히 사색하고 연구하기 좋은 곳이었어요. 나는 케임브리지대학교의 클레어홀에서 연구활동을 했어요. 책도 읽고 교수들과 세미나도 하고 식사에 초대받고 환담도 하면서 잘 지냈습니다. 케임브리지대학교

뿐만 아니라 옥스퍼드대학교, 런던대학교 등 영국의 유명한 대학에 가서 강연도 했고 세계적인 석학 앤서니 기든스 교수, 존 던 교수 등과도 만나서 긴 시간 동안 토론하기도 했습니다. 또 영국의 정치인들을 만나서 국제정세를 주제로 논의하기도 했어요. 참 행복한 시간이었습니다.

━ 영국에만 계시지 않고 다른 유럽 나라들도 방문하셨지요.

독일 통일이 1990년 10월에 이뤄졌기 때문에 내가 유럽에 갔을 때는 통일되고 얼마 지나지 않은 때였어요. 독일의 상황이 궁금했습니다. 같은 분단국가인 독일이 먼저 통일을 했으니 우리가 보고 배울 점이 많을 것이라고 생각했습니다.

그때 유럽통합이 가속화되면서 유럽공동체(EC)가 오늘날의 유럽연합(EU)으로 발전하는 과정이었기 때문에 이 문제에 대한 관심도 많았어요. 주로 영국에 있었지만 유럽 대륙도 돌아다니면서 변화하는 유럽의 질서, 세계 질서를 직접 보고 체험하려고 했습니다. 이는 우리에게도 시사하는 바가 매우 컸습니다. 한반도와 동북아시아, 동아시아 지역의 항구적인 평화와 공동발전을 위한 구상과 전략을 세우는 데에 도움을 얻고자 했습니다.

━ 케임브리지대학교에 계실 때 세계적인 천체물리학자인 스티븐 호킹을 만나신 것은 유명한 일화입니다.

케임브리지에 있을 때 스티븐 호킹 박사가 내 옆집에 살았어요. 그것도 참 우연인데, 그 덕분에 아주 귀한 분을 만날 수 있었어요. 알다시피 그분이 말씀을 하지 못하잖아요. 그래서 컴퓨터에서 나오는 소리로 의사소통을 합니다. 그분이 전동휠체어를

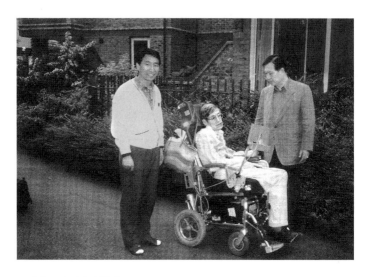

스티븐 호킹 박사와 함께(1993).

김대중은 케임브리지에 거주할 때 스티븐 호킹의
옆집에 살게 된다. 김대중은 호킹에게 불편한 몸으로
대단한 업적을 남긴 힘이 어디서 나오느냐고 묻는다.
호킹은 가족을 위해 가정경제를
책임져야 하기 때문에 열심히 일한다는
평범한 대답을 한다.

타고 이동하는데, 내가 사는 집의 테라스 앞에 그분이 오면 인사도 하고 서로 웃기도 하면서 잘 지냈습니다.

내가 좀 친해져서 한번은 호킹 박사에게 "박사님께서는 건강이 좋지 않기 때문에 활동하는 것도, 연구하는 것도 힘들 것 같은데 이렇게 대단한 학문적인 업적을 남긴 것이 너무 놀랍습니다"라면서 "그와 같은 힘이 어디서 나오나요"라고 물은 적이 있었어요. 그랬더니 그분이 "내게 아내가 있고 자식들이 있기 때문에 가정경제를 책임지기 위해서 열심히 일해야 합니다" 이렇게 대답을 했어요. 어떻게 보면 참 평범한 내용의 답인데 '저렇게 위대한 분도 다 비슷한 생각을 하면서 사는구나' 하는 생각을 했습니다.

— 6개월 정도 유학생활을 하셨는데 원래 그 정도 일정을 계획하셨습니까?

내가 출국할 때는 1년 정도 있을 생각이었어요. 그런데 북한이 NPT 탈퇴 선언을 하면서 1차 북핵위기가 고조되었는데 이에 대한 해법을 잘 만들어내지 못하더라고요. 이것이 잘못되면 군사적 긴장이 격화될 수 있어서 불안한 마음에 유학생활을 계속하기 힘들겠다는 판단을 하게 되었습니다. 그래서 반년 만에 정리하고 들어온 것입니다.

— 독일에 방문하셔서 바이츠제커 대통령을 만났습니다. 독일 통일에 대한 이야기를 하셨을 것 같습니다.

독일에 가서 바이츠제커 대통령을 만났어요. 바이츠제커 대통령은 내가 사형을 선고받았을 때 구명운동을 한 내 은인이고 나와 아주 가까운 사이였지요. 여러 좋은 대화를 나눴고 베를린에서 동독경제를 전문으로 연구하는 학자들도 만났습니다.

이분들이 이구동성으로 동독경제가 그렇게 나쁜 상태인지 몰랐다고 놀라워했어요. 경제 관련 통계 등이 정확하지 않기 때문에 실제 상황은 더 나빴다고 해요. 동독경제를 재건하는 데 서독이 원래 예상했던 것보다 훨씬 많은 돈이 필요했다고 합니다. 그때 서독경제가 일본 다음인 세계 3위 정도였을 거예요. 서독이 그 정도로 세계적인 경제강국이었기 때문에 버텼지 안 그랬으면 독일 전체가 휘청거렸을 것이라고 하더군요.

그런 경제적인 문제도 있고 정서적인 문제, 사회문화적인 문제도 있었어요. 동독 사람들은 자유가 없는 통제사회에서 살다 보니 자유주의 시장경제 시스템으로 유지되는 서독의 방식에 잘 적응하지 못했다고 합니다. 동독에서는 위에서 시키는 대로 따르기만 하면 되기 때문에 자유는 없지만 복잡하게 생각할 것 없이 지내면 되는데, 서독은 자유민주주의 국가여서 자신이 스스로 판단해서 해야 할 일이 아주 많아요. 동독 사람들이 이런 것에 매우 혼란스러워했습니다.

그리고 서독이 흡수통일을 한 것이잖아요. 그렇다 보니 동독 사람들이 2등 국민인 것처럼 소외감을 느끼는 경우가 많았다고 합니다. 바이츠제커 대통령도 이러한 점을 우려했습니다. 내가 평소에 상호공존적인 통일이 필요하다고 강조했지요. 독일통일의 실상을 확인하면서 남북한은 절대로 흡수통일해서는 안 되고 단계적이고 상호공존하는 통일을 해야 한다는 사실을 더욱 확신하게 되었습니다.

— 1994년 1월에 아시아태평양평화재단을 창설하시고 이사장을 맡으셨습니다. 아태평화재단을 설립하신 이유는 무엇이며 어떤 활동 계획을 갖고 계셨습니까?

한반도와 아시아 지역의 평화와 공동번영을 위한 활동을 해야겠다고 생각해서 그렇게 작명했습니다. 미·소냉전도 끝났고 독일 통일도 이뤄지면서 우리에게 커다란 기회의 문이 열렸다고 볼 수 있었어요. 여기에 제대로 대처하기 위한 비전과 전략이 필요하다고 생각했어요. 아태평화재단은 학술연구사업을 기본으로 하고 아카데미 개설 등 교육사업, 국내외 다양한 기관과의 연대활동을 했습니다. 학술연구사업의 결과로 『김대중의 3단계 통일론』을 출간한 것이 기억에 남습니다. 그때 내가 삼고초려해서 영입한 임동원 당시 사무총장을 중심으로 낸 연구서가 바로 『김대중의 3단계 통일론』이었어요.

— 임동원 장관 영입 과정이 궁금합니다.

농담을 섞어서 말하면 요조숙녀 같은 사람을 소도둑놈이 훔쳐온 것과 비슷하다고 할 수 있어요. 임동원 장관은 군 출신으로 외교안보 분야의 고위직을 역임한 분이기 때문에 정치와는 무관했고 민주세력과는 인연이 없던 분이었어요. 임동원 장관이 노태우 정부 때 남북대화에 깊이 관여했는데, 그때 하는 것을 보니 아주 유능하고 합리적이었고 내 생각과 비슷했어요.

임동원 장관이 노태우 대통령 임기 말에 통일부 차관까지 했고 그 이후 공직에서 물러나 연구활동을 하고 있었을 거예요.

아태평화재단 창립(1994).
김대중은 1994년 1월 한반도와 아시아 지역의 평화와
공동번영을 위해 아태평화재단을 설립했다.
아태평화재단은 학술연구사업을 기본으로 하고
아카데미 개설 등 교육사업,
국내외 다양한 기관과의 연대활동을 했다.

그때 내가 아태평화재단을 준비하며 임동원 장관을 영입해야 겠다고 마음먹고 접촉했어요. 처음에는 그분이 거절했습니다. 그런데 내가 쉽게 그만둘 사람이 아니지요. 끈질기게 설득해서 결국 나와 함께 아태평화재단 활동을 했고 내가 대통령이 된 후에는 남북관계와 외교안보 분야에서 중책을 맡아 중요한 일들을 했습니다. 임동원 장관은 참 훌륭하고 뛰어난 분입니다. 내가 그분에게 많은 것을 배웠어요.

1차 북핵위기와 한반도 평화를 위한 실천

— 1993년 3월 북한이 NPT 탈퇴를 선언하면서 1차 북핵위기가 시작되었습니다.

그때 북한은 국제적으로 심하게 고립되어 있었습니다. 북한의 전통적인 우방인 러시아와 중국은 남한과 수교했는데 북한은 미국·일본과 수교하지 못했습니다. 동유럽 사회주의 정권은 도미노처럼 무너지면서 자유시장 경제체제를 받아들였어요. 북한은 심하게 고립되었고 경제상황도 악화되었습니다. 자신들의 재래식 무기로는 한국과 미국을 상대하는 것이 불가능했고 돈이 없기 때문에 새로운 무기를 사서 무장하는 것도 어려운 상황이었습니다. 주민들이 먹고사는 것을 걱정할 정도로 경제상황이 나빴으니 좋은 무기를 살 돈도 없었고 국제정세는 자신들에게 불리하게 전개되고 있는 사면초가의 상황이었지요.

북한은 핵개발 프로그램을 가동해서 공포의 균형을 통해 안보를 확립하겠다는 생각을 한 것입니다. 그러면서 미국과의 협상을 통해 자신들의 안전을 확보하고 중국과 같은 경제발전의 길을 열려고 했던 것입니다. 나는 북한의 의도가 거기에 있다고 판단했고 그것은 정확했습니다.

북한의 핵개발을 막으려면 북한이 국제사회에 편입해서 살아갈 수 있도록 유도하고 한반도 평화체제를 구축하는 것이 필요하다고 생각했습니다. 이것을 미국을 중심으로 한 국제사회에 설명하면서 북핵문제 해결을 위한 노력을 했던 것입니다.

━ 1994년 봄 한반도 전쟁위기가 고조된 후 5월에 미국에 가셨습니다. 내셔널프레스클럽 연설에서 지미 카터 전 대통령의 방북을 통한 협상을 제안하셨는데요.

그때 카터 대통령은 북한에 가서 중재할 생각을 갖고 있었는데 클린턴 정부가 못 가게 했어요. 외교문제의 경우 우리나라도 그렇지만 미국도 정부가 반대하는 일을 전직 대통령이 하기는 어려운 것입니다. 그런데 나는 카터 전 대통령이 방북하면 고조되는 전쟁위기를 해소하고 협상 성공의 중요한 전기가 마련될 수 있다고 생각했어요. 북한은 김일성이 모든 것을 결정하는 1인 독재국가이기 때문에 미국의 전직 대통령이 방북하면 김일성의 체면을 살려주게 되고, 그러면 김일성이 전향적인 조치를 취할 것이라고 판단했던 것입니다.

나는 내셔널프레스클럽에서 연설하기 전날 밤에 직접 카터 대통령한테 전화를 걸었어요. 내가 부족한 영어로 카터 대통령에게 내 구상을 설명하고 내일 연설에서 당신을 북한에 특사로

미국 내셔널프레스클럽 연설(1994).
김대중은 내셔널프레스클럽 연설에서
고조되는 전쟁위기를 해소하기 위해
지미 카터 전 대통령이 방북을 해야 한다고
제안했다. 카터가 김일성을 만난 이후
미국과 북한 사이의 협상의 돌파구가
마련되어 전쟁위기를 해소할 수 있었다.

보낼 것을 미국 정부에 제안하려고 하는데 수락할 의사가 있는지 타진했어요. 카터 대통령은 좋다고 승낙했습니다. 그래서 공식적으로 제안하게 된 것입니다. 그때 내셔널프레스클럽 연설은 미국에서도 중요하게 받아들여졌고 많은 사람이 봤습니다. 결국 미국에서도 군사적인 행동을 하기 전에 카터 전 대통령을 북한에 보내서 마지막 협상을 해보자는 여론이 형성되어 미국 정부가 결심하게 되었습니다.

그때 클린턴 정부가 전쟁을 하고 싶어서 그렇게 상황이 악화된 것이 아니었어요. 미국 정부는 북한과의 외교 협상의 경험이 사실상 전무하다시피 했고 북한은 1인 독재국가이기 때문에 같은 동양권 공산주의 국가인 중국과도 다른 특성을 갖고 있었습니다. 미국 정부는 북한의 태도에 대한 이해가 부족했고 해결의 실마리를 찾지 못해 어쩔 수 없이 군사적인 방안을 고민했던 것이거든요. 미국과 북한 모두 협상을 통해서 문제해결을 하려는 생각 자체가 없었던 것이 아니었습니다. 그래서 카터 전 대통령이 북한에 가서 결국 성공했고 전쟁위기가 해소되었습니다. 정말 아슬아슬한 순간이었어요. 그때 전쟁위기를 해소하는 데에 내가 중요한 기여를 할 수 있던 것을 다행스럽게 생각합니다.

▬ 카터 대통령이 방북하기 전에 한국에 왔는데 만나셨습니까?

아니요. 못 만났습니다. 카터 대통령은 당연히 나를 만나려고 했는데 김영삼 정부가 반대했어요. 미국의 전직 대통령이 한국 정부의 반대를 무시하기는 어려운 일이지요. 김영삼 정부는 내가 부각되는 것이 싫었던 것입니다. 나는 이미 내가 할 일은 했고 이런 일로 카터 대통령에게도 부담을 주고 싶지 않아서 만남을 무리하게 추진하지 않았어요.

━ 대통령님께서는 협상을 통한 문제해결에 뛰어난 능력을 갖고 계셨다고 평가할 수 있습니다. 그 이유는 무엇이라고 생각하십니까?

어떤 일이 발생하면 관계된 정보를 최대한 확보해서 분석합니다. 이때 감정과 선입관을 배제하고 있는 그대로의 객관적 현실을 파악하려는 자세가 중요합니다. 이성적이고 과학적인 태도를 뜻합니다. 그와 함께 중요한 것은 관계된 사람, 국가의 입장을 이해하면서 그들의 의식과 이해관계가 무엇인지 파악하는 노력이 필요합니다. 그것을 그들의 입장에서 생각하려고 합니다. 상대의 속내를 가급적 최대한 정확하게 파악해야만 올바른 처방이 나올 수 있는 것 아니겠습니까. 한쪽만 그래서는 안 되고, 다른 쪽도 마찬가지로 파악해야 해요. 기본적인 지식을 바탕에 두고 각자의 상황과 입장을 놓고 조율해보는 것입니다.

과정도 중요해요. 결국 사람이 하는 일입니다. 그렇기 때문에 수학공식에서 답을 찾는 것처럼 숫자를 바꿔 넣는다고 해서 바로바로 결과가 나오는 것이 아닙니다. 정서와 문화 등 주관적인 요소까지 고려한 전략을 세워야 하는 것입니다. 그렇게 하면 가장 최적의 대안을 마련할 수 있어요. 내가 카터 대통령의 방북을 제안한 것도 미국과 북한 양측의 입장을 고려해서 나온 방안이었고 그랬기 때문에 성공할 수 있었던 것이었어요.

━ 1994년 7월 북한의 김일성이 사망했습니다. 한반도 정세에

큰 영향을 줄 수 있는 일이었는데요. 김일성 사후 북한이 어떻게 될 것이라고 판단하셨습니까?

북한은 김일성 1인 독재국가였고, 북한에서 김일성의 영향력은 아주 막강했기 때문에 북한이 상황을 수습하는 데에 시간이 걸릴 것으로 봤는데요. 그것 때문에 북한이 흔들리지는 않을 것이라고 판단했습니다. 왜냐하면 북한은 오래전부터 김일성의 아들 김정일을 후계자로 내정했고, 이미 권력의 상당 부분을 김정일이 갖고 있었기 때문에 갑자기 흔들릴 상황은 아니라고 생각했습니다. 실제로 그랬어요. 그런데 그때 북한붕괴론을 주장한 사람들이 상당히 있었습니다. 이 사람들은 김일성이 죽어서 북한이 무너진다고 생각했던 것입니다. 여기서도 알 수 있지만, 어떤 사실을 분석하는 데에 객관성을 유지해야 합니다. 그렇지 않으면 잘못된 판단을 하게 됩니다.

━ 이른바 김일성 조문파동에 대해서 어떻게 생각하셨습니까?

그것은 아주 잘못한 일이었습니다. 그때 김영삼 정부는 김일성과 정상회담을 준비 중인 상황이었어요. 그러다가 갑자기 김일성이 사망하면서 못 하게 된 것입니다. 정상회담까지 하려는 상대가 죽었으면 외교적인 관점에서 기본적인 예의를 나타내는 것이 맞습니다. 그런 관점에서 조문의 필요성을 이야기한 사람들을 마치 역적처럼 몰아서 색깔공세를 하니 북한은 여기에 상당히 분노했어요.

이후 북한붕괴론이 퍼졌어요. 여기에 북한의 경제난과 식량난까지 겹치면서 북한붕괴론의 위세는 상당했습니다. 그때 내가 김영삼 대통령을 청와대에서 만났는데, 김영삼 대통령이 위성 사진 등을 보여주면서 북한이 곧 붕괴해도 이상할 것이 없을 정도로 어려운 상황에 있다고 한 적이 있습니다. 나는 그런 정보를 갖고 있지 않았기 때문에 거기에 대해서 어떻다고 평가할 수 없었어요. 다만 전체적인 흐름에서 볼 때 북한이 붕괴한다고 단정하기 어렵기 때문에 상황을 잘 관리하면서 유연하게 대처하는 것이 필요하다는 정도로 답을 했어요. 결국 조문파동에 이어서 북한붕괴론까지 나오면서 남북관계는 최악의 상황으로 악화되었습니다. 잘못된 판단으로 그렇게 한 것인데 결국 우리만 피해를 보게 된 것입니다.

— 어떤 면에서 그렇게 판단하십니까?

단적인 예가 바로 제네바 합의였습니다. 북한의 핵프로그램 동결의 대가로 미국이 북한에 경수로를 지어주기로 했어요. 경수로 건설비 46억 달러 중에서 우리가 70퍼센트에 해당하는 32억 달러를 부담하기로 했어요. 돈은 우리가 제일 많이 부담했는데 우리 목소리를 그만큼 반영하지 못했어요. 우리만 큰 손해를 본 것입니다. 남북관계가 완전히 단절되어서 내가 집권한 이후에 이것을 복원하기 위해 초반에 상당한 노력과 시간이 들었어요. 김영삼 정부 때 남북관계가 그렇게까지 악화되지 않았다면 내가 집권해서 북한과의 협상을 좀더 빨리 이뤘을 것이고, 새로운 차원의 교류가 진전되었을 것입니다.

— 김일성에 대해서 어떻게 평가하십니까?

김일성이 항일독립운동을 한 것은 인정할 만하고 공로가 있습니다만, 그 이후부터는 문제가 많았습니다. 그가 전쟁을 일으켜서 수많은 사람을 죽게 만든 것은 결정적인 과오였습니다. 다른 공산주의 국가들과 비교해봐도 아주 철저한 독재체제를 구축해서 1인 독재국가를 만들었어요. 이러한 것은 민주주의와는 배치된 것입니다.

━ 김일성이 대통령님과 민족문제에 대해서 논의할 수 있는 인물이라고 평가했다는 말도 있습니다. 여기에 대해서 아시는 바가 있습니까?

알고 있어요. 내가 그것 때문에 얼마나 고생했는지 모릅니다. 북한에서 무슨 궐기대회 같은 것을 해서 "남한의 민주화를 지지한다" "김대중을 지지한다"는 구호를 외쳤다고 합니다. 군사독재 정권에서는 이것을 갖고 '북한이 김대중을 지지한다' '김대중의 사상이 의심스럽다'는 식으로 이용했어요. 나만 중간에서 힘들었습니다. 이대로 두면 안 될 것 같아서 일본의 우쓰노미야 도쿠마 선생께 편지를 보냈습니다. 이분은 자민당 내 비둘기파인 아시아아프리카연구회를 이끈 거물 정치인이었는데, 1차망명 때부터 나하고 가까이 지냈고 북한하고도 잘 통했어요. 내가 우쓰노미야 선생께 편지를 보내서 북한이 그런 행동을 하지 못하게 해달라고 요청했어요. 북한이 나를 골탕 먹이기 위해 일부러 그런 것인지는 알 수 없지만 그것 때문에 나는 곤혹스러웠습니다.

━ 감옥에 계실 때 김일성과 민족문제에 대해 토론하는 것을 가정하며 김일성과 장기 두는 것을 상상하시기도 했다고요.

그랬습니다. 만약 김일성을 만나게 되면 결국 남북관계에 대해서 이야기를 하게 될 텐데, 김일성의 수를 미리 생각해보고 김일성이 이럴 때는 나는 저렇게 한다, 김일성이 저렇게 하면 나는 이렇게 한다, 이런 식으로 혼자 앉아서 구상을 해본 것이었어요. 결국 김일성과는 대화를 못 했고 김정일과 협상을 하게 되었는데 6·15 선언에서 보듯 아주 잘 되었습니다.

아시아 민주주의에 대한 세계적인 논쟁

━ 대통령님께서는 1994년 『포린 어페어스』(Foreign Affairs)지에 「문화는 운명인가?」(Is Culture Destiny?)라는 글을 기고하셨습니다. 이 글은 싱가포르 리콴유 총리의 주장을 반박한 것으로서 당시 아시아 민주주의에 관한 세계적인 논쟁을 촉발시켜서 매우 유명합니다. 당시 이 글을 쓰신 배경에 대해서 말씀해주시지요.

그때 싱가포르의 리콴유 총리가 민주주의는 서구문명의 산물이고 이것이 아시아 문화와는 어울리지 않는다는 주장을 펼쳤습니다. 서구사회의 자유주의와 개인주의 문화가 현대사회의 여러 병폐를 초래한다면서 동양의 공동체주의적 문화와 전통에 강점이 있다는 점을 강조했어요. 리콴유 총리의 주장은 아시아적 특수성이 존재한다는 것이고 이를 통해 급속한 경제개발이 가능했다는 것입니다. 이 주장은 결국 개발독재를 옹호하는 논리였고 박정희 정권 시절에 나왔던 한국적 민주주의와 기본적으로 비슷한 맥락에서 나온 것으로 문제가 있는 주장이었습니다.

여기에 더해서 리콴유 총리는 서구 언론과 지식인을 상대로 이와 같은 주장을 펼치고 있었습니다. 리콴유 총리의 대담이 『포린 어페어스』에 실렸는데 거기서도 그와 같은 주장을 했어요. 나는 이 주장 자체가 잘못되었을 뿐만 아니라 서구사회에 아시아 민주주의에 대한 왜곡된 인식이 형성될 것을 우려했습니다. 그래서 내가 『포린 어페어스』에 글을 기고하기로 마음먹고 연락했더니 글을 보내라고 했어요. 그렇게 해서 게재된 것입니다.

— 대통령님의 기본적인 입장은 무엇입니까?

사상과 가치로서의 민주주의는 동서양 구분할 것 없이 오래전부터 공통적으로 나타난다는 것이고, 제도로서의 민주주의는 근대 시기에 서양에서 발전했다는 것입니다. 맹자의 '방벌론'(放伐論)은 백성이 악정을 하는 위정자를 내쫓을 수 있다고 했습니다. 이는 근대 시기 서구에서 나온 국민주권 사상과 연결되는 것으로서 민주주의 사상의 역사적 발전을 이해하는 데 중요한 의미가 있습니다. 불교의 만유불성(萬有佛性) 사상도 민주주의 관점에서 해석할 수 있는 내용이기도 해요.

우리나라의 역사를 봐도 백성의 권리를 더욱 강화하는 방향으로 발전했던 것을 확인할 수 있습니다. 동학의 인내천(人乃天)과 사인여천(事人如天)을 보세요. 인내천, 사람이 곧 하늘이라는 생각. 사인여천, 사람 섬기는 것을 하늘 섬기듯 하라는 가르침. 이런 것은 다 민주주의적인 가치와 사상을 그대로 보여주는 것입니다. 이렇게 우리나라를 포함한 동양문화에도 민주주의의 뿌리와 사상, 전통이 풍부하게 있습니다.

다만 제도로서의 민주주의, 민주주의의 가치와 사상을 제도로 만들어낸 것은 서양이 앞선 것은 분명합니다. 그것은 서구문명의 위대한 창조물이라고 할 수 있습니다. 그것은 인정해야 합니다. 오늘날의 선거, 의회, 권력구조 등의 발전을 서구사회가 선도한 것은 분명한 사실입니다.

그러나 오늘날 대부분의 나라가 채택하고 있는 민주주의 관련 각종 제도가 서구에서 만들어졌다고 해서 민주주의 자체가 서구의 고유한 산물이라고 주장하는 것은 어불성설입니다. 그건 아니에요. 제도보다 더 근본적이고 사람들 삶 속에 뿌리박혀 있는 가치와 사상으로서의 민주주의는 동양과 서양에서 공통적으로 나타납니다. 그래서 내가 리콴유 총리의 주장에 반론을 제기한 것입니다.

— 『포린 어페어스』지에 기고한 이후 반응은 어땠습니까?

아주 반응이 좋았습니다. 내가 기고한 것이 1994년인데, 아직까지도 내 글을 보고 설득력 있고 감명 깊게 읽었다고 말하는 사람들이 있어요. 리콴유 총리의 논리는 그 자체로도 문제이지만 그 논리가 서양 사람들에게 영향을 주어서 아시아에는 민주주의가 적합하지 않다는 시각을 갖게 한 것이 더 문제라고 생각했어요. 그래서 내가 일부러 『포린 어페어스』 같은 국제적인 저널에 기고한 것입니다. 아시아에 리콴유와 같은 사람만 있는 것이 아니라 김대중 같은 사람도 있다는 것을 보여주려고 한 것이었습니다. 그 점에서 성공했다고 생각합니다.

정계 복귀

— 이기택 민주당 대표의 당 운영에 대해서 어떻게 평가하십니까?

이기택 씨는 야당 대표로서 나를 견제하는 데에 초점을 두었어요. 나는 대선 전에 약속한 대로 이기택 씨가 당권을 잡을 수 있도록 1993년 민주당 당권선거에서 이기택 씨를 지원했어요. 그런데 이기택 대표는 나와 동지들의 선의를 잘 받아들이지 않았고 도리어 우리를 의심하고 견제했어요. 참 이해가 안 갔어요. 내가 정계 은퇴를 했지만 수십 년간 나와 함께해온 동지들, 나를 지지하는 사람들이 당내에 많기 때문에 이기택 대표는 이 사람들과 협력하면서 자신의 뜻을 펼쳤어야 했는데 그렇게 하지 않았어요. 그런 것이 지속되면서 갈등 요인이 되었습니다. 결정적인 것은 1995년 지방선거에서 서울시장과 경기도지사 후보 문제였습니다. 오래전부터 누적된 일이 이때 터진 것이었어요.

— 1995년 지방선거에서 서울시장과 경기도지사 후보 선정으로 이기택 대표와 갈등이 격화되었습니다.

나는 서울시장과 경기도지사 후보로 조순과 이종찬 두 분이 나서면 완벽하게 승리할 수 있다고 판단해서 이기택 대표에게 그렇게 추천했어요. 그런데 이기택 대표가 경기도지사 후보로 이종찬 씨 대신 장경우 씨를 추천해야 한다고 주장했어요. 내가 보기에 장경우 씨로는 승리하기 어려웠습니다.

나는 장경우 씨를 만나서 "당신은 국회의원 선거에 나서면 당선될 수 있지만 경기도지사 선거는 어렵습니다. 그런데 경기 도지사 선거에서 패배하면 다음 국회의원 선거에 나서는 것이 쉽지 않으니 이번에 포기하는 것이 당신의 정치적인 장래를 위해서도 좋습니다"라고 조언했는데, 이기택 대표의 뜻을 이야기하면서 내 말을 듣지 않았어요.

내가 이기택 대표를 만나 서울과 경기도에서 승리하면 지방 선거에서 대승했다는 평가를 받게 되니 제발 그렇게 하자고 사정하면서 설득했지만 내 말을 듣지 않았어요. 나는 그때 이기택 대표에게 크게 실망했고, 이기택 대표가 정치지도자로서 능력이 부족하다는 생각을 하게 되었습니다.

━ 1995년 지방선거 지원유세를 하시면서 지역등권론을 내세우셨는데요. 이에 관해서 진보 진영 내에서도 비판의 목소리가 나오기도 했습니다. 당시 지역등권론을 내세우신 이유는 무엇이며, 비판에 대해서는 어떻게 생각하십니까?

나는 지역감정이라는 말이 진실을 정확히 표현한다고 생각하지 않습니다. 현실은 호남에 대한 차별과 배제예요. 그냥 지역감정이라고 하면 대등한 사람들끼리 여러 이유로 마음이 틀어져서 대립하는 것으로 볼 수 있지 않겠습니까. 실제 문제가 되는 부분은 호남에 대한 차별과 배제입니다. 나는 이 문제를 그냥 외면할 수 없다고 본 것입니다.

다른 민주주의 선진국을 보면 특정 지역에서 특정 정당에 대한 지지가 높게 나오는 현상이 나타나는데, 그것의 역사적인 배경이 다 있습니다. 그것을 인정하고 연합정치를 하기도 하고, 그 지역의 정체성과 정치적 입장을 존중하면서 국가를 운영하는 모습을 볼 수 있습니다. 내가 말한 지역등권론도 그런 배경에서 말한 것입니다.

박정희 정권 이래 호남이 정치·경제·사회·문화 등 전 분야에서 차별받고 소외받은 것은 명백한 사실입니다. 이에 저항하는 호남을 3당합당을 통해 고의적으로 배제하기도 했어요. 이런 상황에서 호남 사람들이, 호남의 정치인들이 더 이상의 차별을 거부하고 다른 지역과 동등하게 살고 싶다고 요구하는 것이 문제라고 할 수 있습니까? 나는 호남이 다른 지역보다 더 혜택을 받아야 한다고 주장하지 않습니다. 호남이 더 이상 차별받아서는 안 되고 다른 지역과 동등한 대우를 받아야 한다고 주장한 것입니다. 이러한 주장은 민주주의에 부합하는 것입니다.

━ 1995년 7월 정계 복귀를 선언하셨습니다. 정계 복귀를 결심하게 된 원인은 무엇입니까?

두 가지 이유 때문이었습니다. 하나는 내가 아직은 더 할 수 있을 것 같다고 생각했기 때문입니다. 주변에서 프랑스의 미테랑 대통령이 세 번 떨어지고 네 번째에 당선되었다는 이야기를 하면서 내게 정계 복귀를 권하기도 했는데 이 말에 힘이 난 것은 사실입니다. 두 번째로는 이기택 대표가 하는 것을 보면서 이기택 대표로는 더 이상 안 되겠다는 생각이 들었기 때문입니다. 그래서 정계 복귀를 결심하게 되었지요.

― 민주당을 통한 정계 복귀가 아닌 신당을 만들어서 하신 이유는 무엇입니까?

쉬운 결정은 아니었습니다. 민주당이 갖고 있던 것을 모두 놔두고 나와야 했기 때문에 쉬운 일이 아니었어요. 대표적인 예가 마포 당사였어요. 그 당사는 내가 피눈물 나는 노력으로 마련했는데, 그냥 놔두고 나올 수밖에 없었습니다.

그럼에도 신당을 새롭게 만든 이유는 정계 복귀 과정에서 잡음을 최소화하기 위해서였습니다. 정계 복귀는 나로서는 어렵게 결심한 일인데, 민주당에서 이기택 대표와 당권경쟁을 하게 되면 그 과정에서 국민들에게 좋지 못한 인상을 줄 가능성이 있었어요. 그때 나의 정계 복귀에는 찬성하지만 신당을 만들지 말고 민주당을 통해서 하라고 요구한 후배들도 있었고, 마포 당사 등 민주당의 자산을 다 포기하는 것도 아쉬운 일이기도 해서 민주당을 통한 복귀도 검토했지만 결국 신당을 만들기로 최종 결심한 것입니다.

― 신당의 당명을 새정치국민회의라고 하신 이유는 무엇입니까?

김영삼 대통령이 당선된 후 하나회를 척결하는 등 과거보다 상당히 민주화된 것은 사실이었어요. 그래서 전과 다른 당명을 고민한 끝에 '새정치'를 넣기로 했고, 여기에 인도 네루의 '국민회의'에서 영감을 얻어서 '새정치국민회의'로 결정했습니다.

― 정계 복귀를 결심하셨을 때 1997년 대선 출마를 염두에 두셨습니까?

물론 출마할 생각이 있었습니다. 그렇지만 이미 세 번 실패한 경험이 있었기 때문에 무조건 출마하겠다고 확정한 상태까지는 아니었습니다.

━ 1996년 4월 총선에서 패배했다는 평가가 있습니다. 어떻게 생각하십니까?

유명한 중진들이 낙선했고 1992년 14대 총선 때보다 의석수를 적게 얻었기 때문에 그와 같은 평가가 나왔습니다. 물론 그렇게 볼 수도 있지만, 이때 새롭게 영입한 신진 인사들이 대거 당선되면서 당의 세대교체가 자연스럽게 되었고 당에 새로운 활력을 불어넣었습니다. 과거에는 재야의 운동가들을 주로 영입했는데, 이때는 개혁 성향의 전문가들이 정계에 진출해서 대거 당선되었습니다. 이것은 새정치에 부합하는 일이었고 결국 다음 해에 치른 대선에서 큰 도움이 되었습니다. 그런 점에서 나는 이때 선거 결과를 부정적으로만 평가하지 않아요.

DJP연합

━ DJP연합 구상은 언제부터 하셨습니까?

총선 결과를 보니 대선에서 승리하기 위해서는 외부세력과의 연합과 연대가 필요한 것이 현실이었습니다. 민주화운동 세력은 이미 1988년 총선 때부터 지속적으로 힘을 합쳐왔기 때문에 정치적 외연 확장 측면에서 보면 결정적인 의미를 갖기는 어려웠습니다. 결국 보수 진영 쪽과의 연대인데, 그때 김종필 총재 측이 김영삼 대통령과 결별하면서 자유민주연합(자민련)을 만

DJP연합(1997).
정치적 외연 확장을 위해 김대중은
김종필의 자유민주연합과 연합하기로 했다.
DJP연합은 헌정사상 최초의
평화적 정권교체를 가능하게 했고
민주적인 연합정치의 모델을 보여줬다는
점에서 정치사적 의미가 크다.

들어 세력을 형성한 상황이었습니다. 그래서 정치적 외연 확장 측면에서 유의미한 대상은 김종필 총재의 자민련이었어요. 자민련과의 연대 의견이 내부에서 나오기도 했는데, 나는 처음에는 내키지 않았습니다.

그런데 두 가지 이유로 자민련과의 연합을 추진하기로 결심했습니다. 첫째, 자민련과 연합한다고 해도 나와 우리 당의 정체성이 훼손될 일은 없다고 생각했습니다. 여기에 자신감이 있었습니다. 그다음은 선거는 현실인데 1997년 15대 대선에서 승리하기 위해서는 자민련과의 연합이 필수였어요. 3당합당으로 인해서 민주세력이 소수파로 몰린 것이 사실이잖아요. 이것을 돌파하기 위해서는 정권으로부터 소외받는 보수세력과의 연합이 필요했습니다. 이러한 현실을 감안해서 연합을 추진하고 대신 내 정체성을 훼손하지 않도록 자민련과의 연합 과정을 국민들에게 소상히 밝히면서 이해를 구하는 과정을 거치도록 한 것입니다.

— 당내에서 이견이 있었을 것 같은데요.

당내에서의 이견은 별로 없었습니다. 다들 나와 비슷한 생각을 하고 있었어요.

— 진보 진영 내에서 DJP연합에 대한 반대가 있었습니다. 반대를 예상하셨을 것 같은데요. 이에 대한 대응으로 어떤 전략을 갖고 계셨습니까?

그때 내 대선 전략이 그것만 있는 것도 아니었고 '준비된 대통령' 슬로건에서 보듯 국가를 운영하기에 충분한 정책역량을 갖춘 리더라는 점을 강조했습니다. 실제 그때 IMF로부터 구제 금융을 받아야 할 정도로 심각한 국가부도 위기 상황이 발생했을 때 '준비된 대통령'을 강조한 것은 큰 효과가 있었어요.

━ 자민련의 상황은 어땠습니까?

자민련은 김종필 총재가 김영삼 대통령과의 관계가 틀어지면서 창당한 정당이기 때문에 당시 여당과는 관계가 좋지 않았습니다. 우리는 그 틈을 이용한 것입니다.

━ 자민련과의 협상은 어떻게 진행되었습니까? 많은 난관이 있었을 것으로 생각됩니다.

양측의 협상창구는 한광옥·김용환 두 분이었습니다. 자민련 협상 대표인 김용환 씨는 추진력이 강하고 협상 능력이 아주 탁월했어요. 협상 상대로서 대단한 분이었습니다. 김용환 씨는 내각책임제를 철저하게 주장했고 자민련의 이익을 최대한 확보하기 위해서 노력을 많이 했어요. 자민련의 협상 대표이기 때문에 그 본분에 충실한 것이고 무엇보다 협상 능력이 대단했습니다. 김용환 씨는 일을 만들어보겠다는 아주 건설적인 태도로 나와서 자민련의 이익을 철저하게 챙기는 것과 동시에 우리와의 타협을 중요하게 생각하면서 진심을 다해 협상하는 모습을 보여주었습니다. 김용환 씨 때문에 애를 먹기도 했지만 한편으로 그분이 신뢰할 수 있는 협상 파트너였고 실권을 갖고 있었기 때문에 아주 건설적인 토론과 협상이 가능했습니다.

━ 자민련과의 협상 과정을 보면 전체적으로는 어려움도 있었지만 그래도 타협이 가능하다는 희망을 갖고 진행되었다고 할

수 있겠습니다.

네, 그렇습니다. 다만, 자민련이 강하게 주장한 내각책임제의 경우 나는 실현 가능성이 없다고 판단하긴 했어요. 김용환 씨가 특히 내각제에 대한 집착이 아주 강했는데, 내각제 개헌은 현실적으로 어려웠습니다. 우선 국회의원 3분의 2 이상의 지지를 얻어야 하는데 그것부터가 어려운 일이었어요. 그때 우리 당의 의원들도 대부분 대통령제를 지지했어요. 더 중요한 것은 국민 여론인데, 국민들은 압도적으로 대통령제를 지지했습니다. 우리 국민들은 대통령직선제 개헌을 민주주의 승리의 역사, 민주화의 중요한 성과로 인식하고 있었기 때문에 내각제에 대한 지지가 낮았습니다. 국회의원들이 이러한 국민의 뜻을 잘 알고 있기 때문에 내각제 개헌에 적극적이지 않았던 것이기도 했어요.

내가 보기에 내각제 개헌은 실현 가능성이 없다시피 한데 자민련의 요구가 강해서 타협하기로 한 것입니다. 우선 집권에 성공하면 집권 절반까지는 그대로 하고 만일 그때 국민들이 내각제를 원한다면 그렇게 하겠다는 생각으로 타협했던 것이에요. 이것을 공개적으로 약속했기 때문에 누가 누구를 속인 것도 아니에요. 나중에 실제 내가 예상한 대로 내각제 개헌을 할 수가 없었어요. 국회 의석수도 안 되고 국민 여론도 안 돼서 못했습니다. 이것은 내가 약속을 어긴 것이 아닙니다. 그것 외에 대통령이 정할 수 있는 인사문제 등은 자민련과의 약속을 지켜서 상당한 대우를 했습니다.

━ 결국 대통령님 재임 중에 내각제 개헌은 이뤄지지 않았습니다.

대선 때 내각제 개헌 공약에 대해서 국민들도 믿지 않았습니다. 국민들은 대통령직선제를 지지했고 내각제 개헌에 대해서 관심도 없었고 지지하지도 않았어요. 대선 때 나를 지지한 국민들은 정권교체를 지지하고, 자민련과 연합한 것 자체를 지지한 것이지 내각제 개헌은 중심적인 판단 기준이 아니었습니다.

집권 이후에도 이러한 여론은 그대로 유지되어서 내각제 개헌을 할 수 있는 상황이 안 되었어요. 그래서 내각제 개헌을 못 한 것입니다. 국무총리가 된 김종필 씨가 자진해서 내각제 개헌을 철회했어요. 내가 못하겠다고 압력을 넣은 것이 아니고 김종필 총리가 자진해서 철회했던 것입니다. 국민의 동의 없이 개헌을 할 수는 없었던 것입니다. 다시 한번 강조하지만 내각제 개헌을 안 한 것이 아니라 못 한 것입니다. 그래서 나는 자민련과의 약속을 어긴 적이 없고 자민련을 속인 적이 없습니다.

━ 자민련 내부에서 이견은 없었습니까?

내가 자민련 내부 사정을 정확히 알 수는 없지만 전해 듣기로는 김종필·김용환 등 충청도 출신 중 대부분의 정치인들과 대구·경북 출신 정치인들은 찬성했어요. 충청권의 일부 정치인들이 반대했다고 들었는데 소수의견이어서 대세에 영향을 주지 않았던 것으로 알고 있습니다.

━ 박태준 씨와의 연대도 중요한 의미가 있는 것으로 평가받고 있습니다.

그렇습니다. 박태준 씨는 영남 출신으로 포항제철 발전에 있어 신화적인 인물이었습니다. 국민적인 신망도 있었기 때문에 박태준 씨의 협조는 선거에 큰 도움이 되었습니다. 박태준 씨는 식견이 훌륭한 분이었고 특히 경제에 대한 지식과 능력이 탁월했습니다. 박태준 씨는 양심 있고 리더십도 있는 분이었습니다. 그분은 나와 사이가 좋았습니다. 나는 박태준 씨의 상징성을 감안하면 1997년 보수세력과의 연합을 DJT연대라고 하는 것이 맞다고 생각합니다.

━ DJT연합의 역사적 의미는 무엇일까요?

그동안 우리 정치는 내 편 아니면 적이라는 식으로 생각해왔습니다. 특정세력을 배제하기 위한 정치적 야합으로 국민통합과 정치발전을 저해시키는 일들이 지속되었어요. DJT연합은 그와 같은 잘못된 역사를 종식시킨다는 점에서 의미가 있어요. 또한 DJT연합은 민주주의, 시장경제, 남북관계의 평화적 발전, 지역등권 등 보편적인 시대적 과제 해결을 위한 목적에서 나온 가치연대이자 정치연대였어요. 그런 점에서 권력만을 위한 정치적 야합과는 분명히 달랐습니다. DJT연합은 역사적 의미가 있다고 생각합니다.

15대 대선 때 여러 일

━ 1997년 10월 여당은 대통령님의 비자금 의혹을 제기했습니다. 여기에 어떻게 대응하셨습니까?

그것은 정말 비열한 짓이었어요. 내가 부정한 돈을 받아서 내 주변 사람들의 계좌에 돈을 숨겨두었다는 내용인데 말도 안 되는 허위사실이었습니다. 그것을 여당의 강삼재 사무총장이 주장했고 편향된 보도를 하던 보수언론들이 여기에 호응하면서 내가 큰 타격을 받았어요. 그것 때문에 선거에 질 뻔했습니다.

그때 나는 국정감사가 있었기 때문에 사실관계를 따져보자고 했어요. 그런데 여당은 응하지 않았어요. 소문만 내서 선거에 이용할 생각이었기 때문에 그렇게 나왔던 것입니다. 그러면서 여당은 검찰에 압력을 넣어서 수사하라고 했어요. 선거를 앞두고 이 사람 저 사람을 소환해서 조사하고 어디를 압수수색하면 관심이 이 사건에 집중될 것은 뻔한 것 아니겠습니까. 그렇게 되면 나한테 무조건 불리한 것입니다. 그러고 나서 자기네들이 선거에 이기고 난 다음에 조사를 해보니 별 것 없었다고 발표해 버리면 그만인 것이에요. 비난이 좀 있겠지만 그 순간만 지나면 되는 것이고 그것 때문에 선거 결과를 바꿀 수는 없으니 그런 짓을 한 것입니다.

그런데 김태정 검찰총장이 이 수사를 못 한다고 했어요. 나중에 전해 들은 바로는 그때 검찰 주요 인사들과 회의를 했는데 한 사람 정도 빼고는 전부 수사하자고 했대요. 그런데 김태정 총장이 자신의 양심상 그렇게 할 수 없다고 해서 수사가 이뤄지지 않았던 것입니다. 김태정 총장은 이때 보수 진영에게 완전히 찍혀서 나중에 보복을 당했어요.

나는 그때 강삼재 사무총장에게 너무 화가 나서 속으로 대통령이 되면 가만두지 않겠다고 생각했는데, 대통령이 되고 난 다음에 굳이 보복해서 무슨 도움이 되겠냐는 생각에 보복하진 않왔고, 대신 진실을 밝힌다는 차원에서 수사하도록 했어요. 수사해보니 아무것도 나온 게 없었어요. 선거를 앞두고 조작한 것이 밝혀졌던 것입니다.

━ 이때 상당한 위기감을 느끼셨던 것 같습니다.

그렇지요. 잘못하면 선거에서 질 뻔했어요. 정말 악질적이었어요. 나에게 정치자금을 제공하면 탄압을 받기 때문에 돈 많은 기업가들은 나에게 자금을 제공하지 못했어요. 뜻있는 독지가들이 조금씩 도와주었고 이름도 모르는 서민들이 몰래 금반지 등을 놓고 가기도 해서 어렵게 어렵게 야당생활을 했어요. 여당과 비교하면 너무 비참할 정도로 야당의 자금사정은 어려웠습니다. 그런데 비자금을 은닉했다고 악질적인 거짓말로 공세를 하는 것에 분노를 금할 수 없었습니다.

━ 그때 대통령님 지지자들의 반발도 매우 거셌던 것으로 알고 있습니다.

상황이 더 악화되었으면 민란이 발생했을 것이라는 말도 있었어요. 나의 지지자들은 이제까지 오랜 기간 당한 불공정 선거에 대한 설움과 분노가 쌓여 있었고 이번에는 이길 수도 있다는 희망을 갖고 있었어요. 그런 상황에서 저런 조작으로 선거 결과를 뒤엎으려는 시도에 대해 이번에는 참을 수 없다는 생각이 퍼져 있었습니다. 그때 심각했어요.

━ 강삼재 씨에 대해서 가만두면 안 된다는 의견도 상당했었다고 하는데요.

그랬지요. 그런데 나는 나와 관련된 다른 일에 대해서도 '진실은 밝히되 사람은 용서한다''악을 낳는 법과 제도를 개선한다'는 원칙을 지켰습니다. 이것은 나의 일관된 원칙이었어요.

━ 대통령님 병역에 대한 문제제기도 있었습니다.

그때 여당은 내가 해상방위대 부대장을 했다는 증거가 없다면서 내가 거짓말을 한다고 주장했어요. 나는 6·25 전쟁 때인 1950년 말에 해군 목포경비부의 지휘를 받는 해상방위대가 창설되었을 때 부대장을 맡았어요. 대장은 오재균 씨였고요. 해상방위대는 전쟁에 필요한 식량과 군수품 운송을 맡아서 게릴라 소탕 등에 도움을 주는 것이 주된 임무였습니다.

국방부 자료에 해상방위대 관련 내용은 있는데 명단은 남아있지 않았어요. 여권의 공세를 막기 위해서는 당시 목포경비부 등 군 관계자의 증언이 필요했습니다. 다행히 수소문 끝에 당시 목포경비부 사령관인 송인명 장군이 미국에 거주한다는 소식을 듣고 천용택 의원이 미국에 갔어요. 내가 해상방위대 부대장으로 근무했다는 증언을 송인명 장군에게서 확보했습니다. 그래서 더 이상 공세를 하지 못했어요.

━ 15대 대선에서도 대통령님에 대한 용공음해는 여전했습니다.

그랬었지요. 특히 새정치국민회의 고문도 했고 천도교 교령이었던 오익제 씨가 1997년 여름에 월북을 했는데 저쪽에서는 이것으로 나에 대해서 또 색깔론 공세를 펼쳤어요. 오익제 씨 월북은 우리하고는 아무런 상관이 없었는데, 그들 입장에서는 기회를 잡았다고 판단한 것이겠지요.

다만 이때는 과거만큼 용공음해가 위력을 발휘하지 못했어요. 여기엔 두 가지 이유가 있다고 생각합니다. 우선 선거 때마다 색깔론 공세가 이어지면서 국민들이 이제 어느 정도 면역력을 갖게 된 것 같습니다. 둘째로 1987년 6월항쟁 이후 정당정치가 서서히 정상화되면서 국민들이 나와 우리 당의 정치노선과 정책 등을 많이 알게 되었습니다. 많은 국민이 우리가 민주주의와 시장경제를 중시하고 공산당이 아니라는 것을 확실히 알게 되었어요. 그래서 1997년 대선에서는 과거만큼 용공음해가 통하지 않았던 것입니다.

— 1997년 대선에서는 그전에 없었던 대통령님 건강문제에 대한 정치적 공세도 있었습니다.

내가 1924년생이니 일흔도 넘은 나이여서 그런 이야기가 나왔지요. 이것은 다른 것과 달리 할 수 있는 문제제기였다고 봐요. 국정을 책임지는 자리이기 때문에 후보의 건강은 국민들이 알아야 하는 일이라고 생각합니다. 나는 이 문제를 회피하지 않았고 또 건강에 자신이 있었기 때문에 당당하게 대응했습니다. 당시 내 일정만 봐도 내 건강 상태를 알 수 있었고, 세브란스병원에서 받은 건강검진서를 통해 내 건강에 이상이 없음을 국민들에게 확인시켜주었습니다.

— DJT연합 외에도 기존의 여권 출신 인사들 중에서 대통령님을 지지한 분들이 있었습니다.

몇 분 있었고 의미가 컸지요. 대표적인 분이 김중권 씨와 이용택 씨라고 생각합니다. 여당이 1992년 대선 때 내가 노태우 대통령에게 20억 플러스알파를 받았다는 의혹을 제기했을 때 김중권 씨가 '플러스알파'를 부인하여 내게 큰 도움이 되었습니다. 김중권 씨가 20억 원을 전달한 당사자였기 때문에, 그 당사자가 직접 20억 이외의 알파가 없었다고 증언하니 이 문제가 더 번지지 않고 진정될 수 있었어요. 사실 그대로 증언해줘서 지금도 고맙게 생각합니다. 이용택 씨는 정보기관에 있으면서 여러 시국사건에 관계된 분이지요. 그래서 민주화운동 인사들과는 사이가 좋을 수가 없었고, 나도 어려움을 겪기도 했어요. 그런 분이 나를 지지하고 나섰으니 나에 대한 용공음해를 막는 데 도움이 되었습니다.

— 대통령님께서는 조순 후보가 서울시장에 당선되는 데에 큰 역할을 하셨습니다. 조순 시장은 새정치국민회의에 참여하지 않고 그대로 민주당에 남아 있었는데요. 대선을 앞두고 협력을 위해 논의하신 적이 있습니까?

조순 씨는 좀 이해하기 힘든 면이 있어요. 다 알다시피 그분이 서울시장이 되는 데 내가 큰 역할을 했습니다. 그런데 서울시장에 당선된 이후 자기는 나한테 도움받은 것이 없고 오히려 내가 도움을 받았다고 말하는 거예요. 나는 조순 씨가 점잖은 경제학자로서 행정을 잘할 수 있을 것이라고 판단해서 그렇게 도움을 준 것인데, 상상하기도 힘든 말을 하는 것을 보고 그 이후로 나는 그분을 상대하지 않았어요. 결국 나중에 이회창 씨와 손잡고 상당히 이해하기 힘든 행보를 보여주었어요.

— 국민통합추진회의가 대통령님을 지지했습니다.

그때 큰 도움이 되었습니다. 새정치국민회의를 창당할 때 함께하지 못했던 분들인데요. 도덕적이고 능력도 있어서 국민적인 신망이 높았던 분들입니다. 그때 그분들이 나를 지지하여 DJT연대에 불만을 갖고 있던 민주개혁 진영 사람들의 마음을 진정시키는 데에 도움이 되었습니다.

▬ 이인제 씨의 대선 완주가 대통령님의 당선에 큰 도움이 된 것은 사실입니다. 이인제 후보 측과 어떤 협상을 하신 적이 있습니까?

나는 이인제 씨가 야심이 있고 배짱도 있어서 중간에 그만두지 않을 것이라고 생각했습니다. 그분의 완주를 위해 어떤 일을 기획하는 것은 바람직하지 않다고 생각했고 가만히 놔두는 것이 낫다고 생각했어요. 예상한 대로 결국 완주했고 이것이 내 당선에 도움이 된 것은 사실입니다.

▬ 선거 기간 중에 IMF 재협상론을 제기하셨다가 마치 IMF 협상을 반대한 것처럼 공세를 당하셔서 큰 손해를 보셨습니다.

한 재미 교포 학자가 IMF와의 재협상이 가능하다면서 여러 사례를 들어 설명해주었어요. IMF와의 협상에 대해서 잘 모를 때였고 그 학자의 말에 일리가 있었습니다. 합의 조건을 살펴보니 몇 가지 부분의 경우 우리나라의 입장이 좀더 반영되면 좋겠다는 생각을 했습니다. 그래서 내가 일부 필요한 부분에 대해서 재협상을 하겠다고 했는데 이것을 마치 IMF 협상을 반대한 것처럼 몰고 가서 내가 아주 혼이 났어요. 재협상은 할 수 있는 건데, 이것을 마치 반대한 것처럼 몰아간 것입니다. 선거에 이용하려고 그랬던 것이지요. 이것을 해명하느라고 고생했고 표도

15대 대선 TV 토론회(1997).
언론의 편향된 보도 때문에
김대중의 진면목이 제대로 알려지지
않았을 뿐만 아니라 왜곡된 경우가
많았다. 15대 대선에서는 TV 토론회가
실현되어 김대중은 자신의 진면목을
국민들에게 알리는 데에 큰 도움을 받았다.

잃었습니다.

ー TV 토론이 대선 승리에 기여를 했다고 생각하십니까?

큰 기여를 했어요. 나는 이전 선거에서도 TV 토론을 하자고 주장했지만 실현되지 않았는데요. 15대 대선에서 이것이 실현되어 아주 다행스럽게 생각했어요. 그동안 언론의 편향된 보도에 의해서 나의 진면목이 제대로 알려지지 않았을 뿐만 아니라 왜곡된 경우가 많았기 때문에 나는 TV 토론에 대한 기대가 컸습니다. 국민들도 TV 토론에 대해 큰 관심을 나타냈어요. 나는 열심히 준비해서 좋은 성과를 냈다고 생각합니다.

네 번의 출마 끝에 15대 대통령 당선

ー 어느 정도의 승리를 예상하셨습니까?

승리 가능성이 있다고 생각했지만 압도적인 우위가 아니었기 때문에 하루하루 최선을 다해야 한다는 생각만 했습니다. 그때 여당의 비자금 허위사실 유포가 없었고 IMF 재협상이 IMF 반대로 몰리지 않았다면 좀더 유리했을 거예요.

ー 1971년 7대 대선 때부터 1997년 15대 대선까지 대선에 네 번 출마하셨습니다. 선거는 민주주의의 꽃이라고 할 수 있을 것 같은데요. 여러 번의 선거를 경험하시면서 우리나라 민주주의에 대해 어떤 평가를 하실 수 있습니까?

결국 정책선거를 할 수 있는 기반이 제대로 갖춰졌는지를 기준으로 평가한다면 불행히도 1971년부터 1997년까지 그렇지 못하다고 할 수 있습니다. 물론 1997년 선거 때는 지방자치제가 시작되는 단계였고 TV 토론도 있어서 과거보다는 정책선거에 좀더 다가섰다고 할 수 있지만 정부 여당의 각종 공작 등 여전히 후진적인 정치문화와 정치관행이 큰 영향을 주면서 공정선거와 정책선거를 가로막았습니다. 그렇게 보면 나는 한 번도 공정한 선거를 해본 적이 없었어요. 그런 어려움 속에서도 1997년 대선에서 나를 당선시켜준 우리 국민들은 참으로 우리나라 민주주의 발전에 있어 중요한 역할을 했다고 생각합니다.

━ 출구조사가 나왔을 때의 심경은 어땠습니까?

승리할 수 있겠다는 기대감이 들었지만 격차가 크지 않았기 때문에 안심이 되지는 않았어요. 내가 낙선을 여러 번 했다 보니 비교적 담담했습니다. 나는 개표를 끝까지 보지 않고 잤어요. 나중에 일어나 보니 대통령에 당선되었어요. 지금 생각해보면 그때 어떻게 잠을 잤는지 모르겠습니다.

━ 당선되었다는 것을 아셨을 때의 심경은 어땠습니까?

내가 오랜 고통의 시간을 이겨내고 마침내 우리 국민과 민족을 위해서 준비한 여러 일을 할 수 있게 되었다는 생각에 기뻤습니다. '그동안의 고통이 헛되지 않았구나'라는 생각에 감격스럽기도 했고요. 그와 함께 막중한 책임감도 느꼈습니다. 민주화를 위해서 희생한 수많은 분의 얼굴이 떠올랐고, 그렇게 어려운 여건 속에서도 나의 당선을 위해서 혼신을 다해 노력한 동지들과 지지자들을 위해서라도 내가 잘해야겠다는 생각이 들었어요. 특히 그때가 국가부도 위기 상황이었기 때문에 바로 닥친 이 국가적 위기를 잘 극복해야 한다는 부담도 컸습니다.

— 여사님께서도 좋아하셨을 것 같습니다.

그럼요. 둘이 껴안고 승리의 기쁨을 함께했어요. 아내가 나를 만나서 그동안 고생을 많이 했어요. 아내의 고통을 누구보다 내가 잘 알기 때문에 감사했고, 좋은 정치로 보답하겠다는 다짐을 했습니다.

— 대통령님의 당선에 많은 분의 노력이 함께했습니다.

네, 맞아요. 나의 당선은 수십 년간 고생한 나의 동지들, 계속된 낙선에도 불구하고 끝까지 나를 믿고 지지해준 지지자들, 민주화를 위해서 헌신한 수많은 사람의 노력이 있었기 때문에 가능했던 것입니다. 나는 이것을 한순간도 잊은 적이 없어요.

— 좀 전에 말씀하셨지만 당선되셨을 때가 국가부도 가능성이 제기될 만큼 국가적 위기 상황이었습니다. 큰 부담이셨을 것으로 생각됩니다.

6·25 전쟁 이후 최대의 국란이라고 했습니다. 실제로 그랬어요. 언제 부도가 나도 이상하지 않을 정도로 외환보유고가 바닥난 상황이었습니다. 만약 그때 국가부도 상황에 이르렀으면 우리는 상상하기도 힘든 고통을 겪었을 것입니다. 당선의 기쁨을 누리고 쉴 틈도 없이 바로 이 문제에 대처해야 했어요. 당시 김영삼 대통령은 이미 레임덕 상태였기 때문에 문제를 해결할 수 있는 리더십을 상실한 상태였어요. 당선된 다음 날부터 나는 국가부도 위기를 막기 위해 나서야 했습니다.

— 당선되신 이후 결국 하루도 쉬지 못하셨군요.

15대 대선 승리 직후(1997).
김대중은 네 번의 출마 끝에
1997년 제15대 대통령으로 당선된다.
헌정사상 최초로 평화적인 정권교체에
성공한 김대중은 당선된 다음 날부터
국가부도 위기를 막기 위해 총력을 기울인다.

그랬습니다. 이렇게 큰 선거를 하면 혼신의 노력을 다하기 때문에 선거 끝나고 그동안의 누적된 피로가 몰려와요. 그래서 휴식은 필수지요. 그때 내 나이가 일흔이 넘었으니 더욱 그랬습니다. 그래서 아내하고 조용히 쉬고 싶었는데 다음 날부터 일이 몰려와서 그럴 수 없었어요. 경제 상황은 충격적일 정도로 나빴고 국가부도 위기라는 말이 계속 나오고 미국을 포함해 해외 각국에서 전화가 와서 내 생각을 물어보고 그랬으니 내가 쉴 수 있는 상황이 아니었습니다. 나는 하느님께서 나를 이때 대통령에 당선되도록 하신 것에 깊은 뜻이 있을 것이라고 생각하고 마음을 다잡고 대통령 당선자로서 위기극복을 위해 나섰습니다. 그렇게 해서 퇴임할 때까지 하루도 제대로 쉬지 못했고 2003년 2월 25일 퇴임해서 동교동 집으로 돌아온 이후에 비로소 여유 있는 휴식시간을 가질 수 있었습니다.

▬ 1997년 대선 승리의 역사적 의미는 무엇입니까?

1997년 대선에서 내가 승리하여 헌정사상 최초로 선거에 의해 평화적인 정권교체가 이뤄졌습니다. 이것은 우리 국민들이 온갖 방해와 불공정의 벽을 넘어서 자신의 운명을 스스로 결정하고 개척했다는 것을 보여주기 때문에 우리나라 민주주의 발전에 결정적인 의미가 있다고 생각합니다. 나는 1997년의 대선 승리를 5,000년 역사에서 우리 국민이 자기 운명을 자기가 스스로 결정한 첫 사례라고 생각합니다. 2000년 남북 정상회담은 5,000년 역사상 우리 민족이 스스로 결정하고 개척한 첫 번째 경우라고 할 수 있고요. 전자가 국민, 후자는 민족이 되겠지요.

━ 대통령님께서는 당선 직후에 민주주의와 시장경제를 동시에 발전시키겠다는 말씀을 하셨습니다. 이것은 준비된 말씀이었습니까?

선거 전부터 계속해서 생각했던 것이었어요. 하나 더 있었는데 그것은 생산적 복지였습니다. 다만, 그때가 IMF로부터 구제금융을 받는 등 국가부도 위기 상황이었잖아요. 그때 우리나라에는 복지라는 개념이 자리 잡기 전이었기 때문에 복지를 한다고 하면 경제위기 상황에서 좌파경제로 국가경제를 망친다고 할 것이 뻔했기 때문에 그 당시에는 생산적 복지를 강조하지 않았어요. 우선은 국가부도를 막는 것이 급선무였기 때문에 국내의 상황을 종합적으로 고려해서 그렇게 한 것입니다.

김영삼 정부 시절 몇 가지 일화

━ 1994년 1월에 문익환 목사님이 서거하셨습니다.

그때 정말 충격을 받았습니다. 평소 건강해 보였고 워낙 열정적이고 강직하신 분이었기 때문에 그렇게 갑자기 돌아가실 것이라고는 정말 꿈에도 생각하지 못했습니다. 나중에 전해 듣기로는 통일운동 하는 분들 사이에서 여러 이견이 있었고 그런 갈등 속에서 심적으로 괴로워하시다가 갑자기 세상을 떠나시게 되었다고 하는데, 참 안타까운 일이었습니다. 문익환 목사님이 워낙 순수하시고 감성적인 분이시기 때문에 같은 진영 내에서의 갈등과 혼란에 대해 더욱 예민하게 느끼셨을 수 있어요. 그

문익환 목사와 함께(1987).
문익환 목사는 민주화와 분단 시대의
극복을 위해 헌신한 투사이자 선각자였다.
김대중은 문익환 목사와 함께
반독재 민주화투쟁에 나섰고
평소 그를 존경했다.

분이 외부 독재정권의 압력과 탄압에 흔들릴 분은 아니거든요. 그때 나는 너무나 큰 충격을 받았고 애석한 심정을 금할 길이 없었습니다. 문익환 목사님 빈소에 조문할 때 너무 슬퍼서 통곡했어요.

━ 대통령님께서 문익환 목사님 장례위원회 고문을 맡으셨고 영결식 때 조사(弔詞)도 하셨는데요. 두 분의 인연은 언제부터 시작되었습니까?

한신대학교에서 영결식이 있었는데 내가 정성을 다해서 준비한 조사를 읽었어요. 나와 문익환 목사님이 함께 의기투합하면서 민주화투쟁에 나선 것은 1976년 3·1 민주구국선언 사건 때였지요. 내가 연금 등으로 출입이 원활하지 못했기 때문에 동교동 집으로 찾아오시면 뵙고 다른 자리에서도 만났습니다.

━ 문익환 목사님에 대해 어떻게 평가하십니까?

문익환 목사님은 분단 시대의 극복을 위해 모든 것을 헌신하신 시인이자 지성이었습니다. 우리나라의 민주주의와 우리 민족의 평화통일을 대표하는 행동하는 실천가, 행동하는 양심이었습니다. 문익환 목사님은 순수한 열정과 강인한 신념으로 보통 사람이 감당하기 힘든 역경을 이겨내셨습니다. 그분은 정치인이 아니었기 때문에 어떤 일을 결심하고 행동하실 때 정치적인 고려보다는 당위와 신념을 우선시하셨어요. 나는 이러한 점을 감안해서 정치적인 판단이 필요한 부분의 경우 설득도 하면서 함께 해나갔습니다. 문익환 목사님은 훌륭한 분이고 나는 그분을 존경했습니다.

━ 1995년 12월에 일산으로 이사 가셨습니다.

내가 영국 유학에서 돌아온 직후인 1993년 7월에 일산에 아파트를 하나 마련했어요. 그때는 이사를 간 것이 아니고 동교동에는 사람들이 많이 찾아오고 복잡하기 때문에 조용히 독서하고 글을 쓸 수 있는 공간을 따로 마련했던 것입니다. 그러다 땅을 하나 구해서 그곳에 집을 새롭게 지어서 이사를 했습니다. 분위기도 전환할 겸 그런 결정을 했어요. 나는 전통적인 한식 기와집을 지어서 사는 것이 소원이었는데, 신축할 때 전통적인 기와집 형태로 하지는 않았어요. 그 점이 좀 아쉽긴 했습니다. 그래도 수많은 고통과 함께했던 동교동 집을 떠나서 새로운 집에서 생활하게 된다는 사실에 마음이 떨리기도 했어요. 그 집에서 대통령에 당선되기도 했으니 나로서는 특별한 의미가 있습니다.

━ 소위 3김이라고 해서 대통령님과 김영삼, 김종필 세 분을 호칭할 때 영문 이니셜인 DJ, YS, JP, 이렇게 표현하는 경우가 많습니다. 이것이 언제부터 시작된 것입니까?

언제부터 시작했는지 나는 잘 모르겠어요. 내가 알기로는 김종필 씨에 대해서 JP라고 한 것이 제일 처음이고 그다음에 김영삼 씨를 YS라고 했고 그다음이 나였을 것입니다. 언론에서도 그렇게 쓰다 보니 이것이 굳어져버렸어요.

━ 대통령님께서는 DJ라는 호칭에 대해서 어떻게 생각하십니까?

언론에서 그렇게 많이 쓰고 사람들도 따라 하면서 이제는 일반적으로 사용되고 있기는 하는데요. 개인적으로 나는 좋게 생각하지 않습니다.

━ 이 호칭과 관련해서 기억나시는 일화가 있다면 소개를 해주세요.

여러 일이 있는데 그중에서도 1993년 7월에 영국에서 귀국했을 때 공항에서 여러 명의 기자들이 "YS를 만나십니까"라고 질문을 했어요. 나는 DJ, YS 호칭을 문제 삼기 위해서 웃으면서 농담으로 YS가 누구냐고 하면서 왜 대통령의 이름 대신 그렇게 호칭하냐고 지적한 적이 있었습니다.

그런데 그때 누군가 내 말을 거두절미하고 왜곡해서 청와대에 전달했었나 봐요. 내가 YS가 누구냐고 말한 것이 김영삼 대통령에 대한 부정적인 감정을 드러낸 것이라고 전한 것입니다. 내가 대통령을 무시하고 부정했다고 해서 그때 청와대에서 굉장히 불쾌하게 생각했다고 합니다.

그 소식을 듣고 나는 아주 당혹스러웠어요. 그때 박관용 대통령 비서실장이 우리 쪽에 항의해서 해명했고 나도 나중에 청와대에서 김영삼 대통령을 만나 이때 상황을 자세하게 설명했어요. 그렇게 하니 상황을 이해하더라고요. 그때 오해가 풀렸어요.

━ 김영삼 정권 5년에 대한 평가를 부탁드리겠습니다.

먼저 나는 김영삼 대통령이 3당합당을 통해 여소야대 국회의 민의를 저버리고 하루아침에 보수 여당으로 변신한 것은 매우 큰 잘못이라고 생각합니다. 그와 같은 방식으로 집권한 것에 대해서 나는 기본적으로 찬성할 수가 없다는 점을 지적합니다.

김영삼 대통령 재임 시기 공과를 보면, 금융실명제를 실시하고 하나회를 숙청한 것은 잘한 일입니다. 특히 하나회를 제거해서 군의 정치개입 가능성을 없앤 것은 높이 평가받을 만한 일입니다. 다만, 남북관계와 외교의 경우 좋은 점수를 주기는 어렵습니다. 집권 말기에 IMF로부터 구제금융을 요청할 정도로 경제 분야에서 큰 잘못을 했다고 할 수 있습니다.

8

한국경제의
위기 극복과 새로운 도약

"'세계에서 컴퓨터를 가장 잘
사용하는 나라'를 만들겠다는 목표로
정보통신 인프라 구축에 총력을
다했습니다. 컴퓨터 보급과
초고속정보통신망 설치 등에 집중했어요."

국가부도 위기 극복 과정

━ 먼저 국가부도 위기 극복과 관련해서 대통령 당선자 시절에 많은 역할을 하셨습니다.

이 주제와 관련해서 내가 하고 싶은 말이 있습니다. 그때 우리나라는 국가부도 직전의 매우 위태로운 상황에 처해 있었습니다. 나는 위대한 우리 국민과 함께 힘을 모아서 난국을 극복할 수 있었습니다. 국가부도를 막았고 구조개혁에 성공하여 원래 약속했던 것보다 3년 빨리 IMF 차입금을 모두 갚아서 IMF 관리체제로부터 조기에 졸업할 수 있었습니다. 그때 해외에서 다들 놀랐고 우리나라의 저력에 대해서 찬사를 보냈습니다.

그런데 정작 당사자인 우리나라에서는 그때의 국가적 위기 극복에 대해서 해외에서만큼 높이 평가하지 않아요. 나는 이것이 하도 의아해서 그 이유에 대해 곰곰이 생각해본 적이 있습니다. 불가피하게 고통을 겪은 분들이 물론 많았지만 그래도 우려했던 것만큼의 큰 파열음 없이 비교적 무난하게 사태를 극복하다 보니 국민들이 이것의 의미에 대해서 깊이 생각하지 않는 것 같다고 판단했습니다. 그때의 국가적 위기 극복은 매우 중요한 의미가 있고 해외에서도 높이 평가하는 일이라는 사실을 먼저 강조하고 싶습니다.

━ 대선에서 승리하시자마자 쉬지도 못하고 국가부도를 막기 위해 총력을 기울이셨습니다. 그때 심경은 어땠습니까?

그야말로 피 말리는 심정이었어요. 내가 당선되었을 때 우리나라의 외환보유고는 39억 4,000만 달러뿐이었습니다. 곧 상환해야 하는 단기외채는 240억 달러 정도로 파악되었습니다. 그대로 놔두면 국가부도는 시간문제였어요. 어떻게 이 지경에까지 이르렀는지 참담한 심정이었습니다. 정말 위기였어요. 당시 언론에도 나왔던 것으로 기억하는데, 밤에 잠을 못 잘 때가 많았습니다. 이런 경우는 이때가 처음이었습니다. 내가 많은 일정을 소화하면서도 체력적으로 감당할 수 있었던 것은 잠을 잘 잤기 때문이었어요. 중간중간 시간이 나면 짧게라도 자면서 피로를 풀곤 했어요. 그러면 개운해지고 다음 일을 하는 데에 큰 도움이 되곤 했습니다. 그런 내가 밤에 잠을 못 잘 때가 많았으니, 당시 나의 심정을 짐작하실 수 있을 것이라 생각합니다.

━ 그런 어려운 환경 속에서도 대통령님께서는 나라를 구하겠다는 각오를 다지셨을 것으로 생각됩니다.

그랬습니다. 나는 민주화운동을 할 때, 야당활동을 할 때, 선거를 할 때 늘 어려운 상황을 극복해야만 했습니다. 그때마다 좌절하지 않았고 반드시 극복하겠다는 각오를 다지곤 했습니다. 대통령이 되고 난 뒤에도 마찬가지라는 생각이 들더군요. 내가 편하게 지내기 위해서, 멋진 자리에 있고 싶어서 대통령이 되고자 했던 것이 아니었어요. 내가 정계 은퇴를 하고 아태평화재단 이사장으로 있을 때 나를 의심하고 비판했던 사람들이 나를 좋게 평가하고 따르는 것을 보면서 '정계 은퇴를 하니 이런 장점도 있구나'라는 생각을 한 적이 있었어요. 그런데 내가 여러 비판을 받으면서도 정계에 복귀한 것은 고난의 길을 감내해야 한다는 사명감 때문이었습니다. 나는 수많은 위기를 극복해본 경험이 있었어요. 나는 좌절하지 않았습니다. 이러한 국가적 위기 상황에서 내가 대통령이 된 것은 이때 나의 능력이 필요했기 때문이라고 생각했습니다. 그 난국을 극복하기 위해 내 모든 것을 바치기로 마음먹었어요.

— 어떤 전략을 세우셨습니까?

우선 달러를 확보해야 했습니다. 그래야 당장의 부도를 막을 수 있었어요. 그다음은 단기외채 상환기한을 연기해야 했어요. 달러를 확보해도 단기외채 상환기한을 연장하지 않으면 그 돈은 고스란히 외국 금융기관으로 가게 됩니다. 이 두 가지를 모두 성공해야 하는 상황이었습니다.

— 구체적으로 어떻게 하셨습니까?

우선 미국의 신뢰를 얻는 것이 필요했습니다. 미국도 우리의 상황을 예의 주시하고 있었어요. 내가 대통령에 당선된 다음 날 클린턴 대통령한테서 전화가 왔어요. 지금 이대로 가면 국가부도가 난다면서 립튼 재무차관을 보낼 테니 협의하라고 하더군요. 3일이 지난 22일에 립튼 차관이 굳은 얼굴로 방에 들어왔습니다.

그는 나를 테스트하려고 왔어요. 내가 정말로 시장경제 원리에 의해서 철저하게 개혁할 의지가 있는지, 정리해고를 받아들여서 기업을 먼저 살리는 결정을 할 수 있는지를 알아보려고 온 것입니다. 이 두 가지 사안에 대한 나의 답이 만족스러우면 우리를 지원하고 그렇지 않으면 포기하는 결정을 하려고 온 것이었어요. 그러니 이 사람은 우리에게 천사가 될 수도 저승사자가 될 수도 있는 그런 상황이었습니다.

나는 그때 그에게 시장경제에 대한 나의 소신을 강조했습니다. 정리해고 문제에 있어서는 지금 당장 정리해고를 하면 일부 노동자들의 희생이 발생하지만 그렇게 해서 기업이 살아야 다수의 노동자들이 살 수 있고, 위기를 넘긴 기업이 잘되면 다시 새로운 고용을 창출할 수 있기 때문에, 당장의 고통을 피하기 위해서 정리해고를 거부하는 일은 하지 않겠다고 했어요. 당시 미국에서는 내가 노동자에게 친화적인 입장이라는 것을 알고 있었기 때문에 정리해고 수용 여부를 중요하게 살펴봤는데, 내가 수용의사를 밝히니 여기에 만족한 것입니다. 그래서 IMF와 IBRD 등 국제금융기구와 미국·일본 및 유럽의 선진 국가들이 전부 한국을 돕자고 나선 것입니다. 그렇게 해서 달러가 들어오게 되었어요.

━ 큰 고비를 넘겼다고 볼 수 있겠습니다.

하나의 큰 고비를 넘긴 것은 맞는데요. 다른 하나의 고비가 남아 있었습니다. 단기외채 만기연장 협상이었어요. 협상 대상은 우리나라 금융기관에 돈을 빌려준 외국의 금융기관이었어요. 이들은 자기들이 빌려준 돈을 받지 못할 것을 걱정해서 상환 연장에 쉽게 동의하지 않고 있었습니다. 만약 상환 연장에 실패하면 우리는 어렵게 확보한 달러를 고스란히 다시 돈 갚는 데에 써야 했어요. 그것도 단기였기 때문에 부도위기가 다시 재발될 수 있는 또 다른 고비가 남아 있었던 것입니다.

외국 금융기관의 입장은 사실 단순했어요. 우리 경제가 구조

개혁을 해서 회생할 수 있다고 판단하면 만기를 연장해주는 것이고 그렇지 않으면 돈을 돌려받겠다는 것이었어요. 철저한 시장논리에 따라서 판단하겠다는 것이었습니다. 나는 한국경제 회생을 위한 구조개혁의 비전을 제시하고 이에 대한 실질적인 신뢰를 확보하기 위해서 노사정 대타협을 추진했습니다.

그렇게 해서 나온 것이 1998년 1월의 노사정위원회였습니다. 그리고 1998년 2월에 경제위기 극복을 위한 사회협약 체결에 성공했어요. 이것이 외국 금융기관과의 협상에서 아주 긍정적인 역할을 했습니다. 이때 또 하나의 결정적인 고비를 넘겼던 것이에요. 이렇게 달러가 들어오고 단기외채 만기연장 협상에 성공하면서 국가부도 위기를 넘길 수 있었습니다.

━ 노사정 대타협은 쉽지 않은 일이었습니다. 많은 어려움이 있었을 것 같습니다.

그렇지요. 그때 제일 어려운 일은 민주노총과의 합의였습니다. 민주노총은 노사정위원회 참여를 마치 정부와 기업에 이용당하는 것으로 생각해서 참여하는 것을 꺼렸고 참여 후에도 상당히 까다로운 태도를 보였습니다. 물론 정리해고제 등 노동 유연성 문제가 있었기 때문에 노동계가 경계하고 반발하는 것은 이해할 수 있는 면이 있었어요. 그러나 그때 합의가 안 되면 우리는 다시 국가부도 위기 상황으로 몰릴 처지였어요. 나는 타협을 이끌어내기 위해서 최선을 다해 설득했습니다. 나는 과거 권위주의 정권처럼 협박하고 압박하지 않았어요. 그렇게 해서 합의를 이끌어내기도 어렵거니와 설령 노동계를 무력화시켜서 억지로 합의를 이끌어낸다고 해도 그것은 형식적인 것에 불과해서 문제가 다시 터지는 것은 시간문제에 불과합니다. 나는 나의 리더십을 발휘해서 우리가 처한 국내외적 여건을 최대한 설명하고 설득하고 노동계의 오랜 숙원을 받아들이는 포괄적인 협상을 추진해서 결국 타협에 성공했어요. 어려운 과정이었지만 그만큼 보람 있고 다행스러운 일이었습니다.

— 이때의 노사정 대타협은 역사적 의미가 큰 것 같습니다.

우리 역사상 이와 같은 사회적 대타협은 최초일 것입니다. 내가 사회적 약자인 노동자의 입장을 이해하면서 대화와 설득을 통해 접근한 것이 주효했다고 생각합니다. 나는 1950년대에 사업을 하고 시사평론가로 활동할 때도 노동문제에 관심이 많았고 적절한 대안을 제시하기도 했습니다. 1971년 대선 공약에서 '노사협의기구 설치'를 제안하기도 하는 등 사회적 대타협의 중요성을 오래전부터 강조했습니다. 그러한 나의 노력과 리더십이 좋은 결과로 이어진 것 같아서 지금도 큰 보람을 느낍니다.

— 금 모으기 운동이 큰 성공을 거뒀습니다.

내가 소비자단체 대표들과 간담회를 했는데, 이때 아이디어를 드렸어요. 내가 제일 먼저 제안했는지는 확실치 않습니다. 하지만 내가 금 모으기 운동에 대한 아이디어를 드린 것은 맞습니다. "우리나라가 대략 연간 60억 달러 정도의 금을 수입하는데 상당 부분이 금고에 쌓여 있습니다. 이것을 시장에 내놔서 팔면 달러를 마련하는 데에 도움이 될 수 있습니다"라고 말했어요. 구한말 백성들이 국채보상운동을 벌였듯이 집집마다 장롱 속

금 모으기 운동(1998).
외환위기를 타개하기 위해 시작한
금 모으기 운동은 세계를 감동시켰다.
이는 국제사회에서 한국경제를 살려야 한다는
여론이 형성되는 데 큰 도움을 주었다.

에 잠들어 있는 금을 모으면 외환위기를 타개하는 데 도움이 될 것 같았어요. 민간단체들이 모은 금을 달러로 바꿔 외채를 갚는 데 썼습니다. 그후에 국민들의 금 모으기 운동이 본격적으로 시작되었는데 아주 큰 호응을 얻었어요. 국민운동이라고 할 수 있을 정도로 수많은 국민이 금을 내놓았습니다.

━ 금 모으기 운동은 구체적으로 어떤 영향을 주었습니까?

무엇보다 세계를 감동시켰어요. 국제사회에서 한국경제를 살려야 한다는 여론이 형성되는 데 큰 도움을 주었습니다. 내가 해외 정상들에게 직접 들은 이야기예요. 중국의 장쩌민 주석은 "TV를 보고 정말로 감동했다. 한국 국민들은 정말로 훌륭하다" 고 이야기했어요. 어떤 정상은 금 모으기 운동에 감동받아 미국 정부에 연락해서 한국을 도와줘야 한다는 이야기를 했다고 나한테 전해주기도 했습니다.

새로운 경제정책의 기조

━ 국가부도를 막는 데에 성공하셨는데요. 중장기적으로 문제의 근본적인 원인인 잘못된 경제시스템의 전면적인 개혁이 필요했습니다. 구조개혁에 성공하지 못하면 위기가 재발할 수 있었고, 새로운 도약은 어려웠습니다. 올바른 처방을 위해서 먼저 진단이 정확해야 한다고 생각합니다. 대통령님께서는 당시 외환위기, 국가부도 위기의 원인이 어디에 있다고 판단하셨습니까?

위기의 직접적인 원인은 외환부족이었지만, 그 본질을 들여다보면 근본적인 이유가 있었습니다. 당시의 위기는 근본적으로 경제성장을 위해 민주주의를 희생시킨 데에서 비롯되었던 것입니다. 나는 1960년대 중반 6대 국회 경제분야 상임위에서 의정활동을 했는데, 박정희 정권은 국가주도의 관치경제로 일관했습니다. 정부는 기업의 투자와 경영에 영향력을 행사했고, 자금조달 과정에서 특혜를 제공하여 특정 대기업의 성장에 결정적인 역할을 했습니다. 관치경제, 관치금융의 결과였지요.

이러한 방식은 경제구조가 단순했던 산업화 초기에는 상당한 성과를 거두기도 했습니다. 하지만 이것은 정경유착에 의한 자원배분의 왜곡 및 부정부패를 초래하게 됩니다. 금융의 발전을 저해합니다. 금융기관이 기업의 재무구조 및 사업성 등을 심사해서 돈을 빌려줘야 하는데 그런 것 없이 정치논리로 위에서 시키는 대로 하니 금융산업이 발전할 수 없었어요. 대기업도 그랬습니다. 더 좋은 상품을 싸게 내놓기 위한 기술을 개발하고 선진경영기법을 배우고 발전시키기보다는 권력에 줄을 대서 특혜금융을 받아 쉽게 사업을 확장하는 일이 많았고 경쟁자들을 권력의 도움을 받아 누르면서 독점적 지위를 확보하여 손쉽게 부를 축적하는 일이 많았습니다. 그렇게 하다 보니 기업의 경쟁력이 약화되었습니다.

문제는 거기에서 그치는 것이 아닙니다. 부실을 은폐하기 위해서 장부를 조작하기도 했고 그 상태에서 새로운 대출을 받아 사업을 확장하는 일도 많았어요. 그 과정에서 계열사 내에서 연대보증도 하게 되어 우량한 기업이 부실한 기업의 보증을 하는 일도 많았습니다. 이러한 방식으로 외형적으로는 거대하게 성장했지만 안으로 부실이 누적되어 감당하기 힘든 상황으로 악화되고 있었던 것입니다. 이것이 결국 1997년에 터진 것이에요.

■ 대통령님께서는 위기극복을 위한 새로운 국정운영 기조로서 민주주의와 시장경제의 병행발전을 강조하셨습니다.

결국 국가운영의 패러다임 전환이 필요했습니다. 그것의 핵심은 민주주의와 시장경제의 병행발전이라고 생각했어요. 좀 전에 말한 문제점들은 모두 민주주의가 부재한 개발독재식 경제발전 전략의 부작용이었습니다. 나는 민주주의와 시장경제의 병행발전 노선을 통해서 경제시스템의 전면적인 혁신이 필요하다고 판단했던 것입니다. 나는 젊었을 때부터 경제에 대한 연구를 많이 했고 정책대안도 꾸준히 제시했기 때문에 이와 같은 국정노선 속에서 구체적으로 무엇을 할지 머릿속에 구상해둔 상황이었어요. 그렇게 구조개혁을 하려고 했고 나중에 여기에 더해서 생산적 복지를 추가했던 것입니다.

■ 생산적 복지를 추가했다는 것은 어떤 뜻입니까?

나는 오래전부터 우리나라가 복지국가가 되어야 한다고 생각하고 있었습니다. 그런데 국가부도 위기에서 이것을 전면에 내놓게 되면 국내외적으로 이에 대한 문제제기와 논쟁 등이 발생해서 위기 극복에 도움이 되지 않을 뿐만 아니라 복지정책을 실시하는 데에도 부담이 될 것이 뻔했습니다. 그때 극우세력들이 나에 대한 사상공세를 오랜 기간 해왔는데, 이것이 해외에도 일부 영향을 주어서 내가 노동계에 치우친 입장을 갖고 있다고 의심한 사람들이 있었어요. 그래서 그때는 복지를 국정의 주요 목표로 내걸지 않고 감춰두었다가 급한 불을 끄고 난 뒤인 1999년경부터 본격적으로 강조하기 시작했습니다. 생산적 복지를 이때 꺼낸 것은 나의 전략적 의도가 담겨 있었던 것입니다.

기업·금융·공공·노동 4대 부문 구조개혁

━ 국민의 정부 경제구조 개혁의 핵심은 기업·금융·공공·노동의 4대 부문 개혁이었습니다. 4대 부문 개혁을 추진하시는 데에 있어서 가장 역점을 둔 사항은 무엇이었습니까?

내가 당선자 시절에 국가부도를 막기 위해서 여러 노력을 했고 다행히 그것이 성공해서 국가부도를 막았습니다만, 그것만으로 우리나라 경제가 회생할 수 있는 것은 아니었습니다. 국가부도 위기와 IMF 구제금융 사태는 일시적인 경제운영의 잘못으로 발생한 것이 아니라 오랜 기간 누적된 문제점이 더 이상 견디지 못하고 1997년에 터져서 발생한 것이었어요. 그렇기 때문에 경제의 전 분야에 걸쳐서 전면적인 구조개혁을 하지 않으면 언제든지 위기가 재발할 수 있는 상황이었습니다. 4대 부문 개혁은 그래서 필요했던 것입니다.

나는 4대 부문 개혁을 하는 데에 있어서 단기간의 고통이 발생한다고 해서 그것을 회피하려고 하지 않았습니다. 수많은 이해관계자의 입장을 조율하면서 일을 추진하는 것은 매우 힘든 일이었습니다. 그러나 내가 당장 편하자고 이것을 미루고 적당히 상황을 관리하면서 임기를 마치면 분명 나중에 큰 문제가 발생하게 됩니다. 나는 문제를 회피하지 않고 책임지고 이 일을 시작함과 동시에 마무리까지 해야겠다고 다짐했던 것입니다. 나는 과거 정부와 같이 권위주의적인 통치를 하지 않으면서 민주적인 방식으로 문제를 해결하려고 했습니다. 대화와 설득, 타협을 통해서 이해관계를 조율하려고 했습니다.

━ 이제부터는 4대 부문 개혁을 각 영역별로 구분해서 질문을 드리도록 하겠습니다. 먼저 금융 분야입니다. 금융개혁에 있어 대통령님께서 강조하신 원칙은 무엇이며 개혁의 방향과 목표는 무엇이었습니까?

우선 원칙에 대해서 말씀드리면 구조조정 과정에서 내가 가장 중요하게 강조했던 원칙은 공정이었습니다. 일반적인 상황에서도 공정성은 중요한 원칙인데요. 특히 구조조정 과정에서는 공정성이 정부 정책의 성패를 좌우하는 핵심적인 요인이 됩니다. 특정 금융기관과 기업을 살릴 것인지 퇴출시킬 것인지, 살린다면 어떤 방식으로 지원할 것인지 등 구조조정은 어려운 판단과 결단의 연속입니다. 그렇기 때문에 여기서 공정성이 흔들리고 훼손되면 정부 정책에 대한 신뢰가 흔들리고 바로 반격이 들어오면서 개혁추진이 어려워집니다. 나는 공정성을 가장 중시했습니다. 나는 특정 금융기관과 기업에 대한 자의적인 판단을 한 적이 없습니다. 이 점을 먼저 말씀드립니다.

금융 분야 구조개혁의 목표는 세 가지였습니다. 첫째, 금융기관의 부실채권 문제를 해결해서 경영 정상화의 길을 여는 것이었습니다. 당시 금융기관의 부실은 심각한 수준이었기 때문에 이것을 정리해야 했어요. 그래서 회생이 불가능한 곳은 퇴출시키고 회생 가능성이 있는 곳은 부실채권 정리와 자본금 확충 등의 지원을 했습니다. 물론 자구책 마련을 전제로 해서 도덕적 해이를 막고자 했어요. 둘째, 금융기관에 대한 관리감독 기능을 강화해서 금융기관의 부실을 방치하는 일이 없도록 했습니다. 1999년에 금융감독원을 출범시킨 것은 그것과 관련되어 있어요. 끝으로 금융산업 발전을 위한 선진금융 시스템 도입 등을 적극적으로 강조했고 필요한 지원도 했습니다. 이것은 금융산업의 국제경쟁력 제고와 관련되어 있기도 했습니다.

━ 재벌개혁에 관해 질문 드리겠습니다. 대통령님께서는 임기 중에 반드시 재벌개혁을 완성하겠다고 여러 번 천명하셨습니다. 재벌개혁의 방향과 목적을 어떻게 설정하셨습니까?

한마디로 말하자면 재벌개혁은 재벌대기업들이 세계적인 경쟁력을 갖도록 하기 위한 것이었습니다. 이를 위해서 과거의 잘못된 제도와 경영관행을 전면적으로 개선하고 기술개발에 전력을 다하도록 한 것입니다. 내가 재벌 총수들에게 "정부가 여러분에게 요구하는 것은 세계적인 경쟁력을 가질 수 있도록 구조개혁에 전력을 다하고 기술개발을 위해 총력을 다해달라는 것입니다. 그렇게 해야 기업도 살고 노동자도 살고 국민도 살 수 있습니다"라고 말했어요. 여기에 내 생각의 핵심이 담겨 있습니다.

━ 구체적인 개혁의 방향은 어떤 것들이 있었습니까?

구체적으로 세 가지로 정리할 수 있을 것 같습니다. 첫째는 재무구조 개선입니다. 대기업들의 부채비율이 너무 높았어요. 이런 경영은 도박과 다를 바가 없었기 때문에 전면적인 개선이 필요했습니다. 둘째는 경영투명성을 확보하는 일이었습니다. 분식회계 등으로 장부를 조작하고 그것으로 금융기관 등에서 돈을 빌렸어요. 물론 여기에는 권력의 개입이 작용하기도 했지요. 이런 여신은 부실로 이어질 가능성이 매우 높았습니다. 이것은 정상적인 금융기능을 왜곡해서 시장경제의 기본질서를 파괴하는 일이었어요. 그래서 이에 대한 개혁은 필수였습니다. 셋째는 주력업종 전문화였습니다. 문어발식 확장이라는 말이 나올 정도로 재벌대기업들의 무리한 투자가 많았고 이것이 결국 부실로 이어지고 있었습니다. 이러한 문제점을 해결해야만 했습니다.

위와 같은 세 가지 목표를 실현하기 위해서 부채비율을 200퍼센트 이내로 낮추도록 했고 결합재무제표를 도입하고 상호지급보증을 금지시켰습니다. 그리고 기업 간 사업교환이라 할 수 있는 빅딜을 통해서 재벌대기업들이 비교우위에 있는 전문분야에 집중하도록 해서 그 분야에서 세계적인 경쟁력을 가질 수 있도록 했습니다.

━ 다른 부분과 달리 빅딜의 경우 논란이 좀 있었던 것 같습니다. 비판의 핵심은 정부의 개입이 과도했다는 내용이었는데요.

내 기억으로는 당시 해외 언론에서 내가 기업들의 팔을 비틀어서 협박한다는 식으로까지 보도한 적이 있었습니다. 그것은 한국의 현실을 잘 모르는 이야기입니다. 정경유착처럼 정부의 개입이 시장경제 질서를 왜곡하고 교란하는 방식으로 가면 문제가 있겠지만, 정부가 시장을 정상화하는 데에 개입하는 것은 필요한 것입니다. 정부도 국민경제의 한 축이고 시장경제 정상화와 발전을 위해서 적절한 개입은 해야 합니다.

기회가 있을 때마다 강조했는데, 나는 대기업으로부터 혜택을 받은 적이 없기 때문에 공정하게 할 수 있었어요. 어떤 기업에게 특혜를 주려고 한 것이 아니고 경쟁력 강화라는 대원칙 속에서 기업들의 결단을 유도한 것입니다. 기본적으로 빅딜은 서로 주고받는 것이기 때문에 서로에게 이익이 되는 일이었어요. 그래서 나는 그와 같은 비판은 실질적인 내용을 잘 모르고 한 것이라고 생각합니다.

▬ 구조조정 과정에서 어려운 일이 많았을 것 같습니다. 그중에서도 기업 규모 등을 감안할 때 1999년에 발생한 대우그룹 사태는 난제 중의 난제였다고 생각됩니다.

그렇지요. 당시 대우그룹은 우리나라를 대표하는 재벌대기업으로서 우리 경제에서 차지하는 비중이 매우 컸습니다. 대우그룹의 심각한 부실이 드러났을 때 나도 충격을 받았고 사태 수습에 고심을 했는데, 결국 원칙대로 구조조정을 하기로 했습니다. 세계가 우리의 대응을 예의 주시하고 있었습니다. 대우그룹의 규모가 크다고 해서 적당히 하거나 봐주면 정부의 구조조정에 대한 신뢰가 무너지기 때문에 원칙대로 하기로 한 것입니다. 대우그룹의 부실 규모가 워낙 커서 회생단계에 있던 우리 경제에 매우 큰 부담을 주었지만 결국 잘 수습했다고 생각합니다. 그때 원칙대로 한 것에 대해서 지금도 옳은 판단이라고 생각합니다.

■ 공공 부문 개혁의 방향과 목적은 무엇이었습니까?

경제위기 극복 과정에서 기업과 노동자들이 큰 고통을 받았습니다. 그래서 우선 공공 부문 개혁은 고통분담 차원에서 필요했습니다. 조직을 축소하고 공무원을 감축했어요. 여기에만 그치지 않았습니다. 정부조직 운영을 대대적으로 혁신하여 대국민 서비스의 질을 높였습니다. 공기업 경영도 큰 폭의 변화를 이뤄냈습니다. 공기업은 비효율적인 방만경영으로 여러 문제가 있었어요. 불필요한 사업을 정리하거나 통폐합해서 효율성을 높이도록 했습니다. 또한 민영화가 필요한 경우 이를 과감하게 추진하도록 했습니다. 공기업이 새롭게 태어날 수 있도록 했습니다.

■ 노동 부문 개혁의 방향과 목적은 무엇이었습니까?

노동 분야 개혁의 핵심은 두 가지였습니다. 구조조정을 원활하게 하기 위해서 정리해고제 등 노동의 유연성을 확보함과 동시에 노동운동의 자유와 권리를 보장하기 위한 각종 법과 제도적인 개혁이었습니다.

먼저, 정리해고제 등 노동유연성 확보의 경우 나로서는 내키지 않은 결정이었지만 불가피한 일이었습니다. 기업이 망하면 노동자의 일터가 없어지기 때문이었어요. 내가 정리해고제 등을 수용했다고 해서 노동계와 진보진영 일부 인사들이 나를 비판하는 것을 잘 알고 있습니다만, 다시 그때로 돌아간다고 해도 나는 똑같은 선택을 했을 것입니다. 내키지 않았지만 불가피한 선택이었다는 생각에 변함이 없습니다.

그 대신 나는 노동운동의 자유와 노동자의 권리 확대를 위한 각종 개혁 조치에 나섰고 큰 성과를 거뒀습니다. 먼저 전교조를 합법화했습니다. 노조의 정치참여를 합법화해서 노동자정치가 실현될 수 있도록 했고, 그 기반 위에서 노동운동 세력이 중심이 된 민주노동당이 탄생하고 국회에 진출할 수 있게 되었어요. 노동자의 사회경제적인 권리를 확대하는 데에도 많은 노력을 기울였습니다. 「최저임금법」을 개정해서 모든 사업장에서 확대 적용되도록 했고 「근로자복지기본법」을 제정했습니다. 생산적 복지를 통해 각종 복지제도를 도입한 것도 결국 노동자를 비롯한 서민의 삶의 질을 향상하기 위한 노력의 일환이었습니다.

한국경제가 세계화에 적극적으로 대처해야 하는 이유

━ 1997년 한국을 포함한 동아시아 지역을 강타한 금융위기 발생 원인에 대한 진단과 대응전략에 있어서 여러 논의가 있었습니다. 말레이시아 마하티르 총리는 국제투기자본에 문제가 있다는 외인론(外因論)을 주장했고, 대통령님께서는 우리 내부에 문제가 있었다는 내인론(內因論)을 주장하신 것으로 알려져 있는데요.

나라마다 사정이 다르다는 점을 전제해야 할 것 같습니다. 우선 말레이시아는 석유가 나오는 등 부존자원이 많은 국가였고 권위주의 정치체제를 갖고 있어요. 그에 비해 우리는 수출로 먹

한국경제의 위기 극복과 새로운 도약 575

고사는 나라이고 민주주의가 확고하게 뿌리내린 나라입니다. 말레이시아는 외부 탓을 하면서 버틸 수 있는 여지가 있지만 우리는 구조개혁을 통해서 국제적인 경쟁력을 확보하지 않으면 추락할 수 있는 상황이었어요. 말레이시아는 우리와 처지가 많이 달랐기 때문에 문제해결을 위한 방법에 차이가 있을 수 있다고 생각합니다.

▬ 해외자본에 대해서 어떻게 생각하셨습니까? 경제가 세계화될수록 해외자본의 역할이 커지기 마련이고 그에 대한 논쟁도 발생하게 됩니다. 대통령님께서는 경제위기 극복과정에서 이 문제에 대해 깊이 생각하셨을 것 같습니다.

나는 피할 수 없는 일에 좌절하거나 부정적으로만 생각하지 않습니다. 그것은 내 삶의 신조입니다. 외국자본 문제에 대한 시각도 마찬가지였습니다. 우리는 부존자원이 적고 국내시장 규모가 작기 때문에 결국 세계시장에서의 경쟁에서 살아남아야 합니다. 또한 냉전 이후 세계시장이 확대되고 정보통신기술이 발달하면서 금융의 세계화가 아주 빠른 속도로 발전하고 있었습니다. 이런 상황에서 우리는 해외자본에 대해 냉철하면서도 실용적인 관점에서 접근하는 것이 필요했어요.

나는 국민들을 세 가지 관점에서 설득했습니다. 첫째, 해외자본이 들어오면 부족한 외화문제를 해결하는 데에 도움이 된다는 점을 강조했습니다. 둘째, 해외자본이 우리나라에서 기업 활동을 하면 선진 경영 능력이 들어와서 우리나라 기업의 체질개선에 도움이 되고 새로운 일자리가 만들어져서 노동자들에게도 도움이 된다고 설명했어요. 셋째, 우리나라 금융산업의 발전에 도움이 될 수 있다고 설명했습니다. 우리나라 금융기관들이 해외의 선진 금융기법을 배울 수 있기 때문이었습니다. 우리가 국가부도 위기사태를 겪게 된 핵심적인 원인 중의 하나가 금융산업의 발전이 지체된 것과 관련 있음을 감안할 때 금융산업의 발전과 선진화는 중요한 의미가 있었습니다.

그런 논리로 해외자본에 대한 긍정적인 태도와 적극적인 입장을 강조했습니다. 이러한 내 입장은 해외에도 많이 알려져서 세계적인 투자자와 기업가들에게 좋은 평가를 들었습니다. 나는 그 사람들과 아주 사이가 좋았어요. 대표적인 사람이 조지 소로스입니다. 결국 이러한 것이 우리나라가 예상보다 3년 빨리 IMF 차입금을 상환하여 경제가 새롭게 도약하는 데에 밑거름이 되었다고 생각합니다.

━ 대통령님께서 당선자 시절에 일산 자택에서 조지 소로스와 만나신 것은 유명합니다. 조지 소로스는 세계적인 투자가로서 국제금융시장에 큰 영향력을 갖고 있는데요. 한편으로는 그의 자금운용 방식은 금융시장과 외환시장을 교란한다는 이유로 큰 비판을 받기도 했습니다.

조지 소로스는 양면이 있어요. 말씀하신 대로 그런 비판을 받고 있습니다. 다른 한편으로 그분은 민주주의와 인권 문제에도 관심을 갖고 많은 기부를 하고 있습니다. 그래서 그런지 그분은 나를 높이 평가했고 지지했습니다. 그분은 국제금융계에 큰 영향력을 갖고 있는데 우리나라가 국가부도 위기에 처했을 때 우리나라를 도와줘야 한다는 이야기를 해줘서 큰 도움을 준 적이 있습니다.

━ 외국인 투자 유치를 위해 많은 노력을 기울이셔서 큰 성과를 내셨습니다. 대통령님 재임 기간에 약 605억 달러 규모의 투자 유치가 이뤄졌는데요. 이는 1962년부터 1997년까지의 유치 총액인 246억 달러의 약 2.46배에 이르는 엄청난 규모였습니다. 이러한 성과를 거두시게 된 원인은 무엇이라고 생각하십니까?

우선 외국인 투자가 이뤄질 수 있는 환경 조성에 힘썼습니다. 외국인들에게 우리 경제구조 개혁의 방향과 성과에 대해서 적극적으로 홍보했습니다. 미비한 법과 제도를 빠르게 정비하도록 했고 관련 행정서비스가 원활하게 진행될 수 있도록 했습니다. 내가 진행 상황을 일일이 챙겨서 대통령의 지시가 정부 정책으로 빠르게 진행될 수 있도록 했습니다.

구체적으로 외국인 투자 자유화 조치를 취했습니다. 「외국인 투자촉진법」을 제정하여 외국인 투자자들을 위한 맞춤형 행정서비스가 가능하게 되었습니다. 이와 같은 여러 노력이 더해져서 나온 성과라고 생각합니다.

━ 큰 성과에도 불구하고 좋은 기업들이 헐값으로 팔렸다는 비판도 있습니다. 여기에 대해서 어떻게 생각하십니까?

특정 사례에 대한 면밀한 검토는 필요하고 그에 따른 평가가 진행될 수 있다고 생각합니다. 그러나 막연히 '헐값'이라는 표현으로 낙인찍는 것은 경제적인 평가라기보다는 다분히 감정적이고 정치적인 의도가 있다고 볼 수 있습니다.

이 문제는 결국 외국자본에 대한 인식의 차이로 연결되는 사안입니다. 우리는 과거 일본으로부터 식민통치를 당한 아픈 역사를 경험한 적이 있는데, 이에 대한 기억을 소환하여 외세를 부정적으로 낙인찍는 경우가 종종 있었습니다. 좌우 가릴 것 없이 나타나는 반일민족주의가 그렇고 1980년대 학생운동세력에게서 나타난 반미민족주의도 그런 경우입니다. 우리가 IMF 관리체제로 들어간 이때도 경제식민지라는 표현을 통해서 외국자본에 대해 부정적으로 접근하는 흐름이 좌우 양쪽에서 나오기도 했습니다.

나는 이러한 태도는 옳지 못하다고 봤습니다. 당시 세계의 주요 국가들은 외국인 투자자, 외국 기업의 투자 유치를 위해서 엄청난 노력을 기울이고 있었어요. WTO 체제하에서 중요한 것은 자본의 국적보다는 그 자본이 어디에 투자되는지에 있는 것입니다. 그때도 강조했고 지금도 외국 기업이 우리나라에 투자하면 우리 기업으로 생각해야 합니다. 지금은 과거와 비교하기 힘들 정도로 경제의 세계화 현상이 심화되고 있기 때문에 그에 맞는 인식의 전환이 필요한 것입니다.

지식정보화 강국 건설

━ 대통령님께서는 집권 초부터 지식정보화의 중요성을 강조하시면서 국정의 주요 목표로 제시하셨습니다. 그 이유는 무엇

입니까?

나는 당시 세계가 기존의 산업사회에서 지식정보사회로 급격하게 변화하는 대전환기에 있다고 판단했습니다. 이러한 흐름을 파악해서 우리나라가 적극적으로 대처하면 경제위기 극복에도 도움이 되고 우리 경제의 새로운 성장동력이 될 수 있다고 판단한 것입니다.

그래서 나는 '산업화는 늦었지만 지식정보화는 앞서가자'는 메시지를 지속적으로 냈습니다. 정부의 역할은 정책을 추진하는 것도 중요하지만 이러한 메시지 선정과 전달도 중요한 부분입니다. 정부의 아젠다 설정과 메시지 전달은 민간에도 큰 영향을 주기 때문입니다. 지식정보화 강국이 되기 위해서는 정부의 노력도 중요하지만 민간 영역에서의 동참과 자발적인 노력도 중요해요. 그래서 나는 집권 초부터 지식정보화를 국정의 주요 과제로 설정하고 이를 추진한다는 메시지를 지속적으로 강조했던 것입니다. 내가 1999년을 맞이해서 5대 국정지표를 발표할때 '지식기반의 확충'과 '문화관광의 진흥'을 넣은 것도 그런 맥락이었습니다.

━ 지식정보화에 관심을 갖게 되신 것은 언제부터인가요?

나는 자원이 부족한 유럽과 일본이 경제적으로 부유하고 우수한 과학기술 능력을 갖게 된 원인이 교육을 통해 뛰어난 인재를 키워낸 데에 있다고 생각했습니다. 나는 1971년 대선 때부터 지식산업의 중요성을 강조했어요. 그때 나는 우리나라가 저임금에 기반한 저가상품을 대량생산해서 수출하는 방식으로는 더 이상의 경제발전을 이룩하기 어렵다고 생각했습니다. 이제는 도약이 필요하다고 판단한 것입니다. 1970년대에도 틈틈이 이와 관련된 책을 읽기도 했어요. 결정적인 것은 1981년 감옥에 있을 때 읽은 앨빈 토플러의 『제3의 물결』이었습니다. 이 책은 아내가 내게 도움이 될 것 같다고 해서 넣어준 책이었는데 많은 도움이 되었습니다.

━ 앨빈 토플러를 만나신 적이 있습니까?

그럼요, 여러 번 만났어요. 내가 야당 활동을 할 때도 만났고 대통령이 된 이후에도 두 번 만났고 퇴임 이후에도 만났습니다. 그분과의 대화는 유익했고 내가 많은 것을 배울 수 있었습니다. 세계적인 학자로서 많은 지식과 통찰력을 갖춘 분이어서 배울 것이 많았습니다. 그분은 내가 대통령이 된 이후에 민주주의와 시장경제를 동시에 발전시키면서 한국을 세계적인 지식정보 강국이 되도록 한 것에 대해서 매우 높게 평가했습니다.

━ 지식정보화에 대해 많은 관심을 갖고 계셨다고 해도 집권 초에는 국가부도 위기사태를 극복하기 위해 총력을 기울이시던 때였습니다. 그래서 지식정보화를 국정 주요 목표로 추진하시는 것이 쉽지 않았을 것 같은데요.

그런 이야기를 나도 들은 적이 있어요. 그때 어떻게 그게 가능했냐는 질문이었지요. 나는 지식정보화를 위한 각종 개혁이 위기 극복과 분리되어 있다고 생각하지 않았습니다. 지식정보화는 경제시스템을 혁신하는 데에 중요한 의미가 있었기 때문에 기업과 금융 부문의 구조개혁에도 큰 영향을 주었습니다.

앨빈 토플러와 함께(1998).

김대중은 1981년 감옥에 있을 때 아내 이희호가
넣어준 앨빈 토플러의『제3의 물결』을 읽고 시대에
대한 대비가 필요하다고 판단했다.
물적 자원이 부족해도 창의적인 인적 자원이
우수한 나라가 더욱 발전할 수 있다는 진단이
우리나라 현실과 맞았기 때문이다.

또한 지식정보화 분야 산업이 계속해서 발전하고 있었기 때문에 우리 경제의 새로운 성장동력을 창출하는 데에도 중요한 의미가 있었습니다. 경제구조 개혁은 결국 경제회생과 도약을 목표로 한 것이기 때문에 우리나라의 새로운 먹거리를 만들어내는 것이 필요했습니다. 지식정보화 추진은 사회적 갈등을 초래하는 일이 아니었어요. 지식정보화를 추진한다고 해서 반대할 사람이 누가 있습니까. 나는 집권 초부터 이 일을 추진하는 데에 부담을 느끼지 않았어요. 국정 최고책임자인 내가 중간에 흔들리지 않고 방향을 잡고 밀고 나가면 성공할 수 있는 일이라고 판단했습니다. 결국 내 판단이 옳았습니다.

━ 대통령님께서는 지식정보화 강국을 건설하기 위해서 재임 중에 많은 일을 하셨습니다. 큰 차원에서 어떤 일을 하셨는지 말씀해주세요.

먼저 '세계에서 컴퓨터를 가장 잘 사용하는 나라'를 만들겠다는 목표로 정보통신 인프라 구축에 총력을 다했습니다. 컴퓨터 보급과 초고속정보통신망 설치 등에 집중했어요. 「전자정부법」을 제정해서 전자정부를 구축한 것도 기억에 남습니다. 경제 분야에서도 여러 가지 일을 했어요. 기술력과 아이디어를 갖고 있는 중소벤처기업에 대한 맞춤형 지원이 가능하도록 해서 좋은 성과를 거뒀습니다. 디지털경제로의 전환을 위해 전자거래 활성화 등 각종 개혁조치를 신속하게 진행한 것도 기억에 남습니다.

━ 대통령님께서는 2001년 1월에 '전자정부특별위원회'를 설립

하셨습니다. 2001년 3월에는 「전자정부 구현을 위한 행정업무 등의 전자화 촉진에 관한 법률」 일명 「전자정부법」이 제정되어 그해 7월부터 시행되었습니다. 이러한 정책추진 절차를 통해서 대통령님 임기 말인 2002년 11월 13일 '전자정부 기반 완성 보고회'가 개최되었습니다. 여기서 보듯 대통령님께서는 전자정부에 대한 강한 의지를 갖고 계셨음을 알 수 있는데 그 이유는 무엇입니까?

그때 전자정부 구현이 가능하겠냐고 회의한 사람들이 많았습니다. 그런데 나는 좌고우면하지 않고 밀고 나갔습니다. 전자정부 구현을 행정개혁의 핵심으로 생각했기 때문입니다. 그래서 반드시 해내야 한다고 생각했어요. 전자정부를 하게 되면 행정의 투명성을 높여서 부정부패를 막는 데에 큰 도움이 됩니다. 국민의 혈세인 예산이 잘못된 곳에 사용될 일이 현저하게 줄게 됩니다. 행정의 투명성 제고는 정부 정책에 대한 국민의 신뢰를 높일 수 있습니다. 온라인을 통한 대국민 행정서비스가 가능하게 되면 과거와 비교하기 힘들 정도로 국민들이 편하게 각종 민원서비스를 이용할 수 있게 됩니다. 정보통신기술이 계속 발전하고 있기 때문에 앞으로 대국민 서비스가 더욱 좋아질 것이 확실했습니다. 공직사회 내의 업무효율성 또한 크게 높일 수 있습니다. 정부의 경쟁력이 강화될 수 있습니다. 이렇게 장점이 많기 때문에 내가 작정하고 추진했던 것입니다.

▬ 대통령님께서는 재임 중에 첨단기술 발전에도 많은 관심을 기울이셨습니다.

초고속 정보통신망 기반 완성 기념행사(2001).
김대중은 지식정보화 강국을 건설하기 위해
'세계에서 컴퓨터를 가장 잘 사용하는 나라'를
만들겠다는 목표로 정보통신 인프라
구축에 총력을 기울였다.
전자정부를 구현해 행정의 투명성을 높여
부정부패를 막는 데 큰 도움이 되었다.

나는 대통령 취임 이래 과학기술의 발전을 지속적으로 강조했습니다. 지식정보화를 강조한 것도 이와 관련되어 있습니다. 1999년에는 대통령이 위원장을 맡는 국가과학기술위원회를 신설하고 이를 정례적으로 개최해 과학기술 진흥에 앞장섰습니다. 과학기술 정책을 종합적으로 검토하고 조정해서 범정부 차원의 지원이 가능하도록 하기 위한 목적이었어요. 그래서 대통령이 위원장을 맡기로 한 것입니다.

2001년 1월 「과학기술기본법」을 제정했습니다. 이 법은 과학기술 발전의 기반을 조성하기 위해서 과학기술 정책의 수립 및 추진체제, 과학기술 연구개발 추진, 과학기술 투자 및 인력자원의 확충 등에 관한 내용을 총망라한 것이었습니다. 그런 배경 속에서 나는 IT(정보기술), NT(나노기술), BT(생명공학기술), ST(우주항공기술), ET(환경공학기술), CT(문화콘텐츠기술) 등 6개 분야의 발전을 위해서 많은 노력을 기울였습니다. 우리 경제의 새로운 성장동력을 창출해서 미래에 필요한 새로운 먹거리를 만들기 위해서였습니다.

문화강국 건설

— 대통령님께서는 민주화운동을 하시고 야당생활을 하실 때에도 문화의 중요성을 강조하셨습니다.

문화적 역량은 군사력·경제력과 함께 한 국가와 민족의 흥망성쇠를 결정하는 핵심적인 요소입니다. 세계 역사를 보면 군사력과 경제력이 우수해서 주변 국가들을 지배하기도 했던 국가와 민족 중에서 자체 문화적인 역량이 낮은 경우 결국 우수한 문화에 동화되고 흡수되어 현재는 흔적도 없이 사라진 경우가 많습니다. 이것은 우리나라 역사를 봐도 알 수 있어요. 우리 민족은 중국 대륙을 지배한 여러 나라로부터 침략을 받았고 문화적인 영향을 많이 받았지만 우리 민족만의 고유한 문화를 발전시켰기 때문에 지금까지 유지될 수 있었던 것입니다. 이것만 봐도 문화의 중요성을 알 수 있습니다.

━ 대통령님께서는 군사독재 정권의 문화에 대한 인식과 문화정책을 비판하셨습니다.

독재정권은 문화에 대한 관심이 낮았고 문화를 하나의 통치수단으로 보거나 국민들의 오락 차원에서 접근하는 모습을 보였습니다. 경제가 성장하는 만큼 문화에 대한 인식을 높이고 정책도 새롭게 가다듬어야 하는데, 그들은 기본적으로 문화를 경시했기 때문에 개선이 되지 않았습니다. 이것은 1987년 민주화가 시작된 이후에도 마찬가지여서, 내가 대통령이 되기 전까지 우리나라 문화정책은 과거에 머물러 있었습니다.

━ 대통령이 되신 이후 문화정책 기조를 새롭게 세우셔서 "지원은 하되 간섭은 하지 않는다"고 하셨고 그에 따른 구체적인 정책을 수립하시고 실행하셨습니다. 이 정책 기조는 언제부터 생각하셨나요?

1960년대 박정희 정권 때부터예요. 그때 박정희 정권이 「영화법」을 개정했는데 영화인들은 이것이 문화예술 창작의 자율성을 침해한다고 비판했어요. 내가 영화인들을 만나서 이야기를 들어보니 일리가 있었습니다. 그때 영화산업에 대한 공부를 많이 하게 되었습니다. 나는 국회에서 이 문제로 정부의 문제점을 지적하고 법률적인 대안 마련과 함께 정부 정책의 전환을 여러 번 촉구했습니다. 그때 내가 강조했던 것이 정부는 문화예술인들의 창작의 자유를 철저히 보장하고 문화예술인들이 좋은 작품을 만들 수 있도록 행정적 지원과 예산 지원 등을 해야 한다는 것이었습니다. 그 생각이 이어져서 '지원은 하되 간섭은 하지 않는다'는 국민의 정부 문화정책 기조가 나오게 된 것입니다.

— 대통령님께서는 문화산업을 강조하셨습니다. 어떤 배경이 있었습니까?

1993년에 나온 영화 「쥬라기 공원」이 세계적으로 흥행했잖아요. 그 영화 한 편으로 얻은 수익이 우리나라 주력 수출품인 자동차 150만여 대를 판매해서 얻은 수익과 비슷하다는 말도 있었습니다. 내가 문화산업을 경제성장에 중요한 요소로 인식하게 된 결정적인 계기였습니다.

세계화가 진전되고 정보통신기술이 발달하기 때문에 상업성이 높은 문화콘텐츠를 잘 개발하면 엄청난 이익을 얻을 수 있다고 판단했습니다. 그리고 노동시간이 줄면서 사람들이 활용할 수 있는 여가시간이 늘어나면 문화상품에 대한 수요가 늘어날 것이라고 봤어요. 이러한 이유로 문화산업에 주목하게 되었습니다.

— 1998년 2월 「정부조직법」 개정을 통해 기존의 문화체육부가

문화관광부로 새롭게 출범했습니다. 부처명에 '관광'이 새롭게 들어갔습니다. 여기에 대통령님의 의지가 반영되었다는 말이 있는데요.

그렇습니다. 내가 그렇게 하자고 한 것입니다. 관광은 굴뚝 없는 산업이라고 할 수 있어요. 공해가 발생하지 않으면서 경제에 도움이 되는 것이 바로 관광산업이에요. 내가 관광산업에 주목한 것도 앞으로 노동시간이 줄어들어 여가시간이 늘어날 것이라고 보았기 때문입니다. 기술개발이 계속 이뤄지면 생산성이 높아지기 때문에 노동시간이 줄어들 수 있게 됩니다. 그렇게 여가시간이 늘면 사람들이 여행을 할 수 있는 여력이 생겨서 관광산업이 발전할 수 있다고 본 것입니다.

━ 대통령님께서는 재임 중에 주 5일제 근무에 대한 공론화를 하셨습니다. 일부에서 시범적으로 시행되다가 결국 노무현 정부 시절 법제화가 이뤄져서 정착되었습니다. 주 5일제 근무는 관광산업 발전에 중대한 전기가 되었다고 할 수 있는데 이것을 염두에 두셨습니까?

주 5일제가 되면 관광산업이 발전할 수 있다고 보았습니다. 염두에 두고 있었다고 할 수 있습니다.

━ 대통령님께서는 일본 대중문화 개방을 결단하셨는데요. 당시 반대가 많았던 사안이었습니다. 어떤 이유에서 그런 결단을 하셨습니까?

그때 일본의 대중문화를 개방하면 일본의 영화·만화·음악 등이 우리나라에 크게 퍼져서 자칫 잘못하면 일본의 문화식민지까지 될 수 있다는 말이 나왔습니다. 정치적으로 크게 손해 보는 일이라고 하면서 주변에서 만류하기도 했어요. 그런데 나는 생각이 달랐습니다. 우선 나는 우리 문화가 일본 문화에 영향을 받아서 위태롭게 된다는 주장에 동의하지 않았어요. 오히려 일본 문화와의 접촉과 교류는 우리 문화의 발전에 도움이 된다고 생각했어요. 더 나아가서 우리 문화가 일본 문화에 영향을 줄 수 있다고 보았습니다. 왜냐하면 일본 문화는 일본 문화대로 장점이 있지만 우리 문화는 우리 문화대로 장점이 있어요. 어느 한쪽이 먹고 먹히는 관계가 아니라고 확신했습니다.

나는 기본적으로 문화교류에 개방적이고 적극적인 태도를 가져야 한다고 생각했습니다. 그렇게 해야만 다른 문화의 우수한 장점을 받아들여서 자신의 문화를 더욱 풍부하게 발전시킬 수 있습니다. 우리 문화의 수준이 일본 문화에 비해서 결코 낮지 않습니다. 그런데 사람들이 이것을 잘 몰라요. 참 답답합니다.

이야기 나온 김에 덧붙이면 일본에 대한 우리나라 사람들의 인식과 태도에는 문제가 많습니다. 우리나라 사람들은 대체로 일본을 무시하는 경향이 있으면서도 일본을 내심 두려워하는 심리를 갖고 있어요. 모순적이에요. 왜 그럴까요? 일본에 대해서 자신감을 갖고 있지 않기 때문에 그런 것입니다. 이러한 심리가 일본 대중문화 개방에도 그대로 나타난 것입니다. 일본 문화를 왜색 문화라고 하면서 무시하고 거부감을 표출하는데, 여기에는 일본을 폄훼함과 동시에 두려워하는 그런 복합적인 심리가 섞여 있습니다.

나는 그래서는 안 된다고 생각합니다. 나는 일본을 잘 압니다. 일본의 저력을 알기 때문에 일본을 무시하지 않아요. 동시에 일본을 두려워하지도 않습니다. 우리는 우리대로의 장점이 있기 때문에 일본과의 접촉과 교류에 두려워할 이유가 전혀 없었어요. 나는 우리 문화가 일본에 상당히 통할 수 있다고 생각했습니다. 일본은 섬나라로 상당히 폐쇄적인 면이 있는데, 우리 문화의 역동적이고 진취적인 면이 일본 사람들에게는 상당히 신선하게 받아들여질 수 있었거든요. 나는 자신감을 갖고 일본 대중문화 개방을 결단한 것입니다. 다른 사람들에게는 이것이 모험으로 비춰졌을지 모르지만 나는 위와 같은 근거로 내 판단이 옳다는 확신이 있었습니다. 오늘날의 한류를 보면 내 결단이 옳았다는 것이 증명되었지요.

━ 대통령님께서는 스크린쿼터를 지켜내어 한국영화 발전에 큰 공을 세우신 것으로 평가받고 있습니다.

미국 정부의 스크린쿼터 폐지 요구가 거셌는데요. 나는 우리 영화산업의 발전을 위해서 미국의 요구를 거절했어요. 그때가 IMF로부터 구제금융을 받는 경제위기 상황이었기 때문에 미국의 요구를 거절하는 것은 더욱 부담이 컸습니다. 그러나 우리 영화산업 발전을 위해서 스크린쿼터가 필요하다고 판단했기 때문에 그런 결단을 했던 것입니다. 1999년 3월에 방한한 윌리엄 데일리 미국 상무장관과 잭 발렌티 미국영화협회장을 청와대에서 만나기도 했어요. 미국 정부는 자유무역과 시장개방 등의 논리를 동원하면서 스크린쿼터 축소를 주장했어요. 그런데 축소는 폐지로 이어질 것이라고 이해됐기 때문에 영화인들은 반대했어요. 나도 영화인들의 주장에 동의했어요. 그래서 나는 문화의 다양성 논리를 내세우면서 스크린쿼터 유지 입장을 밝혔습니다. 당시 미국의 요구는 집요했고 경제위기 상황이었기 때문에 미국의 요구를 거부한다는 것이 어려웠지만 우리 영화 발전을 위해서 스크린쿼터를 지켜냈습니다. 나중에 내가 2003년에 영화인들이 수여하는 춘사 나운규 영화제 공로상을 받았는데, 영화 발전에 대한 나의 여러 가지 업적 중의 하나로 스크린쿼터 유지가 선정 이유에 들어가 있기도 했어요.

━ 방금 말씀해주신 대로 대통령님께서는 퇴임하신 이후인 2003년에 춘사 나운규 영화제 공로상을 수상하셨습니다. 대통령님께서는 이 상의 수상에 큰 의미를 부여하신 것으로 알려져 있습니다.

나는 국내외에 걸쳐서 많은 상을 받았는데 이 상의 수상이 노벨상과 함께 가장 큰 영광이라고 한 적이 있습니다. 그만큼 애착이 가는 상이었어요. 내가 문화예술에 대한 관심이 많았고 이 분야의 발전을 위해서 많은 노력을 했는데, 문화예술인들이 이것을 알아준 것에 감동을 받았습니다. 그만큼 나는 우리 문화 발전에 기여한 것에 대해서 큰 보람을 느낍니다.

━ 문화 발전을 위해서 대통령 재임 중에 많은 정책을 시행하셨는데요. 중요한 사항 몇 가지에 대해 말씀해주시지요.

먼저 문화예술인의 창작의 자유를 훼손하는 각종 조치를 시정하도록 했습니다. 대표적으로 영화예술에서 창작의 자유를

춘사 나운규 영화제 공로상 수상(2003).
김대중은 문화예술에 관심이 많았고 이 분야의
발전을 위해 많은 노력을 했다.
스크린쿼터를 지켜내 한국영화 발전에
큰 공을 세우기도 했다. 문화예술인들은
영화발전에 기여한 김대중에게
춘사 나운규 영화제 공로상을 수여했다.

보장할 수 있도록 법과 제도를 개혁했습니다. 그와 함께 문화예술계에 대한 국가적인 지원을 대폭 확대했습니다. 내가 대통령이 된 이후 정부 예산안을 짠 것이 1999년도 예산부터였습니다. 특별히 지시해서 문화 부문 예산을 첫해에는 전년 대비 37퍼센트 증액했고 그다음 해에는 45퍼센트를 증액해서 2000년도에 문화 부문 예산이 정부 예산의 1퍼센트가 될 수 있도록 했습니다. 2001년에는 문화 부문 예산 1조 원 시대를 열었어요. 그때 관계부처와 문화예술계가 깜짝 놀랐습니다. 내가 작정해서 그렇게 했는데 전례 없는 일이었습니다.

나는 새롭게 확보한 예산의 상당 부분을 문화콘텐츠 분야에 배정했어요. 장기적으로 문화산업 발전의 초석이 되도록 한 것이지요. 한 가지 더 거론하자면 1999년 2월에 「문화산업진흥기본법」을 제정한 일입니다. 이 법은 '문화헌법'이라고 불렸는데요. 문화산업 발전을 위한 각종 제도에 관한 내용을 담고 있습니다. 이것도 중요한 의미가 있습니다.

— 대통령님께서는 이러한 문화정책을 통해 한류가 나타날 수 있도록 하셨습니다.

내가 문화산업을 발전시킬 수 있는 기반을 마련한 것은 사실입니다. 그런데 그것이 한류로 이어지는 것은 또 다른 차원의 문제입니다. 나는 우리나라의 역동적인 민주주의 속에서 형성된 창의력이 한류의 정신적인 기반이 되었다고 생각합니다. 이것은 중국과 일본에서는 찾아볼 수 없는 것이에요. 역동적인 민주주의 속에서 형성된 창의력과 이것을 발전시킬 수 있는 문화

정책이 결합되어 오늘날의 한류가 나타났다고 생각합니다.

복지국가의 반열에 오르다

▬ 대통령님께서는 오래전부터 복지에 대해서 관심을 갖고 계셨지요.

나는 젊었을 때인 1950년대에 시사평론가로 활동하면서 각종 매체에 기고했는데 그때부터 복지에 관심을 갖고 있었습니다. 그때는 공산주의 세력의 침략을 막고 안보를 지키는 것이 가장 중요한 과제였는데요. 나는 복지가 공산주의 세력의 침투를 막는 데에 필요한 사회정책이라고 생각했습니다. 실제 유럽에서 복지제도가 발전하게 된 배경을 보면 공산주의 세력을 막기 위한 목적과 관련되어 있음을 알 수 있어요.

1971년 대선에서는 복지국가 건설을 목표로 내걸었습니다. 그때 구체적인 공약으로 의료보험과 산재보험 추진, 양로정책, 지금으로 하면 노인복지정책이라고 할 수 있는데요. 그런 공약을 제시했어요.

▬ 국민의 정부 복지정책의 기조와 방향을 나타내는 것이 '생산적 복지'입니다. 생산적 복지에 대한 구상을 언제부터 하셨습니까?

생산적 복지가 나오기 이전의 복지는 국가의 재분배 정책에 초점을 맞추고 있었습니다. 이것은 노동자의 도덕적 해이와 국가의 재정악화를 초래한다는 비판을 받았습니다. 그에 대한 대안으로 나온 것이 생산적 복지였어요. 생산적 복지는 노동 능력이 있는 분들의 자활을 도와서 생활의 안정을 이루도록 하는 근로복지연계를 지향합니다. 물론 노동시장에서 새롭게 일자리를 찾기 어려운 분들에게는 국가의 지원이 필요합니다. 내 임기 때 도입한 국민기초생활보장제도가 그런 경우에 속합니다.

나는 1980년대 초·중반 미국으로 망명 갔을 때 생산적 복지와 관련된 아이디어를 처음 접했습니다. 그때 생산적 복지라는 말이 사용되었는지 여부는 기억이 명확하지 않아요. 중요한 것은 생산적 복지와 같은 정책구상을 그때 접했다는 사실입니다. 그때 미국에서는 레이건 대통령, 영국에서는 대처 수상이 나와서 보수적인 경제노선이 힘을 받고 있었어요. 그래서 복지와 관련해서도 보수적인 견해가 반영된 새로운 논의가 이뤄지고 있었습니다.

내가 하버드대학에서 「대중참여경제론」이라는 논문을 써서 책으로 출간하기도 했잖아요. 그때 그런 분위기에 대해서 어느 정도 알고 있었는데, 이러한 것이 나중에 '제3의 길'이라는 정치노선으로도 나왔습니다. 내가 1993년 영국 유학 때 사회학자 앤서니 기든스 교수와 토론할 기회가 있었는데, 그때도 그런 내용에 대해서 논의했습니다. 나는 미국 망명과 영국 유학 등을 통해서 복지에 대한 서구사회의 논쟁에 대해 어느 정도 알고 있었습니다. 기존의 재분배 위주의 복지정책에서 노동과 연계하는 방식의 새로운 접근에 대해서 공감했습니다.

— 더 구체적인 정책에 대한 질문을 드리도록 하겠습니다. 먼

저 실업자 대책입니다. 구조조정 과정에서 대규모 실업자가 발생했습니다. 대통령님께서 취임하신 첫해인 1998년에는 실업률이 6.8퍼센트까지 올라가기도 하는 등 심각한 상황이었는데요. 그 이후 지속적으로 하향 안정화되면서 2002년에는 3.1퍼센트까지 내려갔습니다. 당시 상황을 어떻게 인식하셨습니까?

1997년부터 본격화된 경제위기로 인해서 실업자가 급증했습니다. 회사가 망하기도 하고 구조조정 과정에서 일자리를 잃기도 하는 등 이유는 다양했는데요. 그렇다 보니 1998년에 실업률이 매우 높았습니다. 내가 당선자 시절에는 국가부도 위기를 막는 데에 전력을 다했다면 취임 이후에는 구조개혁과 실업자 문제 두 가지 과제를 해결하는 데에 전력을 다했다고 할 수 있습니다. 그즈음 나는 "국민의 정부는 실업대책 정부라고 할 수 있으며 정부는 이 문제 해결을 위해서 모든 역량을 집중해야 한다"는 취지의 이야기를 여러 번 했습니다. 그때 실업자가 갑작스럽게 늘어난 것도 힘든 일이었는데요. 우리나라는 그전에 사회안전망을 제대로 갖춰놓지 않았기 때문에 이런 대규모 실업사태를 해결하는 데에 큰 어려움이 있었습니다. 그동안 우리나라는 고도성장 속에 대체로 낮은 실업률을 유지해오면서 개인의 경제활동을 통해 얻는 소득으로 사회복지에 대한 수요를 억제해왔던 것인데, 대규모 실업사태로 인해서 그 기초가 무너졌던 것입니다. 아주 암담한 상황이었어요.

━ 그때 어떤 조치를 취하셨습니까?

암담한 상황이라고 해서 손 놓고 있을 수 없었지요. 우선 재정을 통해 실업자의 최소한의 생계가 가능하도록 조치를 취했습니다. 대표적인 정책이 공공근로사업이었어요. 노동 능력이 있는 사람들 중에서는 어떻게든 일하면서 돈 벌기를 원하는 경우가 많습니다. 이런 분들에게 적합한 사업이었어요. 구조조정 과정에서 기업이 노동자에 대한 정리해고 대신 고용유지를 하면 이에 대한 각종 지원을 했습니다. 또한 고용보험의 적용대상을 확대했어요. 1998년 3월에는 5인 이상 사업장, 1998년 10월에는 1인 이상 사업장으로 확대 적용해서 영세사업장에 속한 노동자도 혜택을 받을 수 있도록 했습니다. 재취업을 할 때 도움이 되도록 컴퓨터 학습 등 직업훈련을 지원하기도 했습니다. 근로 능력 유무와 상관없이 최저생계를 보장하는 국민기초생활보장제도를 실시했는데, 이는 우리나라 복지 역사에서 획기적인 의미를 갖는 일이었습니다.

▬ 방금 말씀해주신 국민기초생활보장제도는 1999년 9월에 제정된 「국민기초생활보장법」에 의해서 가능하게 된 것입니다. 이 법은 2000년 10월부터 시행되었는데요. 우리나라 사회복지 역사에서 매우 획기적인 사건이라고 할 만큼 중요한 의미를 갖습니다. 이 법의 제정을 추진하신 이유는 무엇입니까?

나는 박정희 정권 시기에 구상한 '대중경제론'에서도 복지의 중요성을 강조했습니다. 경제에 관한 나의 기본적인 입장은 시장경제를 발전시켜 국부를 증진시키는 것과 동시에 경제민주주의를 통해서 불평등을 완화하여 우리 사회의 안정을 도모하는 데에 있었습니다. 「국민기초생활보장법」은 후자와 관련된 정책이었습니다.

이 법이 제정되기 전에 우리나라에는 「생활보호법」이라는 것이 있었는데, 이 제도의 혜택을 받기 위한 조건이 까다로웠고 금액도 적었어요. '보호'라는 말에서 알 수 있듯이 경제적인 형편이 어려운 사람에 대한 시혜적인 입장이 반영되어 있어서 지원받는 사람이 위축되어 자존감이 약화되는 등 여러 문제가 있었습니다. 「국민기초생활보장법」은 이러한 문제점을 획기적으로 개선한 것입니다. 근로 능력과 상관없이 소득이 최저생계비 이하일 경우 지원 대상으로 했고 최저생계 보장을 국가의 의무로 해서 보호라는 말을 빼고 '생계급여' '수급권자' 등으로 지원받는 국민의 권리를 국가가 보장하는 것으로 인식과 태도의 전환을 이뤄냈습니다.

━ 「국민기초생활보장법」 제정 과정이 쉽지 않았다고 하는데요. 어떻게 해결하셨습니까?

반대 이유는 크게 보면 두 가지였습니다. 재정을 낭비한다는 것이 하나였어요. 국민의 근로의욕을 약화시켜서 국가경제 차원에서 생산성이 저하된다는 것이 다른 하나였습니다. 여기서 보듯 보수적인 경제관이 반영된 주장이었는데, 정부 내에서도 이에 호응하는 분위기가 있었습니다.

이것은 국회에서 법을 만들고 통과시켜야 하는 사안이었기 때문에 국회에서의 논의 과정에서 공론화하고 반대편을 최대한 설득하도록 했습니다. 이 법의 제정·추진 과정을 보면 시민사회단체도 중요한 역할을 하고 있었기 때문에 당이 이들과 함께 공론화하고 반대편과 토론하면서 다수 국민들에게 동의를 얻을 수 있도록 했습니다. 나도 1999년 6월 울산에서「국민기초생활보장법」제정 의지를 밝혔습니다. 그렇게 우군을 계속해서 늘려갔고 결국 반대의 벽을 넘을 수 있었어요.

중요한 개혁은 법률 제정 및 개정 절차를 거쳐야 하는 경우가 많은데, 반대가 뚜렷한 경우에는 굉장히 전략적으로 접근해야 합니다. 기본적인 전략은 우군을 최대한 확보하고 반대파를 약화시켜서 다수 국민의 지지를 얻을 수 있도록 정치력을 발휘하는 것입니다. 이때도 나는 그렇게 했고 그 전략은 주효했습니다. 그래서 법 제정이 가능했어요.

━ 국민기초생활보장제도와 함께 대통령님의 중요한 업적으로 평가받는 것이 의료보험 통합이었습니다. 어떤 배경에서 추진하셨습니까?

국민기초생활보장제도와 함께 의료보험을 통합해서 국민건강보험이 탄생할 수 있도록 한 것에 대해서 나는 지금도 큰 보람을 느낍니다. 복지는 사회적 차원에서의 나눔과 연대의 정신이라고 할 수 있습니다. 그렇게 볼 때 기존의 조합주의 방식의 의료보험은 사회적 나눔과 연대가 아니라 차이와 차별을 제도화시키는 것이었기 때문에 복지의 기본 정신과 맞지 않았어요. 부자 조합과 가난한 조합 사이의 격차가 심해서 어떤 조합에 가입했느냐에 따라서 의료보험 서비스의 대상과 보장 정도가 천차만별이었습니다. 이것을 그대로 둔 채 복지사회를 말하는 것은 어불성설이라고 생각했습니다. 그래서 의료보험 통합을 강력하게 밀고 나갔습니다.

━ 그때 지역의료보험조합과 직장의료보험조합 사이의 통합은 난제였습니다. 직장의료보험조합이 통합에 반대했다고 하는데 이 문제를 어떻게 해결하셨습니까?

직장의료보험조합은 재정에 여유가 있었기 때문에 통합에 반대했어요. 조합에 적립한 기금이 사유재산이라는 이유로 지역의료보험조합과 통합해서는 안 된다는 논리를 내세웠습니다. 노조는 나의 지지기반이었습니다. 의료보험 통합은 전 국민 차원에서 보면 바람직하고 대부분 지지하는 일이었는데, 나를 지지하는 한쪽 그룹에서는 반대하는 것이었습니다. 나는 노조의 반대에도 불구하고 의료보험 통합을 포기할 수 없었습니다. 의료보험 통합의 내용을 담은 「국민건강보험법」을 제정하고 국민건강보험공단을 출범시켰습니다. 그래서 국민들이 오늘날과 같은 의료 서비스를 누릴 수 있게 된 것입니다.

━ 대통령님 재임 시절 국민연금과 산재보험도 큰 변화를 겪게 됩니다. 국민연금은 1999년 4월 도시 지역의 자영업자들에게 확대 적용해서 오늘날의 국민연금 틀이 갖춰졌고요. 산재보험은 2000년 7월부터 1인 이상 사업장으로 확대 적용되었습니다. 이렇게 해서 대통령님 재임 시절 4대 사회보험인 의료보험, 국민연금, 고용보험, 산재보험의 적용 대상과 급여 수준의 확대가 이뤄졌습니다. 국민기초생활보장제도까지 실시되면서 한국이 복지국가 반열에 오르게 되었다는 평가가 나오기도 했습니다.

1969년 월간 『신동아』에 대중경제에 관한 글을 기고한 적이 있었는데요. 내가 주장하는 대중경제의 목적은 복지사회 실현에 있다고 밝힌 바 있습니다. 나는 오래전부터 복지와 관련된 경제정책과 사회정책에 관심을 갖고 있었어요. 나는 1960년대부터 복지와 관련된 정책을 공부해서 1971년 대선을 앞두고 그와 같은 구체적인 공약을 제시할 수 있었습니다.

그 이후에도 복지와 관련된 구체적인 정책과 쟁점 등에 대한 공부를 꾸준히 이어갔습니다. 나는 관련 분야 전문가들과 논의해도 밀리지 않을 정도의 지식을 갖고 있었습니다. '대중경제론' 때부터 이어져온 경제민주주의에 대한 내 신념이 있었기 때문에 대통령이 된 이후에 관련 정책을 일관되면서도 강력하게 추진할 수 있었던 것입니다. 그것이 큰 효과를 냈다고 생각하고 보람을 느낍니다.

새로운 도약

— 국제신용평가기관들은 1997년 12월에 우리나라의 신용등급을 투자부적격 단계로 내렸는데요. 1998년의 여러 성과를 평가한 후인 1999년 1월에는 S&P가, 2월에는 Moody's가 투자적격 등급으로 올렸습니다. 대통령님께서는 우리나라가 이렇게 빨리 경제회복을 할 수 있었던 원인이 어디에 있다고 생각하십니까?

무엇보다 6·25 전쟁 이후 최고의 국란으로 불린 국가부도 위기 속에서도 희망을 잃지 않고 고통을 감내하면서 정부를 믿고

미셸 캉드쉬 IMF 총재와 함께(1999).
6·25 전쟁 이후 최대의 국란으로 불린
국가부도 위기 상황에서 김대중은 경제구조를
개혁하는 데 최선을 다해 긍정적인 성과를
낼 수 있었다. 이에 예정보다 3년 빠른 2001년에
IMF 차입금 195억 달러를 모두 상환하고
IMF 관리체제에서 벗어났다. 캉드쉬 IMF 총재는
이런 성과를 낸 김대중을 높이 평가했다.

따라준 우리 국민들의 저력이 위기 극복의 가장 큰 원인이었다고 생각합니다. 그와 함께 내가 이끈 우리 정부가 기민하면서도 적절한 대처로 국가부도를 막았고 그 이후 기업·금융·노동·공공 등 4대 부문의 개혁을 성공적으로 이끌면서 경제회생의 돌파구를 마련했다고 생각합니다. 결국 정부와 국민이 합심해서 피해를 최소화하면서 국가적 위기를 극복했다고 생각합니다.

— 대통령님의 경제정책이 큰 효과를 발휘했다는 사실은 이미 증명되었다고 생각합니다. 그 외에도 국민통합을 강조하고 실천한 국정운영 기조도 중요한 요인이었다는 평가가 있습니다.

아주 잘 보셨습니다. 국가적인 위기 극복은 대통령과 여당만 열심히 한다고 해서 가능한 일이 아닙니다. 나를 비판하는 사람들, 나를 반대하는 사람들의 힘을 모으는 것도 중요했어요. 그런 노력을 기울여서 정부 정책에 힘을 보태주면 제일 좋은 일이고, 최소한 적극적인 반대를 하지 않도록 해서 개혁의 동력을 강화시키는 것이 필요했습니다.

우리 사회는 반공주의, 지역주의 등으로 갈등과 반목이 아주 심했고 오랜 기간 권위주의 통치로 인한 과거사 갈등도 국민통합을 가로막는 요인이었습니다. 그래서 내가 국민통합을 강조했던 것입니다. 국민통합은 국가적 위기 극복을 위한 사회적인 동력을 만들어내기 위해서도 필요한 일이었습니다. 나는 민주화운동을 할 때부터 국민통합에 관해 여러 근거를 들어서 설명했는데, 이때는 위기 극복 차원에서도 필요한 일이었습니다.

— 네, 정말 그런 것 같습니다.

그것도 있었고 구조조정 과정에서 공정성의 원칙을 철저하게 지킨 것이 아주 중요한 역할을 했다고 생각합니다.

━ 대통령님의 용인술을 높이 평가하는 분들도 있습니다.

경제분야 주요 인사들을 보면 자민련에서 추천한 분들이 많았습니다. 특히 김용환 의원의 역할이 컸어요. 이규성 재경부 장관, 이헌재 금감위원장 등이 대표적인 분들인데요. 이분들이 헌신적으로 잘 해주었습니다. 나도 이분들의 능력만 보고 전폭적으로 지원했어요. 내가 과거의 사적인 인연 등을 고려하지 않고 당시 위기 극복을 위해 필요한 최적의 인사를 선택했던 것인데 아주 적중했습니다. 이 점에 있어서 성공적이었다고 생각합니다.

━ IMF 관리체제였기 때문에 IMF와의 관계도 중요했다고 생각됩니다. 특히 대통령님께서는 후보 시절에 IMF 재협상론을 제기하신 바 있고 이로 인해서 지지율이 떨어지는 등의 어려움을 겪기도 하셨습니다. IMF와의 관계는 어땠습니까?

1997년 IMF 조건이 가혹했던 것은 사실이고 나는 재협상을 주장한 것이지 반대한 것이 아니었어요. 이것을 선거에 이용하려는 사람들이 내가 마치 반대한 것처럼 몰아서 그때 선거에서 큰 손해를 봤어요. 여하간 IMF 조건이 가혹한 것은 사실이었기 때문에 나는 IMF와 좋은 관계를 유지하면서 꾸준히 우리 입장을 설명하며 IMF가 우리 상황을 이해하도록 하는 전략을 취했습니다. 우리가 압박하는 것이 아니라 IMF가 그런 판단을 하게끔 한 것이었어요. 이것은 말레이시아의 접근법과 다릅니다. 말레이시아는 IMF 권고를 거부했으니 우리와는 다른 방향으로 간 것입니다. 나는 국제사회에 약속한 대로 경제구조 개혁에 최선을 다했고 긍정적인 성과를 낼 수 있었습니다. 그래서 캉드쉬 IMF 총재는 나를 높이 평가했어요.

━ 2001년 8월 23일은 예정보다 3년 빨리 IMF 차입금을 모두 상환한 역사적인 날입니다. 당시 심경은 어떠셨습니까?

말씀하신 것처럼 우리는 예정보다 3년 먼저 IMF에서 차입한 195억 달러를 모두 갚았습니다. 그래서 우리나라는 IMF 관리 체제에서 벗어날 수 있었습니다. 감격스러웠고 우리 국민이 자랑스러웠습니다. 세계가 우리를 경이로운 눈으로 바라봤어요. 나는 위대한 우리 국민과 함께 국가적인 위기를 극복하고 새로운 도약의 주춧돌을 마련하는 데 기여해서 큰 보람을 느꼈습니다. 내가 대통령 재임 중에 가장 의미 있게 생각하는 역사적인 순간의 하나였어요.

9

민주인권대통령

"나는 민주화운동이 목표로 한 것은
자유·인권·평화가 뿌리내리고 확산되는
사회라고 생각합니다. 그런 면에서 인권은
민주주의 발전을 위해 필수적인
요소이자 가치입니다."

대한민국 제15대 대통령

— 1998년 2월 25일 대한민국 제15대 대통령 취임식이 있었습니다. 대통령 당선자 신분에서 대통령이 되셨습니다. 감회가 새로웠을 것 같습니다.

당선자 시절에 국가부도를 막기 위해 혼신의 힘을 다하다 보니 벌써 시간이 그렇게 흘렀더라고요. 그때 부도 직전까지 이른 최악의 위기 국면은 넘겼지만 위기는 지속되고 있었고 구조개혁을 위한 각종 과제가 산적해 있었습니다. 남북관계는 최악의 상태였고 주변 주요 국가와의 외교 관계도 좋지 못했어요. 특히 일본과의 관계가 나빴고 미국과의 관계도 좋은 편이 아니었습니다. 이렇게 내우외환의 상황에서 대통령이 되었기 때문에 마음의 부담이 상당했었지요. 그럼에도 내가 이런 어려운 시기에 대통령이 된 것에는 다 하느님의 뜻이 있는 것이라고 생각하면서 마음을 다잡고 최선의 노력을 다해야 한다고 생각했습니다. 당선자 시절처럼 위대한 우리 국민과 함께 잘해나갈 수 있을 것이라는 기대와 희망도 갖고 있었습니다.

— 대통령님 취임 이후에 각하라는 호칭이 사라졌습니다. 그 배경은 무엇입니까?

나는 민주주의자로서 그동안 관습적으로 이어져온 권위주의적 잔재를 없애는 것이 필요하다고 생각했습니다. 먼저 각하라는 호칭을 쓰지 말라고 했어요. 대신 나를 호칭할 때 대통령 뒤에 아무것도 붙이지 않으면 어색하고 오히려 불편하다는 의

제15대 대통령 취임식(1998).
김대중은 1998년 2월 25일 제15대 대통령으로
취임했다. 권위주의적 잔재를 없애기 위해
'각하'라는 호칭 대신 '대통령님'으로
바꿨으며 관공서에 대통령의 사진을
걸지 말라고 지시했다.

견이 있어서 선생님, 사장님처럼 '님'자를 붙인 대통령님이라고 하기로 했습니다.

관공서 등에 내 사진을 걸지 말라고 했어요. 내 얼굴을 모르는 사람이 없잖아요. 신문과 방송을 보면 대통령 얼굴이 자주 나오는데 관공서에까지 내 사진을 걸어야 할 이유가 없었어요. 그때 국가부도 위기상황인데, 내 사진 넣은 액자를 거는 데에 예산을 쓰는 것 자체가 낭비라는 생각을 했습니다.

━ 대통령 취임 이후 국내 정치는 여러모로 어려운 상황이었습니다. 여소야대 국회에서 야당이 된 한나라당이 김종필 국무총리 임명동의안의 국회 통과를 반대했는데요.

당시 한나라당의 반대는 정말 잘못된 일이었습니다. 김종필 총리는 박정희 정권 때부터 장기간에 걸쳐서 여러 번 총리를 했어요. 김영삼 정부에서도 총리를 했지 않습니까. 자민련과 공동정부를 구성하겠다고 한 것은 공개적인 절차를 거쳐서 국민들에게 약속한 것이고, 이것은 대선 결과를 통해서 국민들에게 승인받은 것이었어요. 그래서 당시 한나라당의 반대는 정말 말이 안 되는 일이었고 정권을 잃고 난 뒤에 화풀이한 것으로 볼 수밖에 없습니다. 국가부도 위기를 초래한 직전의 집권 여당인 한나라당이 제대로 반성했다면 그렇게 할 수는 없는 일이었습니다. 나는 한나라당의 태도에 분노했습니다. 한나라당의 이런 태도를 보고 앞으로의 여야관계가 매우 험난하겠다는 생각도 하게 되었습니다.

━ 1998년 3월 김종필 국무총리 서리 체제가 출범했습니다.

대통령 취임식 이틀 후인 2월 27일 조순 한나라당 총재와 영수회담을 했어요. 김종필 총리 인준 협조를 요청하는 자리였는데, 조순 총재가 반대의사를 밝혔습니다. 그렇다고 그냥 기다릴 수도 없기 때문에 국회 표결을 진행했지만 절차적인 문제로 인준투표가 무산되었습니다. 그래서 김종필 국무총리 서리 체제를 출범시키기로 했습니다. 한나라당은 반대했지만 당시 한나라당의 요구는 너무 비상식적인 일이었기 때문에 타협할 수 없는 상황이었습니다. 결국 김종필 국무총리는 8월 중순경에 가서야 임명동의안이 통과되었습니다.

— 한나라당과의 관계 개선은 불가피한 일이었는데요. 어떻게 대처하셨습니까?

국회와의 관계가 좋지 못하면 결국 국정운영 및 개혁과제 실현에 어려움이 발생하게 됩니다. 그래서 야당과의 대화를 중요하게 생각했습니다. 나도 사람인데 한나라당이 하는 일에 대한 불만이 왜 없었겠습니까. 그러나 국가의 미래를 생각하는 정치지도자라면 그러한 사감을 앞세우면 안 됩니다. 나는 취임 직후 한나라당 조순 총재와 회담을 했고 그 이후에 이회창 총재와도 만났습니다. 내 임기 동안 총 8번의 여야 영수회담을 한 것입니다. 이것은 그 이전 정부와 비교해볼 때 가장 많이 한 경우입니다. 영수회담을 한다고 해서 모든 문제가 다 풀리는 것은 아닙니다만, 이렇게 만나고 대화해야 오해한 것이 있으면 풀 수 있고 서로 중요하게 생각하는 것을 주고받으면서 문제해결의 돌파구를 마련할 수 있어요. 여야관계의 해법은 외교문제 해법과 비슷한 면이 있습니다. 결국 진심을 갖고 소통하는 것이 최선의 방법입니다.

━ 자민련과의 공동정부는 2000년 총선 기간 중에 일시적으로 중단되었다가 총선 이후 복원되어 2001년 9월 임동원 장관 해임건의안에 자민련이 찬성하기 전까지 유지되었습니다. 자민련과의 공동정부 운영에 대해 어떻게 평가하십니까?

나는 자민련에 대해서 감사한 마음을 갖고 있고, 자민련과의 공동정부 운영에 대해서 만족합니다. 김종필 총리, 박태준 총리, 이한동 총리 등을 중심으로 해서 자민련 출신 그리고 자민련이 추천한 여러 장관과 함께 일했는데, 다들 열심히 잘해주었습니다. 그 점에 있어서 나는 감사한 마음을 갖고 있습니다. 특히 집권 초기 국가부도 위기와 경제 위기 극복과정에서 큰 역할을 해주었습니다.

나는 자민련과의 공동정부 운영이 우리나라 민주정치 발전에 중요한 의미가 있다고 보고 내 임기 끝까지 이어지는 것이 필요하다고 생각했는데, 결국 임동원 장관 해임건의안 문제로 그렇게까지 하지 못하게 된 것은 아쉽게 생각합니다. 아무튼 자민련이 공동정부를 함께하는 동안에 열심히 잘해준 것에 대해서 다시 한번 감사하다는 말씀을 하고 싶습니다.

━ 집권여당인 새정치국민회의는 1999년 7월에 신당 창당을 공식화했고 대통령님께서는 8월에 광복절 경축사를 통해서 신당은 중산층과 서민층을 대변하는 개혁정당이 될 것이라고 밝히셨습니다. 신당 창당을 결심하신 이유는 무엇입니까?

우선 총선에서 좋은 성과를 내기 위한 목적이 가장 컸습니다. 새로운 인재들을 영입해서 분위기를 일신하고 당의 체질을 강화하는 것이 필요하다고 판단했습니다. 그다음으로 전국정당으로 발돋움하기 위한 목적도 컸습니다. 우리 당이 영남 지역의 기반이 약하다는 문제를 개선하기 위한 목적이 있었습니다. 이와 관련해서 자민련과의 합당도 추진했어요. 결국 김종필 총리가 동의하지 않아 성사되지는 않았지만요. 이러한 목적을 달성하기 위해서는 신당을 창당하는 것이 필요하다고 판단했습니다.

▬ 자민련과의 합당 추진에 관해서 좀더 자세한 말씀을 부탁드리겠습니다.

나는 총선 전에 자민련과 합당해서 신당을 만들 생각을 했었고 이를 김종필 총리에게 제안했어요. 내가 이렇게 하려고 한 것은 안정적인 국정운영을 위해서 자민련이 필요한 것이 한 가지 이유였습니다. 다른 당과의 연합은 불안한 면이 있는데, 합당하면 안정성이 높아지기 때문입니다. 그래서 나는 내 임기 동안 자민련과의 공동정부를 안정적으로 운영하기 위해서 합당카드를 제시했던 것입니다. 자민련과의 합당을 통해서 민주세력이 중심이 된 민주당의 외연을 확장하려는 목적도 있었습니다.

▬ 결국 자민련과의 합당은 이뤄지지 않았습니다. 그 이유는 무엇입니까?

김종필 총리가 많은 고민을 했는데요. 최종적으로 합당을 하지 않기로 결정했어요. 나는 김종필 총리의 결정을 존중했습니다. 그때가 1999년 12월이었어요. 그래서 2000년 총선에서 신당인 새천년민주당과 자민련이 따로따로 나서게 된 것입니다.

━ 신당의 당명을 새천년민주당으로 하신 이유는 무엇입니까?

무엇보다 민주당이라는 당명에 애착을 가지고 있었습니다. 나는 1955년 민주당이 창당될 때 민주당의 노선과 관련해서 논쟁을 했을 정도로 오랜 기간 관여했던 사람입니다. 나는 1956년에 민주당에 입당해서 지금까지 한 번도 다른 길을 가지 않고 오직 민주당 계열의 정당에서 정치활동을 했습니다. 그렇기 때문에 나는 민주당의 정통이고 본류였다고 자부합니다. 1995년 정계 복귀 과정에서 민주당을 탈당해서 신당을 만들었기 때문에 당시에는 민주당이라는 당명을 쓰지 못했었는데, 1997년 대선 과정에서 그 문제가 해소되어 이제는 민주당 명을 쓸 수 있게 되어서 그렇게 했습니다. 새로운 천년에 대한 기대와 희망을 담아서 민주당 앞에 새천년이라는 말을 붙여 새천년민주당이라고 했습니다.

━ 자민련은 총선을 앞두고 공조 파기를 선언했습니다.

총선을 앞두고 자민련 나름으로 고민한 결과였을 텐데요. 나는 공동정부를 깰 생각이 없었습니다. 그래서 박태준 총리가 계속 총리직을 수행습니다. 나는 총선 이후에 자연스럽게 공조를 복원하는 계기를 마련할 수 있다고 생각했습니다.

━ 2000년 4월 16대 총선에서 민주당은 115석을 얻어서 133석을 얻은 한나라당에 이어 원내 2당이 되었습니다. 15대 총선 때보다 선전했지만 전체적으로 보면 기대보다 낮은 성과를 냈다는 평가도 있는데요. 대통령님께서는 어떻게 생각하십니까?

기대보다 좋지 않은 성과를 냈다고 할 수 있습니다. 실망스러운 결과이긴 했어요. 다만, 1987년 이후 실시된 총선 결과를 전체적으로 보면 민주당이 어려운 여건 속에서도 발전해가고 있다고 볼 수 있습니다. 그런 기반이 있었기 때문에 2002년 대선에서 정권을 재창출할 수 있었다고 생각합니다.

━ 2000년 총선에서는 총선시민연대의 낙천·낙선운동이 큰 반향을 일으켰습니다.

시민사회단체가 새로운 정치참여의 길을 개척한 것으로 볼 수 있다는 점에서 역사적인 의미가 있다고 생각했습니다. 그러나 당시 낙천·낙선운동이 선거법에 저촉된다는 지적과 논란이 있었습니다. 그래서 나는 참여민주주의 확산이라는 정치적인 대의에 맞는 법과 제도의 개혁이 필요하다는 입장을 밝혔습니다. 민주주의 발전사를 보면 여러 집단행동이 당시 기준으로 보면 실정법에 저촉되는 경우가 있지만 그것만으로 당시의 행동과 운동의 의미를 규정해서는 안 된다고 생각합니다.

━ 총선 이후 자민련과의 공조 복원 과정에 대해서 말씀해주십시오.

박태준 총리가 총선 이후인 2000년 5월에 부동산 명의 신탁 문제로 사퇴하게 되었어요. 박태준 총리는 훌륭한 분인데 안타까운 일이었습니다. 나는 한광옥 실장을 김종필 총리에게 보내서 후임 총리 문제를 상의하라고 했습니다. 이것을 계기로 자연스럽게 자민련과의 공조를 복원하려고 했던 것입니다. 다행히 김종필 총리는 이한동 당시 자민련 총재를 추천했어요. 그렇게 해서 자민련과의 공동정부는 사실상 복원되는 상황으로 이어지게 되었습니다.

그해 연말에 자민련 교섭단체 구성에 민주당이 협조하면서 공조가 완전히 복원되었습니다. 자민련이 총선에서 패배하여 교섭단체를 구성하지 못했는데, 이 문제를 해결하기 위해서 민주당에서 4명의 의원이 탈당해서 자민련에 입당했습니다. 모양새가 좋지 못한 것은 사실이었지만 자민련과의 공조를 완전하게 복원하기 위해서는 그렇게 할 수밖에 없었습니다. 그러한 과정을 거친 후인 2001년 1월에 김종필 총리와 양당의 공조를 공식적으로 복원하기로 합의했습니다.

— 2001년 9월 임동원 장관 해임건의안 통과 이후 자민련과의 공조가 붕괴되었습니다.

김종필 총리는 공동정부를 그만둘 생각은 없었다고 볼 수 있습니다. 그런데 김종필 총리 주변에서 해임건의안 통과에 찬성하자는 의견을 강하게 개진했습니다. 김종필 총리가 이것을 잘 제어하지 못해서 그렇게 된 것입니다. 나는 임동원 장관에 대한 해임건의안이 부당하다고 생각했기 때문에 당에도 당당하게 대처하라고 했지요. 결국 그렇게 공조가 붕괴된 것입니다.

그래도 자민련과의 관계를 단절할 생각은 없었습니다. 그때 나는 자민련 출신 이한동 국무총리에게 국무총리직을 계속 맡아달라고 요청했고 이한동 총리가 이것을 수용해서 자민련과의 공조가 붕괴된 이후에도 2002년 7월까지 총리직을 수행했습니다. 2000년 총선을 앞두고 자민련과 합당해서 신당을 함께 만들었으면 이런 문제가 발생하지 않았을 것입니다. 내 임기 끝까지 공조가 이어지지 못한 것은 아쉬운 일이었습니다.

▬ 새천년민주당은 2002년 대선후보 선출에 있어 국민경선제를 도입했습니다. 이를 통해서 노무현 후보가 당선되었는데요. 여기에 대해서 어떻게 평가하십니까?

내가 2001년 11월 새천년민주당 총재직에서 물러났습니다. 그 이후 민주당은 자체적으로 당 혁신을 위한 안을 만들었는데, 국민경선제도 그중 하나였습니다. 나는 총재직에서 물러난 이후 당무에 관여하지 않았기 때문에 국민경선제 도입 소식을 뉴스로 접했는데요. 정당 민주주의와 참여민주주의 발전을 위해서 좋은 방안이라고 생각했습니다. 나는 박정희 정권 때부터 민주주의 원리가 우리 사회 곳곳에 뿌리내릴 수 있도록 많은 노력을 기울였기 때문에, 그 방식을 긍정적으로 생각했습니다.

국민경선제를 통해서 노무현 후보가 당선된 것은 우리나라 민주주의의 역동성을 보여주었다는 점에서 높이 평가했습니다. 노무현 후보의 당선은 일반적인 예상을 깬 역사적인 사건이었어요. 나는 1970년 신민당 경선 때 일이 떠올랐어요. 그때 내가 대통령 후보로 선출될 것이라고 생각한 사람은 거의 없었거든요. 내가 후보로 선출된 것은 일반적인 예상을 깨는 일이었습니다. 그래서 그런지 노무현 후보 선출 소식을 들으니 그때 일이 떠올랐습니다.

▬ 2002년 대통령 선거에서 노무현 후보가 당선되었습니다. 그때 어떤 심경이셨습니까?

노무현 후보가 당선되어 민주당이 연이어 집권에 성공하게 되었습니다. 다행스러운 일이었습니다. 민주개혁 세력의 정통성을 계승한 노무현 당선자가 앞으로 잘 해낼 수 있을 것이라고 기대했습니다.

━ 대통령님께서는 노무현 대통령에 대해서 어떻게 평가하십니까?

나는 노무현 대통령이 편한 길을 놔두고 지역주의 극복이라는 대의를 위해서 어려운 길을 스스로 선택한 것에 대해 아주 높이 평가했습니다. 내가 민주화투쟁을 할 때의 모습을 보는 것 같아서 감동받았고 도움을 주고 싶은 생각이 들었습니다. 그래서 내가 대통령일 때 해양수산부 장관으로 일할 수 있도록 했던 것입니다. 이것이 동서화합과 지역갈등 해소에 도움이 되리라고 기대하기도 했고요. 노무현 대통령이 대의를 위해 희생하는 모습에 많은 사람이 감동을 받았고 결국 국민경선제를 통해서 대통령 후보에 오르고 대통령까지 당선된 과정은 하나의 드라마 같았습니다.

내가 오랜 기간 정치하면서 많은 정치인을 봤는데요. 결국 대의명분에 맞는 행동을 하는 사람이 오래가고 좋은 평가를 받게 되어 있습니다. 반면 대의명분에 맞지 않는 일을 하면서 순간의 이익을 쫓는 정치인들은 쉽게 꺾이고 정치 수명이 짧습니다. 그렇게 보면 노무현 대통령은 대의명분에 맞는 일을 한 정치인의 모습을 그대로 보여주는 모범적인 사례라고 할 수 있습니다.

인권은 민주주의 발전을 위한 필수 요소

━ 대통령님 재임 기간 중에 지역주의, 지역감정 문제는 여전히 난제였고 대통령님께서도 이 문제로 많은 고심을 하셨던 것으로 알고 있습니다.

참 쉽지 않은 일이었어요. 나는 1971년 대선 이래 지역주의의 가장 큰 피해자였습니다. 피해자인 내가 지역차별에 의해서 발생한 지역주의, 지역감정 문제를 해결해야 한다고 생각했습니다. 그래서 세운 원칙은 두 가지였어요. 하나는 수십 년 동안 차별받은 호남 지역이 다른 지역과 동등하게 대우받을 수 있도록 해야 한다는 것이었습니다. 또 하나는 어느 지역에도 특혜를 주지 않도록 해서 지역 간 반목의 원인을 제공하지 않아야 한다는 것이었습니다. 그런 원칙을 갖고 인사 및 예산 문제 등에 접근했습니다. 나는 후대에 지역차별을 없앤 최초의 정부로 기록될 수 있도록 노력했습니다. 그 이전 어느 정부와 비교해봐도 이 문제에 가장 공정하게 대처했다고 생각합니다.

━ 박정희 대통령 기념관 건립에 국고를 지원하셨습니다. 박정희 대통령 기념사업을 지원하신 이유는 무엇입니까?

나는 박정희 대통령에게 혹독한 탄압을 받았습니다. 내가 죽지 않고 이렇게 살아 있는 것이 기적이라고 할 수 있을 정도로 고난의 시간을 보냈어요. 이렇게 엄청난 고통을 받은 피해 당사자이기 때문에 정치보복의 악순환을 끊고 화해와 통합의 시대를 열 수 있는 가장 적임자라고 판단했습니다. 내가 이러한 결단을 할 때 우리 국민들 마음속에 있는 원한과 증오의 어두운 잔재를 없앨 수 있다고 생각했습니다. 이제까지 그러한 대통합의 시대를 열어본 적이 없었기 때문에 내가 그 일을 해야 한다는 사명감을 갖기도 했습니다. 그래서 박정희 대통령 기념관 건립에 대한 지원을 결단한 것입니다. 나는 보수세력과의 화해만을 추구한 것이 아니고 민주화운동 세력이 주장하고 요구했던 수많은 개혁과제를 적극적으로 수용해서 정부 정책으로 추진했어요. 이것도 함께 평가하는 것이 필요한 것 같습니다.

— 방금 전에 말씀해주신 민주화운동 세력의 요구와 관련해서 국민의 정부에서 하신 일을 소개해주시지요.

너무 오랜 시간 군사독재 정권이 이어지면서 억울하게 희생당한 사람이 많았습니다. 김영삼 정부가 이 문제 해결을 위해서 노력했고 여러 성과를 내기도 했습니다만, 부족한 것이 많았습니다. 무엇보다 김영삼 정권 자체가 과거 권위주의 세력의 기반 위에서 성립한 것이기 때문에 할 수 있는 것이 제한적이었어요. 그래도 '5·18 특별법'을 제정한 것에서 보듯 역사적으로 중요한 업적을 남겼습니다. 하나회 청산도 그렇고요. 이 점에 있어서 김영삼 정부가 큰 업적을 남겼다고 생각해요.

김영삼 정부가 잘한 것도 있었지만 여전히 많은 한계가 있었던 것은 사실입니다. 미해결 과제가 정말 많았어요. 대표적인 것이 제주 4·3 명예회복 및 진상규명, 의문사 진상규명, 민주화운동 과정에서 희생당한 분들에 대한 명예회복 및 보상 등이었습니다. 내가 이 문제를 해결하기 위해서 집권 초부터 노력해서 「제주 4·3 사건 진상규명 및 희생자 명예회복에 관한 특별법」 「의문사 진상규명에 관한 특별법」 「민주화운동 관련자 명예회복 및 보상 등에 관한 법률」 등을 제정했습니다. 이 3개 법률 제정의 역사적 의미를 강조하기 위해서 2000년 1월에 공개 서명식을 하기도 했습니다. 민주화운동의 역사적 의미를 후대에 계승 발전시키기 위한 목적에서 「민주화운동기념사업회법」도 제정했습니다.

— 김구 선생 기념관 건립사업도 대통령님 재임 기간 중에 진행되었습니다.

그렇습니다. 김구 선생은 우리 역사에서 영원히 빛날 위대한 독립투사였고 나도 존경하는 분입니다. 그런 분의 기념관 건립을 위한 운동이 내가 대통령이 되기 전부터 있었는데 잘 안되고 있었어요. 그 소식을 듣고 국고지원을 결정해서 기념관 건립이 가능하도록 조치를 취한 것입니다. 나는 평소 우리나라의 민족 정통성을 살리기 위해서 항일민족독립운동 역사에 대한 연구와 교육이 제대로 이뤄져야 한다고 생각했습니다. 그런 배경에서 김구 선생 기념관 건립을 지원한 것입니다.

— 좀 전에 말씀하신 내용 중에서 제주 4·3 특별법에 대해서 추가적으로 질문을 드리겠습니다. 이 사건은 오랜 기간 반공주의에 의해서 거론되는 것조차 금기시될 정도였는데요. 이 문제에 관심을 갖게 되신 계기는 무엇이었습니까?

나는 제주 4·3이 얼마나 비참한 일인지 이미 사건 발생 당시부터 알고 있었습니다. 목포에는 제주도 출신 사람들이 꽤 있었고 사건 당시 내가 해운업을 하고 있었기 때문에 제주도에서 발생한 일을 들을 수 있었습니다. 이 사건은 참으로 비참하고 슬픈 일이었기 때문에 언젠가는 이 문제를 해결하기 위해서 노력해야겠다고 생각했습니다.

제주 4·3은 너무 끔찍할 정도로 비참한 일이어서 언급하는 것조차 철저하게 금기시되고 있었어요. 피해 당사자인 제주도민조차 당시의 아픈 상처가 다시 드러나고 혹시라도 피해를 받을까봐 이 사건을 공론화하지도 못하고 있었습니다. 그래서 내가 나서야 한다고 생각했고 결국 1987년 13대 대선 당시 제주도 유세를 하면서 제주 4·3 명예회복과 진상규명을 공약으로 내세웠어요. 그것은 내가 최초로 한 것입니다. 그 일로 내가 용공 빨갱이로 몰려서 득표에는 손해를 봤지만 나는 그런 음해에 신경 쓰지 않았습니다. 그만큼 나는 제주 4·3 피해자들의 명예회복과 진상규명에 대한 확고한 의지를 갖고 있었습니다.

━ 1999년 9월 미국 AP 통신에 의해서 '노근리 양민 학살 사건' 의혹이 제기됐습니다. 그동안 금기시되었던 6·25 전쟁 시기 민간인 학살과 관련된 일이었습니다. 대통령님께서는 어떻게 대처하셨습니까?

비극적인 일이었습니다. 그때 제대로 알려지지 않은 민간인 학살 사건이 많았습니다. 나는 우선 한·미 공조하에 사건의 정확한 진상을 규명하고 그에 상응하는 조치를 취할 것을 지시했습니다. 클린턴 대통령도 이에 호응해서 진상규명을 지시했습니다. 클린턴 대통령은 퇴임 직전인 2001년 1월에 내게 전화를 해서 이 사건에 유감을 표명했습니다.

━ 대통령님께서는 재임 기간에 인권신장에 있어 획기적인 업적을 남기셨습니다.

나는 민주화운동이 목표로 한 것은 자유·인권·평화가 뿌리 내리고 확산되는 사회라고 생각합니다. 나는 자유 있는 민주주의, 인권 있는 민주주의, 평화 있는 민주주의가 민주화의 본질이라고 생각했습니다. 그런 면에서 인권은 민주주의 발전을 위해 필수적인 요소이자 가치입니다. 그런데 우리나라의 현실을 보면 인권에 대한 의식이 약합니다. 인권을 여전히 서구사회의 특수한 가치로 보는 경우도 있고 인권보다 물질적 가치를 중시하는 경우도 많습니다. 이것은 모두 군사독재 정권의 잘못된 이데올로기에 의해서 발생한 문제였어요.

나는 대통령이 된 후 이러한 문제를 해결해서 인권을 우리 사회의 중요한 가치로 받아들일 수 있도록 노력했습니다. 「국가인권위원회법」을 제정해서 국가인권위원회가 출범할 수 있도록 한 것이 대표적인 일이었습니다. 사상전향제를 폐지하고 장기수와 양심수를 석방했습니다. 사형을 실시하지 않아서 우리나라가 실질적인 사형 폐지국이 되도록 했습니다. 여성인권 신장을 위해 여러 정책을 시행한 것도 인권국가로 발돋움하기 위한 노력의 일환이었습니다. 나는 대통령이 된 이후 훗날 인권대통령으로 기억되기를 바랐습니다. 내가 임기 5년 동안 인권에 관한 많은 일을 해서 우리나라가 민주인권국가로 평가받는 데에 중요한 역할을 했다고 생각합니다.

━ 2000년 10월 노벨평화상 수상자로 선정되었습니다. 그때

노벨평화상 수상(2000).
2000년에 김대중은 노벨평화상을 받았다.
한국인 최초의 노벨상 수상이었다.
김대중은 자신의 노벨평화상 수상은
전 세계가 민주주의·인권·평화를 향한
한국 국민의 노력과 성과를
인정해준 것이라고 평가했다.

심경은 어떠셨습니까?

그때 나는 청와대 관저에서 텔레비전으로 발표를 보고 있었습니다. 군나르 베르게 노벨위원회 위원장이 내 이름을 호명할 때 나와 아내는 서로 껴안으면서 감격의 순간을 함께했습니다. 그때 정말 행복했어요. 내가 이 상을 받을 수 있게 된 것은 나만의 노력에 의한 것이 아니라 함께 고생한 가족과 동지들을 포함해 민주주의와 평화를 위해서 헌신한 수많은 민주투사의 노력과 공헌 덕분이라고 생각했습니다. 우리나라의 민주세력을 대표해서 내가 노벨평화상을 받은 것이라고 생각합니다. 이렇게 세계가 민주주의와 평화를 향한 우리의 노력을 인정해준 것에 대해서 나는 큰 보람을 느꼈습니다.

■ 대통령님께서는 교육문제에 많은 관심을 갖고 여러 정책을 시행하셨는데요. 특별히 강조하신 정책기조는 무엇이었습니까?

21세기는 지식정보화 시대가 될 것이라고 보았고 여기에 제대로 대처하기 위해서는 교육이 중요하다고 판단해서 여러 정책을 추진했습니다. 아시다시피 우리는 부존자원이 부족하기 때문에 노동력이 중요합니다. 과거에는 노동집약적인 산업을 중심으로 발전했지만 과학기술의 발전과 함께 경제수준이 높아지면서 창의적인 인재에 대한 수요가 날이 갈수록 높아지고 있었습니다. 그런데 우리 교육은 과거 초기 산업화 시대에 적합한 인재육성 시스템에 머물고 있었어요. 무엇보다 이러한 교육정책의 목표와 기조를 바꾸는 데에 일차적인 관심을 두고 각종 정책을 추진했습니다.

▬ 교육복지, 교육민주화, 교육정보화에도 큰 진전이 있었던 것 같습니다.

네, 그랬습니다. 우선 전교조를 합법화했습니다. 중학교 의무교육을 실시했습니다. 중·고등학교 급식을 전면 실시했습니다. 아울러 점심을 거르는 빈곤 학생들에게 정부가 점심을 제공했습니다. 또한 모든 학교에서 인터넷을 이용할 수 있도록 했습니다. 모든 초·중등 교원에게 PC를 제공해서 교육정보화 사업을 추진했습니다.

▬ 국민의 정부는 특히 여성인권 신장에도 큰 업적을 남긴 정부로 평가받고 있습니다.

여성인권 신장과 남녀평등은 나의 평생의 정치적 목표 중의 하나였습니다. 1989년 가족법 개정을 통해서 여성의 사회경제적 권리를 획기적으로 개선한 것도 그와 관련된 일이었습니다. 내가 대통령이 된 이후 정부정책을 직접 추진할 수 있게 되면서 나는 평소 생각했던 여러 구상을 실행하기 위해서 노력했습니다.

먼저 여성정책을 체계적으로 추진하기 위해 대통령 직속으로 여성특별위원회를 설치했습니다. 그 이전에는 여성문제가 집권세력의 관심사가 아니었기 때문에 관련 정책이 잘 나오지도 않았고 어쩌다 나와도 힘을 받지 못했습니다. 그런데 이제는 대통령인 내가 나서서 이 문제를 강조하고 대통령 직속 여성특별위원회를 만들었기 때문에 정부 내에서도 분위기가 완전히 바뀌게 된 것입니다. 이러한 배경 속에서 여성부 신설로 이어지게 되었습니다.

━ 추진하신 주요 정책을 소개해주세요.

남녀차별을 막고 피해자를 구제하기 위해서 「남녀차별 금지 및 구제에 관한 법률」을 1999년 2월에 제정했습니다. 이 법은 모든 영역에서 남녀차별을 금지한 것으로서 획기적인 의미가 있습니다. 특히 여성특별위원회에 남녀차별에 관한 조사 및 시정 권고를 할 수 있는 준사법권을 부여한 것도 중요한 의미가 있었습니다. 다른 법에서도 남녀차별 금지를 명문화하는 작업이 이뤄졌습니다. 사회적인 파장이 매우 컸습니다.

2001년 8월에는 「근로기준법」「남녀고용평등법」「고용보험법」등 모성보호 관련 3개의 법을 개정해서 각종 제도 개선이 이뤄지게 되었습니다. 이 법의 개정을 통해 우리 사회에서 모성의 사회성이 인정받게 되었다는 점에서 큰 의미가 있습니다.

또한 여성의 정치참여 확대를 위해서 「정당법」을 거듭 개정했습니다. 2000년 2월에는 정당이 국회 및 지방의회 비례대표 후보자 가운데 여성을 30퍼센트 이상 공천하도록 했고, 2002년 3월에는 지방의회에 여성을 50퍼센트 이상 공천하도록 했습니다. 이것의 영향으로 17대 총선을 앞둔 2004년 3월 「정당법」 개정을 통해 국회의원 비례대표 후보에 여성을 50퍼센트 이상 공천하도록 했어요. 지금은 과거와 비교하기 힘들 정도로 많은 여성정치인이 활동할 수 있게 되었습니다.

10
한반도 평화프로세스의 시작

"외교 관계의 기본은 상대에 대한
인정과 존중입니다. 그 나라에서
중요시하는 대상과 가치를
있는 그대로 인정하고
호칭하는 것은 필요합니다."

남북관계와 한반도외교의 비전

━ 대통령님께서는 1997년 15대 대통령선거에서 승리하신 이후 남북관계와 한반도외교의 목표를 어떻게 설정하셨습니까?

나는 남북관계에 있어서 나의 3단계 통일론 중 제1단계인 남북연합의 구성을 목표로 했습니다. 내 5년 임기 동안 1민족 2국가 2체제에 기반한 남북연합의 단계에까지 이르면 대성공이라고 생각했고 이를 위해서 남북기본합의서의 이행이 중요하다고 판단했습니다.

우리를 둘러싼 4대국 외교를 중시하여 미국과의 동맹을 강화하고 중국·일본·러시아 등과의 우호협력관계 발전을 목표로 했습니다. 동남아시아와 유럽에 대한 외교도 강화해서 우리나라 외교의 지평을 확장하고자 했습니다.

━ 평소 대통령님께서는 노태우 정부 시기인 1991년 12월 남북한이 합의한 남북기본합의서에 대해서 높이 평가하셨습니다. 어떤 면에서 그렇게 평가하셨습니까? 그러나 합의가 나온 이후 상당 기간 제대로 지켜지지 않았는데 그 이유에 대해서 어떻게 생각하십니까?

남북기본합의서의 내용이 참 좋아요. 합의한 내용으로 실천만 하면 남북한 사이의 모든 문제가 원만하게 해결될 수 있을 정도로 내용이 훌륭했습니다. 안타깝게도 그 이후에 잘 이행이 되지 않고 있었어요. 그 이유는 남북한 내 강경파들이 기회가 되는 대로 반대했고 이것을 제어할 수 있을 정도로 남북한 사이의 신뢰가 없었기 때문입니다.

남북기본합의서 불이행이 북·미관계 개선에도 악영향을 주면서 남북관계 개선도 막는 악순환으로 이어지게 됐습니다. 이것이 극명하게 나타난 것이 1993년 불거진 1차 북핵위기였습니다. 1993년 한·미 양국의 팀스피릿 훈련 재개, 북한의 NPT 탈퇴 선언 등의 강대강 대치가 이어지고 외교적 협상에 의한 타결의 실마리를 찾지 못한 채 갈등과 대립이 격화되었습니다. 그러다가 1994년에 북한의 서울 불바다 발언, 미국의 북한 영변 핵시설에 대한 군사적 공습 검토 등으로 한반도 정세가 악화되면서 남북기본합의서 이행이 어렵게 되었습니다. 내가 제안한 카터 대통령 방북 카드로 가까스로 전쟁위기를 넘겼지만 김일성 사후 조문파동과 북한붕괴론 등으로 남북관계가 파탄나면서 결국 남북기본합의서 이행이 이뤄지지 못했습니다.

■ 남북기본합의서는 노태우 정부 시기에 나왔습니다. 노태우 정부는 북방외교를 통해 사회주의 국가와의 관계를 개선했고 남북고위급 회담 등을 통해 남북관계 개선에도 중요한 역할을 했습니다. 노태우 정부 시기의 남북관계와 주변국 외교에 대해서 어떻게 평가하십니까?

나는 노태우 정부가 중국·소련과 국교를 정상화하고 북한과의 다양한 회담을 통해서 남북기본합의서를 만들어내는 등 한반도외교에 있어서 많은 업적을 남겼다고 생각합니다. 다만 공안정국을 통해서 국내 민주화세력을 억압하는 등 반공주의 색깔론을 통치 수단으로 여전히 활용한 것은 상당히 잘못된 일이었습니다.

— 대통령님께서는 3단계 통일론의 제1단계인 남북연합에 이르는 것을 목표로 하셨다고 말씀해주셨는데요. 남북연합은 어떤 의미가 있습니까?

좀 전에 이야기한 바와 같이 민족문제에 있어서 나는 제1단계인 남북연합의 구성이 목표였어요. 나의 3단계 통일론에서 가장 중요한 의미를 갖는 단계가 바로 제1단계인 남북연합이었습니다. 남북연합을 통해 통일단계로의 진입을 공식화하려고 했습니다. 남북연합은 과정으로서의 통일의 제도적인 구현으로 볼 수 있습니다. 남북연합을 하면 정상회담, 각 분야 장관급 회담, 국회회담 등 다양한 형태의 남북대화를 정례화·제도화할 수 있게 됩니다. 남북연합에서의 주요 의사결정 기구는 남북한이 동수로 구성하고 만장일치 합의제로 운영하도록 구상했습니다. 어느 한쪽도 자신들이 불리하다고 생각하는 것을 강요당하지 않고 필요한 것은 최대한 조율해서 상호합의를 이끌어내도록 하는 구조이기 때문에 매우 안전한 운영방식이었습니다.

6·15 공동선언의 제2항이 통일방안에 대한 합의였는데요. 이 내용이 결국 내가 제시한 제1단계 남북연합의 정신을 담고 있어요. 6·15에서 이룩한 성과에 바탕을 두고 북·미회담이 성공해서 북·미관계 정상화가 이뤄지면 제1단계 남북연합은 내 임기 안에 이뤄질 수 있다고 봤어요. 다만, 내 임기가 정해져 있기 때문에 시간상 제2단계인 1연방 2지역자치정부 단계로까지 발전하지는 못할 것이라고 판단했습니다.

참으로 안타깝게도 미국에서 클린턴 행정부 이후 강경파 네오콘 세력이 주축이 된 부시 행정부가 들어서면서 클린턴 행정부 시절에 이뤄놓은 북한과의 협상 성과가 물거품이 되었습니다. 그래서 내가 퇴임할 때까지 제1단계인 남북연합도 이뤄지지 못했어요. 그때 역사적인 기회를 놓친 것이 참으로 원통합니다. 지금이라도 다시 기회를 잡을 수 있도록 후배 정치인들과 우리 국민들이 잘해나가기를 바랍니다.

━ 북한이 남한에 비해서 국력이 많이 약했던 시기였습니다. 사회주의권이 붕괴되고 러시아·중국과의 관계도 소원해지면서 북한의 고립이 심화되던 시기였습니다. 북한은 매우 불리한 상황에 놓여 있었어요. 이런 상황에서 남북연합에 대한 결단을 할 수 있을 것이라고 보셨습니까?

그래서 내가 남북연합을 동수로 구성해서 만장일치제로 해야 한다고 한 것입니다. 그렇게 해야만 북한이 안심하고 참여할 수 있습니다. 북한이 미국·일본과 국교를 맺기 위해서는 결국 남한과 관계를 개선해야 하기 때문에, 통일문제에 대한 논의는 피할 수 없는 상황입니다. 남북연합에 그러한 안전장치를 해놓으면 나는 북한이 거절하지 않을 것이라고 판단한 것입니다.

━ 대통령님께서는 좀 전에도 4대국 외교의 중요성에 대해서 말씀해주셨는데요. 이것은 대통령님의 평소 지론이라고 생각됩니다. 그 이유는 무엇입니까?

한반도의 지정학적 특성을 감안하면 남북한 사이의 민족문제를 해결하는 데에 있어서도 주변 4대국과의 외교가 매우 중요합니다. 균형을 잘 잡아야 합니다. 이와 관련해서 나는 협력적 자주의 원칙이 필요하다고 강조해왔습니다. 남북한 사이의 문제를 해결하는 데에 있어서 당사자인 남북한의 의지와 실천이 중요하다는 것은 기본입니다. 여기서 자주의 원칙이 필요한 것입니다.

그런데 남북한의 문제를 우리 민족끼리만 이야기해서 해결할 수 있는 것은 아닙니다. 주변 4대국의 현실적인 영향력을 감안해야 합니다. 그래서 최소한의 목표로는 그들이 우리를 방해하지 않도록 해야 합니다. 목표를 최대한으로 잡으면 4대국이 우리에게 협조적인 자세로 도움을 주는 방향으로 정책을 취하도록 해야 합니다. 이것을 나는 '협력적 자주'라고 부릅니다. 우리의 지정학적 현실을 감안할 때 4대국 외교는 매우 중요한 의미를 갖고 있기 때문에 내가 민주화운동을 할 때부터 이것을 중요하게 생각한 것입니다.

— 대통령님께서 햇볕정책으로 불리는 대북화해협력정책을 추진하신 이유는 무엇입니까?

나는 6·25 전쟁을 겪으면서 전쟁이 얼마나 비참한 일인지 뼈에 사무치게 느꼈습니다. 나는 인민군에게 학살당하기 직전에 탈출해서 살아날 수 있었어요. 그때 인민군의 퇴각이 하루 이틀만 더 늦었어도 나는 탈출하기 전에 처형당했을 겁니다. 나는 서울에서 목포로 내려온 후에 인민군에게 붙잡혀서 감옥에 수감된 이후부터 매일매일 오늘 죽을 수 있다는 공포심을 느꼈습니다. 그뿐만 아니라 그때 너무 먹지를 못해서 굶주림에 정신이

혼미해질 정도의 고통을 겪었습니다.

이런 극단적이고 비참한 고통을 겪으면서 평범한 우리 국민들의 생활을 파괴하고 사람을 죽게 만드는 전쟁의 참혹함에 대해서 절실히 느꼈습니다. 그것이 어떤 느낌인지는 경험해본 사람만 알 수 있어요. 전쟁은 인간의 최소한의 존엄도 지키지 못하게 하고 고귀한 생명도 무수히 빼앗아갑니다. 그래서 나는 전쟁을 막고 한반도의 평화적 통일을 이룩해야 한다는 확고한 신념을 갖게 된 것입니다.

— 남북관계 개선이 경제위기 극복에 어떤 영향이 있다고 판단하셨습니까?

큰 영향이 있다고 판단했고 실제 그랬습니다. 남북관계가 악화되면 외국기업들이 우리나라에 투자하는 것을 꺼립니다. 나는 외국 기업인과 투자자들에게 이와 관련된 이야기를 여러 번 들은 적이 있어요. 그 사람들은 자선사업가가 아니기 때문에 철저하게 시장논리에 따라서 투자를 결정합니다. 그래서 국내 정치가 불안하거나 안보 위기가 발생한 곳에 투자하는 것을 꺼리지요. 그 사람들은 햇볕정책이 한반도의 군사적 긴장해소에 큰 역할을 했다고 평가하면서 이것이 한국에 대한 투자결정을 하는 데에 중요한 판단 근거가 되었다는 말을 내게 했습니다. 햇볕정책을 통한 남북관계 개선은 우리 경제 회복에도 큰 영향을 주었다고 평가할 수 있습니다.

파탄난 남북관계 복원

— 대통령에 당선되신 이후 가장 시급한 외교 현안은 무엇이라고 판단하셨습니까?

무엇보다 국가부도 위기를 막는 것이 가장 시급한 일이었기 때문에 내가 동원할 수 있는 인맥을 총동원해서 이 문제를 해결했습니다. 그때는 이 문제가 워낙 위중했기 때문에 다른 문제를 신경 쓸 겨를이 없었어요.

— 대통령님께서는 당선자 시절에 많은 성과를 내서서 다행스럽게도 국가부도 위기를 넘길 수 있었습니다. 그래서 취임 이후부터는 원래 구상하셨던 한반도 평화프로세스를 본격적으로 추진하셨다고 생각합니다. 취임하셨을 때 남북관계와 주변 강대국들과의 관계는 어땠습니까?

김영삼 정부가 경제 분야에서 국가부도 위기사태를 초래한 것은 매우 큰 잘못이었습니다. 이뿐만 아니라 김영삼 정부는 북한과 주변 4대국과의 관계에서도 큰 잘못을 해서 외교도 심각한 상황이었습니다. 우리에게 외교는 운명을 좌우할 수 있는 매우 중요한 영역입니다. 일반적으로 보면 외교를 잘못해서 발생한 문제점은 바로바로 드러나지 않고 속에서 조금씩 우리의 국익과 안보를 침해하기 때문에 나중에 문제를 인지했을 때는 이미 상태가 심각한 수준에 이르는 경우가 많습니다. 김영삼 정부 시절의 남북관계와 한반도외교가 그랬어요. 북한과의 관계는 조문파동 이후 완전히 끝장이 나서 최악의 상태에 있었고 일본과의 관계도 상당히 나빴어요. 미국과의 관계도 좋지 않았습니다. 러시아와의 관계도 별로 좋지 않았어요. 특별한 갈등이 없었던 중국과의 관계만 그런대로 무난한 상태였다고 볼 수 있었습니다. 이렇게 우리를 둘러싼 주요 국가와의 관계가 상당히 나빴습니다.

━ 김영삼 정부 시절 대북관계는 최악의 상태에 있었다고 말씀하셨는데요. 어떤 이유에서 그렇게 평가하시는지 궁금합니다.

매우 안타까운 일인데요. 두 가지 이유에서 김영삼 정부의 대북정책은 완전히 실패했다고 평가할 수밖에 없습니다. 첫째, 핵문제 해결을 위해서라도 남북관계 개선을 추진하는 병행전략을 취했어야 했는데, 핵연계전략을 써서 우리의 입지를 스스로 좁히고 문제해결을 어렵게 만들었습니다. 북핵문제가 북·미관계 정상화와 관련된 사안임을 이해하고 남북관계 개선을 통해서 미국과 북한 사이의 협상에 도움을 주는 것이 필요했는데 김영삼 정부는 "핵을 가진 자와는 악수할 수 없다"면서 남북기본합의서도 핵문제가 해결될 때까지 이행할 수 없다는 태도를 취했습니다.

그래서 우리의 입지만 좁아졌고, 북·미 양국 사이의 갈등을 조율하는 데에도 실패했습니다. 북·미 양국은 서로 불신하고 있었고 미국은 북한에 대한 이해가 적은 상태에서 까다로운 북한과의 협상에 피로감을 느끼고 있었습니다. 그렇기에 우리가 양국 사이의 입장 차이를 조율하면서 협상 타결이 가능하도록 능동적이고 적극적인 외교를 했어야 했는데, 김영삼 정부가 그런 태도로 나오니 그것을 못했던 것입니다. 민간인인 내가 1994년에 카터 대통령의 방북을 제안하고 미국의 클린턴 행정부가 밑져야 본전이라는 생각으로 이를 받아들여서 결국 평화적으로 해결된 것입니다. 그때 자칫 잘못하면 전쟁 날 뻔했어요. 그렇게 볼 때 김영삼 정부가 핵연계전략을 통해서 대북관계를 망친 것은 매우 잘못된 일이었습니다.

둘째, 김일성 사후에 조문파동을 일으키고 북한붕괴론을 내세워서 북한과의 관계를 완전히 단절시켰습니다. 김일성과 정상회담을 한다고 해놓고선 김일성 사후에 북한과의 관계가 완전히 파탄났습니다. 그렇게 해서 우리가 얻은 이익은 아무것도 없었습니다. 가령 경수로 건설 부담도 우리가 70퍼센트나 내기로 했는데 그만한 비용을 낸 만큼 우리의 입장을 반영한 것도 아니었고 발언권만 상실했어요. 그게 도대체 뭐하는 것입니까. 우리의 처지만 아주 난처하게 되었어요. 김영삼 정부는 남북관계와 한반도외교에 있어서 철학도 없고 비전도 없고 전략도 없었다는 평가를 할 수밖에 없습니다. 김영삼 정부가 하나회를 척결하고 '5·18 특별법'을 제정해서 우리나라 민주화에 역사적인 업적을 남겼다고 생각하지만 경제와 한반도외교에 있어서는 매우 큰 실책을 했다고 생각합니다.

━ 대통령 취임 이후 단절된 남북관계 복원을 위해서 여러 노력을 기울이셨습니다.

초반에 북한을 이해시키고 대화와 협상의 길로 나아갈 수 있도록 유도하는 과정이 어려웠습니다. 결국 단계적으로 꾸준히 할 수밖에 없다고 생각했습니다. 1998년 4월 베이징에서 열린 차관급 회담은 북한이 이산가족 상봉을 반대해서 결국 무산되었지만 상호 관심사에 대한 이해를 높일 수 있는 계기가 되었습니다. 내가 북한을 압박하고 흡수통일하려는 것이 아니라는 것을 북한도 확인할 수 있게 되었다고 생각합니다. 4월 말에 정경 분리 원칙에 근거한 '남북경제협력 활성화 조치'를 발표했습니다. 그렇게 차근차근 진행하려고 했습니다.

━ 집권 초기 북한이 햇볕정책에 대해 경계심을 보였다고 하는데요.

처음에 상당한 경계심을 보였어요. 지난 정부에서 북한붕괴론을 내세우면서 북한을 압박했기 때문에 우리에 대한 경계심이 매우 강했습니다. 이솝 우화에 보면 행인의 망토를 벗기는 것은 차가운 북풍이 아니라 따뜻한 햇볕이라는 이야기가 나오지요. 북한은 햇볕정책을 자신들의 체제를 없애려는 것으로 오해하고 있었어요. 인도적 지원 등으로 자신들의 체제를 안에서부터 차근차근 약화시키는 전략으로 오해했던 것입니다. 그때는 북한이 고난의 행군이 끝나기 전이었기 때문에 더욱 경계했던 것으로 볼 수 있어요. 결국 북한이 오해를 풀고 교류협력의 길로 나올 수 있도록 우리는 인내심을 갖고 꾸준하게 일관된 입장을 제시했습니다. 베를린선언도 그런 것의 일환이었고요. 결국 북한이 우리의 선의를 이해하고 받아들여서 정상회담까지 하겠다고 나서게 된 것입니다. 북한의 변화를 이끌어내는 데에 시간이 걸렸어요.

해외 정상외교

— 대통령님께서는 1998년 4월 런던에서 개최된 제2차 아셈 (ASEM)회의에 참석하셨습니다. 취임 이후 첫 해외 정상외교라는 점에서 중요한 의미가 있었는데요. 이 회의에서 얻고자 하신 목표는 무엇이었습니까?

내가 당선자 시절에 혼신의 노력을 다했고 다행히 여러 성과가 있어서 국가부도 사태를 막기는 했지만 우리 경제가 안정되려면 해결해야 하는 일이 한둘이 아니었어요. 그때는 응급조치로 우리 경제의 숨통이 막히는 것을 잠시 연장한 상태였습니다.

나는 이 회의에서 세계 정상들을 상대로 한국경제 회생에 대한 비전과 전략을 설명했습니다. 한국경제 회생이 세계경제 발전에 얼마나 중요한 의미가 있는지를 설득했습니다. 이러한 이성적인 설득과 함께 읍소전략도 펼쳤어요. 나는 아셈회의를 통해서 아시아와 유럽의 협력을 강조했는데, "아시아가 어려울 때 외면하면 아셈 무용론이 나오지 않겠느냐. 어려울 때 도와주는 나라가 진짜 친구이고 선진국이지, 어렵다고 외면하면 그게 무슨 친구이고 선진국의 자세라고 할 수 있느냐"면서 감성적인 호소도 했습니다.

우리가 아무런 준비를 하지 않고 무조건 도와달라고만 하면 어린아이가 떼쓰는 것처럼 보일 수 있었지만, 세계 정상들은 한국 정부와 국민에 대한 신뢰와 기대를 갖고 있었기 때문에 효과가 있었어요. 내가 우리 정부의 처절한 노력에 대해서 설득력 있게 설명했고요. 우리 국민들이 정권교체를 통해서 나를 대통령에 당선시켰다는 점과 금 모으기 운동을 한 것에 대해서 세계 정상들이 높이 평가했습니다.

그때 박정수 외교통상부장관이 많은 노력을 기울였습니다. 나와 가까운 해외 정상들도 도움을 많이 주었어요. 특히 일본의 하시모토 류타로 총리는 다른 나라 정상들을 만나서 "한국을 도와야 한다"면서 적극적으로 도움을 주었습니다. 토니 블레어 영국 총리도 많은 도움을 주었습니다.

이 회의에서 내가 우리나라에 대한 투자를 요청할 수 있는 기회를 갖게 되었습니다. 나의 호소와 요청이 호응을 얻어 유럽 등에서 많은 투자가 이뤄져서 우리나라 경제위기 극복에 큰 도움이 되었습니다. 나의 첫 해외 정상외교는 성공적이라는 평가를 받았습니다.

— 1998년 6월 대통령님께서는 미국을 방문하셨습니다. 4대국 중에서 제일 먼저 미국의 빌 클린턴 대통령과 정상회담을 하셨습니다. 방미 성과에 대해서 질문 드리기 전에, 대통령님과 클린턴 대통령은 1992년에 만나신 적이 있다고 하는데요.

1992년 LA 흑인폭동이 났을 때 나는 피해 입은 교포들을 위로하기 위해서 LA에 방문했어요. 그때 당시 클린턴 후보를 처음 만났습니다. 토머스 브래들리 LA시장을 방문해서 이야기를 나누고 나오는데 클린턴 후보를 계단에서 마주쳤어요. 그때 클린턴 후보가 나를 보더니 세계적인 민주인권 지도자라고 하면서 나를 만났다는 내용이 보도되면 자기 선거에 도움이 될 수 있겠다며 주변의 카메라 기자들을 불렀어요. 나중에 워싱턴에서 내가 교포모임 행사를 할 때 클린턴 후보가 정성스럽게 쓴 장문의 메시지를 보냈습니다. 그렇게까지 나에 대해서 인정해주고 진심으로 대해주었습니다. 세계 초강대국 미국의 대통령과 이렇게 좋은 관계를 맺을 수 있게 된 것에 대해 감사하게 생각하고 있습니다. 내 인생의 아주 특별한 행운이었다고 생각합니다.

▬ 6년 뒤인 1998년에 두 분은 대통령이 되어서 다시 만나셨습니다. 그때 한·미 정상회담은 성공했다는 평가를 받았습니다.

그때 한·미 정상회담은 대성공이었어요. 두 가지 면에서 큰 성과를 거뒀습니다. 먼저 미국은 경제위기 극복을 위해서 노력하는 우리 정부의 노력과 성과에 대해서 긍정적인 평가를 했고 앞으로도 우리를 지원하겠다는 입장을 밝혔습니다. 그다음으로 우리 정부의 햇볕정책을 전폭적으로 지지하겠다는 입장을 밝혔습니다. 정상회담에서 클린턴 대통령이 내게 햇볕정책의 내용에 대해 물어서 자세하게 설명해줬습니다. 공산주의 국가들의 변화를 이끌어내는 데에 있어서 접촉을 통한 변화와 평화적인 관여정책이 가장 효과적이라는 점을 강조하고 이를 이솝우화의 내용을 비유적으로 개념화한 것이 햇볕정책이라고 설명했습니다. 나는 햇볕정책을 통해 북한이 중국과 같은 개혁개방의 길로 나아갈 수 있도록 유도하려고 한다는 말을 했습니다. 내 설명을 들은 클린턴 대통령은 햇볕정책을 적극적으로 지지하겠다고 하면서 "한반도 문제에 있어서는 김대중 대통령이 제일 권위자이기 때문에 김대중 대통령이 운전대를 잡으시고 나는 조수석에서 도움을 드리겠다"고 했어요. 그 이후 실제로도 클린턴 대통령은 햇볕정책을 적극적으로 지지했어요. 나와 함께한 3년 동안의 한·미관계는 역사상 최고의 시기로 평가받고 있습니다.

━ 재임 시기 클린턴 대통령과 여러 일화가 있었을 것 같습니다.

클린턴 대통령은 인간적으로 참 순수한 분이에요. 그는 세계 최고의 국력을 갖고 있는 미국의 대통령이었습니다. 그는 국력이 약한 나라의 지도자라도 인정받을 만한 일을 한 사람이라면 그 사람에 대한 존경심을 공개적으로 표현하곤 했습니다. 클린턴 대통령은 우리 시대의 영웅들이 있다면서 남아공의 넬슨 만델라, 체코의 바츨라프 하벨 그리고 한국의 김대중 같은 분들이 우리 시대의 영웅이라고 했어요. 여기서 거론한 세 나라는 모두 미국에 비해서 국력이 약했습니다. 그렇지만 클린턴 대통령은 국력의 크기보다 가치와 이상을 중시하는 순수한 면을 보여주었어요. 또 한 예로 APEC 회의에서 이분이 종이와 펜을 들고 돌아다니면서 참석한 정상들에게 개별적으로 사인을 받은 적이 있었습니다. 그 표정과 모습이 마치 10대 학생이 유명인에게 사인 받는 것과 비슷했어요. 그런 순수한 면이 있어요.

이런 일도 있었습니다. 클린턴 대통령이 르윈스키 스캔들로 고생할 때 APEC 회의에서 만났는데, 한쪽 구석으로 가는 거예요. 이 문제로 곤혹스럽다고 하면서 어떻게 대처하면 좋겠는지 내게 조언을 구했습니다. 그때 내가 "지금 여러 가지로 힘드시겠지만 조금만 지나고 보면 아무것도 아닌 일이라는 것을 알게될 것입니다. 지금 케네스 스타 검사가 강하게 추궁하고 있지만 이것으로 대통령께서 해온 여러 업적이 무너지지 않습니다. 미국의 영웅 토머스 제퍼슨만 봐도 흑인 하녀와 관계해서 아들까지 낳았지만 이것으로 뭐라고 하는 사람은 없습니다. 내가 보기에 대통령께서는 미국 역사 전체를 놓고 봐도 10위 안에 들 수 있을 정도로 많은 업적을 남겼기 때문에 자신감을 갖고 잘 이겨내기를 바랍니다. 해외에서 대통령님을 지지하는 사람들이 많다는 것도 꼭 생각해주면 좋겠습니다"라고 이야기했는데요. 내 이야기를 듣고 정말 고맙다는 말을 여러 번 했습니다. 이 일화를 나중에 클린턴 대통령이 우리나라 언론을 통해서 직접 밝혔어요. 그때 만델라 대통령과 내가 자신을 격려해줬는데 그것이 위기를 이겨내는 데에 아주 큰 도움이 되었다고 했습니다. 그때 내가 조언한 이후 나를 만날 때마다 고맙다는 말을 했어요.

━ 이렇게 한·미 정상회담을 성공적으로 마치셨고 그다음은 일본과의 외교였습니다. 대통령님께서는 1998년 10월에 일본을 방문하셔서 오부치 게이조 총리와 정상회담을 하셨고 '김대중·오부치 선언'을 발표하셨습니다. 이때 한·일 정상회담은 한·일관계의 최전성기를 개척한 역사적인 일로 평가받고 있습니다.

아주 성공적인 회담이었습니다. 오부치 총리는 공동선언에서 한국을 상대로 과거 침략에 대해서 사죄한다는 표현을 사용했습니다. 이것은 처음 있는 일이었고 역사적으로 매우 큰 의미가 있었습니다. 오부치 총리는 또 한국의 민주발전에 대해서 높이 평가했고 햇볕정책에 대한 지지의사를 밝혔습니다.

나는 일본이 평화헌법과 비핵3원칙 등을 통해 국제사회의 평화와 번영을 위해서 기여한 바를 높이 평가했습니다. 그래서 자유민주주의와 시장경제라는 인류보편적인 가치 연대를 통해서 양국관계를 발전시키고 세계평화에도 기여하기로 합의한 것입니다. 이것은 한·일 양국의 미래지향적인 발전에 있어서 매우 중요한 의미가 있었습니다.

그때 일본 국회에서 연설을 했습니다. 일본은 참의원, 중의원 양원제인데요. 일본의 참의원과 중의원이 모두 참여한 자리에서 나는 위와 같은 내용으로 연설했습니다. 그때 일본 의원들과 언론은 외국 정상이 일본 국회에서 한 연설 중에서 최고라는 평가를 했습니다. 그 정도로 아주 큰 반응이 있었습니다.

━ 대통령님께서는 일왕을 천황으로 호칭하자고 하셨는데요. 당시 우리나라 여건에서 보면 매우 파격적인 주장이었습니다.

그때까지 천황을 일왕이라고 했어요. 근데 이것은 두 가지 면에서 아주 잘못된 일이었어요. 첫째, 이 표현은 일본에 대한 열등감에서 나온 것인데, 이 자체로도 문제이지만 더 큰 문제는 우리나라 사람들이 일본에 대한 삐뚤어진 우월의식 속에서 이러한 태도를 취한다는 데에 있습니다. 우월감과 열등감이 뒤섞여 있는 아주 잘못된 태도였습니다. 우리보다 국력이 약한 나라를 상대할 때 우월의식을 가져서는 안 되고, 우리보다 국력이 강한 나라를 상대할 때 열등의식을 가져서도 안 됩니다. 우리의 처지에 맞게 객관적인 자기평가와 당당한 태도를 가져야 합니다. 천황을 일부러 일왕이라고 격하해서 표현하는 것은 일본에 대한 열등감과 우월의식이 삐뚤어진 방식으로 섞여서 나온 잘못된 태도입니다.

둘째, 일왕 호칭은 외교적 결례였어요. 그때 나는 "영국은 여왕이라고 하니 우리가 여왕이라고 부르는데, 일본은 천황이라고 하니 천황이라고 부르는 것이 자연스러운 일이다"라고 했어요. 외교관계의 기본은 상대에 대한 인정과 존중입니다. 그 나라에서 중요시하는 대상과 가치를 있는 그대로 인정하고 호칭하는 것은 필요합니다. 그래서 천황이라고 호칭하자고 한 것입니다.

나는 지금도 내 주장이 옳다고 생각합니다. 나의 태도는 일본에서 크게 인정받았고, 이러한 상호 존중과 이해의 태도가 일본에서 한류가 크게 일어나는 데에 도움이 되었습니다.

— 일본 대중문화 개방도 당시에 매우 파격적인 결정으로 평가받았고 많은 사람이 우려하기도 했습니다. 지금은 한류가 나오게 된 배경으로 높이 평가받고 있기도 한데요. 당시 그와 같은 결정을 하신 이유는 무엇입니까?

어떤 나라든 문화 쇄국주의를 취하면 발전이 없고 자칫 잘못하면 자기 고유의 문화가 없어지는 비참한 운명에 처할 수도 있습니다. 문화가 발전하기 위해서는 다양한 문화와 교류하면서 다른 문화의 장점을 받아들이고 자신을 재창조하는 과정을 거쳐야 합니다. 그렇기 때문에 항상 문화교류에 대해서는 개방적인 태도를 취하는 것이 필요합니다.

문화교류에 있어서 일본 대중문화만 막는 것은 차별적이고 불합리했습니다. 우리는 일본 대중문화에 대해서만 문을 꼭 닫고 있었던 것이에요. 그런데 외교관계를 맺고 있고 지리적으로 가까운 일본 문화를 완전 봉쇄한다는 것 자체가 가능하지 않습니다. 일부 자극적인 일본 문화가 음성적으로 유통되기도 했고 일본 문화가 왜곡되어 알려지기도 하면서 부정적인 면이 많았습니다. 결국 장점은 얻지 못하고 단점만 강화되는 상황이었습니다. 그래서 나는 일본 대중문화를 개방하는 것이 여러모로 우리에게 도움이 된다고 생각했습니다.

나는 우리 문화의 저력을 볼 때 일본 문화에 침식당하는 일은 발생하지 않을 것이라고 판단했습니다. 결국 내 판단은 옳았고 자신감 있는 태도는 우리 문화 발전에 도움이 되었고, 일본에서 한류가 일어나는 배경이 되었습니다. 나의 선택은 옳았습니다.

━ 그다음은 1998년 11월에 중국을 방문하셔서 장쩌민 국가주석과 정상회담을 하셨는데 분위기는 어땠습니까?

장쩌민 주석이 나보다 2살 아래였고 주룽지 총리는 4살 아래였습니다. 나이 차가 많은 것도 아니었는데 이분들이 내게 따거, 우리말로 형님이라고 했어요. 중국 최고지도자들이 이렇게 호칭하는 것은 의례적인 외교적 수사라거나 일반적인 일이 아니라고 합니다. 그분들이 진심으로 나를 높이 평가했기 때문에 그렇게 표현할 수 있었다고 합니다. 이분들이 나를 이렇게 평가한 것은 그분들의 개인적인 삶과 관련이 있었다고 할 수 있습니다. 장쩌민 주석과 주룽지 총리는 중국의 문화혁명 때 큰 고생을 했어요. 특히 주룽지 총리는 마오쩌둥을 비판한 적이 있어 고초를 겪었다고 하더군요. 이런 경험이 있어서 나에게 동병상련을 느졌다고 할 수 있습니다.

━ 한·중 정상회담의 성과에 대해서 말씀해주십시오.

그때 회담에서 수교 6년 만에 한·중관계를 '선린우호관계'에서 '동반자관계'로 한 단계 격상하기로 합의했습니다. 중국은 우리 정부의 햇볕정책을 적극적으로 지지한다고 했고 경제위기 극복 노력에 대한 지지와 지원 의사도 밝혔습니다. 장쩌민 주석은 "금 모으기 운동을 보고 많은 감동을 받았습니다. 이렇게 노력하는 민족에게는 미래가 있기 때문에 도와주어야 한다고 생각합니다"라고 말했어요.

그때 우리 기업들이 관계부처를 통해서 내게 요청한 것들이 있었습니다. 중국에 우리나라 은행을 설립, 중국 철도 사업에 우리 기업의 참가, 원자력발전소 건설에 우리 기업의 참여, CDMA 방식의 이동통신 서비스 채택 등 4개였어요. 그때 주룽지 총리는 중국 경제정책에 막강한 권한을 행사하고 있었기 때문에 중국과의 경제협력은 주룽지 총리하고 이야기해야 했어요.

내가 주룽지 총리에게 이 4가지 사안을 요청했습니다. 주룽지 총리는 "나는 김대중 대통령을 진심으로 존경하기 때문에 사실대로 말하겠다"면서 "철도는 아직 계획이 없고 원자력발전소도 확실하지 않다" "은행설립은 고려하겠다" "CDMA로 하겠다"고 했어요. 중국이 이동통신 서비스를 GSM 방식으로 할지 CDMA 방식으로 할지 결정된 상태는 아니었는데요. 우리나라가 CDMA 방식으로 하고 있었기 때문에 중국이 CDMA 방식으로 하는 것이 우리 기업들에게는 유리한 상황이었어요. 중국의 군부는 GSM 방식을 선호했는데 주룽지 총리가 CDMA 방식으로 결정했다고 합니다. 결국 이것으로 우리나라의 대중국 수출이 크게 늘어나서 우리 기업들이 큰 이익을 얻을 수 있었습니다.

━ 만찬 행사에서 대통령님께서 노래를 부르셨다고 하는데요. 만찬 행사의 분위기도 좋았던 것 같습니다.

회담 분위기도 좋았고 만찬 분위기도 좋았습니다. 노래도 그래서 하게 되었어요. 장쩌민 주석이 흥에 겨워서 석가(夕歌), 저녁노래를 불렀는데 노래를 가수처럼 정말 잘해요. 장쩌민 주석이 우리 내외에게도 노래를 부르라고 했어요. 나는 노래를 잘 못하기 때문에 당황스럽기는 했는데, 분위기가 너무 좋았고 나 때문에 분위기가 어색해지면 안 되기 때문에 용기를 내서「도라지 타령」을 불렀습니다. 내가 노래 실력은 좀 없어도 열심히 불러서 그런지 반응이 좋아서 다행이었어요. 그렇게 한·중 정상회담의 분위기는 좋았고 내 임기 동안 한·중관계도 정말 좋았습니다. 내가 퇴임한 이후에 장쩌민 주석을 만난 적이 있었는데 그때도 분위기가 좋았어요. 지금도 나는 중국의 주요 지도자들하고 좋은 관계를 유지하고 있습니다.

━ 4강외교의 마지막 순서로서 1999년 5월 러시아를 방문하셔서 보리스 옐친 대통령과 정상회담을 하셨습니다. 정상회담의 성과는 무엇이었으며 분위기는 어땠습니까?

그때 러시아와의 회담도 아주 잘 되었습니다. 옐친 대통령도 내가 군사독재 정권에서 여러 번의 죽을 고비를 넘기면서도 굴하지 않고 민주화투쟁을 전개하고 대통령까지 된 것에 대해서 존경을 표했습니다. 러시아가 햇볕정책에 대한 지지의사를 밝히는 등 이 회담에서 여러 성과를 거뒀습니다.

지금도 기억나는 것은 옐친 대통령은 유머가 뛰어납니다. 그때 옐친 대통령은 러시아가 개발한 무기에 대해서 자랑을 많이 했습니다. 그러면서 그는 한국이 사겠다고 하면 제일 먼저 살 수 있도록 하겠다고 유머를 섞어가면서 설명했어요. 우리가 미국과 동맹관계이기 때문에 그렇게 할 수 없어서 난 웃고 넘겼는데요. 그날 옐친 대통령은 여러 유머를 섞어가면서 이야기를 했습니다.

안타까운 것은 그때 옐친 대통령의 건강이 좋은 상태는 아니었어요. 처음에는 활기차게 이야기하다가 갑자기 지친 기색을 보이더니 음식도 잘 못 먹고 안색이 좋지 않더라고요. 내가 걱정되어서 부인께 "왜 그러십니까"라고 물으니 부인께서 "대통령의 건강이 좋지 않아서 그렇습니다"라고 했습니다. 그래서 러시아 관리들과 이야기해서 옐친 대통령을 쉴 수 있도록 했습니다.

이렇게 해서 4대국으로부터 경제위기 극복에 대한 협조와 햇볕정책에 대한 지지를 얻어내는 성과를 거뒀어요. 아주 큰 성과였다고 생각합니다.

━ 대통령님께서는 주변 4대국 외에 동남아시아 외교를 중시하셨습니다. 1998년 12월 베트남 하노이에서 개최된 제2차 동남아시아 국가연합(ASEAN)＋3(한·중·일) 정상회의에 참석하셔서 동북아와 동남아를 아우르는 동아시아 공동체의 필요성을 강

조하셨습니다. 어떤 배경에서 그렇게 하셨습니까?

그때 내가 참석해서 그런 제안을 했지요. ASEAN 사람들은 대체로 동북아시아의 한·중·일 3국을 경계하는 경향이 있었습니다. 지리적으로 인접한 중국에 대한 경계심이 크게 작용한 것이라고 할 수 있습니다. 그래서 내가 유럽은 EU로 발전하고 있고 북미주는 NAFTA를 통해 지역별로 경제권이 형성되고 있는데 동아시아 지역에는 그런 것이 없음을 지적했습니다. 동북아와 동남아를 하나로 묶어서 동아시아 공동체를 위한 노력에 나서야 한다고 강조했습니다. 이것에 대한 타당성을 검토하기 위해서 민간 차원의 '동아시아 비전그룹'을 만들어서 논의해보자고 제안했습니다. 또 2000년에 민간 차원의 활동을 정부 차원으로 발전시키기 위해서 '동아시아 연구그룹'을 제안했어요. 그리하여 동아시아정상회의(EAS)까지 이어지게 된 것입니다. 나는 동아시아 공동체 담론을 제시하고 이렇게까지 발전할 수 있도록 한 것에 대해서 큰 보람과 자부심을 느낍니다.

━ 1998년 12월 베트남을 방문하셨을 때 쩐 득 르엉 국가주석과 정상회담을 하셨습니다. 한국 대통령으로서 최초로 호찌민 묘소에 참배도 하셨습니다. 참배의 배경은 무엇이었습니까? 정상회담에서 베트남전쟁에 대한 이야기도 나왔습니까?

베트남 사람들은 베트남전쟁에 대해서 한마디도 하지 않았습니다. 아주 작정하고 나왔더라고요. 한마디도 안 해서 좀 놀랐어요. 경제협력 이야기만 했어요. 베트남의 이러한 태도에 대해서 여러 생각이 들었습니다. 나는 베트남과 앞으로 잘 지내자는 뜻에서 호찌민 묘소에 참배했습니다. 이것은 베트남에서 요구한 것이 아니었습니다. 내가 자발적으로 그렇게 했던 것입니다.

— 대통령님의 베트남 방문 이후 양국 관계가 크게 발전했다는 평가가 많습니다.

나의 방문이 긍정적인 영향을 준 것은 사실입니다. 그때 이런 일도 있었습니다. 동남아 지역에서 우리나라 드라마 등을 정식으로 수입하지 않고 불법복제 형식으로 유통되는 일이 많아서 우리나라의 방송사와 제작사가 문제를 제기하고 있다는 보고를 받았습니다. 여기에 대해서 나는 무료로 드라마 테이프를 공급하도록 했어요. 초기에 무료로 제공하면 우리 문화를 더 많이 알릴 수 있고 우리나라 문화콘텐츠에 대한 수요가 늘어나 대중문화계가 다양한 방식으로 수익을 얻는 데에 도움이 될 수 있다고 보았어요. 그와 함께 우리나라에 대한 호감도가 높아져서 다른 상품 판매에도 도움이 될 수 있다고 판단했습니다. 결국 동남아시아에서 한류가 확산되는 데에 도움이 되었습니다.

북한에 대한 포괄적 협상안

— 대통령에 취임하신 이후 정경분리 원칙을 강조하셨습니다. 정부의 원칙에 호응한 정주영 현대그룹 명예회장은 대북 경제협력에 적극적으로 나섰습니다. 1998년 6월 정주영 회장은 소떼 500마리를 몰고 판문점을 넘어서 방북했습니다. 그리고 북한과 금강산 관광 등에 합의했습니다. 정주영 회장은 10월에도

소 떼 501마리를 몰고 방북했습니다. 정주영 회장의 노력에 대해서 어떻게 평가하십니까?

정주영 회장은 평화통일에 기여하겠다는 뜻이 확고했어요. 기업인으로서 남북 경제협력에 많은 관심을 갖고 있었습니다. 정주영 회장이 정말 큰일을 했습니다. 당시 대부분의 기업은 북한과의 경협에 여러 불안요인이 있다고 판단해서 미온적인 태도였습니다. 북한의 인프라가 너무 열악했고 한반도를 둘러싼 정세변화에 의해 사업의 안정성이 떨어진다고 판단했습니다. 그런데 정주영 회장은 실향민으로서 평화통일에 대한 강한 신념을 갖고 있었기 때문에 대북 경협에 나선 것이라고 할 수 있습니다. 정주영 회장이 현대그룹의 창업주였기 때문에 그런 결단과 실행이 가능했다고 생각합니다. 그런 점에서 정주영 회장이 큰 역할을 했습니다.

━ 1998년 8월부터 한반도 위기가 고조되기 시작했습니다. 8월 중순에 미국 언론을 통해서 북한의 금창리 지하핵시설 의혹이 제기되었습니다. 북한은 8월 31일 대포동 미사일을 시험발사하는 등 한반도 정세가 급격히 악화되었습니다. 여기에 대해서 어떻게 대응하셨습니까?

그때 미국에서 강경한 여론이 나오기도 하면서 긴장이 고조되기 시작했습니다. 특히 야당인 미 공화당은 클린턴 행정부의 대북정책이 잘못되었다고 강하게 비판했고, 클린턴 행정부는 대북정책 재검토를 위해서 1998년 11월 페리 전 국방부 장관을 대북정책 조정관으로 임명했습니다. 페리 장관은 1994년 1차 북핵위기 당시 군사적인 옵션까지 고려했을 정도로 강경파였습니다. 그런데 페리 조정관은 나중에 부시 행정부 네오콘들과는 달리 이념적으로 경도되어 있거나 군산복합체의 이해관계 때문에 강경한 입장을 취한 것은 아니었어요. 그는 이성적인 논리로 토론하여 타당성이 있다고 판단하면 이를 받아들이는 합리적인 성품의 소유자였습니다. 그래서 처음에는 햇볕정책에 대해 납득하지 못하다가 결국 수용하고 적극적으로 지지하는 모습을 보여주게 된 것입니다.

━ 1998년 11월 18일 금강산 관광선이 첫 출항을 하게 됩니다. 북한의 핵시설 및 미사일 문제 등으로 긴장이 고조되기 시작한 상황이어서 금강산 관광선 출항에 대한 비판도 있었는데요. 출항을 결정하신 이유는 무엇입니까?

그해 여름에 대포동 미사일, 금창리 지하핵시설 문제 등이 불거지면서 한반도에 또다시 위기가 찾아왔어요. 그때 현대 정주영 회장이 북한과 협의해서 금강산 관광을 하기로 했습니다. 지금은 금강산을 육로로 갈 수 있지만 그때는 배로 가야 했어요. 그래서 관광선으로 오가도록 한 것인데, 당시 한반도 정세가 불안정했기 때문에 금강산 관광선 출항에 반대하는 목소리가 있었습니다.

그러나 나는 출항을 허가했습니다. 이럴 때일수록 배를 보내는 것이 전화위복의 계기가 되어 안보 리스크를 줄일 수 있다고 보았어요. 그렇게 해야 당시 회생의 조짐을 보이고 있던 우리 경제에도 도움이 된다고 판단했습니다. 나는 북한의 의도가 미국과의 관계 개선에 있다고 판단했기 때문에 북한이 상황을 파국적인 상황으로 몰고 가지 않을 것이라고 봤습니다. 파국적으로 가면 우리도 괴롭고 힘들지만 북한도 힘들고 어려워지는데, 그럴 이유가 없다고 본 것이지요. 북한 정권도 자신들이 살려고 그렇게 하는 것이지 망하려고 그러는 것은 아니라고 판단했습니다.

11월 20일에 두 번째 배가 출항했습니다. 그날 방한한 클린턴 대통령이 이 장면을 보고 "햇볕정책이 옳다. 안보위기는 이런 방식으로 극복해야 한다. 큰 희망이 있다"는 취지의 이야기를 했습니다. 클린턴 대통령의 이 말은 내게 힘이 되었습니다.

— 페리 대북정책 조정관이 1998년 12월에 방한했습니다. 페리 조정관은 대통령님과 임동원 수석 등을 만나서 여러 협의를 했지요.

그때 페리 조정관을 만나서 여러 논의를 했습니다. 긴 시간 동안 만났는데요. 2시간 정도 대화했을 거예요. 나는 페리 조정관에게 북한의 근본적인 목적은 미국과의 관계 개선에 있고 대량 살상무기를 개발하는 데에 있지 않다고 강조하고 그 근거를 상세하게 설명했습니다. 이러한 북한의 의도를 정확하게 포착해서 미국이 포괄적인 협상안을 제시하면 북한은 이를 수용할 것이라고 말했습니다.

그와 함께 군사적인 옵션은 고려 대상이 될 수 없음을 강조했습니다. 북한 지역에는 산이 많은데 이곳에 주요 무기 등을 감춰놓으면 미국이 정밀타격을 하려고 해도 쉽지 않다는 점을 지적했습니다. 만일 미국이 기습공격을 하면 북한은 반드시 보복할 텐데 휴전선에 몰려 있는 양측의 무력 수준을 감안하면 대재앙이 발생하게 될 것이라고 지적했습니다.

이렇게 이야기를 하니 페리 조정관은 이해하는 듯한 반응을 보이긴 했습니다. 그런데 페리 조정관이 그때만 해도 완벽하게 동의한 것은 아니었습니다. 군사적 옵션의 문제점에 대해서는 이해를 했지만 북한과의 포괄적 협상은 생각하지 못했던 내용이다 보니 처음에는 상당한 어색함을 느꼈다고 합니다. 페리 조정관이 나중에 임동원 수석에게 이야기를 했는데, 그가 북한에 대한 포괄적 협상안에 대한 이야기를 들을 때 속으로 무슨 이야기를 하는 것인지 도무지 납득이 안 갔다고 합니다. 나도 그때 페리 조정관이 내 입장을 흔쾌히 이해하고 동의한 것이 아니라는 것을 눈치채고 있었습니다.

페리 조정관의 정책권고안이 나오기 전에 그를 재차 설득하기 위해서 임동원 수석을 미국으로 보냈어요. 그때 페리 조정관이 북한에 대한 포괄적 협상안의 필요성에 대해 이해하면서 방향을 전환하기 시작한 것입니다. 페리 조정관은 안을 만들어서 클린턴 대통령에게 보고하려고 했는데, 클린턴 대통령이 김대중 대통령에게 먼저 보고해서 동의를 얻으면 자신에게 보고하라고 했다고 합니다.

1999년 3월에 페리 조정관이 와서 설명을 했는데 다행스럽게도 내가 생각한 방향과 같았어요. 그래서 내 생각과 완전히 똑같다고 하니 페리 조정관이 "김대중 대통령의 구상을 미국식 표현으로 바꾸었을 뿐이고 이것의 지적재산권은 김대중 대통령에게 있다"라고 말했습니다. 그래서 함께 크게 웃었던 기억이 납니다.

— 그때 분위기가 좋았던 것 같습니다.

그랬습니다. 그때 내가 페리 조정관에게 두 가지 요청을 했어요. 일본을 끌어들여서 삼자가 함께하는 것이 좋겠고, 북한에 직접 가서 설명하면 좋을 것 같다고 했어요. 북한은 자존심이 강하기 때문에 직접 가서 설명하겠다고 하면 자신들을 존중해준다고 생각해서 대화를 이어가는 데 도움이 될 것이라고 말했습니다. 페리 조정관은 이 두 가지 제안을 모두 수용했습니다. 그렇게 미국이 우리 정부와 보조를 맞춰가면서 함께 북한에 대한 햇볕정책을 체계적으로 추진할 수 있게 된 것입니다.

— 페리 조정관은 어떤 분입니까?

훌륭한 분입니다. 차분한 성격에 지적으로 아주 우수한 분이에요. 상대방의 의견을 경청하면서 그 내용에 일리가 있으면 수용하는 열린 자세를 갖고 있는 분입니다. 이런 분과 대화하는 것은 참 즐겁고 유익합니다. 나하고 가깝게 잘 지냈고 지난번 내가 미국 갔을 때에도 만났어요. 아주 좋은 분입니다.

— 1999년 6월 서해에서 교전이 발생하는데요. 2002년에 발생한 교전과 구분해서 제1연평해전으로 불리게 됩니다.

상당수 보수세력들은 나의 햇볕정책을 대북 유화정책이라고 비난하곤 하는데요. 그들의 주장이 틀렸다는 것을 증명해주는 확실한 증거가 바로 제1연평해전입니다. 내가 제시한 대북정책의 세 가지 원칙이 '북한의 무력도발을 용납하지 않는다' '북한에 대한 흡수통일을 추구하지 않는다' '북한과 교류협력을 추진한다'입니다. 나는 임기 동안 이 원칙에 따라서 대북정책을 추진했습니다.

1999년 6월에도 이 원칙은 그대로 적용되었습니다. 그때 북한의 함정과 어선의 동향이 심상치 않다는 보고를 받고 나는 조성태 국방부 장관에게 네 가지 작전 지침을 내렸습니다. 'NLL 반드시 사수' '선제사격 금지' '북한이 선제사격을 하면 강력하게 응징' '교전이 발생할 경우 확전되지 않도록 할 것' 등이 그 내용이었어요.

북한의 함정과 어선이 NLL을 넘어오자 우리는 그들을 밀어내기 위한 작전에 돌입했습니다. 북한이 여기에 반발하면서 결국 사격을 시작했고 우리가 대응사격을 했습니다. 그 이후 포격전이 이어졌는데요. 우리 군은 잘 대비하고 있었고 무기 성능도 우수해서 북한군의 피해가 컸습니다. 휴전 이후 북한의 군사적인 도발을 응징해서 격퇴시킨 것은 이때가 처음이라고 합니다. 그만큼 제1연평해전의 의미는 컸고, 햇볕정책이 단순한 대북 유화정책이 아니라는 사실을 증명했다고 평가할 수 있습니다.

11
최초의
남북 정상회담과
한반도외교

"지금 우리 민족과 전 세계가 김정일 위원장과
나를 주시하고 있습니다. 이 자리에서
우리가 잘하면 우리 민족의 축복이요,
전 세계의 축복이 될 것입니다. 우리 후손들이 오늘
이 자리에 있는우리들을 높이 평가할 것입니다."

분단 이후 최초의 남북 정상회담 성사 과정

▬ 2000년 3월 베를린선언의 의미는 무엇입니까?

베를린선언은 북한과 대화하면서 화해협력의 길을 열기 위한 목적에서 나온 것입니다. 내가 1998년 2월에 취임했으니 베를린선언은 집권 3년차가 시작되는 때에 발표한 것인데요. 그전 2년 동안 북한은 우리 정부 대북정책의 목적과 진의를 파악하는 데에 주력하고 있었다고 할 수 있습니다. 북한은 햇볕정책을 부정하지는 않았지만 그렇다고 흔쾌히 받아들이지도 않은채 상당한 경계심을 갖고 예의 주시하고 있었습니다. 나는 북한에게 시간을 줄 만큼 주었다고 판단했고 이제는 정부가 좀더 적극적으로 나서서 남북관계 개선에 획기적인 계기를 마련해야 한다고 판단해서 베를린선언을 하게 된 것입니다.

그런 내용의 선언을 베를린에서 한 것은 다음과 같은 이유가 있습니다. 같은 분단국가였던 독일은 우리보다 먼저 통일했기 때문에 독일의 수도 베를린에서 발표함으로써 통일에 대한 우리의 의지를 강조하는 효과를 고려했습니다. 그다음으로 나는 북한에 대한 흡수통일을 할 의사가 없다는 것을 지속적으로 밝혔는데요. 한국 정부가 북한을 흡수통일할 의사가 없다는 것을 흡수통일 방식으로 통일한 독일의 수도 베를린에서 밝히는 것이 효과가 있을 것이라고 생각했기 때문입니다. 결국 북한이 베를린선언을 보고 우리의 진의를 이해하고 받아들이기 시작한 것으로 볼 수 있습니다. 그래서 정상회담까지 할 수 있게 된 것입니다.

━ 남북한 사이에 정상회담을 위한 협의가 이뤄졌는데, 박지원 장관이 협상을 진행하게 되었습니다. 어떤 배경에서 그렇게 된 것입니까?

북한은 박지원 장관과 협상하기를 원했습니다. 대통령의 최측근 인사와 대화하기를 원했다고 볼 수 있습니다. 박지원 장관이 나의 최측근 인사로서 머리도 비상하고 일도 잘하기 때문에 나는 박지원 장관이 특사 업무를 잘할 것이라고 판단해서 임명했습니다. 박지원 장관하고 오랜 기간 함께 일했는데, 박지원 장관은 어려운 일도 포기하지 않고 끝까지 책임지는 모습을 보여주었어요. 나는 박지원 장관의 그런 책임감과 집념, 인내심을 보며 내가 일을 대하는 자세와 비슷하다고 생각했습니다. 그래서 박지원 장관이 이 일을 맡았습니다. 그렇게 4·8 합의를 통해서 정상회담을 하기로 한 것입니다.

━ 대통령님께서 남북 정상회담이 필요하다고 판단하신 이유는 무엇입니까?

과거의 남북관계를 볼 때 정상회담을 통해서 합의를 이끌어 내야만 실질적인 변화를 가져올 수 있다고 판단했습니다. 남북 기본합의서를 보세요. 그렇게 훌륭한 합의문을 만들어냈지만 정치적인 추진력을 얻지 못하니 내가 집권하기 전까지 사문화된 상태였어요. 남북한처럼 오랜 기간 적대적인 관계 속에서 대립과 갈등을 해온 나라들 사이에서는 정상회담이 중요합니다. 그래야만 합의 이행을 위한 정치적인 동력이 형성될 수 있어요.

특히 북한은 김일성·김정일 등 최고통치권자의 영향력이 절대적이기 때문에 정상회담을 통한 합의가 중요합니다.

━ 북한이 남북 정상회담에 동의한 이유는 무엇이라고 생각하십니까?

그때 북한은 내우외환의 상태였습니다. 고난의 행군을 겪어야 했을 정도로 경제사정이 최악이었고 국제적으로 보면 소련이 붕괴되고 동유럽 국가들이 민주화되면서 고립이 심화되었습니다. 중국에만 의존하기에는 북한 입장에서도 불안한 면이 있기 때문에 결국 미국과의 국교 정상화가 필요하다는 판단을 한 것입니다. 이것을 하기 위해서는 미국과 동맹관계에 있는 남한과의 관계 정상화가 필요하다고 본 것이지요.

물론 남한과의 경제협력은 북한에게도 큰 도움이 되기 때문에 이 점도 고려했다고 할 수 있겠지요. 이렇게 한국·미국과의 관계가 개선되면 일본과의 관계도 정상화될 수 있어서 일본으로부터 과거 식민통치에 대한 피해보상금을 받을 수 있을 것이라는 기대도 했을 것입니다. 북한은 중국과 베트남처럼 정치적으로 사회주의 체제를 유지하면서도 경제적으로 시장경제 원리를 도입해서 경제성장을 이룩하려고 했습니다. 이러한 목적을 달성하기 위해서 나하고 정상회담을 해서 미국 중심의 국제사회로 나아가려고 했던 것으로 볼 수 있습니다.

━ 정상회담을 하기 전에 임동원 국정원장을 특사로 북한에 보내셨습니다. 임동원 국정원장에게 맡기신 임무는 무엇이었습니까?

나는 임동원 특사에게 세 가지 임무를 맡겼습니다. 첫째, 김정일 위원장이 어떤 인물인지 파악하라는 내용이었습니다. 김정일 위원장에 대한 정보가 전체적으로 너무 부족했고 확보하고 있는 정보도 매우 부정적인 내용뿐이어서 도대체 김정일 위원장이 어떤 사람인지 파악할 수가 없었습니다. 분단 이후 최초의 정상회담을 하는데, 이대로는 안 되겠다고 생각해서 이 점을 당부했습니다.

둘째, 정상회담에서 논의할 내용에 대해서 사전에 협의하라고 당부했습니다. 원래 외국 정상과 회담하기 전에 사전에 당국자들이 논의할 내용과 합의할 내용에 대해서 협의를 마치게 됩니다. 우리의 입장을 알려주고 북한의 입장을 알아오라고 했습니다.

셋째, 정상회담을 한 후에 발표할 합의문을 미리 만들어 올 것을 당부했습니다. 임동원 특사가 북한을 방문해서 김정일 위원장을 만났고, 내게 전해준 김정일 위원장에 대한 평가는 정확했습니다. 그래서 정상회담을 준비하는 데에 큰 도움이 되었습니다. 그런데 북한은 의제에 대해서는 구체적인 답을 하지 않고 "평양에 와서 회담을 하면 잘될 것이다"라는 식의 막연한 대답을 했어요. 의제에 대해서 그렇게 나오니 합의문 초안 자체가 나올 수 없었습니다. 그래서 결국 의제에 대해서 북한과 사전에 합의한 것 없이 방북하게 된 것입니다.

━ 4·8 합의에 의하면 6월 12일부터 14일까지 방북하기로 했었는데요. 6월 10일에 북한이 갑자기 대통령님의 방북 일정을 하

루 연기하자고 해서 결국 6월 13일부터 15일까지 방북하시게 되었습니다.

정확한 이유는 알 수 없지만 추측건대 김정일 위원장의 신변 안전을 고려해서 그렇게 한 것 같습니다. 북한이 하루 연기하자고 한 것을 두고 우리는 김정일 위원장이 평양 순안공항에 나올 가능성이 있는 것으로 조심스럽게 추정하기도 했습니다. 그것은 우리의 추정이었을 뿐 북한으로부터 사전 통보를 받은 것은 전혀 없었습니다.

— 일반적인 정상회담과는 다른 상황이었기 때문에 여러 어려움이 있었을 듯싶습니다.

불확실한 일이 너무 많았기 때문에 사전에 준비하는 일도 어려웠습니다. 북한은 "만나면 잘될 것이다"는 식으로 모호하게 이야기했기 때문에 나로서는 논의 가능한 여러 현안과 발생할 수 있는 일들에 대한 다양한 시나리오를 검토했습니다. 모의 정상회담도 해서 사전에 분위기를 파악하는 데에 도움을 얻고자 했습니다.

— 사전에 합의된 내용이 없었기 때문에 정상회담 성과가 불투명한 면이 있었다고 생각됩니다. 대통령님께서 생각하신 최소한의 성과는 무엇이었습니까?

분단 반세기 만에 남북한의 정상이 만난다는 것 자체가 역사적인 의미가 컸어요. 나는 이산가족 상봉에 대한 합의를 꼭 이뤄내고 싶었습니다. 이산가족이 겪는 고통은 너무나 마음 아픈 일이었고 고령자들이 세상을 떠나고 있었기 때문에 시간이 많지 않았습니다. 나는 이 문제를 해결하고 싶은 생각이 간절했습니다.

— 남북 정상회담은 주변 강대국들도 큰 관심을 갖는 사안이었습니다. 특히 미국의 입장은 남북관계 개선 등 향후 한반도 정세 변화에 있어 매우 중요한 변수라고 할 수 있었는데요.

미국과 모든 것을 충분히 협의했습니다. 나는 임동원 국정원장에게 우리가 민족문제를 풀기 위해서 북한과 협상하는 것이기 때문에 감출 것도 없고 당당하게 대응하라고 했습니다. 민족 문제를 풀기 위해서 미국과의 공조는 매우 중요하니 미국과 사전에 철저하게 협조하고 정보를 공유하라고 했습니다. 그런 의미에서 나는 "미국에게 숨소리까지 다 이야기하라"고 말했습니다.

임동원 국정원장이 미국의 보스워스 대사를 만나서 나의 이런 뜻을 전했습니다. 정상회담 준비과정, 진행과정, 결과까지 모든 내용을 다 알려줬습니다. 미국은 우리 정부의 이러한 태도와 노력을 높이 평가해 한·미관계가 더욱 발전하는 계기가 되었습니다. 그래서 한·미관계 역사를 놓고 볼 때 나와 클린턴 행정부 시기가 가장 좋았다는 평가가 나오게 되는 것이라고 생각합니다.

평양 방문과 6·15 공동선언

— 드디어 6월 13일 평양을 방문하셨습니다. 비행기를 타고 평양에 가실 때 여러 생각이 들었을 것 같은데요.

상당히 긴장되었습니다. 회담의 성패를 가를 수 있는 요인들이 해결되지 않은 상태였기 때문에 그랬습니다. 가장 큰 문제는 의제에 대해서 사전 조율이 안 된 상태였기 때문에 어떤 내용으로 회담을 하게 될지, 어떤 합의를 할 수 있을지 전혀 알 수 없었습니다.

김일성의 시신이 안치된 금수산기념궁전 참배를 거절한 우리 측의 입장을 무시하고 북한은 계속해서 참배를 해야 한다고 주장하고 있어서 이 문제도 상당한 불안요인이었습니다. 또 북한은 KBS와 『조선일보』의 방북을 허용하지 않겠다고 했는데 나는 언론의 자유를 막는 것은 용납할 수 없다며 비행기에 태웠어요. 이것은 불안요인까지는 아니었지만 북한이 문제 삼으면 좀 시끄러울 수 있겠다는 생각도 들었습니다. 김정일 위원장이 공항에 나올지 안 나올지 그것도 모르는 상태였습니다.

그렇게 불확실한 상황이었지만 북한도 큰마음 먹고 정상회담에 나선 것이고, 내가 평양까지 갔는데 차갑게 대하고 빈손으로 돌아가게 하지는 않을 것이라는 생각을 했습니다. 내가 민주화운동을 하면서 또 야당생활을 하면서 말로 표현하기 힘들 정도의 수많은 고난을 이겨낸 경험이 있기 때문에 평양에서도 잘할 수 있을 것이라는 생각도 했습니다.

━ 대통령님께서 평양으로 떠나시기 전에 서울공항에서 "민족을 사랑하는 뜨거운 가슴과 현실을 직시하는 차분한 머리를 가지고 방문길에 오르고자 합니다"라고 말씀하셨습니다. 이 내용이 인상적이었다고 평가하는 사람이 많습니다. 어떤 배경에서

그렇게 말씀하셨습니까?

남북문제를 다루는 데에는 이성과 감성, 이상과 현실을 균형 있게 접근하는 것이 필요했습니다. 그래서 그런 말을 했어요.

▬ 평양 순안공항에 도착하셨을 때의 감회는 어땠습니까?

내가 비행기 출구에 나와서 먼 산을 바라보았는데 눈물이 쏟아지려고 했어요. 그동안 분단과 전쟁으로 올 수 없었던 북한 땅을 이렇게 직접 보게 되었다는 사실, 대통령으로서 첫 정상회담을 하기 위해서 북한에 왔다는 사실 등을 생각하니 만감이 교차되어서 눈물이 쏟아질 것 같았습니다. 나는 비행기에서 내린 후에 엎드려서 땅에 입맞춤을 하고 싶다는 생각이 들었는데요. 김정일 위원장이 나와 있고 내가 다리가 불편하기 때문에 앉고 일어서는 것이 어려워서 결국 입맞춤을 하지는 못했습니다만, 그때 심경은 그랬어요. 만감이 교차했습니다.

▬ 김정일 위원장이 대통령님을 환영하기 위해서 직접 공항에 나와서 상봉했습니다. 김정일 위원장과 함께 차를 타고 백화원 영빈관으로 이동하셨는데요.

공항에서 김정일 위원장을 만나서 포옹을 했습니다. 정말 반가웠습니다. 김정일 위원장과의 만남이 우리 민족의 평화와 번영에 결정적인 계기가 될 수 있을 것이라는 희망을 가졌습니다. 그 이후 북한의 주요 인사들과 인사하고 이동하기 위해서 차를 탔는데, 김정일 위원장이 내 옆자리에 앉았어요. 일반적인 의전과는 아주 다른, 매우 파격적인 일이어서 나도 좀 놀랐어요.

그렇게 김정일 위원장과 동승해서 백화원 영빈관까지 함께

최초의 남북 정상회담(2000).
김대중이 평양 순안공항에 도착하자
김정일 위원장은 직접 공항에 나와 환대했다.
김정일 위원장은 백화원 영빈관까지
동승하는 파격적인 모습을 보여주었고
자발적으로 나온 수많은 평양시민의
환호가 너무 커서 옆에 있는 김정일 위원장의
말소리가 들리지 않을 정도였다.

갔습니다. 가는 도중에 수많은 평양시민이 환영인사를 나와서 놀랐고 감격스러웠어요. 그때 김정일 위원장과 내가 무슨 대화를 나눴는지 궁금해하는 사람들이 많이 있었는데, 특별한 대화를 한 것이 없어요. 무엇보다 김정일 위원장을 처음 만났는데, 사전에 의제에 대해서 합의한 것이 없었고 상당히 긴장한 상태였기 때문에 쉽게 대화하기가 어려웠어요. 또 물리적으로도 대화하는 것이 불가능했어요. 평양시민들의 환호소리가 너무 커서 옆에 있는 김정일 위원장과 대화를 하려고 해도 크게 소리를 내지 않으면 들리지 않을 정도였어요. 대화하기 힘든 상황이었지요. 그때 김정일 위원장이 "저 사람들이 모두 자발적으로 나온 겁니다"라고 했는데 그 말만 들을 수 있었습니다.

━ 백화원 영빈관에 도착하셔서 김정일 위원장과 환담을 하셨습니다.

네, 그때 거기서 김정일 위원장과 환담했습니다. 김정일 위원장이 주로 이야기를 했어요. 김정일 위원장이 "김대중 대통령께서 용기 있게 평양을 방문하셔서 이에 감동받은 평양시민들이 이렇게 나와서 열렬히 환영을 한 것입니다"라고 말했습니다. "김대중 대통령께서 이렇게 평양을 방문해주신 것에 대해서 고맙게 생각하고 감개무량합니다"라고 말한 것도 기억납니다. 이날은 특별한 의제를 논의하지는 않았습니다.

━ 평양 방문 기간 중에 김영남 최고인민회의 상임위원장을 만나셔서 여러 대화를 나누셨습니다. 김영남 위원장에 대한 인물평을 부탁드리겠습니다.

김영남 상임위원장은 아주 착실하고 원칙적인 인물이라는 인상을 주는데, 대화를 해보니 실제 그랬습니다. 6월 14일에 내가 김정일 국방위원장과 회담하기 전에 김영남 상임위원장을 만났는데, 김영남 위원장은 평소 북한이 우리에게 하는 말들 있지 않습니까. 가령 '외세' '자주' '국가보안법' 같은 주제에 대해서 내게 이런저런 질문을 하면서 분위기를 탐색하는 듯한 느낌을 주었습니다. 그래서 김정일 위원장과의 회담도 이런 방향으로 흘러가면 상당히 쉽지 않겠다고 생각했습니다.

그런데 김정일 위원장과는 그렇지 않았습니다. 김정일 위원장과의 회담이 끝나고 난 뒤에 생각해보니 김영남 위원장이 나를 먼저 만나서 북한의 전통적인 입장을 강조하는 식으로 일종의 역할분담을 한 것 같다는 생각이 들었습니다.

━ 6월 14일 오후에 김정일 위원장과 4시간여 동안 정상회담을 하셨습니다. 그 결과 6·15 공동선언에 합의하셨는데요. 정상회담 진행과정에 대해서 말씀해주시지요.

그날 내가 했던 모두발언이 김정일 위원장에게 상당히 깊은 인상을 주었을 것으로 생각합니다.

"아무리 높은 자리에 있는 사람도 영원히 살 수는 없습니다. 지금 김정일 위원장과 내가 남북을 대표하는 입장에서 이 자리에 앉아 있는데, 우리가 잘해야 합니다. 우리가 잘못하면 우리 민족이 공멸할 수 있고, 우리가 잘하면 우리 민족은 평화 속에서 함께 번영할 수 있습니다. 지금 우리 민족과 전 세계가 김정일 위원장과 나를 주시하고 있습니다. 이 자리에서 우리가 잘하면 우리 민족의 축복이요, 전 세계의 축복이 될 것입니다. 그리고 우리 후손들이 오늘 이 자리에 있는 우리들을 높이 평가할 것입니다."

나는 이렇게 발언하고, 북한은 남한을 공산화하려는 의사를 포기해야 하고 남한은 북한을 흡수통일하려는 생각을 해서는 안 된다는 점을 강조했어요. 남한은 서독과 같은 경제력을 갖고 있지 않기 때문에 흡수통일할 수 있는 능력이 없다는 점을 설명했습니다. 남북한은 동서독과 달리 전쟁까지 해서 오랜 기간 이질적으로 살아왔기 때문에 급하게 통일하려고 해서는 안 된다는 점도 강조했습니다. 반드시 화해와 협력의 단계를 거쳐야 하기 때문에 평화공존과 평화교류의 단계적인 접근을 통해서 평화통일의 길로 나아가야 한다는 점을 강조했습니다.

그렇게 대화가 본격적으로 진행이 되었지요. 전체적으로 보면 통일방안에 대한 협의를 제일 많이 했습니다. 전체 대화의 3분의 1 정도를 통일문제에 대해서 협의했습니다. 그다음 교류협력 문제, 이산가족 상봉, 김정일 위원장의 서울 답방 등에 대해서 논의를 했습니다.

━ 통일방안이 담긴 6·15 공동선언의 제2항이 나온 과정에 대한 말씀을 부탁드립니다.

내가 모두발언에서 말한 내용에 대해 김정일 위원장도 공감을 한 결과로 볼 수 있습니다. 그래서 남북한이 평화공존과 평화교류를 통해서 단계적인 방식으로 평화통일의 길로 나아간다는 원칙에 합의한 것입니다. 그래서 우리의 연합제와 북한의 낮

은 단계의 연방제에 공통점이 있다는 데에 인식을 같이하고 그
와 같은 방향에서 통일을 하기로 한 것입니다.

— 김정일 위원장이 미군의 역할변경을 전제로 통일 이후에도
미군이 주둔해야 한다는 입장을 밝혔다고 하는데요.

　김정일 위원장과 대화를 해보니 김 위원장은 미국과의 관계
개선을 바라고 있다는 것을 확인할 수 있었습니다. 그러면서 북
한과 미국 사이의 관계 개선이 이뤄져서 주한미군이 북한에 대
한 위협이 되지 않게 되면 주변 강대국으로부터 한민족의 독립
과 안정을 지키기 위해서 통일 이후에도 미군이 한반도에 주둔
하는 것이 필요하다는 입장을 밝혔습니다.

　그때 김정일 위원장은 "우리 주위에는 중국이 있습니다. 러시
아가 있습니다. 일본도 있습니다. 이런 강대국 사이에 끼어 있는
우리의 독립과 안정을 지키기 위해서는 미국이 여기에 있어야
합니다. 다만 우리에게 위협이 되는 관계에서는 곤란하지만 그
렇지 않다면 여기에 있어야 합니다. 통일 이후까지도 있어야 한
다는 것에 동의합니다" 이런 식으로 말을 했습니다. 김정일 위원
장과 대화해보니 이것은 김 위원장의 아주 확고한 입장이라는
것을 알 수 있었습니다.

— 정상회담을 마치고 난 후에 만찬행사를 하셨습니다. 만찬
행사 도중에 합의문이 나왔고 자정이 다 된 시간에 역사적인 남
북공동선언 조인식을 했는데요. 선언문의 날짜를 6월 15일로
하셨습니다. 그 이유는 무엇입니까?

　북한은 6월 15일 12시에 조인식을 하자고 했습니다. 그런데

나는 지금 국내외 언론들이 정상회담 결과에 대해서 엄청난 관심을 갖고 지켜보고 있기 때문에 15일 아침에 보도될 수 있도록 지금 조인식을 해서 언론에 알려야 한다고 설득했어요. 날짜는 6월 15일로 해서 서명을 한 후에 공개하자고 했습니다. 6월 15일로 하면 "6·15"라고 어감도 좋기 때문에 그렇게 하면 좋겠다고 제안했어요. 김정일 위원장도 여기에 동의해서 그렇게 되었습니다.

━ 금수산기념궁전 참배 문제가 해결되지 않은 상태에서 방북하셨는데, 결국 대통령님 뜻대로 참배하지 않기로 되었습니다.

이 문제에 대해서 남북한의 입장이 달랐기 때문에 합의하는 데 어려움이 많았습니다. 임동원 국정원장이 정상회담 전에 특사로 북한에 갔을 때부터 북한은 계속해서 참배를 요구했어요. 우리는 정상회담의 성공이 중요하기 때문에 북한의 요구를 수용하기 어려운 여러 이유를 논리적으로 설명했지만 북한의 입장은 요지부동이었어요.

결국 합의가 되지 않은 상태에서 방북을 하게 되었고 방북 기간 중에도 이 문제로 임동원 국정원장이 북한과 줄다리기를 하면서 우리 측의 입장을 설명하고 북한의 이해를 구하기 위해서 고생을 많이 했습니다. 북한의 요구대로 참배를 하면 아무리 좋은 합의를 하게 되어도 남한에서 참배를 문제 삼아 적극적으로 반대하는 사람들이 나올 텐데, 그러면 합의 이행이 어렵게 되어서 정상회담의 목적인 남북한의 화해협력의 진전이 어려워질 수 있다고 설명했습니다.

북한은 계속해서 김일성 주석에 대한 예의를 갖춰야 한다고 했어요. 나는 고인이 된 김일성 주석이 금수산기념궁전에 참배해서 화해협력이 어렵게 되는 것을 바라겠는지 아니면 참배를 하지 않더라도 남북관계가 실질적으로 발전하는 것을 바라겠는지 생각해보면 좋겠다고 북한 사람들에게 이야기하라고 했습니다. 그리고 북한과 남한의 체제가 다르기 때문에 그러한 사정을 북한이 이해해야 한다고 설명하기도 하는 등 내세울 수 있는 논리는 총동원해서 그야말로 총력설득을 했습니다. 결국 참배를 하지 않기로 해서 다행이었습니다.

━ 대통령님께서는 김정일 위원장과 오랜 시간 회담을 하셨는데요. 실제 만나보신 김정일 위원장은 어떤 사람이었습니까?

내가 전에 김정일 위원장이 상당히 총명한 사람으로 보인다는 평가를 했었는데 일부 보수 인사들이 김정일 위원장을 좋게 평가했다고 나를 비난한 적이 있었습니다. 그런데 실제 만나보니 나의 판단이 옳았어요. 내가 오랜 시간 대화를 나눠보니 김정일 위원장은 총명하고 판단력이 아주 정확해요. 상대방의 이야기를 들어보고 옳다고 판단하면 그 자리에서 바로바로 결정하더라고요. 전체적으로 상당한 리더십을 갖추고 있다는 것을 알 수 있었습니다.

━ 대통령님께서는 대중연설도 그렇고 토론도 그렇고 말씀을 아주 잘하시는 분으로 유명한데, 두 분의 대화 분위기는 어땠습니까?

나는 김정일 위원장이 말을 많이 하도록 분위기를 만들어갔

남북 정상회담 이후 만찬(2000).
김대중은 김정일 위원장과 4시간 동안
정상회담을 했다. 김대중은 이 자리에서
북한은 남한을 공산화하려는 의사를 포기해야
하고 남한은 북한을 흡수통일하려는 생각을
해서는 안 된다는 점을 강조했다.

습니다. 그러면서 김정일 위원장의 이야기를 열심히 들었어요. 아마 전체 대화 중에 70퍼센트는 김정일 위원장이 말을 하고 내가 30퍼센트 정도 이야기를 했을 겁니다. 내가 회담 중에 상대방의 이야기를 경청하는 이유는 회담 성공율을 높이기 위한 나의 전략적 판단과 관련되어 있습니다. 상대방이 대화에 만족감을 느끼면 내 이야기를 더 받아들이게 됩니다. 그래서 중간중간 긍정적인 평가도 하면서 대화 분위기가 좋게 이어질 수 있도록 노력했습니다. 그러면서도 내가 강조하고자 했던 핵심적인 내용은 잊지 않고 기억해두었다가 대화 도중 적절한 순간을 포착해서 자연스럽게 화두를 제시하면서 논의가 이어지도록 했습니다. 그래서 좋은 합의문이 나올 수 있게 되었습니다.

━ 2000년 남북 정상회담과 6·15 공동선언의 역사적 의미에 대해서 어떻게 생각하십니까?

2000년 남북 정상회담과 6·15 공동선언은 남북관계의 패러다임 전환을 가져왔다는 점에서 역사적 의미가 있다고 생각합니다. 해방 이후 우리 민족은 남북으로 분단되어 전쟁까지 하면서 수많은 사람이 희생당했던 비참한 역사를 갖고 있습니다. 정전협정이 체결된 이후에도 전선에서 포성만 멎었을 뿐 남북한의 적대적 대립은 지속되어 전쟁 재발이 우려될 정도의 심각한 충돌이 몇 차례 있었고, 독재정권은 이러한 긴장관계를 자신들의 정권유지를 위한 수단으로 이용하곤 했습니다. 우리 민족은 여전히 불안한 평화, 불안한 안정 속에서 하루하루를 살아가야만 했고 적대적 대립관계 속에서 남북한의 국력이 낭비되는 악순환이 지속되었습니다.

물론 이러한 문제를 해결하기 위해서 1991년 남북기본합의서 등 남북한 사이의 의미 있는 대화와 합의가 몇 차례 있었습니다. 그런데 문제는 이것이 남북관계를 실질적으로 변화시키는 정치적인 힘을 갖지 못했습니다. 왜냐하면 남북 정상이 직접 합의한 것이 아니기 때문에 정치적인 동력을 제대로 확보하지 못한 것입니다. 그래서 2000년 분단 이후 최초의 남북 정상회담과 6·15 공동선언의 역사적 의미가 매우 큰 것입니다.

그전의 합의는 합의한 이후 바로 깨진 경우도 있었고, 흐지부지되는 경우도 있는 등 남북관계의 실질적인 변화를 이끌어 내는 데에 한계가 있었지요. 6·15 공동선언은 이전과 이후의 남북관계 패러다임이 바뀌었다는 평가가 나올 정도로 첫 남북 정상회담은 결정적인 변화의 계기가 되었습니다.

그다음으로 민족자주의 측면에서 중요한 의미가 있다고 생각합니다. 2000년 남북 정상회담과 6·15 공동선언은 우리 민족이 스스로의 결단과 실천을 통해서 만들어낸 역사적인 일이라는 점에서 매우 큰 의미가 있습니다. 그동안 반목과 대립을 해온 우리 민족이 스스로 문제해결을 위한 행동에 나서서 좋은 결과를 만들어낸 것은 역사적인 의미가 깊습니다.

남북관계의 새로운 시대가 열리다

— 6·15 공동선언 이후 남북한의 신뢰회복 조치 등이 이뤄졌습

니다.

김정일 위원장이 6월 15일 6·15 공동선언을 축하하는 오찬 자리에서 대남 비방을 중지하라는 지시를 했어요. 그 자리에서요. 우리도 서울로 돌아와서 16일에 같은 조치를 취했습니다. 이것이 첫 번째 조치였어요.

중요한 것은 핫라인 설치였습니다. 그전에는 베이징에서 만나거나 제3자를 통하는 등 의사소통에 어려움이 있었어요. 급한 일이 있을 때나 상호 간에 빠른 의사소통이 필요할 때 대처하기가 어렵고 괜한 불신이 발생할 수도 있는 등 문제가 많아서 핫라인을 설치하기로 합의하여 평양에 다녀온 후 얼마 지나지 않아 개통했습니다. 핫라인은 북한과의 소통에 큰 도움이 되었습니다.

➖ 현대그룹과 북한은 개성에 공단을 건설하기로 했습니다.

현대그룹과 북한은 경협문제에 대해 논의하고 있었는데요. 정상회담 후인 6월 말에 정주영 회장이 방북해서 원산에서 김정일 위원장을 만났습니다. 그 자리에서 김정일 위원장이 개성에 공단을 건설하자고 해서 그렇게 결정된 것입니다. 개성은 북한의 군사적 요충지였기 때문에 남북경협에 대한 북한의 의지를 확인할 수 있는 근거가 되기도 했어요.

➖ 2000년 9월 15일 시드니 올림픽 개막식에서 남북한 선수단이 한반도기를 들고 동시에 입장해서 전 세계에 큰 감동을 주었습니다. 이는 최초로 이뤄진 일이었습니다.

내가 북한에 제안했고 북한이 수용해서 이뤄지게 된 것입니다. 6월의 남북 정상회담과 9월 시드니 올림픽 개막식 때 남북한 선수단이 한반도기를 들고 공동 입장한 것은 전 세계에 남북한 화해와 협력의 시대를 알리는 결정적인 사건으로서 매우 강렬한 인상을 주었다고 할 수 있습니다.

━ 6·15 공동선언의 제3항을 보면 "남과 북은 올해 8·15에 즈음하여 흩어진 가족, 친척 방문단을 교환하며 비전향 장기수 문제를 해결하는 등 인도적 문제를 조속히 풀어나가기로 했다"는 내용이 있습니다. 그리고 2000년 8월에 이산가족 상봉이 이뤄졌습니다.

지난번에도 말했지만 나는 남북 정상회담에서 이산가족 상봉에 합의해야 한다고 생각했습니다. 연세가 많은 분들이 계속해서 세상을 떠나고 있었기 때문에 시급하게 해결해야 했어요. 결국 합의에 이르러서 다행이라고 생각했습니다. 상봉이 이뤄질 때는 너무나 감격적이었습니다. 수십 년 동안 부모형제와 떨어져서 살아온 그분들의 한에 많은 사람이 공감해서 다들 눈물바다였어요. 노르웨이 보네비크 총리가 그때 야당 당수였는데 서울에서 그 광경을 보고 자신도 감격의 눈물을 흘렸다고 했을 정도였습니다. 나는 이때 일을 보고 더 많은 이산가족의 상봉, 서신교환, 더 나아가 고향방문까지 이뤄질 수 있도록 해야겠다고 생각했습니다.

그때 의미가 있었던 것은 과거에 이산가족이라고 하면 북쪽에서 내려온 실향민들을 생각했는데 남쪽에서 북쪽으로 월북한 경우도 포함되어 있었다는 점이었어요. 북한에서 이들을 선발

했고 결국 상봉하게 되었습니다. 과거에는 연좌제니 뭐니 해서 여러모로 고생을 해서 이분들이 자신의 처지를 노출하지 않고 숨기는 경우가 많았는데, 이제는 그러한 한계를 극복했다는 것을 보여주었습니다. 그만큼 우리 사회가 민주적으로 발전하고 성숙해간다는 것을 보여주었다는 점에서 중요한 의미가 있습니다.

━ 6·15 공동선언에 의해서 2000년 9월 2일에 비전향 장기수 63명을 북한으로 송환하셨습니다. 대통령님께서 비전향 장기수 송환에 합의하신 이유는 무엇이었습니까?

비전향 장기수들은 북한을 자기들의 나라라고 생각하고 북한으로 가겠다는 사람들이기 때문에 우리가 그들을 계속 붙잡고 있는 것은 인도적으로 볼 때도 바람직하지 않다고 생각했습니다. 이 문제를 해결하지 않으면 민주인권국가로서 우리나라의 위상에 도움이 되지 않는다고 판단했습니다. 또한 남북관계 개선에 좋은 계기가 될 수 있기 때문에 비전향 장기수의 송환을 결단한 것입니다.

━ 2000년 9월 18일 임진각에서 경의선 기공식이 있었습니다. 대통령님께서는 남북 철도연결의 중요성을 강조하셨습니다.

경의선 연결은 남북의 교류확대에 결정적이고 상징적인 사건이라고 판단했기 때문에 매우 중시했습니다. 우리나라를 보통 반도국가라고 이야기하는데, 그것은 남북한 전체를 놓고 볼 때 그런 것이고 대한민국만 보면 비륙비도(非陸非島)입니다. 섬나라는 아닌데 그렇다고 대륙과 연결된 것도 아닌 상황입니다.

북한과 단절되어 있다 보니 우리는 대륙을 아주 멀리 떨어진 공간으로 인식했고 그에 따라 국가발전의 비전과 상상력을 갖지 못했습니다.

이러한 문제점을 해결하는 데에 있어서 가장 필요한 것이 철도연결이었어요. 중국대륙과 시베리아를 통해서 중앙아시아, 유럽까지 철도가 이어지면 부산과 목포에서 유럽대륙까지 갈 수 있는 철의 실크로드가 탄생하게 됩니다. 그러면 우리의 경제발전뿐만 아니라 북한에게도 도움이 되어서 남북한이 함께 이익을 낼 수 있습니다. 철도가 연결되어 물자와 사람이 이동하면 국가 간, 민족 간의 이해와 이익의 접점들이 늘어나면서 이 지역의 평화와 안정에도 크게 기여하게 됩니다. 그래서 나는 남북 철도연결을 매우 중시했던 것입니다.

━ 2000년 9월 11일 북한의 김용순 특사가 방문했습니다. 그이후에 북한의 김일철 인민무력부장이 9월 24일 남북 국방장관 회담을 위해서 방한했습니다. 1차 남북 국방장관 회담이 제주도에서 개최되었고, 대통령님께서는 9월 26일 청와대에서 김일철 부장을 만나셨습니다. 조성태 국방부 장관과 김일철 인민무력부장의 회담은 분단 이후 최초의 남북 국방장관 회담이라는 점에서 의미가 컸다고 생각됩니다. 북한의 인민무력부장이 청와대로 대통령님을 예방한 것도 큰 의미가 있다고 생각됩니다.

남북 화해협력 시대의 개막을 상징하는 또 하나의 역사적인 순간이었다고 생각합니다. 김일철 부장이 청와대에 왔었을 때 기분이 좋았습니다. 남북교류가 활성화되기 위해서 남북 국방장관 회담은 필수였어요. 철도와 도로 연결, 이와 관련된 지뢰 제거 작업 등 남북한의 군대가 협의해야 할 일들이 하나둘이 아니었습니다. 그래서 1차 남북 국방장관 회담은 교류발전에 매우 중요한 의미를 갖습니다.

클린턴 대통령의 방북 무산

▬ 대통령님께서는 남북 정상회담을 추진하시면서 미국과 긴밀하게 공조하셨고 정보도 공유하셨습니다. 그 이유는 무엇입니까?

미국에게 북한과 논의한 내용을 전부 설명해주었습니다. 나는 처음부터 미국에게 숨소리까지 다 이야기해준다는 생각으로 미국과의 공조를 중요하게 생각했습니다. 그렇게 해야 미국 정부의 협조를 얻는 데에 도움이 되기 때문입니다. 미국이 남북회담을 지지해야 성공 가능성이 높아지니 이 점을 중시했습니다. 미국 내에서 남북한 사이의 대화와 협상에 의구심을 갖는 사람들의 문제제기와 비난을 막는 데에 도움이 되었기 때문입니다.

혹자는 우리가 북한과 관련된 내용을 미국과 철저하게 공유하면 북한이 꺼릴 수도 있다는 진단을 내놓기도 했는데, 그것은 잘 모르고 하는 소리입니다. 북한은 미국과의 관계 개선을 간절히 원하고 있었기 때문에 한·미공조가 잘되고 있는 상황에서 남북관계가 개선되는 것을 원해요. 그래야 한국 정부가 북·미관계 개선에 도움을 줄 수 있기 때문입니다.

— 남북 정상회담 이후 북·미관계 개선을 위해서 대통령님께서는 적극적인 대미외교를 전개하셨습니다.

남북관계가 근본적으로 발전하기 위해서는 북·미관계 개선이 필수적이었습니다. 남북한 사이의 여러 문제를 해결하기 위해서는 민족 내부의 노력뿐만 아니라 국제적인 협력도 필요합니다. 이러한 국제적인 협력에서 제일 중요한 나라는 역시 미국입니다. 미국의 협력을 얻어내야 합니다. 북한과 미국은 적대관계에 있기 때문에 해결해야 할 일도 많았습니다. 그래서 우리는 북·미관계 정상화가 이뤄질 수 있도록 적극적으로 나선 것입니다. 북한도 미국과의 관계 정상화를 원하고 있었고 미국도 북한과 진행 중인 미사일협상이 타결되면 북한과의 관계 정상화를 하려고 했습니다.

— 2000년 10월 9일부터 12일까지 북한의 조명록 국방위원회 제1부위원장이 특사로 미국 워싱턴을 방문해서 클린턴 대통령에게 김정일 위원장의 친서를 전달했습니다. 친서에서 김정일 위원장은 클린턴 대통령의 방북을 초청했습니다. 미국은 이에 호응해서 클린턴 대통령의 방북 준비 차원에서 올브라이트 국무장관이 10월 23일부터 25일까지 평양을 방문했습니다. 대통령님께서는 올브라이트 장관이 서울에 왔을 때 만나셨는데 어떤 대화를 나누셨습니까?

그때 김정일 위원장이 올브라이트 장관에게 미국이 북한과의 관계를 정상화하면 미국이 우려하는 사안을 해결할 용의가 있다고 말했다고 들었습니다. 내가 올브라이트 장관에게 김정일 위원장을 만나본 소감에 대해서 질문을 했었는데요. 내가 김정일 위원장에 대해서 평가한 내용과 아주 비슷했어요. "머리가 총명하고 대화하다가 상대방의 주장에 납득이 되는 내용이 있으면 즉각 수용하기도 하는 모습을 보여줍니다. 그가 독재자인 것은 맞지만 대화가 되는 상대라는 느낌을 받았습니다"라고 말했습니다. 그때 대화해보니 올브라이트 장관은 방북 결과에 대해 만족하는 입장이었습니다.

■ 조명록 특사의 방미와 올브라이트 장관의 방북을 통해서 북·미관계 정상화에 대한 기대감이 높아졌습니다. 그래서 클린턴 대통령의 방북이 성사되면 한반도 냉전이 끝나고 한반도와 동북아 지역의 새로운 역사가 전개될 것이라는 예측이 나왔습니다. 그러나 미국 대선에서 부시 후보가 당선되고 그 이후 여러 일들이 발생하면서 결국 방북이 무산되었습니다.

굉장히 아쉽지요. 지금도 그때 일을 생각하면 너무 아쉽고 안타까워서 참으로 답답한 심정입니다. 어떤 사람들은 클린턴 대통령이 임기 말이 되어서 방북을 하지 못했다고 하는데 그렇지 않습니다. 클린턴 대통령은 자신의 임기가 언제까지인지 다 알고 방북을 추진했던 것입니다. 방북을 해서 미사일협상을 타결하고 북한과 관계를 정상화하려고 했어요.

그런데 그때 클린턴 대통령이 팔레스타인과 이스라엘 사이에 중동 평화협상을 중재하고 있었어요. 팔레스타인의 아라파트 의장이 클린턴 대통령에게 중동 평화협상 타결이 시급하니 워싱턴에 머물러달라고 호소했어요. 그러면서 아라파트 의장은 협상타결을 위해서 자신도 협조하겠다는 뜻을 밝혔다고 해요. 중동 평화협상은 클린턴 대통령이 오랜 기간 관심을 갖고 노력한 일이었어요. 클린턴 대통령은 고민 끝에 아라파트 의장의 요청을 수락했어요. 김정일 위원장에게 메시지를 보내서 상황을 설명하고 미국에서 정상회담을 하자는 제안을 했습니다. 그런데 북한이 이것을 거절했어요. 북·미 정상회담이 성사 직전에 무산되었지요.

그런데 중동 평화협상의 경우 아라파트 의장이 협조하겠다는 약속을 지키지 않으면서 결국 협상타결에 실패했어요. 클린턴 대통령은 둘 다 놓쳐버리게 된 것입니다. 나중에 들어보니 클린턴 대통령이 아라파트 의장에 대해서 상당히 좋지 않게 생각하고 있더라고요.

북한과의 협상을 마무리하지 못하게 되자 클린턴 대통령은 부시 당선자에게 북한과의 협상 진행에 대해서 설명하면서 부시 당선자의 의향을 물어보았다고 합니다. 여기에 대해서 부시 당선자는 "당신 임기 중의 일은 당신이 알아서 하는 것이다"라는 식으로 답을 해서 사실상 북한과의 협상에 대해 부정적인 견해를 밝혔다고 합니다. 그렇게 해서 클린턴 대통령의 방북이 무산된 것입니다.

▬ 참으로 아쉬운 순간이었습니다.

그렇습니다. 정말로 아쉽고 안타까운 순간이었어요. 클린턴 대통령도 이때 일을 아쉽게 생각하고 있어요. 클린턴 대통령과 지난번 방한 때 이 이야기도 나왔는데요. 자신의 임기가 1년만 더 남아 있었으면 나와 함께 북한과의 협상도 마무리해서 관계 정상화를 이루고 한반도의 새로운 시대를 개척할 수 있었는데 그렇게 하지 못해서 아쉽다고 말했습니다. 그러한 역사적인 기회가 쉽게 오는 것이 아닌데 안타깝습니다. 지금도 그때 일을 생각하면 매우 아쉽고 답답해요.

부시 대통령의 도라산역 방문

━ 2001년 1월 미국의 부시 행정부가 출범했습니다. 대통령님께서는 3월 6일부터 10일까지 미국을 방문하셔서 부시 대통령과 한·미 정상회담을 하셨습니다. 안타깝게도 이때 부시 대통령으로부터 햇볕정책에 대한 지지를 얻는 데에 성공하지 못했습니다.

부시 행정부 내에 온건 대화파인 콜린 파월 국무장관이 있었지만 그 외 주요 인사들은 강경파 네오콘이 많았습니다. 체니 부통령, 럼즈펠드 국방부 장관 등이 대표적인 인물이었지요. 네오콘은 미사일방어체제(MD)를 구축하기 위한 명분과 근거로 북한의 미사일 개발을 거론하고 있었습니다. 그래서 클린턴 행정부가 북한과 진행한 협상에 부정적인 태도를 취했던 것입니다. 부시 대통령은 이때 네오콘의 입장을 지지하고 있었어요.

내가 미국에 가서 파월 국무장관을 먼저 만났었는데, 파월 장관은 햇볕정책에 대한 지지의사를 밝혔고 클린턴 행정부 시기 북한과 이뤄놓은 합의에 기반해서 남은 문제를 해결하겠다는 뜻을 밝혔어요. 그래서 나는 부시 대통령과의 회담에 크게 걱정하지 않고 갔던 것입니다.

그런데 기자회견 자리에서 부시 대통령이 북한에 대해서 부정적인 말을 하고 나에게도 상당히 무례한 표현을 썼어요. 나는 이런 일이 있을 것이라고는 전혀 생각하지 못해서 겉으로 표현하지는 않았지만 속으로 상당히 놀랐습니다. 기자회견 도중 심란하기는 했지만 이내 마음을 다잡고 '내가 반드시 상황을 돌려놓겠다'는 다짐을 하고 기자회견을 마쳤어요.

그 뒤에 이어진 미국 주요 인사들과의 일정을 보내면서 나는 햇볕정책의 필요성을 지속적으로 강조했고 많은 동의를 얻어냈습니다. 나는 부시 대통령의 아버지 부시 전 대통령에게 전화를 했어요. 이미 부시 대통령과의 정상회담 내용과 분위기에 대해서 알고 있더라고요. 부시 전 대통령은 "결국 북한과 대화를 해서 문제를 해결하게 될 것이다. 나도 협조하겠다. 너무 낙담하지 말기를 바란다"라는 말을 내게 했습니다. 그렇게 미국 방문 일정을 마무리했습니다.

귀국하는 비행기에서 여러 생각이 들었는데요. 북·미관계 정상화에 큰 어려움이 발생할 수 있을 것 같다는 생각에 착잡한 심정이었습니다. 그와 함께 상황이 악화되는 것을 막고 북·미관계 정상화가 이뤄질 수 있도록 최선의 노력을 다해야겠다는 다짐도 하게 되었습니다.

━ 대통령님께서 부시 행정부를 상대로 계속해서 노력을 하셨는데 그해 가을 9·11 테러가 발생하면서 미국을 포함한 전 세

계가 엄청난 충격을 받게 되었습니다. 미국 내에서 강경한 여론이 형성되었는데요. 이러한 분위기에서 부시 대통령이 2002년 1월에 북한을 '악의 축'의 하나로 지목하면서 큰 파장이 발생했습니다.

2001년 3월 정상회담 이후 우리는 여러 노력을 했습니다. 그래서 북·미관계가 악화되는 것은 막을 수 있었는데요. 다만 대화 재개에는 이르지 못한 상태였습니다. 일종의 교착상태였지요. 그런 상황에서 9·11 테러가 발생했습니다. 네오콘은 이 사태를 명분 삼아 자신들이 평소 생각했던 강경한 대외노선을 내세우면서 9·11 테러와 무관한 북한을 악의 축이라고 지목했습니다. 이렇게 자극해서 북한이 반발하면 미사일방어체제(MD) 구축 등의 명분으로 삼으려고 했던 것으로 볼 수 있습니다. 나는 이때 상당히 충격을 받았어요. 대화 재개를 위한 계기를 마련하기 위해 여러 구상도 하고 노력도 하고 있었는데, 이렇게 되면 물거품이 될 수 있기 때문에 앞날이 우려스러웠습니다.

나는 2002년 2월에 서울에서 하기로 한 부시 대통령과의 정상회담에서 상황을 반전시켜야 한다고 판단하고 정상회담 준비에 총력을 다했습니다. 그렇게 부시 대통령과의 정상회담을 하게 되었는데요. 1시간 30여 분 동안 부시 대통령과 단독회담을 하면서 부시 대통령을 설득하기 위해서 젖 먹던 힘까지 다했습니다. 다행히 그날 대화가 잘되었어요. 원래 반은 단독회담을 하고 반은 장관들까지 함께 회담하는 것으로 했었는데, 부시 대통령이 나와의 대화에 관심을 갖고 경청하더니 남은 시간을 모두 나와 단독회담으로 하는 것이 좋겠다고 제안해서 그렇게 진행되었습니다.

그때 나는 부시 대통령에게 "대화는 상대가 좋든 싫든 필요하면 하는 것이다. 6·25 전쟁 때도 미국은 정전협정을 하기 위해서 북한과 대화했다. 레이건 대통령은 소련을 악마의 제국이라고 했지만 그런 소련과 대화를 해서 소련의 개혁개방을 이끌어내는 데에 성공했고 결국 소련이 해체되었다. 그런 역사가 있는데 북한과 대화를 하지 않는 것은 바람직하지 않다. 북한은 미국과의 관계 개선을 열망하기 때문에 북한과 대화해서 협상하면 북한을 개혁개방의 길로 이끌 수 있다. 이것이 미국에게도 이익이 된다"고 설득했고 부시 대통령이 드디어 내 말에 공감을 표시했어요. 설득이 된 것입니다.

부시 대통령이 "북한을 공격하지 않겠다. 레이건 대통령은 소련을 악마의 제국이라고 했지만 소련과 대화했듯이 나도 북한과 대화하겠다"는 내용으로 기자회견을 했어요. 그전의 강경한 입장에서 완전히 바뀌게 된 것입니다. 나중에 만찬 때 부시 대통령이 나에게 다가와서 "당신이 내게 한 레이건 대통령 이야기를 기자회견 때 내가 사용했다"면서 웃더라고요. 나도 함께 웃었습니다. 그때 비로소 부시 대통령이 나를 인정하기 시작한 것입니다.

나중에 전해 들으니 부시 대통령이 주변 사람들에게 나에 대해서 "나는 그를 존경한다"(I admire him)고 말했다고 합니다. 나에 대한 태도가 완전히 바뀌었습니다. 이후에는 2001년 3월 위싱턴 첫 정상회담에서 나에게 무례하게 했던 것에 대해서 사과하기도 했습니다. 이날 정상회담은 내게도 특별한 경험이었습니다. 내가 이제까지 수많은 사람을 만나서 대화하고 설득한 경험이 있는데, 이때가 제일 힘들었고 또 가장 극적으로 성공한 경우였다고 생각합니다.

ㅡ 정상회담을 하시고 난 후에 도라산역에 같이 가셨습니다. 그곳에서 부시 대통령은 침목에다 친필로 글을 쓰기도 했습니다. 이 이벤트는 좋은 아이디어였는데 어떻게 기획된 것입니까?

우리가 기획했고 미국이 호응해서 이뤄졌습니다. 미국의 대통령이 방한하면 전방부대를 방문하여 한국에 대한 미국의 방위 의지를 보여주는 것이 관례였어요. 이때 임동원 특보가 평화 이벤트를 제안했는데 아주 좋은 생각이라고 판단해서 추진하라고 했습니다. 끊긴 철도와 도로를 연결하는 현장을 보여주자는 취지였어요. 미국이 처음에는 미온적인 반응을 보였지만 나중에는 호응했습니다. 부시 대통령이 최종적으로 승인했기 때문에 가능했다고 할 수 있습니다.

부시 대통령과 함께 도라산역으로 갔습니다. 그때 부시 대통령이 철도 침목에 "이 철길로 이산가족들이 재결합하기를"(May this railroad unite Korean families!)이라고 썼어요. 정상회담의 분위기가 도라산역에까지 이어진 것입니다.

ㅡ 부시 대통령과의 만찬 때도 분위기가 좋았다고 합니다.

부시 대통령이 그날의 회담과 도라산역 이벤트 등을 언급하면서 유익했고 감동받았다는 내용의 이야기를 했어요. 그렇게

부시 미국 대통령과 함께 도라산역에서(2002).
2002년 2월 부시 대통령과 정상회담 후
도라산역을 방문했다. 임동원 특보가 제안한
이 평화 이벤트는 끊긴 철도와 도로를 연결하는
현장을 보여주자는 취지였다.
부시 대통령은 철도 침목에 "이 철길로
이산가족들이 재결합하기를"이라고 썼다.

좋은 분위기가 이어졌고 자연스럽게 대화하면서 만찬을 진행하다가 종교 이야기가 나왔어요. 부시 대통령이 부인과 함께 감리교 신자라고 하면서 나와 아내의 종교에 대해서 물었습니다. 나는 가톨릭이고 아내는 감리교라고 하니, 부시 대통령이 "집에서 종교전쟁이 발생하지 않습니까"라는 조크를 해서 함께 웃기도 했습니다. 부시 대통령은 내 아내가 감리교 신자라고 하니 좋아했어요.

부시 대통령이 독실한 감리교 신자라는 것을 알게 되어서 내가 산업혁명 이후 영국 감리교의 역할에 대해서 설명을 했어요. 이런 내용이었습니다.

"산업혁명 이후 농촌에서 토지를 빼앗긴 농민들이 도시로 몰려들어서 어렵게 살고 있었는데, 생활 여건이 너무 열악하다 보니 폭동이 일어나기 직전이었습니다. 그런데 영국의 성공회는 왕족과 귀족들의 종교로서 일반 대중들이 겪는 현실에 다가가지 못하고 외면하는 상황이었습니다. 이때 존 웨슬리 형제가 감리교를 창시하고 가난하고 힘든 사람들에게 다가가서 그들을 위로하고 정신적인 안정을 주었습니다. 덕분에 평화적으로 사태를 해결할 수 있었습니다. 대통령께서 믿는 감리교가 이렇게 위대한 일을 했습니다."

내가 이렇게 감리교의 역사에 대해 설명했더니 부시 대통령이 놀랍다는 표정으로 나를 바라보았습니다. 그러면서 나를 더욱 친밀하게 대했어요. 이렇게 그날 회담, 도라산역 이벤트, 만찬에서의 감리교 이야기 등을 통해서 부시 대통령은 나를 높이 평가하고 나에게 호의를 베풀었습니다. 그날 하루 긴장도 많이 했는데 큰 성공을 거두어서 나도 기쁘고 보람 있었습니다.

▬ 북한과의 대화 재개를 위해서 4월에 임동원 특보를 북한에 특사로 파견하셨습니다.

2001년 3월 워싱턴에서 부시 대통령과의 정상회담 이후 남북관계, 북·미관계 모두 정체된 상태였습니다. 그동안 나는 상황을 타개하기 위해서 노력했고 북·미관계가 악화될 수 있는 위기 상황에서 2002년 2월 정상회담을 통해 반전의 계기를 마련했던 것입니다.

그래서 임동원 특보를 북한에 특사로 보내서 상황을 설명하고 김정일 위원장의 서울답방을 제의했습니다. 일본과의 관계개선에 관해서도 여러 조언을 했습니다. 전반적으로 논의가 잘 이뤄져서 남북관계를 포함해서 한반도 주변정세가 다시 활기를 띠기 시작했던 것입니다.

▬ 김정일 국방위원장의 서울답방이 이뤄지지 못했습니다.

아쉬운 일이었습니다. 그때 김정일 위원장은 두 가지 이유로 서울에 오기 힘들다고 했어요. 하나는 부시 대통령이 북한에 대해서 적대적인 태도를 취하고 있는 상황에서 주한미군이 있는 남한에 가기 힘들다고 했습니다. 그러면서 고어가 당선되었으면 2001년 봄에 답방을 하려고 했다고 말했습니다.

그다음으로 남한의 보수세력들이 답방을 결사적으로 반대하면서 조직적인 행동을 하기 때문에 참모들이 서울에 가는 것을 적극적으로 반대한다고 말했습니다. 그러면서 대안으로 러시아

이르쿠츠크에서 정상회담 하는 것을 제안했습니다. 그때 푸틴 러시아 대통령을 함께 보는 것도 좋을 것 같다면서 러시아에서 2차 정상회담을 제안했어요. 러시아 정부가 러시아 지역에서 남북 정상회담 하는 것을 주선하고 싶다는 뜻을 우리 정부에 전해 오기도 했습니다.

━ 결국 러시아에서 2차 정상회담이 개최되지 않았는데요. 그 이유는 무엇입니까?

우리가 제안을 거절하기로 했어요. 우리는 김정일 위원장이 서울에 오기 힘들다고 하면 제주도나 휴전선 바로 아래 있는 남쪽의 도라산이나 판문점 등 여하간 남쪽 지역에서 정상회담을 하는 것이 필요하다는 입장을 일관되게 유지했습니다. 이것이 남북관계의 지속적인 발전을 위해서 필요하다고 판단했기 때문입니다. 그런데 북한은 이러한 우리의 제안을 거절했습니다. 그래서 결국 내 임기 동안 2차 정상회담은 최종적으로 무산된 것입니다. 안타까운 일이었어요.

━ 2002년 9월 고이즈미 준이치로 일본 총리가 평양을 방문해서 김정일 국방위원장과 북·일 정상회담을 하고 평양선언을 했습니다. 이는 동북아평화에 있어 매우 중요한 의미를 갖는데요. 대통령님께서 북·일 정상회담 성사를 위해 여러 노력을 하신 것으로 알고 있습니다.

내가 2002년 4월 임동원 특사를 북한에 보냈을 때 김정일 위원장에게 일본과 관련해서 조언을 했습니다. 일본과 관계를 개선해서 식민통치에 대한 배상금을 받으면 북한의 경제발전에 큰 도움이 되기 때문에 일본 정부가 중시하는 납치자 문제 해결에 전향적 태도가 필요하다는 점을 설명했습니다. 그래서 김정일 위원장이 일본과의 적십자회담을 통해서 해결방안을 모색해 보겠다는 뜻을 밝혔어요.

일본의 고이즈미 총리에게는 북한이 일본과 관계 개선하려는 뜻을 갖고 있으니 이번 기회를 놓치지 말고 북한과의 협상에 적극적으로 나서면 좋을 것 같다고 조언했어요. 일본은 북한과 관계 정상화를 하면 동북아 지역에서 일본의 외교역량을 강화시킬 수 있기 때문에 관심을 갖고 있었습니다. 북한과 일본이 정상회담을 하는 데에 내가 도움을 주었습니다.

— 이러한 상황에서 2002년 10월 미국의 제임스 켈리 특사가 방북했는데요. 북한의 고농축우라늄 문제가 불거지면서 분위기가 급변했습니다.

부시 대통령이 전화를 해서 켈리 차관보를 북한에 특사로 보낸다고 했어요. 그때만 해도 분위기가 나쁘다는 것을 알 수가 없는 상태였어요. 켈리 차관보가 10월 초에 왔는데, 그는 북한의 고농축우라늄 계획에 대해서 설명하면서 이 문제를 지적하기 위해 북한에 간다고 해서 깜짝 놀랐습니다.

켈리 차관보가 북한을 방문해서 이 문제를 제기하니 북한은 반발했고, 더한 것도 가질 수 있다고 하면서 강대강으로 대응했습니다. 이것을 미국은 북한이 시인했다고 해석했는데 우리는 미국과 다른 한국식 표현법에 대해 설명하면서 감정적으로 일부러 그렇게 했을 수도 있으니 단정하지 말고 차분하게 대응하자고 했어요. 그러나 미국은 틀림없다는 식으로 나왔습니다. 북한은 이에 강하게 반발했고 결국 파국으로 향했던 것입니다.

━ 파국을 막기 위해서 대통령님께서는 북한과 미국을 상대로 많은 노력을 기울이셨습니다.

이 부분은 잘 알려지지 않았는데, 파국을 막기 위해서 정말 총력외교를 펼쳤습니다. 이 내용이 제대로 정리되어서 많이 알려지면 좋겠습니다. 미국의 네오콘들은 북한이 1994년 제네바합의를 파기했다고 주장했고 제네바합의를 근거로 이뤄지고 있던 북한에 대한 중유지원을 중단했습니다. 북한은 중유지원 중단에 반발해서 미국이 제네바합의를 파기했다고 주장했고 핵시설 재가동 선언을 하고 국제원자력기구 감시단을 추방했어요. 2003년 1월에 NPT 탈퇴를 선언해서 2차 북핵위기가 본격화된 것입니다.

그때 부시 행정부 내에서 협상파인 파월 국무장관과는 논의가 잘되었는데, 네오콘들이 결정적인 국면마다 계속 방해해서 방향을 틀었습니다. 한반도 문제에 있어서 네오콘들의 영향력이 강했고 이 사람들은 이념적이든 이해관계에 의해서든 북한에 대한 부정적인 인식이 아주 확고했어요. 이들을 설득하는 것은 어려운 일이었습니다. 내가 2003년 1월에 임동원 특보를 북한에 특사로 보내서 북한을 설득하려고 했지만 강대강 대응 기조로 나와서 결국 2차 북핵위기를 막지 못했습니다. 결국 6자회담으로 넘어가게 된 이유입니다.

━ 부시 대통령은 어떤 입장이었습니까?

부시 대통령이 2002년 2월 서울에서 나와 정상회담을 한 이후 나를 존중했고 햇볕정책에 대해서 이해하는 입장을 나타내기 시작했어요. 분명 긍정적으로 변했는데요. 다만 부시 대통령은 기본적으로 중동에 관심이 많았고 한반도에 대한 관심은 적었어요. 그런 상황에서 한반도 문제는 체니 부통령, 럼즈펠드 국방부 장관 등의 네오콘이 주도하게 된 것입니다. 이들이 미국의 대외노선 특히 대북정책을 주도하면서 사태가 악화된 것입니다.

한강의 기적에서 압록강의 기적으로

▬ 일부 보수 진영에서는 대통령님의 햇볕정책을 '퍼주기'라고 비판하는 경우가 있습니다. 여기에 대해서 어떻게 생각하십니까?

이것은 세 가지 이유에서 말이 안 되는 소리입니다. 먼저 북한에 대한 지원은 남한에 대한 북한 주민들의 인식 개선에 크게 기여합니다. 북한 사람들도 우리가 지원하는 것을 다 압니다. 가령, 우리가 지원한 쌀과 비료에서 나오는 포대의 숫자가 어마어마합니다. 그 포대로 북한 주민들이 가방도 만들고 옷도 만들고 유리창 깨진 곳에 붙여 바람막이용으로도 쓰고 있어요. 북한 당국은 자신들이 못 해주니까 그것을 막지 못하는 거예요. 그렇게 하니 우리 남한에 대한 인식이 확 바뀌었어요. 그동안 북한 정권은 남한이 미국에 착취당해서 비참한 생활을 한다고 선전했는데 이제 북한 주민들이 그런 말을 믿지 않게 되었어요. 이것이 우리에게 얼마나 큰 도움이 됩니까.

북한에 진출하면 우리도 경제적으로 큰 혜택을 보게 됩니다. 북한 주민들은 우리와 말이 통하면서도 평균적으로 보면 교육 수준이 높고 근로태도도 우수합니다. 그래서 남북경협을 하면 우리 기업이 큰 도움을 받습니다. 북한 주민들도 도움을 받게 되니 서로 윈윈입니다. 앞으로 개성공단이 더 나오면 남북한이 함께 얻는 이익이 얼마나 많겠습니까. 한강의 기적에서 압록강의 기적이 나올 수 있는 것이에요. 이것은 완전히 '퍼오기'가 되는 것입니다.

정서적으로 보면 남북한은 결국 통일을 해야 하는 한민족인데요. 더 잘사는 우리가 못사는 북한을 돕는 것은 민족적인 양심으로 봐도 가능한 일입니다. 동서독의 경우를 보면 서독이 동독에 대해서 엄청나게 도움을 주었어요. 지금 우리가 하는 것보다 훨씬 더 많은 지원을 했습니다. 그렇게 볼 때 퍼주기라는 말은 잘못된 것이고 악의적인 주장에 불과합니다.

━ 2002년 6월 29일 제2연평해전이 발생했습니다. 이때는 1차 때와 달리 우리 군도 큰 피해를 당했습니다.

당시 상황을 정확하게 정리할 필요가 있습니다. 이때 우리 고속정이 북한군의 공격을 받아 큰 피해를 받은 것은 우리 군의 작전 미스와 관련되어 있었어요. 우리 참수리 고속정이 NLL 근처까지 갔을 때 뒤의 함정이 엄호를 했어야 했는데 그것이 없었어요. 북한군은 3년 전 제1연평해전 때 당한 치욕을 보복하기 위해서 기회를 엿보고 있었는데 자기들 레이더로 보니 참수리 고속정을 엄호하는 함정들이 없는 것을 보고 공격했던 것입니다.

우리 고속정이 열심히 잘 싸웠지만 중과부적으로 안타깝게도 피해가 발생했습니다. 보고를 받은 나는 군의 책임자에게 어떻게 엄호하지 않고 고속정만 보낼 수 있냐고 크게 질책했어요. 우리 군이 공격을 받아서 피해가 발생한 데에는 그런 배경이 있었습니다.

교전이 있고 난 다음에 북한이 핫라인을 통해서 사건 경과에 대해 설명하고 유감 표명과 함께 확전을 원하지 않는다는 내용의 통지문을 보냈습니다. 북한은 이번 도발이 상부의 지시에 의한 것이 아니라 현지 부대가 우발적으로 일으킨 일이라는 점을 강조하면서 사태 악화를 원하지 않는다는 입장을 밝혔습니다.

우리는 핫라인을 통해서 북한에 공개적인 사과를 요구했습니다. 북한은 이를 받아들여서 7월 25일에 통일부 장관 앞으로 전통문을 보내서 정식으로 유감의 뜻을 표명했던 것입니다. 이것은 북한이 분단 이후 우리 정부에 보낸 최초의 사과문서라는 점에서 의미가 큽니다. 일부 보수세력들은 이 사건을 두고 우리 정부가 북한에 대해서 나약하게 대처했다느니, 할 말을 하지 못했다느니 하는 등의 비난을 하고 있는데 그것은 사실과 다른 주장입니다.

━ 대통령님 재임 시기 우리나라 외교는 크게 성공했다는 평가를 받고 있습니다. 이것이 가능했던 것은 국제사회에서의 대통령님의 높은 위상과 관련되어 있다는 해석이 있습니다. 여기에 대해서 어떻게 생각하십니까?

나에 관한 내용을 내 스스로 말하는 것이 좀 어색하기는 한데요. 역사에 기록으로 남긴다는 생각으로 말씀드리면, 내가 인류 보편적인 가치인 민주주의와 인권을 위해서 여러 번의 죽을 고비를 넘기면서도 좌절하지 않고 또 변절하지 않고 투쟁한 것에 대해서 국제사회가 높이 평가했습니다. 이런 내가 국가부도 위기상황에서 대통령에 당선되자 국제사회에서 한국을 도와야 한다는 여론이 자연스럽게 형성되기도 했습니다.

또 위기상황에도 민주주의와 시장경제를 동시에 발전시키면서 모범적이고 빠른 속도로 경제위기를 극복하고, 세계적인 지식정보강국과 문화강국으로 발돋움하는 것에 대해서 경이로운 눈빛으로 바라보기도 했습니다. 내가 북한·일본과도 화해하면서 미래지향적인 관계로 발전시키는 것에 대해서도 높이 평가했어요. 이러한 평가가 더해져서 우리나라 외교가 활성화되고 발전할 수 있었다고 생각합니다. 국격이 상승해서 일하기 편했다는 고위급 외교인사들의 말을 직접 들을 수 있었습니다.

▬ 임동원 장관께서는 대통령님 재임기에 외교안보수석비서관, 국가정보원장, 통일부 장관, 대통령 외교안보통일 특별보좌역 등을 역임하면서 함께 일을 하셨습니다. 대통령님과 임동원 장관의 관계를 독일의 빌리 브란트와 에곤 바르의 관계와 비슷하다고 평가하는 경우도 많은데요. 임동원 장관님에 대한 평가를 부탁드리겠습니다.

임동원 장관은 실력도 출중하고 인격과 성품도 훌륭한 분이어서 주변 국가의 정상들과 외교안보 분야의 주요 정책결정자들에게 높은 평가를 받았고 신뢰를 얻었습니다. 내가 대통령을 하면서 남북관계와 외교안보 분야에서 여러 일을 하고 큰 성과를 낼 수 있었던 데에는 임동원 장관의 노력이 아주 큰 역할을 했어요. 이 점에 대해서 나는 아주 감사하게 생각합니다.

▬ 임동원 장관께서 아태평화재단 사무총장을 맡으시면서 대통령님과 함께 일하기 시작하셨는데요.

임동원 장관은 내가 아태평화재단을 할 때 삼고초려해서 모셔왔어요. 임동원 장관은 노태우 정부 시절 남북 고위급회담 대표로서 남북기본합의서를 만드는 데에 중요한 공헌을 하신 분이었기 때문에 나와 생각이 비슷했고 남북관계 최고전문가였습니다. 군사안보 분야에도 탁월한 통찰을 갖고 있는 분이었기 때문에 나는 함께 일하고 싶었습니다. 의사타진을 했었는데, 이분이 정치와는 무관한 삶을 살아오셨기 때문에 처음에는 거절하셨습니다. 그런데 나는 그분을 영입해야겠다는 뜻이 확고했기 때문에 거기서 그만두지 않았고 삼고초려해서 내 진심을 전했습니다. 결국 임동원 장관께서 승낙하셔서 아태평화재단의 사무총장으로 모실 수 있었습니다.

임동원 장관은 아태평화재단에서 『김대중의 3단계 통일론』 책도 내고 각종 회의도 기획하면서 다양한 학술연구활동을 진행했습니다. 내가 대통령이 된 이후 우리 정부에서 5년 내내 나와 함께 햇볕정책의 성공을 위해서 최선의 노력을 다했습니다. 내가 임동원 장관처럼 훌륭한 분과 함께 일할 수 있었던 것은 아주 특별한 행운이었습니다. 우리 국민과 민족에게도 큰 복이 되었다고 생각합니다.

━ 자민련과 공동정부를 운영하셨습니다. 자민련은 기본적으로 보수정당입니다. 그래서 대북정책에 대해서 이견이 있었을 것도 같은데 실제로는 어땠습니까?

기본적으로 자민련이 대북정책에 대해서 반대하거나 그러지 않았어요. 정상회담 할 때도 지지했습니다. 김종필 총리가 햇볕정책에 대해서 반대한 일이 없어요. 나중에 임동원 장관 해임건의안에 자민련이 찬성해서 결국 공조가 붕괴되었지요. 그때 보면 김종필 총리 주변 인사들이 찬성하자는 의견이 강했는데 김종필 총리가 이것을 잘 이겨내지 못하더라고요. 이분이 같이 일해보니 참 좋은 사람인데 주변 사람들의 요구에 끌려다니는 면이 의외로 있었어요. 나중에 그때의 선택에 대해서 후회했다는 말을 전해 듣기도 했습니다. 아무튼 김종필 총리는 공동정부를 운영할 때 햇볕정책에 반대한 일 없이 협조를 잘 해주었습니다.

12

후배 정치인들에게
드리고 싶은 말

"정치지도자는 국민의 삶에 큰 영향을 줄 수 있는
수많은 결단을 해야 합니다. 그가 옳은 결정을 하면
우리 사회에 큰 이득이 되고 잘못된 결정을 하면
큰 불행이 됩니다. 정치지도자들에게 주어진 권력은
위대하기도 하고 위험하기도 합니다."

뜨거운 가슴과 차가운 머리

━ 대통령님께서는 오랜 기간 정치를 하셨습니다. 지금은 정계를 은퇴하신 국가원로로서 여러 활동을 하고 계십니다. 후배 정치인들에게 정치인이 갖춰야 할 덕목으로서 어떤 부분을 강조하고 싶으신가요?

나는 후배 정치인들에게 두 가지 내용을 당부하고자 합니다. 첫째, 정치인은 '서생적 문제의식'과 '상인적 현실감각'을 함께 가져야 합니다. 둘 중 하나만 있어서는 안 됩니다. 정치하는 데에는 원칙과 철학이 있어야 합니다. 이것이 없으면 좌표를 잃고 권력만 추구하는 정치인이 됩니다. 무엇보다 원칙과 철학이 중요합니다. 동시에 정치는 실질적인 결과도 중요하기 때문에 이것을 이뤄내기 위한 현실적인 수단과 전략적 사고를 갖춰야 합니다. 이것이 없으면 개혁과 진보에 대한 국민들의 지지를 이어가는 데에 어려움이 발생합니다. 내가 정치인은 '뜨거운 가슴'과 '차가운 머리'를 가져야 한다고 강조한 것도 같은 맥락입니다.

둘째, 정치인은 국민의 반보(半步) 앞에서 국민과 함께 나아가야 합니다. 정치인은 자신의 비전을 실천함에 있어서 항상 국민과 함께 가야 합니다. 이것을 잘 못하는 정치인은 독선적인 인물로 평가받고 정치적인 동력을 만들어내는 데 실패하게 됩니다. 정치인은 국민에게 비전을 제시해야 한다는 점에서 국민 앞에 있어야 합니다. 국민과 호흡하면서 국민과 함께 가야 한다는 점에서 반보만 앞서가야 합니다. 정치인이 국민과 유리되면 결국 실패합니다. 이 두 가지 내용을 후배 정치인들에게 남기고 싶습니다.

▬ 대통령님께서는 훌륭한 정치지도자가 갖춰야 할 자질로서 정책개발 능력을 강조하신 바 있습니다. 어떤 이유에서 그와 같은 말씀을 하셨습니까?

정치지도자는 국민의 삶에 큰 영향을 줄 수 있는 수많은 결단을 해야 합니다. 그가 옳은 결정을 하면 우리 사회에 큰 이득이 되고 잘못된 결정을 하면 큰 불행이 됩니다. 정치지도자들에게 주어진 권력은 위대하기도 하고 위험하기도 합니다. 정치지도자들에게는 수많은 정보와 다양한 의견이 모이게 됩니다. 이러한 상황에서 정치적 정당성도 가지면서 실질적인 변화를 이끌어낼 수 있는 현실적인 방안을 강구하고, 이를 실천해가는 과정은 매우 어렵지만 필요합니다. 정치지도자에게 부여된 숙명이자 고유한 권한이기도 합니다.

이러한 것을 잘하기 위해서는 우선 각종 정책에 대한 전문적인 학습이 필요합니다. 특정 분야에서 최고 전문가가 되지는 못하더라도 전문가와 소통할 수 있는 수준의 지식을 갖추어야 합니다. 정치는 국정의 전 분야에 영향을 주기 때문에 다양한 영역에서 준전문가 정도는 될 수 있도록 노력해야 합니다.

그러면서 이런 여러 요소를 종합적으로 꿰뚫어 볼 수 있는 통찰력을 갖추기 위한 노력도 병행해야 하고, 현실적인 권력관계 속에서 문제점을 해결하고 새로운 것을 창조해낼 수 있는 역량을 함양할 수 있도록 노력해야 합니다. 그렇게 해야 능력 있는 정치지도자가 될 수 있습니다. 훌륭한 정치지도자가 되기 위해서 우선 필요한 것은 각종 정책에 대한 공부입니다. 공부하는 정치인이 되어야 그다음 단계로 발전할 수 있습니다. 그래서 내가 정책개발 능력을 강조한 것입니다.

━ 대통령님께서는 의정활동의 중요성을 강조하셨습니다. 야당의 대정부 투쟁방식으로서 의원직 총사퇴에 대해서도 비판적인 의견을 밝히셨습니다. 그 이유는 무엇입니까?

국회의원은 국회에서 할 수 있는 일이 정말 많습니다. 대정부질의, 국정감사 등을 통해서 정부정책을 견제할 수 있고 고급 정보들을 접하면서 정책대안을 마련할 수 있어요. 법률의 제정 및 개정, 예산 심사 등 국회가 할 수 있는 일은 너무나 많습니다. 특히 요즘은 과거보다 언론이 발달한 시대이다 보니 국민들이 국회의원들의 활동을 더 자세하게 알 수 있습니다. 지금은 지식정보화시대이고 앞으로 정보통신기술이 더욱 발전할 것이기 때문에 이러한 현상은 더욱 강화될 것입니다.

국회의원은 국회에서 제대로 일을 해야 합니다. 정부 여당을 상대로 투쟁할 때에도 국회에서의 투쟁이 기본입니다. 경우에 따라서 거리에 나설 수 있습니다. 그렇지만 국회에서의 활동과 투쟁을 제대로 하지 않은 채 거리에 나서는 것은 안 됩니다. 국회의원의 본분을 망각하는 것입니다. 야당이 대정부 투쟁을 한다고 하면서 국회의원 총사퇴를 주장하는 경우가 있는데, 그것은 옳지 못합니다.

내가 1990년 3당합당에 반대해서 의원직 총사퇴를 주장한 적이 있는데요. 그것은 당시 우리 평민당 의원들만 사퇴하자는 것이 아니었고 3당합당이 1988년 13대 총선의 민의를 밀실 합의로 뒤엎은 반민주적인 폭거였기 때문에 모든 국회의원이 사퇴해서 사실상 총선을 다시 하자는 취지였습니다.

그때 당내에서 야당인 우리 평민당만이라도 의원직 총사퇴를 하자고 주장한 분들이 있었는데요. 나는 우리만 사퇴하면 3당합당으로 거대여당이 된 민자당이 정치를 혼자 마음대로 하게 되니 그것은 안 된다고 했습니다. 그래서 나는 국회의원은 의정활동에 충실해야 한다고 생각했고, 늘 이 점을 강조했습니다.

— 대통령님의 민주화운동과 야당활동을 보면 원칙을 지키면서 강력하게 투쟁하면서도 방법은 상당히 유연했다는 생각이 듭니다.

잘 보셨습니다. 나는 원칙을 중요시했고 원칙을 포기하면서 정치한 적이 없습니다. 그러나 문제를 풀어가고 실천하는 과정에서는 유연하면서도 균형감을 갖고 전략적으로 했습니다. 정치의 세계에서는 수학공식처럼 정형화된 해법이 존재하지 않는 경우가 많습니다. 전략적 유연성은 정치인이 갖춰야 할 덕목입니다. 원칙을 지키면서 전략적 유연성을 함께 갖추는 것이 쉽지 않지만 훌륭한 정치인이 되기 위해서는 반드시 필요합니다.

— 대통령으로 계실 때 장관들과의 국정운영에 대한 논의는 어떻게 하셨습니까?

대통령이 아주 세세한 부분까지 신경 쓸 수 없습니다. 세세한 것은 장관들이 책임지고 하도록 했습니다. 대신 대통령은 국정의 주요 목표와 그에 해당하는 핵심 과제에 집중하는 것이 필요합니다. 나는 장관들에게 이와 같은 원칙을 강조하면서 주요 과제의 추진 과정을 중심으로 장관들과 수시로 논의했습니다. 그렇게 하면 장관과 관료들이 그 부분을 우선적으로 처리하기 위해 노력하게 됩니다. 이 방법이 좋은 효과를 냈다고 생각합니다.

창조적인 외교력 발휘

━ 대통령님께서는 평소 외교의 중요성을 기회가 될 때마다 강조하셨습니다. 그 이유는 무엇입니까?

외교는 우리의 운명을 좌우하는 결정적인 분야이기 때문입니다. 지도를 보세요. 우리 주위는 중국, 일본, 러시아 등 세계적인 강대국들이 둘러싸고 있어요. 초강대국인 미국은 주한미군과 주일미군을 통해서 이 지역에서 막강한 영향력을 행사하고 있습니다. 이렇게 세계 4대국으로부터 직접적인 영향을 받는 나라는 전 세계에 우리밖에 없어요. 그러니 우리는 다른 나라보다 훨씬 더 외교에 관심을 갖고 외교적인 능력을 키워야 합니다. 그렇게 해야 우리의 안보를 튼튼히 할 수 있고 우리 국민이 안심하고 생활할 수 있습니다.

이렇게 외교가 중요한데도 우리의 현실을 보면 외교에 대한 관심이 적고 외교 역량이 부족합니다. 이러한 문제는 정치지도자들에게서도 나타나요. 외교적인 감각을 갖춘 정치지도자를 찾기가 힘들어요. 정말 큰일입니다. 나는 후배 정치인들이 찾아오면 외교의 중요성을 강조하고 외교적인 역량을 갖춘 정치인이 될 것을 조언하고 있습니다.

▬ 대통령님께서는 우리의 지정학적인 조건에 대해서 비관적인 태도를 취하지 않고 위기를 기회로 만드는 능동적이고 창조적인 태도를 강조하셨습니다.

우리가 사는 한반도가 지정학적으로 저주받은 땅이라는 말은 오래전부터 있었습니다. 우리가 국권을 잃어서 식민지가 되었고 분단이 되고 전쟁까지 하는 등 온갖 수난을 당했기 때문에 그와 같은 말이 나오는 것도 무리는 아닙니다. 다만, 그것이 우리가 피할 수 없는 숙명이었다고 한다면 나는 동의하지 않습니다. 지정학적 저주라는 말은 우리 운명을 스스로 개척할 수 있다는 능동적이고 자주적이고 창조적인 의식이 결여된 패배주의적이고 수동적이고 소극적인 인식의 표현입니다. 나는 이와 같은 인식의 전환이 필요하다고 보았습니다. 우리나라는 지리적으로는 작지만 지정학적으로 크고 중요한 나라입니다. 나는 늘 '도랑에 든 소는 양쪽 풀을 뜯어 먹을 수 있다'는 비유적인 표현까지 써가면서 적극적이고 창조적인 외교의 중요성을 강조했습니다.

▬ 대통령님께서는 미국과의 관계를 제일 중요하게 생각하셨고 앞으로도 한·미동맹을 발전시켜야 한다고 말씀하셨습니다. 그 이유는 무엇입니까?

미국은 세계 유일 초강대국으로서 한반도가 포함된 동북아 지역에 막강한 영향력을 행사하고 있습니다. 앞으로도 미국의 영향력은 유지될 것이기 때문에 미국을 중요시하는 것은 당연한 일입니다.

우리 주변에 있는 중국, 일본, 러시아 특히 중국과 일본이 우리를 가운데에 두고 대립하게 되면 우리의 안보에 위협 요인이 됩니다. 이 지역의 이러한 잠재적인 갈등 요인을 제어할 수 있는 힘을 가진 나라는 미국이 유일합니다. 그래서 미국이 중요합니다.

그렇다고 미국이 하자는 대로 무조건 따르자는 말이 아닙니다. 미국이 실수할 수 있고 잘못할 수도 있습니다. 그런 일이 있으면 미국과 소통해서 실수하지 않고 잘못하지 않도록 도움을 주는 것이 필요합니다. 이것이 우리의 국익을 지키는 길이고 장기적으로 미국에도 도움이 됩니다. 그러한 관점에서 미국과 외교하는 것이 필요합니다.

— 앞으로의 세계는 중국이 미국을 추격하면서 미·중경쟁시대가 도래할 것이라고 예측하는 사람이 많습니다. 이러한 상황에서 우리는 어떻게 대처하는 것이 필요하다고 생각하십니까?

나는 1982년에 쓴 옥중서신에서 중국이 경제개발에 성공하면 21세기에는 미국을 능가하는 중화대국을 지향할 것이라고 예견한 바 있습니다. 미국에서 중국위협론이 나온 것이 1990년대 중반 정도였을 텐데요. 나는 그보다 훨씬 전부터 이러한 사실을 염두에 두고 있었습니다.

나는 미·중대립이 격화되기 전에 남북관계가 평화통일의 단계로 진입해야 한다고 생각했습니다. 미·중대립에 의해서 한반도를 가운데에 놓고 원심력이 크게 작동하면 우리가 할 수 있는 일이 크게 제약을 받기 때문입니다. 그래서 2차 북핵위기 이후 가동된 6자회담이 성과를 내서 한반도 평화프로세스가 성공하는 모습을 하루빨리 보게 되기를 바라고 있고, 이것을 위해서 내가 죽기 전까지 마지막 힘을 다해서 노력하고 있는 것입니다.

나는 미국 사람들을 만나면 중국을 압박하기보다는 중국이 민주화될 수 있도록 유도하는 것이 필요하다는 점을 강조합니다. 중국 사람들을 만나면 중국의 국력이 강화되었다고 패권을 추구하지 말고 주변 국가들과 협력하면서 세계 평화를 위해서 노력하는 것이 필요하다는 점을 강조하고 있습니다.

━ 대통령님께서는 미국이 북한을 포용하는 것이 미국에게도 이익이라는 입장을 강조하시면서 미국 보수세력의 대북 적대 정책에 비판적인 입장을 갖고 계십니다.

미국의 보수세력들은 북한을 자극해서 군사적인 긴장이 고조되면 미사일방어체제를 구축하는 데에 도움이 되고 무기를 파는 데에도 도움이 된다고 판단하고 있습니다. 그런데 그것은 하나만 알고 둘은 모르는 단견입니다.

지금 중국이 북한에 진출해서 영향력을 확대하고 있습니다. 북한은 1990년대 초 중국·소련이 우리와 수교한다고 했을 때 큰 충격을 받았고 미국·일본과의 관계 개선을 통해서 자신들의 살 길을 개척하려고 했던 것이에요. 그런데 미국과의 관계 개선의 길이 막히니 결국 중국이 내미는 손을 잡고 있는 것입니다. 중국은 북·미관계가 개선되지 않는 상황을 이용해서 북한에 대한 영향력 강화를 위해서 나서고 있는 것이거든요.

나는 미국의 주요 인사들에게 이와 같은 상황을 설명하고 미국이 북한을 포용해서 미국의 영향력이 북한에까지 이를 수 있도록 하는 것이 장기적으로 미국에 더 큰 이익이 된다는 점을 설명하고 있습니다. 내가 만나는 미국 사람들은 내 말에 수긍합니다. 그런데 미국사회 전체적으로 보면 북한에 대한 전략적인 사고를 하는 사람들이 적은 것이 문제입니다.

고통 속에서도 굴복하지 않은 원동력

━ 대통령님께서는 '용공분자' '빨갱이' 등 반공 색깔론으로 인해 사형선고까지 받는 등 온갖 고난을 겪으셨습니다. 그때 어떤 심경이었습니까?

나는 민주주의와 인권 그리고 민족의 평화통일을 위해서 노력했다는 이유로 독재자들에게 가혹한 탄압을 받았습니다. 힘든 길이었습니다. 그러나 나는 나의 길에 후회하지 않습니다. 내가 해야만 하는 일이었습니다. 그래서 다시 과거로 돌아간다고 해도 나는 고난의 그 길을 영광스러운 마음으로 다시 걷게 될 것입니다.

━ 대통령님께서는 일반 사람들은 상상도 하기 힘들 정도의 힘든 고난을 겪으셨습니다. 그런 고통 속에서도 굴복하지 않고

끝내 이겨내실 수 있었던 원동력은 무엇이었습니까?

내가 그러한 혹독한 고난을 극복할 수 있었던 것은 세 가지가 있었기 때문에 가능했습니다. 첫째, 하느님에 대한 믿음입니다. 하느님이 언제나 나와 함께 계시며 나를 바르게 인도해주실 것이라는 믿음을 갖고 있었던 것이 큰 힘이 되었습니다.

둘째, 나를 믿고 따른 나의 가족과 동지들 그리고 수많은 국민이 있었기 때문입니다. 나는 힘들고 흔들릴 때마다 이 사람들의 얼굴을 떠올리면서 마음을 다잡고 다시 일어설 수 있는 의지와 용기를 가졌습니다.

셋째, 역사에 대한 확신이었습니다. 이것이 가장 중요했는데요. 역사를 보면 정의롭고 바른 일을 한 사람들이 당대에는 희생당하고 성공하지 못하더라도 나중에 결국 재평가받아서 후대의 사람들에게 긍정적인 영향을 주는 경우가 종종 있습니다. 당대에는 실패했지만 역사의 시간에서는 성공했다고 볼 수 있는 것이지요. 나는 지금 내가 어렵고 힘든 길을 가고 있고 엄청난 음해로 인하여 나에 대한 오해가 퍼져 있지만, 시간이 지나면 내가 한 일이 제대로 평가받아 역사에서 승리할 수 있을 것이라고 생각했어요. 그래서 그 고난을 이겨낼 수 있었습니다.

— 대통령 재임 중에 보람을 느낀 때는 언제였습니까?

대통령에 당선된 직후부터 총력을 다해서 국가부도를 막고 경제구조 개혁을 성공적으로 진행하여 우리 경제가 다시 살아날 수 있도록 한 일, 분단 이후 최초의 남북 정상회담을 개최해서 6·15 공동선언을 한 일, 노벨평화상을 수상한 일. 이렇게 세

가지가 생각납니다.

━ 대통령 재임 중에 아쉬웠던 순간은 언제였습니까?

북·미관계 정상화가 좌초되어 한반도 냉전을 완전하게 종식하지 못하고 남북한이 국가연합을 통해 통일의 단계에 들어서지 못한 일입니다. 이것이 참으로 아쉽고 안타깝습니다. 나는 젊었을 때 정치하기로 마음먹으면서 이루고자 했던 것이 우리나라의 민주화와 우리 민족의 평화적인 통일이었습니다. 나는 민주화투쟁을 할 때나 정치를 할 때나 이 두 가지 목적을 단 하루도 잊은 적이 없습니다. 이것을 위해 내 모든 것을 다해서 노력했습니다.

수많은 민주시민의 헌신과 희생으로 결국 우리는 민주화의 길을 열었고 정권교체까지 이뤄냈습니다. 이제 남은 것은 우리 민족의 평화적 통일입니다. 나는 우리 민족이 다시는 전쟁을 하지 않고 평화공존과 평화교류를 통해서 평화적 통일의 길로 나아갈 수 있기를 바랐습니다. 그래서 내 임기 동안 한반도 냉전의 종식과 남북연합의 실현을 목표로 했던 것입니다. 이러한 나의 목표, 민주주의와 평화를 사랑하고 열망한 우리 국민들의 염원은 클린턴 행정부 시기에 이뤄진 북·미 대화와 협상이 급진전되면서 현실로 다가오는 듯했습니다.

그러나 미국 공화당의 부시 행정부는 이러한 클린턴 행정부의 대북협상의 성과를 무시했고 평화적인 대북 관여정책 대신 군사적인 압박과 대결로 일관하면서 결국 사태를 악화시켰습니다. 나는 많은 노력을 해서 부시 대통령을 직접 설득하는 데에 성공했지만, 아쉽게도 부시 행정부 내에서 막강한 영향력을 갖고 있는 네오콘의 방해를 결국 이겨내지 못하고 내 임기가 끝나 버렸습니다. 네오콘은 그 뒤의 6자회담에서도 지속적으로 방해를 해서 상황을 어렵게 만들었습니다. 결국 지난 2006년 미국 중간선거에서 부시 행정부가 패배하며 네오콘이 물러나게 되었는데요. 이러한 분위기를 잘 살려서 6자회담이 성공하여 한반도 평화프로세스가 다시 본격적으로 추진될 수 있기를 간절히 바랍니다.

아시아 최초의 대통령 도서관

━ 대통령님께서는 아태평화재단의 건물과 사료를 연세대학교에 기증하셨습니다. 그 덕분에 2003년 11월에 아시아 최초의 대통령 도서관인 연세대학교 김대중도서관이 개관을 하게 되었습니다. 대통령님께서 그러한 결정을 하신 배경은 무엇입니까?

내가 아태평화재단의 건물과 소장하고 있던 1만 6,000여 권의 책과 각종 자료 모두를 연세대학교에 기증해서 지금의 김대중도서관이 탄생하게 되었습니다. 나는 퇴임 이후 내 여생을 우리 민족의 평화적 통일과 세계평화를 위해서 바치기로 했는데요. 내가 이제는 나이도 많고 건강도 예전과 같지 않아서 재단을 다시 이끄는 것이 부담되는 면이 있습니다. 우리나라 정치 현실을 감안할 때 내가 예전처럼 재단을 운영하면 현실정치 개입에 대한 시비가 나올 것도 쉽게 예상이 되는 일이었습니다.

고민해보니 대학이 맡아서 운영하면 객관성을 담보할 수 있고, 학술연구 및 교육기관으로 발전시킬 수 있겠다는 생각이 들었습니다. 나의 여러 활동과 관련 자료는 우리 현대사 연구에도 중요한 의미가 있다고 생각했기 때문에 대학이 맡아서 새롭게 운영하면 좋을 것 같다는 생각이 들었어요.

그때 몇몇 대학이 관심을 보였는데, 나는 최종적으로 연세대학교를 선택했습니다. 연세대학교는 국내 최고의 명문사학으로서 한국학 연구에 최고 권위를 갖고 있습니다. 국제화를 선도하고 있고 이한열 열사를 배출하는 등 우리나라 민주화에도 큰 역할을 했습니다. 나는 연세대학교의 이러한 장점과 우리 사회에 했던 여러 기여 등을 높이 평가해서 연세대학교에 기증하기로 결정했습니다.

그렇게 탄생한 김대중도서관은 아시아 최초의 대통령 도서관이고 우리나라 전직 대통령 기념문화를 선도하는 기관으로서 큰 역할을 하고 있다고 생각합니다. 앞으로도 김대중도서관이 더 발전할 수 있게 되기를 바라고요. 나도 최선을 다해서 돕도록 하겠습니다.

▬ 김대중도서관은 2005년 미국에 가서 이근팔 선생을 만났습니다. 이근팔 선생은 대통령님께서 유신 직후 1차망명을 하실 때부터 함께 반독재 민주화투쟁을 하셨는데요. 대통령님의 망명 시기 활동과 미국을 중심으로 한 해외 민주화운동 관련 자료 일체를 김대중도서관에 기증하셨습니다. 이 자료는 50여 박스에 이를 정도로 방대한 양이며, 내용적으로도 매우 중요해서

역사적인 가치가 매우 큽니다. 지금 보여드리는 것은 유신 시절 망명활동을 하실 때 남기신 자료들인데요. 이런 것을 이근팔 선생께서 그동안 다 정리해서 보관하고 있다가 이번에 모두 기증해주셨습니다.

지금 류상영 관장이 보여주는 자료를 보니 기억이 납니다. 이러한 자료가 지금까지 남아 있다는 것이 놀랍네요. 나의 망명 시기 활동은 남아 있는 자료가 매우 적어서 그동안 제대로 정리되지 못했는데, 이 자료를 통해서 객관적인 연구가 가능하게 된 것 같아서 다행입니다.

이근팔 선생은 아마 나와 나이가 같을 거예요. 처남인 이성호를 통해서 유신 때인 1972년 연말에 처음 만났는데요. 성품도 훌륭하고 똑똑한 분이었어요. 치밀하면서도 정확하게 일하는 성격인 내가 인정할 수 있을 정도로 아주 꼼꼼하게 일을 하는 분이었습니다. 그리고 그분은 순수하고 맑은 분이었어요. 내가 전적으로 신뢰할 수 있었습니다. 민주화운동을 할 때에도 그렇게 헌신적으로 하셨는데, 귀중한 자료들을 수십 년 동안 모으고 관리하다가 이렇게 김대중도서관에 기증까지 하다니 감사하고 대단하다는 생각이 듭니다.

━ 김대중도서관이 기획한 구술사 채록사업에 대해서 한 말씀 해주세요.

내가 하의도에서 태어났을 때부터 지금까지 나의 활동을 이렇게 자료로 남길 수 있게 된 것은 의미가 크다고 생각합니다. 그동안 내가 나의 과거 여러 활동에 대해서 말하기도 하고 글로

김대중 구술사 채록(2006).
김대중도서관은 김대중의 전 생애에 걸친
다양한 이야기와 그의 심경을 동영상 자료로
남기기 위하여 구술사 채록사업을 기획했다.
2006년 7월부터 2007년 10월까지
총 41회 42시간 26분의 인터뷰를 진행했다.

남긴 적도 있었는데요. 이번처럼 모든 내용을 구체적으로 증언한 적은 처음이었습니다.

특히 놀라웠던 것은 오래전 일이어서 나도 기억이 잘 나지 않던 내용을 여러 자료를 통해서 확인할 수 있었습니다. 이러한 작업을 통해서 나의 어린 시절과 젊었을 때의 여러 일화에 대해서 자세하게 증언할 수 있었습니다. 가령, 내가 6·25 전쟁이 발발했을 때 서울에 있었고 서울을 탈출해서 도보로 고향인 목포까지 내려올 때의 과정을 기억나는 대로 모두 증언했었는데, 이렇게 자세하게 한 것은 이번이 처음입니다.

내가 나의 과거에 대해서 이야기하는 것은 이번이 마지막일 것입니다. 그래서 나도 질문지를 받으면 꼼꼼하게 살펴보고 내 기억을 되살리기 위해서 사전에 철저하게 준비했습니다. 그렇게 해서 41회까지 진행하게 되었습니다. 내 증언은 동영상 자료로도 남기 때문에 앞으로 여러 형태로 활용할 수 있을 것이라고 생각합니다. 류상영 관장이 나중에 영화에도 활용될 수 있을 것이라고 했는데, 그렇게 되면 좋겠습니다.

그동안 구술사 채록사업을 위해서 자료조사 및 질문지 작성 그리고 인터뷰 진행까지 전 과정을 책임진 류상영 김대중도서관장과 장신기 김대중도서관 연구원에게 진심으로 감사드립니다. 두 분이 자료조사를 철저하게 해서 객관적이면서도 역사적으로 중요한 기록을 남길 수 있었습니다. 두 분의 노력으로 이렇게 좋은 기록을 남길 수 있게 되어서 나도 뿌듯합니다. 외교안보 분야 구술작업을 할 때 도움을 준 임동원 전 장관, 박지원

전 장관, 백학순 세종연구소 연구위원에게도 감사드립니다. 그럼 우리 다 함께 박수하면서 마무리하도록 합시다. 수고 많으셨습니다.

감사의 말씀

김홍업 ┃ 새롭게 아버지를 만나는 기쁨
김성재 ┃ 김대중의 내면세계를 연구한 진본

새롭게 아버지를 만나는 기쁨

김홍업
김대중평화센터 이사장

연세대학교 김대중도서관과 한길사가 김대중 대통령 탄생 100주년을 맞아 아버지 생전에 진행한 41회 구술사 인터뷰 자료를 책으로 펴낸 것에 대해서 깊이 감사드립니다. 이 책을 읽으며 저는 15년 전에 서거하신 아버지께서 마치 제 곁에서 말씀하시는 것처럼 생생한 현장감과 감동을 느꼈습니다.

『김대중 육성 회고록』에는 무엇보다 수많은 역사적 국면마다 가지셨던 아버지의 생각과 심경이 잘 나와 있습니다. 저는 김대중 대통령의 아들로서 평소 누구보다 아버지를 잘 안다고 생각했었습니다. 그런데 이 책을 읽으면서 그동안 잘 알지 못했던 아버지의 생각과 고뇌의 속마음을 새롭게 알게 되었습니다. 아버지를 새롭게 만나 뵙는 기쁨을 느낍니다.

아버지는 수많은 고난과 역경 속에서도 굴복하지 않고 용기와 인내와 지혜를 통해 난관을 극복하고 우리 역사의 전진을 위해서 자신의 모든 것을 바쳤습니다. 아버지의 삶은 인류보편적인 가치인 민주·인권·평화를 구현하고 발전시키기 위한 헌신으로 점철되어 있습니다. 이 책에 아버지의 이러한 삶이 아주 잘 응축되어 있습니다.

『김대중 육성 회고록』을 읽는 분들은 저와 마찬가지로 아버지에 대해 친숙한 기억을 떠올리면서도 아버지를 새롭게 인식할 수 있을 것이라고 생각합니다. 많은 국민이 이 책을 읽게 되기를 소망합니다.

이렇게 귀중한 책이 나올 수 있도록 최선을 다해주신 양재진 연세대학교 김대중도서관장과 김대중 구술사 채록사업을 진행한 연세대학교 연구진에게 깊은 감사의 말씀을 드립니다. 그리고 김언호 한길사 대표께도 깊은 감사의 뜻을 전합니다.

김대중의 내면세계를 연구한 진본

김성재

연세대학교 김대중도서관후원회장, 전 김대중도서관장

이번에 한길사에서 나온 『김대중 육성 회고록』은 연세대학교 김대중도서관이 김대중 100년과 대한민국 100년을 재조명하기 위해서 김대중 대통령 생전에 진행한 41회의 구술 인터뷰 녹취록을 바탕으로 펴낸 책이다. 한길사 김언호 대표는 정치적 이해관계와 지역적 편견을 넘어 김대중의 진면목을 밝혀 김대중에 대한 올바른 평가가 이뤄지는 것이 필요하다는 판단하에 연세대학교 김대중도서관과 함께 이 책을 출간했다.

김대중도서관은 김대중 연구를 기존의 책과 자료, 연구자의 객관적 관점 중심으로 하는 '양적 연구'(quantitative research)를 넘어 김대중의 성장 환경과 그의 정치적 신념과 사상 및 행위를 주체적으로 인식하는 '질적 연구'(qualitative research)를 해야 한다고 의견을 모았다. 이런 이유로 김대중 대통령과 41회의 구술 인터뷰를 진행하여 동영상 자료를 남겼다.

지금까지 학문연구는 프랜시스 베이컨(Francis Bacon, 1561~1626) 이후 '객관적 연구'(objective research)만이 인정되었다. 베이컨은 종교적 지배로부터 이성을 회복하기 위해 시작된 서양의 근대주의를 위해 세상을 대하는 새로운 학문방법이 필요하다고 역설했다. 새로운 학문방법인 '객관적 인식'은 이성에 의한 과학적 방법으로서 관찰자를 관찰의 객체로부터 분리하여 '객관적 지식'의 개발을 지향하는 중립적 위치를 확보하는 것이라고 했다.

그러나 베이컨이 말하는 '객관적 지식'은 관찰의 주체가 자기의 관점과 목적에서 대상을 인식하고 도식화하여 만든 개념이기 때문에 결과적으로 객체가 된 관찰의 대상은 인식 주체에게 지배당하게 된다. 실제로 베이컨의 '객관적 인식 방법'은 서양·백인·남성들이 이성이 없는 존재라고 차별한 여성과 비서양 유색인종을 지배하고 소유하는 도구가 되었다. 또한 자연에 대한 객관적 인식은 '자연은 이성이 없기 때문에 자연을 정복하는 것이 이성을 가진 인간의 인간다움을 실현하는 것'이라는 논리로 자연을 무한 정복하는 수단이 되었다.

이성에 의한 근대주의 객관적 연구방법에 대한 이러한 비판이 제기되면서 근대주의의 객관적 양적연구 중심에서 탈근대주의(Post-modernism)와 탈식민주의(Post-colonialism)의 질적 연구방법이 새롭게 시작되었다. 질적 연구방법은 민속학적 연구(ethnography) 방법과 구술사 연구(oral history) 방법으로 대표되었다. 탈근대주의와 탈식민주의의 새로운 관점의 연구는 서양 백인과 남성 그리고 인간 중심의 지배적 세계관을 해체시키고, 비서양의 관점, 여성의 관점 그리고 자연의 관점에서 이들의 주체성 회복과 해방을 가져왔다. 또한 주체와 객체의 도식을 넘어서 세계를 다원주의 문화적 관점에서 인식하는 새로운 세계 관을 탄생시켰다.

이런 의미에서 이 책은 『김대중 자서전』 그리고 『김대중 전집』 30권과 함께 김대중의 내면세계를 이해하고 연구하는 진본이 될 뿐 아니라 정치, 국제외교, 남북관계, 경제, 사회, 문화 등 모든 분야의 지침서가 될 것이다.

한국 정치의
나침반이자 항해도

류상영 ㅣ 오늘 살아 있는 김대중의 육성
장신기 ㅣ 김대중이 남긴 마지막 자서전
박명림 ㅣ 김대중의 사상과 정치

오늘 살아 있는 김대중의 육성

류상영

연세대학교 국제학대학원 교수, 전 김대중도서관장

'김대중 구술사'는 오늘을 살아가는 우리가 격동적인 그날의 역사 현장으로 되돌아가 김대중을 다시 만나고, 그를 둘러싸고 숨 가쁘게 전개된 한국의 정치사를 생생하게 기행해볼 수 있는 기록이다. 이 사료는 종이 문서가 아니라 음성과 표정으로 말한다. 김대중이 남긴 동영상 인터뷰는 우리가 그와 얼굴을 보면서 대화할 수 있는 감동적인 이야기를 제공한다.

김대중 구술사는 필자가 2004년 도서관장을 맡고 시작한 사료사업 중 비교적 초기에 시작한 프로젝트였다. 연세대 김대중도서관은 국내외에 흩어져 있는 자료들을 발굴·수집하고 정리하면서 김대중 연보를 편집하기 시작했다. 이때 연설문, 저서, 일기, 메모장, 신문 등의 기록이 담아낼 수 없는 사실이나 장면들을 보다 생생하게 기록하고 보존하기 위한 방법을 고민하다 동영상 인터뷰 형태의 구술사를 기획하게 되었다. 원래 구술사는 문자가 없는 원주민들의 언어와 문화를 기록하기 위한 문화인류학적 연구 방법의 하나였다. 김대중도서관은 김대중이 업무를 보거나 생활하는 공간에서 그의 음성과 표정 그리고 동작을 직접 기록함으로써 글과 녹음만으로 표현할 수 없는 내면까지 담아낼 수 있다는 점에서 구술사적 기록의 의미를 살리고 싶었다. 재임기 대통령 김대중보다 격동기를 헤쳐온 인간 김대중과 정치인 김대중에 더 큰 의미를 두고 진행했다. 이것은 2006년 11월 2일 재개관한 전시실을 위해서도 필요한 사료였다. 필자는 객관적 사실, 인간적 감동, 참여하는 재미를 전시실이 구현할 김대중도서관의 키워드라고 생각하고, 전시 자료의 한 축으로 주요 인사들의 동영상 인터뷰를 전시했던 것이다.

2006년 7월 27일 제1차 '어린 시절에 대한 회고'로 시작된 김대중 구술사는 2007년 5월 29일 제35차 '민주주의와 시장경제의 병행발전'을 마지막으로 제1부를 마쳤다. 그후 6차에 걸쳐 남북관계와 외교에 대한 인터뷰가 추가되었다. 인터뷰는 대체로 한 회에 1시간 10분 정도 진행되었고, 인터뷰 내용은 고화질의 동영상으로 기록되었다. 당시 사료팀(류상영 관장, 장신기 연구원, 이충은 사서)이 질문지를 작성했다. 이 질문지는 정확한 일시 및 사실 확인을 돕기 위해 기억을 되살릴 관련 자료들과 함께 일주일 전에 김대중 대통령에게 전달되었다. 김대중 대통령은 자신이 가진 모든 기억과 자료를 다시 찾아서 답변 자료를 준비했고 이를 기초로 인터뷰가 진행되었다. 사저 지하에 있는 서재에서 의미 있는 책과 자료를 들고 오시기도 했다.

물론 질문지를 벗어나 추가적인 질문과 답변이 이어진 적도 많았다. 김대중 대통령은 그때마다 항상 솔직하고 개방된 자세로 답변해주셨다. 최경환 등 비서진이 함께했고 주제별로 임동원 전 장관이나 박지원 의원 등이 옵서버로 배석하기도 했다. 제1부의 경우 35회 중 24회는 류상영의 질문으로, 나머지 11회는 장신기의 질문으로 진행되었다.

인터뷰를 마치면 웃음과 기침소리 등까지 포함한 모든 표현을 녹화된 그대로 적은 1차 녹취록을 만들었다. 이후 그 녹취록을 검토하는 작업이 진행되었다. 김대중 대통령의 메모, 연설문, 일기, 저서, 관련 인사의 회고록, 국내외 사료, 신문 등 관련 자료들과의 대조를 통해 인명이나 일시 등에 혼선이 있거나 잘못된 부분은 각주를 달고 수정하는 작업으로 2차 녹취록을 만들었다. 그리고 답변자의 의사에 기초하여 공개하지 않기를 원하는 부분은 삭제한 3차 녹취록이 공개 가능한 완성본이 되었다. 여건상 아직 3차 녹취록까지 완성되지 않은 부분도 남아 있다. 원래 김대중도서관은 3차 녹취록에 자료 해제를 덧붙여 구술사 자료집으로 출간할 계획이었다. 동영상은 비디오테이프, CD, 컴퓨터 파일 등 세 가지 형태로 처리되어 현재 김대중도서관 2층 자료실에 세 종류의 녹취록과 함께 회차별로 보존되고 활용되고 있다.

또한 '김대중 구술사 컬렉션'은 김대중 대통령 본인의 인터뷰만이 아니라 그의 정치역정에 함께했거나 연관되었던 가족과 정치인, 정책결정자, 국내외 인사들에 대한 인터뷰 자료도 포함한다. 김대중도서관이 현재까지 구축하고 소장한 구술사는 국내외 인사 총 128명, 전체 603시간 분량이다. 김대중 대통령의 정치역정이 워낙 길고 활동 범위가 국내외로 넓었기 때문에 관련

인사들의 숫자나 이야기 또한 방대할 수밖에 없다. 권노갑, 이근 팔, 예춘호, 김상현, 김성재, 강원룡 목사, 박용길 장로, 이해동 목사 등 각 분야 국내 인사들의 증언이 있다. 또한 김종충, 도널드 그레그 주한 미국대사, 브루스 커밍스 교수, 고노 요헤이 의원, 덴 히데오 의원, 와다 하루키 교수, 쇼지 츠토무 목사, 사사키 히 데노리 변호사 등 많은 해외 인사의 증언도 진행되었고 보존되 어 있다.

김대중도서관 사료팀은 구술사 프로젝트 전 과정에서 김대 중 대통령 자신이 가졌던 역사기록의 중요성에 대한 확신과 정 확하고 객관적인 답변을 위해 무척이나 애쓰셨던 그분의 철학 을 줄곧 느끼면서 작업했다. 필자는 김대중 대통령에게 구술사 인터뷰를 요청드리면서 50년, 100년 뒤 후손들에게 소중하고 생동감 넘치는 사료를 남기고 싶다고 말씀드렸고, 그분도 흔쾌 히 동참하셨다. 원래 이 구술사 인터뷰는 자서전 작성을 위해 기획된 것은 아니었다.

필자는 연세대 김대중도서관이 객관적인 학술기관으로 도약 하고 연세대학교가 세계적인 한국현대사 연구의 중심이 됨으 로써 김대중 연구의 세계화도 진전될 것으로 기대했다. 그 길이 김대중이 진정으로 역사에서 살아가고, 한국 정치와 사회도 발 전하는 길이라고 생각했다.

이 같은 취지에 누구보다 동감하고 적극적으로 도와주신 분 들이 김대중 대통령과 이희호 여사였다. 이희호 여사의 동영상 인터뷰 또한 빠뜨려서는 안 될 귀중한 역사적 사건들과 이야기를 담고 있다. 두 분 모두 이제는 역사의 한 페이지로 남았지만, 바쁘신 중에도 구술사 인터뷰에 응해주신 두 분께 이 자리를 빌려 경의를 표하고 다시 한번 감사의 말씀을 올린다.

2007년 5월 29일 오후, 김대중 구술사 인터뷰 제1부의 마지막 회인 35차 녹화를 마친 자리에서 환하게 웃으시면서 "류 관장이 나의 깨를 벗기네!"라고 말씀하셨던 모습이 선하다. 때로는 까다롭고 곤란한 질문에도, 때로는 체력적인 부담에도 김대중 대통령은 진심을 다해 대답에 임하셨다. 부담이 되는 질문이 있는 날이면 다소 긴장되고 상기된 모습으로 나타나신 그분은, 줄곧 역사발전을 믿었지만 역사 앞에 항상 겸손하고 때로는 스스로를 자책했던 정치인이었다. 사실 인터뷰가 진행된 시기에 김대중 대통령은 결코 녹록하지 않고 때로는 험난했던 전직 대통령의 길을 만들며 걷고 있었다.

구술사 인터뷰에서는 대답이 아닌 표정만으로도 인간 김대중과 정치인 김대중을 읽을 수 있다. 우리는 구술사의 동영상에 나타난 다양한 표정을 보면서 김대중 대통령을 다시 만나게 된다. 어머니를 회상하는 구절에서 아련하고 아이 같은 표정, 납치사건 직후 인터뷰에서 보이는 안도와 두려움의 표정, 민주주의 언급에서 보이는 분노와 확신의 표정, 10·26 사건의 회고에서 보인 복잡하고 우려하는 표정, 망월동 참배에서 보이는 비통하고 슬픈 표정, 취임식 연설 중 울먹인 부분에서 읽을 수 있는 미안하고 복받치는 표정, 정치보복 종식을 말하는 대목에서 읽히는 용서와 강인함과 평화로움, 국난 극복과 외교의 고비에서 보여진 대통령으로서의 책임감과 고충과 혼신의 힘을 다하는 모습 등은 우리 모두에게 역사적 지혜를 일깨워줄 수 있을 것이다.

그동안 김대중 구술사의 내용은 김대중도서관이 발간한 많은 연구결과물에 활용되었다. 김대중 대통령의 모든 일정을 날짜별로 총망라하여 수록한 『김대중연보: 1924~2009』(2011)를 비롯하여 『김대중과 한일관계』(2012), 『김대중과 대중경제론』(2013), 『김대중과 한국야당사』(2013) 등의 김대중도서관 연구총서에 핵심적인 참고사료로 활용되었다. 2015년에 발간된 『김대중 저작 목록집』에는 김대중 구술사에 대한 사료 해제가 실려있고, 구술 리스트가 정리되어 있다. 김대중 구술사의 내용이 방대한 데다 중복 게재를 피하기 위하여 포함되지는 않았지만, 총 30권으로 발간된 『김대중 전집 I, II』의 편집과정에서도 중요한 참고자료로 사용되었다. 현재 김대중도서관 홈페이지에 김대중 구술사 사료들이 올라와 있어서 많은 국내외 연구자가 온라인으로도 연구자료로 참고하게 되었다.

2023년 5월부터 11월까지 총 24회에 걸쳐 『중앙일보』가 소개한 「김대중 육성 회고록」은 김대중 구술사 인터뷰를 바탕으로 구성된 내용이다. 그리고 2024년 1월 개봉된 다큐멘터리 영화 「길위에 김대중」은 김대중 구술사 인터뷰에 등장한 김대중 대통령의 영상과 주요 정치인들의 음성을 기초로 제작된 것이라 할 수 있다.

이번에 한길사에서 발간하는 『김대중 육성 회고록』은 김대중 구술사의 주요 부분을 읽기 편하게 윤문하고 편집한 결과물이다. 격동의 한국 현대정치사의 주요 장면들과 항상 그 한복판에 서 있었던 김대중의 생각과 활동에 대해 보다 많은 사람이 가까이에서 느끼고 생각해볼 수 있는 기회가 되었다.

기록 없이 역사 없고, 역사를 잊은 민족에게 미래는 없다. 미래를 열려면 역사에서 배우라. 누구나 깨닫고 많이 들어왔던 말들이다. 하지만 역사는 항상 요동쳤고 정치권력에 의하여 퇴보하거나 잘못 기록된 사례도 많다. 짧은 기간에 많은 사건이 압축적으로 연출된 한국의 정치사에는 빛은 더 찬란했고 어둠은 더 진했다. "인생은 아름답고 역사는 발전한다"는 마지막 일기를 남긴 김대중 대통령은 역사발전을 믿으면서 역사의 퇴행을 온몸으로 이겨냈던 인물이었다. 그만큼 그의 기록에는 기쁨과 슬픔, 분노와 환희, 고난과 승리, 투쟁과 용서, 좌절과 희망, 리더와 국민, 민중과 민초 등 한국 현대사의 다양한 얼굴과 이야기들이 진솔하면서도 흥미롭게 그려진다.

김대중 구술사와 이를 활용한 다양한 결과물들이 한국 정치를 발전시키고 미래를 밝히는 나침반이자 항해도가 될 수 있기를 기대한다. 김대중 구술사의 메아리가 더 넓고 멀리 퍼져나가도록 노력하시는 모든 분께 깊은 감사의 말씀을 드린다.

김대중이 남긴 마지막 자서전

장신기
연세대학교 김대중도서관 사료연구담당

　김대중의 자전적 기록은 1편의 미발행 원고와 이번 책을 포함한 총 5종의 책이 있다. 이와 같은 김대중의 저작은 작성 및 발간 당시의 특징이 반영되어 있기 때문에 각 저작의 특성을 밝히고 이를 비교 검토하면 김대중이 남긴 자전적인 기록의 변화 발전 과정을 파악하는 데에 큰 도움이 된다. 이를 통해서 이 책 『김대중 육성 회고록』의 특징과 가치를 더욱 뚜렷하게 이해할 수 있다.

　김대중이 남긴 최초의 자전적 기록은 「한 정치인의 자전적 고백」이라는 제목의 친필 원고다. 200자 원고지 74매 분량의 이 글은 1967년 6월 8일 실시된 7대 총선 직후 작성된 것으로 판단된다. 글의 내용을 보면 시사잡지에 기고하기 위한 목적에서 작성된 것임을 알 수 있는데 게재 여부는 확인할 수 없다. 다만 여러 상황을 감안해보면 당시 언론을 통해서 공개되기 어려웠을 것으로 판단된다. 이 글은 작성 시점이 1967년이기 때문에 그 이전의 개인사와 정치사에 초점이 맞춰져 있으며, 이 글에서만 확인할 수 있는 내용이 여러 가지 있다는 점에서 의미가 크다.

먼저 김대중의 개인사와 관련해서 살펴보겠다. 이 글에서 김
대중은 그때까지 경찰서 유치장과 교도소를 포함해서 총 7번 투
옥되었다고 밝혔다. 구체적으로 미군정 시절 2번, 이승만 정권
시절 2번, 6·25 전쟁 때 공산군에 의해 1번, 5·16 쿠데타 이후
박정희 군정 시절 2번이다. 이중에서 미군정과 이승만 정권 시
절의 4번은 모두 좌익혐의를 받아서 투옥되었다고 밝혔다. 이
는 훗날 김대중에 대한 용공음해의 기원과 성격을 밝히는 데에
중요한 단서가 된다. 그리고 첫 번째 부인 차용애 여사의 사인에
대해서 "위경련이 만성화되어 진통제를 과량 복용하다가 사망"
이라고 구체적으로 밝혔다. 기존에는 가슴 통증으로 인해 약물
을 과다 복용해서 사망했다고 했는데 이 글에서는 가슴 통증을
초래한 구체적인 병명이 '만성 위경련'이라는 사실을 밝혔다.

이 글은 개인사 외에 정치사와 관련한 주요 내용도 여러 가
지 포함되어 있다. 1958년 12월 이승만 정권이 일으킨 2·4 파
동에 대항하여 1959년 1월 민주당과 재야세력이 결성한 민권
수호국민총연맹의 조직 과정, 민주당 구파와 신파 사이의 갈등
이 1950년대 후반부터 1960년대 중반까지 한국 정당정치에 준
영향, 4·19 혁명으로 이어지는 과정에서 중요한 의미가 있는
1960년 4월 6일 민주당의 3·15 부정선거 규탄시위 전개 등에 관
한 내용이 이 글에 구체적으로 등장한다. 또한 김대중이 1956년
민주당에 입당한 이후 원외 정치사회단체와 정당 등에서 총 7번
의 대변인을 했다는 사실도 확인된다. 김대중은 1967년까지 대
변인직을 맡았는데 40대 초반의 나이까지 민주당 계열의 정당

에서 계속 대변인을 맡았음을 알 수 있다. 김대중의 언변이 뛰어났고 이에 대한 당내 공감대가 형성되어 있었다는 사실을 확인할 수 있는 대목이다.

그다음은 반유신 망명투쟁을 전개하던 시절 일본에서 출간된 『독재와 나의 투쟁』(独裁と私の闘争, 光和堂, 1973)이다. 이것은 책으로 출간된 최초의 자서전이며, 1985년 한국어로 번역되어 『행동하는 양심으로』(금문당, 1985)라는 제목으로 출간되었다. 1972년 10월 17일 유신이 선포되었을 때 일본에 있던 김대중은 10월 18일 성명서를 발표하고 반유신 망명투쟁을 선언했다. 이때 평소 알고 지내던 일본 『마이니치신문』의 이시카와 쇼(石川昌) 기자의 제안으로 자서전을 쓰기로 했다. 처음에는 김대중이 구술한 내용을 기본 자료로 일본인 작가가 원고 초안을 만들면 김대중이 수정·보완해서 완성하기로 했다. 김대중은 미국에 갔다가 1973년 1월 다시 일본으로 돌아와서 원고 초안을 검토했는데 마음에 들지 않아서 폐기하고 처음부터 자신이 직접 글을 써서 완성했다.

이 책은 출생부터 유신 선포 때까지의 내용을 다룬다. 또한 김대중이 일본인들에게 자신을 알리기 위한 목적에서 기획되었기 때문에 일본인들이 이해하기 힘든 한국정치의 세밀하고 구체적인 내용과 쟁점 등은 다루지 않았다. 그 대신 자신의 개인사와 한국정치사의 주요 내용을 소개하고 그에 대한 감상과 평가에 초점을 맞췄다. 특히 이 책은 일본과 관련한 일화가 상당 부분 포함되어 있다. 이는 일본인 독자를 상대로 기획된 영향도 있고 일제강점기인 1924년에 출생한 김대중이 1973년까지 50여 년을 살아오면서 일본으로부터 여러 영향을 받았고 일본과 관계를 맺고 있었다는 사실과 관련이 있다.

또한 이 책은 김대중이 어떠한 외부 도움도 받지 않고 자료 확인부터 문장 작성 등의 전 과정을 단독으로 진행하여 완성한 자서전이라는 점에서도 의미가 있다. 그 뒤에 나온 책들은 김대중이 주요 내용을 정리한 후에 초고 작성 단계에서는 외부의 도움을 받았다. 그렇게 나온 초고를 김대중이 수정·보완하여 최종 검토한 후에 원고를 완성하는 방식으로 진행되었다. 그런데 이 책은 김대중이 처음부터 끝까지 혼자 완성했다는 특징이 있다.

그다음에 나온 자서전도 일본에서 출간되었다. 1995년 일본에서 『김대중 자서전: 일본에의 메시지』(金大中, わたしの自叙伝: 日本へのメッセージ, NHK出版, 1995)가 출간되었다. 1993년 일본 NHK는 김대중의 일생을 다룬 프로그램을 기획하여 영국 케임브리지대학교에 유학 중이던 김대중을 인터뷰했다. NHK는 이 자료에 기초해서 「김대중 자서전: 일본에의 메시지」라는 프로그램을 제작하여 1993년 9월 16일부터 4일 동안 방송했다. 이 프로그램은 일본에서 큰 반향을 일으켰다.

방송 이후 NHK는 김대중의 인터뷰 내용과 자체 취재 내용을 편집해서 책으로 출간하기로 했다. 책은 문답형으로 구성하지 않고 서술형 문장으로 재구성했다. 중간중간 주요 사건에 대해 NHK 취재반이 주변 인물들을 취재해서 확보한 내용과 배경 설명 등을 포함시켜서 편집했다는 점이 이 책의 특징이다.

이 책은 1994년 아태평화재단 시기까지의 내용을 다루고 있으며 한국어로 번역되어 두 권의 『김대중 자서전: 역사와 함께 시대와 함께』(인동, 1999)로 출간되었다.

1997년 한국에서 이 책과 비슷한 시기의 내용을 다룬 자서전인 『나의 삶 나의 길』(산하, 1997)이 출간되었다. 1997년 대선을 앞두고 김대중에 대한 홍보 목적으로 기획한 책이기 때문에 대중적으로 소화하기 쉬운 내용을 중심으로 작성되었다. 대선에서 김대중이 승리하자 세계 각국에서 김대중을 소개하기 위해 이 책을 번역했다. 1998년에는 일본에서 『여러 번 사선을 넘어서: 나의 삶 나의 길』(いくたびか死線を越えて: わが人生, わが道, 千早書房, 1998)로 출간되었으며, 중국에서는 『김대중 자서전: 나의 삶 나의 길』(金大中自传: 我的人生, 我的路, 外文出版社, 1998)로 출간되었다. 2000년 독일에서는 『나의 삶 나의 길』(*Mein Leben, Mein Weg*, Frankfurter Allgemeine Buch, 2000), 스페인에서는 『나의 삶 나의 길』(*Mi Vida, Mi Camino*, Espasa Calpe, 2000)이라는 제목으로 각각 출간되었다.

1994년까지의 내용을 다룬 『김대중 자서전: 일본에의 메시지』와 『나의 삶 나의 길』이 두 책은 김대중 자서전으로서 전작(前作)인 1973년에 나온 『독재와 나의 투쟁』과 비교해보면 김대중이 겪은 역사적 사건에 대한 서술이 좀더 많이 나와 있다. 그러나 이는 상대적으로 그런 것일 뿐 제대로 다뤄지지 않은 내용은 매우 많았다.

김대중은 2003년 퇴임 이후에 생전 자신의 마지막 자서전을 준비했다. 먼저 김대중은 1995년부터 1997년 대선, 대통령 재임기 및 퇴임 이후까지의 내용을 처음 정리했다. 1994년까지 내용도 기존 자서전에서 누락된 내용을 대거 포함했다. 그동안 밝히지 않았던 개인사와 자신이 직·간접적으로 관여해서 알고 있는 각종 정치적인 사건 및 쟁점, 국내외 주요 인사들에 대한 평가 및 일화 등이 대거 수록되었다. 김대중은 한국 현대사에서 매우 큰 역할을 했기 때문에 그의 자서전은 중요한 의미가 있었다. 김대중은 자신의 자서전이 갖는 정치적·역사적·학문적 의미에 대해서 잘 알고 있었기 때문에 퇴임 이후 이 작업에 심혈을 기울였다. 김대중의 저술 작업을 뒷받침하기 위해서 김대중 대통령 비서진과 연세대학교 김대중도서관 연구진도 많은 노력을 기울였다. 그래서 김대중은 방대한 분량의 자전적 기록을 남길 수 있었다.

김대중은 자신의 사후에 이 원고를 출간하라고 당부했다. 그래서 서거 1주기가 되는 2010년에 두 권으로 『김대중 자서전』(삼인, 2010)이 출간되었다. 이 책은 일본에서 『김대중 자서전 1·2』(金大中自伝 1·2, 岩波書店, 2011), 중국에서 『김대중 자서전』(金大中自传, 中国人民大学出版社, 2012), 미국에서 『행동하는 양심』(*Conscience in Action*, Palgrave Macmillan, 2018)이라는 제목으로 출간되었다. 이 책은 김대중이 생전에 작성한 마지막 자서전이라는 점에서 의미가 크다.

이번에 출간하는 『김대중 육성 회고록』(한길사, 2024)은 김대중이 2006년부터 2007년까지 연세대학교 김대중도서관과 진행한 41회 42시간 26분에 달하는 구술인터뷰 녹취록에 근거한 책이다. 김대중은 출생부터 대통령 재임기까지의 주요 내용에 대한 증언을 동영상 자료로 남겼다. 연세대학교 김대중도서관은 이 녹취록 전체를 정리·편집·윤문하여 이 책을 출간한 것이다. 다른 자서전과 달리 김대중은 생전에 이 책의 원고를 검토하지 못했다. 대신 연세대학교 김대중도서관 연구진은 이 책의 기획부터 출간의 전 과정을 책임지고 완수했다. 이 책은 다른 자서전과 비교해서 몇 가지 뚜렷한 특징이 있는데, 이는 이 책의 기본 텍스트가 구술 인터뷰 녹취라는 사실과 관련되어 있다.

연세대학교 김대중도서관은 김대중 구술 인터뷰를 기획할 때 김대중만이 증언할 수 있는 역사적 사실에 대한 확인과 평가에 초점을 맞췄다. 그래서 인터뷰 자료를 시기별로 구분해서 보면, 대통령 재임 이전 시기 내용이 재임기 내용보다 훨씬 많다. 어린 시절을 포함해서 유력 정치인으로 성장하기 전인 40세 전까지의 내용이 상대적으로 더 많이 포함되어 있다.

김대중 구술 인터뷰에는 수많은 역사적인 결단을 했을 때의 김대중의 심경이 잘 나와 있다. 뿐만 아니라 연세대학교 김대중도서관은 김대중이 밝히기 꺼렸던 주제에 대해서도 가감 없이 질문하여 역사적 사실과 이에 대한 김대중의 소회에 대해서도 기록을 남길 수 있었다. 이 책에는 위와 같은 특징이 반영되어 있으며 이는 다른 자서전과 구별되는 지점이다. 또한 이 책은 김대중의 자전적 기록 중에서 유일하게 인터뷰 형식으로 구성된 자서전이라는 점도 주요한 특징이다. 이 책은 김대중이 남긴 기록으로 작성된 마지막 자서전이라는 점에서 역사적·학문적인 의미가 크다.

김대중의 사상과 정치

박명림

연세대학교 지역학협동과정 교수, 전 김대중도서관장

　　현대 한국의 역사는 한국의 절대적 경계국가 위치를 반영하여 전형적인 세계 위상과 세계 행정(行程)을 갖는다. 요컨대 이 시대 한국인들이 추구한 목적과 목표, 이룩한 업적과 성취는 한국과 세계 지평에서 동시에 접근하지 않으면 안 된다. 안과 밖의 공정한 눈, 이른바 객관을 위해서다. 오늘의 세계에서 한국이 차지하는 민주주의와 자유, 국력과 경제, 기술과 문화의 수준을 보면 이는 대체로 자명하다.

　　현대 한국을 이끈 지도자들 역시 같다. 그들은 전체 한국인들과 함께 냉전과 전쟁, 근대화와 산업화, 민주주의와 평화, 인권과 자유라는 보편적인 인류사적 궤적의 한복판을 헤쳐나왔다. 김대중 대통령은 현대 한국인의 목표 실현과 인류 보편의 가치 추구를 대표하는 한국의 지도자인 동시에 세계의 지도자였다. 따라서 20세기에 한정하더라도 한국과 한반도부터 아시아와 세계까지 민주주의와 인권, 화해와 평화의 역사에서 김대중을 빼놓고 설명한다는 것은 불가능하다.

　　출생 이후 김대중의 일생은 한국의 엄혹하고도 빛나는 당대를 하나의 소우주처럼 표상한다. 그의 시대는 제국주의 강점, 주권 회복, 남북분단, 6·25 전쟁, 군사독재, 근대화, 민주화, 국가 번영을 관통한다. 한국이 망국과 전쟁의 참화에서 우뚝 일어서 자유와 번영의 나라가 되었듯, 그는 숱한 고난에도 영혼과 지식과 능력을 단련하여 최고지도자가 되었다. 시련의 극한에서 불굴의 정신으로 비상하는 그의 모습은 가난한 나라에서 선진국으로 도약하는 한국을 연상케 한다.

외부로부터 주어진 원치 않는 수동적 고난을 능동적 자기연마로 전환시키는 능력에서 김대중은, 그가 가장 사랑한 한국민들처럼, 단연 최고였다. 그는 주어진 운명을 주체적으로 극복했다. 국가가 누란의 위기에 직면했을 때 그의 오랜 연마는 국민과 시대의 부름을 받았다. 정치는 나라의 모든 문제를 다룬다. 따라서 공동체 문제 전체에 대한 높은 식견과 철저한 준비가 없다면 나라의 지도자로는 턱없이 부족하다. 정치는 전체를 위해 준비하고 또 준비한 극소수의 인간들에게만 성공이 허용되는 가장 어려운 영역이다.

김대중은 그러한 극소수의 한 사람이었다. 정치의 영역에서 개인적 준비와 시대적 소명은 언젠가는 한 번 만난다. 따라서 누군가의 철저한 준비는 시대를 만나면 최고의 쓰임과 효과를 창출한다. 개인도 공동체도 준비 없는 미래는 없다. 미래 사회를 전망하고 대비하는 통찰과 능력에서 그는 당대 최고 수준이었다. 정치와 국제관계, 경제와 사회는 물론 첨단산업과 기술에 이르기까지 큰 비전과 방향 설정 및 세세한 과제와 정책 준비는 놀라울 정도였다.

정치는 가치와 현실, 인간과 인간 사이를 조율하고 접근시키는 기예이자 행위를 말한다. 김대중이 정치를 하는 가장 근본적인 목적은 첫째, 사람에 대한 사랑이었다. 한마디로 인간주의 정치를 통한 인간공동체의 회복이었다. 그의 모든 정치는 사람을 위하고 사람으로 귀결되었다. 요컨대 김대중 정치철학과 실천의 정수는 인간 존중, 인간 자유, 인간 평등이었다. 도저한 그의 애국주의와 애민사상도 인간주의 철학의 확장이었다. 인권과 민주주의, 복지와 평화가 실현되는 나라를 위한 감연한 고투와 노력은 모두 국민의 자유와 평등을 향한 사랑과 존경의 실천 때문이었다. 거기에서 김대중 정치의 서로 다른 두 측면, 즉 부드러움과 강인함, 유연함과 철저함은 하나로 만난다.

둘째, 김대중의 정치철학과 실천의 목적은 연대와 통합이었다. 그는 현대 한국 역사에서 처음으로 대립하던 정당과 세력, 이념과 지역 사이에 연립정부를 구성했다. 그의 정부 고위급에는 그와 반대 진영에 속해 있던 인물들이 절반 가까이에 달했다. 그러나 그의 연합정치는 민주화 이후의 정권교체와 연립정부 수립 목표에 한정되지 않았다. 건국 직후부터 그의 정치사상과 중심 노선은 당대 상황에 맞추어 일관된 경쟁 · 합작 · 연립 · 연합이었다. 즉 연합의 정치는 김대중 정치 전체를 관통한다. 건국 이래 오늘에 이르기까지 김대중 정부만이 연립정부였다는 점은, 갈등과 경쟁을 한 본질로 하는 정치에서 연립과 연합이 얼마나 어려운지를 방증한다.

국민통합과 사회통합 정책 역시 지역과 진영과 이념 간의 연합정치의 연장이었다. 이를테면 보수와 진보의 경계를 뛰어넘어 국가수호를 위한 희생자들을 실질적으로 보상하고 국가폭력에 의한 희생자들을 공식적으로 포용한 정부는 김대중 정부가 최초였다. 그는 국가를 위한 희생자들과 국가에 의한 희생자들을 같은 '국민' 관점에서 통합한 첫 대통령이었다. 물론 외환위기 극복을 위한 금 모으기, 최초의 남북 정상회담, 한일 월드컵에서 국민통합은 절정이었다. 가공할 진영대결로 빠져든 오늘의 한국정치를 유념할 때 당시의 연합과 통합의 정치는 큰 무게와 울림을 갖는다.

　셋째, 김대중의 정치철학의 목적은 화해와 정의였다. 그 기저 출발점은 용서였다. 용서는 정치를 넘어 인간 덕목의 가장 어려운 경지를 구성한다. 억압자들에 대한 용서를 통해 그는 자신이 받은 탄압을 똑같이 돌려주려 하지 않았다. 즉 일체 보복을 행사하지 않았다. 그는 오히려 자신의 정적에 대한 기념 사업을 지원했다. 적대자에 대한 용서와 기념의 결합을 통해 김대중은 과거 역사에 대한 흑백논리와 양자택일을 넘는, 관용과 국민화합의 지평을 추구했다.

　무엇보다 김대중에게 개인적 용서는 사회적 정의와 분리되지 않았다. 이 점은 특별히 강조될 필요가 있다. 인간의 삶과 현실 정치에서 이 둘의 결합은 가장 어려운 지경이기 때문이다. 김대중은 인권과 민주주의를 포함한 사회정의의 실현을 위해 개인적 굴복과 안락 대신 결연한 고난과 시련을 감내했다. 그러나 공동체 전체의 연대와 통합을 위해서는 최대한의 용서와 화해를 솔선했다. 이른바 통합적 정의를 말한다. 정의를 위해 현대 한국의 지도자 중에서 그만큼 고난과 탄압을 받은 정치인도 드물었지만, 화해를 위해 그만큼 대화와 연합의 정치를 편 지도자도 없었다. 사랑과 정의, 용서와 통합이 김대중의 내면과 김대중 정치에서 함께 만난 연유였다.

넷째, 억압·폭력에 대한 반대와 평화는 김대중 정치사상의 내용인 동시에 정치의 수단과 방법이기도 했다. 출발은 대화와 의회였다. 정치인 김대중을 성장시킨 핵심 기제도 대화와 의회였다. 설득과 웅변을 포함한 그의 연설과 대화 능력은 당대 최고였다. 대화야말로 민주주의와 평화의 요체가 아닐 수 없다. 불의에 대한 강력한 투쟁과 희생에 앞서 그는 늘 온건한 대화주의자이자 의회주의자였다. 대화와 타협, 협상과 설득은 의회와 선거, 연립과 연합을 김대중 정치의 골간으로 만든 기축 요소였다. 김대중은 한국 최고의 대화주의자였던 것이다.

김대중의 대화주의는 내외를 가리지 않았다. 내부와의 대화주의가 의회주의와 연합정치로 나타났다면, 외부와의 대화는 화해와 평화공존으로 연결되었다. 대화의 안과 밖은 하나의 목표를 향한 것이었다. 안과 밖의 안정을 통한 국민 삶의 평안과 평화가 그것이다. 그 목표를 위해 한국에게 필수인 미국과의 혈맹 및 중국과의 협력은 물론 그는 한국을 침략한 두 이웃 국가인 북한과 일본과도 대화를 통한 화해와 평화공존을 실현했다. 대화주의의 안이 의회주의였다면 밖은 평화공존이었다.

보편과 역사의 지평에서 김대중을 평가하기 위한 네 가지 지도자 그룹을 생각해본다. 낱낱의 별과 그것이 속한 별무리를 유비하면 좋을 것이다. 첫 번째 그룹은 통합과 화해와 평화의 지평을 넓힌 김대중, 빌리 브란트, 넬슨 만델라, 조제 하무스-오르타를 말한다. 이들은 국제 언론과 보도에서 자주 함께 언급된 동시에 서로 친했다. 두 번째 그룹은 자유와 인권을 위해 저항한 김대중, 바츨라브 하벨, 레흐 바웬사, 아웅 산 수치, 베니그노 아키노다. 역시 국제 언론에서 자주 함께 묶여 언급된 경우가 많다. 세 번째는 동시대에 함께 한반도와 아시아의 화해와 평화를 위해 협력한 김대중, 클린턴, 장쩌민, 오부치 게이조다. 끝으로는 각자 자기 시대를 맡아 대한민국을 이끈 지도자들인 이승만, 박정희, 김영삼, 김대중, 노무현 그룹이다.

　이 네 별무리를 종횡으로 차분히 교차해보면 우리는 객관적이며 역사적인 김대중의 위치를 자리매김할 수 있을 것이다. 그럴 때 비로소 우리는 김대중과 한반도 평화, 김대중과 한국 민주주의, 김대중과 한반도 인권을 넘어서 김대중과 평화, 김대중과 민주주의, 김대중과 인권을 세계와 보편의 관점에서 논의할 수 있게 된다. 화해도 용서도 같다. 우리 자신의 사상과 성취를 스스로 가둘 필요는 없다.

　국제적인 김대중 구명운동과 방대한 국제 네트워크, 노벨평화상을 포함해 밖에서 볼 때의 국격과 외교, 민주주의와 인권, 화해와 평화의 지평에서 김대중은 당대 한국이 갖고 있던 최고의 국제공공재였다. 네 번째 별무리와 관련하여, 한국의 과거 문명과 역사에 관한 한 김대중의 말과 글을 숙독하면 애정과 비판, 자부와 반성의 높은 균형감각을 발견하게 된다. 이는 그가 한국의 과거를 거의 부정 일변도로 해석해온 현대 한국의 다른 주요 지도자들의 기록과 크게 다른 점이다.

인간은 누구든 시대를 피할 수 없는 동시에 시대를 만들어간다. 어디서나 정치는 시대의 아픔에 대한 민감한 감수성과 시대의 모순을 타개하기 위한 이성적 사려를 함께 요구한다. 김대중에게 상호 대립되는 이 두 요소는 늘 경쟁하면서도 협력하고 경합했다. 하늘의 진리와 내면의 마음, 도덕과 정치, 명분과 실리, 목적과 수단, 특수와 보편, 사람과 제도, 의회정치와 거리정치의 조합은, 역사에서 명멸해간 많은 지도자처럼 김대중의 실천에서도 갈등하고 길항하며, 타협하고 종합했다.

특별히 김대중은 권력의 도덕적 토대와 도덕이 갖는 현실적 힘을 잘 알았다. 권력의 도덕학과 도덕의 권력학의 겸비를 말한다. 물론 이때의 도덕은 시대의 고난을 끌어안는 '사회적 덕성'을 말한다. 김대중에게 그것은 하느님과 역사를 두려워하고, 국민과 국가를 사랑하며, 민주주의와 평화를 소망한 각각의 덕성의 총합이었다.

1960년대 중반부터 사용하기 시작한 '서생적 문제의식'과 '상인적 현실감각'이라는 표현에서 볼 수 있듯, 김대중은 항상 이상과 현실의 팽팽한 긴장과 연결을 추구했다. 전자가 '신념의 정치' 영역이었다면 후자는 '책임의 정치' 영역이었다. '정신의 현실학'과 '현실의 정신학' 사이의 끝없는 결합 노력은 그에게 신념과 책임의 겸전을 요구했다. 둘을 결합하려 투쟁한 결과, 김대중은 민주주의자인 동시에 공화주의자였다. 공화적 민주주의자이고 민주적 공화주의자였다. 즉 자유민주주의자였다.

김대중은 애국주의자인 동시에 세계주의자였고, 한국시민인 동시에 세계시민이었다. 보편과 세계를 위해 한국을 희생하지도 않았지만, 국익과 한국을 위해 세계를 멀리하지도 않았다. 대신 그는 한국의 세계로의 비상을 꿈꾸었다.

김대중은 이상주의자인 동시에 현실주의자였다. 즉 현실적 이상주의자이고, 이상적 현실주의자였다. 행동하는 양심과 권력에의 의지는 충돌하지 않았다. 내면과 행동의 공존이었다.

김대중의 삶과 꿈은 자주 좌절하고 실패했다. 정치와 정책의 오진과 오류도 물론이었다. 그러나, 약점과 실수를 포함하여 그는 우리 시대 다른 정치인들과 비교할 때 얼마나 높은 봉우리요 깊은 강인가. 또 얼마나 많은 영감을 주고 있는가. 그가 높고 깊어질 수 있었던 이유는 하나는 현실밀착이었고 다른 하나는 독서였다. 고전과 신간을 통틀어 그의 독서는 넓고 깊었다. 주제 또한 종교, 철학, 정치, 경제, 역사, 문명은 물론이려니와 문화, 문학, 과학, 우주, 미래에까지 걸쳐 있었다.

독서에 관한 한 그는 최고 대식가였다. 큰 독서인이 큰 정치인을 만들지 않았나 싶다. 그의 직업은 정치인과 독서인, 둘이라고 불러도 좋을 정도였다. 정직하게 말해 한 정치학자로서 필자는 그와 대화할 때 최고의 학자와 담론하고 있다는 느낌이었다. 책을 담론할 때 그의 눈빛은 가장 형형했다. 그는 일종의 (전통 시대의) 철학자 군주이거나, (현대 시대의) 학자 대통령이었다. 지식에 관한 한 그는 철학자요 정치학자이자 역사가요 미래학자에 버금갔다.

정치는 언제나 당대의 문제를 해결하는 만큼 미래의 과제를 남긴다. 그것은 불가피하다. 우리는 그가 남긴 성취와 한계를 직시하면서 오늘의 최난제인 정치와 경제의 극단적 양극화 완화와 인구소멸 방지, 한반도 평화 정착, 기후위기 극복을 위한 큰 지혜와 큰 정치를 안출하지 않으면 안 된다.

『김대중 육성 회고록』의 출간과 함께 『김대중 자서전』『김대중 전집』전 30권, 『김대중 옥중편지』를 포함하여 이제 '김대중 자신이 직접 남긴' 말과 글을 전부 읽을 수 있게 되었다. 이들을 읽는 '객관의 눈'은 독자들의 몫이다.

한 지도자의 삶 전체를 담은 기록을 통해 독자들이 그의 꿈과 비전, 고통과 극기, 애국과 애민의 발자취를 오롯이 미래의 것으로 승화시킬 수 있기를 바란다. 그리하여 자신과 이웃, 한국과 세계를 밝히는 시민과 지도자가 되기를 소망한다.

김대중의 생애와 철학, 행동과 정치의 유산은 연면히 계승되며 비판받고, 학습되며, 보완되어갈 것이다. 시대를 넘어 우리 공동체의 발전을 위한 거름이 될 것이다.

김대중 대통령
연보

1924년 1월 6일 전라남도 무안군(현재 신안군) 하의면 후광리에서 아버지 김운식과 어머니 장수금의 사이에서 태어나다.

1934년 5월 12일 하의공립보통학교(현재 하의초등학교) 2학년으로 편입하다. 편입 이전 덕봉서당에서 초암 김연 선생께 서당 수업 받은 것을 인정받아 2학년으로 편입하다.

1936년 9월 2일 목포로 이사하여 목포제일공립보통학교(현재 목포북교초등학교)로 전학하다.

1939년 4월 5일 목포공립상업학교(현재 목상고등학교)에 수석으로 입학하여 1943년 12월 23일 졸업하다.

1944년 5월 전남기선주식회사에 경리직원으로 취업하다.

1945년 4월 9일 차용애 여사와 결혼하다.

1945년 8월 15일 해방이 되다. 해방 직후 건국준비위원회 목포지부에 참여하면서 정치사회 활동을 시작하다. 그후 1946년 초 좌우합작을 지지하여 조선신민당에 참여했으나 1946년 가을 좌익세력과 갈등을 빚고 탈당하다.

1947년 2월 목포해운공사를 설립하여 사업을 시작하다. 1948년 말경에 상호를 동양해운으로 변경하다.

1948년 1월 21일 장남 홍일 태어나다.

1950년 4월 1일 『호남평론』(湖南評論)에 「목포 해운계의 실상과 그 발전책」이라는 제목의 글을 기고하다. 이 글은 김대중이 단독으로 작성한 최초의 기고문이다.

1950년 6월 25일 사업관계로 서울에 있던 중 6·25 전쟁이 발발하다. 7월 20일경부터 걸어서 목포로 남하하다.

1950년 7월 29일 차남 홍업 태어나다.

1950년 8월 10일 목포에 도착하여 피신했으나 2일 만에 공산군에게 붙잡혀 조사받은 후 8월 말경에 목포형무소에 수감되다.

1950년 9월 28일 목포형무소에서 탈출하여 구사일생으로 목숨을 구하다. 당시 220명의 수감자 중에서 80명이 함께 탈출에 성공하다.

1950년 10월 생환 이후 해운업을 재개함과 동시에 『목포일보』를 인수하여 1952년 3월까지 사장으로 재임하다.

1951년 3월 동양해운 상호를 목포상선주식회사로 변경하다.

1952년 5월 25일 이승만 대통령이 장기 집권을 위하여 부산을 중심으로 한 23개 시군에 계엄령을 선포하여 부산정치파동이 발생하다. 이 사건을 계기로 김대중은 반독재 민주화를 위해 정계 진출을 결심하다.

1952년 7월 회사를 부산으로 옮기고 상호를 흥국해운주식회사로 변경하다. 김대중은 당시 임시수도인 부산에 머물면서 주요 인사들과의 교분을 쌓아간다.

1954년 5월 20일 3대 총선에서 무소속으로 출마하여 낙선하다.

1955년 4월 서울로 올라오다. 이후 '동양웅변전문학원' 원장으로 취임하고, 대한웅변협회 부회장이 되다. 또한 한국노동문제연구소 주간으로 활동하는 등 다양한 사회활동을 전개하다.

1956년 6월 2일 노기남 대주교실에서 김철규 신부의 집전으로 영세를 받다. 대부는 장면 박사이며 세례명은 토머스 모어다.

1956년 9월 25일 민주당에 입당하다. 민주당에 입당한 후 장면의 지도하에 민주당 신파 소속으로 활동하다.

1958년 4월 4대 총선에서 민주당 후보로 강원도 인제에 출마했으나 자유당 정권에 의한 후보등록 방해사건이 발생하여 선거에 출마하지 못하다. 김대중은 이 사건에 대하여 '선거 무효 및 당선 무효 소송'을 제기했고 이에 승소하여 재선거를 치르게 되다.

1959년 6월 5일 강원도 인제 재선거에 민주당 후보로 출마했으나 낙선하다.

1959년 8월 28일 부인 차용애 여사 사망하다.

1960년 7월 29일 5대 총선에서 강원도 인제에 민주당 후보로 출마했으나 낙선하다.

1960년 9월 민주당 대변인으로 임명되어 8개월 동안 활동하다.

1961년 5월 13일 인제 지역 보궐선거에서 민주당 후보로 출마하여 당선되다. 그러나 5·16 쿠데타가 발생하여 국회의원 선서도 하지 못하다.

1961년 5월 23일 군사 정권에 의해서 연행되어 조사를 받은 후 1961년 8월 5일에 석방되다.

1962년 5월 10일 이희호 여사와 재혼하다.

1962년 5월 19일 반국가행위 혐의로 연행되어 조사를 받은 후 1962년 6월 24일 석방되다.

1963년 7월 18일 민주당이 재건되어 대변인에 임명되다.

1963년 11월 12일 삼남 홍걸 태어나다.

1963년 11월 26일 6대 국회의원 선거에서 민주당 후보로 목포에서 출마해 당선되다.

1964년 4월 20일 국회 본회의에서 김준연 의원에 대한 구속동의안 상정 지연(필리버스터)을 위해 5시간 19분 동안 발언하다. 이는 국회 최장 시간 발언 기록으로 인정받아 기네스 증서를 받다.

1964년 동교동 자택 대문 앞에 부인 이희호의 문패를 함께 걸다.

1965년 6월 14일 민중당이 창당되다. 김대중은 민중당에서 대변인과 정책심의위원회 의장직을 역임하다.

1967년 2월 7일 신민당이 창당되어 대변인으로 활동하다.

1967년 6월 8일 7대 국회의원 선거에서 신민당 후보로 목포에 출마해 당선되다.

1969년 7월 19일 3선개헌 반대 시국 대강연회에서 「3선개헌은 국체의 변혁이다」라는 제목으로 연설하다.

1969년 11월 1일 『신동아』에 「대중경제를 주창한다」라는 제목의 논문을 기고하다.

1970년 9월 29일 신민당 전당대회 2차투표 끝에 예상을 뒤엎고 7대 대통령 선거 후보로 지명되다.

1971년 2월 4일 워싱턴 내셔널프레스클럽에서 기자회견을 갖고 3단계 통일론을 제시하다.

1971년 4월 18일 서울 장충단공원 유세에서 정권교체를 하지 못할 경우 박정희 대통령이 영구집권을 획책할 것이라고 강조하다. 김대중은 7대 대선에서 4대국 안전보장론과 대중민주체제의 구현 등을 제시해 큰 호응을 얻다.

1971년 4월 27일 7대 대통령 선거에서 낙선하다.

1971년 5월 24일 목포에서 광주로 이동하던 중 정치테러로 의심되는 교통사고를 당하다. 교통사고의 후유증으로 보행에 어려움을 겪게 되다. 두 번째로 죽을 고비를 넘기다.

1971년 5월 25일 8대 국회의원 선거에서 국회의원(전국구)에 당선되다.

1972년 5월 10일 어머니 장수금 여사 사망하다.

1972년 7월 13일 7·4 남북공동성명 발표 직후 서울외신기자클럽의 초청을 받아 「7·4 남북성명과 나의 주장」이라는 제목으로 7·4 남북공동성명은 박정희 대통령의 영구집권에 악용하려는 데에 목적이 있다고 연설하다.

1972년 10월 11일 의문의 교통사고로 인한 다리 부상 치료를 위해 일본 도쿄로 떠나다.

1972년 10월 17일 박정희 대통령의 유신 선포 소식을 일본 도쿄에서 접하다. 다음 날인 10월 18일 도쿄에서 유신 반대 성명을 발표하고 반유신 투쟁을 위해 망명하다.

1972년 10월 18일~1973년 8월 8일 일본과 미국을 오가면서 반유신 활동을 전개하다(1차 망명투쟁). 망명 기간에 김대중은 미국과 일본의 정계, 학계, 언론계 인사들에게 한국 민주화의 필요성을 강조하고 해외 동포들을 조직(한국민주회복통일촉진국민회의)하는 등 반유신 운동을 전개하다.

1973년 8월 8일 일본 도쿄 그랜드팔레스호텔에서 한국의 중앙정보부 요원에게 납치당하다. 구사일생으로 목숨을 구한 후 5일 뒤인 8월 13일 동교동 자택으로 강제 귀국하다. 납치과정에서 김대중은 두 번의 죽을 고비를 넘기다. 첫 번째는 납치당한 호텔에서 토막살해 위기를 넘기고 그 직후 현해탄에서 수장될 위기를 넘기다.

1974년 2월 25일 아버지 김운식 선생 사망하다.

1974년 11월 27일 민주회복국민선언 대회에서 「민주회복국민회의 발족은 3·1 독립선언과 비견」이라는 제목으로 연설하다. 연설에서 독재정권과 맞서기 위해서는 재야세력의 단합이 필요하다고 강조하다.

1975년 8월 15일 「8·15 해방의 이상을 실현하자: 통일독립, 민주주의, 균등경제, 정의사회」라는 제하의 8·15 성명을 발표하다.

1976년 3월 1일 명동성당에서 함석헌·윤보선·정일형 등 민주인사 10인과 공동으로 '3·1 민주구국선언'을 발표하다. 이 사건으로 3월 8일 연행되고 3월 10일 구속된 이후 5년형을 선고받다.

1977년 4월 14일 진주교도소로 이감되다. 진주교도소에서 김대중은 8통의 옥중서신을 보내다.

1977년 12월 19일 진주교도소에서 서울대병원 감옥병동으로 이감되다. 서울대병원 감옥병동에서 서신 작성이 금지되자 당국의 감시를 피해 못으로 눌러 쓴 옥중서신을 작성하다.

1978년 12월 27일 서울대병원에서 형 집행정지로 석방되다.

1979년 5월 29일 아서원에서 신민당 총재 경합에 나선 김영삼의 지지를 호소해 당선에 결정적인 기여를 하다.

1979년 12월 8일 1979년 10월 26일 박정희 대통령 서거 이후에도 지속되던 연금이 해제되다.

1980년 2월 29일 복권되다.

1980년 3월 26일 YWCA 수요강좌에서 「민족혼」이라는 제목으로 9년 만에 대중연설을 하다. 그 이후 김대중은 한신대학교, 동국대학교 등 여러 곳에서 대중강연을 개최하여 민주화운동을 전개하다.

1980년 5월 17일 신군부에 의해서 체포되다.

1980년 9월 17일 1심에서 국가보안법, 반공법, 계엄법, 외환관리법 위반 등의 혐의로 사형을 선고받다. 1980년 11월 3일 항소심에서도 1심과 마찬가지로 사형을 선고받다.

1980년 11월 21일 내란음모 조작사건으로 수감된 이후 첫 번째 옥중서신을 쓰다. 수감 기간 중 총 29통의 옥중서신을 작성하다.

1981년 1월 23일 대법원 전원합의체는 서울형사지법 대법정에서 열린 상고심에서 상고를 기각하여 사형을 확정하다. 사형이 확정된 직후 정부는 사형에서 무기형으로 감형하다.

1981년 1월 31일 육군교도소에서 청주교도소로 이감되다.

1982년 12월 23일 형 집행정지로 석방되어 미국 워싱턴으로 떠나다. 미국 망명 기간에 미국·유럽을 비롯한 각국의 주요 인사들과 교류하고 해외의 주요 언론에 대한 기고 및 인터뷰, 미국 대학에서의 강연 등을 통해 한국 민주화를 위한 국제적 여론 조성에 힘쓰다. 또한 한국 인권문제연구소를 설립하여 한국 민주화를 위한 미국 교포사회의 역량을 강화시키는 데 노력하다.

1984년 9월 12일 귀국 결정 성명을 발표하다.

1985년 2월 6일 미국을 떠나서 귀국길에 오르다. 2월 7일 도쿄에 도착하고 2월 8일 서울에 도착하다. 귀국 시 김대중의 암살 위기에 대응하기 위해 하비 목사 등 미국 각계 인사가 귀국행 비행기에 동승하다.

1985년 3월 18일 민주화추진협의회 공동의장에 취임하다.

1985년 미국에서 『*Mass-Participatory Economy*: A Democratic Alternative for

Korea』(대중경제론) 출간되다.

1986년 2월 12일 민추협 사무실에서 '직선제 개헌 1,000만 명 서명운동'
을 시작하다.

1986년 7월 16일 민추협의 제헌절 38주년 기념식에서 기념사를 하다. 여
기서 전두환 정권이 내각제 개헌을 시도할 경우 큰 저항에 직면하게
될 것임을 경고하다.

1986년 11월 5일 '전두환 정권이 직선제 개헌을 수용한다면 다음 대통령
선거에 출마하지 않는다'는 조건부 불출마론을 선언하다. 이 선언은
전두환 정권에 의해서 수용되지 않는다.

1987년 4월 8일 가택연금 조치를 당하다. 6월 25일 새벽 0시에 연금이 해
제될 때까지 78일간 가택연금 되다.

1987년 6월 29일 노태우 민정당 대표가 6·29 선언에서 김대중의 사면복
권을 발표하고 1987년 7월 9일 사면복권되다.

1987년 9월 8일 16년 만에 광주시를 방문하여 5·18 광주민주화운동 희생
자 묘역에 처음으로 참배하고 유가족 및 부상자, 광주시민들을 위로
하다.

1987년 11월 12일 평화민주당을 창당하고 대통령 후보로 추대되다.

1987년 12월 16일 13대 대통령 선거에서 낙선하다.

1988년 4월 26일 13대 국회의원 선거에서 전국구 의원으로 당선되다. 이 선
거에서 제1야당으로 부상한 평민당은 여소야대 국회 상황에서 5공
청산과 광주민주화운동 진상규명 등의 개혁과정에서 주도적인 역
할을 하다.

1989년 12월 19일 여성인권 신장과 양성평등에 있어 획기적인 기여를 한
가족법 개정안 국회 통과에 주도적인 역할을 하다.

1990년 10월 8일 지방자치제 시행 등 4개 항의 요구조건을 내걸고 단식에
돌입하여 10월 20일까지 단식투쟁을 전개하다.

1991년 4월 9일 3당 보수대연합에 대응하기 위해 재야의 신민주연합과 통합하여 신민주연합당을 창당하고 총재로 선출되다.

1991년 9월 16일 신민당과 민주당이 합당하여 민주당이 창당되고 이기택과 함께 공동대표 최고위원으로 선출되다.

1992년 3월 24일 14대 국회의원 선거에서 전국구 의원으로 당선되다.

1992년 5월 26일 민주당의 대통령 후보로 선출되다.

1992년 12월 18일 14대 대통령 선거에서 낙선하다. 다음 날인 19일 의원직 사퇴와 정계 은퇴를 선언하다.

1993년 1월 26일 영국 케임브리지대학 객원연구원 자격으로 6개월 동안 탈냉전 이후 유럽정세와 독일 통일의 과정 및 전망 등을 연구하기 위해 출국하여 1993년 7월 4일에 귀국하다.

1994년 1월 27일 아태평화재단을 창립하여 이사장으로 취임하다.

1994년 5월 12일 미국 워싱턴 내셔널프레스클럽에서 연설하다. 이 연설에서 한반도 전쟁 위기를 해소하기 위해 미국의 빌 클린턴 대통령에게 지미 카터 전 대통령을 대북특사로 파견할 것을 제안하다.

1995년 7월 18일 신당 창당과 정계 복귀를 선언하다.

1995년 9월 5일 새정치국민회의를 창당하고 총재로 선출되다.

1995년 9월 12일 『김대중의 3단계 통일론: 남북연합을 중심으로』 출간되다.

1996년 4월 11일 15대 총선에서 낙선하다.

1997년 5월 19일 새정치국민회의 대통령 후보로 선출되다.

1997년 11월 3일 DJP연합을 공식화하고 야권 후보 단일화 합의문 서명식을 갖다. 이 합의를 통해 15대 대선에서 단일 후보로 나서기로 하다.

1997년 12월 18일 15대 대통령 선거에서 당선되다. 헌정사상 최초로 평화적인 정권교체를 하다. 대통령 당선 직후부터 IMF 경제위기 극복을 위한 노력을 기울이다.

1998년 1월 18일 국민과의 대화를 하다. 한국경제가 처한 위기 상황을 언급하고 국민의 힘을 모아서 당면한 경제위기를 극복하겠다는 뜻을 밝히다.

1998년 2월 6일 경제위기 극복을 위한 노사정 대타협을 이뤄내다.

1998년 2월 25일 15대 대통령에 취임하다.

1998년 6월 10일 미국을 방문하여 클린턴 대통령과 정상회담을 하다. 클린턴 대통령으로부터 한국 경제위기 극복에 대한 지원과 햇볕정책에 대한 지지를 이끌어내다.

1998년 7월 1일 냉전시대의 반인권적 조치였던 사상전향제도를 폐지하다.

1998년 8월 15일 건국 50주년 경축식에 참석해 국난 극복과 민족의 재도약을 위한 '제2의 건국'을 제창하다.

1998년 10월 8일 일본을 방문하여 오부치 게이조 일본 총리와 정상회담을 하다. 오부치 총리와의 정상회담에서 '21세기의 새로운 파트너십 공동선언'에 합의하다.

1998년 11월 12일 중국을 방문해 장쩌민 중국 국가주석과 정상회담을 하다. 장쩌민 주석과의 정상회담에서 양국 관계를 지금까지의 '선린우호관계'에서 '동반자관계'로 격상하기로 합의하다.

1998년 12월 16일 제2차 아세안+한·중·일 정상회의에서 '동아시아 비전그룹' 구성을 제안하다.

1999년 1월 1일 신년사에서 생산적 복지정책 추진 의사를 밝히다.

1999년 1월 29일 '교원노조법'이 제정되어 1999년 7월 1일부터 시행되다. 이를 통해 전교조가 10년 만에 합법화되다.

1999년 2월 8일 「문화산업진흥 기본법」「남녀차별 금지 및 구제에 관한 법률」「국민건강보험법」이 제정되다.

1999년 4월 19일 청와대에서 엘리자베스 2세 영국 여왕과 만나서 한·영관계 발전 등에 관해 의견을 나누다. 영국 국왕의 방한은 1883년 한·영 우호통상조약 체결 후 처음이다.

1999년 5월 28일 러시아를 방문하여 옐친 대통령과 정상회담을 하다. 옐친 대통령과의 정상회담에서 대북 화해협력정책에 대한 러시아의 지지를 이끌어내다.

1999년 9월 7일 「국민기초생활보장법」이 제정되다.

1999년 9월 13일 동티모르 유엔평화유지군 참여를 결정하다.

1999년 11월 23일 민주노총을 합법화하다.

2000년 1월 11일 「제주 4·3 사건 진상규명 및 희생자 명예회복에 관한 특별법」「민주화운동 관련자 명예회복 및 보상 등에 관한 법률」등 6대 민주개혁법에 대한 서명식을 갖다.

2000년 1월 20일 새천년민주당이 창당되어 총재로 선출되다.

2000년 3월 9일 한반도의 냉전구조 해체와 항구적 평화 및 남북 간 화해 협력을 위한 베를린선언을 발표하다.

2000년 4월 10일 남북 정상회담 개최를 발표하다.

2000년 6월 13일 평양을 방문해 분단 이후 최초로 남북 정상회담을 하다. 김정일 국방위원장과 정상회담을 하고 6·15 공동선언을 발표하다.

2000년 8월 15일 남북 이산가족 상봉이 성사되다.

2000년 9월 18일 경의선 연결 기공식이 열리다.

2000년 10월 13일 한국 민주주의와 한반도 평화 및 제3세계 인권 신장에 기여한 공로로 노벨평화상 수상자로 선정되다. 12월 10일에 수상하다.

2001년 1월 18일 중학교 무상의무교육을 2002학년도부터 3년에 걸쳐 단계적으로 실시한다고 발표하다.

2001년 3월 29일 인천국제공항이 개항하다.

2001년 5월 24일「국가인권위원회법」이 제정되다.

2001년 8월 14일「근로기준법」「남녀고용평등법」「고용보험법」 등 모성보호 관련법 개정을 통해 모성보호 비용의 사회부담 근거 규정을 마련하다.

2001년 8월 23일 IMF로부터 차입한 자금을 당초 계획보다 3년 조기 상환하여 IMF 관리체제에서 벗어나다.

2001년 11월 5일 제5차 아세안+한·중·일 정상회의에서 동아시아자유무역지대(EAFTA) 창설과 민·관 합동으로 구성되는 '동아시아 포럼' 설치를 제안하다.

2002년 1월 26일「영화진흥법」 개정을 통해 영화계의 숙원이던 창작의 자율성이 완전히 보장되다.

2002년 2월 20일 방한한 부시 미국 대통령과 정상회담을 갖고 경의선 남측 최북단 도라산역을 함께 방문하다.

2002년 5월 6일 민주당을 탈당하다.

2002년 5월 31일 한·일 월드컵이 개최되다.

2002년 7월 27일 광주 망월동 5·18 묘지를 국립묘지로 승격하다.

2002년 9월 29일 부산 아시안게임이 개막되다.

2002년 11월 6일 초고속인터넷 가입자 1천만 명 돌파 기념행사를 개최하다.

2002년 11월 13일 '전자정부 기반 완성 보고회'를 주재하다.

2003년 2월 24일「위대한 국민에의 헌사」라는 제목의 대국민 퇴임 인사를 발표하고 청와대를 떠나 동교동 집으로 돌아오다.

2003년 3월 3일 남북화해와 동북아 평화정착에 헌신한 공로로 제7회 만해대상 평화 부문 수상자로 선정되다.

2003년 5월 27일 남북화해와 평화통일 진전에 기여한 공로로 제8회 늦봄통일상 수상자로 선정되다.

2003년 8월 21일 서울 인터컨티넨탈호텔에서 열린 '2003 하버드 국제학

774

생회의' 개막식에서 「아시아의 미래와 한반도 평화」라는 주제의 특별 연설을 하다. 이는 퇴임 후 첫 외부 연설이다.

2003년 11월 3일 연세대학교 김대중도서관 개관식에 참석하다. 김대중도서관은 김대중이 아태평화재단의 건물과 자료를 연세대학교에 기증해 설립된 아시아 최초의 대통령 도서관이다.

2003년 11월 14일 연세대학교 김대중도서관에서 방한 중인 빌 클린턴 전 미국 대통령을 만나 그동안의 협력과 우의에 대해 감사를 전하고 북핵문제 등에 관해 의견을 교환하다.

2003년 12월 15일 제11회 춘사 나운규 영화예술제의 공로상을 수상하다.

2004년 1월 29일 '1980년 김대중 내란음모 조작사건' 재심 선고 재판에서 사형 확정판결을 받은 지 23년 만에 무죄를 선고받다.

2004년 6월 15일 연세대학교 김대중도서관과 북한의 통일문제연구소 주최로 서울 그랜드힐튼호텔에서 열린 '6·15 남북공동선언 4주년 기념 국제토론회'에 참석하다.

2005년 6월 12일 신라호텔 영빈관에서 독일 정부로부터 대십자훈장을 받다.

2006년 3월 21일 영남대학교를 방문해 영남대학교로부터 남북화해 협력에 대한 공로를 인정받아 명예 정치학박사 학위를 받고 「남북관계의 발전과 민족의 미래」를 주제로 강연하다.

2006년 7월 27일 연세대학교 김대중도서관이 추진하는 구술사 사료 작업을 위해 제1차 구술인터뷰를 진행하다. 이 작업은 2007년 10월 25일까지 총 41회 42시간 26분에 걸쳐 진행되다.

2006년 11월 2일 한명숙 국무총리, 정창영 연세대학교 총장 등 각계인사들이 참석한 가운데 열린 연세대학교 김대중도서관 전시실 개관식에 참석하고 그 이후에 연세대학교에서 열린 김대중도서관 후원의 밤 행사에 참석하다.

2006년 11월 4일 김대중도서관을 방문한 노무현 대통령 부부와 전시실을 함께 관람하고 동교동 자택에서 오찬을 함께하다.

2007년 7월 19일 몽양 여운형 선생 서거 60주기를 맞아 몽양여운형선생기념사업회 주관으로 서울역사박물관에서 열린 추모학술대회에 영상 메시지를 보내다.

2007년 12월 4일 63빌딩에서 열린 노벨평화상 수상 7주년 기념 '버마 민주화의 밤' 행사에 참석하다.

2009년 4월 24일 고향 하의도를 방문하다. 이는 마지막 고향 방문이 되다.

2009년 5월 4일 중국인민외교학회 초청으로 5월 8일까지 중국을 방문하다. 중국 방문 기간에 시진핑 국가부주석 등과 회담하여 한반도 평화에 관한 의견을 교환하다. 이때의 중국 방문은 마지막 해외 방문이 되다.

2009년 5월 18일 방한한 빌 클린턴 전 미국 대통령의 초청으로 하얏트호텔 양식당에서 만찬을 하고 북핵문제와 6자회담, 한국의 민주주의, 세계금융위기, 중국 방문 등의 주제로 대화를 하다. 만찬 후 북핵문제 해법을 정리한 별도의 문서를 클린턴 전 대통령에게 건네주며 힐러리 국무장관에게도 이 문서를 전달해줄 것을 부탁하다.

2009년 5월 29일 노무현 전 대통령 영결식에 참석하다.

2009년 6월 11일 여의도 63빌딩 국제회의장에서 '6·15로 돌아가자'라는 주제로 열린 6·15 공동선언 9주년 기념행사에 참석해「행동하는 양심이 되자」라는 제목의 연설을 하다. 이는 생전의 마지막 대외행사 참석임과 동시에 마지막 대중연설이 되다.

2009년 7월 13일 감기 및 미열이 있어 정밀검진을 위해 연세대학교 세브란스병원에 입원하다.

2009년 7월 17일 호흡곤란 증상이 있고 산소포화도가 급격히 떨어져 오후 1시 중환자실로 옮기다.

2009년 8월 18일 향년 85세의 일기로 오후 1시 45분 세브란스병원 중환자실에서 가족들이 지켜보는 가운데 서거하다. 8월 23일 국회에서 국장으로 영결식이 거행되고 국립현충원에 안장되다.

김대중 대통령 육성 연설 QR코드 목록

1장 Ι 장충단공원 연설(1971) · 81

2장 Ι 세인트루이스 연설(1973) · 149

3장 Ι 하코네 연설(1973) · 223

4장 Ι 납치사건 생환 이후 회견(1973) · 284

5장 Ι 3·1 민주구국사건 항소심 진술(1976) · 362

6장 Ι 가택연금 해제 이후 인터뷰(1979) · 468

7장 Ι 사형수 신분 당시 인터뷰(1981) · 556

8장 Ι 2차망명 시기 인터뷰(1984) · 606

9장 Ι 귀국 대강연회 연설(1985) · 628

10장 Ι 귀국 비행기 인터뷰(1985) · 659

11장 Ι 광주 망월동 참배(1987) · 705

12장 Ι 영국 유학생활(1993) · 725

김대중

金大中

1924~2009

대한민국 제15대 대통령

1924년 1월 6일 전라남도의 섬 하의도에서 태어나 목포공립상업학교를 졸업했다. 1961년 5월 인제 보궐선거에서 국회의원에 처음 당선되었으나 5·16 쿠데타로 인해 의원 선서조차 하지 못했다. 1963년 목포에서 제6대 국회의원으로 당선되었다. 이후 7·8·13·14대 국회의원으로 활발한 의정활동을 펼쳤다.

1971년 4월 제7대 대통령 선거에 신민당 후보로 출마하여, 3단계 통일론과 4대국(미·일·중·소) 안전보장론, 대중경제론, 사회적 약자를 위한 각종 사회정책 등 획기적인 공약을 제시하여 선풍적인 인기를 끌었다. 그러나 박정희 정권의 관권·부정선거로 패배했다. 1972년 10월유신 선포 이후 해외에 망명하여 일본과 미국에서 반유신 민주화 투쟁을 전개했다. 1973년 8월 일본에서 중앙정보부 요원에게 납치당해 구사일생으로 생환했다. 1976년 3·1 민주구국선언사건으로 1978년까지 투옥되었다. 1980년 내란음모 조작사건으로 사형선고를 받고 국제적인 구명운동으로 감형되어 수감생활을 하다 1982년 12월 미국으로 망명길을 떠났다.

1985년 2월 목숨을 건 귀국을 단행하여 2·12 총선에서 민주세력이 승리하는 데에 큰 역할을 했다. 1987년 민주화 이전까지 김대중은 5번의 죽을 고비,

6년여의 감옥생활, 3년여의 망명생활, 지속적인 감시 및 연금 등의 고난을 겪었다. 1987년과 1992년 대통령 선거에 연이어 출마했지만 모두 낙선했다. 정계 은퇴를 선언한 이후 1993년 영국 유학을 다녀왔다.

김대중은 이후 '아태평화재단'을 설립했고 1994년 1차 북핵위기 때 전쟁위기 해소에 결정적인 역할을 했다. 1995년에 정계 복귀를 선언했고 1997년 12월 제15대 대통령 선거에서 당선되었다. 헌정사상 최초로 선거에 의한 여야 정권 교체였다.

대통령 김대중은 IMF 경제위기를 조기에 극복하고, 2000년 6월에는 분단 이후 최초로 남북 정상회담을 개최하여 '6·15 공동선언'을 이끌어냈다. 제주 4·3특별법 제정 등 각종 개혁조치로 민주인권 신장에 큰 역할을 했다. 지식정보화 및 문화 강국이 되도록 했으며 생산적 복지정책으로 한국을 복지국가의 반열에 오를 수 있도록 했다. 그리고 한국 외교의 전성기를 이뤄냈다. 김대중은 한국과 아시아를 대표하는 민주인권 지도자로서 국제적으로 높은 평가를 받았으며 2000년 한국인 최초로 노벨평화상을 수상했다. 2003년 2월 대통령 임기를 마쳤고, 2009년 8월 18일 향년 85세로 서거했다.

김대중 육성 회고록
김대중은 오늘 우리에게 무엇을 말하는가

기획 연세대학교 김대중도서관
펴낸이 김언호

펴낸곳 (주)도서출판 한길사
등록 1976년 12월 24일 제74호
주소 10881 경기도 파주시 광인사길 37
홈페이지 www.hangilsa.co.kr
전자우편 hangilsa@hangilsa.co.kr
전화 031-955-2000~3 **팩스** 031-955-2005

부사장 박관순 **총괄이사** 김서영 **관리이사** 곽명호
영업이사 이경호 **경영이사** 김관영 **편집주간** 백은숙
편집 이한민 박홍민 박희진 노유연 배소현 임진영
관리 이주환 문주상 이희문 원선아 이진아 **마케팅** 정아린 이영은
디자인 창포 031-955-2097
인쇄 예림 **제책** 경일제책사

제1판 제1쇄 2024년 8월 12일
제1판 제2쇄 2024년 9월 3일
제1판 제3쇄 2024년 9월 20일
제1판 제4쇄 2024년 9월 30일

값 33,000원
ISBN 978-89-356-7880-8 03340